O Classicismo

Coleção Stylus
Dirigida por J. Guinsburg

Equipe de realização – Revisão: Ingrid Basílio; Projeto gráfico: Lúcio Gomes Machado; Produção: Ricardo W. Neves, Sergio Kon e Raquel F. Abranches.

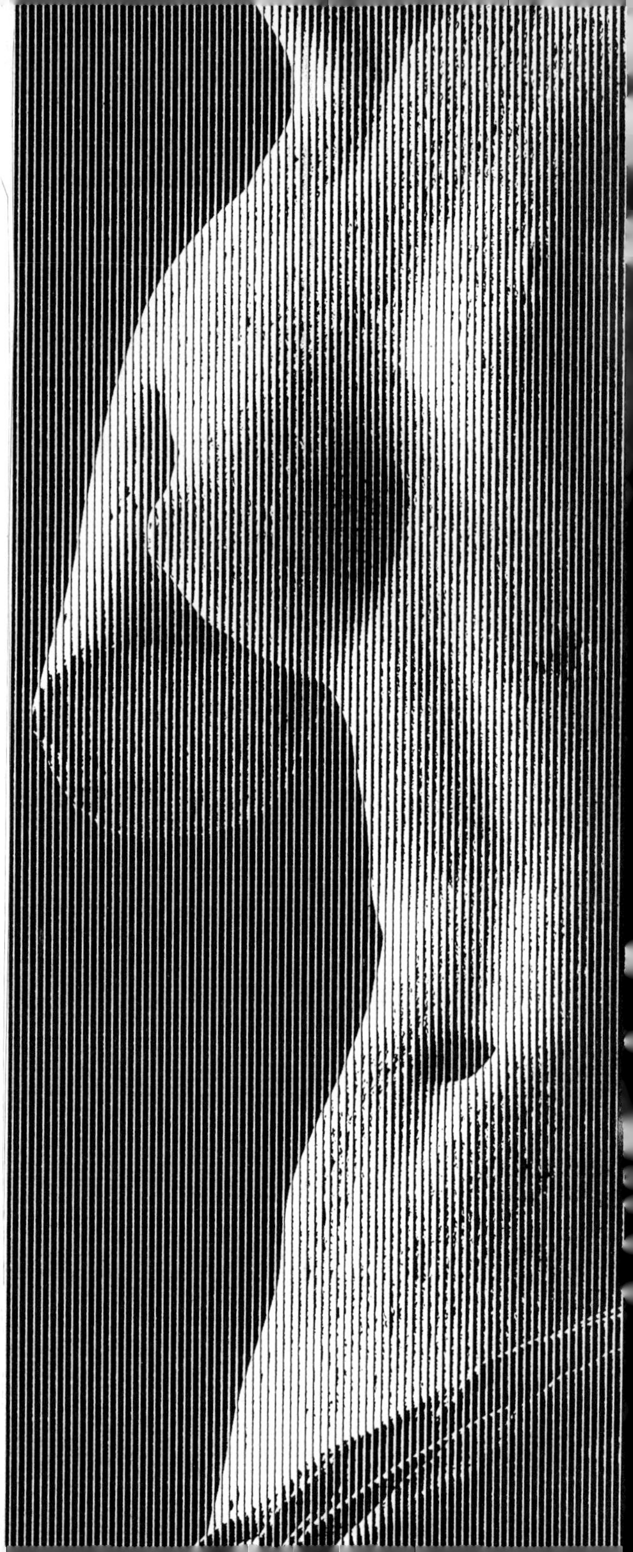

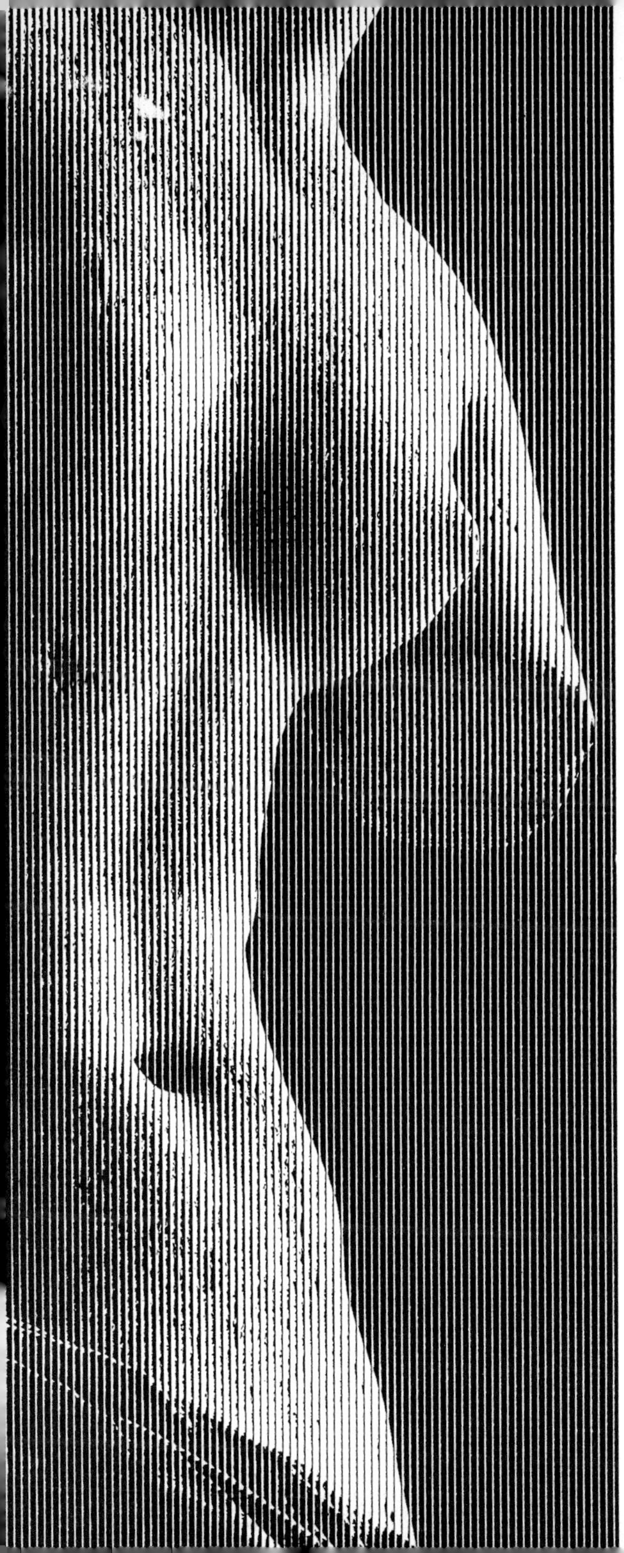

O Classicismo

J. Guinsburg

PERSPECTIVA

CIP-BRASIL. CATALOGAÇÃO-NA-FONTE
SINDICATO NACIONAL DOS EDITORES DE LIVROS, RJ

C551

O classicismo / J. Guinsburg organização. - [1.reimp.]. - São Paulo : Perspectiva, 2012.
(Stylus ; 9)

ISBN 978-85-273-0169-1

1. Classicismo. 2. Classicismo na arte. I. Guinsburg, J. (Jacó), 1921-. II. Série.

12-2701. CDD: 700.4142
CDU: 7.035.2

24.04.12 04.05.12 035033

1ª edição – 1ª reimpressão

Av. Brigadeiro Luís Antônio, 3025
01401-000 – São Paulo – SP – Brasil
Telefax: (11) 3885-8388
www.editoraperspectiva.com.br

2012

SUMÁRIO

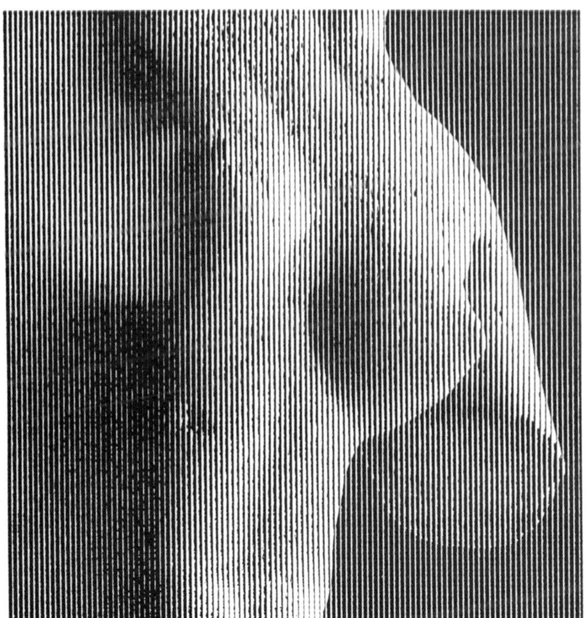

NOTA DO ORGANIZADOR

J. Guinsburg

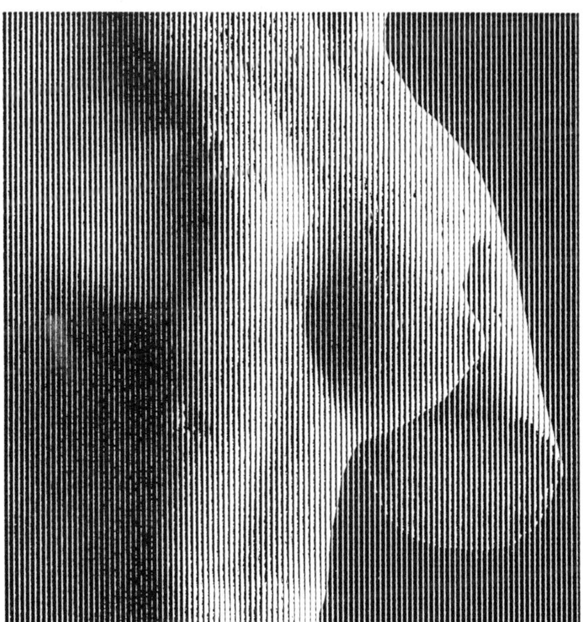

Como *O Romantismo*, do qual constitui aliás um complemento natural, o presente volume sobre *O Classicismo* reúne um amplo mas convergente espectro de ensaios voltados para a questão da arte que é qualificada, ou por seu modo de ser, ou pela época em que se apresenta, como sendo "clássica", e que abrange, na amplitude e na riqueza de suas expressões, não só os vários gêneros do labor artístico, como tendências no campo da filosofia e das ciências, para não falar de comportamentos sociais e de formas de mentalidade, que podem ser estética e criticamente filiadas a este conceito ou colocadas sob a sua égide. Trata-se de um fenômeno que se manifestou particularmente no chamado mundo ocidental, muito embora não seja descabida qualquer tentativa de examinar sob a sua óptica ou sob os seus padrões estilísticos épocas, gêneros e criadores que utilizaram abordagens e recursos análogos de formalização artística no que se convencionou designar por mundo oriental. Não nos detivemos no presente contexto nessa face da produção classicizante, por relevante que ela seja para medir a extensão de sua linguagem, a fim de nos concentrarmos no foco principal de suas realizações. Com relação às variantes mais significativas do fazer clássico, os escritores aqui reunidos, na diversidade de seus temas e dos pontos de vista de seus autores, nos parecem compor uma visão abarcante de seu objeto, acrescendo-se a essa amplitude de levantamento o fato de se tratar de estudos efetuados, todos eles, por ensaístas brasileiros, o que evidentemente traz para a discussão do tema o cunho dessa especificidade. Cabe esclarecer ainda, como observação final, que a ordem e a distribuição dos textos são da responsabilidade do organizador do livro, que alimenta a esperança de haver concretizado o essencial de seu projeto, pois contou com a colaboração de pesquisadores de comprovada especialização nos respectivos domínios.

INTRODUÇÃO

João Alexandre Barbosa

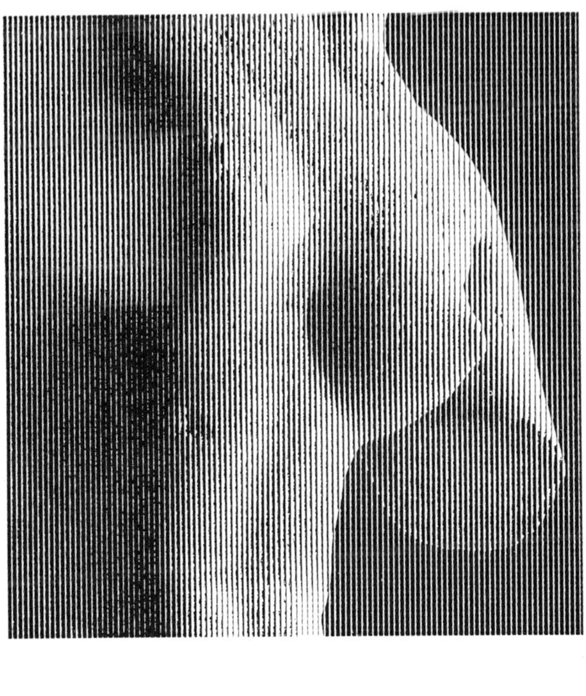

Em expressões como "clássicos da poesia" ou "clássicos da prosa" não há por onde fugir: trata-se de estabelecer uma relação de autores e de textos que fazem parte daquilo que se determinou ser o cânone de uma literatura ou de um período literário.

Neste sentido mais geral, portanto, um clássico é aquele autor ou aquela obra que, dadas as suas configurações, alcançou um estado de perenidade numa literatura ou num período dela.

Deste modo, fala-se em Virgílio como clássico da literatura romana da mesma maneira que se diz ser Machado de Assis um clássico da literatura brasileira. É claro, no entanto, que há uma diferença substancial no uso da expressão que é determinada pela temporalidade de cada autor, assim como por sua abrangência espacial. Se Virgílio é um clássico cuja perenidade possui uma vigência de muitos séculos e cuja influência e repercussão vai muito além da literatura em língua latina, Machado de Assis, ao menos até, está limitado a pouco mais de um século de leituras e repercussões que dizem respeito à literatura brasileira, quando muito à literatura do continente latino-americano.

Da mesma maneira, é possível utilizar a expressão para designar a importância de um autor ou de uma obra num período ou gênero determinados, falando-se, então, de um Baudelaire como clássico da poesia do século XIX, ou de um Gonçalves Dias como clássico da poesia romântica no Brasil. Ou Balzac como clássico do romance do século XIX, assim como Zola como clássico do naturalismo no romance, ou Swift como clássico da sátira no século XVIII inglês. Sendo assim, é possível dizer que cada literatura nacional, cada período ou mesmo cada espécie de literatura tem os seus clássicos: autores e obras que representam, aos olhos de sucessivos leitores, a culminância a que foi possível chegar na criação literária.

(Neste sentido, e entre parêntese, diga-se que ainda pode ser de grande utilidade, para a concepção do clássico, a distinção em seis significados empreendida pela *Princeton Encyclopedia of Poetry and Poetics*: o clássico como grande ou de primeira classe, tal como foi formulado por Aulus Gellius a partir da distinção fixada por Cornelius Fronto entre *scriptor proletarius* e *scriptor classicus*; o clássico como o que é lido na escola, que tem a sua origem no século VI através de Magnus Felix Ennodius; o clássico como um termo usado para denotar obras "maiores" ou "padrões" da literatura ou períodos de eminente desenvolvimento literário, que foi desenvolvido no século XVI; clássicos como autores especificamente gregos e romanos e como a imitação de antigos autores gregos e romanos, compreendendo quer a imitação temática, quer a imitação formal de modelos gregos e romanos; o clássico como a antítese do romantismo, pela primeira vez utilizado por Friedrich von Schlegel, e, finalmente, clássico como uma designação de período na história literária[1]).

Outra coisa muito diferente, contudo, é utilizar a expressão no sentido de um estilo de época quando, então, clássico passa a ser a designação, por um lado, daqueles autores e obras que compuseram o cânone das literaturas grega e latina e, por outro, daqueles que, mais ou menos nos séculos XVI, XVII e XVIII, significaram a recuperação de valores e fundamentos daqueles primeiros clássicos.

Isso de um ponto de vista estritamente didático porque, como se sabe, é possível rastrear "recuperações" dos clássicos para muito além daqueles séculos: fala-se, então, como o faz Gilbert Highet, em sua obra fundamental[2], de uma tradição clássica, isto é, da continuidade até os dias de hoje de temas e modos de composição que foram característicos das literaturas dos gregos e romanos. Assim, por exemplo, no último capítulo da obra, que diz respeito à "reinterpretação dos mitos", Highet chega a mencionar autores como Oscar Wilde, André Gide, Eugene O'Neill e Albert Camus como casos que testemunham aquela continuidade. (Um caso extremo e curioso de continuidade, que é registrado por Highet em nota de rodapé, é o de Walter Savage Landor, "o último poeta inglês de alguma fama que escrevia versos quer em latim, quer em inglês e que morreu em 1864".) Nesse sentido, para dizer ainda com Gilbert Highet, "somos netos dos romanos e bisnetos dos gregos".

Seja como for, conservou-se, na historiografia literária, o termo clássico para designar o conjunto canônico dos autores e das obras gregas e romanas e para a definição daqueles autores e obras que, a partir do Renascimento, se dedicaram à releitura dos gregos e romanos, fixando-os como modelos de realização literária. A esse movimento de recuperação, envolvendo a arqueologia

1. Cf. Alex Preminger, (ed.), *Princeton Encyclopedia of Poetry and Poetics,* New Jersey, Princeton University Press, 1965, pp. 136-141.

2. Refiro-me a *The Classical Tradition.Greek and Roman Influences on Western Literature*, de 1949, que li na tradução para o espanhol, intitulada *La Tradicion Clasica. Influencias griegas y romanas en la literatura occidental.* Tradução de Antonio Alatorre. México, Fondo de Cultura Economica, 1954. Neste sentido, e trazendo interpretações mais atualizadas, ver, de Bernard Knox, sobretudo duas obras: *Essays. Ancient & Modern,* Baltimore, The Johns Hopkins University Press, 1989, e *Backing into the Future. The Classical Tradiction and its Renewal*, New York, W. W. Norton & Company, 1993.

dos textos e suas interpretações, assim como suas imitações temáticas e compositivas, chamou-se, nas literaturas ocidentais, de classicismo.

Em cada um daqueles séculos mencionados como tempos do classicismo é preciso, no entanto, discriminar, por assim dizer, uma forma de contribuição no sentido de configurar o clássico. Sendo assim, se o século XVI é, sobretudo, o da arqueologia dos textos remanescentes das culturas grega e romana e de suas interpretações, principalmente as de Aristóteles através das leituras de renascentistas italianos como Scaliger e Castelvetro, o século XVII, sobretudo o francês, é o da afirmação do modelo aristotélico e horaciano de uma poética que encontra a sua melhor afirmação no teatro, enquanto o século XVIII, predominantemente inglês, alemão e ibérico, é já o da dissolução dos modelos clássicos e de uma conseqüente vertente neoclássica.

De qualquer maneira, todavia, e como esforço de compreensão estilística, pode-se dizer que, durante aqueles três séculos, quer a matéria de discussão teórica, quer a efetivação poética, orbitaram em torno de algumas categorias, regras e modelos que embasaram todas as criações artísticas e as reflexões filosóficas que lhes davam sustentação ou eram delas decorrentes. Essas categorias, regras ou modelos eram alimentadas, sem dúvida, pelas leituras e releituras que se faziam dos clássicos redescobertos.

Leituras e releituras nao apenas de textos manuscritos copiados e mesmo perdidos em remotos mosteiros medievais, mas de imagens escultóricas, pictóricas ou arquitetônicas desencavadas pelo esforço arqueológico dos primeiros historiadores da arte modernos[3].

Deste modo, se Shakespeare, escrevendo no século XVI, podia encontrar as origens da história de Hamlet nos Gesta Danorum, de Saxo Grammaticus, transcrições do primitivo alfabeto dos povos nórdicos da Europa conhecido como runas, como parece ter sido o caso, Racine, no século seguinte, encontra na leitura de Virgílio o núcleo dramático para a sua Andromaque ou em Ésquilo os tópicos centrais para Phèdre, depois de ter passado pela compreensão dos preceitos aristotélicos e horacianos, tais como eram traduzidos pela poética de seu contemporâneo e amigo Boileau.

Eis, portanto, um traço fundamental na formação do classicismo: a íntima associação, provocada pelas redescobertas e interpretações dos clássicos, entre poesia, literatura e poética. A partir de então, o poeta está, por assim dizer, condenado a ver sempre o seu trabalho individual à sombra da tradição: entre a expressão pessoal e o trabalho de arte, instala-se, como elemento de emulação e limite da personalidade, o passado, aquilo que é anterior. Daí a afirmação lapidar de Paul Valéry: "A essência do classicismo é vir depois"[4]. Mas a frase, extraída de um contexto crítico que tem por objeto a fixação da importância de Baudelaire na poesia francesa moderna, surge depois da afirmação capital de que, em todo escritor clássico, é possível apontar a existência de uma mente crítica: "clássico é o escritor que traz um crítico em si mesmo, associando-o intimamente a seus trabalhos"[5]. E, retornando ao nosso ponto de partida, mais uma vez Valéry: "Havia um Boileau em Racine, ou uma imagem de Boileau"[6]. Havia mais do que isso, entretanto: na correspondência trocada entre os dois, quando um estava em Versailles e o outro em Fontainebleau, ambos como historiógrafos de Luís XIV, é freqüente o poeta submeter ao crítico textos que são devolvidos com sugestões de mudança que obedeciam a certas regras clássicas de clareza ou *bienséances*[7]. Poder-se-á dizer, tal-

3. Para uma visão de conjunto da importância da imagem para a leitura histórica, ver a magistral obra de Francis Haskell, *History and its Image. Art and the Interpretation of the Past*. New Haven, Yale University Press, 1993.

4. Cf. Paul Valéry, "Situação de Baudelaire", em *Variedades*. Organização e introdução de João Alexandre Barbosa. Tradução de Maiza Martins de Siqueira. São Paulo, Iluminuras, 1991, p. 25.

5. *Ibidem*.

6. *Ibidem*.

7. Para exemplos, ver Racine, *Oeuvres Complètes*. T. II, Paris, Gallimard, Bibliothèque de la Pléiade, 1952, sobretudo a "Cinquième Section, Correspondance".

vez, que o caso de Racine seja um caso extremo, tal o modo com que soube manter a tensão, em sua produção dramática, entre uma intensa poesia pessoal e os modelos de que se apropriava, mas não que fosse um caso isolado.

Na verdade, pela leitura dos textos recolhidos neste livro, o leitor pode verificar de que maneira é íntima a relação entre a obra de poesia ou de arte e a reflexão sobre ela. Mais ainda: os três textos que dão, por assim dizer, um substrato cultural amplo ao livro, isto é, o de Giselle Beiguelman, que busca traçar um quadro histórico pela discussão dos conceitos clássicos de ciência, natureza e fé, o de Vera Felício, que discute o paradigma da razão clássica, e o texto admirável de Franklin Leopoldo, que discute as dimensões filosóficas do classicismo, oferecem ao leitor as razões básicas para que não possa, na apreciação das diversas atividades artísticas desenvolvidas pelo classicismo, desvincular as formas de arte daqueles fundamentos ideológicos que alimentavam as reflexões sobre o homem e a mulher novos que surgiam das ruínas recuperadas pela curiosidade do classicismo.

Sendo assim, a volta aos antigos, sendo o resultado de um movimento de pesquisa generalizada pelo passado que pudesse explicar ou esclarecer o presente, ao mesmo tempo que impregna toda a decisão pessoal de criação artística, imprime um sentido de pesquisa e experimentação (ainda que tentadas por entre os limites dos modelos e das regras, como é, sobretudo, o caso exemplar de Racine) que é, em grande parte, responsável pelos melhores momentos de criação artística.

Deste modo, é precisamente a tensão entre os elementos de imitação, surgidos por força daquela pesquisa generalizada, e a criação de espaços para a ruptura com os modelos, que era resultado do próprio processo de imitação (o desejo de imitar dando como resultado o da emulação criativa), que confere ao classicismo a sua singularidade estilística mais recôndita.

De fato, é esse sentido de pesquisa e experimentação, fundado na prevalência de uma razão que instaura a desconfiança com relação aos dados do mundo sensível (marca, como se sabe, das dicotomias fundamentais da razão cartesiana), que, em grande parte, responde pela existência de um intervalo entre a criação e sua consciência. É o que se pode ler num dos trechos iniciais do ensaio de Giselle Beiguelman:

> A razão clássica é abstracionista. O conhecimento que se faz em seu nome e sob seus princípios é mediado por teorias e técnicas de experimentação que se interpõem entre o observador e o que ele observa. Nela, nada se justifica pela percepção de um objeto sensível, nem pela intuição intelectual de uma essência. Tudo é fruto de uma abstração, que introduz uma ruptura entre o inteligível e o imediatamente visível. Isso porque seu próprio objeto de conhecimento é distinto. Não tem suas características pertinentes definidas pelo que é perceptível, mas sim pelo que é mensurável.

Mas, se é possível afirmar, deste modo, o grau extremo de abstração da razão clássica se pensada em sua operacionalidade experimental, e o texto de Vera Felício se encarrega de traçar o quadro amplo das transformações sofridas pelo próprio conceito e suas relações, por outro lado, é também possível pensar que, na esfera das artes, naquilo que se chama propriamente de classicismo, a busca é precisamente pela superação daquele intervalo criado entre o inteligível e o sensível: todo o método de Leonardo da Vinci, como bem viu Paul Valéry[8], parece girar em torno dessa aporia fundamental que, por sua vez, encontrava um respaldo experimentalista na capacidade de inventor do grande gênio universal.

Neste sentido, é de importância fundamental a leitura do último item do ensaio de Franklin Leopoldo, aquele intitulado "Arte e Verdade". Diz ele:

> Assim como a racionalidade não se opõe à fé, também a razão não se opõe à beleza. Os autores do século XVII podiam invocar a favor desta relação o testemunho insigne de Platão: aquele que ama o objeto belo, ama nele a Beleza manifestada nas formas sensíveis, mas o objeto será belo e apreciável na medida de sua proporção com o inteligível, que a alma pode contemplar. Isto pode ser interpretado como uma trajetória do particular contingente e aparente, no qual algo de belo se

8. Cf. Paul Valéry, *Introdução ao Método de Leonardo da Vinci*, in *Variedades*, pp. 137-166.

manifesta, à verdade da beleza, àquilo que faz belos todos os objetos que apreciamos assim. Esta identificação entre Verdade e Beleza, que para os antigos se dava como contemplação, aparece para o racionalismo clássico como uma espécie de equivalência entre gosto e teoria. De que maneira tal equivalência é pensada? A partir de regras que determinam o objeto como belo. A conseqüência disto é que tanto a identificação platônica entre verdade e beleza quanto os comentários que Aristóteles faz na Poética a respeito da tragédia e da poesia passam a ser entendidos não apenas como descrição de atitudes humanas diante da arte – como provavelmente eram – mas sobretudo como prescrições. Assim como a verdade se manifesta através de regras universais de evidência, assim também a beleza aparece como fruto de determinações, que muitas vezes não seria exagerado chamar de conceituais.

O que Franklin Leopoldo chama de "equivalência entre o gosto e a teoria, pensada a partir de regras que determinam o objeto como belo", não é mais do que a superação daquela ruptura entre o inteligível e o imediatamente visível, que está no texto de Beiguelman. A teoria do gosto, aqui germinada e que se desenvolverá até a sua cristalização na formação de uma Estética no século XVIII, é também um gosto pela teoria que se, por um lado, deve muito ao apego às prescrições aristotélicas, como observa Franklin Leopoldo, por outro lado, no entanto, indicia a indissolubilidade que passa a existir entre a criação artística e a própria consciência de sua realização.

Na verdade, em todas as formas de arte aqui estudadas – as artes plásticas, a música, a arquitetura, a dramaturgia, a cenografia e a literatura –, é possível rastrear aquela "equivalência" referida por Franklin Leopoldo. A opção por uma pluralização da arte clássica como está, por exemplo, no texto de Annateresa Fabris, quando, ao término de seu ensaio, fala de artes clássicas na difícil relação entre o que chama de "mito da arte clássica" e sua "fruição", recupera, por assim dizer, a aporia fundante do classicismo, qual seja, a tensão entre criação e re-criação, entre expressão individual e submissão aos modelos da tradição, enfim, entre gosto e teoria. Diz a autora:

Enquanto o mito da arte clássica permanece intacto, sua fruição é móvel, difícil de ser abarcada numa só visada. A arte clássica, apesar de propor a repetição e a imitação, é uma invenção sempre contigente, mascara freqüentemente contradições profundas dos momentos que a elegem como parâmetro, incitando-nos a buscar a história oculta, o avesso da ordem e da harmonia, o que é reprimido e silenciado pela vontade racional.

A arte clássica gera, portanto, as artes clássicas, aqueles plurais movidos pela utopia de um momento perfeito, que tentam superar a história num esforço que só faz evidenciar a sua temporalidade, sua busca de uma verdade ficcional, reconstruída a cada momento a partir das pulsões de um presente problemático e repleto de contradições.

Mas, se isto ocorre na relação entre a obra e aquele que a experimenta, é possível pensar em algo semelhante no momento anterior, isto é, na passagem entre o artista e a criação da obra quando, impelido pela imitação, cerceado pelos modelos e debatendo-se por entre normas e regras estritas, o artista experimenta e pesquisa as possibilidades da expressão pessoal. Daí a proliferação de poéticas pessoais que discutem, discordam ou se ajustam às poéticas e retóricas da tradição. E se este fenômeno é mais facilmente reconhecível no caso das artes literárias, seja a poesia, seja a dramaturgia, e basta ler os substanciosos ensaios de Aguinaldo José Gonçalves e João Roberto Faria para se ter uma idéia aproximada de sua dimensão, não é menos verdade do que no caso da música, por exemplo, quando a passagem dos esquemas de composição de poéticas como as de J. S. Bach ou D. Scarlatti para as de um Mozart e Beethoven envolve não apenas questionamentos no plano das relações políticas e sociais, mas na esfera da própria expressão pessoal. É o que se lê no denso e sugestivo ensaio de Eduardo Seincman. Diz ele:

Se J. S. Bach e D. Scarlatti, cronologicamente já tão próximos de Mozart, adotavam uma postura de completa submissão perante o mecenato aristocrático, o mesmo já não ocorre, na mesma intensidade, com Mozart ou Beethoven. É que no Iluminismo, no plano das relações sociais, o *questionamento* resultará em um ceticismo quanto ao *status quo* estabelecido; e, no plano da individualidade e da subjetividade, este questionamento irá adentrar a visão estética fazendo com que a linguagem se debruce e comente o seu próprio discurso, gerando ambigüidades que produzem o inesperado e o chiste. A presença destas contradições fazem aflorar o inconsciente no âmbito do consciente, e submetem o texto musical a um movimento de "afirmação de negações" que o torna descontínuo por excelência.

É o segundo questionamento que é de grande importância para aquilo que venho enfatizando: a linguagem que se debruça e comenta o seu próprio discurso, ao mesmo tempo que sinaliza o grau de consciência que intervém na criação artística, e Seincman chega a falar em inconsciente que aflora no âmbito do consciente, cria o espaço decisivo para a percepção da obra artística enquanto construção. E afirma ainda Eduardo Seincman:

> O classicismo nos revela, pois, de maneira absolutamente clara, que a forma musical não é, propriamente, um dado da realidade, mas uma construção que o ouvinte realiza constantemente, ao organizar e separar a música em estados que ora se opõem, ora se complementam.

Esse sentido da construção é acentuado, por exemplo, na belíssima análise que o ensaísta faz do *allegro*-de-sonata nas relações com a fuga, usando para isto um texto musical de Mozart, enfatizando a importância dos espaços de intervalo que obrigam o ouvinte a uma percepção temática das transições. Eis um trecho de sua análise:

> Inicia-se, portanto, no classicismo, um novo processo de recepção do fenômeno musical em que os temas, apesar de serem "entidades" e se comportarem enquanto tais, na consciência, têm sua valoração até certo ponto relativizada, pois há um deslocamento do foco de atenção dos temas, para aquilo que se interpõe entre eles. Muitas vezes, estas transições acabam por gerar novas entidades temáticas, ou, dependendo do seu grau de importância, elas próprias se cristalizam como eventos datados e significativos, perdendo, inclusive, o perfil de elemento puramente conectivo. Neste caso, as pontes e transições, em geral, transmutam-se em verdadeiros "devaneios" harmônico-melódicos que já não estão em uma função subsidiária ou secundária com relação aos temas – ao contrário, passam a constituir, com eles, uma poderosa arma expressiva e dramática. Isto explica a grande quantidade de melodias de que Mozart se utiliza em suas obras, como em muitos de seus concertos para piano.

Na verdade, é aquela volta para o próprio discurso do texto anterior que desencadeia este novo modo de relacionamento entre o texto musical e o ouvinte, obrigando-o a perceber cada fragmento de uma construção que se sabe tal pelo próprio criador. É o que se pode ler no trecho seguinte:

> [...] esta ênfase na escuta daquilo que é transitório torna-se um fato da maior importância: tal como ocorrera na pintura do século XVI, em que as figuras dos retratos eram despidas a fim de se mostrar as articulações do corpo, a música do classicismo mostra, desnuda e desenvolve suas estruturas articulatórias, obrigando o ouvinte a participar, assim, de cada detalhe da composição, por menor que ele seja. Estes momentos e movimentos transitórios representam, no fundo, as mudanças de estado do ser humano, com suas inquietudes, instabilidades, incertezas, ambigüidades – tudo aquilo que não é o certo, o ponto de chegada, o definitivo, mas o próprio tatear a passagem de um estado a outro: o situar-se "entre", assumindo e tornando, momentaneamente, perene, a própria *durée* e as conseqüências de não poder ser mais aquilo que já se foi, e não ser, ainda, aquilo que poderá vir a ser.

Por isso, é possível dizer com o grande crítico e historiador da música que é Charles Rosen, tal como vem transcrito na última frase do ensaio de Seincman, que o estilo clássico "não foi tanto a realização de um ideal, mas a reconciliação dos ideais em conflito dentro de um equilíbrio ótimo".

De fato, é esta sensibilidade para com a insegurança e a instabilidade que estão nas configurações mais íntimas do classicismo, apenas e só superficialmente um estilo da ordem e do equilíbrio absolutos, que faz da leitura dos ensaios aqui reunidos uma aventura intelectual muito rica e desafiadora. Leia-se com atenção, por exemplo, os dois textos que, de mais perto, tratam de questões relacionadas às artes literárias: o de Aguinaldo José Gonçalves e o de João Roberto Faria.

No primeiro, o classicismo aparece, sobretudo, como um longo período literário. Diz o autor, logo no início de seu ensaio:

> Clássico é o nome que se confere ao período que abrange os séculos XVI, XVII e XVIII, correspondendo, genericamente, ao Renascimento, barroco e neoclassicismo. Trata-se de um movimento artístico e literário muito extenso, com uma efervescência cultural e literária grande e diversa que não pode ser considerada de forma tão homogênea.

E esse tipo de larga compreensão histórica, afirmada com uma tranqüilidade de decisão didática, faz com que o ensaio termine por assumir uma complexidade crítica e histórica muito ricas, a partir mesmo da busca por invariantes que, nas diferentes épocas, vão se afirmando como caracterizadoras dos diversos estilos clássicos. É, mais uma vez, e para lembrar o que está no texto citado de Annateresa Fabris, o fenômeno da pluralidade.

Deste modo, se é possível arrolar, com relativa sistematização, invariáveis clássicas de estilo no século XVII, dada a aceitação generalizada das prescrições aristotélicas e horacianas, o mesmo não se pode dizer do que ocorre no século XVIII, ou mesmo nas rupturas barroquizantes que permeiam o próprio século de Luís XIV. Neste sentido, aliás, é exemplar o modo pelo qual o autor passa em revista o desenvolvimento da idéia do clássico na literatura européia, armando um esquema maior para, dentro dele, apreender, na última parte do ensaio, o fenômeno do classicismo na literatura luso-brasileira do século XVIII, sobretudo pela leitura de uma passagem do poema Uraguai, de Basílio da Gama, e de uma das liras de Tomás Antônio Gonzaga.

O que domina o ensaio, entretanto, é, mais uma vez, o modo tateante de quem sabe estar correndo o risco das afirmações taxativas e que não corresponderão ao que há de cambiante e fugitivo nas passagens entre estilos, épocas e literaturas nacionais.

Por outro lado, convocando para o seu discurso crítico-literário os dados de uma experiência pessoal com outras artes, sobretudo as plásticas, Aguinaldo José Gonçalves sabe ler a intensidade daquelas passagens ou pontes, ou intervalos, para lembrar o texto de Seincman, com que são construídos os volumes temáticos e formais das obras mais representativas do classicismo literário.

Da mesma maneira, o ensaio de João Roberto Faria, embora muito didaticamente percorra as conceituações do clássico no teatro, sobretudo como ficaram fixadas nas poesias dramáticas e nas poéticas individuais do século XVII, assume as crispações das passagens e as vertigens das tensões entre regras normativas e expressões individualizadas, sabendo, portanto, indicar os limites das próprias conceituações.

Neste sentido, é de uma grande clareza, no texto do autor, o movimento que vai da afirmação dos princípios da poética clássica, tal como eles eram traduzidos nos textos dramáticos, até a sua contínua dissolução, decorrente de pressões individuais e de época, alcançando o surgimento das primeiras dissenções românticas.

É um mérito do ensaio de João Roberto Faria, por exemplo, e decorrente, sem dúvida, de sua sensibilidade para com o instável e a mudança, o fato de saber qualificar a importância e a qualidade da dramaturgia de Cor-neille, assim como aquilo que o texto dramático de Voltaire trazia como elementos de passagem para o novo século e o novo estilo que se iniciava com o manifesto do Hernani.

Por todos os textos deste livro, portanto, mesmo naqueles três onde é mais forte o teor histórico – como os de Silvana Garcia sobre a cenografia e a encenação, o de Fernanda Fernandes sobre arquitetura e o de Lauro Machado Coelho sobre música –, passa a percepção fundamental de que um estilo artístico, sobretudo um estilo de longa duração como o clássico, nunca é apenas aquilo que as suas poéticas prescrevem ou que a história registra como suas características mais gerais, fato que se evidencia também nos efeitos desta maneira de formar na linguagem da moda, pela pertinente leitura que Ana Claudia de Oliveira e Kathia Castilho Cunha dela fazem em seu estudo do tema.

Neste sentido, as ricas informações sobre as construções teatrais e espaços cenográficos, que estão na primeira parte do ensaio de Silvana Garcia, "Edifícios e cenografias", vinculam-se, de modo bastante adequado, às reflexões que empreende acerca de modos diversos de atuação dos atores do classicismo, tal como está na segunda parte do ensaio, "O ator e a cena", indicando ajustes e desajustes de representação que convergem para aquela percepção fundamental mencionada.

Da mesma maneira, no texto de Fernanda Fernandes, as abundantes informações sobre a arquitetura clássica, quer aquela advinda da imediata recuperação dos antigos, quer aquela transformada pelas novas situações históricas – e o seu ensaio é rico ao examinar as transformações estilísticas do século XVIII –, não deixam de fora o registro da mobilidade e da pluralidade.

Finalmente, o texto de Lauro Machado Coelho, buscando situar a música no espaço do classicismo, com ricas informações das variantes históricas e biográficas, não deixa de acentuar o modo pelo qual as passagens estilísticas de um compositor para outro foram sendo dadas em consonância com o movimento cultural mais amplo e nem sempre obedecendo à uma linearidade histórica ou mesmo cronológica. Daí a primeira afirmação de seu texto, chamando a atenção para os perigos que representa uma visão cronológica excessivamente estreita, como aquela de buscar marcar os inícios do classicismo na música a partir da morte de Bach em 1750, quando, como diz ou autor, "no coração da última fase do barroco, em Couperin, Albinoni e, sobretudo, Vivaldi, já encontraremos elementos que nos ajudarão a compreender a música composta na plenitude do período dito clássico".

Sendo artístico, o estilo implica divergências e convergências, movimentos de expansão ou retraimento, pontos de densidade ou de fuga, cujas inscrições temporais e espaciais ou são rasuradas pela descontinuidade ou perenizadas pela resistência com que a linguagem individual do criador soube instaurar as relações mais duradouras entre significantes e significados.

Relações que são lidas e relidas pelas sucessivas gerações de leitores, apreciadores ou ouvintes – os verdadeiros concretizadores daqueles intervalos que são os verdadeiros tempos das obras.

Leitores, apreciadores ou ouvintes que, com a publicação de mais este volume da coleção Stylus, que faz companhia aos indispensáveis, e já publicados, *Modernismo, Romantismo* e *Barroco* (para não mencionar aqueles de autores individuais que compreendem o *Maneirismo*, *Do Rococó ao Cubismo*, *Simbolismo*, o *Grotesco*, os *Estudos sobre o Barroco* e *Renascença e Barroco*), têm a oportunidade da mais intensa concretização: aquela que se realiza por entre a informação histórica confiável e a reflexão destemida sobre a própria história dos estilos artísticos.

1. A RAZÃO CLÁSSICA

Vera Lúcia Felício

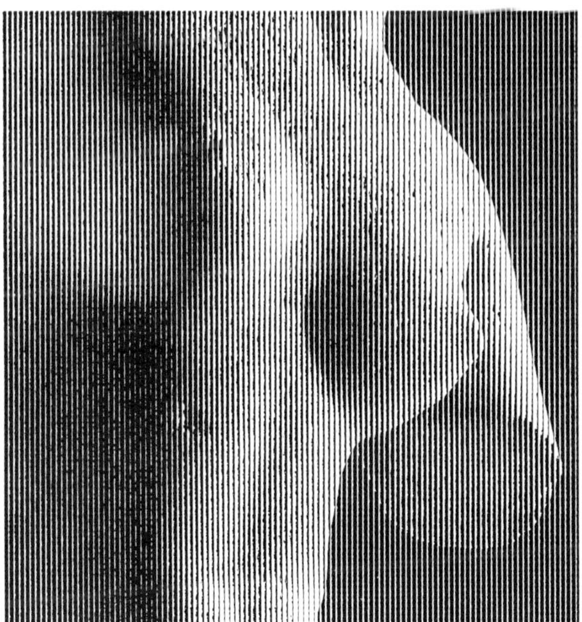

De origem greco-latina, o termo Razão, etimologicamente, atém-se à raiz do grego antigo: *Logos* (Λογοε), cujo sentido originário é: "ligar, unir", e à raiz latina: *Ratio*, cujo sentido é: "calcular, contar" e que participa de *Reor*: "pensar". Ainda, em grego, o termo *Logos* significa: palavra (fala), Razão, assim como a relação matemática exata de duas grandezas. Em suma, a Razão, para os gregos antigos, liga-se às atividades fundamentais da inteligência.

No mundo helênico, pode-se dizer que a Razão preenche três funções. Inicialmente, função do pensamento correto, da ciência (conhecimento), a Razão opõe-se ao ilusório, ao conhecimento mais imediato que provém dos sentidos. A Razão é fonte do Universal, exigindo um encadeamento de justificações. É assim que, apesar das diferenças, Sócrates, Platão, Aristóteles e os estóicos podem ser colocados no mesmo espaço. Para toda essa plêiade de pensadores helênicos, é a Razão que nos permitirá um conhecimento autêntico e verificado, fazendo-nos ultrapassar as aparências rumo às essências ou realidades primeiras. Estamos no espaço da metafísica clássica.

Enquanto função do pensamento correto a Razão comporta graus: a Razão intuitiva e a Razão discursiva. A primeira (Razão intuitiva) é a que apreende as verdades ou percebe as essências diretamente, sem que haja necessidade de demonstrações. É uma evidência imediata da Razão. A segunda (Razão discursiva) constitui-se no discurso interior da alma consigo mesma, como o assinalará Platão em seu texto *Sofista*[1]. É assim que, para este mesmo pensador, a poesia, o amor e a adivinhação são três formas da inspiração e fazem parte do delírio, aproximando-se, no entanto, da Razão intuitiva. Por sua vez, a estreita ligação entre a Razão discursiva e a linguagem favorecerá uma interpretação inteiramente verbal do racional.

E, finalmente, a Razão não se reduz, para os Antigos, a ser somente uma função de conhecimento, mas, segundo Aristóteles, é uma reflexão (δια νολα), uma verdade, que se ligam à ação[2]. Ou seja, a Razão refere-se à prática, concebida enquanto prudência e sabedoria. O homem é prudente na medida em que, ao seguir os cálculos da Razão, realiza o que há de melhor. É a célebre regra que nos incita a procurar em tudo o justo meio que nos dá a virtude; a Razão é equilíbrio, distanciamento dos extremos que nos mergulham nos vícios. Portanto, segundo Aristóteles, ser racional em seus atos é ser prudente e, por conseguinte, é ser virtuoso:

> Como dissemos anteriormente que se deve preferir o meio-termo e não o excesso ou a falta, e que o meio-termo é determinado pelos ditames da reta razão, [...] há um padrão que determina os estados medianos que dizemos serem os meios-termos entre o excesso e a falta, e que estão em consonância com a reta razão...[3]

Para o pensador Sócrates, o mal identifica-se ao irracional, pois o homem somente pratica o mal por ignorância. O homem virtuoso exercita-se na Razão: "Conhece-te a ti mesmo" e, para tal, Sócrates propõe chamar seu método de "maiêutica", isto é, fazer vir à luz, análogo ao trabalho de sua mãe que era parteira.

Joguemos um foco de luz na visão de mundo platônica e vejamos em que medida este pensador aparece ligado à tradição filosófica racionalista.

A Razão está intrinsecamente ligada, para este pensador, ao nascimento do próprio filosofar, que é um ato de conhecimento. As diversas concepções que nadavam à sua volta apareciam a Platão ligadas ao "dizer" que visava convencer o outro através de uma retórica eficaz, que exercia uma violência sobre este outro, sendo, por isto mesmo, ilegítima. Ora, segundo Platão, tratava-se de elaborar, em face dos diferentes discursos disparatados, um discurso legítimo, critério da opinião e da conduta de cada um. Para tal, o método proposto é a dialética, o Diálogo, isto é, o afrontamento de duas opiniões entre dois interlocutores, culminando numa situação sem saída, fazendo daí surgir um novo tipo de fala, de onde nasce nova conceituação da Idéia Universal (Essência), e assim por diante. Segundo François Châtelet[4], Platão ensina-nos que o dialogar não é para dizer (falar), mas para fazer com que o outro sinta pouco a pouco o vazio de seu discurso. A verdade é um processo, uma pesquisa racional. É da tensão entre a impossibilidade e a necessidade de falar, da questão colocada por quem sabe que nada sabe a quem crê saber mas que, agora, sabe que nada mais sabe, que nasce uma solução. Esse método, utilizado por Platão, provém de Sócrates.

A Dialética platônica deixa falar a contradição no discurso dos interlocutores, fazendo emergir uma outra realidade, que está presente em cada um, mas que não se reduz a nenhum dos dois, e que é o próprio discurso. Este é o desenrolar da própria Razão que justifica e se legitima através de nosso discurso. O pensamento deve

1. Cf. *Platão*, col. Os Pensadores, São Paulo, Abril, 1983.

2. Cf. Aristóteles, *Ética a Nicômaco*, Livro VI, II.

3. Cf. *Aristóteles*, col. Os Pensadores, São Paulo, Abril, 1984, LVI, 1, p. 141.

4. Cf. *Platon*, Col. Idées, NRF, p. 24.

passar obrigatoriamente por esta mediação, assegurando sua verdade enquanto prova ser Universal e, para tal, funda-se perante o olhar de toda contestação de um interlocutor possível.

A Razão é critério e juiz, fundamento da civilização helênica, da qual ainda participamos em muitas esferas do mundo ocidental. É assim que o nosso universo científico, técnico e administrativo é o eco desse princípio de racionalidade da filosofia platônica. E embora desde o século IV a.C. a Razão tenha sofrido profundas mudanças, ela se enriqueceu no classicismo, nos séculos XVII e XVIII (Ilustração), com procedimentos próprios da experimentação da física (ciência físico-matemática de Newton), submetendo-se ao princípio da Razão suficiente, que se reporta a Platão. É assim que Châtelet[5] chama nossa atenção para nos dizer que coube a Platão elaborar a lógica da Razão e, à nossa civilização industrial, organizar a prática desta. E, ainda que os irracionalistas o critiquem, como ponto de referência sua filosofia racionalista nos é indispensável. Olhemos mais de perto o seu universo de pensamento.

Ao conceber o mundo perfeito das Idéias ou Essências que são Universais, Reais e Gerais, a Verdade, o Bem e o Belo aparecem como Essências existentes em si, independentes das coisas do intelecto humano, ligadas a um método de pesquisa de índole matemática e, portanto, racional. Como já dizia Sócrates, pensar como geômetra é colocar um princípio, aceitando como verdadeiro o que está em consonância com este, rejeitando o que com ele está em desacordo. Ser racional é propor hipóteses e delas extrair conseqüências lógicas. Platão propõe remontar dos problemas a serem resolvidos ou das coisas a serem explicadas à hipótese explicativa (condição), estabelecendo uma conseqüência lógica entre ambos. As idéias, que são causas inteligíveis do que os sentidos apreendem, remetem a outras hipóteses que condicionam a hipótese inicial. O racionalismo platônico construir-se-á como jogo de hipóteses interligadas. Distante do ceticismo e relativismo dos sofistas, Platão deseja o encontro com o Absoluto, fundamento da Verdade, opondo-a ao erro e à ilusão, além de visar a uma condição incondicionada para o conhecimento. É seu ponto não apenas de partida, porém o objetivo a ser alcançado. Todavia, será apenas viajando no espaço do possível que aí há de chegar, pois o Absoluto está além das últimas hipóteses.

Nos primeiros diálogos da fase socrática, Platão visava alcançar o Uno e o Idêntico: as Essências (*eidos*) que estariam por trás das Aparências. Ao perguntar pelo conceito de coragem, por exemplo, essa Essência, essa Idéia, esse Mesmo que existiria em si e por si, de modo autônomo, e que existiria em várias atitudes tidas como corajosas, particulares, Platão utiliza-se da visão intelectual para chegar à Forma visível (figuras, modelos geométricos dos pitagóricos). A procura do Mesmo visava chegar a algo comum no plano da significação das palavras. Esses diálogos não eram conclusivos; pelo contrário, os problemas eram enriquecidos e questionados, apontando para a debilidade ou parcialidade das perspectivas confrontadas. Segundo Platão, a Dialética não se refere apenas à consciência dos interlocutores, como em Sócrates, mas, apoiando-se em recursos matemáticos, num método teórico e impessoal, ela se atém aos próprios problemas. A racionalidade do método constitui-se na pesquisa da interligação entre as idéias, arte das medidas e das proporções.

A pesquisa dos pré-socráticos de um princípio originário (*arquê*), na busca das origens, horizontal, é substituído por Platão pela perspectiva vertical e ascendente a fim de atingir as Idéias, causas intemporais dos objetos sensíveis. É assim que um objeto é belo somente porque há um Belo pleno, Essência, Idéia autônoma, há no mundo das Idéias, que fundamentaria todos os casos e graus particulares de beleza: "[...] o que torna belo um objeto é a existência daquele belo em si, de qualquer modo que se faça a sua comunicação com este [...] tudo o que é belo é belo em virtude

5. Cf. *op. cit.*, p. 25.

do Belo em si"[6]. As Idéias ou Formas constituem-se enquanto causas inteligíveis dos objetos físicos. Sendo reais, eternas e sempre idênticas a si mesmas, escapam à corrosão do tempo em oposição à matéria e ao devir corruptíveis. As Essências ou Idéias, perfeitas e imutáveis, são os modelos dos quais as coisas materiais seriam apenas sombras, simulacros, cópias transitórias e imperfeitas dos tipos ideais.

O pressuposto racionalista do pensamento platônico assenta-se no caráter inato do conhecimento que é racional, inteligível, na medida em que o conhecimento das Idéias incorpóreas antecede o conhecimento ilusório que provém dos sentidos. É assim que, através da teoria da Reminiscência, a tarefa da Razão seria a de fazer o homem relembrar-se das Idéias que a alma contemplara, antes do nascimento, enquanto acompanhava o cortejo dos deuses. E, embora o homem não tenha mais o contato direto com as Essências incorpóreas perante os objetos sensíveis, cópias imperfeitas daquelas, ele pode ir recuperando, gradativamente, o conhecimento das Idéias. É a partir dessa alegoria que se pode explicar o mundo físico de modo inteligível.

O objeto refere-se sempre a um padrão absoluto; nesse sentido, há um processo ascendente do sensível ao inteligível, embora em seu texto *Timeu* Platão nos fale de uma Dialética descendente, que vincula o inteligível ao sensível. A relação entre as Formas e os objetos físicos correspondentes é possível através da noção de participação e de imitação, embora o que permaneça seja o princípio da transcendência das Idéias.

A mimesis, ou doutrina platônica da imitação, ligase à metafísica; os objetos físicos, múltiplos e perecíveis, são cópias imperfeitas das Essências incorpóreas e eternas. O mundo sensível apareceria, na cosmogonia do *Timeu*, como uma imitação do mundo inteligível. A arte divina teria produzido as obras da natureza e as imagens dessas obras seriam análogas a seus reflexos feitos pelo fogo numa parede, como nos apresenta Platão no mito da caverna. E, se o objeto natural imita a Idéia correspondente, a arte é imitação da imitação, estando, pois, dois graus abaixo da realidade. Não há concepção do Belo artístico autônomo; a noção de Belo está íntima e integralmente inserida na metafísica. A relação cópia-modelo que explica a relação sensível-inteligível reaparece na estética platônica. É assim que os artistas são expulsos da cidade-Estado grega, pois os poetas, na República, fazem simulacros com simulacros, afastados da Verdade. E, no caso das artes plásticas, a perspectiva era recusada por Platão, pois esta contribuía para evidenciar a ilusão de realidade. A arte imitativa mostrava-se enquanto cópia dos objetos e não enquanto realidade; ou, por outra via, segundo Platão, deveriam as artes plásticas tentar reproduzir as Formas ou Essências incorpóreas, estas, sim, a verdadeira realidade.

O aspecto racional reaparece no texto *A República*, através da noção de uma divisão racional do trabalho. Ao fazer parte da Cidade, o indivíduo, tornado Cidadão, deveria ser justo, cumprindo sua função social específica: artesão, soldado ou guardião. A Cidade ideal deveria ser confiada à legislação dos reis-filósofos, que passariam, necessariamente, por uma formação (pedagogia) Dialética, a fim de poder atingir o conhecimento das Idéias, elevando-se até à Idéia suprema do Bem.

O processo de conhecimento, racionalista, vai das sombras (mundo sensível ilusório), passando pelos objetos sensíveis (*pistis*, crença), ambos pertencentes ao nível da *doxa* (opinião), até à certeza do conhecimento, que só pode ser proveniente de uma demonstração racional, na esfera do conhecimento inteligível, que nos leva à ciência (*episteme*) Nesse mundo inteligível, o primeiro nível de conhecimento é nos fornecido pela *diânoia*, que é o conhecimento discursivo e mediatizador, estabelecendo ligações racionais e cujo modelo se encontra nas matemáticas. Essa idéia, por sua vez, de que o conhecimento do mundo físico deverá ser construído com o instrumental das matemáticas, estender-se-á, posteriormen-

6. Cf. *Platão*, "Fedon", Col. Os Pensadores, p. 107.

te, ao Renascimento. Mas as matemáticas, segundo Platão, são ainda uma forma de inteligibilidade primeira, porém ligadas ao nível sensível. Os conhecimentos matemáticos devem ser ultrapassados em direção à evidência puramente intelectual: *nôesis* das idéias, à dialética, que passa a funcionar como uma "metamatemática" no campo das Formas. E, finalmente, a Idéia suprema, que é a do Bem, no topo do mundo das Idéias, fundamentaria todo o universo das Essências puras e incorpóreas. O Bem, análogo à função do Sol, no plano sensível, é o princípio de realidade que dá essência e existência às coisas, embora seja o Absoluto indefinível; dele há, apenas, aproximação. O prisioneiro liberto de suas correntes, na alegoria da caverna, reconhecendo o engano de ter como reais os reflexos de simulacros que surgem quando ele e seus colegas estão postos na frente de um fogo artificial, sai da caverna, onde se encontrava preso juntamente com os demais, e começa a contemplar a verdadeira realidade, até chegar a olhar diretamente o Sol (Bem), fonte da mesma, pura luz. Na *República* o filósofo político deverá ser um instrumento de libertação das consciências e de procura da Verdade aliada à justiça social, enquanto no texto de *O Banquete* a ascese ao mundo das Idéias é Erótica (ligada a Eros). É este último que, analogamente às entidades matemáticas, dirige a ascese através da atração que a beleza dos corpos produz nos sentimentos, reenviando à contemplação do Belo em si, ligado ao Bem supremo: "o que é bela e corretamente feito fica belo, o que não o é fica feio. Assim é que o amar, o Amor não todo ele belo e digno de ser louvado, mas apenas o que leva a amar belamente"[7]. Eis o racional platônico intrinsecamente ligado à concepção Metafísica.

Ao lado de Platão destaca-se outro pensador do mundo helênico: Aristóteles, que retém ainda a noção de mimesis na definição de arte, embora sob outra ótica.

7. Cf. *Platão*, Col. Os Pensadores, p. 15.

Se Platão considerou as Idéias entes reais, existentes em si e por si, constituindo o mundo inteligível, distinto do mundo sensível, respectivamente o mundo do ser das essências contraposto ao do não-ser, do fenômeno (*phainomenos*), concebendo as Idéias como transcendentes às coisas, existência e essência, para Aristóteles também continuam indissoluvelmente unidas, conforme já acontecia com Parmênides, embora as essências não sejam mais transcendentes às coisas, na visão aristotélica.

A participação (*metaxis*) referia-se, segundo Platão, à relação (participação) das coisas nas Idéias. O ser fenomênico das primeiras somente era possível devido à sua participação nas segundas. Portanto, embora cada coisa participasse da Idéia à qual correspondia, aquela era apenas uma cópia inferior ou imperfeita desta última.

Aristóteles, o Estagirita, polemiza com Platão a respeito da teoria das Idéias, inicialmente. Aristóteles considera desnecessária a concepção metafísica platônica do mundo das Idéias com o objetivo de dar a razão das coisas sensíveis, constituindo-se numa duplicação totalmente de todo inútil. Conseqüentemente, a separação estabelecida por Parmênides entre os dois mundos, o sensível e o inteligível, tornou-se insustentável segundo Aristóteles. Não há, para este último, mundo inteligível contraposto ao mundo sensível.

Uma segunda crítica a Platão feita por Aristóteles é a de que o número das Idéias tem ser infinito, pois, a partir da *metaxis* admitida por Platão, a interposição de uma Idéia para explicar a semelhança que existe entre duas coisas implica um número infinito de Idéias. E, por extensão, se há Idéias de cada coisa, deverá haver, também, Idéias das relações, na medida em que as percebemos intuitivamente entre as coisas. E, a este argumento, Aristóteles acrescenta outro: se há Idéias do positivo das coisas que são, terá de haver Idéias do negativo, das coisas que não são, que deixam de ser. Por exemplo, se há a Idéia da beleza, deverá haver a Idéia da fealdade; todavia, isto também duplicaria desnecessariamente o número de Idéias e, embora as Idéias em Platão sejam conceitos, definições hipostasiadas, se a *metaxis* fosse inteligível, daria a razão do que as coisas são, mas não explicaria como as coisas vêm a ser.

E, como última objeção de Aristóteles a Platão, o primeiro questiona o segundo quanto à transcendência das Idéias em sua teoria. Segundo Aristóteles, não há cisão entre as Idéias e as coisas – com Aristóteles elas descem do céu à terra. As Idéias passam, agora, a se fundirem no interior da mesma realidade sensível das coisas. Com isto, Aristóteles visa a desfazer a dualidade dos mundos sensível e inteligível, introduzindo a inteligibilidade no mundo sensível. A Idéia proveniente da intuição intelectual funde-se com a coisa percebida pelos sentidos numa unidade onde existência e essência não mais se separam. No entanto, apesar das críticas feitas por Aristóteles à teoria do mundo das Idéias de Platão e, por extensão, à sua ontologia, há pontos em comum entre ambos, o que permite situá-los no mesmo espaço da filosofia helênica. Ambos afirmam que o ser das coisas sensíveis é problemático; os sentidos, ligados à heterogeneidade do mundo, à mutiplicidade, não são o verdadeiro ser. Em segundo lugar, ambos visam a descobrir por trás das coisas sensíveis o eterno, o intemporal. No fundo, Aristóteles acabará por criticar a temporalidade e o movimento, como Platão, na linha de Parmênides, já o fizera.

Ao trazer as Idéias transcendentes da teoria platônica para a terra, fundindo-as com as coisas reais de nossa experiência sensível, Aristóteles parte, diferentemente de Platão, da coisa tal como é vista e sentida por nós, distinguindo nela três elementos: a substância, a essência e o acidente.

A substância tem, para Aristóteles, o sentido da unidade, que suporta todos os predicados da coisa. O *quid* ou substância (*substare*) é o que subsiste, o que jaz debaixo (*hipokeimenos*); a coisa da qual se predica tudo o que se pode predicar. A substância é o sujeito da proposição e do qual se diz algo, quando se afirma, por exemplo: Sócrates é mortal.

O segundo elemento apontado por Aristóteles é a essência, definida como soma dos predicados da substância. Por sua vez, estes predicados dividem-se em dois grupos: no primeiro estão os predicados que convêm à substância, mas sem os quais a substância não seria o que é; são a essência propriamente dita. No segundo grupo estão os predicados que, mesmo se alguns deles faltassem à substância, não fariam com que esta deixasse de ser o que é: são o acidente. A substância é, portanto, para Aristóteles, o sentido da totalidade da coisa, com seus caracteres essenciais e acidentais. Segundo Aristóteles, diferentemente de Platão, existem somente as substâncias individuais e não essências genéricas. É a experiência, segundo Aristóteles, que nos mostra as características particulares em cada uma das substâncias.

Assim como Aristóteles distingue na coisa a substância, a essência e o acidente, também fala de forma e matéria.

A matéria é aquilo de que algo é feito; por exemplo, um texto é composto de razões, palavras, sentimentos... Quanto à forma, ela é tomada por Aristóteles da geometria, ressignificando-a como aquilo que faz com que a coisa seja o que é, aquilo que reúne os elementos materiais no sentido da matéria, bem como o imaterial. A forma é o que confere unidade e sentido aos elementos materiais de um conjunto, confundindo-se com a essência.

Segundo Aristóteles, as formas das coisas não são casuais, pois cada coisa tem a forma que deve ter: é a forma que define a coisa, dando-lhe sentido, finalidade (*telos*). Por conseguinte, a definição de uma coisa contém sua finalidade e a forma dá-lhe um sentido, que é aquilo para que serve. Forma e matéria são imprescindíveis para o advento da coisa, num processo em que a forma se agrega à matéria informe. Por sua vez, a forma se constitui de características essenciais que levam a coisa a ser o que é, dando-lhe sentido, finalidade (*telos*).

Com isto Aristóteles imprime uma dinâmica, uma capacidade produtiva das Idéias que se fundiram ao mundo sensível na figura da forma. E, se esta última é o que dá à coisa sua inteligibilidade, seu sentido, Aristóteles conclui que todas as realidades existenciais no universo foram feitas por uma causa inteligente que pensou a forma, o *telos*, imprimindo a essência na matéria, culminando numa teleologia.

Ao falar sobre o ser, Aristóteles classifica-o segundo oito categorias: substância, quantidade, qualidade, relação, lugar, tempo, ação e paixão. E, em algumas passagens, acrescenta a posição e o estado. Essas categorias têm um sentido não apenas lógico mas também ontológico.

Quanto à estrutura da substância, que é o que existe em unidade indissolúvel não somente com sua essência, mas também com seus acidentes, há a matéria e a forma, indivisíveis na existência individual, que caracterizam a substância. Correspondendo ao par, forma-matéria, Aristóteles propõe outro par de conceitos: real e possível. Enquanto a matéria tem possibilidade, a forma imprime realidade; porém, a matéria só tem possibilidade na medida em que recebe forma. Analogamente, o real somente é real na medida em que provém do possível; e, deste, Aristóteles predica a não-contradição, pois o contraditório não é possível.

E, por fim, o par ato-potência também possui função análoga aos dois pares anteriores. Ao ato, Aristóteles faz corresponder o advento do ser e à potência, a matéria enquanto vir-a-ser. A relação é análoga entre o possível e o real, a matéria e a forma, o ato e a potência. No entanto, entre a matéria e a forma dá-se uma relação estática; entre o possível e o real a relação é lógica; e, enquanto a ausência de contradição define a possibilidade, a transformação em substância define a realidade; e, por fim, entre potência e ato a relação é dinâmica, referente à gênese ou ao vir- a- ser das coisas. Respectivamente, a substância se apresenta, segundo Aristóteles, sob três aspectos: ontológico e metafísico, como unidade existencial de forma e matéria; o segundo, lógico, no plano do possível e do real; e, o terceiro, genético, enquanto passagem da potência ao ato. A realidade é realização; a substância é formação e, o ato, atuação.

Ao falar da estrutura da realização, Aristóteles propõe a teoria das Quatro Causas: a material, a formal, a eficiente e a final. A causa material constitui aquilo de que é feita uma coisa; a causa formal constitui o que a coisa vai ser; a causa eficiente define aquilo com que é feita a coisa e, a causa final, aquilo para o qual é feita a coisa.

Segundo Aristóteles, o mundo sensível é, ao mesmo tempo, inteligível. As substâncias são e existem enquanto inteligíveis. Persiste no pensamento aristotélico o pressuposto parmenídico de que o ser é idêntico ao pensar e de que o ser é inteligível. E a inteligibilidade das coisas é possível porque Aristóteles admite um Deus que é puro pensamento, que, ao pensar seus próprios pensamentos, põe a inteligibilidade nas coisas.

Ao olharmos mais de perto a concepção adotada pelo Estagirita na arte, constatamos que ele conserva a noção de mimesis em sua definição. Através de seu texto da *Poética,* delimita a literatura enquanto seu objeto imediato e, no interior desta, a arte da invenção ou da composição, que abrange três gêneros: o épico, o trágico e o cômico. A música aparece somente como acessório da poesia, assim como as artes da representação e da rapsódia são acessórios essenciais das artes do drama e do gênero épico, respectivamente. A poesia lírica, incluindo a arquitetura e as artes decorativas menores, ficam fora da finalidade do tratado, havendo apenas algumas observações sobre as elas.

Aristóteles observa, ainda, que o ridículo é uma subdivisão do feio, sendo aquele o objeto da comédia, caindo, ainda assim, no interior da arte bela. E, conquanto a coisa copiada ou imitada seja desagradável, tem-se prazer estético na medida em que se vê a semelhança das coisas, podendo inferir-se o que cada coisa é através da mimesis.

Quanto ao simbolismo, Aristóteles nos diz que os temperamentos morais são atribuídos em sentido estrito apenas à música e à poesia, com exclusão explícita da relação entre a arte figurativa e as emoções espirituais. Os tons musicais e as palavras acompanhadas pela música contêm em si mesmos semelhanças (imitações) de temperamentos morais. E, por fim, a arte torna-se um corretivo da natureza, por ser uma imitação idealizada da realidade dada. Segundo Aristóteles: "O belo é aquele bem que é prazeroso porque é bem"[8]. Assim, a virtude está incluída na definição do belo; no entanto, o belo não se funda em motivos moralistas, pois a moral é considerada somente enquanto possui esplendor análogo à beleza dos sentidos.

Na *Poética*, Aristóteles nos define a tragédia, única forma de prazer mais elevado, como "uma representação (imitação) de uma ação nobre e completa em si, e de apreciável extensão, em linguagem de especial fascínio, que usa diferentes tipos de expressão nos diferentes papéis, executados por atores e não por meio da narração, e provocando, pelo estímulo da compaixão e do temor, o alívio (purificação) de emoções dessa índole". O objeto nobre qualifica o assunto que a tragédia compartilha com o gênero épico, diferentemente da comédia que compartilha com a sátira as formas do inferior, o feio. *Completa em si* refere-se à exigência de uma unidade orgânica de estrutura, *com princípio, meio e fim*, única forma de unidade estritamente requerida por Aristóteles. A *unidade de tempo* reporta-se à ação da tragédia regrada em um dia ou pouco mais; quanto à *unidade de lugar*, esta não é mencionada. Podendo-se apreender facilmente em suas partes e também como um todo, a *linguagem de especial fascínio* da tragédia refere-se ao ritmo e à melodia. *Executados por atores* distingue o drama do gênero épico. E, por fim, quanto ao *alívio*, este termo sendo o equivalente ao de "purificação", purgação (*catarsis*), há uma conversão da paixão ou da emoção em geral em disposições virtuosas. A purificação ou purgação indica uma ação sobre pessoas predispostas por empatia com a figura do herói, através dos sentimentos de compaixão e de temor, fazendo-as viver um processo análogo às orgias em que há um desregramento excessivo das emoções e um retorno à tranqüilidade, posteriormente. É por um efeito semelhante da música teatral, segundo Aristóteles, que há uma purgação e um alívio acompanhados de prazer.

8. Aristóteles, *Retórica*, 1390.

Na *Poética*[9], Aristóteles alude às leis do belo como necessariamente aplicáveis ao tratamento trágico da ação e diz que o enlace entre paixão e mundo, estabelecido no texto *da Retórica*, através da empatia do público com o herói trágico, é o essencial da emoção trágica, conduzindo ao prazer que é fruto da apresentação artística, por meio da imitação[10]. A função catártica da boa música (e da boa poesia) separa-se, por um lado, da educação, mas, por outro lado, não se distingue do prazer do entretenimento, que a própria música inferior proporciona a um tipo de público mais vulgar[11]. Em suma, se a emoção pode ser purgada na medida em que o espectador a ela se entrega, não se pode dizer que a emoção possa ser disciplinada com base em princípios moralistas.

O objeto da tragédia é o prazer, mas apenas o prazer da tragédia, que é uma forma de prazer estritamente limitado às condições expostas em sua definição. Se o prazer e a emoção são necessários, nunca deverão sê-lo às custas do caráter nobre; e, se o caráter nobre é necessário, jamais essa necessidade será satisfeita às custas do poder de estimular a emoção.

Aristóteles assinala seis elementos qualitativos da tragédia (*Poética*, 6, 7): três deles constituem o objeto representado, sendo eles a fábula ou trama, o caráter ou temperamento moral e a reflexão intelectual; dois constituem os meios de representação: a expressão lingüística e a música; e, por último, o modo de representação: a encenação que inclui, para o grego, as máscaras dos atores. A fábula ou composição dos incidentes é a vida da obra dramática, com os postulados de unidade já aludidos. Simples ou complexa, a fábula contém uma transição desde a felicidade, obtida graças a uma falha no comportamento do herói (*harmatia*), passando por uma reviravolta do caminho da felicidade à desgraça (*peripécia*), aliada à explicação e ao reconhecimento dessa falha enquanto tal (*anagnorisis*), terminando num desenlace

9. Cf. 7, 4.
10. *Poética*, 14, 3.
11. *Política*, 1341.

catastrófico (*catastrofe*). O *pathos*, também contido na fábula, define-se como um incidente desastroso ou doloroso. Por fim, toda tragédia pode ser dividida em um nó ou intriga (*trama*) e em desenlace ou solução. Quanto ao *ethos*, ligado ao traçado de caracteres, acaba por se aplicar a tipos de caráter ligados a uma conotação moral: serenidade, bondade e seus opostos, isto é, o *ethos* determina a que classe pertence a pessoa, classificando-a como boa ou má, no sentido de virtuosa ou não. Aristóteles nos diz que o mais importante destes elementos é a composição dos incidentes (a *trama* ou *fábula*). Com efeito, a tragédia é uma representação (imitação), não de homens e mulheres, mas de atos e da vida. Os atos estão expostos à boa ou má fortuna, e a finalidade do homem é sempre algum modo de atividade, não uma qualidade, mas o que o *ethos* determina são as qualidades das pessoas, ainda que a ação as faça felizes ou infelizes. Assim, os incidentes e a fábula são a finalidade da tragédia; e em tudo o mais importante é a finalidade[12].

A arte, segundo Aristóteles, por um lado, possui a faculdade de representar o não visto e a verdade mais profunda. Eticamente, o interesse da beleza não é identificado, ao menos totalmente, nem com as aspirações morais, nem tampouco apenas com as sensuais. Através do belo, esteticamente, explicitam-se os acontecimentos da vida em sua ligação essencial, cujas raízes estão fincadas no caráter humano. Por outro lado, a arte que realiza a beleza é definida como mimesis, o que faz Aristóteles compreender o movimento da natureza orgânica que se encaminha para o melhor, para um acabamento mais perfeito, inserindo ainda a arte no espaço não apenas de uma ética, mas também da metafísica.

É com Descartes (século XVI-XVII) que a Razão aparece como constitutiva do classicismo, ao mesmo tempo que é retomada a Razão dos Antigos, mas em um novo quadro de pensamento, o que a torna específica em sua configuração, ao mesmo tempo que insere Descartes na tradição dos racionalistas de que Platão já fazia parte.

12. *Poética*, 6.

O que caracteriza o racionalismo do método cartesiano é a ordem das razões alicerçada na metafísica, pois se a filosofia é o estudo da sabedoria, é necessário que seja este saber deduzido das causas primeiras. Se o "bom senso" é o que há de melhor partilhado entre todos os homens, a tarefa da filosofia cartesiana será a de libertar os homens dos pré-juízos (juízos prévios, pré-conceitos) a fim de atingirem um conhecimento seguro a respeito de tudo. O método ensina-nos a pensar justamente, aprendendo a conduzir corretamente o pensamentos a fim de chegarmos às verdades ignoradas. Raciocinar é raciocinar pela ordem das razões.

Fundamentado pela Metafísica, o método cartesiano procura delimitar como e até onde nosso entendimento pode funcionar bem, e como se pode chegar a certezas, se isto for possível. Descartes inicia esse caminho rumo ao conhecimento utilizando-se da Dúvida Hiperbólica e Generalizada, instrumento e não sistema, como é o caso dos céticos. A Dúvida Metódica cartesiana começa por questionar os conhecimentos originados nos sentidos, que são enganosos. Todavia, sendo a Dúvida radical, Hiperbólica, estende-se até as matemáticas, modelo de um saber seguro, dedutivo. Conseqüentemente, o que é indubitável é meu pensamento, dirá Descartes, ainda que me engane, pois pode haver um gênio maligno que me coloque no pensamento idéias falsas com a ilusão de serem verdadeiras, como é o caso das matemáticas. Instaura-se, neste momento, o modelo do pensamento claro e distinto, indubitável, o *cogito*: "Penso, logo existo", válido durante o tempo em que o sujeito o percebe. Com isto, Descartes torna possível a ciência. Num passo posterior, para que haja objetividade da ciência, Descartes, examinando suas *cogitationes* (suas idéias, pensamentos), chega até a idéia de Deus, que, devido à sua veracidade, por ser Absoluta, garante a objetividade de nossos pensamentos evidentes, isto é, as idéias claras e distintas, cujo modelo se encontra nas matemáticas (*Mathesis Universalis*). Revelado o critério das idéias claras e distintas pela luz natural (Razão), fundamentado na idéia de um ser perfeito, Deus, na qual essência e existência coincidem, o que exclui a hipótese de um Deus enganador, a ciência torna-se possível, desde que sigamos os preceitos do Método. Nesse sentido, o erro aparecerá a Descartes não como algo real, mas como decorrente do mau uso do livre-arbítrio do sujeito, que o estende para além dos limites do entendimento. O erro somente existe na medida em que o julgamento do sujeito não se atém ao entendimento. Se a liberdade se confundir com a Razão, ela se torna uma perfeição infinita.

Uma vez que as idéias matemáticas garantem a certeza objetiva das idéias claras e distintas, apoiada na existência de Deus, de que Descartes tem a preocupação de fornecer provas, o sujeito erra apenas quando não segue o bom Método, que é racional, ao seguir a ordem das razões, desviando-se ao mergulhar na confusão e nas sombras das idéias sensíveis:

> todas as vezes que retenho minha vontade nos limites de meu conhecimento, de tal modo que ela não formule juízo algum senão a respeito das coisas que lhe são clara e distintamente representadas pelo entendimento, não pode ocorrer que eu me engane; porque toda concepção clara e distinta é sem dúvida algo de real e de positivo, e portanto não pode ter sua origem no nada, mas deve ter necessariamente Deus como seu autor; Deus, digo, que sendo soberanamente perfeito, não pode ser causa de erro algum; e por conseguinte é preciso concluir que uma tal concepção ou um tal juízo é verdadeiro[13].

O racionalismo cartesiano pressupõe a distinção metafísica entre o corpo e a alma. Enquanto as idéias sensíveis dão ao sujeito apenas uma idéia confusa dos corpos existentes, o verdadeiro conhecimento destes últimos somente será possível quando se apreende o mundo físico através de um caráter geométrico, que nos dá o que há de claro e distinto na natureza. E, por sermos, no entanto, um composto de corpo e alma, a fim de atingirmos a verdade, nosso entendimento racional é o que nos impede de errar, tornando possível a retificação dos inevitáveis erros de nossos sentidos. Novamente a idéia da Razão como luz, que já aparecia em Platão, é retomada com Descartes, embora sob outra perspectiva.

O exercício das matemáticas (*Mathesis Universalis*) é preconizado por Descartes como paradigma da dedução rigorosa, modelo da racionalidade do classicismo, tornando-se exercício imediato do Método. As regras do Método aparecem claramente no raciocínio matemático. Seu texto *Regras para a Direção do Espírito,* reproduz e generaliza as regras de sua técnica algébrica, ou seja: dividir a dificuldade, ir do simples ao complexo e efetuar enumerações completas correspondem à análise feita pelo geômetra de um problema apresentado. É assim que, segundo Descartes, se devem aprender as matemáticas para cultivar o Método de pensar bem.

Quanto à física, Descartes nos diz que os constituintes reais do mundo são a matéria e o movimento. Existem apenas turbilhões de matéria. E, apoiado na noção de imutabilidade e perfeição divinas, Descartes faz derivar dela o segundo princípio, que é o da constância da quantidade de movimento, definida como o produto da grandeza de um corpo que mede sua quantidade de matéria por sua velocidade instantânea, independente de sua direção. Com base em sua metafísica, Descartes fundamenta três leis básicas da natureza: em primeiro lugar, o estado de movimento de um corpo possui uma causa; em segundo, todo corpo movente segue a tendência de mover-se em linha reta; e, por último, se um corpo móvel se choca com um outro, imóvel, mais forte do que ele, muda de direção, embora nada perca de sua quantidade de movimento e, se encontrar um mais fraco, perde movimento tanto quanto imprime ao outro. A mecânica cartesiana reduz-se a uma teoria do choque entre os corpos. Em suma, a racionalidade matemática é definida pela álgebra, assim como a racionalidade na física é interpretada como determinada pelo mecanismo dos choques.

Decorrente do racionalismo de sua concepção, Descartes aponta o caráter obscuro e confuso da sensação que não apreende as essências objetivas, mas apenas qualidades ilusórias dos corpos. E, estando a alma unida ao

13. Descartes, "Meditações", *Obra Escolhida*, Clássicos Garnier, São Paulo, DIFEL, 1962, Med. IV, p. 169.

corpo, as paixões, que são emoções ou sentimentos da alma, são fortificadas pelos movimentos dos espíritos animais, induzindo a finalidade do sistema corporal, a fim de obter a melhor ordem para a nossa saúde. Sendo assim, as paixões são aceitas por Descartes, mas apenas quando são bem interpretadas e utilizadas, sem ultrapassarem seus limites.

O racionalismo clássico cartesiano convida-nos a ser felizes pela aplicabilidade da Razão, uma vez que o Bom Senso é Universal. Todavia, longe da incitação à procura de uma verdade coletiva, Descartes nos diz que é obra de um só o estabelecimento das verdades da ciência, pois o exercício de seu racionalismo pressupõe que seja o mesmo espírito que estabeleça a ordem das razões do sistema. É aí está a novidade da Razão Moderna no classicismo: o convite para cada um refazer o caminho percorrido por conta própria.

O que o racionalismo cartesiano propõe é a pesquisa solitária do Ego, sujeito de todo conhecimento; movemo-nos no terreno de uma filosofia da consciência, ponto de partida de seu pensar, concebendo esta consciência como dado evidente, (posteriormente, essa mesma problemática será repensada pelos fenomenólogos com outra solução, em outro contexto).

Símbolo do racionalismo do período do classicismo, o *Discurso do Método* de Descartes[14] fundamenta uma era da Razão, apoiada no modelo da geometria dos Antigos, considerando-a instrumento de todo conhecimento demonstrativo e, portanto, racional, seguro, legítimo. Ao nos propor verdades bem encaminhadas e precisas, as matemáticas nos fornecem o modelo para toda ciência que se identifica ao conhecimento racional.

Diferentemente do racionalismo dos antigos, no qual a Razão estava embaraçada com uma aparelhagem lógica excessivamente verbal, a Razão cartesiana parte para a conquista do mundo. Seu ideal é o de ver o homem mestre e dominador da Natureza e isto só pode efetivar-se através da Razão soberana.

14. *Obra Escolhida*, Clássicos Garnier, DIFEL, São Paulo, 1962.

Quanto ao empirismo, destacam-se os ingleses Locke, Berkeley e Hume, nessa tendência que é, ao mesmo tempo, oposta e complementar à tendência racionalista de que Descartes foi o principal expoente no classicismo. Na filosofia moderna essas tendências opostas pertencem ao mesmo espaço gnoseológico do idealismo, o que implica que uma teoria do conhecimento deve preceder a toda posição com respeito ao ser, ao pensar e à existência. Portanto, a epistemologia antecede a metafísica.

O empirismo inglês inicia-se com John Locke, que aparece num mundo em que domina a filosofia cartesiana, na qual há uma metafísica das três substâncias; a substância pensante (a alma), a substância extensa (o corpo) e a substância infinitamente criadora (Deus). Locke terá na filosofia cartesiana seu ponto de partida, ainda que se lhe oponha. O problema inicial para Locke é propor o problema metafísico como problema do conhecimento, colocando a questão sobre a origem, essência e alcance do conhecimento humano. Analogamente a Descartes, Locke nos diz que o conhecimento se constitui de idéias. Estas são concebidas enquanto *cogitatio*, no sentido cartesiano de pensamentos, de todo fenômeno psíquico em geral. Retomando essa mesma concepção de idéia, Locke concebe-a como vivência psíquica.

Movendo-se ainda a partir do espaço cartesiano, Locke retoma a distinção cartesiana das idéias: num primeiro grupo, as idéias adventícias, que são provenientes da presença da realidade externa e sobrevêm a nós; as fictícias, que são as que nós mesmos, através de nossa imaginação, formamos na alma; e, por fim, as idéias inatas, que são as que constituem o verdadeiro conhecimento e estão no espírito (mente), sem que nenhuma coisa real as tenha posto aí e nem tenham sido formadas por nossa imaginação.

Quanto ao empirismo em geral, em primeiro lugar, este nega que haja alguma idéia inata em nossa alma; em segundo lugar, pergunta qual é a origem das idéias restantes, na medida em que a alma é semelhante a um papel em branco, ou tábula rasa, na qual nada está escrito e sobre a qual será a experiência que irá escrever posteriormente. Locke detém-se, então, no problema da origem das idéias, considerando dois caminhos: ou a gênese psicológica das mesmas ou a via lógica, racional, que é a via cartesiana, fundamentando o pensamento discursivo e a ordem lógica calcada nas matemáticas, segundo a ordem das razões. Locke segue o caminho psicológico, que explica a formação de nossas idéias através de duas fontes possíveis: a sensação e a reflexão.

Por sensação Locke compreende a modificação mínima da mente (alma) ou o elemento psicológico mínimo quando, através dos sentidos, a alma é excitada, vindo a ser modificada. E, por reflexão, quando a alma percebe o que nela própria acontece. Se a sensação pode ser identificada à experiência externa, a reflexão, por sua vez, identifica-se à experiência interna. Afunilando sua análise, Locke classifica as idéias em: simples ou compostas. As primeiras têm origem num ou dois sentidos, ou na combinação de um sentido com a reflexão ou de dois sentidos com a reflexão; compostas, quando formadas pelo agrupamento ou síntese de várias idéias. Mas Locke não questiona a metafísica cartesiana, pois considera que às idéias corresponde uma realidade que existe em si e por si, análoga à *Res extensa* de Descartes. Similarmente, a intuição de nós mesmos corresponde à presença de uma substância real. Em consequência, o trabalho de Locke foi o de analisar o conhecimento em detalhe, chegando às idéias, seus últimos elementos, mostrando como as idéias complexas se formam por composição, generalização e abstração das simples e que essas idéias são os elementos últimos que reproduzem a mesma realidade.

Do ponto de vista ontológico, Locke distingue nas percepções das coisas as qualidades primárias: a extensão, a forma, o movimento e a impenetrabilidade dos corpos, que são propriedades da matéria mesma; e qualidades secundárias: a cor, o odor e a temperatura, que são puramente subjetivas. Locke introduz a gênese psicológica do conhecimento, assinalando a origem empírica das idéias simples, seja na experiência externa (dos sentidos), seja na experiência interna (na autopercepção da consciência).

Berkeley, outro empirista irlandês, vai atacar diretamente o conceito cartesiano de *Res extensa*, de matéria, que Locke ainda conservara. Ultrapassando a distinção de Locke entre qualidades primárias e secundárias, Berkeley vai reduzir as idéias a meras vivências subjetivas, de peso igual. O ser passa a ser definido, então, como ser percebido que se identifica à minha vivência. Todo ser é percebido por mim; o ser das coisas é a vivência que delas temos. Berkeley culmina num idealismo subjetivo, para o qual o que existe é apenas o eu com suas vivências e nada mais. É um psicologismo radical que nos afirma que o pensamento se identifica tão-somente com apenas aquilo que a vivência enuncia, embora ainda continue o sujeito a ser definido como uma *Res cogitans*, como um espírito que tem vivências, ainda que estas sejam subjetivas e nada fora delas lhes corresponda; eu sou uma substância que possui essas vivências, por serem minhas. E é Deus, enquanto puro espírito, que as põe em mim. Há, então, em Berkeley, resíduos da metafísica cartesiana, quanto à substância pensante, o espírito e Deus. Será com Hume, através de um psicologismo ainda mais radical, que a substância espiritual será atacada.

Hume denomina impressões as vivências de apresentação ou de fenômenos psíquicos atuais; por exemplo: eu, agora, tenho a impressão de azul. E denomina idéias os fenômenos psíquicos reproduzidos, as representações; por exemplo: eu, que já tive a impressão de azul, mas não a tenho mais, penso nela, relembro-a ou imagino-a e daí possuo a idéia de azul. As impressões, neste sentido, constituem-se naquilo que nos é dado, portanto as impressões são realidade última. Quando as idéias não têm impressões correspondentes tornam-se uma ficção da imaginação. Segundo Hume, a realidade descarta a noção de substância, que é fictícia, de existência, não havendo, também, a noção do eu e nem tampouco a noção de causalidade. Descartadas a substância, a existência, o eu e a causalidade, enquanto idéias fictícias, pois são provenientes da associação de idéias, seja por semelhança, contigüidade ou repetição, a conclusão a que chega Hume é a de que a metafísica é impossível. Não há sentido perguntar-se se há ou não substâncias. Se o racionalista Descartes dizia-nos que existiam o eu, a extensão e Deus e Locke, apesar de pertencer à via oposta, empirista, admitia, ainda, essas três figuras, Berkeley já elimina a existência da extensão, embora ainda conserve a existência do eu e de Deus. Com Hume há uma radicalização do psicologismo empirista, terminando por eliminar a existência do eu, da extensão e de Deus; só existem vivências subjetivas sem correspondência a algo exterior. A única atitude plausível é a crença (*belief*) no mundo exterior pelo hábito, pela associação de idéias. Por exemplo: creio que existe este lápis e que, se eu movimentá-lo sobre a folha em branco, através de certos movimentos produzirei sinais gráficos visíveis, ou seja, letras que formarão palavras e assim por diante, por associação de idéias. Porém, a existência metafísica do mundo exterior em si e por si, além e minhas vivências, não está dada no que o sujeito pode manejar, que são as impressões. Hume acaba num ceticismo metafísico, tendo a ciência como fundamento o costume, o hábito e a associação de idéias, que são fenômenos psicológicos que provocam a crença do sujeito na realidade do mundo exterior. Ao contrário do racionalismo, o empirismo de Hume não admite nenhuma relação apodítica entre dois fenômenos numa ligação causal; há apenas um hábito repetitivo e não uma razão.

O psicologismo radical do empirismo de Hume desfaz a lógica e a ontologia. Não há mais Razão, apenas o hábito e a associação de idéias, psicologicamente. E essa crença na regularidade das coisas é útil ao homem, que é um ser de ação e precisa viver; e são esses hábitos que, pouco a pouco, adquirem o estatuto de verdades. Hume termina num pragmatismo, pois não há verdade no sentido racionalista cartesiano, mas apenas a esperança proveniente da constância do hábito que ajuda o homem a viver.

É no século XVIII (1712) que nasce Rousseau, um dos pensadores mais proeminentes num espaço histórico em que a facção mais avançada do Terceiro Estado organiza a uma ofensiva geral contra o Antigo Regime. Ao mesmo tempo que se criam obras em vários domínios, como história, moral, direito, etc, desenvolve-se um trabalho tenaz, embora ainda lento, de destruição das bases do regime feudal e absolutista, cujo principal sustentáculo ideológico é a Igreja. O Terceiro Estado acha-se unido contra a monarquia absolutista, contra a nobreza feudal, contra a Igreja, principal centro de resistência a todas as idéias inovadoras. Planta-se a semente da futura Revolução Francesa com seus ideais de Liberdade, Igualdade, Fraternidade (1789).

Mas, enquanto a massa dos pequenos camponeses, que a maioria, agüenta todo o peso dos direitos feudais e dos impostos do rei, os grandes burgueses têm lucro com o regime absolutista. Nas cidades, os pequenos artesãos sofrem com a concorrência vitoriosa das fábricas; e, enquanto a multidão dos menos favorecidos morre de fome, os especuladores de cereais enriquecem. Montesquieu, ligado ao Antigo Regime, tenta conciliar, em sua obra, o feudalismo e as aspirações da burguesia, enquanto Voltaire e os enciclopedistas representam os interesses da burguesia progressista, lutando tenazmente contra o Antigo Regime.

Jean-Jacques Rousseau, este suíço de nascimento, mas que influenciou fundamentalmente a cultura francesa, ao receber o prêmio pelo o *Discurso sobre as Ciências e as Artes*, da Academia de Dijon, confessa a seu amigo Diderot (do qual falaremos posteriormente neste ensaio), que o progresso das ciências e das artes contribuira, de modo efetivo, para depauperar os costumes. Neste texto, Rousseau afirma que o progresso das ciências e das artes corrompeu os costumes, idéia que Diderot, neste momento histórico, também cultiva. E, embora o luxo tenha uma influência corruptora, é considerado um mal necessário, para Diderot, decorrente, inelutavelmente, das leis naturais, sendo necessário aceitar-se o progresso como um todo; concepção esta que o afastará de Rousseau.

No projeto da *Enciclopédia*, que era um hino à ciência que levaria à construção de uma sociedade segundo as exigências da Razão, Rousseau adverte-nos de que tal sociedade se baseia na desigualdade, que a cultura se encontra a serviço de uma aristocracia corrupta e de que o luxo só existe porque o povo está na miséria. Rousseau colabora na Enciclopédia com artigos sobre música, ficando muito ligado a Diderot; ambos são pequenos-burgueses que viviam na boemia literária. Todavia, Rousseau afasta-se dos salões e começa a levar uma vida independentemente, como pequeno artífice. Em 1755, escreve o *Discurso sobre a Origem da Desigualdade entre os Homens* (Segundo Discurso), obra que Diderot mais apreciou entre todas.

À ironia de Voltaire, que critica Rousseau por tentar convencer os homens a voltar a serem animais, afirmando que, quando se lê a sua obra, fica-se com vontade de pôr as mãos no chão (Carta de 30/8/1755 de Voltaire a Rousseau, em agradecimento por ter recebido seu livro), Rousseau retruca que nunca pretendera fazer o homem retornar ao estado selvagem ou fazê-lo andar de quatro.

Herdeiro dos juristas do direito natural, no que concerne à sua concepção que retoma a teoria do direito divino, Rousseau nos fala de um estado natural (de natureza) hipotético, no qual os homens teriam sido livres e iguais e, a fim de passarem ao estado civil, elaboram um contrato, submetendo-se a uma autoridade política, voluntariamente ou por necessidade, quando ligada ao direito de conquista. Com este, contrato os povos podiam exigir garantias, leis fundamentais. E, contrariamente à afirmação dos teóricos do direito divino, para os quais todo poder é de origem divina, Rousseau afirma que a origem da soberania reside no povo.

Com Hobbes (1588-1679), que construiu uma teoria original da monarquia absolutista, exposta principalmente no *Leviatã* (1651), Rousseau compartilha a idéia de um estado de natureza, embora suas premissas situem-se em posição antípoda à de Hobbes. Para este último, no estado natural, ou de natureza, "o Homem é lobo do próprio Homem"; diferentemente dos teóricos do direito natural, na linha aristotélica, que define o homem como um animal político, os respectivos teóricos dizem-nos, também, que o homem é naturalmente sociável.

Para escapar à morte, fatalidade no estado de guerra permanente, segundo Hobbes, os homens fazem um contrato entre si, entregando a uma outra pessoa ou a uma assembléia o poder absoluto sobre eles próprios, incondicionalmente. Essa idéia de contrato também aparecerá em Rousseau, mas, por um lado, a partir de um estado de natureza diferente do apontado por Hobbes e, por outro lado, não para legitimar o Absolutismo, Rousseau, ao contrário, denuncia-o em função de um contrato que restauraria na sociedade, sob outras condições, a felicidade em que o homem vivia no estado de natureza. É a célebre teoria rousseauniana do Bom Selvagem, que não se refere aos selvagens, mas ao homem em estado puro, isolado, em sua natureza humana, antes de ser corrompido pelos maus costumes da sociedade.

Enquanto Hobbes é partidário do Absolutismo monárquico, Locke, constitui-se em paladino teórico da monarquia moderada. Apesar de aceitar a revelação, sempre que possível recorre à Razão natural. Elabora o conceito da separação dos poderes, que é um compromisso entre a monarquia e a soberania popular. Também ele admite o estado natural, mas o homem aí já se encontra submetido à Razão. Entre os direitos, dos indivíduos está o de propriedade, baseado no trabalho. O pacto que dará formação à sociedade civil apenas garantirá o uso desses direitos. Locke torna-se o teórico do liberalismo burguês. Rousseau admira Locke, e é em sua obra que ele buscara argumentos contra o despotismo defendido por Hobbes e, nisso, Rousseau parece aproximar-se dos enciclopedistas. Todavia, sua oposição a eles é profunda, o que aparecerá nitidamente no *Contrato Social*, pois Rousseau opõe totalmente o estado de natureza ao estado social, privando a ordem social, com todas as suas instituições, notadamente a propriedade, de qualquer justificação natural, idéia esta que o separa de Locke, que insistiu em fundamentar a propriedade privada no direito natural.

O *Discurso sobre a Origem da Desigualdade* (Segundo Discurso) traça a história da Razão através das sociedades, enquanto, para um outro pensador, Condillac, há que fazer o estudo do desenvolvimento da Razão humana no indivíduo. O estado de natureza é baseado no tema da Idade de Ouro, mítica, feliz e pacífica, já cantada por poetas gregos e latinos. É a recordação de um tempo em que os homens viviam mais livres. Em relação a Diderot, apesar da relação entre ambos, a diferença se instaura principalmente na afirmação deste, segundo a qual o homem é um ser naturalmente sociável, pois, antes de viver em sociedade, já vivia em rebanho. Não há oposição absoluta entre os estados natural e social. Quanto ao tema do Bom Selvagem, ele já se desenvolvia em Montaigne[15], o que era do conhecimento de Rousseau. A idéia comum é a de homens que vivem num regime de comunidade primitiva e são dtados de virtudes que desapareceram das nossas sociedades.

Mas, como já foi dito, o estado de natureza não se refere aos chamados selvagens, mas ao homem selvagem, isolado, em sua natureza, anterior à corrupção e vícios da sociedade; daí por que Rousseau se isola em Saint-Germain e recolhe-se em si próprio para recuperar o homem selvagem.

Por uma hipótese imaginária, Rousseau descreve-nos um selvagem isolado que é uma abstração. Este selvagem é o homem social do qual Rousseau retirou, pela imaginação, tudo o que ele adquiriu devido à sociedade, deformando sua verdadeira natureza. E, apesar da natureza haver oposto obstáculos à transformação do homem feliz no estado de natureza, inocente, houve um processo corruptível, ligado à dialética das carências, em que o homem perdeu a inocência e felicidade originais, devido aos prejuízos da sociedade. Há, então, para Rousseau, uma oposição metafísica entre natureza e sociedade. E, tão logo o homem passa do estado de natureza, inicial, em que se encontra isolado, para a sociedade nascente, em que há a aparição dos primeiros agrupamentos humanos, mas onde ainda é possível ao homem ser filho da felicidade, Rousseau, dialeticamente, mostra-nos como o homem é arrastado irresistivelmente pelo desenvolvimento histórico, no qual um descompasso entre as carências e sua satisfação, fazendo com que a história desemboque no despotismo. No fundo, toda a obra de Rousseau é um protesto contra a desigualdade social existente em seu tempo.

Rosseau critica veementemente a propriedade privada como um mal, origem da desigualdade e, diferentemente de Hobbes, para quem todas as possibilidades de desenvolvimento social já seriam inerentes ao homem em estado natural, não considera a propriedade um direito natural e nem tampouco um fato inelutável; pelo contrário, é um fato histórico. Analogamente, o desenvolvimento de todas as faculdades humanas, assim como o desenvolvimento da Razão, é um fato histórico. Se o homem se sente infeliz, é por motivos sociopolíticos, que nada têm a ver com a natureza humana. O objetivo será, portanto, pela aplicação de nossos princípios políticos, dirá Rousseau, refazer a felicidade do homem.

No Segundo Discurso, Rousseau parte do homem selvagem, isolado, pacífico e bom, porque inocente, embora não feliz no sentido social, pois não há, ainda, consciência moral da felicidade. Numa etapa, subseqüente, passa pelas sociedades em estado nascente, etapa posterior à primeira, época em que o homem foi mais feliz do que no estado de natureza, mas que, dialeticamente, já evidencia os primeiros sintomas da decadência. E, por fim, a terceira etapa, em que surge a propriedade privada. Os ricos, para protegê-la e protegerem-se, imaginam criar o Estado por um contrato firmado entre todos os homens a partir de cada grupo social. No entanto, é um contrato ilegítimo, que termina por conduzir ao despotismo. Em troca, em substituição a esse contrato ilegítimo, Rousseau fala-nos de como deveria ser elaborado o verdadeiro contrato, pelo qual cada homem sacrificaria toda a sua liberdade a fim de defender essa mesma liberdade.

Rousseau não admite a oposição cartesiana entre Razão e os sentidos, por um lado, pois: "É portanto a qualidade de

15. Cf. Montaigne, *Essais*, capítulo sobre os Canibais, 1, 31.

agente livre e não o entendimento que permite, entre os animais, a distinção específica do homem. A Natureza comanda o reino animal e cada um lhe obedece. O homem experimenta idêntica impressão, mas se reconhece livre para aceitar ou resistir, e é sobretudo na consciência desta liberdade que aparece a espiritualidade da sua alma"[16]. Por outro lado, Rousseau retoma a distinção idealista entre alma e corpo, a concepção metafísica da liberdade oposta aos instintos.

Com a doutrina da perfectibilidade, o homem, no curso do tempo, termina por separar-se da condição originária do estado natural e torna-se infeliz. A Razão, por sua vez, que somente aparece em sociedade, será concebida como algo ligado aos vícios e ao erro. Dir-nos-á Rousseau sobre a perfectibilidade: "Que ela, permitindo o desabrochar, com o correr dos séculos, das suas luzes e dos seus erros, dos seus vícios e virtudes, o torna, à distância, o tirano de si mesmo e da Natureza"[17]. Quando o homem está com todas as faculdades desenvolvidas, a memória e a imaginação em atividade, o amor próprio interessado, a Razão tornada ativa e o espírito quase no topo da perfeição, ser e parecer tornam-se duas coisas diferentes; surge o vício. O homem fica submisso a toda a natureza, criando novas necessidades, mas sem poder satisfazê-las plenamente (dilética das carências e das necessidades), sendo escravo de seus semelhantes, quer seja rico ou pobre.

Segundo Rousseau, o homem que conservou as qualidades do estado de natureza é sincero, natural; é a sociedade, posteriormente, que o perverte, corrompendo-o com uma Razão que trabalha em função de um egoísmo ligado ao aparecer e não mais ao ser. A sociedade mascara uniformemente os indivíduos.

Em relação ao *Contrato Social* (escrito em 1761), Rousseau fundamenta uma teoria da Soberania, que pertence ao povo, inalienável e incomunicável. O soberano é o povo; e o príncipe, apesar de distinto, limita-se a administrar. O objetivo do Contrato Social ou do pacto, é o de encontrar regras a fim de estabelecer um regime político, conforme às exigências da Razão, agora não mais vista como ligada ao vício, mas à moral e à justiça, levando em conta o que a natureza humana permite, bem como as possibilidades reais.

A célebre frase "O homem nasce livre, mas por todos os lados encontra-se posto a ferros" é o ponto de partida para que Rousseau legitime a proposta de uma nova forma de sociedade, pois o homem perdeu sua liberdade natural. Antes de propô-la, Rousseau alerta-nos para as soluções falsas: a primeira é a escravidão, pois esta é contrária à natureza: a subordinação dos homens entre si não se funda na natureza. Por conseguinte, não se pode falar em direito do mais forte e nem tampouco em direito de conquista, porquanto nenhum homem pode, ainda que por convenção, alienar a sua liberdade. A convenção primeira, proposta por Rousseau, é o pacto social, não baseado na força. A fim de sobreviver, não podendo mais viver em estado natural, devido à teoria da perfectibilidade, o homem deve associar-se a outros homens. O legítimo pacto social deve fazer com que haja proteção a cada um por toda a força comum, de modo que cada indivíduo permaneça tão livre quanto o era anteriormente. Através do pacto cada um aliena todos os seus direitos em proveito da comunidade; a liberdade é assegurada pela igualdade e cada indivíduo, dando-se a todos, não se dá a ninguém. A convenção é do corpo com cada um de seus membros: convenção legítima, visto ter por base o contrato social; eqüitativa, por ser comum a todos; útil porque não pode ter outro objeto que não seja o bem global; e sólida porque tem por garantia a força pública e o poder supremo[18].

É a Vontade Geral que rege, ao mesmo tempo que cada membro é uma indivisível parte do todo. Só quando todo o homem chega ao estado civil é que se torna plenamente um homem, agindo segundo regras morais, con-

16. Rosseau, *Discurso sobre a Origem da Desigualdade, a Razão e o Tempo*, tradução de J. L. Lecercle, Portugália Editora, 1ª parte, p. 320.

17. *Idem*, p. 321.

18. Rousseau, *Do Contrato Social*, *op. cit.*, cap. IV, p. 110.

sultando a sua Razão e não mais o seu instinto. De escravo de seus apetites passa a ser um animal inteligente, porque é livre na medida em que obedece à lei. Só a Vontade Geral pode dirigir o Estado segundo o bem comum. A soberania, exercício da Vontade Geral, não pode alienar-se, porque a Vontade não pode transmitir-se. Em si própria, a Vontade Geral não pode errar, porque tende sempre ao interesse comum, além da soma das vontades particulares. Cada cidadão deve votar segundo o seu coração: não há opressão, pois o soberano não é exterior aos indivíduos, mas é o próprio povo. Por outro lado, cada um se submete às condições que ele impõe a todos os demais, a fim de garantir a liberdade. Portanto, obedecer ao soberano é obedecer a si próprio: "pela natureza do pacto, todo ato de soberania, quer dizer, todo ato autêntico da Vontade Geral, obriga ou favorece igualmente a todos os cidadãos"[19]. O homem troca os seus direitos naturais pelos direitos civis que lhe dão mais segurança; ou seja, ao ceder sua independência, ganha a liberdade. Por extensão, a lei civil é eficaz, pois é a expressão da Vontade Geral e todo sistema de legislação deve ter dois objetivos principais: a liberdade e a igualdade e, ainda que não haja igualdade total, é necessário tender a reduzir as desigualdades de poder e riqueza.

A justiça, segundo Rousseau, é uma exigência da Razão Universal. A primeira foi depositada por Deus em germe na consciência de todos os homens. E essa exigência só pode desenvolver-se no estado civil, através de um conjunto de regras cuja observância por parte dos indivíduos leva à coesão e perpetuação do corpo social. Não se trata, para Rousseau, de suprimir as paixões, o que seria contrário à natureza, mas, sim, de harmonizá-las às exigências da justiça. Os cidadãos devem ter consciência de que os seus interesses profundos coincidem com a justiça, a fim de que a ordem social seja estável. Para que a moral seja possível, é preciso que os homens, que já possuem neles a idéia de justiça, escavem-na e daí possa erigir-se a idéia do Contrato Social; tal é o caráter racionalista, neste ponto, de Rousseau, embora diferente do racionalismo cartesiano. Quanto ao despotismo, ao violar o pacto social, segundo Rousseau, abre o caminho à anarquia, o que faz com que Rousseau não concorde com o pensamento de Hobbes.

É apenas a predominância do interesse comum que faz a Vontade Geral e não o número de votantes; pela natureza do pacto, há tal igualdade entre os cidadãos, que todos se subordinam às mesmas condições, e todos devem gozar dos mesmos direitos, diferente de uma lei imposta por um rei absolutista. Sendo a Vontade Geral imparcial, está salva a liberdade de cada um, que não pode ser diminuída. Rousseau apóia-se na existência de uma justiça universal emanada apenas da Razão, que é divina, pois existe antes da sociedade, mas, a fim de não se reduzir a uma pura idéia, é através da criação de obrigações recíprocas explicitadas em leis, após o pacto, que essa justiça será admitida entre os homens.

É em seu *Ensaio sobre a Origem das Línguas*[20], que Rousseau nos diz que: "A palavra distingue o homem entre os animais: a linguagem distingue as nações entre si [...] a palavra, sendo a primeira instituição social, deve sua forma apenas a causas naturais".

À medida que o homem foi reconhecido por um outro homem sensível, pensante e semelhante a ele, a palavra (fala) surge como um dos meios de ele comunicar seus sentimentos e pensamentos. A voz e o movimento são os meios para o homem agir sobre os sentidos do outro; as línguas do gesto e da voz são naturais, embora a primeira (do gesto) seja menos convencional do que a outra. A linguagem mais enérgica é aquela em que um signo diz tudo antes de falar; é uma eloqüência muda, falando-se melhor aos olhos do que aos ouvidos. Se os signos visíveis, por sua vez, tornam a imitação mais exata, todavia, o interesse se excita melhor pelos sons. Neste momento

19. Rousseau, *Do Contrato Social*, cap. IV, p. 109.

20. Bibliothèque du Graphe, France, 1969, excerto do texto integral, 2. ed., A. Belin, de 1817, pp. 501-543.

Rousseau refere-se ao teatro, mostrando-nos que ele é admirável para enaltecer nosso amor próprio com todas as virtudes, que, no entanto, não possuímos.

Além das línguas naturais, há a língua de convenção, que é específica do homem. A primeira invenção da palavra não se originou das necessidades mas das paixões. Ao se voltar para as línguas orientais, Rousseau postula que: "Estas línguas nada possuem de metódico e de racional; elas são vivas e figuradas. Deram-nos como linguagem dos primeiros homens línguas de geômetras e nós vemos que foram línguas de poetas. Isto provavelmente foi assim. Não se começa por raciocinar, mas por sentir [21].

Foram as paixões que aproximaram os homens; as primeiras línguas foram cantantes e apaixonadas antes de serem simples e metódicas. Conseqüentemente, a primeira linguagem usou o sentido figurado, metafórico, a fim de falar dos sentimentos. Na língua de poetas, os homens cantavam em lugar de falar; usavam sons onomatopáicos para exprimir suas paixões. Ou seja, ressaltava-se a musicalidade da língua, negligenciando a gramática a fim de se ligar à eufonia, harmonia, ritmo e beleza dos sons: "Em lugar de argumentos, ela teria sentenças; ela persuadiria sem convencer, e pintaria sem raciocinar"[22].

A escrita é posterior, não apenas cronológica, mas ontologicamente. E é assim que Rousseau fez corresponder três tipos de povos a três maneiras de escrever: aos povos selvagens corresponde a pintura dos objetos; aos povos bárbaros, os signos das palavras e das proposições; e aos povos policiados corresponde o alfabeto. Se entregamos nossos sentimentos quando falamos, com a escrita entregamos nossas idéias. Com isto, Rousseau adverte-nos de que as línguas alfabéticas ganham em clareza, mas perdem em força. Quanto mais se aperfeiçoa a lógica e a gramática, mais se torna uma língua fria e monótona. As primeiras línguas foram filhas do prazer e não da necessidade: "a poesia foi encontrada antes da prosa; provavelmente foi assim, desde que as paixões falaram antes da razão"[23].

Todavia, as belas-artes não são discursos naturais, pois nossas sensações mais vivas agem segundo impressões morais. Como exemplo, os sons que, por vibração, excitam nossos nervos, somente se tornam musicais quando se tornam signos de nossos sentimentos; há um efeito moral necessário. Os nervos apenas se ligam aos sons musicais enquanto o espírito do homem aí os dispõe: "Os cantos, mesmo que sejam apenas agradáveis e nada digam, ainda assim cansam; pois não é tanto o ouvido que dá prazer ao coração, quanto o coração que o dá ao ouvido"[24]. Rousseau conclui, neste texto, que há línguas favoráveis à liberdade; são as línguas sonoras prosódicas, harmoniosas. O critério da arte da palavra não é puramente estético, mas, moral também, pois toda língua deve fazer-se ouvir pelo povo reunido, sob pena de tornar-se servil. É condição *sine qua non* para que um povo permaneça livre.

E, neste sentido cabe referir-se a Diderot (1713-1784), que a respeito do ator, assinala: "O grande comediante observa os fenômenos; o homem sensível serve-lhe de modelo, ele o medita e acha, por reflexão, o que é necessário acrescentar ou diminuir do melhor modo. E depois, fatos ainda depois de razões"[25]. O melhor ator é o que faz sentir.

Diderot carrega em si uma contradição essencial, na medida em que se mostra igualmente tentado pelas luzes da Razão e pelas seduções arrebatadoras da sensibilidade. É assim que hesita entre duas concepções irreconciliáveis do gênio frio, lúcido e calculista, constituído de razão e de domínio de si[26] e o gênio instintivo, inspirado, quase delirante, já romântico. Diderot representa a vira-

21. *Ensaio sobre a Origem das Línguas*, *op. cit.*, p. 505.
22. *Idem*, p. 507.

23. *Idem*, p. 529.
24. *Idem*, p. 533.
25. *Oeuvres Esthétiques*, textos de Paul Vernière, *Paradoxe Sur Le Comédien*, Paris, Classiques Garnier, p. 335.
26. *Paradoxe Sur Le Comédien*.

da do século, a transição do racionalismo para o culto romântico do instinto e da paixão. Há um conflito. Suas emoções cristalizam-se em torno de uma grande idéia, como a de virtude ou de justiça.

Diderot apresenta uma emotividade muito viva, marcada por um caráter fisiológico. Porém, se este dom natural é cultivado, a este se liga um valor sentimental, moral e, até, intelectual. Segundo ele, o gênio é um instinto, uma inspiração intuitiva, potente e entusiasta, que nenhuma regra saberia brecar. Ele pode, mesmo, entrar em conflito com a Razão. É assim que, com esta concepção nas artes, o gênio torna-se rebelde ao domínio do gosto (Bom gosto), marcando a passagem do classicismo para o romantismo, como um prenúncio deste último.

Em relação à literatura, Diderot foi considerado o precursor do romance realista pelos Goncourt (século XIX), na medida em que renuncia à estilização e à idealização clássicas, ao se interessar de modo vivo pela realidade material, ao corpo e ao comportamento das personagens, assim como pelos detalhes verdadeiros. No entanto, sem jamais confundir verdade com banalidade, seu realismo nunca é uma simples cópia da realidade cotidiana, pois o artista escolhe os traços marcantes e significativos e valoriza-os através de uma linguagem bem pitoresca. É assim que, por exemplo *O Sobrinho de Rameau* possui um realismo satírico e mordaz, no qual Diderot nos fala de um tipo cínico, parasita, o perdido genial, homem cheio de paradoxos, desprovido de qualquer senso moral. Se seu herói assemelha-se ao modelo, no entanto todos os seus traços são acusados, levando ao paroxismo tanto seus dons quanto seus defeitos. Entre outros talentos, o sobrinho de Rameau possui o da pantomima, que é ressaltado quando é visto executar uma partitura musical sem violino nem cravo. Ainda, ele se ultrapassa quando, sozinho, faz o papel dos bailarinos e bailarinas, dos cantores e cantoras, de toda uma orquestra, de todo um teatro lírico. Diderot soube pintar esta gesticulação forçada, mas extremamente expressiva, pois valorizava a mímica dos atores como fundamental.

Filosoficamente, descarta a idéia da existência de Deus, mas aceita a moral. Ao perguntar se a vida é boa ou má, se a natureza humana é boa ou perversa, e sobre o que constitui nossa felicidade ou infelicidade, Diderot põe-se a estudar a si mesmo e a observar o outro. Esse método liga-o aos moralistas clássicos. Em seus dramas a moral ilustrada será a de que a vida é boa, as pessoas virtuosas são felizes, os maus são infelizes. A moral funda-se sobre o prazer que se experimenta ao praticar o bem e sobre o horror físico que se sente ao praticar o mal. A história, por sua vez, aparece-lhe como uma longa cadeia de atrocidades. Se utiliza do mito do Bom Selvagem, como Rousseau, no entanto, não acredita nele. A Razão termina num impasse, pois não se pode pronunciar entre otimismo e pessimismo.

Segundo Diderot, há apenas uma única substância: a matéria, dotada de sensibilidade, seja ativa, seja inerte. A sensibilidade é, então, propriedade geral da matéria ou produto da organização. Numa segunda etapa passa-se do ser sensível ao ser pensante. O homem é apenas um momento, um acidente no imenso vir-a-ser de um universo material. Mas somos indivíduos, e em *Jacques o Fatalista* Diderot vai ao registro da comédia absurda do destino.

Esse paradoxo entre determinismo e liberdade, que sempre permaneceu enquanto conflito, faz com que Diderot mantenha uma certa autonomia do homem no seio da matéria. Devido à sua tendência para os indivíduos marcados por paixões intensas, além de sua reivindicação dos direitos excepcionais do gênio, ele preserva, igualmente, a autonomia da pessoa humana no interior da coletividade. Diderot acredita no senso moral e na eficácia da educação. Seu pensamento propõe antinomias sem resolvê-las: coração e razão, indivíduo e sociedade. Não há certezas; a dignidade do homem confunde-se com sua pesquisa.

Com a *Carta sobre os Cegos* (1749), Diderot mostra-nos que nossas idéias morais e metafísicas dependem do estado de nosso organismo, não resultando nunca de um instinto divino nem de uma revelação. Seria quase impossível a um cego de nascimento crer em Deus. O princípio de sua filosofia é o de que a matéria é viva e sensível.

Quanto ao critério de medida da beleza de uma obra, Diderot identifica-o ao valor moral de um ato, à intensidade de sua emoção; há um patético relevante da cena teatral, por exemplo. Por outro lado, ele, ao mesmo tempo, procura um critério racional, que é a conveniência, isto é, a adaptação exata da obra a seu objeto.

Situado entre a tragédia e a comédia, nasce e triunfa um gênero novo, o drama, que visa comover e edificar o espectador de modo direto e eficaz, graças a uma imitação fiel da realidade corrente e dos costumes de sua contemporaneidade. O gênero trágico declina e a burguesia ascende socialmente, embora os burgueses constituam-se, ainda, enquanto personagens cômicos, pois a nobreza ainda os olha do alto. O drama será, então, uma primeira desforra da burguesia sobre a cena, passando as intenções moralizadoras a se confundirem com as reivindicações sociais e com a propaganda dos enciclopedistas. Segundo Diderot, o drama é uma tragédia doméstica e burguesa por oposição à tragédia heróica, que coloca em cena reis e príncipes. Representam-se os costumes, idéias e virtudes da burguesia. A pintura das condições (profissões) e das relações de família substituirá a dos caracteres (comédia clássica) e a das paixões (tragédia clássica). Por exemplo, aparecem como personagens o político, o juiz, o magistrado, e todas as relações, o pai de família, o esposo, os irmãos.

O drama é cheio de sentenças morais, com a pretensão de serem edificantes; valoriza as virtudes da burguesia, opondo-as aos maus costumes da aristocracia. O drama ataca a desigualdade social, os abusos, a intolerância, em nome da Razão, da natureza e do sentimento. E é sempre em nome da Razão e da natureza que Diderot promove uma revolução da técnica teatral, embora ainda admita as unidades clássicas e um tom uniforme. Eis algumas características: em relação à ação, Diderot prefere os quadros patéticos aos golpes de teatro; na encenação, a decoração torna-se precisa e, até mesmo, realista. Preocupa-se com a criação da atmosfera da situação. As indicações cênicas multiplicam-se. Prefere a prosa aos versos, por ser aquela natural e mais verdadeira. Nos momentos de emoção intensa, a palavra é entrecortada por suspiros, interjeições, pausas etc. A mímica tem tanta importância quanto o texto, daí a ênfase na pantomima.

Em todo esse percurso observamos que, quanto ao problema da filosofia estética moderna, o Belo é de interesse para a metafísica enquanto ponto de confluência tangível da Razão e do Sentimento e, para a crítica, enquanto expressão da vida humana em suas diversas fases e condições. Esta é a gênese da estética moderna[27].

Da época de Plotino ao século XVIII não se pode dizer que houve consciência estética propriamente, pois a arte estava estritamente ligada à filosofia, de tal modo que não possuía existência autônoma, com o objetivo específico de criar o belo. O espírito Moderno é reflexivo ou analítico, como já o vimos com Descartes, e a arte moderna, enquanto objeto necessário e condição prévia da teoria estética, somente se efetivou num processo que perdurou até o século XVIII.

A preparação filosófica do problema estético vai de Descartes a Baumgarten, culminando na *Crítica da Faculdade de Julgar* de Kant[28], síntese das duas principais tendências do pensamento moderno que o influenciaram. Estas tendências foram: a Universal e a Individual.

A tendência Universal liga-se à escola cartesiana, à filosofia de Leibiniz e a Wolff. Caracteriza-se por sua insistência no aspecto de sistema racional e conexão necessária no universo; há, também, relação com a teoria monádica de Leibniz. Por outro lado, a escola dos empiristas ingleses, oposta à linha racionalista, seu contrário, embora ambas façam parte de um mesmo espaço no período clássico, partia do sentimento ou percepção sensíveis individuais, coerente com a afirmação de que é

27. Cf. Bernard Bosanquet, *Historia de la Estética*, tradução de José Rovira Armengol, Buenos Aires, Editorial Nova. Título do original: *A History of Aesthetic*.

28. Cf. Immanuel Kant, *Critique de la Faculté de Juger*, Paris, Librairie Philosophique J. Vrin, 1968, tradução de A. Philonenko.

dos sentidos ou das sensações que provém o conhecimento, que é relativo.

Se na filosofia da Antigüidade podemos opor os estóicos e os Epicuristas, analogamente podemos opor Descartes e Locke, respectivamente ligados às tendências Universal e Individual. Todavia, não se pode opor Platão e Aristóteles como totalmente antitéticos, dado o contexto metafísico da época que os sustentava, diferentemente do antagonismo moderno entre livre-arbítrio e necessidade, ou paixão e razão.

O ideal cartesiano do homem dominador e mestre da natureza pela luz da Razão, apoiado numa filosofia da consciência, não tem correspondência imediata com o racionalismo de um Platão. Em Descartes, Spinoza, Leibniz, Wolff e Baumgarten há uma marcha contínua racional e intelectual, enquanto em Bacon, Locke, Shaftesbury, Berkeley, Hume e, mesmo, Rousseau, há uma tendência empirista, ou, pelo menos, sensualista. São essas duas tendências que percorrem a especulação moderna até confluírem na filosofia da ilustração kantiana e na fundamentação filosófica da estética em sua *Crítica da Faculdade de Julgar*.

Se, por um lado, Hume aborda a estética[29] de um ponto de vista sensualista, a linha cartesiana, racionalista, tendo como ponto de partida a Razão, inteligência abstrata e universal, sistemática, só pode conceber o sentimento e a sensação enquanto idéias obscuras ou confusas, como já o notamos previamente neste ensaio. E, ainda que em Leibniz haja uma concessão ao individualismo, contrário à abstração de Spinoza, estes autores conservam sua forma puramente intelectual, bem como a consideração da sensação e do sentimento como inferiores à idéia intelectual. Este pressuposto foi adotado por Wolff e, com Baumgarten, determinou o ponto de vista com que, pela primeira vez, foi incluída a estética entre os ramos aceitos pela filosofia moderna. E, embora não possamos dizer que Descartes se tenha interessado diretamente pelos problemas referentes ao Belo, esse pensador racionalista escreveu um compêndio musical (*Compendium Musical*). É preciso observar que a música fazia parte do *quadrivium* educativo da Idade Média, juntamente com a aritmética, geometria e a astronomia, e era considerada ciência. Se, portanto, Descartes passava pelas idéias estéticas, o objetivo era o de estender sua teoria intelectualista, cuja principal preocupação era o conhecimento, aos fenômenos ligados ao sentimento e à percepção. A esfera da estética, na linha do racionalismo clássico, constitui-se, enquanto paródia da Razão, no setor do conhecimento confuso, na medida em que a verdade é apenas expressa através do conhecimento intelectual. É somente o processo intelectual que nos leva ao verdadeiro pensar.

O que Descartes, Spinoza e Leibniz transmitem a Wolff e, este, a Baumgarten, é a idéia de perfeição, tão cara à metafísica cartesiana. Fala-se, com Wolff, na perfeição da sensação, no caráter do conteúdo perceptivo enquanto tal e em si mesmo, que é o que interessa à estética, assim como o caráter do conhecimento enquanto tal e em si mesmo interessa à lógica.

Todo este itinerário é uma etapa necessária à fundamentação da estética filosófica, por Kant, ligada à filosofia da Ilustração ou do Iluminismo, ao século das Luzes (XVIII), no qual a Razão é retomada sobre novas bases, num outro espaço epistêmico. Vejamos como Kant lida com a problemática da Razão e como a estética se insere no quadro do pensamento Iluminista.

Kant concebe o Belo enquanto ponto de confluência tangível entre a razão e o pensamento, síntese do racionalismo e do empirismo, desembocando no criticismo que pressupõe o "Sujeito Transcendental". Enquanto o cartesianismo corresponde a um racionalismo em expansão, o kantismo critica o uso metafísico da Razão, embora não o seu uso nas ciências, e, desse modo, anuncia-se um racionalismo em regressão.

A questão inicial para Kant é: como é possível a ciência? Fundamentando-se sobre uma análise das matemáticas e da física, ele explicita as categorias do conhecimento que definem o próprio espírito do sujeito enquanto

29. Cf. Hume, *Tratado da Natureza Humana*, Green and Grose, vol. II, p. 151.

faculdade de conhecer. Eis a revolução copernicana que faz com que a percepção e a ciência dos objetos dependam da estrutura transcendental do sujeito e não mais da natureza dos objetos, mas das categorias do conhecimento. É por essa via que a Razão é retomada por Kant, enquanto propõe um sistema de categorias *a priori* do entendimento, cuja verdade não depende da experiência, podendo ser logicamente formuladas.

Segundo Kant, o pensamento racional consiste em reduzir à unidade os dados esparsos do conhecimento sensível, do diverso da experiência. Será a faculdade de síntese que permitirá a passagem das intuições sensíveis às experiências relativas aos objetos de um mundo; é o trabalho do Entendimento (*Verstand*). Quanto aos princípios do entendimento puro, definem-se como uma codificação sistemática dos axiomas do pensamento físico. Vigora a ciência físico-matemática de Newton, com sua lei da ligação dos efeitos e das causas[30]. É uma tentativa de definição do conteúdo do pensamento racional. Porém, além do Entendimento (*Verstand*) Kant, fala de Razão (*Vernunft*), num grau superior de síntese dos conhecimentos. Assim, se o Entendimento é a faculdade das regras, a Razão é a faculdade dos princípios; por conseguinte, todo raciocínio é um modo de derivar um conhecimento a partir de um princípio. Este, por sua vez, aplica-se não diretamente à experiência ou a um objeto, mas aos próprios conhecimentos já ligados pelo Entendimento; a ciência pressupõe os juízos sintéticos *a priori*. A Razão tende a ultrapassar a experiência naturalmente. E é o próprio Kant que, na *Crítica da Razão Pura* (Dialética Transcendental), remete-nos à tradição racionalista, ao se referir a Platão, mostrando que este já percebera muito bem que nossa faculdade de conhecer tem uma necessidade mais elevada do que simplesmente a de unir sinteticamente os fenômenos de uma experiência, pois nossa Razão eleva-se a conhecimentos mais altos, que não se reduzem à correspondência com um objeto da experiência, mas, ao querer nos fazer conhecer objetos de ordem superior, não presentes à nossa experiência, a Razão ultrapassa seus direitos. E, embora as idéias de Deus, de alma imortal e de liberdade sejam idéias às quais a Razão não conseguiria aplicar os procedimentos de demonstração e de análise que caracterizam seu uso científico, Kant critica a Razão Metafísica, por um lado, mas, por outro, faz emergir uma outra forma da Razão: a Razão Prática, faculdade não de conhecer os objetos, mas de apreender as máximas da ação moral. Aparecem os imperativos categóricos, incondicionais, impostos à consciência, enquanto postulados da Razão Prática. A Razão Prática é fonte de uma ação conforme à destinação do homem. A Metafísica, num primeiro momento expulsa, termina por retornar, mas apenas enquanto ligada às condições de possibilidade das máximas morais. É nesse sentido que a filosofia de Kant se define como filosofia das luzes numa época em que a burguesia, tendo ascendido economicamente, reivindica seus direitos através da Razão Iluminista. A filosofia kantiana aparece como a síntese entre o triunfo da ciência físico-matemática de Newton e o pensamento político dos filósofos franceses (ainda que Kant seja alemão). Sendo a coisa- em-si incognoscível, só podemos conhecer os fenômenos a partir do pressuposto do sujeito transcendental kantiano.

Na *Crítica da Razão Pura* Kant procurou justificar a concepção de uma ordem natural; na *Crítica da Razão Prática* visou justificar a concepção de uma ordem moral; e, por fim, síntese destas duas Críticas, surge a *Crítica da Faculdade de Julgar* (1790), afirmando a concepção do Iluminismo do século XVIII, segundo a qual o indivíduo dotado de sentimento e de inteligência tem aspirações tanto para os sentidos, quanto para a liberdade racional. Une Natureza e Razão formalmente. Fundamenta-se na ciência newtoniana, aceita a lei da uniformidade da natureza em sua versão mais formal e a lei da Razão suficiente com a lei da causalidade, assim como põe as formas *a priori* da sensibilidade, espaço e tempo, enquan-

30. Cf. Kant, *Critique de la Raison Pure*, tradução de A. Tremesaygues, 6. ed., Paris, PUF, 1968. Analítica Transcendental, segunda Analogia da Experiência.

to indispensáveis para o uso de nossa inteligência e percepção. A *Crítica da Razão Pura* torna-se uma demonstração de que o conhecimento teórico está limitado ao Entendimento, enquanto se move na esfera da percepção sensível. Conseqüentemente, se a Razão implica um todo, não tem lugar na experiência perceptiva. É assim que idéias, tais como a de Deus, alma e liberdade não podem ser verificadas nem dentro nem fora da experiência perceptiva.

Ao ultrapassar a aporia entre os dois mundos, o da Razão e o dos sentidos, Kant, na *Crítica da Faculdade de Julgar*, chega ao juízo de gosto, juízo estético, colocando a questão: como pode o juízo de gosto tender, ao mesmo tempo, à Universalidade e ser subjetivo? Ou: como o é possível juízo estético? Ao responder a essa questão Kant fundamentará o Belo, como faculdade de harmonia entre a imaginação e o entendimento, e o Sublime, no qual a imaginação ultrapassa o entendimento.

A faculdade de julgar aparece para Kant como membro do enlace ou síntese entre a Razão e o Entendimento. Essa faculdade é reflexiva, não determinante, prescrevendo-se a si mesma o conceito de finalidade na natureza, como se esta última possuísse uma unidade imposta por um entendimento em toda a sua variedade, por uma inteligência que fosse conforme à nossa faculdade de conhecimento. Esta conformidade produz, ao ser percebida, um sentimento de prazer totalmente distinto da conformidade com nossos apetites e desejos. Daí nascerá a idéia de que a estética kantiana é formal, pois não se preocupa com a existência do objeto, mas com sua forma. Por sua vez, o sentimento de prazer ligado à faculdade de conhecimento é o predicado do juízo estético e, por estar o prazer na apresentação de um objeto somente pela Razão, o juízo é Universal, ainda que subjetivo. "É belo aquilo que agrada Universalmente sem conceito"[31]. Quando o predicado é uma relação com a idéia de um fim, temos não mais um juízo estético, porém um juízo teleológico. O juízo estético, diferentemente, visa uma "finalidade sem fim"; daí a estética kantiana ser considerada contemplativa.

Sendo a faculdade de julgar a síntese entre Razão e Entendimento, todo juízo é síntese, tendendo a recolher as relações das partes, que são da esfera do entendimento, subordinando-o à unidade ou totalidade, que corresponde à esfera da Razão. O juízo estético passa a referir-se à percepção da forma característica dos objetos, enquanto sínteses de partes num todo; daí a faculdade de julgar ser o intermediário entre o Entendimento e a Razão, assim como a idéia de finalidade é um princípio inseparável ou *a priori* que conduz suas reflexões. Há uma conformidade entre a percepção do objeto e as faculdades do sujeito, de tal modo que o sujeito é afetado harmonicamente com respeito à relação entre imaginação e entendimento. A percepção apresentada à faculdade imaginativa responde às necessidades ou se acomoda às regras do entendimento.

O prazer estético combina as características do desejo e do conhecimento, assim como a natureza do juízo combina, na idéia de finalidade as da Razão (unidade) e do Entendimento (diversidade). O juízo estético, por esse motivo, é eleito como guia para o ponto de confluência entre Natureza e Liberdade, Entendimento e Razão, Sensível e Inteligível. Kant assinala-nos as seguintes características referentes ao juízo estético: em primeiro lugar, o juízo de gosto é estético, isto é, o prazer que constitui o seu predicado é alheio a todo interesse. Daí ser um prazer desinteressado, contemplativo, formal. Não há interesse porque não se refere à existência de um objeto. Kant distingue nitidamente o Belo do agradável e do bom, que estão relacionados a um interesse ligado ao apetecer. Em segundo lugar, na quantidade e modalidade do juízo de gosto o Belo é considerado como o objeto de um prazer Universal, e necessário, mas sem a intervenção de uma idéia reflexiva; a Universalidade e a necessidade não são objetivas mas subjetivas. Na quantidade de juízo, o Belo se distingue do agradável e do bom; do primeiro, por sua Universalidade e, do segundo (bom), pela ausência de

31. Cf. Kant, *Crítica da Faculdade de Julgar*, Analítica do Belo, L. I, p. 62.

uma idéia reflexiva. Em terceiro lugar, o juízo de gosto implica uma relação em que o Belo é a forma de finalidade de um objeto, enquanto esta finalidade pode ser percebida sem a idéia de fim. O Belo não se identifica nem ao agradável, o que seria cair num psicologismo, nem ao bom, que implica a idéia de um fim, quer seja extrínseco ao objeto, no caso da utilidade, quer seja imanente, no caso da perfeição.

A forma de finalidade apóia-se numa relação harmônica com as nossas faculdades da imaginação e do entendimento. É assim que, por exemplo, uma tulipa será qualificada de bela porque em sua contemplação há certa finalidade que, segundo nosso modo de julgar, não se refere a nenhum fim; portanto é sem fim a finalidade do juízo estético. Conseqüentemente, a harmonia da percepção funda-se numa percepção da harmonia, ainda que não haja nada a ser formulado objetivamente. Não nos esqueçamos de que, para Kant, o juízo de gosto é subjetivo, embora nunca psicológico, no sentido adotado pelos empiristas.

A consciência estética é, então, o ponto de confluência dos sentidos e da Razão. O juízo de gosto não contribui para o conhecimento, pois, sendo subjetivo, expressa uma harmonia sentida no jogo livre de nossas próprias faculdades, devido a uma percepção específica. A questão fundamental da *Crítica da Faculdade de Julgar,* que já assinalamos, é: como é que um sentimento que tem validade universal continua subjetivo? Kant responde a esta aparente contradição dizendo-nos que a beleza é subjetiva, pois existe em quem e para quem a percebe somente. Todavia, sua subjetividade não a impede, igualmente, de ser objetiva também, isto é, visa ser válida universalmente. A estética de Kant apóia-se no pressuposto da conformidade de fato entre quem percebe e o percebido. É a estética da forma pura que nos proporciona um prazer desinteressado, contemplativo, o que relaciona o prazer da beleza aos atributos formais da Razão: desinteresse, Universalidade e necessidade, ao mesmo tempo que descarta o conteúdo e não se interessa jamais pela existência do objeto.

Kant fala-nos, ainda, da "beleza livre" e da "beleza dependente". A primeira (livre) não se apóia em nenhum conceito definido e o juízo de gosto que a aprecia é puro; a segunda (dependente) está condicionada pelo conceito definido de fim, quebrando o principio estético da "finalidade sem fim". Como exemplo da beleza dependente, em Kant, citamos a arquitetura, ao passo que a arte decorativa, tal como o desenho de modelos, é livre, pois não representa nenhum objeto em sua existência. E a mais dependente e a menos livre de todas é a beleza capaz de um ideal, que se fixa apenas por um fim objetivo e que, por princípio, está fora da esfera da beleza e nunca poderá ser julgada por um puro juízo de gosto, pois está adequada a uma idéia da Razão.

O gosto implica um sentimento comum e não um conhecimento comum porque ligado às idéias abstratas do entendimento. Todavia, pode-se falar de um racionalismo kantiano, na medida em que é a partir da Razão que se estabelece harmonia entre as formulações dos sentidos, o que imprime uma comunicabilidade do sentimento estético. Por outro lado, é na figura do gênio, que não se liga a nenhuma referência histórica que Kant identificará que é aquele que sabe representar idéias estéticas. E, se perguntarmos de que modo a estética é a contrapartida do postulado da Razão, a relação é explicada pela noção de Simbolismo. O Símbolo é uma percepção que representa um conceito, não convencionalmente enquanto simples "signo", nem diretamente enquanto "esquema", mas, indireta, embora apropriadamente, graças a uma semelhança entre as regras que regem nossa reflexão e o Símbolo na coisa ou idéia simbolizada. Por fim, a beleza é um Símbolo da ordem moral, que é a realidade inteligível apontada pelo juízo de gosto. Incluindo a natureza e a arte, a beleza é, para Kant, a expressão das idéias estéticas, as quais sugerem de forma sensível os princípios da Razão que nenhuma dessas percepções pode conter de modo completo e adequado.

Quanto à percepção estética, Kant assinala-nos que o Belo e o Sublime são espécies do juízo estético, embora somente a beleza pertença ao juízo de gosto. O Sublime tem suas raízes numa emoção da inteligência. Estes dois tipos de percepção ou sentimento participam do caráter semi-racional, subjetivo, ainda que Universal, que caracteriza o juízo estético enquanto tal. A beleza tem sempre a ver com a forma, a harmonia e com o prazer contemplativo; o Sublime pode depender da forma ou do informe (disforme), provocando violência e dor à nossa imaginação sensível, pois a imaginação ultrapassa o entendimento. O objeto do sentimento Sublime resiste sempre à nossa faculdade de julgar e, diferentemente do Belo, que se harmoniza com ela, resulta incompatível com a mesma. Segue-se daí ser o Belo, para Kant, o canal que se relaciona com as idéias de Razão ou de ordem moral. Não se ensinará jamais a procurar a forma do Belo nas percepções que nos estremecem devido a uma força ou magnitude sobre-humanas, ligadas ao terror do mundo externo. Neste caso, as idéias de Razão são negativamente evocadas. No Belo, a forma dos objetos é figura ou jogo; há um aspecto lúdico na arte que se estrutura na harmonia.

Em suma, o problema estético trabalhado por Kant foi: como pode participar do caráter da Razão um sentimento de prazer? E: como podem conciliar-se os mundos sensível e ideal?

Isto posto, ultrapassemos a Razão do período clássico e passemos ao século XIX, com Hegel e sua *Estética* e vejamos como se inscreve nesta nova rede a Razão. Não é por acaso que Hegel, na *História da Filosofia*[32], refere-se à introdução da *Crítica da Faculdade de Julgar* de Kant como sendo a primeira palavra racional acerca da beleza.

Se a época de Kant é a da filosofia das Luzes, com Hegel a Razão torna-se a Dialética do Espírito Absoluto; e se Kant faz parte do espaço histórico de uma burguesia em expansão, Hegel assiste ao semifracasso das revoluções burguesas. Com isto, a idéia de um sistema definitivo e Universal da Razão começa a entrar em colapso. A burguesia já está no poder e, de classe revolucionária, torna-se, pouco a pouco, a classe política e socialmente conservadora, no novo quadro da economia industrial.

Com Hegel, a Razão é concebida historicamente enquanto criação contínua. A história Universal torna-se a manifestação desta Razão única; a Razão, por sua vez, é a unidade mais alta do conhecimento de um objeto e do conhecimento de si e, no texto *A Filosofia do Direito*, Hegel afirma o seguinte princípio: "Tudo o que é racional é real, tudo o que é real é racional".

A Razão define-se como a tomada de consciência de uma harmonia fundamental entre a verdade objetiva e nossos pensamentos subjetivos. Porém, esta consciência é uma conquista de que a história da humanidade tece as etapas. Eis a Dialética hegeliana que aparece como a realização progressiva da Razão. A partir de uma tese (seja uma idéia abstrata, fato de cultura, momento histórico) o movimento da Razão opõe a antítese, negação da tese, destruindo-a, até que, numa terceira etapa, surge a síntese, que resulta da oposição à antítese, conciliando numa nova tese os elementos contraditórios das duas fases anteriores, com uma nova qualidade, reafirmando-a como nova tese e assim por diante.

Em sua *Estética*, Hegel assinala três etapas da evolução das Belas-Artes. A primeira é a etapa Simbólica, onde há uma luta entre a forma material e o conteúdo espiritual das obras de arte, como é o caso do artista egípcio (tese); a segunda etapa (antítese), constituída pela arte clássica dos gregos que representa a fusão perfeita da forma e do conteúdo; e, por fim, numa terceira etapa, há a decadência da arte clássica e surge a síntese enquanto retorno sobre si da arte que retoma e concilia os traços opostos do simbolismo e do classicismo. Passa-se à arte romântica (arte cristã), onde triunfa a subjetividade e a interioridade. Paralelamente às três etapas da História da arte, Hegel aplica o mesmo esquema da dialética às três determinações do conceito: o Geral, o Particular e o Individual. Esta lógica ternária é a mola do pensamento racional, ao mesmo tempo que constitui a historicidade da Razão.

32. III, 543.

Assim, herdeiro da tradição racionalista, embora repense a Razão a partir de um novo espaço do Saber, Hegel retoma os dois traços do conceito de Razão: em primeiro lugar, a Razão designa leis do pensamento e leis da ação refletida, isto é, põe a questão de sua anterioridade e independência em relação à experiência. Em segundo lugar, a Razão, refere-se a uma ordem das coisas, quer seja dada, quer seja ideal ou realizada progressivamente no curso de uma história.

A *Estética* de Hegel deve ser lida pela ótica da Dialética: "Manifestação da Idéia do Espírito Absoluto sob forma sensível", como nos diz Hegel em sua *Estética*[33]. Enquanto aparição (*Schein*) ou aparência da Idéia, o Belo distingue-se do verdadeiro, que é a Idéia tal qual é para o pensamento; portanto, há idêntica substância à da beleza, mas a forma é diferente. Analogamente a Kant, distingue Hegel o Belo do bom, do útil e do agradável que têm a ver com o desejo. Não pertencendo nem à teoria e nem ao desejo, o Belo é infinito, pois é livre de relatividade. O infinito, por sua vez, é o conteúdo em si mesmo, completo em si; assim, a beleza é exemplo da verdadeira infinitude, comparada a um círculo ou esfera.

A primeira beleza é a da natureza que somente existe para a consciência que a percepiente[34], porém difere da beleza artística. A beleza da natureza não foi produzida conscientemente para efeito estético. Todavia, se ambos os tipos de beleza existem unicamente para a nossa percepção, na relação Dialética do Em-si-Para-si, todo o campo do Belo constitui uma escala contínua e ascendente, apesar do contraste entre natureza e arte. Mas, como a percepção comum é essencialmente defeituosa, a beleza natural deve ser ultrapassada pela beleza da arte.

Torna-se necessário que a Idéia, que encontrou na inteligência humana a mais total expressão não sensível de si mesma, aja como se fosse repetir o processo conscientemente, construindo uma representação mais adequada e igualmente real para os sentidos na segunda natureza da arte. É o ideal, isto, é, a Idéia traduzida em termos ou tendências de imagens que sejam capazes de apresentação direta ou indireta dos sentidos. Todo o aspecto subjetivo desse processo, o assunto imaginado em formas capazes de representação constitui o ideal. O concreto é a via de passagem que une a Idéia à realização artística. O ideal, ou todo o mundo da beleza imaginada ou da fantasia concreta é concebido como um processo que passe por fases determinadas devido ao progresso da inteligência e ao resultado cumulativo da própria seqüência. Há diferentes meios de expressão no interior de cada uma das grandes fases ou formas históricas da consciência artística ou do ideal.

A primeira série de fases sucessivas constitui-se das três formas de arte: Simbólica, Clássica e Romântica, cujo conjunto delimita a evolução histórica do ideal, fases das quais já demos exemplos anteriormente. Complementando, para a forma de arte simbólica, a arquitetura é central; para a arte clássica, a escultura e, para a arte romântica, a pintura, a música e a poesia.

Em suma, segundo Hegel, na arte não temos que buscar prazer ou utilidade, mas liberação do espírito do conteúdo, a presença e união do Absoluto no sensível e fenomênico. Não sendo, portanto, nenhuma simples crítica de obras de arte, como já não o era nos pensadores anteriormente abordados no presente ensaio, nem tampouco um catálogo de sugestões para sua produção, o objetivo de Hegel, ao escrever a *Estética*, era o de perseguir a idéia fundamental do Belo e da arte através de todas as fases a que recorrem sua realização, tornando-as intelegíveis.

Neste processo, se podemos usar o termo, de o abismo da Razão[35], em que a Razão é questionada por pensadores como Schopenhauer e Nietzsche, destacamos, para além deste abismo, Gaston Bachelard (1884-1962) como um filósofo que revê o conceito clássico de Ra-

33. 1, 141, cf. B. Bosanquet, *História de la Estética*, tradução de Hastie e B. Bosanquet, do original *Introduction to the Aesthetic*.

34. Cf. *Estética*, I, 148.

35. Cf. Kremer-Marietti Angèle, *La Raison Créatice*, Moderne ou Postmoderne, Paris, Kimé, 1996.

zão, mas numa perspectiva não-clássica, falando não mais um de simples racionalismo, porém de um Surracionalismo. Penetremos mais a fundo em seus meandros imaginários.

Epistemologia e Poética são duas faces complementares da obra bachelardiana, análogas à relação entre Ciência e Arte, "dois contrários bem feitos"; o ser é andrógino.

O Bachelard-epistemólogo começa criticando a imaginação, séria ameaça às práticas científicas. Para tal, estabelece uma ruptura entre o espírito científico e o pré-científico, não apenas entre ciência senso comum, bem como uma ruptura entre os paradigmas da ciência físico-matemática de Newton (ainda base do pensamento kantiano) e a relatividade einsteiniana, indo até à física Quântica. É deste último campo que Bachelard faz emergir seu pensamento e pode falar de uma Razão criadora, de uma autonomia da Imaginação Dinâmica que é o elo de passagem entre sua Epistemologia e sua Poética. Concebendo a Imaginação como "um tecido de erros tenazes" que interfere na prática científica, Bachelard tenta questioná-la, deitando-a no divã e submetendo-a a uma *Psicanálise do Conhecimento Objetivo*, através de seu texto *A Psicanálise do Fogo*[36]. Se é proposto um processo catártico da ciência diante das obstáculos ao co nhecimento, derivados da Imaginação. *O Novo Espírito Científico* almejado[37] pressupõe uma ruptura com os erros provenientes da experiência e provocados pela Imaginação, que se constituem em prejuízos ao trabalho científico.

Seu texto *A Filosofia do Não*[38], diz Não, seja ao idealismo, seja ao empirismo; diz Não à separação entre o abstrato e o concreto, entre matemática e experiência. A recusa dos pontos fixos, isto é, sujeito e objeto, está calcada numa nova perspectiva epistemológica descontinuísta. É na *Dialética da Duração*[39] que Bachelard nos falará do tempo como descontínuo e, no *Instante Poético e Instante Metafísico*[40] estenderá esta noção de tempo descontínuo a poética.

Passando pela *Psicanálise do Fogo*, texto de transição entre a Epistemologia e a Poética, é como se, num processo alquímico, Bachelard olhasse para os resíduos da Imaginação até então concebida como obstáculo à ciência e a retomasse como foco de força e de energia para a criatividade, não apenas na Poética como para a própria ciência. Há uma outra "Revolução Copernicana", se assim podemos dizer. Procurando, agora, mergulhar e percorrer os meandros da Imaginação, termina por chegar a uma teoria da Imaginação Material, onde surgem os Quatro Elementos: Fogo, Água, Terra e Ar, que constituirão uma estrutura básica para se pensar as obras de poetas e filósofos de modo consistente; Bachelard chega a uma Ontologia da Imaginação. Estes Elementos arquetípicos ou imagens-princípios, embora não existam realmente, são vistos como acionados e trabalhados pela Imaginação Dinâmica, através de Símbolos motores que efetivam a destinação de cada poeta ou filósofo, Anticartesiano, Bachelard substitui o "Penso, logo existo" (*Res Cogitans*) pelo *cogito* Onírico do homem, que se define pelo sonhar, pela *Rêverie* (Devaneio).

É do Elemento Ar que a Imaginação será concebida enquanto autônoma, até culminar na noção do Fantástico como raridade, fundamentado no princípio de irrealidade; pois, é a Imaginação que vai ao real e não é a Imaginação que provém dele, dir-nos-á Bachelard. Por exemplo, o homem não voa porque tem asas, mas tem asas porque voa. A Imaginação não é reprodutora nem simples expressão, mas, criadora. E é a partir desta nova perspectiva sobre a Imaginação, aliada ao novo paradigma da física quântica e da teoria da relatividade, que Bachelard poderá propor uma Razão identificada a um Surracionalismo. Não sendo mais inferior à percepção, Bachelard fala de uma atividade autônoma da Imaginação enquan-

36. Cf. G. Bachelard, *La Psychanalyse du Feu*, Paris Gallimard, 1949.

37. Cf. G. Bachelard, *Le Nouvel Esprit Scientifique*, Paris PUF.

38. *Idem*, *La Philosophie du Non*, Paris PUF.

39. *Idem*, *La Dialectique de La Durée*, Paris PUF.

40. *Idem*, *L'Intuition de l'Instant, Étude sur Silõe de Gaston Roupnel*, Stock.

to imaginário. Uma vez virado o mundo de pernas para o ar, é a própria percepção que passa a ser vista como Imaginação contrariada; conseqüentemente, ao abordar a imagem literária, Bachelard leva-nos a um sentido em estado nascente. E, assim como houve todo um trabalho polêmico de negação dos obstáculos oníricos à ciência num primeiro momento, agora é o campo da própria Imaginação criadora, dinâmica, em sua Poética que exige todo um trabalho de ruptura com os obstáculos à sua autonomia.

Epistemologia e Poética assentam suas atividades dizendo Não aos pontos fixos e ao formalismo estático. Seja no trabalho da ciência de romper com os obstáculos, vivendo na tensão (Dialética bachelardiana), seja na Poética em que se ressaltam as ambigüidades e ambivalências das imagens através dos símbolos polissêmicos, é a noção de Imaginação Dinâmica, aberta, que ligará as duas esferas como dois contrários bem feitos, complementares, embora diversos.

Enquanto o cientista questiona as origens absolutas e os considera falsos pontos de partida, o poeta propõe novos mundos gerados pelo dinamismo e pela abertura da Imaginação. Ambas se complementam a partir da Imaginação Dinâmica.

Na Poética, a Imaginação Material, simbólica, dos Quatro Elementos, ultrapassa a imaginação Formal, pois os Quatro Elementos aparecem como um sistema de virtualidades múltiplas. Se, por um lado, cada autor se define por seu Elemento específico que o determina, por outro, é somente porque este Elemento arquetípico é virtual e se efetiva enquanto Símbolo motor por um *Cogito* Onírico que o especifica que podemos classificá-lo em tal ou tal Elemento. É como se as várias possibilidades ou virtualidades dos Elementos se constituíssem em ondas de energia na Imaginação Material, aliada à Imaginação Dinâmica e, no instante em que as partículas da matéria (energia) se condensam em determinada configuração, segundo matizes e nuances específicas, o Elemento determinasse ou especificasse o autor, mas nunca de modo causal-mecanicista.

Os Quatro Elementos funcionam como imagens-arquetípicas que fornecem um diagrama à leitura de textos filosóficos e literários, revelando sua estrutura essencial. São uma linguagem arcaica, Universal, tal como a noção do inconsciente coletivo e dos arquétipos em Jung, e não frutos de mero psicologismo do autor. Não se invoca mais Diferenças individuais, mas arquetípicas. Chegando a esse quadro, Bachelard fala-nos de um inconsciente natural das obras, onde não há mais variação ou redução possíveis, delimitando a Imaginação. Cortes epistemológicos e diferenças poéticas são propostos, calcados na noção de ruptura e descontinuidade.

O princípio do tempo é o instante; a temporalidade é descontinuidade, enquanto a continuidade é ilusória. Há um espírito trágico na temporalidade constituída de instantes (científicos ou poéticos) que faz com que só possam nascer com a condição de morrer: morre-se a cada instante para se existir e renascer a cada momento, enquanto temporalidade vertical. Seja na ciência, seja na poética, o caminho é contestação, ruptura, negação e transformação. É preciso, para afirmar, saber dizer Não, ao mesmo tempo. O tempo torna-se irrupção, porque recomeça incessantemente, seja na Epistemologia do *Novo Espírito Científico*, seja na *Poética do Instante Metafísico*. O instante é a solidão que não apenas nos isola dos demais, como também de nós mesmos, rompendo com a memória. Ao falar sobre o sonho, este não é visto como sintoma ou sublimação no sentido freudiano, mas Bachelard refere-se ao sonho desperto, diurno (devaneio); há um *cogito* onírico que trabalha a matéria, um *cogito* trabalhador, diferente da perspectiva formalista. A mão trabalhadora que molda a terra misturada à água é a metáfora do *cogito* onírico que apreende a dinamogenia da realidade, num processo ligado à Dialética, dinâmico, trabalhando com obstáculos, pois, segundo Bachelard, a lida é então com uma carne amante e rebelde que resiste e que cede incessantemente. Criar identifica-se a um trabalho com a matéria, dinamicamente; daí sua Estética ser concreta.

Apesar de Razão e Imaginação serem diversas, elas coexistem e se complementam através da noção de Imaginação Dinâmica que as liga e as fundamenta, fazendo com que ambas se constituam num processo aberto, negação dos pontos fixos.

É assim que Bachelard, no plano epistemológico, pode falar de um Conhecimento Aproximado[41], que exige uma contínua vigília do cientista. Ciência e Poética dão acesso ao universo do espírito que é imaginário, irreal, porque nega a percepção, mas que, ao mesmo tempo, é Surreal e Surracional (conservamos os termos utilizados por Bachelard, conforme nos foi sugerido por José A. Pessanha). Ciência e Poética são possíveis através do exercício de um espírito que se constrói e se reconstrói.

A Razão na ciência contemporânea, recusa a redução do conhecimento à unidade conceitual, do complexo ao simples; pelo contrário, o Surracionalismo, por sua abertura dinâmica, adota o Pluralismo ou a Pluralidade Coerente, porque leva em conta as várias probabilidades de construções ou configurações racionais, multiplicando-as e não reduzindo-as. Por outro lado, Bachelard não descarta a experiência, pois racionalismo e empirismo são complementares: Pensar cientificamente é colocar-se entre teoria e prática, entre matemática e experiência[42]. Ao ser purificada das imagens, obstáculos à ciência, a ciência física contemporânea é vista como uma construção racional que elimina a irracionalidade: e nisto Bachelard retoma a tradição dos pensadores racionalistas que já abordamos, mas, ao nos falar de um *Racionalismo Aplicado*[43] e não mais de uma Razão cartesiana, nem de uma Razão pura nos moldes kantianos, Bachelard exige que a Razão, através do pensamento aplicado, trabalhe com a experiência, também. Por sua vez, esta aplicação não é tida como uma falha, mas como um compromisso científico, na medida em que os princípios da ciência são dialetizados, retificados.

41. G. Bachelard, *Essai sur La Connaissance Aprochée,* Paris, Vrin.

42. *Idem*, *Philosophie du Non*, p. 5.

43. *Idem*, *Le Rationalisme Appliqué*, Paris, PUF.

A racionalidade, na ótica bachelardiana, é entendida apenas como reconciliação temporária, provisória, embora consistente. A ciência está sempre ocupada em passar do pró ao contra, ao Não. É devido a essa concepção da Razão que a ciência se torna um pluralismo coerente, que permite a complexidade, fundamentada na imprevisibilidade e na probabilidade. E, embora a racionalidade matemática continue sendo a forma suprema de racionalidade científica, a via de acesso a esta só se dá através de caminhos tortuosos, fazendo com que o acesso ao simples somente possa surgir pelo complexo. Ainda se combate o irracional enquanto luta contra os obstáculos ao conhecimento, mas uma nova noção de Razão criadora, aberta e dinâmica, substitui a Razão cartesiana.

O termo Dialética, segundo Bachelard, identifica-se à noção de Polêmica, tal como aparece na mecânica ondulatória de Louis de Broglie, que reconcilia a teoria corpuscular e a Luz Contínua. Sendo recorrente e aberta, a Dialética, para Bachelard, refere-se ao sentido de determinação das recorrências inscritas na história da ciência, que prosseguem *ad infinitum*. A Dialética permite que a ciência ultrapasse seus princípios porque é polêmica, aberta: "se ela raciocina, é preciso experimentar, se ela experimenta, é preciso compreender"; é a dimensão da problematização, do questionamento. O Não bachelardiano não é exterior ao saber, mas interior a ele, pois o saber abstrato deve rumar para a concreticidade; a Dialética bachelardiana não trabalha com a contradição no sentido hegeliano, mas com a Diferença dos contrários em sua complementaridade. O racionalismo é aberto, pois, "a experiência nova diz não à experiência antiga [...] mas este não nunca é definitivo para um espírito que sabe dialetizar seus princípios"[44]. Esta Dialética dinâmica reforça a idéia de pluralismo na ciência, uma dispersão, mas sempre bem ordenada. A transitividade entre o pensamento e a experiência recupera a Razão, não no sentido cartesiano nem kantiano, mas no da física quântica, concebendo o Surracionalismo para o qual retificação significa reorganização.

44. *Idem*, *Philosophie du Non*, pp. 9-10.

O Não é a multiplicação das Diferenças, cuja função é a de impedir a imobilização do pensamento, sempre a buscar abrigo na unidade e identidade. À união do Racionalismo Complexo e do Racionalismo Dialético, Bachelard dá o nome de Surracionalismo. Com isto, diz-nos, "é necessário devolver à razão humana sua função turbulenta e agressiva. Contribuir-se-á, assim, para fundar um surracionalismo que multiplicará as ocasiões de pensar"[45]. Fala-se, agora, do Racionalismo experimental para o qual a imprudência é um método. Conseqüentemente, a Razão, felizmente incompleta, não pode mais recitar suas tautologias, amparada na memória da tradição a ser repetida. O Não firma, pelo contrário, a mobilidade, o pluralismo e a Diferença perpétua no interior da Razão e da experiência. O pensamento passa a se instruir naquilo que constrói, pois erro e ciência fazem parte do mesmo processo. É pensando sempre contra um conhecimento anterior ou destruindo conhecimentos mal feitos, obstáculos, que a ciência caminha, par a par com o erro, necessário para seu vir-a-ser.

O racionalismo torna-se prospectivo, isto é, a experiência significa a aplicação da teoria: "A realização de um programa racional de experiência determina uma realidade experimental sem irracionalidade"[46]. E isto porque as condições experimentais são condições de experimentação e uma experiência é sempre bem feita na medida em que é completa por ser precedida de uma teoria terminada. A relação entre matemática e experiência torna-se a apreensão do movimento pelo qual a ciência simplifica o real e complica a Razão. E esta construção científica do real é imaginária, constitui-se em espaços de configuração, tendo como correspondente a física quântica, que trabalha sob o espaço tridimensional, na dimensão das relações em que espaço-tempo são pensados conjuntamente, e onde a noção de simultaneidade substitui a de linearidade. Estes espaços de configuração são possíveis para o novo racionalismo, devido à noção do infinitamente pequeno na nova física e de sua ligação com a matemática. Não sendo mais cópia de um real tridimensional (ainda que a ciência físico-matemática de Newton tenha sua validade dentro de determinados limites de aplicabilidade), é a organização matemática, imaginária, que é a realidade fundamental, que se dá como construída. Num dos exemplos, Bachelard mostra-nos que a imagem do átomo não se impõe pelo aspecto realista, mas sim em função da organização matemática: é uma configuração imaginária e real. Diz-nos Bachelard sobre esse exemplo: "Quando é necessário imaginar o inimaginável, por exemplo, o domínio do núcleo atômico, é preciso propor imagens e fórmulas verbais que são totalmente relativas à ciência teórica"[47].

O Surracionalismo, que concebe a Razão a partir da Microfísica, exige a abertura da ciência e a ruptura com o objeto imediato. Há uma intuição progressivamente organizada, isto é, um conhecimento constituído de aproximações sucessivas. Os elementos propostos pela nova física são aceitos, tais como as noções de massa e energia na medida em que são intercambiáveis, bem como o complexo indissociável de espaço-tempo, fazendo com que a posição e a velocidade de um corpúsculo, por exemplo, não possam ser conhecidas simultaneamente, sendo a luz ora corpuscular, ora ondulatória. Não há substância simples; a substância é uma contextura de atributos e o fenômeno é um tecido de relações. Não se separa a figura do movimento. Energia e Matéria identificam-se. A relação geometria mecânica-eletricidade, é a tônica na Microfísica. Dialetizar a experiência e tornar precisa a experiência é a proposta do Surracionalismo bachelardiano.

É o próprio Bachelard que denomina sua Estética de "concreta", oposta a uma Estética "formal". A classificação dos temperamentos poéticos dos autores sob um dos elementos, Água, Ar, terra, ou Fogo, simbólicos, permite-nos caracterizar, do ponto de vista estético e existencial, filósofos, literatos, poetas e artistas de um modo geral.

45. *Idem*, *Le Matérialisme Rationnel*, Paris, PUF, p. 13.

46. *Idem*, *Philosophie du Non*, p. 6.

47. *Idem*, *Le Matérialisme Rationnel*, p. 216.

Apoiado na Imaginação material dos quatro elementos, estes são considerados "símbolos motores" do vir-a-ser de cada autor. Não se constituindo como pontos fixos nem tampouco numa relação causalista, pelo contrário, a Imaginação Material aliada à Imaginação Dinâmica torna necessário o movimento destes símbolos arquetípicos, pois a lógica da Dialética bachelardiana ancora-se na noção de "ambivalência", onde a unidade pressupõe os contrários numa relação complementar.

Dia-noite, masculino-feminino são exemplos desta ambivalência não apenas lógica mas ontológica da estética proposta por Bachelard e que, segundo ele próprio assinala, complementa a ciência. Ressaltamos uma vez mais, que, segundo Bachelard, Arte e Ciência se definem como "dois contrários bem feitos", complementares. O Bachelard diurno (epistemólogo) é complementar ao Bachelard noturno (poeta, ligado ao devaneio).

Em suma, a Razão, para Bachelard, diferentemente do racionalismo quase onipotente da *Aufklärung* (Ilustração), torna-se uma função de invenção relacionada à imaginação Dinâmica que fundamenta, analogamente, sua Poética. Se o Criticismo Kantiano é aceito por Bachelard, é apenas na medida em que é transformado e ultrapassado a partir de um novo paradigma, de um novo referencial, calcando a noção de Razão na Microfísica, reformulando as categorias de espaço e tempo como absolutas (em Kant), agora inseparáveis na nova Física. Para Bachelard, o número é, desde o início, o infinitamente pequeno; com isto, já se separa de Kant e instaura o Surracionalismo a partir da física quântica. Este novo racionalismo dispensa as noções de espaço, tempo e massa, tidos como absolutos na mecânica newtoniana, substituindo-as por noções complexas como: complicação, tensão e retificação, que se originam da ação polêmica da Razão repensada a partir da mecânica relativista.

Conclusão

Abordou-se a clássica Razão através de autores significativos, como Platão, Descartes, Kant, Hegel e Bachelard, entre outros citados neste ensaio, seja como pontos de referência, seja como seus opositores, não com a preocupação de se esgotar o tema mas, antes, de evidenciar como a clássica Razão continua atual na medida em que se transformou. Centrando-nos em Descartes, no classicismo, por ser este pensador considerado tradicionalmente o pai do racionalismo da era moderna, passamos pela filosofia da Ilustração de Kant até chegarmos à época contemporânea, mostrando que, apesar de assentar-se em outro paradigma, no espaço epistêmico ligado à física quântica, a Razão continua valorizada, embora sob a forma de um Surracionalismo. À força de morrer, a Razão Clássica ou, pelo menos, de estar consciente de seus limites, uma nova Razão ressurge das cinza e impõe-se a nós enquanto Razão criadora.

O que a Razão tem a ver com a arte contemporânea é o desejo, não mais de exprimir, mas de criar. A arte visa uma projeção do artista numa obra válida em sua construção, fazendo que "o que" deve ser dito esteja intimamente ligado a "como" é dito[48]. É assim que G. G. Granger nos diz: "Os artistas os mais lúcidos compreenderam muito bem aos que se recusam a comentar seus poemas ou suas telas, pois, uma vez criada, a obra já não pertence ao artista mas aos homens que a contemplam, ela é um novo objeto do universo"[49].

Pode-se, então, falar da coexistência de uma atitude racional e de uma atitude estética, embora arte e ciência se desenvolvam sobre dois planos distintos. Ambas procedem da mesma necessidade de projeção criadora, mas a diferença é que uma (arte) projeta seu desejo no objeto que cria e a outra (ciência) sobre o instrumento de explicação e de intervenção que constrói. Não nos esqueçamos de que a própria paixão tem a sua lógica.

Em todo itinerário das metamorfoses da clássica Razão, e não apenas da Razão do classicismo, em nenhum momento, através destes autores, ela foi reduzida a uma

48. Luigi Pareyson, *Os Problemas da Estética*, São Paulo, Martins Fontes, 1989, tradução do original *I Problemi dell Estética,* 1966, Ed. Milano.

49. G. G. Granger, *La Raison*, Paris, PUF, p. 113.

função meramente psicológica. Ainda quando se abordou os empiristas, sua própria ótica psicologista do conhecimento é fundamentada racionalmente. Longe de ser apreendida como uma forma definitivamente fixa do pensamento, é uma conquista incessante, em perpétua luta contra as atitudes irracionais. Figura de equilíbrio provisório da Imaginação criadora em cada época, a Razão aparece como uma força viva em nosso espaço-tempo contemporâneo.

Todavia, ainda que uma das facetas da Razão contemporânea apareça significativamente na cibernética, em que a máquina é concebida como um organismo que se autogoverna, até certo ponto, incluindo seu próprio piloto, é apenas uma das possíveis faces da Razão construtora e criadora. Além da Razão identificada ao funcionamento de computadores e, até, da abordagem do pensamento em termos de programação e de reprogramação, a questão que permanece para nós é, ainda, como o homem, racionalmente, hoje, pensa não apenas o conhecimento científico, mas sua felicidade, seu papel no mundo, seu autoconhecimento. Livremo-nos, portanto, da ditadura de uma Razão que se confundiria , estreita e estritamente, apenas com uma tecnologia industrial avançada. O espírito racionalista é apenas um ideal, uma tendência de equilíbrio provisório da Imaginação criadora a que já nos referimos nesta conclusão.

Para terminar, pedimos licença ao leitor para citar, textualmente, G. G. Granger, a respeito do comentário feito por índios do Equador, quase sem nenhum contato com os civilizados, a propósito de centenas de caminhões, escavadoras e outras máquinas, signos da racionalidade do homem civilizado: "Animais novos", disseram eles, "apareceram. Eles domesticaram os homens, que lhes obedecem e lhes servem como escravos. E os homens brancos os alimentam e abrem-lhes caminhos através da floresta"[50].

Reflitamos racionalmente sobre isto.

50. G. G. Granger, *op. cit.*, p. 124.

Datas de nascimento e morte dos principais pensadores que aparecem no corpo deste texto:

Sócrates:	470 a.C. – 399 a.C.
Platão:	428 a.C. – 348 a.C.
Aristóteles:	384 a.C. – 322 a.C.
Montaigne:	1533 – 1592
Hobbes:	1588 – 1679
Descartes:	1596 – 1650.
Locke:	1632 – 1704
Spinoza:	1632 – 1677
Leibniz:	1646 – 1716
Berkeley:	1685 – 1753
Montesquieu:	1689 – 1755
Voltaire:	1694 – 1778
Hume:	1711 – 1776
Rousseau:	1712 – 1778
Diderot:	1713 – 1784
Kant:	1724 – 1804
Hegel:	1770 – 1831
Bachelard:	1884 – 1962

Bibliografia

ARISTÓTELES. Col. Os Pensadores, São Paulo, Abril, vol. I e II, 1978.

BACHELARD, Gaston. *La Psychanalyse du Feu.* Paris, Gallimard, 1949.

________. *Le Nouvel Esprit Scientifique.* Paris, PUF.

________. *La Dialectique de la Durée.* Paris, PUF.

________. *L'Intuition de l'Instant.* Étude sur Siloe de Gaston.

________. *Philosophie du Non.* Paris, PUF.

________. *Le Rationalisme Appliqué.* Paris, PUF.

________. *Le Matérialisme Rationnel.* Paris, PUF.

BOSANQUET, Bernard. *História de la Estética.* Buenos Aires, Editorial Nova.

CHÂTELET, François. *Platon.* Col. Idées, NRF.

DESCARTES. *Meditações.* Obra Escolhida, Clássicos Garnier, São Paulo, DEL, 1962.

DIDEROT. *Oeuvres Esthétiques.* Paris, Classique Garnier.

GRANGER, G. G. *La Raison.* Paris, PUF.

KANT, E. *Critique de la Faculté de Juger.* Paris, Vrin, 1968.

KREMER-MARIETTI, Angèle. *La Raison Créatrice, Moderne ou Postmoderne.* Paris, Kimé, 1996.

LAGARDE, A. e MICHARD, L. *XVIII siècle.* Col. Littéraire, France, Bordas.

LEIBNIZ. Col. Os Pensadores, São Paulo, Abril, 1974.

LOCKE. Col. Os Pensadores, São Paulo, Abril, 1973.

MONTAIGNE. Col. Os Pensadores, São Paulo, Abril, 1972.

MORENTE, Manuel Garcia. *Fundamentos de Filosofia.* São Paulo, Mestre Jou, 1966.

PLATÃO. Col. Os Pensadores, São Paulo, Abril, 1983.

ROUPNEL, Stock. *Essai sur la Connaissance Approchée.* Paris, Vrin.

ROUSSEAU, J. J. Col. Os Pensadores. São Paulo, Abril, 1983.

_______ . *Essai sur l'Origine des Langues.* Paris, Bibliothèque du Graphe, 1969.

_______ . *Do Contrato Social e Discurso sobre a Origem da Desigualdade entre os Homens.* Col. A Razão e o Tempo, 1.

SÓCRATES. Col. Os Pensadores. São Paulo, Abril, 1985.

SPINOZA. Col. Os Pensadores. São Paulo, Abril, 1973.

2. O QUADRO HISTÓRICO: CIÊNCIA, NATUREZA E FÉ

Giselle Beiguelman

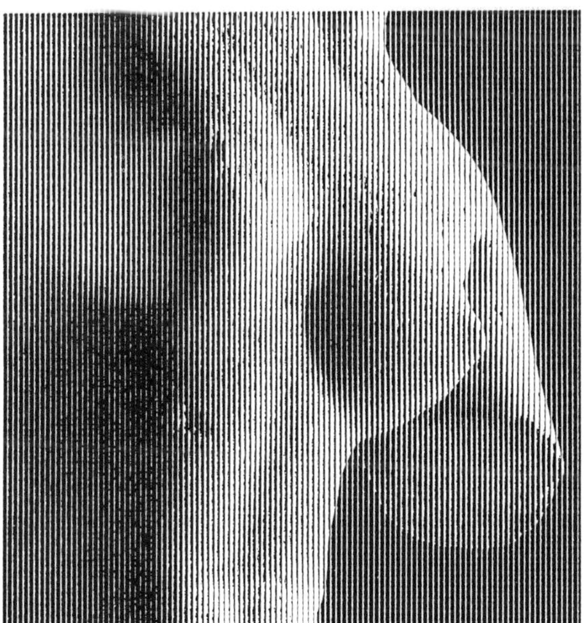

A ciência moderna começou a ser elaborada no século XVI e constituiu um marco na história intelectual do Ocidente porque, com Copérnico, ela deixava de designar uma tradição que se transmite, para designar o conhecimento que se adquire em relação às coisas[1].

A razão clássica é abstracionista. O conhecimento que se faz em seu nome e sob seus princípios é mediado por teorias e técnicas de experimentação que se interpõem entre o observador e o que ele observa. Nela, nada se justifica pela percepção de um objeto sensível, nem pela intuição intelectual de uma essência. Tudo é fruto de uma abstração, que intoduz uma ruptura entre o inteligível e o imediatamente visível. Isso porque seu próprio objeto de conhecimento é distinto. Não tem suas características pertinentes definidas pelo que é perceptível, mas sim pelo que é mensurável.

1. Henri Hauser, *La Modernité du XVIe siècle*, Paris, Armand Colin, Cahiers des Annales, 21, 1963, p. 20.

Do ponto de vista estritamente filosófico, a descrição do sistema astronômico por Copérnico abria as portas para a revolução científica que se deu no século XVII, porque a constatação e a comprovação da idéia do movimento de rotação da Terra, que aparece no *De revolutionibus orbium coelestium libri VI* (1543), eram validadas e tornavam-se inteligíveis por uma descrição geométrica[2].

Além disso, Copérnico negava a diferença qualitativa entre os objetos do mundo sublunar e o celeste, e com isso assentava as bases que permitiram à astronomia clássica substituir a noção do mundo fechado e hierarquizado da Idade Média pela idéia de universo infinito e homogêneo.

Isso já era patente na cúpula de Santa Maria del Fiori, projetada por Brunelleschi em 1417. A cúpula não foi concebida como um sistema fechado de planos e superfícies que determinam uma forma interior, mas em relação à paisagem. Suas superfícies são os pontos de intercessão dos planos que se prolongam e a unem ao entorno. Em suma, ela é "o centro de um vasto sistema de relações imaginárias, cuja chave é constituída pela geometria"[3].

Esse feixe de relações imaginárias ao mesmo tempo em que negava a diferença qualitativa entre o mundo terrestre e o celeste, impunha a descoberta de uma maneira de obrigar os objetos do "mundo sublunar" a mostrar-se sob seus aspectos quantitativos, mensuráveis. Isso, contudo, só será feito pela elaboração do método experimental de Galileu.

O método experimental de Galileu se opunha aos procedimentos da ciência medieval. Ao invés de partir da percepção imediata a fim de abstrair regularidades qualitativas, partia de uma teoria matemática para deduzir as hipóteses que conduziam às questões a serem investigadas.

A grande ruptura que marcou a revolução científica do século XVII não foi, entretanto, fruto apenas da genialidade de homens como Copérnico, Galileu e Descartes. A própria expressão matemática da natureza presente na pintura clássica, pelo menos desde o século XV, está inserida em um contexto de significativos progressos técnicos, ligados à consolidação dos Estados modernos e ao processo da acumulação primeira do capital. Processo em que tanto artistas como cientistas adquirem posições dentro de um mercado.

Diversos sábios dedicavam-se à construção de aparelhos com fins lucrativos como Galileu e o padre Scheiner, de cujas oficinas saíram as primeiras lunetas. A disputa pelo espaço no mercado é por isso um dos elementos inequívocos das polêmicas travadas entre os astrônomos seiscentistas, concentradas na qualidade do vidro por eles utilizada. O vidro era de capital importância para a confecção de instrumentos "multiplicadores de visão" como as lunetas e os microscópios[4].

De meados do século XV ao século XVII, a indústria do vidro esteve concentrada em Veneza e, mais especificamente, na ilha de Murano, para onde os fornos de vidro foram transferidos em 1291, a fim de evitar o perigo de incêndios para a cidade. A partir do século XVII, Veneza passou a enfrentar a concorrência dos vidros produzidos em Praga e Nuremberg e, no final do mesmo século, da indústria inglesa, que a ultrapassou, produzindo um vidro completamente transparente. Durante o período do domínio veneziano sobre a indústria do vidro, havia dois outros centros de menor expressão, L'Altare, perto de Gênova, e o norte da Antuérpia.

A preponderância da produção de vidro de Murano sobre a Europa era resultado de duas conquistas técnicas. Uma delas foi o processo de esmaltação do vidro,

2. Krysztof Pomian, "L'historie de la science et l'histoire de l'histoire", *Annales ESC*, set.-out. 1975, pp. 943-946.

3. Pierre Francastel, *Pintura y Sociedad*, tradução de Damian C. Bayón, Buenos Aires, EMECÉ, 1960, p. 20. Ver também, a esse respeito, Giulio Carlo Argan, "Il Significato delle Cupola", *Storia dell'Arte come Storia della Città*, Roma, Editori Reuniti, 1983, pp. 103-111.

4. Pierre Chaunu, *A Civilização da Europa Clássica*, tradução de Teresa F. Rodrigues, Lisboa, Estampa, 1985, pp. 22-24, v. II.

1. Globo celeste produzido no início do século XVIII, que tem a informação cartográfica gravada diretamente sobre a esfera metálica, para evitar erros.

iniciado provavelmente em 1465, que lhes permitia chegar a resultados artísticos surpreendentes em vasos coloridos (predominantemente azuis, verdes e púrpura), decorados com desenhos reproduzidos de xilogravuras que representavam cenas de triunfos gloriosos e de amor (os famosos vidros de Murano).

Mas, fundamentalmente, o domínio veneziano sobre o mercado internacional foi resultado da descoberta do "vidro branco", denominado *cristallo* pelos contemporâneos, a fim de distingui-lo do involuntariamente esverdeado e do colorido propositalmente. Esse vidro era ligeiramente acinzentado e não era transparente como o cristal. Era, entretanto, o mais translúcido conhecido até então, e resultava da introdução da soda durante a fusão do vidro.

O rígido controle que o Conselho dos Dez da Sereníssima República[5] pretendeu exercer sobre os produtores de vidro, proibindo-os de deixar Veneza e de ensinar os seus segredos fora de seus limites, tinha, obviamente, finalidades de assegurar o monopólio num mercado que se expandia graças à demanda de copos, taças, utensílios de mesa, peças decorativas e adornos feita por monarcas e nobres.

O aperfeiçoamento do telescópio (1609) por um professor da Universidade de Pádua, o catedrático de matemática Galileu Galilei, não pode ser isolado do contexto de domínio técnico dos produtores de vidro venezianos, que, inclusive, já no início do século XVI, também detinham um método de espelhagem, conseguido pela aplicação de um amálgama de estanho e mercúrio ao vidro[6].

Contudo o processo químico de cobertura de uma superfície de vidro com metal prateado só será plenamente dominado no início do século XIX, a partir das descobertas feitas por Justus von Liebing em 1835 e colocadas em prática em 1840.

5. Sobre a estrutura e as funções políticas do Conselho dos Dez, bem como de todas as outras instituições de governo de Veneza, ver. Peter Burke, *Veneza e Amsterdã – Um Estudo das Elites no Século XVII*, apresentação de Edgard de Decca, tradução de Rosaura Eichemberg, São Paulo, Brasiliense, 1991, pp. 25-68.

6. J. Delumeau, *A Civilização do Renascimento*, tradução de Manuel Ruas, Lisboa, Estampa, vol.I, 1984, pp. 194-196.

As limitações da química dos metais e o pequeno domínio das técnicas de polimento, são, sem dúvida, um dos fatores da circunscrição da astronomia seiscentista ao nosso sistema solar. Entretanto, há, também, um contexto de mentalidade coletiva que não se pode desprezar.

A astronomia das estrelas, que é a dos espaços infinitos, exigirá um profundo deslocamento mental, imponderável num momento em que prevalecem os medos escatológicos e as angústias apocalípticas, desencadeados pelas pestes, as revoltas sistemáticas e a própria propaganda protestante[7].

Esses limites não diminuem o impacto que as novas áreas do conhecimento tiveram sobre os homens clássicos. Os títulos das obras impressas atestam que desde o século XV se intensifica o interesse pelas atividades concretas e o mercado editorial do período dá uma boa amostra dos temas de interesse de seus leitores.

Entre os séculos XV e XVI, os assuntos laicos impressos são diversificados. Abragem os autores antigos, tratados como o de arquitetura de Alberti e o militar de Valturio, e a economia, como o compêndio de economia rural de Pietro de Crescenzi, que foi impresso treze vezes entre 1471 e o fim do século.

A partir do século XVI ganha destaque a literatura técnica e, principalmente, a da área de metalurgia, na qual a obra mais célebre foi o *De Re Metallica* de Agricola, escrita em 1531 e publicada em 1556. Afinado com os interesses de seu tempo, temos, também, o *De la Pirotechnia* (1540), de autoria de Biringuccio, que abordava a metalurgia dos metais preciosos, a fundição e a fabricação de canhões.

O sucesso dessa literatura atesta as novas necessidades da época, que iam desde a fabricação de material bélico para a defesa nacional e a comercialização de metais preciosos até o de instrumentos, até então incomuns, como é o caso dos garfos, que participarão, junto com as novas louças, da construção de um novo padrão

7. Pierre Chaunu, *op. cit.*, vol. II, p. 27 e J. Delumeau, *História do Medo no Ocidente (1300-1800)*, tradução de Maria Lúcia Machado, São Paulo, Cia. das Letras, 1990, pp. 221-238.

cultural, que terá na postura à mesa um de seus cerimoniais mais radicalmente transformado[8].

Na segunda metade do século XVI e começo do XVII, os títulos dos livros impressos apontam para uma concentração dos interesses nas máquinas, que passavam a ser ententidas como fator de progresso, no âmbito do fortalecimento da economia manufatureira, por otimizarem a produção. Contudo, os títulos de algumas obras indicam que visam, também, o entretenimento do público[9].

A propagação da ciência está profundamente ligada não só ao desenvolvimento técnico da imprensa e à consolidação de um mercado editorial, como também ao crescimento da alfabetização e, conseqüentemente, à difusão da literatura. Justamente por isso os livros tornaram-se um assunto fundamental para a Igreja católica, que, não por acaso, depois do estabelecimento da Inquisição em Roma sob a direção de Caraffa, em 1542, publicou, em 1543, o primeiro *Index* de obras proibidas, no difícil contexto da expansão da Reforma protestante[10].

O tempo da Reforma é um tempo de grande angústia coletiva, marcado por epidemias como a peste negra e guerras como a dos Cem Anos, ameaças como o avanço turco sobre a Europa e crises como o Grande Cisma. Inexplicáveis para os contemporâneos, esses acontecimentos foram interpretados como resultado de seus pecados e "a indivíduos e sociedades pesaram as consciências e se sentiram culpados", chegando-se a crer, nos últimos anos do século XV, que depois do Grande Cisma ninguém mais tinha entrado no Paraíso[11].

Entretanto, as soluções moralistas aventadas pelos humanistas como Erasmo para essas angústias eram insuficientes para aliviar a consciência do pecado que se impunha às multidões. Necessitavam era de uma solução teológica para seus dilemas.

De acordo com Carlo Guinzburg, a imprensa e a Reforma foram elementos que criaram "uma situação nova, potencialmente explosiva". A primeira porque decretava o fim do monopólio dos letrados sobre a cultura escrita, e a segunda porque acabava com o monopólio dos clérigos sobre as questões religiosas[12].

No século XVII a questão da divulgação das novas idéias tornou-se ainda mais problemática quando, acompanhando o processo de fortalecimento dos Estados, as "línguas vulgares" (línguas nacionais) tiveram sua importância valorizada. Nesse contexto, também as grandes obras de ciência passaram a ser escritas nos idiomas vernaculares, indicando sobretudo que havia já um público leitor maior do que o círculo do mundo universitário latino.

É contra os detentores do poder sobre a ciência, que dominavam as universidades, onde a perspectiva aristotélica imperava, que se colocam "os construtores do mundo moderno", os quais, escrevendo nos idiomas nacionais, exprimiam sua consciência do poder de difusão das idéias impressas.

Descartes, na última parte do *Discurso do Método* (1637), era extremamente claro no que diz respeito a isso, quando explicava:

> E se escrevo em francês, que é a língua de meu país, e não em latim, que é a de meus preceptores, é porque espero que aqueles que se

8. Sobre as transformações dos hábitos à mesa entre os períodos medieval e moderno, e as regras de comportamento deste último período, ver Norbert Elias, *O Processo Civilizador*, tradução de Ruy Jungmann, apresentação de Renato Janine Ribeiro, Rio de Janeiro, Zahar, 1990, pp. 76-78 e 95-108.

9. J. Delumeau, *op. cit.*, vol. I, pp. 153-154, e pp. 179-186, para tudo o que foi dito sobre os temas impressos predominantemente e sobre a metalurgia. Ver também Sigvard Strandh, *Máquinas – Uma História Ilustrada*, tradução de Juan Manuel Ibeas, Madri, H. Blume Ediciones, 1982.

10. A Inquisição moderna é bem anterior, entretanto, a essa data, remontando a instituição do Tribunal do Santo Ofício na Espanha à época da união das Coroas de Aragão, Castela e Leão, no final do século XV, sob o reinado dos reis católicos Fernando e Isabel. (Anita Novinsky, *A Inquisição*, São Paulo, Brasiliense, 1982, pp. 21-35). As afirmações que serão feitas desse ponto em diante sobre a Reforma e sobre a Guerra dos 30 Anos baseiam-se em J. Delumeau, *Nascimento e Afirmação da Reforma*, tradução de João Pedro Mendes, São Paulo, Pioneira, 1989, pp. 60-83 e 267-271.

11. J. Delumeau, *História do Medo no Ocidente (1300-1800)*, tradução de Maria Lucia Machado, São Paulo, Cia. das Letras, 1990.

12. Carlo Guinzburg, *O Queijo e os Vermes*, tradução de Maria Betânia Amoroso, São Paulo, Cia. das Letras, 1987, p. 33.

servem apenas de sua razão natural inteiramente pura, julgarão melhor minhas opiniões do que aqueles que não acreditam senão nos livros antigos[13].

Além de difundir suas idéias, Descartes queria discuti-las e contribuir para a ampliação dos "conhecimentos que sejam muito úteis à vida", mas era astuto. Publicara o *Discurso* na Holanda, onde residiu de 1628 a 1649, reconsiderando a decisão tomada em 1634 de não mais publicar suas obras.

Os profissionais de difusão cultural da época, livreiros, editores e impressores, concentravam-se no triângulo Flandres-Holanda, mas esse não foi o único motivo da longa permanência de Descartes ali. Além de ficar ao lado dos poderosos impressores-editores (os Elzevier e Jean-Maire) que alimentavam a Europa com o "novo conhecimento" e de conviver com Isaac Beeckham, que estimulava suas investigações na Holanda, Descartes conseguiu manter ali uma certa distância da Inquisição[14].

Em 1634, sabendo da condenação de Galileu (1633), decidira não publicar o *Tratado do Mundo e da Luz*. As relações entre os divulgadores da nova física antiaristotélica e a Igreja tornavam-se mais tensas, uma vez que suas idéias contradiziam dogmas e punham em questão o cosmo fechado do saber eclesiástico. Isso tudo num momento em que a Guerra dos Trinta Anos ameaçava o poder da Igreja, poder esse que não cessara de sofrer abalos desde o começo da Reforma e do cisma anglicano (que pôs fim a uma ligação de quase independência da Inglaterra em relação ao papado), e que se agrava com a proclamação da independência das Províncias Unidas.

A Guerra dos Trinta Anos, que dizimou a população da Alemanha e subverteu as tendência de equilíbrio entre protestantes e católicos no continente europeu[15], foi um dos momentos mais violentos da história das guerras de religião que atravessaram os séculos XVI e XVII, porque ela constituiu um conjunto de guerras que envolveu a maior parte dos países europeus.

Em 1648, com a assinatura do Tratado da Westfália, a Contra-Reforma marcava sua vitória no conflito, porém, num contexto em que a idéia de Cristandade saía combalida, a Espanha perdia a preponderância para a França e o poder econômico e cultural das Províncias Unidas era incontestável.

A Guerra dos Trinta Anos, portanto, não se circunscrevia ao campo de batalha bélico. Era uma guerra geopolítica e econômica, sem dúvida, mas era uma guerra religiosa, em que os jesuítas e o Santo Ofício desempenharam um papel fundamental no que tange ao controle das idéias, valendo-se, ambos, do poder monárquico para se impor.

Esse controle de idéias era feito por intermédio de uma censura rigorosa e que na conjuntura específica dos anos 1631-1634, marcada pela reação protestante, apertou ainda mais suas malhas. Não é de estranhar portanto a atitude de Descartes depois da condenação de Galileu. Tampouco se pode ignorar que a obra de Galileu, desde a *História das Demonstrações sobre as Manchas Solares* (1613), traz uma série de modificações resultantes das intervenções da censura do Santo Ofício[16].

Nota-se que Descartes era extremamente cuidadoso e ciente do perigo das idéias no mundo da Igreja pós-Trento, pois um de seus contemporâneos mais ilustres, Galileu Galilei, não o foi, e, ainda que não tenha pago com sua própria vida pelas suas afirmações, foi condenado ao silêncio por ir frontalmente contra um dos dogmas da Igreja católica: a Eucaristia.

13. *Descartes*, introdução de Gilles Granger, prefácio e notas de Gerard Lebrun, tradução de Jacó Guinsburg e Bento Prado Jr., 3ª ed., São Paulo, Abril Cultural, 1983, p. 71.

14. P. Chaunu, *op. cit.*, pp. 16-17, e Salomon Suskovich, *Spinoza – Luz y Sombras*, Congreso Judío Latiniamericano, Buenos Aires, 1983, pp. 15-17.

15. Segundo Chaunu, por volta de 1570, 60% da Europa era católica e 40% protestante.

16. Acerca das relações entre a censura do Santo Ofício, o fortalecimento dos jesuítas e a conjuntura específica da Guerra dos Trinta Anos, ver Pietro Redondi, *Galileu Herético*, tradução de Júlia Mainardi, São Paulo, Cia. das Letras, 1991, pp. 257-267. Sobre as intervenções da censura na obra de Galileu, ver, além da obra de Redondi, Paolo Rossi, "Galileu Galilei e o Livro dos Salmos", *A Filosofia e a Ciência dos Modernos*, tradução de Álvaro Lorecini, São Paulo, Editora da Unesp, 1992, pp. 91-94.

Ora, "o dogma eucarístico, contrário à razão, nos termos em que fora imposto pela teologia escolástica era o obstáculo fundamental à paz religiosa, quando no continente europeu acontecia a Guerra dos Trinta Anos"[17]. A eucaristia era legitimada pela teoria hilemorfística, doutrina aristotélica da matéria adotada por Santo Tomás. Segundo essa teoria um corpo é composto por dois princípios metafísicos: a matéria, que dá ao corpo sua extensão, e a forma, princípio qualitativo que lhe atribui propriedades específicas. A substância é o resultado desses dois princípios.

Entretanto, na Eucaristia tinha-se uma substância que não concidia com sua extensão, pois o corpo de Cristo era evidentemente distinto da extensão da hóstia e de suas propriedades sensíveis. O hilemorfismo resolveu o problema por intermédio de um milagre, onde se dava a separação de um corpo de sua extensão. Segundo Santo Tomás, "os fenômenos eucarísticos são fenômenos sensíveis separados da substância, acidentes sem sujeito. Portanto, a quantidade (extensão) da hóstia consagrada não é mantida nem pela matéria do pão, nem pelo ar ambiente". Da mesma maneira, a cor, o odor e o sabor persistem e agem sem substância. Foi essa doutrina que embasou a formulação do dogma nos termos dos padres conciliares de Trento.

Para Galileu, que retomava, já no *Saggiatore* (1623), as idéias de Occam e suas polêmicas travadas contra a escolástica no século XVI, a substância não era concebível senão como *res quanta*, formava um todo com a quantidade de matéria figurada. A substância corpórea e suas qualidades eram inseparáveis de sua quantidade. As mutações do frio ao calor, do ferro em ferrugem, por exemplo, não eram qualitativas como no pensamento escolástico, resultado de uma corrupção natural, mas de movimentos locais de partes de matéria (os átomos).

Essa doutrina não era válida apenas para os "fenômenos sublunares", pois Galileu defendia a homogeneidade entre os céus e Terra, os quais possuíam uma natureza comum, cognoscível em todas as suas partes pela observação racional, não existindo separação alguma entre a substância e os acidentes. A doutrina dos átomos, com sua explicação materialista da "transmutação substancial", colocava seriamente em risco a explicação racional que a teoria tomista dos "acidentes sem sujeito" pretendia dar à transubstanciação, pois impedia a conciliação entre esse princípio da Igreja e a filosofia natural.

Atenta ao perigo dessa doutrina, não por casualidade, pouco tempo depois da publicação do *Dialogo Sopra i due Massini Sisteme del Mondo*, em 1 de agosto de 1632, a Companhia de Jesus, baluarte da Contra-Reforma, proíbe a doutrina dos átomos. O atomismo desafiava as conclusões de um longo debate intelectual que se processava desde o século XI em torno do sacramento da eucaristia e do dogma da transubstanciação, que foi sancionado no Concílio de Latrão em 1215. Contudo, a razão abstracionista, que se torna a partir do século XVI uma incubadeira de manifestações consideradas heréticas (como as teorias de Copérnico e Galileu), tem suas bases assentadas pelo próprio pensamento eclesiástico e, mais precisamente, pela própria formulação do dogma da transubstanciaçao, no começo do século XIII.

Se, por um lado, o dogma da transubstanciação era incomparável com o abstracionismo da doutrina dos átomos, por outro, sua formulação constituiu, segundo Carlo Guinzburg, a primeira vitória do poder de abstração, uma vez que negava "os dados sensoriais em proveito de uma realidade profunda e invisível"[18].

Aparentada com o rito dos *kolossoi* gregos, que cumpriam a função de estabelecer um contato entre os vivos e os mortos, a Eucaristia, mais do que efetuar o contato entre o Além e o mundo dos vivos, transformava a presença de Cristo na hóstia em uma superpresença, decisiva no processo de controle da idolatria e domesticação das imagens que ameaçavam subverter a ordem eclesiástica.

A noção de transubstanciação foi crucial, também, para o desenvolvimento dos funerais reais modernos, pratica-

17. P. Redondi, *op. cit.*, p. 127. Todas as discussões sobre o conflito entre o pensamento escolástico, a filosofia e a ciência natural remetem a essa obra.

18. Carlo Guinzburg, "Représentation: Le mot, l'idée, la chose", *Annales ESC*, nov.-dez. 1991, n. 6, p. 1230.

2. Globo celeste produzido por Jodocus Hondius Junior e Adriaen Veen, em 1613, na Holanda, onde aparecem as constelações celestes do Hemisfério Sul.

dos na Inglaterra e na França, dos séculos XV-XVII, celebrados não com o corpo do morto, mas com bonecos de cera e, por vezes, com um caixão vazio. Nesses funerais, mostrando-se a imagem do rei "vivo" em efígies, "sustentava-se a ficção de sua soberania *post mortem*" e consagrava-se o caráter divino do monarca, por intermédio da afirmação da perenidade da função real, garantindo que o rei jamais morreria. Nesse sentido, diz Guinzburg, "a abstração triunfa, no mesmo período, nos domínios a que denominamos teologia e liturgia política".

Esse abstracionismo é o cerne da experiência clássica e está na raiz do pensamento atomístico, que constituirá, como se percebe no caso das teorias de Galileu, um dos pontos nevrálgicos de todo o conflito entre fé e ciência dos séculos XVI e XVII. O conflito ocorre principalmente porque era a compreensão da obra divina que a maior parte dos mais importantes cientistas da época objetivavam. Por isso, de certa forma, passavam a disputar com os escolásticos o privilégio da interpretação das Escrituras sagradas.

Kepler procurou no movimento dos planetas, o plano de Deus. Descartes pensava a matéria geométrica e algébrica como reflexo do pensamento divino. A matematização da realidade correspondeu, assim, a um plano de ordem e a uma estética que se colocava "no centro de uma representação religiosa da grande obra de Deus".

Apesar de suas diferenças absolutas no que se refere à caracterização da natureza, e principalmente no que diz respeito aos métodos e nas possibilidades que o conhecimento da natureza oferecia em relação a Deus, baconianos e galileanos concordavam em seus ideais intelectuais: conhecer a obra divina e buscar a ordem da natureza[19].

Bacon concebe a natureza como "selva" e vê no método experimental-indutivo o meio de ordenação e classificação da realidade natural. Galileu, ao contrário, identifica a natureza com a própria ordem, estruturada harmônica e geometricamente, e seu conhecimento se revela pelo método matemático-dedutivo.

Entretanto, à exceção de Giordano Bruno, que era um teólogo, a palavra-chave do discurso científico clássico, onde a astronomia concentra as investigações, é a ordem[20]. Ordem da natureza, sobretudo. Ordem que apenas se pretende imitar, transpondo o divino para o âmbito da natureza e revelando seu caráter geométrico.

Deus sive Natura. "Deus é a natureza profunda, mas racional das coisas, a Salvação é a verdade e a Vida eterna a aceitação da natureza". Como argumentava Espinosa, o sábio judeu excomungado em 1656, sintetizando o classicismo, na primeira parte de *Ética*: "Tudo o que existe, existe em Deus, e sem Deus nada pode existir nem ser concebido" (proposição XV). E adiante: "Na Natureza nada existe de contingente, antes, tudo é determinado a

19. Segundo Cassirer, *apud* Paolo Rossi, para Galileu, "em lugar da revelação através da *palavra* [as Escrituras] de Deus, entra a revelação pela *obra* [a Natureza] de Deus, a qual só pode ser corretamente entendida e interpretada se for estudada com os novíssimos métodos objetivos". Já Bacon, de acordo com a doutrina calvinista, considerava que a Bíblia era apenas um livro profano acessível a qualquer um e, por isso, as opiniões científicas não podiam ser encontradas nela. "O estudo da natureza não oferece nenhuma luz sobre a essência e sobre a vontade de Deus", apenas sobre as suas criaturas e obras. Entretanto, "é a própria palavra de Deus que autoriza o homem a conceber o saber como *venatio*, como procura de novidade", pois "a glória da descoberta (ao contrário da glória que deriva do poder político) é o signo da nobilidade humana" (P. Rossi, *op. cit.*, p. 94).

20. A concentração das pesquisa na astronomia, durante a revolução científica do século XVII, explica-se pela importância que ela passou a ter para a vida comercial e a expansão colonial. O pioneirismo ibérico foi favorecido, no plano intelectual, pelo conhecimento dos trabalhos e das concepções geográficas dos gregos, cuja escola pitagórica já defendia a esfericidade da Terra e, principalmente, pela presença de suas fortes comunidades judaicas, para quem a astronomia fazia parte de sua herança cultural. Seus membros se destacaram em Sagres e na Ilha de Maiorca, na cartografia e na teoria e confecção de instrumentos náuticos, como o aperfeiçoamento do quadrante, a tabuada de declinação solar utilizada pelos portugueses e as célebres Tabelas Affonsinas. Além disso, participaram das grandes navegações por meio do financiamento da armada de Cristóvão Colombo em 1492, e como guias e intérpretes nas expedições portuguesas devido a sua experiência no comércio oriental que remontava à Idade Média (J. Delumeau, *op. cit.*, vol. I, p. 53 e A. Novinsky, "O Papel dos Judeus nos Grandes Descobrimentos", *Revista Brasileira de História*, set. 90/fev. 91, vol. I, n. 21, pp. 65-75).

existir e a agir pela necessidade da natureza divina" (Proposição XXIX)[21].

A profunda relação entre o religioso e o político transformou os pontos de vista do pensamento científico clássico, que pressupunha a negação da separação entre o sublunar e o celeste, em ameaça. Essa ameaça, aliás, estava na raiz da interpretação, durante os séculos XVI e XVII, das palavras de São Paulo, citadas em latim, *noli altum sapere* como "não conhecer aquilo que está no alto". Tal interpretação foi bastante freqüente nos livros de emblemas da época (coletâneas de lemas e provérbios acompanhados de imagens) que citavam aquelas palavras de São Paulo como legenda dos mitos de Ícaro e Prometeu[22].

Ícaro, que tentou dominar os céus, ousando voar, e Prometeu, que tentou roubar o fogo divino dos céus, tornaram-se assim os símbolos dos astrólogos, astrônomos, teólogos heréticos, filósofos e teóricos da política e exemplificavam, com imagens que representavam seus destinos trágicos, o futuro reservado aos que tentavam conhecer os *arcana Dei* (segredos de Deus) e os *arcana imperii* (segredos do poder)[23].

Sob os olhos atentos dos defensores da escolástica, para quem combater as idéias heréticas da nova ciência tornara-se capital, a fim de sustentar a inter-relação entre os planos cósmico, religioso e político, os cientistas clássicos não puderam limitar-se a apenas enxergar o extravisual que seus telescópios e lunetas lhes revelava, tiveram de medi-lo, a fim de comprovar suas hipóteses. Hipóteses que restabeleciam a natureza do espaço e criavam as condições para uma outra relação do olhar com o seu campo de visão, nos termos de uma leitura do invisível.

Da necessidade de efetuar a leitura do que não é visível, as pesquisas técnicas passaram a concentrar-se em aparelhos como o micrômetro de Gascoigne (1639), que permite medir o diâmetro dos planetas, na investigação metódica de triangulação do solo, iniciada por Cassini em 1663, que permitirá o cálculo exato de distâncias, e a sofisticação dos barômetros, à qual se ligam as experiências de Torricelli, Pascal, Berti e Guericke[24].

Esse conjunto de instrumentos multiplicadores de visão é emblemático da transformação perceptiva que as representações clássicas possibilitaram. Ao matematizar a natureza, elas permitiram que o invisível do espaço deixasse de ser a providência divina em todas as coisas.

A elaboração das formas de conhecimentos mediado, como a aplicação estética e construtiva do cáculo da perspectiva, indicava a construção de uma visão que não era emanação da alma. O invisível não se tornava visível, mas era passível de compreensão[25].

A ciência permitia a espacialização da matéria imaginada. A apreensão do espaço, da natureza e dos corpos passava ser feita não tanto pelo que se vê, mas pelo que não se vê.

Seus métodos, técnicas e instrumentos conferiam inteligibilidade ao invisível e constituíam um campo de saberes corrosivos, capazes de pôr em dúvida o imaginário escolástico.

21. Baruch de Espinosa, *Ética Demonstrada à Maneira dos Geômetras*, Parte I, "De Deus", *Espinosa*, seleção de textos de Marilena de Souza Chauí, tradução e notas de Joaquim de Carvalho, 3ª ed., São Paulo, Abril Cultural, 1983, pp. 89 e 105, inclusive n. 19. Sobre Espinosa e a sua inserção no contexto discursivo do classicismo, bem como no do pensamento judaico, ver Marilena de Souza Chauí, "Linguagem e Liberdade: O Contradiscurso de Baruch Espinosa", *Da Realidade sem Mistérios ao Mistério do Mundo*, 3ª ed., São Paulo, Brasiliense, 1983, pp. 10-103.

22. As palavras de São Paulo na Espístola aos Romanos 11.20, inicialmente dirigiam-se à condenação da soberba moral e não tinham o conteúdo de restrição ao conhecimento intelectual que adquiriram posteriormente e foi amplamente divulgado entre os séculos XVI e XVII. Carlo Guinzburg, "O Alto e o Baixo: O Tema do Conhecimento Proibido nos Séculos XVI e XVII", *Mitos, Emblemas e Sinais*, tradução de Federico Carotti, São Paulo, Cia. das Letras, 1989, pp. 95-100.

23. *Idem*, pp. 100-104.

24. P. Chaunu, *op. cit.*, vol. II, pp. 28-29.

25. Giorgio Santillana. *O Papel da Arte no Renascimento Científico*. Introdução de Julio Katinsky, tradução de Eunice Ribeiro Costa, São Paulo, FAU-USP, 1981, p. 33.

3. CLASSICISMO, O MUNDO COMO ABSTRAÇÃO

Giselle Beiguelman

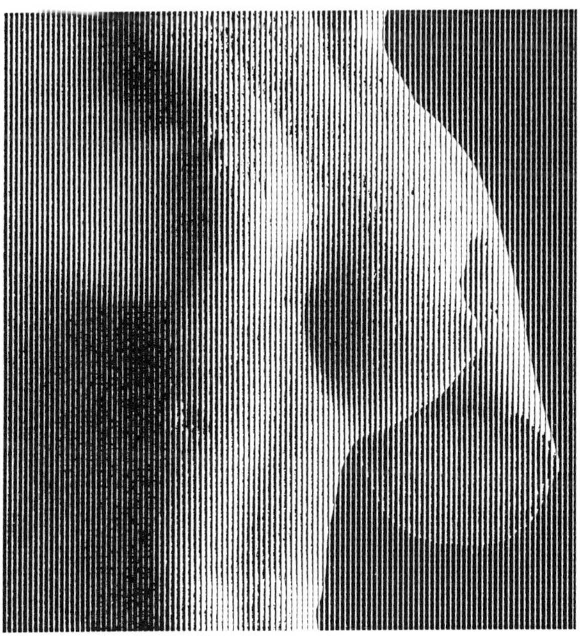

> *Não que a palavra seja imperfeita e esteja, em face do visível, num déficit, que em vão se esforçaria por recuperar. São irredutíveis um ao outro: por mais que se diga o que se vê, o que não se vê não se aloja jamais no que se diz, e por mais que se faça ver o que se está dizendo, por imagens, metáforas, comparações, o lugar onde estas resplandecem não é aquele que os olhos descortinam, mas aquele que as sucessões da sintaxe definem.*
>
> MICHEL FOUCAULT, *As Palavras e as Coisas.*

O termo classicismo é comumente associado a um conjunto de premissas estéticas, como a composição contrastiva e a hierarquização rigorosa das formas e temas, que vigoraram durante o Renascimento italiano.

Nessa acepção, o nome "classicismo" é associado a uma doutrina artística e literária baseada na tradição greco-romana, que teria vingado entre o fim do século XIV e o século XVI.

O Renascimento não foi a mera retomada da Antigüidade, mas a construção da identidade entre a Itália moderna e a Antigüidade clássica constituiu um dos elementos mais importantes da leitura que os humanistas fizeram de sua época.

Ela fundava a distinção entre os períodos medieval e moderno, a partir da oposição entre o obscurantismo da Idade Média e a restauração dos *studia humanitatis* que vinha se processando na Itália do século XIV e justificava a necessidade de retornar ao passado por intermédio dos textos e monumentos antigos.

Essa idéia de Renascimento cultural, já presente na obra de Petrarca, promovia um duplo abalo na concepção litúrgica do tempo. Por um lado, a identificação dos textos com o passado transformava-o em um objeto de conhecimento mediado e chocava-se com o fundamento teológico de seu estatuto, reduzido a objeto de fé.

Por outro lado, a recuperação dos registros humanos e a valorização da Antigüidade pela sua produção artística abalavam a idéia, cara à Igreja Católica, de que as ações humanas são passageiras.

As práticas humanistas promoviam o reenquadramento da posição do homem no universo e na história[1].

O classicismo aparece, assim, como algo que significa bem mais que uma proposta estética voltada para um método de organização racional da forma e de imitação recriadora da natureza, que tem como pretensão criar um efeito harmônico.

Supõe uma transformação substancial na experiência cotidiana porque o princípio de harmonia que sustenta seu código estético fundamenta-se na analogia entre as proporções arquitetônicas e humanas. Dependem e pressupõem a idéia de subjetividade.

A basílica de S. Pedro do Vaticano, observou Panofsky, dá a impressão de aumentar a estatura do visitante porque seu projeto arquitetônico trabalha com as dimensões relativas dos volumes.

Sua composição harmoniza a estatura do visitante com a grandeza real do edifício, fazendo com que ele não se impressione com suas dimensões objetivas, diferentemente do que ocorre na arquitetura gótica.

A arquitetura das igrejas medievais tinha como ponto de referência a dimensão absoluta do corpo humano e promovia a consciência da estatura real do visitante em contraste com a grandeza do edifício.

Há um dado de mentalidade coletiva aí fundamental. Em detrimento dos cânones construtivos góticos, que pregavam a humildade cristã, a arquitetura clássica, ao harmonizar o homem e o espaço circundante, promovia a medi-da humana à referência da medida do espaço e das coisas.

Falar de uma época ou de uma Europa clássica que teria vingado entre o Renascimento e as Luzes, marcada pela redefinição da realidade, a partir do posicionamento do mundo exterior em relação ao homem, pela elaboração da noção de infinitude do espaço e pela expansão do domínio humano sobre o mar e o céu, não implica generalizar a compreensão de tudo o que se situa entre o século XVI e meados do século XVIII como expressão clássica. As representações clássicas, maneiristas e barrocas não são fases históricas sucessivas, que se processaram em uma reação em cadeia. São conteúdos simbólicos que se relacionam dialeticamente e na tensão dessa relação[2].

O período compreendido entre o século XVI e meados do XVIII não se singulariza por supostas rupturas, mas sim por uma série de continuidades. A pesquisa orientada para a identificação das leis naturais e a busca da fidelidade à natureza, por exemplo, é uma preocupação perceptível já em fins do século XII no naturalismo gótico. A descoberta do individualismo marcou a cultura humanista italiana desde o século XIII, e as conquistas técnicas e científicas remontam ao século XIV[3].

1. Jean Delumeau, *A Civilização do Renascimento*, tradução de Manuel Ruas, Lisboa, Estampa, 1984, vol. I, p. 19 e Krzysztof Pomian, *L'ordre du Temps*, Paris, Gallimard, 1984, pp. 40-45.

2. Giulio Carlo Argan, "L'architettura del manierismo", *Storia dell'arte come storia della cittá*, Roma, Editori Reuniti, 1983, p. 136.

3. J. Delumeau, *op. cit.*, pp. 20-24, vol. I, e Arnold Hauser, *História Social da Literatura e da Arte,* 4ª ed., São Paulo, Mestre Jou, 1982, vol. I, pp. 357-371.

1. *Escola de Atenas*, Rafael (1509-1511).

2. Basílica de São Pedro: Bramante (1506-1514), Rafael (1514-1519), Michelangelo (1546-1564).

No plano das grandes inovações estéticas e construtivas, os artistas e sábios dos séculos XIV e XV também estavam dando prosseguimento a uma especulação medieval, quando procuravam demonstrar que se podia medir não só as coisas, mas também o vazio. Contudo, não deixavam de prefigurar uma transformação que impregnaria a cultura ocidental a partir do século XVI: a matematização da natureza.

Nesse sentido, a realização da cúpula de Santa Maria del Fiori por Brunelleschi, na qual o mítico arquiteto trabalhou de 1418 a 1446, ano de sua morte, tomada por muitos teóricos como o marco inaugural do Renascimento, se não chegava a romper com as preocupações anteriores à elaboração de seu projeto, pode ser considerada o emblema de uma cultura marcada pela descoberta da identidade racional do espaço e das coisas. Uma descoberta de notável impacto para a instituição de novas práticas simbólicas, como a da compreensão da própria sociedade como algo que funciona a partir do princípio de integração de suas partes e não da noção de estereonomia, que governava a arquitetura medieval, e era uma noção básica para a inteligibilidade da forma atomizada da sociedade feudal[4].

A utilização da "perspectiva científica" por Brunelleschi – um modo matemático de reprodução do cone visual humano, construído a partir de um ponto fixo, o "ponto de fuga" – indica uma redefinição da relação do observador com a obra de arte e com o espaço. Por um lado, a arte e o espaço arquitetônico adquirem um código orientador de leitura, capaz de garantir a sua unidade, o que, conforme alguns críticos, provocou a atrofia do imaginário. Por outro lado, o efeito estético que resultava dessas novas operações geométricas e matemáticas permitia a integração imaginária de todas as coisas que estão separadas no espaço.

Desse modo, a representação matemática da natureza abria as portas para a laicização da cultura, para a relativização da crença na inferioridade qualitativa do mundo sublunar, um princípio aristotélico de considerável valor às universidades medievais. Por métodos quantitativos, as esferas celeste e terrestre eram equiparáveis, podendo-se, inclusive, trabalhar a luz como realidade mensurável nos mesmos termos que os outros corpos. A ciência clássica contrapunha-se, assim, à concepção escolástica, que entendia a percepção visual como produto sensível da alma. Era mesmo inevitável que a nova física antiaristotélica se tornasse a pátria disciplinar dos hereges modernos.

Incontáveis conquistas técnicas viabilizaram o processo de matematização da natureza. Conquistas que vão da vulgarização do uso da tinta óleo e da introdução do cavalete, por volta de 1435, à sofisticação dos instrumentos de medição e dos "multiplicadores de visão", como o telescópio aperfeiçoado por Galileu. Conquistas que permitiram uma nova configuração do saber e uma nova intelecção da subjetividade. Conquistas que possibilitaram a travessia de horizontes geográficos até então puramente fictícios. Conquistas que implicaram transformações gigantescas como a substituição da idéia de Cristandade Latina pela de Europa.

Profundamente ligada à constituição e fortalecimento dos Estados, ao questionamento do poder eclesiático, à internacionalização da economia e à transformação do dinheiro em capital, a cultura clássica se impõe como um campo de sentidos que não se resume à matematização do espírito. Acima de tudo, o classicismo exprime a configuração de um saber e de um exercício de poder que se funda sobre a expulsão da magia do processo de conhecimento e de legitimação da soberania. Por isso se confunde com o prórprio campo epistemológico do Ocidente moderno. Tem como centro de suas preocupações as relações de identidade e de diferença, ancoradas em uma ciência universal da medida e da ordem, sendo que a medida aí é subordinada à ordem[5].

4. Pierre Francastel, *Pintura y Sociedad*, tradução de Damian C. Bayon. Buenos Aires, EMECÉ, 1960, pp. 19-26.

5. Michel Foucault, *As Palavras e as Coisas: Uma Arqueologia das Ciências Humanas*, tradução de Salma Tannus Michail, 6ª ed., São Paulo, Martins Fontes, 1992, pp. 48-49 e 71-73.

A vastidão da criação cultural do período, com todas as suas inovações estéticas, científicas, tecnológicas e filosóficas é tremenda. Abrem-se novos campos de conhecimento. Redefinem-se horizontes geográficos. Transformam-se as relações sociais. Estrutura-se um novo modo de produção econômico. Propõem-se paradigmas estéticos. Seria impossível querer dar conta de tudo. No máximo, o que se pode tentar fazer limitadamente é apontar algumas tensões sociais e práticas simbólicas que circunscrevem as representações clássicas.

O Comércio e a Abstração

As representações clássicas estão intrinsecamente relacionadas a uma profunda e lenta reordenação das relações sociais que mantinham a estrutura do feudalismo. A emergência da burguesia foi sem dúvida um de seus aspectos mais importantes. O fortalecimento econômico e político da burguesia se beneficiou da intensificação da economia monetária, fenômeno que remonta ao fim da Baixa Idade Média, ao período que se costuma designar como crise do feudalismo, ocorrida no século XIV. Essa intensificação da economia monetária beneficiou a burguesia, consolidou a atividade comercial e os investimentos financeiros e impulsionou a atividade manufatureira (especialmente a ligada aos equipamentos bélicos, à produção têxtil e à construção naval), na qual se destacaram Itália e Flandres.

O aumento substancial da importância do comércio constituiu um momento crucial na "biografia moderna do capital", não só por marcar o processo em que se deu a acumulação primitiva, mas por circunscrever o âmbito em que se operou uma profunda remodelação das idéias dos homens sobre si e sobre o mundo.

Os cercamentos dos campos ingleses (*enclosures*) nos séculos XVI e XVII são emblemáticos dessa situação. Alteraram substancialmente a paisagem britânica. Transformaram os campos abertos em pastagens fechadas para carneiros e a terra em mercadoria. As relações de servidão são substituídas então pelas do proprietário com o assalariado e criam as condições para o nascimento de uma entidade abstrata (o Estado) que possa estabelecer as bases políticas da economia mercantil: unificação territorial e defesa do mercado nacional[6].

Os Estados modernos não subsistem com recursos aleatórios, pois possuem despesas regulares com corpos burocráticos que garantem a constância das entradas. Configuram-se também como grandes entidades econômicas que têm a seu encargo as estradas, a administração das fronteiras e o exército.

Os Estados monárquicos dos séculos XV e XVI herdaram as práticas intervencionistas das comunas medievais que regulamentavam as economias urbanas. Essas práticas eram, aliás, muito semelhantes às que norteavam a economia dos principados italianos no século XIV. As regras básicas desse sistema destinavam aos magistrados e escabinos a função de zelar pelo abastecimento de matérias-primas e alimentos das cidades, e de proteger o comércio local por meio de medidas que assegurassem a reserva de mercado. Impedia-se a comercialização dos produtos concorrentes e obrigava-se os negociantes estrangeiros a passar pelos intermediários locais.

Nesse contexto, diversos reinos europeus tiveram seu processo de unificação política profundamente ligado aos sucessos de suas medidas econômicas, ainda que em alguns casos, como no da Inglaterra, as medidas mercantilistas que ensejavam as linhas mestras de uma política econômica nacional tivessem sido muito mais bem-su-

6. O conjunto de práticas econômicas que vigorou entre o século XVI e meados do século XVIII é comumente designado como mercantilismo, fazendo-se sempre a ressalva de que, a rigor, como teoria, o mercantilismo nunca existiu, sendo uma elaboração dos economistas oitocentistas. O mercantilismo caracterizou-se, acima de tudo, pela identificação entre riqueza e quantidade de metal precioso e pela ação reguladora do Estado sobre a economia. Com matizes diferenciados, as práticas mercantilistas constituíram as matrizes das políticas econômicas das monarquias modernas ocidentais, como a Espanha, Portugal, a Inglaterra, a Suécia e a França. As observações sobre o mercantilismo e seu contexto, quando não fizeram referência a outros autores, baseiam-se em Pierre Deyon, *O Mercantilismo,* tradução de Paulo Salles Oliveira, 3ª ed., São Paulo, Perspectiva, 1992, pp. 10-71.

cedidas do que as direcionadas à realização do absolutismo monárquico. Mesmo assim, pode-se afirmar que em várias monarquias a consciência da imbricação entre o poder monárquico e a prosperidade nacional não só era notória como indicava a pressuposição de uma coincidência de interesses entre o monarca e seus súditos. Uma abstração fundadora da idéia de Estado e capital para a legitimidade do intervencionismo econômico. Entretanto, o mercado de produtos manufaturados que se estrutura e se desenvolve entre os séculos XVI e XVIII é aquele que se volta para a indústria do luxo. Tecidos bordados com fios de ouro e prata, cetins, copos, talheres, adereços. Tudo aquilo que irá "abastecer o privilégio vísivel da eminência social da nobreza" na sociedade, que se organiza em torno e a partir da corte monárquica, criando a noção de civilidade européia.

Seria um exagero reconhecer nas monarquias do século XVI um Estado dotado de uma eficiente estrutura organizacional e administrativa, suficientemente sólida para garantir uma intervenção contínua da monarquia na economia. Contudo, as medidas governamentais orientadas para o protecionismo econômico, as taxações, a organização das comunidades de ofício, o desenvolvimento do serviço de aduanas vão, aos poucos, configurando os elementos que estruturam o nacionalismo econômico da Europa clássica.

O nacionalismo econômico justifica, em última instância, o sistema tributário. A arrecadação de impostos era utilizada pelo rei para manter a Corte e a administração do reino, financiar grandes obras como sistemas hidráulico e alimentar orçamentos militares, função esta que era particularmente importante, haja vista a quantidade de guerras e revoltas que assolaram a Europa (quase que anualmente, segundo os dados de Chaunu e Delumeau) entre os séculos XVI e meados do XVIII.

Não é por acaso, portanto, que parte dos meios monetários dos Estados modernos fosse destinada a políticas técnicas intimamente ligadas ao aperfeiçoamento das armas de fogo e a uma intensa pesquisa arquitetônica que aparece na construção de fortalezas, como a de Tivoli, que foi a primeira, erguida em 1461, erroneamente atribuída a Filarete, ou as de Nuremberg, projetadas pelo inventor da água-forte, Dürer, que é também o autor de *A Arte de Fortificar as Cidades e as Cidadelas* (1527), nas plantas radiais de cidades planejadas para a defesa, como a platônica Palmanova, e na sofisticação das embarcações que eram adaptadas às novas armas de artilharia como os canhões de ferro[7].

A prosperidade comercial é o móvel de todas essas ações, pois é ela que põe em circulação as espécies preciosas, seiva de todo o sistema. Na frase lapidar do contemporâneo clássico Antoine de Monchrétien: "É impossível fazer a guerra sem homens, manter homens sem soldo, fornecer-lhes o soldo sem tributos, arrecadar tributos sem comércio". A solidariedade entre o poder econômico dos homens de negócio e a monarquia estava selada.

A intensificação do comércio foi decisiva não só para a consolidação do Estado, mas também do pensamento abstrato. No mundo dos grandes mercadores, a mentalidade capitalista germinou a partir da criação de instrumentos bancários e de contabilidade que acabaram por subverter a hostilidade da Igreja aos empréstimos a juros e por transformar as operações comerciais em um jogo de abstrações financeiras, onde a economia passava a ser pensada matematicamente.

Nesse contexto, desenvolvem-se instrumentos de proteção aos investimentos como os seguros marítimos que proliferaram na Europa desde o século XV e difunde-se a contabilidade por partida dobrada, também conhecida por "escrita à veneziana". O método, que já era usado em Gênova desde o século XIV, se tornou conhecido entre os grandes comerciantes dos Países Baixos, Espanha e Alemanha a partir do fim do século XV, beneficiando-se da circulação das idéias por via impressa, principalmente depois da publicação, em Veneza, da *Summa de Arithmetica, geometria, proportioni et proportionalità* de Luca Pacioli em 1494, que explicava os mecanismo dessa forma de contabilidade[8].

7. J. Delumeau, *op. cit.*, vol. I, pp. 176-190.
8. *Idem*, pp. 199-217.

3. Biblioteca Laurentina, Michelangelo.

Depois das navegações ibéricas, a penetração das categorias de pensamento abstratas se aprofunda enormemente. Isso porque a colonização do Novo Mundo, a empresa ultramarina levada a cabo pelas coroas ibéricas, provocaram uma clivagem entre o movimento comercial de sua época e os precedentes, alargando sobremaneira o horizonte comercial europeu. A intensificação da economia monetária, da atividade comercial e dos investimentos de capital que vinha se processando desde a crise do feudalismo e que promovera a navegação através do Atlântico entre Flandres e a Itália, propiciando a emergência de novos centros comerciais como Sevilha, Lisboa e Londres, começava a ressentir-se da intermitência do fluxo de metais e de mercadorias. A escassez de moedas, os elevados preços das especiarias monopolizadas pelos italianos e a incipiente oferta de produtos orientais para o mercado europeu que se alargara explicam a importância que as navegações ibéricas tiveram para a era moderna, pois foi com as novas rotas marítimas para a Ásia, África e América que se solucionou esse primeiro impasse do capitalismo.

Com a exploração colonial o comércio transformou-se numa dupla especulação: no tempo e no espaço. Tornava-se necessário comprar e vender cruzando longas distâncias e manipulando datas bastante afastadas. Dessa perspectiva, é difícil discordar de Henri Hauser quando afirma que, "se existe um domínio em que o século XVI inaugura verdadeiramente a era moderna, ele é, evidentemente, o da vida e das concepções econômicas"[9].

A experiência moderna se realiza já em meados do século XIV, muito antes da síntese de Galileu, pela tradução do concreto em caracteres matemáticos. Caracteres matemáticos que constituirão a escritura das práticas comerciais, no interior das quais se firmam os bancos, primeiramente em Veneza, ainda durante o seculo XIII.

No começo, o banco era a própria banca dos cambistas que se instalavam na praça pública das cidades e faziam as trocas de moeda. Com o aumento do intercâmbio comercial, ficaram mais complexos, passando a operar transferências de contas. Inovação muito importante, haja vista a desproporção entre a quantidade de moedas metálicas disponíveis e a intensidade do comércio marítimo e terrestre, que se processava desde a Baixa Idade Média.

Nesse contexto, surge, entre os séculos XIV e primeira metade do XV, a moeda-papel que, além de simbolizar uma quantidade de moedas, solucionava problemas como os de pagamentos circunscritos às municipalidades que tinham de ser feitos em moedas miúdas, de qualidade duvidosa, ou em moeda estrangeira, de valor variável e incerto.

Outra "ferramenta" do comércio que se tornou indispensável a partir do século XV foram as letras de câmbio. Intimamente relacionadas com a expansão da instrução, permitiam aos mercadores realizarem suas operações sem passar pelos atos notariais que as retardavam. As letras de câmbio, além de serem um meio muito mais ágil, evitavam os riscos do transporte de dinheiro e funcionavam também como instrumento de crédito[10].

Mas, enquanto no Renascimento os homens de negócio conduziam empreendimentos comerciais, manufatureiros e financeiros, durante o século XVI ocorreu uma especialização dos setores e, nesse processo, os grandes mercadores passaram a se dedicar exclusivamente ao comércio de dinheiro. Assim, com a transformação dos Bardi, dos Peruzzi, dos Medicis em banqueiros dos príncipes, seus sucessores passaram a ocupar o lugar de credores das monarquias. O aumento de importância dos banqueiros também está profundamente relacionado à complexidade das grandes navegações portuguesas e espanholas, pois a empresa ultramarina era extremamente dispendiosa.

A exploração dos monopólios coloniais dependia de armadas, equipamentos, organização e distribuição dos carregamentos. Os banqueiros alemães e italianos tiveram seu papel valorizado pelas próprias necessidades

9. Henri Hauser, *La modernitè du XVIe siècle*, Paris, Armand Colin, Cahiers des Annales 21, 1963, pp. 55-59.

10. Frédéric Mauro, *Expansão Européia (1600-1700)*, tradução de Maria Luíza Marcílio, São Paulo, Pioneira / Edusp, 1980.

intrínsecas do novo sistema econômico. Foram filiais de bancos alemães na Antuérpia que financiaram o comércio português e foram banqueiros como os Fugger e os Welser que obtiveram a concessão dos reis católicos para explorar as minas espanholas de prata e mercúrio.

Essas empresas familiares, das quais os Fugger são o exemplo mais contudente, já que chegaram a fazer com que o destino da casa dos Habsburgos fosse indissociável do seu, foram desaparecendo ao longo do século XVII, juntamente com as associações de mercadores, sendo substituídas pelas companhias de comércio colonial, que eram sociedades de acionistas, mais aptas para dar conta de um comércio regular com as colônias do Novo Mundo.

De qualquer forma, as inovações financeiras do Renascimento evidenciam como a consolidação do raciocínio abstrato passa também pelas novas respostas que as necessidades mercantis demandavam. O saber matemático reforçava o comércio seja possibilitando cálculos complexos que conferiam precisão à contabilidade, seja transformando o espaço cartográfico numa malha de linhas e coordenadas imaginárias.

A matematização do espaço foi seguida de perto pela matematização do tempo e não é nada casual que um instrumento como o relógio tenha conhecido progressos tão espetaculares durante a época clássica. O tempo litúrgico qualitativo, eterno e universal, passará durante essa época a conviver com o tempo profano dos relógios. Junto com a propagação da escrita e do aumento da utilização da moeda, os religiosos participam da concepção abstrata do tempo, funcionando como operadores que convertem o qualitativo em quantitativo.

No século XIII os relógios hidráulicos eram muito usados. Porém, derivados dos instrumentos astronômicos, os relógios, até o século XVI, eram mais instrumentos de visualização do universo, cumprindo uma função científico-filosófica, no sentido que negavam a separação entre o mundo celeste e o sublunar, do que instrumentos de medida precisa do tempo.

A partir do século XIV, os relógios começaram a ser instalados em torres, sobre os sinos das catedrais, no palácio real, como na França e nas grandes zonas urbanas, como o norte da Itália, Catalunha, Flandres e Alemanha. Ao se tornarem instrumentos públicos, passaram a ter, sobretudo, uma importância social e política.

Aos poucos, a matriz do tempo dos relógios, nos quadros urbanos e especialmente nas capitais, tornava-se um signo eficaz de governo, como o relógio e os sinos instalados no palácio real por Carlos Magno em 1370, introduzindo o tempo do Estado na vida cotidiana dos habitantes.

Ainda que o raio de ação desse tempo profano estivesse circunscrito às ilhas urbanas européias, onde se concentravam as letras e o comércio, anunciava-se uma nova temporalidade da esfera da vida pública, que era a temporalidade do Estado[11].

A Laicização da Esfera Pública

As transformações econômicas e sociais que se deram com a crise do feudalismo foram acompanhadas de profundas modificações institucionais e políticas que culminaram com a consolidação do absolutismo moder-

11. As perspectivas racionalistas clássicas imbricam-se com as religiosas no campo epistemológico da ciência moderna. Os temas dessa ciência moderna, que no século XX poderá prescindir de um Deus, se concentram em pontos também debatidos pela intelectualidade eclesiástica. Essas grandes especulações sobre o tempo, que ganham um impulso fundamental no século XVI, não são alheias às preocupações dos teólogos católicos sobre a data da criação do mundo e da medida do intervalo temporal que ia da Criação ao nascimento de Cristo. Elas culminaram na introdução da referência "Ante Cristhum Natum" (a.C.). O fato de o tempo quantitativo, abstrato e profano não prevalecer e não conseguir impor-se como universal nessa época era decorrente, também, de sua falta de exatidão. Nesse sentido, no século XVI acrescentou-se um segundo ponteiro ao relógio, num movimento de busca por uma maior precisão. Isso, porém, só se realizará com a construção do relógio de Huygens, que transferiu, em 1675, para o plano dos relógios a isocronia dos pêndulos formulada por Galileu, promovendo a passagem da relojoaria empírica para a mecânica. Já no ano seguinte, esse relógio era comercializado por Salomon Coster de Haya. K. Pomian, *op. cit.*, pp. 279-283, e Masayuki Sato, "Comparatives Ideas of Chronology" *History & Theory*, n. 3, 1991, vol. XXX, p. 294.

no e a instituição de condutas prescritas pela laicização da moral coletiva. O esfacelamento do poder pulverizado dos senhores feudais, a partir do século XIV, criou as condições não só para a centralização das medidas econômicas, mas para a concepção do soberano como fonte de todo o poder político e da Corte como referência das normas de civilidade.

Esboroavam-se paulatinamente as idéias de uma Igreja e de um Império universais, ancoradas na idéia de Cristandade Latina, ao mesmo tempo em que se consolidavam entre os juristas, já no século XV, os princípios do direito imperial romano. Daí em diante, em toda a Europa ocidental, exceto na Inglaterra[12], o poder real aumenta, enquanto as instituições medievais, como o parlamento, as cidades livres, o papado, perdem suas prerrogativas.

Era justamente a falta de um soberano forte, legislador onipotente, governante único, que Maquiavel considerava como determinante da desunidade da Itália, dividida na época em cinco grandes Estados (o Reino de Nápoles, o Ducado de Milão, a República veneziana, a República florentina e o Estado papal), e responsável pela sua debilidade política diante de seus inimigos externos.

Maquiavel acusava a Igreja como responsável pela atomização do poder na Itália. Corroída pelas disputas internas entre as diversas tiranias e constantemente ameaçada pelo Império Alemão, pela França e pela Espanha, ela carecia de um poder concentrado, de um exército organizado e de uma política externa impetuosa. O Estado papal era fraco para unificar a Itália, porém ainda era suficientemente forte para impedir que outro governante, que não fosse o papa, o fizesse.

Maquiavel escreveu suas principais obras (*O Príncipe* e *Os Discursos sobre os Primeiros Dez Livros de Tito Lívio*) logo após a queda da República florentina em 1512, quando foi condenado ao exílio. Essas duas obras abordam as causas da ascensão e declínio dos Estados e os meios para torná-los permanentes. Reconhecem a necessidade da indiferença moral diante dos meios utilizados pelos soberanos para atingir seus fins e manifestam a convicção de que o poder do governo depende, em grande parte, da força e da astúcia. É no *Príncipe*, entretanto, que Maquiavel expõe as regras práticas para a conquista e a manutenção do poder.

A obra de Maquiavel faz parte de um tipo particular de literatura que se produzia em grande volume na Itália do século XVI, a literatura diplomática, cujo foco principal recaía nos jogos políticos e as discussões concentravam-se na mecânica do governo e nas medidas militares e políticas que deveriam ser tomadas para favorecer o fortalecimento do Estado.

A unificação nacional sob a égide de um poderoso monarca e a manutenção do poder não eram preocupações exclusivas do cenário italiano. Na verdade, *O Príncipe* de Maquiavel deve a sua notoriedade ao fato de evidenciar as tendências políticas que se firmavam entre os Estados europeus mais fortes na época mercantilista[13].

O Estado absolutista caracteriza-se acima de tudo pela concentração de um poder nas mãos do monarca que não é controlado por nenhuma instituição. Centralizado, o poder político do rei é soberano sobre um domínio territorial. Atua como árbitro nos conflitos internacionais em nome da Nação e expressa uma compreensão da posição do homem no mundo que constituirá outro aspecto do movimento de laicização da política e das formas modernas de dominação.

Ela aparece primeiramente na Itália, no âmbito em que o ideal antigo de glória (valorização da notoriedade alcançada pessoalmente) adquire uma nova vitalidade, quando textos e monumentos passam a ser compreendidos como algo que asseguraria a promessa da duração do indivíduo para além de sua vida corporal.

O âmbito dessa revitalização do valor da glória introduz uma profunda reordenação imaginária. Exige que a

12. Com relação à Inglaterra, ver. Cristopher Hill, *A Revolução Inglesa de 1640*, 2. ed., Lisboa, Presença, 1981, e *O Mundo de Ponta Cabeça*, tradução, apresentação e notas de Renato Janine Ribeiro, São Paulo, Cia. das Letras, 1987.

13. George H. Sabine, *História das Teorias Políticas,* tradução de Ruy Jungman, Rio de Janeiro, Fundo Universal de Cultura, 1961, pp. 225-245.

interpretação exclusivamente providencial da história não seja mais suficiente e enforma um contexto discursivo que justifica e legitima o direito à propriedade e ao poder, recorrendo a uma anterioridade histórica, onde esse direito teria suas origens asseguradas, e sedimentando sua continuidade pela memorização constante de seus desígnios.

Os exemplos aqui são inúmeros e variados. Vão do túmulo de Lorenzo de Medici de autoria de Michelangelo aos incontáveis mecanismos de "construção da imagem pública de Luís XIV", que chegava a levar consigo seus pintores, Lebrun e Van de Meulen, quando partia em campanha[14].

Não é por acaso, portanto, que os humanistas, em especial os poetas-filólogos como Petrarca e Bocaccio, contemporâneos do fortalecimento das tiranias e das repúblicas italianas, passassem, como assinalou Burckhardt, a ser os verdadeiros "administradores" da imortalidade e do esquecimento dos soberanos, tendo como principais papéis sociais o de redatores de epístolas e de discursos públicos e solenes, ambos ligados às novas instituições modernas, onde a política é feita como espetáculo, sendo, por isso, a oratória e a retórica artes tão importantes até a morte do papa Leão X.

Intermediários entre a Antigüidade e o presente, os humanistas, ao serem designados pelos príncipes, tiranos e nobres para edificar as glórias locais e as histórias das cidades e personalidades célebres, escreviam-nas aludindo a suas remotas origens romanas, onde residiriam as provas que assegurariam sua posição social. Retomavam uma prática que não era inédita, mas que ganhava um novo impulso a partir do século XV, quando as transcrições e traduções de textos passam a ser acompanhadas pelas escavações.

Esse encantamento com a Roma imperial não se circunscrevia ao poder secular, nem se dava apenas no nível da cultura letrada. A voga das comprovações das descendências romanas de papas como Pio II, que era de Siena, e Paulo II, que era de origem germânica, e os desfiles de carnaval da época dos papas Paulo II, Sisto IV, que mandou erguer a Capela Sistina, e Alexandre VI, pai de César Bórgia, onde se encenava o triunfo dos imperadores romanos, evidenciam que constituía um dos aspectos das representações populares e de suas principais fantasias coletivas[15].

Com o estudo das construções antigas e principalmente com a recuperação dos monumentos literários, os humanistas promoviam a idéia de circularidade do tempo, implícita na própria idéia de Renascimen-to. Mas possibilitavam também a noção de sua lineari-dade progressiva. O presente passava a ser compreendido como resultante dos conhecimentos acumulados no passado e seu ponto de superação, idéia magistralmente incorporada na imagem elaborada por Vasari em *Le vite de' più eccelenti pittori, scultori e architettori italiani* (1550), a respeito dos homens de seu tempo como anõezinhos sobre os ombros de gigantes.

Temporalidade profana e sagrada, cíclica e linear coexistem no âmago da temporalidade clássica. O calendário gregoriano (1582) exprime com toda nitidez as ambivalências da temporalidade clássica. Estabelece a linearidade da seqüência dos dias, dos meses e dos anos com começo e fim, e firma-se, simultaneamente, lembra Le Goff, como "órgão de um tempo que recomeça sempre".

Bakhtin evidencia a amplitude e a complexidade dessa experiência temporal por meio da obra de Rabelais. Nela ele chama a atenção para o empenho do artista em destruir o velho quadro medieval e elaborar positivamente o novo, apoiando-se no folclore e na Antigüidade[16].

14. Jacob Burckhardt, *La Cultura del Renacimiento en Italia,* tradução de Jaime Ardal, Barcelona, Ibéria, 1951. Peter Burke, *A Fabricação do Rei: A Construção da Imagem Pública de Luís XIV*, tradução de Maria Luiza X. de A. Borges, Rio de Janeiro, Zahar, 1994.

15. O carnaval moderno evocava, entretanto, toda uma outra série de conteúdos que contrariavam as regras das relações sociais, sendo nessa oposição que residia sua representação recorrente do "mundo de ponta-cabeça". P. Burke, *Cultura Popular na Idade Moderna,* tradução de Denise Bottmann, São Paulo, Cia. das Letras, 1989, pp. 212- 213.

16. Mikhail Bakhtin, "O Cronotopo de Rabelais", *Questões de Literatura e de Estética (A Teoria do Romance)*, tradução de Aurora

Bakhtin destaca que Rabelais apresentava o corpo humano, em todas as suas partes, órgãos e funções e sob os seus aspectos anatômico, fisiológico e filosófico, fazendo com que ele adquirisse um novo significado e ocupasse um lugar no mundo real. Assumia, assim, um caráter concreto, e estabelecia sua dimensão espaço-temporal.

A escala humana era colocada na raiz do movimento da medida. O corpo humano deixava de ser concebido somente sob o signo da corrupção e da aniquilação, passava a ser entendido como um organismo que vive morre.

A valorização das ações humanas se beneficiou da criação de instrumentos de medição de porções de tempo cada vez maiores, como o século. A divisão do tempo em unidades de cem anos indica uma grande transformação nos métodos de conhecimento do passado, que passava a ser fruto de instrumentos artificiais e um reenquadramento fundamental da história nas sociedades humanas[17].

É essa mesma valorização das ações humanas, centralizada nos feitos notáveis e na personalidade de grandes homens do presente ou do passado, que diferencia a pintura clássica em relação a todos os outros períodos prévios. No nível técnico, a inovação fundamental da pintura clássica foi a suplementação da "antropometria com uma teoria fisiológica (e psicológica) do movimento e uma teoria matematicamente exata da perspectiva".

O pressuposto básico da concepção da perspectiva, entretanto, é o reconhecimento artístico da subjetividade e sua condição de possibilidade foi o reconhecimento da posição do sujeito em relação ao objeto como algo independente e qualitativamente igual[18].

Não é casual, portanto, que um dos marcos pictóricos do século XVI sejam os retratos. Não vendo mais sujeito e objeto submergindo numa unidade superior, e contratados para imortalizar alguns homens, destacando suas particularidades, os pintores clássicos demonstram a necessidade de representar uma situação característica.

O retrato de Leão X de autoria de Rafael traz à tona essa nova maneira de representar o homem, atentando para o que Panofsky chamou de "movimento orgânico", a introdução da vontade e das emoções subjetivas da coisa representada.

Nesse quadro, assinalou Wölfflin, o elemento principal é o retrato da autoridade política e social do papa. Para tanto, o artista trabalhou seu olhar num momento em que erguia a vista do *Codex* que examinava, transmitindo, com esse olhar, sua autoridade.

Caracterizava, desse modo, a posição social e política do papa a partir de um detalhe pessoal e conseguia um efeito sobre o espectador mais forte do que se o retratasse com a tiara, em seu trono[19].

Mais do que imortalizar um aspecto individual, os retratos propagavam modelos ideais e, nesse sentido, o retrato de Castiglione, autor do *Cortigiano* (1528), livro que era um "manual" do cavalheiro perfeito, também pintado por Rafael, é exemplar. Nele, Castiglione aparece em conformidade absoluta com todos os códigos de identificação do cortesão presentes em seu livro: modesto, isto é, sem poses aristocráticas, reservado e sereno.

Os gestos suaves do nobre cortesão, o olhar do papa que fala mais sobre si do que qualquer outro aspecto ligado à sua posição aparecem assim como quadros data-

Fornoni Bernardini *et. al.*, 2ª ed., São Paulo, UNESP / Hucitec, 1990, p. 284 e *passim*.

17. Jacques Le Goff, "Calendários", *História e Memória*, 2ª ed., Campinas, Editora da Unicamp, 1992, p. 524. A aplicação do conceito e da palavra século, como assinala Le Goff, remonta ao século XVIII, quando se consuma, plenamente, uma historiografia profana e linear progressiva, conforme se entrevê no *Essai sur les moeurs el l'espirit des nations et sur les principaux faits de l'histoire, depuis Charlemagne jusquà Louis XIII* (1756). Sobre essa obra de Voltaire e suas relações com a temporalidade histórica moderna, ver Le Goff, "Progresso e Reação", *op. cit.*, pp. 244-252, e K. Poman, *op. cit.*, pp. 123-129. Para uma visão minuciosa do nascimento da história clássica no âmbito dos parâmetros da ciência, ver K. Pomian, "L'histoire de la science et l'histoire de l'histoire", *Annales ESC*, set.-out. 1975, pp. 935-952.

18. Erwin Panofsky, "A História da Teoria das Proporções Humanas como Reflexo da História dos Estilos", *O Significado nas Artes Visuais*, tradução de Maria Clara F. Kneese e Jacó Guinsburg, 3ª ed., São Paulo, Perspectiva, 1991, pp. 138-139.

19. Henrich Wölfflin, *A Arte Clássica*, tradução de Marion Flescher, São Paulo, Martins Fontes, 1990, p. 146.

dos de uma época em que o adestramento dos corpos difundirá o modelo elitista, político e religioso, a partir do controle das emoções. Pinceladas de um tempo em que, como assinalou Redondi, "política e religião eram ambas artes do olhar".

Obras como a de Castiglione adquirem importância no contexto particular da formação das monarquias modernas. A absorção, por parte do rei, das funções antes exercidas pelos nobres, se realiza pelo consentimento de uma série de privilégios que permitem à nobreza exercer seu direito de ser elite social. O vigor das monarquias modernas dependia, por isso, não só dos sucessos de suas políticas mercantis, mas da crença geral em uma ordem natural das coisas que dispunha a distribuição dos papéis sociais e proclamava o caráter inato dos privilégios aristocráticos.

O *Cortesão* de Castiglione não era um manual pedagógico. Apresentava um diálogo entre aristocratas da corte do duque de Urbino, em que se conversava sobre os valores e normas da vida social, sem expor suas regras didaticamente, pois colocava-as no interior "dessa livre improvisação de uma elite que se reconhecia como tal".

Essa obra ensina que a postura do verdadeiro cortesão é displicente e não rigidamente forçada, pois o autodomínio característico do aristocrata provém de um dom natural. Isso é o que constitui justamente a "graça" e o que faz com que sua excelência não seja transmissível pelo aprendizado, apenas reconhecível pelo olhar. Em suma, o "cortegiano" de Castiglione é o homem de um mundo ideal e a aliança que promove entre berço e talento estabelece o pressuposto de que, antes de ele ser destinado à Corte, a Corte é que estava destinada a ele[20].

A idéia do caráter inato dos privilégios aristocráticos e da primazia das aparências domina a literatura cortesã italiana, literatura esta que teve uma repercussão impressionante a partir do fim do século XVI, durando dois séculos. Na esteira da difusão da obra de Castiglione, que foi traduzida para todas as línguas européias, sofrendo também adaptações, plágios e modificações, outras obras, como *Galateo* (1558) de Giovanno della Casa e *La civil conversazione* (1574) de Stefano Guazzo, conheceram sucessos semelhantes.

Percorrendo tradições nacionais e espaços sociais distintos essas obras foram objeto de múltiplas interpretações. O modelo de comportamento mais sólido e mais eficiente foi o da sociabilidade regulamentada, imposto à corte de Luís XIV na segunda metade do século XVII. É nessa ocasião que o Estado francês se consolida, saindo reforçado da grande guerra civil francesa (Fronda, 1648-1652) e fortalecido devido aos seus sucessos diplomáticos. Sucessos diplomáticos esses que lhe renderam a herança continental de Castela, resultante da Guerra Franco-Espanhola de 1639 e do desgaste do Império espanhol.

Beneficiando-se das lutas político-religiosas que assolavam as Províncias Unidas e a Inglaterra, a França de Luís XIV domina o continente até o fim do século XVII e é governada internamente pela máquina da administração absolutista, que teve em Jean-Baptiste Colbert seu principal artífice. Colbert exercia o cargo mais importante, depois do rei. Era um verdadeiro primeiro-ministro, com amplas atribuições como a administração do interior, agricultura, indústria, comércio e, principalmente, a administração fiscal.

A monarquia absoluta se impõe definitivamente com Luís XIV, porque centraliza também a organização fiscal retirando dos senhores feudais o direito de cobrar impostos, que daí em diante passam para as mãos do controlador-geral (Colbert). Não obstante, não há um imposto geral para todos os indivíduos, nem um que seja comum a todo o reino.

Subordinada a nobreza ao poder do rei, a Corte adquire um novo sentido. Ela é o modelo de comportamento exemplar, "exposto à admiração e à imitação". Mas

20. As observações a respeito de *O Cortesão* de Baldasare Castiglione e a sociedade da corte, quando não fizerem referência a outra obra, baseiam-se em Jacques Revel, "Os Usos da Civilidade", *História da Vida Privada 3 (da Renascença ao Século das Luzes)*, Roger Chartier (org.), tradução de Hildegard Feist, São Paulo, Cia. das Letras, 1991.

em troca desse consentimento aos nobres, exige-se, em contrapartida, sua submissão à autoridade do rei, por quem é dominada financeira e comportalmente pelas regras de etiqueta.

Entre os séculos XVI e XVIII essa *civilité*, imposta sobre e a partir da Corte, se transformou no equivalente da unidade da Europa, a "expressão e símbolo de uma formação social que enfeixava as mais variadas nacionalidades, na qual uma língua comum é falada, inicialmente o italiano e, em seguida, cada vez mais o francês", que substituem o latim[21].

A norma de civilidade prescreve a contenção dos exageros e o domínio sobre as funções corporais. A *civilité* deve ser admirada e imitada por todos, mas, por mais que se a copie, por mais que se a almeje, jamais chegar-se-á a ser nobre. Ela faz parte do monopólio simbólico do poder que se concentra em um espaço determinado: a Corte. Em suma, a regra que sustenta a virtude só possuída pelo nobre e que se confunde com a sua civilidade é muito simples. É uma oportunidade distribuída pelo acaso do nascimento.

Para que esse modelo se difunda e a Corte se torne o exemplo de toda a sociedade é preciso que se acredite que a nobreza é um dado natural e que é possível cair nas graças do rei. A socialização dessas condutas pressupõe não só a imposição de um referencial do topo para a base social, mas a existência do mesmo referencial na própria base. Em conformidade com o naturalismo clássico, a incorporação do discurso corporal da Corte pressupõe que se considere "a norma como uma segunda natureza, ou melhor, como a verdadeira natureza por fim reencontrada".

No fim do século XVII a corte de Luís XIV é considerada o único modelo legítimo de comportamento. Entretanto, esse modelo é imposto a um público bem mais amplo do que o do inicío do século. Contribui, para isso, sem dúvida, a diminuição das taxas de inanição entre 1620 e 1760 e o aumento da instrução, que são um dos aspectos mais notáveis da época clássica[22].

A literatura do *savoir-vivre*, então, modifica-se. Impõe a Corte como único referencial possível mas os preceitos de civilidade passam a ser enunciados segundo as relações hierárquicas, de acordo com uma expressão geométrica da divisão dos papéis sociais. A fala, os gestos, o andar e, sobretudo, a moda (a indústria de ponta francesa é, então, a do luxo) asseguram a compartimentação dos grupos, conferindo às aparências um estatuto de dado natural, porém em um novo contexto, posterior à Fronda, onde a religião passará a difundir o modelo elitista, associando controle corporal e polidez, numa perspectiva moralista cristã.

A privatização das funções corporais, o desenvolvimento de uma pedagogia voltada para todos os níveis de comportamento do indivíduo em sociedade, circunscrevem lentamente um movimento de segregação, de ocultamento do que se tornou repugnante (trinchar a carne na mesa, comer com as mãos, expelir gases, escarrar) e ameaçador (a imaginação desmedida, a criatividade inovadora), expandindo-se por todo o tecido social, por meio de edições populares e escolas[23].

O repugnante e o subversivo não são só o que recorda ao homem a sua proximidade fisiológica com o animal, mas tudo aquilo que denuncia a diversidade, como a loucura, e que promove a sua variedade, como a leitura.

Experiência do desatino, a loucura é percebida como a noite da razão, num universo simbólico em que a natu-

21. Norbert Elias, *O Processo Civilizador*, tradução de Ruy Jungmann, apresentação de Renato Janine Ribeiro, Rio de Janeiro, Zahar, 1990, p. 67.

22. Para os movimentos demográficos da Europa no período, o perfil de seu tempo cíclico de mortes e sua geografia da fome, ver Pierre Chaunu, *A Civilização da Europa Clássica*, tradução de Teresa F. Rodrigues, Lisboa, Estampa, 1985, vol. I pp. 153-201, especialmente gráfico da p. 157, onde fica clara a curva populacional ascendente nas principais regiões européias entre 1620 e 1670. Para os mecanismos de difusão e recepção da imagem do reinado de Luís XIV, ver P. Burke, *op. cit.*, 1994, pp. 163-190.

23. N. Elias, *op. cit.* Sobre as edições e textos populares no século XVII, notadamente na França, ver R. Chartier, *A História Cultural – entre Práticas e Representações*, Lisboa / Rio de Janeiro, DIFEL / Bertrand Brasil, s/d, pp. 165-177.

4. Catedral de Santa Maria del Fiore,
Brunelleschi (1417-1446).

5. *Retrato de Baltassare Castiglione*, Rafael.

reza se tornara abstrata, governada por um tempo universal, absolutamente dividido entre o dia e a noite, e compreendida por leis matemáticas, que excluíam a dialética e reinavam, como assinalou Foucault, sobre um "mundo sem crepúsculo".

Prática da introspecção, a leitura é vista como campo de multiplicação de sentidos no mundo intransponível do silêncio. Será controlada por máquinas censurantes modernas, como a instituição do *Index* inquisotorial.

A Subjetividade Ameaçadora

A cultura clássica é uma cultura monocular por excelência. Esta é a própria experiência imaginária da visão em perspectiva. A noção de harmonia que prevalece é aquela dotada de um centro geométrico, que unifica e dá equilíbrio à ordem racional da natureza. Essa representação do mundo aparece no discurso político, científico e religioso da época, e, por isso, sob o manto da verdade clássica, também a leitura passa a ser um dos caminhos mais perigosos pelos quais a mentira e a perversão se insurgem.

A cena em que Cervantes narra o expurgo promovido pelo barbeiro e pelo padre na biblioteca do imortal fidalgo de la Mancha é, nesse sentido, antológica. Ela se abre com o alívio da sobrinha de D. Quixote diante da chegada do padre, seguida pela aparição da ama da casa, que, ao ver "os mais de cem grossos e grandes volumes bem encadernados, e outros pequenos", no quarto de seu senhor, sai correndo e volta com uma tigela de água benta, um hissope e o pedido suplicante:

> – Tome Vossa Mercê, senhor licenciado, regue esta casa com água benta, não ande por aí algum encantador, dos muitos que moram por estes livros, e nos encante a nós, em troca do que lhes queremos fazer a eles desterrando-os do mundo.

O que a ama identifica como raiz do encantamento o cura identifica como mentira, e, em nome da fé, atira os livros "dogmatizadores de má seita", causadores da loucura de Quixote, ao fogo. No final desse capítulo, justifica-se o expurgo: "a paz da linguagem". Aspiração que tem muito propósito. A imprensa e o surto editorial moderno o justificam. Principalmente porque a população alfabetizada ampliou-se muito entre os séculos XVI e XVIII[24].

A socialização da leitura é decorrente das Reformas, que, ao estimularem a relação direta do fiel com a Bíblia (a católica em muito menor intensidade) e difundirem o catecismo, empenharam campanhas de alfabetização que chegam a índices surpreendentes na Suécia, cuja campanha de 1690-1720 quase extinguiu o analfabetismo, e em Amsterdã, onde o número de homens alfabetizados passa de 53%, em 1630, para 85%, em 1780[25].

Difusão da escrita e leitura são dois fenômenos característicos da época moderna e que assumem qualidades inequívocas na circunscrição de uma esfera privada da vida cotidiana, valendo a pena destacar que a disseminação do hábito da leitura individual já era comum entre as aristocracias leigas no século XV.

24. R. Chartier, "As Práticas da Escrita", R. Charter (org.), *op. cit.*, p. 114. As observações seguintes sobre o universo da leitura na época clássica baseiam-se nesse texto do autor.

25. P. Burke, *op. cit.*, 1989, pp. 246-265 e 272. Não se pode, entretanto, fazer uma relação direta entre Reforma e leitura. Ao contrário do que ocorria na Suécia, na Alemanha, já em meados de 1520, Lutero não considerava imprescindível a leitura e sim a prédica e o catecismo. Separava, assim, as elites pastorais, os que compreendem, do povo, o que reproduz o saber por memorização. Só no final do século XVII, com a Segunda Reforma iniciada com o pietismo, que impõe a relação individual com a Bíblia, supondo domínio da leitura, é que essa relação se estabelece com rigor (R. Chartier (org.), *op. cit.*, p. 121). Além disso, vale a pena sublinhar que a Igreja pós-Trento caracterizou-se pela introdução de uma série de gestos individuais nas práticas católicas, como o sacramento da penitência, onde a confissão individual é o principal aspecto. Não por acaso o confessionário é uma peça do mobiliário que se difunde ao longo do século XVI. François Lebrun, "As Reformas: Devoções Comunitárias e Piedade Pessoal", R. Chartier (org.), *op. cit.*, pp. 78 e 92. Para algumas das inovações pedagógicas introduzidas pelos jesuítas, no campo da alfabetização e instrução católica, entre os séculos XVI e XVII, ver Marisa Lajolo e Regina Zilberman, *A Leitura Rarefeita – Livro e Literatura no Brasil*, São Paulo, Brasiliense, 1991, pp. 13-26.

A privatização da leitura subtrai o indivíduo do controle da comunidade, mesmo num espaço coletivo como a biblioteca. Mais rápida, ela possibilita a interiorização imediata do que se lê, transformando, assim, radicalmente o trabalho intelectual, tornando-o um ato íntimo, onde o indivíduo se confronta pessoalmente com o texto.

Nesse contexto é que surgem novos espaços sociais como a biblioteca e os gabinetes que atuam como retiros. Essa relação leitura-privacidade é perceptível, por exemplo, nos inventários ingleses da cidade de Kent no século XVII, onde se mostra que os livros ficavam, como os de D. Quixote, na parte mais reservada da casa (o quarto), confirmando vínculo entre presença do livro, hábito de leitura e intimidade. Surgem também nesse período novas práticas individualizantes como o *ex-libris*, que é a marca mais comum de posse e singularização do exemplar, e novos móveis, como a *bergère* e a *duchesse* do século XVIII, ligadas aos novos contextos da leitura.

Apesar da consolidação dessa nova modalidade de leitura, a que é feita em grupo e em voz alta é ainda um hábito bastante difundido no século XVII. Entretanto, devido à disseminação da fórmula editorial da "literatura de cordel", destinada aos camponeses e artesãos (fenômeno que se insere no âmbito da transformação da cultura em bem comercial, que como tal necessitará de mercados mais amplos do que os círculos das elites aristocráticas e da alta burguesia), esse hábito torna-se problemático aos olhos dos reformadores da cultura popular.

As edições populares constituem o impasse da obra reformadora porque os olhos que ela havia modificado, ensinando-os a ler, puderam ter acesso a todo um novo repertório simbólico que por vezes poderia tornar-se indesejável, como o daquele moleiro firulano estudado por Carlo Guinzburg, que, sem nunca ter lido a *Metafísica* de Campanella, e muito menos a *Apologia pro Galileo* de Tobia Adami, elaborara, como esses pensadores, uma teoria da Criação como metáfora do "modo como o queijo é feito do leite, e do qual surgem os vermes"[26].

A Reforma não pode ser dissociada da conquista do individualismo, tão destacado por Burckhardt, que o humanismo promovera, nem, principalmente, da "verdadeira revolução" que o aparecimento do livro impresso produziu, do ponto de vista religioso. De 1445 a 1520, conforme Delumeau, pelo menos 75% da produção tipográfica era de cunho religioso e, nesse período, já circulavam diversas traduções da Bíblia do latim para as língua vernáculas. As primeiras traduções foram, aliás, feitas pelos humanistas e eram verdadeiras recompilações, uma vez que, partindo de textos gregos e hebraicos, os humanistas procuravam reencontrar nas Escrituras sagradas uma religião mais simples e mais próxima da Igreja primitiva e, acima de tudo, uma nova moral.

Sendo cultura da identidade e da diferença, da ordem e da medida, o classicismo se funda sobre o princípio da intolerância e da razão una. A promoção do individualismo em seu contexto tem por isso ser entendida dentro de um quadro, que antes de favorecer a multiplicidade impõe a unidade e cria mecanismos de interdição ao que não é seu idêntico na aparência.

Não é só a Igreja que se inquietará com as novas leituras. Também o Estado. A laicização da escrita e o seu atrelamento à administração pública moderna estão profundamente ligados, a partir do momento em que a legitimidade do Estado e a propriedade passam a depender de uma confirmação escrita que lhe dá autoridade perante uma realidade terrena.

Impõe-se ao indivíduo uma forma de abstração existencial, uma vez que se promove sua "emancipacão com relação a formas tradicionais de existência", caracterizadas pela ligação estreita do indivíduo à sua comunidade e pela dependência de "mediadores obrigatórios, intérpretes e leitores da palavra divina ou das determinações do soberano". A emancipação, passa, portanto, aqui a depender da maior ou menor familiaridade com a escrita.

26. Carlo Guinzburg, *O Queijo e os Vermes*, tradução de Maria Betânia Amoroso, São Paulo, Cia. das Letras, 1987. Para o tema do queijo e dos vermes na revolução astronômica moderna, ver Paolo Rossi, *A Filosofia e a Ciência dos Modernos*, tradução de Álvaro Lorecini, São Paulo, Unesp, 1992, pp. 261-262.

É essa familiaridade que se tem de controlar. Mais uma vez, D. Quixote, esse murmúrio lancinante do delírio contra a razão clássica, evidencia como a tensão história-ficção, sagrado-profano, se explicitam no jogo dos problemáticos novos contextos de leitura do período, incorporando os códigos que tornaram sua imaginação subversiva.

O próprio ilustre fidalgo nos diz:

> O fim a que as letras se dirigem (e não falo agora das divinas, que aspiram somente a encaminhar as almas para o céu, fim este tão sem fim, que nenhum outro se lhe pode igualar), quero dizer, as letras humanas, é estabelecer com clareza a justiça distributiva, e dar a cada um o que é seu, e procurar e fazer que as boas leis se guardam e se cumpram [...].

Nesse sentido, as práticas humanistas das cortes italianas, bem como os cronistas dos Estados modernos, se situam em um contexto de proliferação discursiva, o qual, com a Reforma e a disseminação da leitura, se amplia sobremaneira, e que terá como contrapartida da consolidação da subjetividade humana as políticas de exclusão que constituem o campo no qual Igreja e Estado reescreverão as normas de controle do imaginário, adequando-as aos princípios de ordem geométrica e da matematização do espírito[27].

A relação com a leitura é permitida na medida em que ela se circunscreva a competências determinadas, isto é, encerrada nos limites da esfera da lei do Estado e da Igreja. Torna-se necessário conter os poderes desse imaginário humano tão vasto. A cultura popular tradicional torna-se perigosa num sistema em que a própria existência começará a impor-se a partir de uma abstração fundamental: a propriedade da terra[28].

Desde o início do século XVI, as peças de teatro popular eram condenadas pelas expressões coloquiais e pela presença de crianças nuas representando anjos que eram vistas como capazes de abalar a fé e profanar a religião.

O que incomodava aos reformadores devotos era a familiaridade com o sagrado, pois é nessa intimidade que entreviam o poder de irreverência e é nesse contexto que se brada o grito de guerra da Quaresma contra o Carnaval. O Carnaval, aglomeração humana, não só era foco potencial de revolta como também representava toda a sorte de inversão das relações sociais cotidianas. Será criticado e terá de ser subjugado, no calendário litúrgico, por um ritual asséptico, a Quaresma.

Uma atmosfera de descanso e tranqüilidade acompanhará daí em diante os rituais da fé católica, a fim de que se imponha uma única autoridade sagrada e se disciplinem as almas[29]. A ética dos reformadores, católicos e protestantes, confunde-se com uma ética pequeno-burguesa e alinhava as idéias de decência, diligência, modéstia, ordem, prudência, razão, autocontrole, sobriedade e frugalidade.

A promoção de um modelo de homem novo, que atendia às necessidades de controle e imposição da autoridade, iluminam a ação conjunta do Estado e da Igreja, da Justiça e da Religião, na tarefa de expurgar a feitiçaria (e a gama de práticas que o termo envolvia). Transformada em crime, a feitiçaria passava a ser julgada pelo poder civil eclesiástico ou inquisitorial, e em cada um desses foros revelava "a trama intrincada de discursos diversos: eruditos, populares, laicos, religiosos, metropolitanos, coloniais" que compõem o universo da razão clássica[30].

Essa imbricação de discursos é patente na Península Ibérica, onde a Inquisição foi crucial para a consolidação do Estado absoluto, fazendo com que a bandeira nacional hasteada representasse a um só tempo a unidade territorial, legal e religiosa. Apoiada numa legitimidade política, econômica, social, religiosa e numa rede institucional que contava com colaboradores organiza-

27. Luiz Costa Lima, "História e Viagem de um Veto", *Sociedade e Discurso Ficcional*, Rio de Janeiro, Guanabara, 1986, pp. 41-42.

28. Para o processo de constituição da propriedade privada, contexto em que se coloca a valorização da escrita, o Direito e o Estado, ver o clássico cap. XXIV do Livro I de *O Capital*, citado aqui de acordo com a seguinte edição: *Le capital*, tomo IV, trad. J. Molitor, Paris, Alfred Costes, 1946, pp. 205-275.

29. P. Burke, *op. cit.*, 1989, pp. 231-236.

30. Laura de Mello e Souza, *O Diabo na Terra de Santa Cruz: Feitiçaria e Religiosidade Popular no Brasil Colonial*, São Paulo, Cia. das Letras, 1986, pp. 281-283.

dos, a Inquisição solapava o universo coletivo e o individual, a partir da coerção pessoal e da exposição pública. A confissão e a delação, bases do seu funcionamento e todas as humilhações que o Auto de Fé e as torturas da prisão expunham os hereges evidenciam e explicam a sua força.

Ao horror do grande Tribunal da Consciência e da Aparência da Europa clássica, acrescenta-se, ainda, a angústia da descoberta da pequenez humana, num universo que alargara suas fronteiras até o infinito. É essa angústia que está na raiz da felicidade de Kepler diante da descoberta das "Luas de Júpiter" feita por Galileu. Os quatro planetas recém-descobertos referendavam a idéia do privilégio da posição da Terra no universo. Eles não giravam "em torno de uma das estrelas fixas, mas em torno do astro de Júpiter". O "exílio naquele infinito" de Giordano Bruno estava esconjurado[31].

No século XVII, dificilmente Rafael teria pintado as paredes da sala da Assinatura no palácio do Vaticano, colocando em paredes opostas o triunfo da Igreja (a *Disputa do Sacramento* de 1509) e a ciência profana (a *Escola de Atenas*) exprimindo, se não o equilíbrio entre a fé e a filosofia natural, uma relação "sem prevaricação"[32].

É nessa dialética entre a consolidação de uma subjetividade, que se fosse entregue a si poria em risco o Estado absolutista e a Igreja, e o próprio tormento do abandono a que essa subjetividade condena o homem, que se entende a tensão clássico-barroco-maneirista e as próprias obras da Reforma e da Contra-Reforma.

A experiência clássica é a experiência da relação dialética entre o sagrado e o profano, no contexto particular da consolidação do pensamento abstrato. Contexto em que as estratégias de pacificação dos discursos sob os desígnios da harmonia são elaboradas num universo simbólico em que proliferam os medos irracionais, as fantasias macabras, as representações labirínticas que assolaram o maneirismo e as seitas messiânicas.

Nesse âmbito é que é possível compreender o barroco e o maneirismo como problemáticas bem mais amplas do que simples estilos sucessórios ao clássico. Isso se dá até mesmo porque "no período anterior ao barroco, a arte do Renascimento é muito fértil e poderosa, muito variada e rica, muito potente e versátil para ser dada como mera posição firmada e estabelecida que o barroco enfrentaria para destruir, num simples movimento de contradição". Já a que lhe é "posterior", o neoclássico, não põe fim à sensibilidade barroca. E é justamente essa "imprecisa definição das barreiras temporais do barroco" que sublinham a natureza mais dialética do que sucessória das suas relações com o clássico[33].

O barroco se inscreve numa teia simbólica, enredada no contexto discursivo da noção de perspectiva matemática, em que não é mais possível entrever uma separação rígida entre o ser e o espaço. Daí uma de suas características formais mais evidentes ser "a passagem do linear ao pictórico", o não isolamento do objeto por meio da linha de contorno e a forma aberta, onde "as formas podem 'soltar-se' escapando a regras fixas e a construções rígidas".

Essa liberdade, entretanto, é antes um marco da unidade visual do que da multiplicidade. Levando adiante as inquietações contidas na formulação da harmonia clássica, dependente das noções de continuidade do espaço e da formulação matemática do ponto de fuga, o barroco substituirá a visão harmônica da natureza renascentista em que "cada parte, mesmo em relação às demais, mantém-se autônoma" pela concentração e organização de todas as partes segundo um modo único.

É nesse mundo de descoberta e de opressão, de infinitude e de limitação, de disputa e de convivência entre a noção de Cristandade e de Europa que o barroco, impregnado de misticismo, opera a leitura trágica do clás-

31. Paolo Rossi, "A Pluralidade dos Mundos e o Fim do Antropocentrismo", *op. cit.*, pp. 213-263, especialmente, pp. 234-238.

32. Pietro Redondi, *Galileu Herético*, tradução de Júlia Mainardi, São Paulo, Cia. das Letras, 1991, pp. 227-231 e H. Wölfflin, *op. cit.*, pp. 110-122.

33. Lourival Gomes Machado, *Teorias do Barroco*, Rio de Janeiro, Ministério da Educação e Cultura, 1953, para tudo o que for dito sobre os aspectos formais da estética barroca. Reeditado em *Barroco Mineiro*, 2ª ed., São Paulo, Perspectiva, 1973.

6. *Moisés* de Michelangelo (1512-1516).

sico, e o desespero maneirista se revela em toda sua potência de representação de homens que se tateiam no infinito labirinto de Deus e proclamam, como fica patente no *Auto-retrato* de Mazola (1523), seu amor à escuridão, recusando a clareza-absoluta clássica e a relativa barroca, em nome de uma expressão pessoal dos desconcertos[34].

A tensão clássico-barroco-maneirista vai, portanto, muito além de um debate sobre estilos. Inserida no contexto do ofuscamento da autoridade do dogma e das estratégias políticas e religiosas da contenção da subjetividade, a busca maneirista pretende acentuar a especificidade do singular, desafiando a unidade superior que se fundava sobre a dependência da arte ideal, tão cara às necessidades da Igreja católica após o fim do Cisma de Avignon[35].

O barroco, por sua vez, não pode ser compreendido fora do convulsionado mundo da Contra-Reforma e, nesse sentido, é difícil discordar de Argan, quando afirma que é um termo que define menos um período do que uma situação. Se a cultura barroca aspirava ser a libertação de toda a norma ou preceito, é preciso que se delimite essa recusa nos termos de um confronto com a Antigüidade, e não tanto com a censura doutrinal e moral da Contra-Reforma.

A disputa entre a teoria e a prática, que se manifesta entre os pressupostos artísticos de clássicos e barrocos, não pode ser isolada de uma outra discussão crucial do período, a da Salvação pela graça ou pela obra. Dessa perspectiva, a reavaliação do papel da prática em relação à teoria se coloca no contexto do "próprio rigor contra-reformista, que negava à arte o direito de elaborar seus próprios conteúdos doutrinais e a reduzia a um instrumento de propaganda religiosa"[36].

Longe de ser a mera "propaganda religiosa" que a Igreja aspirava, a cultura artística barroca expressava, entretanto, a nova relação necessária dos fiéis com o divino. Se a Roma de Michelangelo conseguia impor-se como o lugar da revelação, a de Bernini, na conjuntura particular do seiscentos, não se sustentava mais pela imagem de um equilíbrio providencial da Criação, "mas como instrumento da devoção coletiva".

Concebendo a arte de acordo com a perspectiva aristotélica, que a vê como faculdade da imaginação, a obra de Bernini constitui uma técnica rigorosamente persuasiva, que deveria simular o milagre, fazendo com que um meio humano fosse capaz de revelar o divino. Aqui a imaginação tornar-se-á um pensamento que se descarrega imediata e inteiramente no fazer. E porque não existe nenhuma outra faculdade mental melhor do que a própria imaginação para dar o sentido de imensidão da natureza e da profundidade da história, sua autonomia possibilita uma Salvação que se realiza plenamente, por uma "liberação dos limites da própria finitude na vastidão do tempo e do espaço, da natureza e da história".

É esse flanco que o barroco abre para superar a relação de subordinação da arte a uma inspiração superior e proclamar o drama da existência humana em meio às suas contradições. Contradições que a ordem clássica não tolera e não é fortuito que em 1667 seja arquivado o projeto de Bernini para a construção do "grande Louvre barroco", e uma comissão formada por Charles Perrault, Claude Perrault, Le Vau e Le Brun seja encarregada do acabamento do palácio da monarquia francesa em Versalhes, onde as coordenadas cartesianas, as linhas retas, a economia dos meios e a harmonia das massas triunfam, junto à desmesura e à enormidade do poder que se encerra sob suas paredes[37].

Essa França científica e cartesiana não é toda a Europa, nem ao menos toda a França, mas o classicismo que ali triunfa é o da afirmação de uma elite, que em toda a parte em que emerge, quer seja na França, quer seja na Holanda ou na Inglaterra, conduz o mundo para a anexação do quantitativo ao espaço social e à geometrização do foro moral. Starobinski resume a situação: O fausto

34. Gustav R. Hocke, *Maneirismo – O Mundo como Labirinto*, São Paulo, Perspectiva, 1974, pp. 17 e 21.

35. G. Argan, "La architettura del manierismo", *Storia dell'arte come storia della città*, Roma, Editori Reuniti, 1983, pp. 136-137.

36. *Idem*, "Bernini e Roma", *op. cit.*, p. 177.

37. Victor Tapié, *Barroco e Classicismo*, tradução de Lemos de Azevedo, 2ª ed., Lisboa, Presença, 1988, vol. I, pp. 165-237.

deixa de ser "a demonstração emblemática de um 'carisma' da realeza ou da nobreza" para tornar-se "a presença sensível da riqueza transformada em coisa"[38].

No interior das representações da "coisificação" da riqueza, as sociedades humanas passam a ser lidas como agentes coletivos de uma história explicada pelas leis naturais da economia. A ética se efetivará à maneira dos geômetras e se proclamará a autonomia da arte. É exatamente nesse momento que o classicismo é sistematizado pelo pensamento ilustrado e pela crítica romântica.

Como o sistema mercantil, que na teoria é seu contemporâneo, o classicismo, a rigor, nunca existiu. Ele só adquire coerência interna a partir da segunda metade do século XVIII, quando os tratados "do Renascimento e do Barroco são substituídos a um nível teórico mais elevado por uma filosofia da arte (estética)"[39], numa ordem taxonômica que o situará numa linha evolucionista do tempo, direcionada ao aperfeiçoamento contínuo. Essa ordem desfaz suas contradições e o enreda nas malhas de um novo saber, enciclopédico, extensivo, de "A" a "Z".

No fim do verbete "Fronteiras do Espírito Humano" do *Dicionário Filosófico*, a razão mordaz de Voltaire ironiza essa nova ordem emergente, com um diálogo entre ele e um contemporâneo. O diálogo termina com a seguinte constatação de Voltaire sobre o reenquadramento do horizonte cultural dos homens de seu tempo:

"A divisa de Montaigne era: Que sei eu? A tua é: Que não sei eu?"

38. Jean Starobinsky, *A Invenção da Liberdade*, tradução de Fúlvia Maria Luiza Barreto, São Paulo, Editora da Unesp, 1994, pp. 21-24.

39. G. Argan, *Arte Moderna – Do Iluminismo aos Movimentos Contemporâneos*, tradução de Denise Bottman e Federico Carotti, São Paulo, Cia. das Letras, 1992, pp. 11-12. Ainda a respeito desse descompasso entre a experiência do clássico e sua formulação diz o autor, contextualizando essa cesura: "Exatamente no momento em que se afirma a autonomia da arte, coloca-se o problema de sua articulação com as outras atividades, isto é, de seu lugar e sua função no quadro cultural e social da época" (pp. 11-12). Ver também M. Foucault, *op. cit.*, 1992, pp. 146-165.

4. O CLASSICISMO EM FILOSOFIA

Franklin Leopoldo e Silva

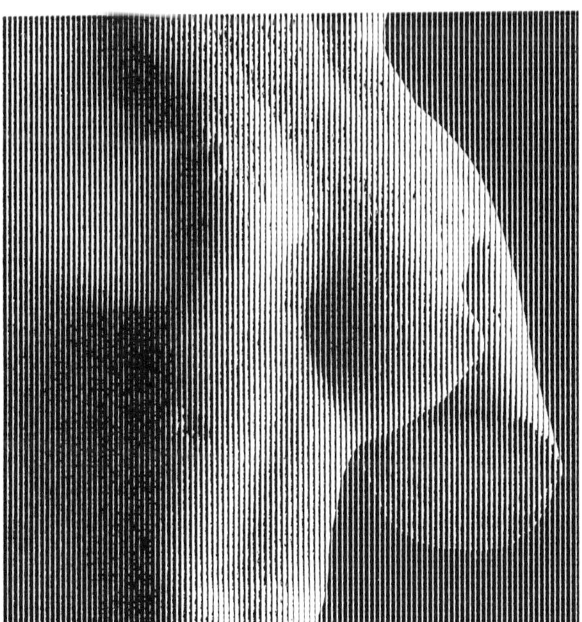

Introdução

Toda classificação histórica é retrospectiva, não por insuficiência dos meios de apreensão, mas simplesmente porque é função do historiador narrar aquilo que os homens viveram. E, na medida em que ele se vale da memória consignada na tradição e nos documentos, não faz nada que seja essencialmente diferente do que fazem todos aqueles que procuram estabelecer, a título de melhor compreensão do presente, relações com os eventos passados, que vão desde o mero registro mnemônico até a formulação de juízos de valor. Essa necessidade de conferir ao passado o estatuto de *antecedente* parece fazer parte de algo como uma lógica imanente ao próprio senso comum, que governa nossa visão da temporalidade antes mesmo que a reflexão transforme essa maneira de ver o passado em categoria. Por essa razão, *clássico* é o que o presente institui como tal no passado.

Não se trata, no entanto, de puro relativismo; essa liberdade de nomeação traz em si um juízo de valor que é também a procura de um paradigma. Quando os pensadores do Renascimento inventaram o classicismo da Antigüidade, operaram um determinado juízo de valor que via na cultura antiga a realização de certos ideais de harmonia e beleza. Quando a crítica nietzschiana mostrou que o pensamento grego não se caracterizava somente pela serenidade plástica que épocas posteriores nele projetaram, mas principalmente pela tensão de um equilíbrio frágil entre opostos, a idealização renascentista passou a ser vista como a projeção de um modelo mais desejado do que existente. Assim, também, quando nos referimos ao século XVII como a época clássica da filosofia, pensamos em geral numa realização sistemática e harmoniosa do pensamento. Mas Kant, que fez comparecer perante o tribunal da crítica as pretensões grandiosas da filosofia clássica, nelas viu apenas as ilusões de uma razão ignorante de seus próprios limites.

Desse modo, sempre haverá como contestar as definições peremptórias. Sempre se descobrirá, ao lado daquele autor que encarna certas características que julgamos gerais, um outro que a elas se subtrai, impedindo qualquer superposição entre as individualidades e as épocas. No entanto, ainda assim, a história como que produz seus próprios julgamentos e faz triunfar certas tendências que ganham, então, legitimidade, ainda que retrospectivamente. Assim como o dualismo socrático-platônico "triunfou" sobre a instabilidade trágica presente na concepção heraclitiana, assim também a racionalidade autônoma de uma razão que se deseja universal "venceu" o transcendentalismo trágico de um Pascal. Isto em nada muda o fato de que Descartes e Leibniz, de um lado, Pascal de outro, pertencem a uma mesma configuração epistêmica, mas nos indica as diferentes maneiras como responderam, uns e outro, às solicitações de sua época.

Podemos, portanto, apoiados na verdade histórica, dizer que o século XVII representa o classicismo na filosofia, e que as pretensões racionalistas que alimentam a vertente cartesiana em todas as suas variantes se prolongam na reflexão política do século XVIII, por isto também denominada "clássica". Mas o que nos permitirá circunscrever, ainda que de forma necessariamente incompleta, o que se pode entender como classicismo em filosofia será a demarcação de certas características que o século XVII instituiu como marcas da racionalidade. Nossa escolha, forçosamente arbitrária, recairá sobre três critérios que, na maioria dos autores do período, aparecem como fundamentais na articulação do pensamento filosófico: Ordem, Unidade, Universalidade.

A Ordem como Arcano da Razão

A ordem não é apenas o primeiro preceito do método para Descartes; é o próprio fundamento do ato de filosofar. Para medir o alcance dessa idéia, é preciso atentar para a sua originalidade. Em si mesma, a noção de ordem sempre esteve presente na história da filosofia. Podemos dizer que, do ponto de vista do método, a maiêutica socrática e a dialética, tanto em Platão quanto em Aristóteles, envolvem uma ordenação, isto é, uma seqüência de procedimentos por meios dos quais passamos da aparência à verdade. No pensamento patrístico e medieval, a ordem dos seres faz parte essencial da compreensão da criação e constitui por si mesma um indício da existência de Deus como princípio ordenador. Do ponto de vista ético, o entendimento do lugar que o homem ocupa na criação é a própria compreensão da ordenação das ações ao supremo critério do Bem. Estar ordenado a Deus significa o pleno conhecimento da hierarquia ontológica que se reflete no plano moral.

O que muda em Descartes é o entendimento do próprio teor desta ordem. Ela passa a ser vista em termos de um compromisso entre o conhecimento e a autonomia da razão. Já não se trata de assimilar realisticamente a ordem da natureza, mas de fazer da ordem um princípio de conhecimento. E isto porque ela é, mais do que a arquitetônica do mundo objetivamente constatada, o critério primário de representação. Quando Descartes diz que devemos estabelecer ordem nas nossas representações, caminhando das mais simples para as mais com-

1. Gottfried Wilhelm von Leibniz.

2. René Descartes.

3. Benedictus de Spinosa.

plexas, o que está em jogo não é o fundamento externo e sensível de nossa relação com as coisas, mas o poder intelectual de ordenação. Já não importa tanto a ordem de nossas percepções ou uma pretensa hierarquia do ser objetivo. O fundamento não é o mundo das coisas, mas o poder de conhecê-las. Filosofar por ordem significa começar pelo próprio pensamento e não mais pelo pensar enquanto simples registro da realidade. A hegemonia do sujeito e o primado da representação incluem uma "inspeção do espírito" que ordena as representações numa hierarquia intelectual em que o critério difere substancialmente da perspectiva realista, vista por Descartes como ingenuidade e equívoco metodológico. Importa a ordem do pensamento: é através dela que reencontrarei as coisas por meio do estabelecimento do valor objetivo das representações.

Daí o papel crucial desempenhado pela matemática. É essa ciência que me revela a ordem na sua pureza, na simplicidade intrínseca do ente abstrato, cuja realidade é dada na sua própria essência. Mas a própria matemática é apenas uma via para se encontrar a ordem, não se confunde com ela. O privilégio da matemática e seu valor paradigmático provém de que, nela, as cadeias de razões apresentam-se como que numa ordem natural, já que não é preciso depurar as representações, já em si mesmas claras e distintas. A função heurística da matemática provém de que uma demonstração é uma lição de ordem. Nela as conseqüências estão ligadas aos princípios de maneira clara e absolutamente necessária. Mas a ordem é em si mesma anterior à matemática, é princípio do pensamento em geral, confunde-se com o próprio procedimento racional. E isto porque é a estrada real para a finalidade maior do conhecimento: as naturezas simples. O simples é primeiro na ordem do conhecimento: essa é uma idéia presente em toda a tradição filosófica. O que há de novo em Descartes é precisamente o fato de que a simplicidade situa-se na idéia, isto é, na dimensão interna da representação. E é por isto que a simplicidade deve ser procurada não diretamente no ser objetivo mas no conhecimento desse ser. A ordem verdadeira vai do conhecimento ao ser e não do ser ao conhecimento. A certeza da matemática provém exatamente dessa modalidade interna e abstrata do ente que se trata de conhecer, da ordem interna das operações em que o pensamento não precisa nunca abandonar o seu próprio lugar.

A contrapartida dessa simplicidade ordenada situa-se no conhecimento do mundo exterior. Quando indagamos os motivos das dificuldades encontradas por Descartes para fechar o circuito da construção da objetividade, que começou com o *cogito* e deveria terminar com o reencontro das coisas percebidas, isto é, do estabelecimento do valor de verdade das idéias das coisas externas, a resposta está nas hesitações do filósofo acerca da validade desse tipo de conhecimento. Talvez as coisas percebidas não sejam exatamente como as percebemos, pois a multiplicidade qualitativa do sensível não é de todo redutível à clareza e distinção das idéias simples. Eis o ponto vulnerável do sistema: passar da simplicidade das essências à complexidade das existências, mantendo o mesmo grau de certeza e de objetividade, é tarefa que supera talvez as possibilidades do idealismo representativo. Por isto o que posso conhecer do mundo exterior são, no sentido estrito de conhecimento, as formas geométricas a que podem ser reduzidas as coisas quando *pensadas* enquanto *substância extensa*. Um racionalismo montado para transitar livremente na ordem das essências encontra aqui o seu limite, mas ao mesmo tempo mostra a força da idéia que o gerou. Pois é a autonomia do espírito, expressa na necessidade de um conhecimento objetivo construído na dimensão da representação pura, que se choca com a contingência do mundo e se afirma expulsando para fora da objetividade tudo aquilo que não se vincula diretamente à *ordem* do pensamento. Essa impossibilidade não aparece para Descartes como negatividade ou carência: a razão clássica é demasiado auto-suficiente para reconhecer qualquer dependência em relação ao que não pode assimilar.

Mas é inegável que a harmonia do sistema fica, de alguma maneira, quebrada. Há algo que escapa, mesmo que reconhecido como não objetivável de direito. Lacuna que os sucessores de Descartes tratarão de preencher, afinando ainda mais o tom racionalista da herança recebida. Ir mais longe do que Descartes não significa apenas avançar na linha do idealismo representativo, mas fazê-lo de tal maneira que a revolução cartesiana dê origem efetivamente a um sistema filosófico. Para tanto é preciso levar em conta aqueles fatores que são essenciais à sistematicidade: totalidade e coesão. Quando as partes de um todo não se integram perfeitamente, quando estão apenas agregadas, não havendo um único critério que presida as relações, totalidade e razão não se espelham reciprocamente, e isto é sinal de uma irrealização do pensamento. Completar o idealismo representativo é, portanto, estabelecer um *racionalismo integral*. É essa a tarefa que Leibniz procura levar a cabo, primeiramente aprofundando até a radicalidade a idéia de *ordem*.

Para Leibniz, a impregnação da matemática no sistema de Descartes fez com que este filósofo interrompesse a meio caminho a investigação acerca da camada mais profunda em que se pode pensar a ordem. Uma reflexão mais radical sobre o significado da *mathesis* o teria conduzido à lógica, isto é, ao fundamento do pensamento matemático e, assim, do pensamento enquanto tal. A *mathesis* é fundamento porque se identifica com a ordem originária do pensamento. Isto significa que a compatibilidade entre sujeito e predicado em todo enunciado verdadeiro deriva de uma relação de ordenação do predicado ao sujeito, suscetível de ser elucidada pela análise, ao termo da qual se desvelaria a identidade básica entre os dois elementos da proposição. Assim Leibniz acredita ter percorrido todo o caminho que leva ao fundamento da verdade, pois esta se revela completamente na identidade, isto é, na inerência do predicado ao sujeito. A transparência da certeza matemática provém de que, nela, a própria operação do raciocínio mostra esta identidade, por via do estabelecimento das relações de conseqüência, o que não é tão nítido nos enunciados em que utilizamos palavras, isto é, termos não unívocos e suscetíveis de serem compreendidos em mais de uma acepção. Entenda-se: o caráter de identidade lógica presente nos enunciados matemáticos aparece como que naturalmente por via da operação demonstrativa que se dá sempre com termos unívocos. Não havendo problema de significação, não há discussão quanto aos resultados. O mesmo não acontece em outros ramos do conhecimento, notadamente na metafísica, em que a linguagem natural se acompanha sempre da plurivocidade. A flutuação dos significados impede o resultado plenamente demonstrativo, à maneira da matemática.

No entanto, sendo a verdade uma só e o conhecimento sistêmico, é claro que o princípio de identidade rege todos os enunciados, por mais difícil que seja o discernimento da identidade sob a complexidade das significações múltiplas. Há aqui uma diferença entre o fato e o direito, profundamente reveladora da integridade racional que Leibniz pretende conferir ao idealismo representativo. A conseqüência da teoria da verdade como identidade é tornar a busca do verdadeiro uma espécie de cálculo, em que, por análise, se chega ao estabelecimento da relação de identidade, *de direito* em todos os casos e *de fato* dentro dos limites em que o entendimento humano pode realizar esse cálculo. O que justifica essa distinção, e sobretudo a afirmação da identidade total como característica do verdadeiro, se o intelecto humano não pode alcançar tal resultado em todos os casos? Uma definição da verdade que tenha a ver com a objetividade do conhecimento não pode pretender apenas um ideal, mas tem de estar calcada na realidade. Para Leibniz, verdade e realidade identificam-se plenamente em Deus, o que fundamenta a extensão dessa relação ao conhecimento humano, ainda que, de fato, tal identidade aí se dê apenas parcialmente. É este o significado da *integralidade racional*: enunciados altamente complexos, relativos a realidades contingentes, tais como os eventos físicos que não se subordinam à necessidade estrita, isto é, que estão fora do tipo matemático de relação entre antecedente e conseqüente, estão, de direito, tão submetidos ao regime identitário quanto estes últimos. Mas como a complexidade da análise nesses casos é virtualmente infinita, somente uma mente infinita pode realizar o cálculo pertinente. Essa diferença entre a verdade para Deus e a verdade para o homem não redunda em dois regimes de verdade ou em dois tipos de racionalidade; pelo contrário, a verdade na sua acepção totalizante fundamenta a verdade que o intelecto humano pode apreender, já que o intelecto humano difere do divino não por natureza, mas por extensão, muito embora sejam virtualmente incomensuráveis, assim como a gota d'água em relação ao oceano.

É importante observar por que Deus pode, em qualquer caso, detectar perfeitamente a identidade entre sujeito e predicado. Isto ocorre porque a onisciência divina tem sempre diante de si a *totalidade da ordem* do universo. O mundo está sempre presente para Deus como sistema, isto é, como um todo coerente, em que todas as partes são *pars totalis*. Decorre da sabedoria de Deus a racionalidade do universo e, portanto, a correspondência entre a ordem do pensamento e a ordem da realidade. Com isto temos um sistema fechado e harmônico de correspondências, o que elimina o obstáculo com que Descartes se havia deparado, relativamente ao descompasso entre a ordem das essências e a ordem das existências, no que se refere ao conhecimento. Conhecer e ser formam um só sistema em que todos os elementos se correspondem numa rede de relações harmoniosas cuja perfeição deve ser remetida à sabedoria divina como causa primeira. Existe a multiplicidade mas seus elementos, no conjunto, funcionam como se fossem um só. Essa perfeita integração de tudo aponta para a unidade como princípio do ser e do conhecimento.

Unidade e Realidade

Assim como Leibniz encontrou a coerência da proposta cartesiana na multiplicidade harmônica das substâncias individuais, Spinoza a encontrará na unidade absoluta. Trata-se de responder, de maneira diversa, a uma mesma exigência. A identidade entre ser e unidade é refrão filosófico repetido desde Parmênides, embora em diferentes contextos. Simplificadamente, podemos dizer que a exigência de unidade foi cumprida basicamente de duas maneiras no decorrer da história da filosofia: concebendo-se a unidade como *distributiva* ou como *absoluta*. No primeiro caso, a unidade está presente nos elementos que fazem parte do sistema. Assim, pode-se conciliar a unidade com a multiplicidade, uma vez que a exigência unitarista se *distribui* pelos elementos que compõem o múltiplo. Em Aristóteles e Leibniz, por exemplo, o universo é composto por uma pluralidade de substâncias individuais, e a unidade é sinônimo de individualidade, constituindo a marca originária do próprio ser. "Tudo que não é *um* ser, não é um *ser*": esse adágio leibniziano revela bem o caráter fundante da unidade. Mas ela pode também ser concebida de maneira absoluta, se entendermos que a própria significação de ser exclui qualquer divisão ou pluralidade, e que presumir a compatibilidade entre unidade e diversidade é na realidade cair em contradição.

Ora, Descartes se situa a meio caminho entre essas duas concepções. A tendência essencialista de seu pensamento o afasta da pluralidade individualizante, mas a exigência dualista que governa sua metafísica por outro lado o impede de afirmar a unidade absoluta. Para respeitar a diferença entre os domínios de essência, ele é levado a conceber uma separação rígida e uma incomunicabilidade absoluta entre a substância pensante e a substância extensa, instituindo fronteiras nítidas entre o físico e o mental, com a finalidade de preservar a autonomia do pensamento puro. Mas a pretensão fundamentacionista exige também que a substância divina seja pensada como a instância originária a que se remetem o ser e o conhecer. Assim, em que pese a separação, Deus enquanto substância não pode ser concebido em condições de igualdade com as outras duas, pois a hierarquia ontológica exige que a substância infinita se distinga precisamente pela sua supremacia em termos de "graus de ser", ou graus de perfeição. Como as substâncias pensante e extensa dependem ontologicamente de Deus, a substância divina é, rigorosamente falando, a única que corresponde inteiramente à definição de substância: aquilo que existe em si

4. O mundo de Descartes: o poder e a ordem da monarquia absoluta. Casamento de Luís XIII, detalhe de quadro do século XVIII, autor desconhecido. Museu Carnavalet, Paris.

e por si e não depende de nada mais para existir. Com isto Descartes é obrigado a conceder que definimos o pensamento e a extensão como substâncias por analogia e aproximação.

E é por esta razão que Spinoza julga estar apenas correspondendo às exigências de coerência do próprio pensamento cartesiano quando afirma a existência de uma única substância, a divina. Leibniz já havia percebido essa conseqüência monista da teoria das substâncias em Descartes. Se deixamos de identificar substância com indivíduo, se concebemos um número definido de essências, fatalmente nos defrontaremos com o problema da diferença entre as substâncias e, assim, com a questão da hierarquia, do grau de generalidade e da derivação entre as substâncias, o que nos encaminhará logicamente para a opção pelo monismo substancial. É o que acontece em Spinoza. O que é verdadeiramente substância não pode depender de outra substância; se depende, não é substância e sim atributo. Portanto, pensamento e extensão são atributos da substância divina. A verdadeira unidade só pode ser absoluta.

Nessa afirmação está embutida uma crítica da integridade lógica dos sistemas que operam a separação entre Deus e a natureza. No que se refere aos contemporâneos de Spinoza, essa separação não obedece apenas a diretrizes especulativas, mas está evidentemente vinculada aos pressupostos teológicos judaico-cristãos que condicionam a compreensão de Deus como pessoa. Para Spinoza, a principal tarefa de um racionalismo autêntico é expurgar a carga antropomórfica que durante séculos constituiu o lastro do conhecimento metafísico. É esse o principal obstáculo para se chegar à verdadeira unidade, resumida pelo filósofo no enunciado emblemático de sua filosofia: *Deus sive natura*. Neste sentido as noções de criação, causalidade externa, vontade divina, providencialismo, finalidade, livre-arbítrio devem ser todas creditadas aos equívocos e à imaginação. É a projeção dos procedimentos humanos no plano da totalidade que nos leva a tais distorções, a mais grave das quais é certamente a concepção de Deus à imagem e semelhança do homem. O conhecimento verdadeiro, construído nos moldes da dedução geométrica, atinge a verdade quando se constitui a partir da estrutura do ser. É nessa coincidência que a realidade nos aparece como totalidade infinitamente produtora. O método matemático não pode fundamentar-se no seu rigor imanente, pois não é a operação de conhecimento que justifica a certeza. Quando a estrutura do ser transparece na dedução lógica, a verdade se manifesta como índice de si mesma.

O rigor do sistema reside, então, na total imanência da realidade a si mesma. A substância divina, causa absoluta, natureza no sentido ativo (naturante), produz necessariamente todos os modos do seu aparecer, a natureza naturada. Desde o pensamento infinito até as coisas singulares, tudo está determinado no movimento dessa atividade produtora, que opera rigorosamente segundo sua própria natureza. É essa determinação total que confere absoluta unidade à produção da realidade. Quando dizemos que Deus cria, ou escolhe, ou age movido por qualquer critério exterior a si, estamos projetando na cau sa infinita e absoluta a carência e a descontinuidade que caracterizam nosso pensamento e nossa ação. A ausência de necessidade na ação ou no conhecimento significa limitação. Por isto a necessidade total é inerente ao absoluto. Quando dizemos que algo é contingente, isto significa apenas que não conhecemos as condições de sua determinação. Daí decorre que não pode existir livre-arbítrio no sentido de indeterminação da vontade. A ilusão do livre-arbítrio provém da ausência de conhecimento. Na esfera da natureza naturada, tudo é determinado. Nada quebra a unidade do sistema.

Cabe ao homem elevar-se, pelos graus do conhecimento, à intelecção dessa totalidade, atingindo assim a compreensão de si mesmo, inclusive do mecanismo de suas paixões, de sua imaginação, com a finalidade de perceber a função e o lugar de cada elemento na estrutura do todo. Com isto se dissolvem muitos dos problemas que a filosofia tradicionalmente enfrenta, tais como a questão do mal e o problema da liberdade. Há uma confluência da metafísica e da antropologia, na medida em que, no sistema da realidade, o todo está presente em cada uma de suas partes. Compreender essa adequação é atingir a serenidade do sábio: o único sentido da liberdade é o conhecimento da necessidade. A divindade e a perfeição não estão em *outro* lugar, mas nessa única e *mesma* realidade, que é a totalidade em que estamos integrados. A absoluta unidade ontológica faz de todas as coisas e de cada uma a expressão de Deus.

Talvez seja impossível pretender maior teor de unidade e coesão sistemática. Quando comparamos as maneiras como Spinoza e seus contemporâneos pensam a unidade, é inevitável que em Descartes e em Leibniz, mesmo em Malebranche, a unidade apareça de alguma maneira como extrínseca, como unificação, mais do que como unidade propriamente dita. Isto decorre de que, nesses filósofos, o Deus que é fator de unidade da sua criação mantém-se necessariamente transcendente a ela. Daí a impressão de que, tudo se reunindo *em* Deus e *por* Deus, a ação unificadora se distingue das coisas unificadas e a elas se acrescenta, mesmo quando pensamos que o Deus criador contém *em* si todas as coisas. É a separação entre criador e criatura e a virtualidade inerente à ação criadora que nos obriga à visão repartida entre a causa absoluta e seus efeitos, as criaturas contingentes. Entre o absoluto criador e o contingente criado há uma *relação*, que é ao mesmo tempo um espaço de mediação e de perfectibilidade. O sistema comporta tais descontinuidades porque repousa nos pressupostos de causalidade e transcendência. Em Spinoza a transcendência seria totalidade cindida e a impossibilidade de unidade. Não há distância entre Deus e o mundo como mediação e perfectibilidade, não há mistério nem ocultamento. Tais coisas pertencem à religião, não a Deus. Mas sobretudo é o pressuposto monista que expulsa do sistema qualquer heterogeneidade radical.

E assim vemos a filosofia clássica mover-se de um dualismo problemático para uma harmonia pré-estabelecida e desta para a unidade como identidade. Em Descartes o dualismo se aproxima bastante de uma contrariedade. No afã de eliminar o essencialismo físico de Aristóteles, o fundador da filosofia moderna operou uma separação radical entre extensão e pensamento. Nada que lembrasse atividade psíquica poderia existir no universo puramente físico. Daí a expulsão de uma entidade considerada híbrida, a enteléquia ou a forma substancial. Ora, separação mais radical deveria então ser estabelecida entre Deus e as outras duas substâncias, posto que neste caso a incomensurabilidade se traduz na diferença entre finito e infinito. A permanência da noção de *criador* na própria idéia de um Deus infinito justificava de algum modo essa separação sem cortar a relação entre as esferas substanciais. Descartes não via qualquer problema na compatibilização da noção de substância infinita com voluntarismo e providência do Deus criador. Deste modo a unidade entre Deus e o mundo era concebida como a relação entre a obra e o artesão. Em Leibniz a unidade é pensada muito mais no plano lógico do princípio e de suas conseqüências. De Deus partem as duas vias, pensamento e extensão, nas quais todos os eventos estão seqüenciados e combinados. Sem se confundirem, as duas séries harmonizam-se perfeitamente, como relógios prévia e definitivamente acertados. A unidade está na harmonia entre as séries de eventos e entre elas e o Deus que as planejou, e que pode vê-las na totalidade das suas relações. O caráter problemático do dualismo é superado pelo formalismo rigoroso da combinatória, divinamente calculada. O sistema funciona e é perfeito, posto que é *de* Deus. Com Spinoza o racionalismo dá talvez o último passo: o sistema *é* Deus. A harmonia existe, sim, posto que o todo está presente em todas as suas partes, mas principalmente porque cada parte é o todo expressando-se e expressando o seu poder infinito. O monismo é um panteísmo porque o infinito não admite fissuras, o infinito não pode estar separado de si mesmo, ele não pode querer ou fazer ou criar, ele é. Já não podemos apenas dizer, como antes, que a unidade é atributo essencial do ser. Temos que dizer agora que o ser *é* unidade.

Contudo, o Todo não repousa em si. É movimento originário, infinita produção de realidade. Em Spinoza ressurge a idéia do absoluto como atividade. O caráter dinâmico da totalidade se expressa no movimento de todos os seus modos. Em nenhum caso, no entanto, tal movimento resulta em extrinsecismo. O absoluto é autoprodução. A unidade já não é resultante ou fundamento. É princípio e realidade. O racionalismo clássico ultrapassa, portanto, o ideal de equilíbrio como harmonia. Chega, na verdade, a uma integral correspondência entre a identidade da razão e a identidade do real. Não é apenas um jogo de espelhamento, mas uma comunhão total. Em Spinoza as exigências do racionalismo sistemático superam as coordenadas ontoteológicas em que se movia o pensamento clássico. Assim, todos os cortes internos dos sistemas pós-cartesianos como que desaparecem, integrados na homogeneidade principial do absoluto. Essência/ existência, infinito/ finito, necessário/contingente, virtual/real: tudo se completa na totalidade real e na total explicação da realidade. A unidade submete todas as dicotomias, porque é um só e mesmo movimento que produz todas as modificações.

A estrutura do ser refletida na dedução racional realiza plenamente, talvez num grau em que Descartes jamais sonhara, a identidade entre unidade do método e unidade do objeto. É essa sobreposição completa que permite ao conhecimento medir o real e dar conta da sua ordem, estabelecendo assim o seu próprio raio de alcance, por meio do alargamento do paradigma da *mathesis*.

A Universalidade da Razão

A consolidação dos paradigmas impede que nossa visão retrospectiva avalie em toda a sua profundidade inovadora o problema que se colocou para os filósofos clássicos: a compatibilização da subjetividade com a universalidade. Desde Aristóteles o pensamento filosófico vivenciava uma dualidade metódica e o conseqüente esforço para que ela não se transformasse num conflito: a diferença entre a ordem do conhecer e a ordem do ser. O conhecimento humano se inicia naturalmente pelos efeitos presentes no contato primário entre o sujeito e as coisas, elevando-se depois para o plano das causas que explicam esses efeitos. Se o ideal do conhecimento demonstrativo é deduzir conseqüências de seus antecedentes, o primeiro trajeto, que consiste exatamente em remontar das conseqüências aos antecedentes, só adquire seu sentido quando mostra a sua provisoriedade, ou o seu caráter "dialético". Ao término dessa ascensão, percebo que o ponto de chegada é verdadeiramente o ponto de partida, e então o conhecimento coincide com o curso da realidade, permitindo uma leitura do mundo a partir da causalidade, da generalidade e dos princípios. Essa coincidência com a ordem das coisas anulava o que poderíamos chamar de efeitos da subjetividade, ou, de maneira mais apropriada, impedia que a particularidade fosse erigida em princípio. A visão da ordem do ser expulsava do conhecimento a relatividade forçosamente presente num trajeto de conhecimento que partia originalmente da sensação e da opinião. Por isto o verdadeiro conhecimento deveria começar pelas causas.

Ora, a crítica cartesiana da sensação e da percepção eliminou o fundamento sensível do conhecimento. Não se podia mais contar com a trajetória cognitiva que ia dos dados da sensibilidade para o registro intelectual do conceito. Como conseqüência, o fundamento único da atividade de conhecimento passou a ser o sujeito pensante. Como assegurar, a partir daí, a generalidade causal do conhecimento? Ela deveria ser encontrada na idéia, único terreno em que doravante se legitimava a busca da verdade. Mas a idéia é representação, e esta é *efeito*, isto é, o segundo termo de um acordo cuja primeira instância é a realidade efetivamente existente. A dificuldade que se coloca é que, tendo desprezado o fundamento sensível, o cartesiano não pode mais recorrer à realidade dada para conferir o acordo entre as coisas e as idéias. É preciso que esse acordo seja reformulado na instância do pensamento, sendo a "inspeção do espírito" o único recurso para verificá-lo. O caminho que o pensamento clássico seguirá para restabelecer o fundamento da verdade será a busca do princípio, numa instância suficientemente radical para que ele possa assegurar, *universalmente*, a consistência de tudo que sobre ele for construído. Isto significa que a razão, operando autonomamente, pode chegar ao plano da universalidade.

Para Descartes, esse princípio é encontrado quando o Eu pensante se intui como realidade imune a qualquer dúvida. A radicalidade do princípio coincide com a situação peculiar de único existente cuja certeza é imanente ao ato de pensá-lo. Por isso a procura pelo ser recebe esta resposta fundamental: o ser do pensamento nos é dado primeiramente e de forma indubitável. Essa singularidade é que confere ao Eu pensante o caráter de princípio fundante. As metáforas que ocorrem a Descartes – alicerce, alavanca, edifício, construção – não são gratuitas. São figuras da sistematicidade essencial ao pensamento. Significam que a força do princípio e o seu alcance devem recobrir a totalidade, dando-lhe assim a consistência necessária. Daí a importância da descoberta do princípio e da sua característica de primeira instância fundadora. O intuicionismo de Descartes julga reconhecer o princípio quando se depara com uma realidade primeira, de certeza inquestionável, em que a essência e a existência são dadas num único movimento. Este é o caso do *cogito* no qual o Eu pensante se descobre como existente: o ser cuja essência é o pensamento, intuído num único ato de reflexão. Essa imediação é marca do princípio, isto é, daquilo que repousa sobre si e sobre o qual pode apoiar-se tudo mais.

É possível exigir do princípio, no entanto, maior grau de depuração formal. Para isto teríamos de abandonar a pretensão de encontrar uma realidade existente e procurar apenas algo que garanta a consistência formal do pensamento. É o que faz Leibniz, ao criticar a multiplicidade representativa presente no *cogito* cartesiano. É claro, para Leibniz, que quando encontro o Eu pensante como primeira instância, dele não posso separar as representações, isto é, os pensamentos que são o conteúdo da consciência. Posso, como faz de fato Descartes, cortar os vínculos dessas representações com as coisas eventualmente representadas, mas não posso anular as próprias representações. Isto significa que o Eu pensante é múltiplo e diferenciado – e o que Leibniz se pergunta é se, nessas condições, ele pode ser tomado realmente como um *princípio*. Não poderia a própria análise das representações que aí se encontram levar a algo mais originário e de caráter único, que poderíamos mais adequadamente chamar de princípio? E não localizaríamos, desta maneira, o princípio numa instância mais fundamental, e portanto mais de acordo com a sua natureza e a sua função? É o que Leibniz vai buscar naquilo que para ele é princípio na mais autêntica acepção, aquém do qual nada mais se poderia encontrar: o princípio de identidade. É óbvio que tudo que existe e tudo que pode ser enunciado se subordina a esse princípio; portanto a fórmula de Descartes "penso, logo existo", a que ele atribui o caráter de princípio, deve sua verdade e consistência à sua não-contradição, isto é, ao princípio de identidade, que, portanto, é anterior.

A diferença, como se pode ver, é que Descartes busca um princípio *real* e Leibniz um princípio *formal*. O primeiro acredita que a busca do fundamento só tem sentido se no horizonte dessa pretensão estiver algo existente, pois somente um ente real pode fundar outros entes reais. O segundo considera a questão do fundamento e do princípio sob a perspectiva da forma lógica, pois nada será real e verdadeiro se não for antes formalmente consistente. Isto não quer dizer que Descartes dê menos valor à forma e Leibniz menos valor à realidade. O que ocorre é que Descartes não vê necessidade de tematizar expressamente a forma implícita nos enunciados que descrevem realidades, já que o que realmente interessa é a realidade intuída. Já Leibniz, sem desprezar a realidade daquilo que é enunciado, considera que a verdade ali exposta deriva de algo mais fundamental, um princípio formal ao qual deve obedecer tudo que é dito acerca da realidade. Em ambos existe a preocupação da fundamentação última que confere completude e consistência ao sistema do conhecimento. É o alcance do princípio racional que garante a universalidade das produções da razão. Princípio universal permite universalidade do conhecimento.

5. A *mathesis* cartesiana numa perspectiva de sua *polis*. O Louvre e o Sena vistos da Ponte Nova.

6. Pensando idéias claras e distintas.

É necessário que assim seja para que a razão subjetiva possa responder pela universalidade do conhecimento. Na verdade, quando a razão é o instrumento privilegiado da busca do fundamento, é porque ela já está posta numa dimensão de suficiência e autonomia compatível à objetividade que se requer como resultado do conhecimento. É nesse sentido que a objetividade é construída através da subjetividade. Para isto, no entanto, faz-se necessário justamente que a instituição da subjetividade como princípio supere aquilo que no realismo tradicional se apresentava como a provisoriedade inerente ao contato subjetivo com as coisas. Essa modificação do *status* da representação só é possível graças à condição privilegiada da representação do próprio sujeito, isto é, do caráter fundante da representação do *ego cogito*. Pois, de alguma maneira, todas as representações se beneficiarão da certeza desse ato reflexivo originário. É na dimensão representativa do sujeito que o conhecimento se constitui. É nesse contato do pensamento consigo mesmo que se instaura a certeza. E é ainda essa nova origem que faz da razão o próprio âmbito da universalidade.

A trajetória histórica do classicismo filosófico nos mostra a procura da integralidade racional. E esta somente pode ser atingida pela realização efetiva da universalidade da razão. A visão retrospectiva dessa história nos mostra que, em Descartes, a integralidade do racionalismo é um projeto e um problema. Projeto porque o paradigma matematizante, ao instituir a unidade do método, submete de direito tudo que pode ser conhecido ao império da razão representativa. Problema porque essa extensão não atinge verdadeiramente a totalidade, haja vista os obstáculos advindos do conhecimento das existências particulares e o impasse gerado pelo dualismo das substâncias, que impede a passagem do conhecimento objetivo das essências ao conhecimento objetivo das existências. Em Leibniz a razão opera a partir de uma estrita identificação entre a lógica e a ontologia, mostrando uma abrangência suficiente para superar os impasses herdados de Descartes através de um novo equacionamento dos problemas e de uma concepção relacional que evita o enfrentamento da dificuldade criada pela distinção radical entre pensamento e extensão. O passo importante dado por Leibniz na direção de um racionalismo integral consistiu em conciliar a autonomia do sujeito com a plenitude transcendente da racionalidade divina.

Com efeito, em Descartes a transcendência divina se apresentava para além de um abismo intransponível. O infinito poder de Deus, aliado à sua infinita vontade, colocava a racionalidade divina muito além de toda compreensão humana. Esse poder de cunho eminentemente voluntarista se manifestava sobretudo na teoria da criação das verdades eternas. A própria expressão "criação das verdades eternas" já pode ser considerada em si mesma problemática. O aparente paradoxo tem a finalidade de marcar nitidamente que as verdades fundamentais, universais, eternas, dependem da livre vontade de Deus. Eventualmente ele poderia ter criado verdades que a nós aparecem como contraditórias. Recusar essa possibilidade seria limitar o poder divino. Abre-se, portanto, pelo menos de direito, uma distância insuperável entre razão divina e razão humana, o que para Descartes está perfeitamente de acordo com a diferença entre o infinito e o finito.

Para Leibniz, no entanto, essa concepção introduz uma fissura inexplicável no sistema do racionalismo integral. Uma coisa é dizer que não podemos compreender todas as razões que presidem as ações de Deus; outra, bem diferente, é afirmar que Deus age sem razão, por puro arbítrio, e que nenhuma regra estaria presente nos seus atos. De fato, aquilo que podemos conhecer acerca da racionalidade divina constitui uma amostra da perfeita identificação entre Deus e a razão, apontando assim para a motivação racional de todas as ações divinas. Sendo o homem criatura, sua razão é obra de Deus. Como poderia o criador estar alheio à sua criação? Como poderia o artesão ser completamente estranho ao produto da sua arte? Isto significa que há uma comunicação entre racionalidade humana e racionalidade divina. Na verdade há uma só racionalidade, que na sua extensão total é divina, e da qual o homem participa, ainda que em pequeno grau. Sem essa pressuposição de uma racionalidade una e total não se pode conceber a continuidade de um racionalismo integral, isto é, não se poderia pensar verdadeiramente *numa racionalidade sistemática e universal*. O alcance dessa concepção leibniziana ilustra quanto o século XVII considera a positividade da razão e o seu caráter totalizador como necessários à plena realização da hegemonia do pensamento representativo. A maneira como Leibniz corrige aquilo que considera os equívocos de Descartes é exemplar quanto a isto. Podemos realmente, como pensava Descartes, afirmar que Deus conhece o maior dos números, posto que tem a visão do infinito? Não, uma vez que, sendo a série dos números por definição interminável, conhecer o maior dos números seria conhecer algo que não existe. Descartes, ao desejar fazer justiça à infinitude do saber divino, introduziu a contradição na ordem do pensamento de Deus. O que se pode saber acerca de uma série infinita é a razão de sua formação, e não o seu último termo, o que precisamente a descaracterizaria como infinita. Portanto, "Deus conhece o infinito" significa: "sabe perfeitamente qual a razão da constituição de uma série infinita". E isto, na medida de nossa finitude, podemos conhecer também; por exemplo, sabemos que a razão da formação da série dos números naturais é a adição da unidade. Desta maneira devemos dizer que a racionalidade humana está para a divina assim como uma gota d'água está para o oceano. Deus, portanto, não é uma garantia *externa* da verdade e da universalidade do nosso conhecimento. É a imersão do nosso saber na racionalidade plena que justifica as certezas que podemos atingir.

Se há sistema, então há um só sistema. A universalidade não é algo que se resolva externamente, como que numa configuração *a posteriori* de elementos ligados por determinação extrínseca. Ela é imanente ao sistema e a determinação recíproca dos elementos é intrínseca. O seu caráter *lógico* não significa que ela seja somente uma determinação da *razão humana*. O sistema da realidade, criado a partir das razões de Deus, reflete a absoluta consistência da racionalidade divina. A realidade detém em si mesma as determinações que implicam a universalidade nas relações entre os elementos e na expressão dessas relações, que são sempre expressões do Todo, o qual é expressão de Deus. Essa implicação da unidade na universalidade não leva Leibniz, contudo, a deixar de afirmar a transcendência, isto é, a separação entre Deus e o Universo, e a criação. Spinoza levará mais longe a relação intrínseca entre totalidade sistemática, unidade e universalidade.

A coerência lógico-sistemática em Spinoza exclui qualquer separação, a começar pela distinção das substâncias, instituída por Descartes. Já mesmo neste filósofo, a tripartição entre as substâncias divina, pensante e extensa trazia problemas, como já observamos, uma vez que, a rigor, apenas a Deus cabe inteiramente a definição de substância. A hierarquia que assim se constitui entre as três substâncias foi transformada, a bem da coerência racional do sistema, no monismo substancial espinosano. Com isto o sistema ganha maior força de coesão, pois a unidade expressa na sistemática das relações é substituída pela unidade absoluta. Isto tem a ver com a questão da universalidade porque em Spinoza ela deixa de ser entendida como princípio lógico ou metódico e passa a ter o estatuto de universalidade real. Não há diferença entre método e sistema, uma vez que o filósofo se recusa a entender o pensamento como puro reflexo de coisas. O pensamento tem a densidade de uma realidade engendradora. Num sistema pautado pela absoluta unidade, a representação não pode repousar na heterogeneidade entre pensamento e realidade. Conceito é realidade. Somente assim a intelecção ganha pleno valor de universalidade, e o sistema realiza o objetivo último da filosofia: a liberdade do espírito. É a este ponto que deve levar a demonstração geométrica empreendida na *Ética*. O estudo crítico da imaginação e das paixões tem como meta a demonstração da universalidade do pensamento. A beatitude é intelectual. Somente o pensamento garante a liberdade e a virtude. Essa integralidade racional do sistema, a identificação entre razão e realidade expressa na

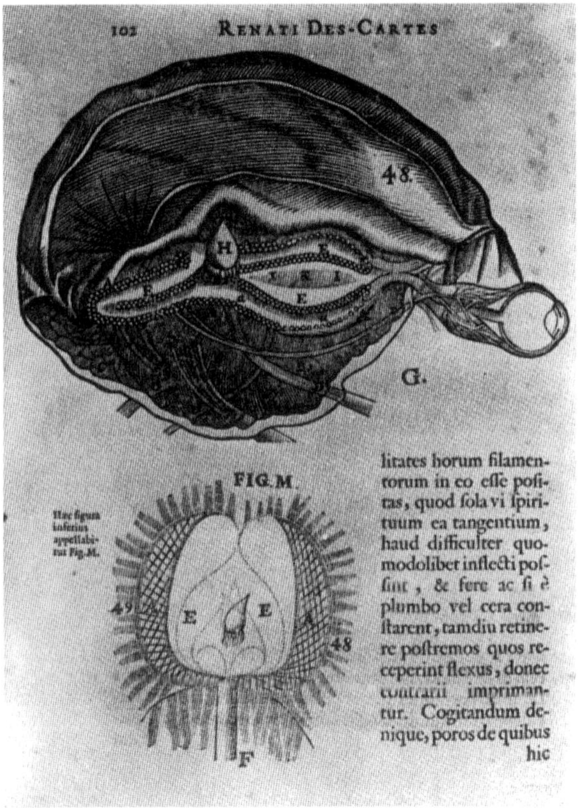

102 RENATI DES-CARTES

FIG. M.

Hæc figura inferius appellabitur Fig. M.

litates horum filamentorum in eo eſſe poſitas, quod ſola vi ſpirituum ea tangentium, haud difficulter quomodolibet inflecti poſſint, & fere ac ſi è plumbo vel cera conſtarent, tamdiu retinere poſtremos quos receperint flexus, donec contrarii imprimantur. Cogitandum denique, poros de quibus hic

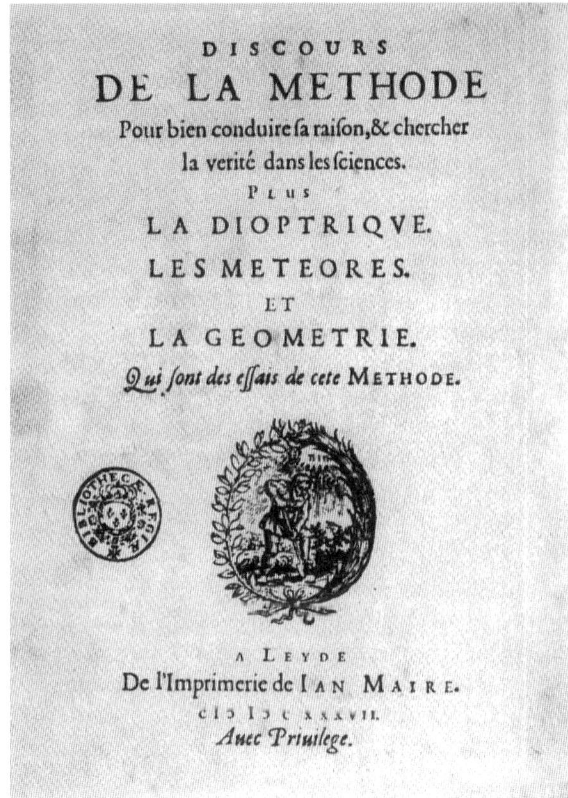

DISCOURS
DE LA METHODE
Pour bien conduire ſa raiſon, & chercher la verité dans les ſciences.
PLUS
LA DIOPTRIQVE.
LES METEORES.
ET
LA GEOMETRIE.
Qui ſont des eſſais de cete METHODE.

A LEYDE
De l'Imprimerie de IAN MAIRE.
CIↃ IↃ C XXXVII.
Auec Priuilege.

7. O método para chegar às verdades da ciência. À esquerda: *Tratado sobre o Homem*, 1667; à direita: frontispício da primeira edição do *Discurso do Método*, 1637.

dedução geométrica do sistema uno, está caracterizada de forma definitiva na identificação entre princípio do pensamento e princípio da realidade, que constitui a primeira definição do sistema, precisamente a definição de Deus. É esta a idéia primeira, que o pensamento forma na liberdade absoluta do incausado, e que não necessita de nenhuma outra para ser compreendida. A universalidade real e absoluta do princípio confere ao sistema a consistência perfeita derivada da identidade entre ser e pensamento. A universalidade da razão se realiza na plena transparência da totalidade a si própria: *ens a se*.

O classicismo é a busca do equilíbrio. De Descartes a Leibniz e a Spinoza o que vemos é a concepção desse equilíbrio deslocar-se de uma posição de *princípio* para o próprio *âmago* do sistema que ele deve sustentar.

O Humanismo

A integralidade racional a que aspira o racionalismo clássico tem como componente essencial a sabedoria. A universalidade do método matemático, que atinge em Spinoza a aparência exterior de um geometrismo rígido, não nos deve impedir de ver na trajetória racionalista a ambição de chegar à felicidade através do saber. É este, aliás, um ponto capital em que se reflete a busca do equilíbrio: a extensão do poder da razão deve proporcionar ao homem, através da perfeita integração entre a teoria e a prática, o estado de felicidade. Neste sentido a árvore do saber de Descartes é exemplar. A partir da metafísica, prolongando-se na física e terminando nas ramificações da moral e da medicina, o que essa metáfora retrata é a expansão do sistema de modo a que nenhum aspecto da vida humana fique fora da ordenação racional. Entre as aplicações e o fundamento existiria a vinculação explícita que garantiria a unidade do saber nas ciências, nas artes e na vida. O projeto de Descartes é totalizante: não se trata apenas de fundar e elaborar o saber em todas as suas dimensões, mas de organizá-lo de modo a que o corpo teórico assim constituído se estenda e frutifique no progresso das artes mecânicas (da técnica), na eliminação das doenças e no conseqüente prolongamento da vida humana, e no domínio ético do homem sobre si mesmo por meio do exato conhecimento do mecanismo das paixões. Em Descartes, a realização desse projeto encontrou, em seu caminho, as dificuldades e os impasses derivados da compatibilidade entre método e objeto e da concepção do dualismo substancial: matematismo e existência concreta, matematismo e moral são relações que, na instância do cartesianismo originário, ainda não se encontram perfeitamente estabelecidas.

Saber e sabedoria estão, em Leibniz, ao mesmo tempo melhor discernidos e mais integrados. A harmonia entre as duas noções está presente, inclusive, na concepção de Deus e da criação. A lógica absoluta do saber divino está presente em todas as essências que habitam a sua mente: as verdades eternas não são fruto de um arbítrio de poder, mas são co-eternas e portanto partícipes perenes da racionalidade divina. Mas, ao lado dos atributos lógicos, há em Deus os atributos sapienciais, que comandam as escolhas e as combinatórias realizadas a partir das possibilidades lógicas. Ao lado da onipotência e da onisciência estão a bondade e a misericórdia: a integração entre esses predicados divinos é que explica a perfeição do mundo, que não se reduz a uma integridade lógica, mas se origina também da escolha divina, expressa na arquitetura harmônica do universo. Perfeição significa a integralidade do *facere*, isto é, o feito na integridade lógica, ontológica e axiológica que deve caracterizar a ação de Deus. A criação se subordina a esses critérios, razão pela qual sua perfectibilidade lhe foi atribuída de uma vez por todas no próprio ato de criar. Para Leibniz, não faríamos justiça à perfeição de Deus se entendêssemos necessária a interferência contínua para assegurar o equilíbrio de sua obra, e isto qualquer que seja o aspecto visado. Neste sentido uma certa idéia providencialista que faz de Deus um constante retificador do mundo é um conceito empobrecido da sabedoria divina. Aqui também Leibniz pretende corrigir Descartes em prol de maior consistência sistemática. O sistema deve funcionar como um relógio regulado no ato de sua fabricação, e acertado tão perfeitamente que o relojoeiro não mais precise interferir.

Esse paradigma de perfeita integração entre volição e intelecção serve evidentemente para regular a conduta humana. O homem, na medida de sua finitude, pensa, pode e quer. O Deus leibniziano "pode tudo, quer o melhor", isto é, dentre as possibilidades lógicas, todas igualmente passíveis de realização, dado o poder infinito, ele escolhe, no plano da combinatória das compossibilidades, o melhor possível. A perfeição do mundo deriva de que Deus o quis o melhor dentre as combinações possíveis de elementos. A vontade humana, devidamente regulada pelo entendimento, isto é, esclarecida quanto aos meios e os fins, também deve *querer* o melhor, mas nem sempre *pode* realizá-lo, tendo em vista as limitações do ente finito. O alcance dos atos humanos depende da totalidade em que eles se dão e onde se integram com uma pluralidade de outros atos e condições. Por isto nem sempre os resultados correspondem às intenções. Mas a integridade ética não depende desses resultados, precisamente por não ser possível ao homem conhecer a totalidade, principalmente no plano das decorrências temporais. A *reta intenção* é suficiente para a moralidade do ato. Ainda assim, a moral se caracteriza por um esforço, do entendimento e da vontade, para agir de acordo com a totalidade, isto é, de acordo com os fins que Deus prescreveu à sua criação. Como todos esses fins não são acessíveis ao conhecimento humano, a reta intenção significa a conformidade da nossa vontade ao que presumimos ser a vontade de Deus. Esse caráter presuntivo do acordo entre vontade divina e vontade humana constitui a vinculação sistemática entre o indivíduo e a totalidade e é o critério da harmonia entre o particular e o geral no plano ético.

Ainda que não possamos chegar sempre à última *razão de ser* de todas as coisas, sabemos, por *princípio*, que nada ocorre sem que haja uma razão para ser assim e não de outro modo. Este é o princípio de razão, que constitui, ao lado do princípio de identidade, o fundamento da verdade. Esse princípio nos assegura que sempre há uma razão, que nada ocorre de forma gratuita, ou seja, nada é em si mesmo inexplicável. Quando digo que o sujeito é livre, o que quero dizer realmente é que as substâncias individuais são dotadas de espontaneidade pelas quais realizam as suas ações a partir de si mesmas. Não significa isto que tais ações não se remetam a princípios que as tornaram possíveis, e que poderiam ser conhecidos se a mente humana pudesse remontar sempre e em todos os casos das conseqüências aos antecedentes primeiros, cobrindo a série de condições internas nas quais o evento se insere. Essa garantia de que sempre existe a condição racional de possibilidade de todos os atos faz com que a liberdade se harmonize com a necessidade e que a responsabilidade moral não tenha de ser afirmada às custas de uma contingência radical, incompatível com um sistema integralmente racional. Dessa maneira, o conhecimento da necessidade universal, ainda que como princípio geral, leva o sábio a buscar a conformidade entre o humano e o divino, dentro das possibilidades finitas de realização. Assim saber e sabedoria se harmonizam, pois quanto mais o homem conhecer acerca dos fins prescritos por Deus, mais a sua vontade desejará conformar-se a essa finalidade. E então se dá, no plano ético, o equilíbrio pretendido pela razão clássica em todos os domínios.

Note-se que a sabedoria não supõe o saber totalizado, algo impossível para o homem. O esforço ético, a margem de perfectibilidade que é um caminho sempre a ser percorrido, decorre precisamente de que a harmonia plena é um ideal para o ser humano, embora já realizado no plano da intenção divina. O universo dos espíritos é caracterizado pela harmonia das vontades e pela harmonia dessas vontades com a vontade divina, criadora e legisladora do reino espiritual. Como cidadão dessa república invisível, o homem deve corresponder à ordenação que emana do soberano. Para tanto ele conta com a razão que conhece, com a vontade que deseja e com a esperança na realização plena dos fins para os quais Deus encaminha a totalidade das criaturas.

8. Pense o que eu penso, mas não acredite no que eu digo: Galileu Galilei perante a tribuna inquisidora.

Em tudo isto é possível notar a presença forte da religião. Não apenas porque, tanto em Descartes quanto em Leibniz, Deus é essencial à completude sistemática do conhecimento, mas sobretudo porque, na esfera antropológica e principalmente no que concerne à moral, a referência a pensamentos e padrões de conduta que só adquirem sentido quando remetidos a Deus como fundamento constitui o centro das reflexões que a filosofia desenvolve sobre a natureza humana. Mas é preciso entender bem essa remissão à religiosidade. Descartes insiste muitas vezes em que as verdades da fé não estiveram nunca entre aquelas colocadas em dúvida ou entre as que pretendeu demonstrar na tarefa de reconstrução da filosofia. A carta que encaminha as *Meditações* ao exame dos doutores da Sorbonne menciona que a demonstração da existência de Deus que ali se efetuará depende unicamente da razão e que o escopo de tal demonstração é convencer aqueles que estão fora da fé, mas que, sendo homens, por princípio devem poder ser alcançados pela argumentação racional. Na Terceira Meditação, quando tal prova é efetivamente levada a cabo, dentre os atributos que o pensamento encontra na idéia de Deus está "criador", que coincide com o predicado que atribui a Deus a doutrina cristã. Isto significa, aparentemente ao menos, que entre a Revelação e a razão há certos pontos de interseção, e que alguns artigos de crença religiosa podem em princípio ser objeto de elucidação racional. A contemplação intelectual e a adoração a partir da crença podem em alguns pontos abrir uma à outra as suas fronteiras. Mas o que interessa, basicamente, é que o encontro de Deus na ordem das razões se dá a partir do método, isto é, do exame das representações presentes no intelecto. É a inspeção da realidade objetiva contida na idéia de infinito que me faz concluir que a causa dessa idéia é um ser necessariamente existente, pois somente dessa forma se explica como um ser finito pode ter entre suas representações algo que o ultrapassa infinitamente. É dessa forma que a presença de Deus no sistema não contradiz a autonomia dos procedimentos racionais de elaboração desse mesmo sistema. Tanto assim que se pôde questionar, já mesmo entre os contemporâneos de Descartes, se essa idéia de Deus filosoficamente demonstrada coincide com o Deus da religião. De toda maneira, duas notas características podem ser definidas: em primeiro lugar, Deus cumpre uma função no sistema, e tal função deriva dos atributos que, coincidindo parcial ou mesmo totalmente com os que lhe são atribuídos pela crença, aparecem como absolutamente necessários para o cumprimento dessa função. Tal é o caso da onisciência, na garantia das verdades descobertas pelo intelecto; da onipotência, na criação das verdades eternas; e do poder criador na teoria da criação contínua. Em segundo lugar, a prova apresentada na Quinta Meditação, dita prova *a priori* e semelhante ao argumento anselmiano, segue rigorosamente os preceitos matemáticos do método e alcança um resultado que, segundo a afirmação explícita de Descartes, é tão probante e rigoroso *quanto* a demonstração de um teorema. A razão não se curva diante do objeto infinito; ela o incorpora como coroamento de seu poder demonstrativo, pondo-se a criatura em face do seu criador como plenamente consciente de sua dignidade de ser racional.

Em Leibniz temos um tratamento mais extenso da questão de Deus. Como já foi observado, Leibniz discorda dos cartesianos no que se refere à preponderância da vontade na ação divina e na identificação da onipotência a poder não fundamentado em razões como regras de ação. No *Discurso de Metafísica,* Leibniz expõe longamente os argumentos que pretendem mostrar que o ser supremamente sábio não poderia pautar sua conduta senão pela mais absoluta racionalidade. Não diminuímos, portanto, o alcance dos atributos divinos quando entendemos que Deus age através de regras e razões. Isso não significa que Deus se submete a alguma instância exterior, mas simplesmente que a razão não pode contrariar a razão, isto é, aquele ser que encerra em si a própria Verdade não pode contrariar as regras da verdade sob pena de contrariar a si próprio. Da Verdade deriva o verdadeiro e da Perfeição o perfeito: Deus não pode proceder contrariamente àquilo de que ele mesmo é fundamento.

E, também por isto, não se pode julgar a obra de Deus a partir da perspectiva humana, necessariamente parcial e incompleta. Aqueles que vêem imperfeições na criação extrapolam a visão das partes para o juízo acerca da totalidade. Seria contraditório entender que Deus não colocou na criação toda a perfeição possível e que, assim, este mundo não estaria dotado da perfeição relativa que é necessariamente a maior que ele pode conter. Somente a visão da totalidade permitiria o julgamento correto, e tal visão unicamente Deus a possui. Por outro lado, a certeza de que o poder de Deus não é estranho às razões e princípios por meio dos quais ele aplica tal poder nos dá a garantia de máxima perfeição combinada com máxima racionalidade. Quando, na *Teodicéia*, Leibniz pretende *justificar* a obra de Deus, enfrentando resolutamente o problema do Mal, isto não significa de forma alguma explicar as imperfeições relativas, como que desculpando o ser divino pelo lado negativo da criação. Significa, antes, mostrar quão *justa* é a obra de Deus, quando compreendida a partir da totalidade; e indicar que, sendo Deus a absoluta positividade e nele encerrando-se todo Bem, o mal manifestado nas imperfeições relativas da criação provém exatamente da relatividade da visão humana, do fato de que vemos o todo a partir de uma parte, que nos oferece uma perspectiva particular. Positividade, perfeição e justiça nesse sentido são outras maneiras de nomear a ordem, a unidade e a universalidade que caracterizam as manifestações de Deus, isto é, a Razão. O humanismo racionalista funda-se na compreensão da sabedoria de Deus. Mais do que em Descartes, em Leibniz está presente o ideal de racionalidade plena inerente a Deus. O esforço desenvolvido por Leibniz para dirimir as querelas teológicas entre protestantes e católicos ou para unir as igrejas reformadas deriva dessa concepção da absoluta unidade racional da idéia de Deus, que tem como conseqüência uma expectativa bem fundada de resolução racional de todas as controvérsias. No limite, havendo instrumentos formais adequados, questões metafísicas e teológicas poderiam ser resolvidas como problemas matemáticos. A religião, no seu sentido positivo, histórico e institucional, é freqüentemente presa dos equívocos humanos. A experiência das guerras de religião está bem presente no horizonte de Leibniz. Mas a idéia de Deus, e o lastro racional de nossa relação íntima com a divindade, são coisas afetas à universalidade da razão.

É esse poder autônomo da razão que vincula a religiosidade à liberdade do espírito. Quando Spinoza enfrenta o problema da interpretação filológica da Sagrada Escritura, o que ele quer mostrar é que a superestrutura dogmática consolidada institucional e documentalmente na tradição é apenas indicativa da verdadeira piedade, que consiste numa relação íntima com Deus definida como amor intelectual. O dogmatismo institucional inverteu a relação entre o homem e os textos sagrados. Em vez de examiná-los procurando respostas, nós os lemos de maneira a que eles confirmem as respostas que já temos. Ora, para que esses textos realmente nos digam alguma coisa, é preciso que os examinemos nas suas condições de produção: a época histórica, a língua original, os autores, os acidentes do percurso histórico desses textos até chegarem a nós. Isto significa examinar os textos por eles mesmos, sem qualquer preconceito acerca do que eles *devam* conter. A aceitação das contradições, das fabulações, daquilo que deve ser creditado à imaginação faz parte desse estudo, na medida em que tudo isso está nos textos. A razão é o juiz dessa exegese. Ela deve se pôr diante das escrituras como se põe diante da natureza. Há um objeto e somente ele deve ser considerado. Vê-se a que ponto é levada a universalidade do método e o seu poder de desvendar a verdade. Pois enganam-se aqueles que entendem que esse procedimento destruiria a religião. Pelo contrário, o expurgo dos signos exteriores e da função imaginativa descobre a essência da religião. Livra-nos de procurar sua verdade nas imagens institucionais e nas injunções históricas que fixaram determinadas crenças. Sobretudo nos liberta da confusão da pluralidade. A maneira como o autor do texto sagrado se expressa depende da época em que viveu, de seu ofício, do fato de ter habitado na cidade ou no campo etc. A consideração dessa diversidade e dessa relatividade não

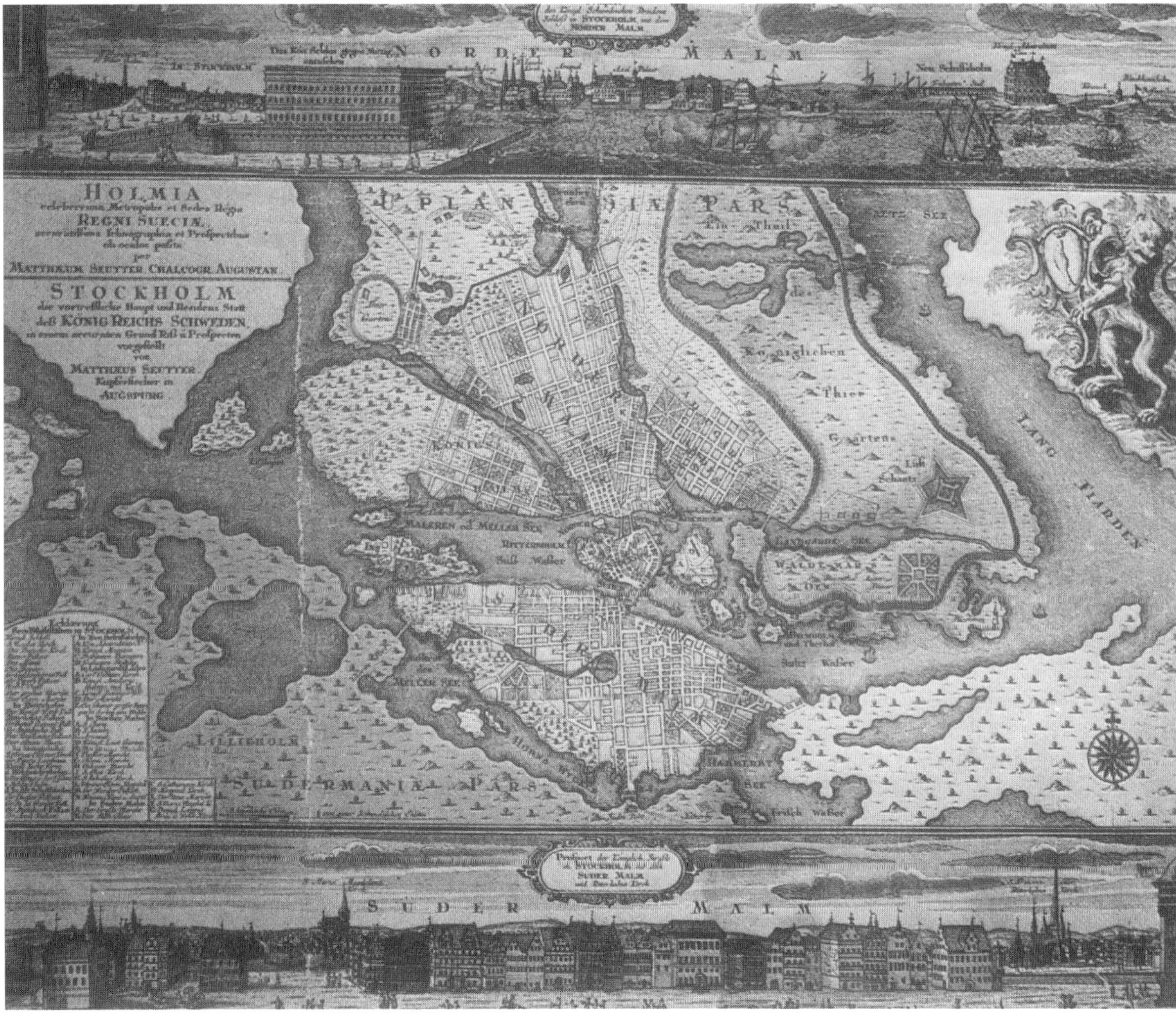

9. A leitura do grande livro do mundo, por Descartes, terminou na capital sueca. Planta da cidade de Estocolmo, gravura de 1730.

10. Levando a dúvida científica e a ciência indubitável ao espírito "absoluto" da realeza. *A Rainha Cristina Cercada de Sábios*, entre eles, Descartes. Quadro de Dumesnil, Versalhes.

dissolve o texto, antes permite a sua compreensão. A rigidez da aceitação literal da Escritura é profundamente contrária àquilo que ela deve *inspirar*: devoção e piedade. Assim, tal como em Descartes e Leibniz, mas seguramente de forma mais sistemática, é a autonomia da razão que Spinoza afirma diante do fenômeno religioso. Pois a verdadeira contemplação de Deus se identifica com a liberdade do espírito.

Poderíamos dizer talvez que, no humanismo clássico, os seus autores mais representativos colocam-se diante da religião de maneira crítica, e não estaríamos longe da verdade. De forma mais direta ou mais dissimulada, é isto que acontece. Mas o fazem justamente porque não tomam a religião apenas como um conjunto de preceitos e sim no teor mesmo da sua constituição, isto é, tentando deslindar por detrás dos signos exteriores – aliás vistos como institucionalmente necessários – algo como o tecido racional do sentimento, o que de maneira alguma é paradoxal numa época em que abdicar da razão é abdicar de si mesmo. Nada mais absurdo para um filósofo clássico do que abandonar a razão em proveito da fé; pois abandonar a razão é privar-se da luz divina que ilumina a alma.

Arte e Verdade

Assim como a racionalidade não se opõe à fé, também a razão não se opõe à beleza. Os autores do século XVII podiam invocar a favor dessa relação o testemunho insigne de Platão: aquele que ama o objeto belo, ama nele a Beleza manifestada nas formas sensíveis, mas o objeto será belo e apreciável na medida de sua proporção com o inteligível, que a alma pode contemplar. Isto pode ser interpretado como uma trajetória do particular contingente e aparente, no qual algo de belo se manifesta, à verdade da beleza, àquilo que faz belos todos os objetos que apreciamos assim. Essa identificação entre Verdade e Beleza, que para os antigos se dava como contemplação, aparece para o racionalismo clássico como uma espécie de equivalência entre gosto e teoria. De que maneira tal equivalência é pensada? A partir de regras que determinam o objeto como belo. A conseqüência disto é que tanto a identificação platônica entre verdade e beleza quanto os comentários que Aristóteles faz na *Poética* a respeito da tragédia e da poesia passam a ser entendidos não apenas como descrição de atitudes humanas diante da arte – como provavelmente eram – mas sobretudo como prescrições. Assim como a verdade se manifesta através de regras universais de evidência, assim também a beleza aparece como fruto de determinações, que muitas vezes não seria exagerado chamar de conceituais.

E isto porque a beleza não pode contrariar a razão. Mesmo o belo natural deve ser apreendido conforme regras racionais, pois a natureza testemunha a sabedoria de Deus e neste sentido não constitui paradoxo, para um Leibniz, por exemplo, mencionar as regras de beleza segundo as quais o criador organizou o mundo natural. Essa concepção governa a maneira pela qual o artista se relaciona com as formas naturais. Se a natureza na sua aparência imediata nem sempre é justa e harmônica, certamente ela o é *essencialmente*. O artista deve então captar essa essência e fixá-la em obra, mesmo que para isto deva fugir à mera imitação das formas naturais. Pois a razão põe a exigência do *dever-ser* como realização de conformidade entre o natural e o racional. A verossimilhança nesse caso não seria infidelidade, mas apropriação da beleza natural em profundidade.

Assim, se o verossimilhante corrige desequilíbrios e excessos aparentes na natureza, isto é feito para que a essência racional das coisas possa melhor manifestar-se na obra. A simplicidade, a limpidez, a objetividade são tidas assim como virtudes da obra de arte, porque por meio delas o artista lograria atingir o núcleo racional da criação. Por isto o equilíbrio é, dentre todas, a qualidade mais valorizada. A justeza da expressão, pictórica ou literária, revela na harmonia das formas o sentido profundo da sabedoria que preside a totalidade do cosmos. É a harmonia que eleva o espírito e constitui o enleio da sensibilidade.

Diante disto, não surpreende que a arte clássica dê ênfase às prescrições e às regras como meio de atingir a beleza racional, o que corresponde à importância do método e da lógica no domínio do conhecimento. É ainda a unidade da razão que determina fundamentalmente a apreciação da beleza e a produção das obras de arte. A universalidade do belo só pode provir de regras da razão e, portanto, a forma na arte deve naturalmente ser concebida a partir da aplicação de tais regras. Note-se que isto não significa de forma alguma excluir o sentimento da apreciação e da produção da arte. Estando a sensibilidade "naturalmente" subordinada à razão, instituir normas para o agrado ou o desagrado não seria fazer violência ao gosto, mas sim entendê-lo no interior da harmonia das faculdades que predispõe a alma para a visão da beleza.

Conclusão

A preocupação teológica que os grandes racionalistas do século XVII manifestam poderia levar a crer que o classicismo filosófico teria apenas – ou sobretudo – chamado a si a tarefa de completar, na ordem da fundamentação racional, a obra do pensamento escolástico. Com efeito, as grandes construções teóricas de que nos temos ocupado não seriam bem compreendidas se não relacionássemos muito de sua forma e do seu conteúdo com as idéias geradas no período da filosofia medieval. Não há ruptura brusca, em que pese a força inovadora do projeto de reconstrução da filosofia. Não é difícil notar na argumentação cartesiana os instrumentos, a nomenclatura e até mesmo a mecânica de encadeamento próprios do pensamento medieval. Em Leibniz, que não tem, como Descartes, a mesma preocupação de marcar um rompimento e um reinício absolutos, essas remissões são explícitas e alguns conceitos centrais do pensamento escolástico são incorporados como vigas mestras do sistema. Entretanto é preciso observar que a questão de Deus é submetida agora a um tratamento metódico compatível com a concepção galilaica do conhecimento e do universo como sistemas de relações. Permanece a noção de Deus como causa primeira no plano ontológico e como princípio absoluto na ordem do pensamento. Mas trata-se, na perspectiva racionalista, menos de explicar a pluralidade diferenciada de coisas e muito mais de compreender um conjunto de relações. Daí a identidade entre física e geometria em Descartes e a solução leibniziana da relação entre pluralidade e unidade por via da afirmação de um *mesmo* universo representado a partir de *diferentes posições*, totalizadas na visão completa de Deus como um supremo calculador. A concepção de Deus como criador, ordenador e legislador refere-se a uma suprema inteligência instituidora de proporções e a verdade deriva da própria medida comparativa que nos permite compreender e efetuar esse cálculo de proporções.

É assim que a expressão divina da ordem do mundo se dá privilegiadamente através das leis universais que a ciência pode encontrar por via da leitura matemática dos fenômenos. É sobretudo essa nova condição de inteligibilidade que vai determinar a configuração do objeto e reformular a interioridade do sujeito. Método e medida se sobrepõem nessa anterioridade da razão calculadora. Mas se a razão mede todas as coisas, o que mede a própria razão? Essa é a pergunta que fará Pascal, colocando-se de modo imediato na linha-limite do racionalismo. Esse contemporâneo dos grandes clássicos recusa o registro fundamental do pensamento para seus contemporâneos: o equilíbrio. Para ele esse equilíbrio é interno à ordem das grandezas com que trabalha a razão, atingindo aí, sem dúvida, os objetivos de demonstrabilidade. Mas se considerarmos que a condição humana não se resume a uma única ordem, e que a hegemonia do pensamento lógico não recobre todos os aspectos da existência, então será forçoso reconhecer o desequilíbrio e a instabilidade próprios de uma razão enfraquecida pelo pecado original. E nesse caso a fé não pode ser o coroamento da razão, nem a razão a base da fé. A teologia atravessa de outra maneira a posição pascaliana, refletindo-se numa espécie de antropologia negativa. No entanto, Pascal responde às mesmas interrogações de seus contemporâneos, dramatizando, por assim dizer, as categorias com que eles operam logicamente. A dissonância que ele introduz na pretensão de equilíbrio harmônico do racionalismo nos permite avaliar, ainda mais claramente, o alcance de um movimento de pensamento que levou mais longe do que qualquer outro a idéia de que a liberdade humana se realiza na transparência da razão a si própria.

Referências Bibliográficas

BAYER, R. *Histoire de l'Esthétique.* Paris, Armand Colin, 1961.

BELAVAL, Y. (org.). *Histoire de la Philosophie.* Paris, Pleiade, Gallimard, vol. II.

BRUNSCHVICG, L. *Spinoza et ses Contemporains.* Paris, PUF, 1951.

CASSIRER, E. *El Problema del Conocimiento.* México, F. C. E., vol. II.

CHÂTELET, F. (org.). *História da Filosofia.* Rio de Janeiro, Zahar, 1974, vol. 3.

DESCARTES, R. *Oeuvres.* Ed. Charles Adam e Paul Tannery. Coleção Grands Écrivains de la France, Paris, Cerf, 1913. Recentemente reeditado em 11 volumes de pequeno formato pela editora Vrin.

_______ . *Oeuvres Philosophiques.* Ed. Ferdinand Alquié. Paris, Garnier, 1967.

_______ . *Obra Escolhida.* São Paulo, Difusão Européia do Livro, 1962. Este conjunto de textos de Descartes tem sido reeditado na coleção Pensadores, Nova Cultural.

DILTHEY, W. *Leibniz e sua Época.* Porto, Livraria Academica, 1947.

FOUCAULT, M. *As Palavras e as Coisas.* Lisboa, Portugália, 1968.

LACOSTE, J. *L'Idée du Beau.* Paris, Bordas, 1987.

LEIBNIZ, G. W. *Die Philosophischen Schriften.* Ed. Gerhardt. Hildesheim, Olms, 1961.

_______ . *Escritos Filosóficos*, ed. Ezequiel de Olaso, Buenos Aires, Charcas, 1982.

_______ . *Oeuvres.* Ed. Lucy Prénant. Paris, Aubier, 1972.

PARISET, F. *L'Art Classique.* Paris, PUF, 1985.

PASCAL, B. *Oeuvres Complètes.* Ed. Chevalier. Paris, Pleiade, Gallimard, 1954.

SPINOZA, B. *Oeuvres.* Ed. Charles Appuhn. Paris, Aubier.

_______ . *Oeuvres Complètes.* Paris, Gallimard, 1954.

_______ . Volume da coleção Pensadores. Nova Cultural, várias edições.

5. O CLASSICISMO NA LITERATURA EUROPÉIA

Aguinaldo José Gonçalves

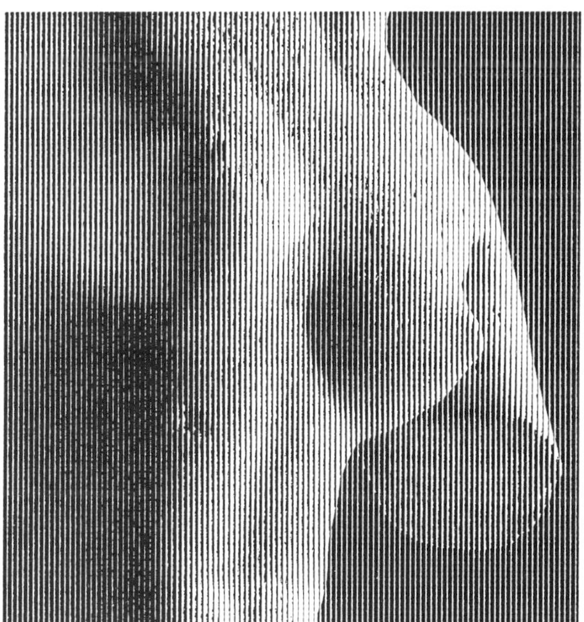

Alguns Esclarecimentos Críticos

Ao nos propor à reflexão crítica sobre o classicismo na literatura européia, dentro de um espaço delimitado, um universo de questões invade nosso espírito por um lado e, por outro, ao menos três dificuldades surgem e devem ser evidenciadas. A primeira reside no fato de se tratar de um assunto sobejamente abordado pela crítica, dentro dos mais variados pontos de vista, nos quais alguns aspectos são invariantes, e outros tantos se apresentam como formas de escolha e de interpretação particulares. A segunda envolve o próprio termo *classicismo*, muitas vezes confundido com período *clássico*, outras com *neoclassicismo*, além de outras acepções que se lhe atribuem e tendo como referentes aspectos distintos entre si, que, ao longo da história da literatura e da arte, vêm recebendo tratamentos distintos, seja no sentido erudito, seja no senso comum. Ainda apontaríamos uma terceira dificuldade, de natureza intrínseca ao fenômeno: a mobilidade nas formas de manifestação do movimento clássico, quer em relação aos países em que ocorreu de maneira mais decisiva, ou em relação à maneira como ocorreu, quase nunca homogênea nem simultânea o que exige cuidados especiais no tratamento da questão.

Portanto, este capítulo propõe-se a apresentar o classicismo na literatura européia considerando seus conceitos básicos, aqueles que julgamos fundamentais para melhor determinar a espinha dorsal desse fenômeno estético, sem pretensões de abranger todas as nuanças que compuseram o conjunto daquilo que se passou a denominar classicismo. Ao se discutir literatura e as séries literárias não podemos perder de vista o fato de que se trata de um trabalho de linguagem e, como tal, é móvel. Dotada de maior mobilidade é a linguagem literária, que, mesmo ao se realizar dentro de determinados princípios, norteia-se por procedimentos nem sempre controláveis. Assim sendo, a crítica, para lembrar Roland Barthes, consiste numa forma de metalinguagem e analisa um discurso que se fundamenta na validade: pensamos no classicismo, nas suas várias conceituações e, ao fazermos isso, estamos refletindo sobre aqueles autores e obras considerados paradigma desse movimento literário.

No que Consiste o Classicismo?

Evidentemente, se nos baseássemos na maioria dos compêndios de história da literatura, no afã de resolver as grandes e mais complexas questões estéticas, cortaríamos algumas arestas e resolveríamos, com certa facilidade, a questão do classicismo. Entretanto, é nessas arestas que também residem pontos determinantes de sua natureza.

Clássico é o nome que se confere ao período que abrange os séculos XVI, XVII e XVIII, correspondendo, genericamente, ao Renascimento, barroco e neoclassicismo. Trata-se de um movimento artístico e literário muito extenso, com uma efervescência cultural e literária grande e diversa que não pode ser considerada de forma tão homogênea. Um aspecto invariante de todo esse período é o fato de vigorar um conceito de literatura que se alicerça na Antigüidade greco-latina, introjetando-a, reinterpretando-a, articulando-a às mentalidades próprias de cada século, de cada país e de cada atmosfera histórica, definidas por cores específicas e formas específicas de ver o mundo. Essa forma de recuperação dos antigos veio com o Renascimento italiano, sobretudo com a revalorização da obra de Aristóteles, que, depois de tantos séculos mantido no esquecimento, voltou com intensidade, traduzido e reinterpretado pelos exegetas e hermeneutas, ocorrendo, assim, um regresso parcial, na intenção dos quinhentistas, à cultura greco-latina.

A busca da perfeição formal e a adoção de novos gêneros, estruturas e metros passaram-se a ser o dominante nesse período. Classicismo significa, portanto, num sentido mais genérico, um complexo de formas que atinge todos os gêneros e todas as formas de manifestação artística. No ensaio denominado "Romantismo e Classicismo", Anatol Rosenfeld e J. Guinsburg apresentam e circunstancializam com muita transparência o termo classicismo. Por isso, julgamos fundamental transcrever uma passagem do estudo:

> O termo classicismo vem de *classis*, "frota", em latim, e refere-se aos *classicis*, aos ricos que pagavam impostos pela frota. Um escritor *classicus* é pois um homem que escreve para esta categoria mais afortunada e mais elevada na sociedade. Tal foi o sentido inicial, como aparece em Aulio Gélio, fonte da primeira menção que se tem da palavra: ela significa aí um autor de obras para as camadas superiores. Depois o vocábulo sofreu várias transformações, passando a designar um valor estético, ético, mas principalmente didático: um escrito "clássico" veio a ser uma composição literária reconhecida como digna de ser estudada nas "classes" das escolas. Nesta acepção, o termo é muito usado para vários fins. [...]
>
> Por fim, o nexo que nos incumbe definir mais de perto, ou seja, o conceito estilístico do que vem a ser "clássico" ou "classicismo". Sob este ângulo, a referência é a princípios e obras que correspondem a certos preceitos modelares, os quais, por seu turno, derivam de certa fase da arte grega e a tomam como padrão. Essa codificação ocorreu principalmente no Renascimento. Foi então que a redescoberta da Antigüidade Greco-Latina ou, como passou a chamar-se, "Clássica", a revalorização de suas produções intelectuais e artísticas, conjugando-se com um extraordinário surto da criatividade italiana e até européia, puseram novamente na ordem do dia o pensamento e os problemas estéticos. Nesse campo, foi de particular importância o reencontro

e a tradução direta do grego dos textos subsistentes da *Poética* de Aristóteles, bem como o trabalho crítico efetuado, entre outros, por Scaliger e Castelvetro. Com base nas elaborações desses comentadores surgiu a idéia de que os princípios fundamentais depreendidos da prática e da teoria helênicas constituíam um *non plus ultra* de todo o fazer artístico, os cânones imutáveis das condições e procedimentos que geram a obra de arte. Na medida em que, a certa altura da história cultural de determinados países, sobretudo na França, tal concepção tornou-se dominante e mesmo normativa, em função de um surto criativo que produziu trabalhos notáveis em vários campos da arte, ela deu origem ao período "clássico" do "classicismo" europeu, tendo a sua influência e o poder de suas regras se espalhado no mundo ocidental, inclusive sob a forma de um "neoclassicismo" que prevaleceu durante o século XVIII e fez par com o racionalismo ilustrado. Nestas condições, se se levar em conta que até o Barroco nutriu pelo menos intenções classicizantes, só com o Romantismo se estruturou um movimento que se atreveu a reptar abertamente e em seus fundamentos a perspectiva instaurada pela Renascença. Tudo o mais foi moldado e remoldado segundo a visão clássica[1].

Desse painel geral, conduzido pelas interpretações da *Poética* de Aristóteles, emerge e se impõe o que se denomina classicismo: conjunto de procedimentos estéticos embasados num racionalismo filosófico que determinou uma série de produções artístico-literárias, sobretudo na França do século XVII.

Para bem compreendê-lo, é necessário, antes de tudo, que se retirem do adjetivo "clássico" os seus significados externos, adquiridos ao longo do tempo e cotidianamente empregados, e buscar o sentido específico de uma tendência estética e literária. O classicismo, apesar de sua estrutura até mesmo normativa, não significa apenas uma determinada configuração estilística. É uma escola resultante de um entrelaçamento de determinantes históricos, políticos e sociais que ganhou feição específica, dentro de suas invariantes de ordem, em cada país em que se manifestou. O classicismo francês (apogeu clássico dentro de um certo classicismo mais amplo) foi o que codificou os procedimentos éticos e estéticos que lhe conferiram especificidade e determinação. Seus fundamentos constituíram-se *sistema*, o mesmo não ocorrendo com os demais países, nem mesmo com aqueles em que ingredientes do classicismo interferiram na ordem da cultura, como foi o caso da Inglaterra e da Alemanha. As manifestações clássicas nesses e nos demais países, mais acentuadas no século XVIII, devem, na verdade, ser denominadas neoclassicismo europeu. Nem mesmo os momentos de seu surgimento nesses países coincidem, ou, pelo menos, os pesos de suas manifestações mais significativas são distintos e em tempos distintos e isso é fundamental para que se possa compreender essa escola nos seus elementos fundamentais.

A Visão Clássica

Como a palavra romantismo, que traz nos nossos dias toda uma concepção voltada para os sentimentos, utilizada em acepções que sempre nos conduzem a "algo do coração", *classicismo* nos demove a considerações voltadas para as leis do imutável, do que não é passageiro, daquilo que parece se manter intacto às mudanças. "Clássico" tornou-se um adjetivo utilizado muitas vezes com valor genérico, valor daquilo que não é pessoal, que não oferece possibilidades de juízo individual. Ao mesmo tempo, ou no mesmo caminho, ao ouvirmos a palavra classicismo, logo nos reportamos para algo que se associa à retidão, à clareza de estilo, à precisão, à imortalidade.

Na palavra "imortalidade" talvez esteja o sentido de valor simbólico mais adequado para se compreender o teor extensivo e, ao mesmo tempo, restritivo do comportamento clássico. Talvez seja esta a fórmula mágica que tenha determinado essa forma que se instaurou nas artes e na literatura ocidental, sobretudo durante o século XVII, estendendo-se com outra face integrada a outros ingredientes históricos e sociais para o século XVIII, mas que teve suas origens e seus primeiros contornos principalmente no século XVI. Dizemos isto tendo em vista fundamentos que deram a cor a obras que buscaram no simbólico uma espécie de modelo de imortalidade, mesmo naquelas obras em que o humano se apresenta com toda a sua natureza efêmera e, portanto, mortal.

1. *In* J. Guinsburg (org.), *O Romantismo*, São Paulo, Perspectiva, 1978, p. 262.

Segundo os melhores teóricos do *classicismo*, o fundamento cartesiano, a *res cogitans*, atua em grande escala no pensamento desse período. Para a razão, ponto nevrálgico desse pensamento, todas as forças convergem, e para a razão emanam todas as forças do mundo. Gerd Bornheim, no ensaio "Filosofia do Romantismo", assim discute esse "imperialismo da razão" clássica:

> E se o homem quisesse atingir a sua plenitude, quer dizer, ser soberanamente livre, deveria considerar a razão como a essência do seu ser, derivando dela as normas de seu comportamento. O homem atingiria, portanto, o máximo de sua humanidade, se racionalista. Só pode ser considerado como verdadeiro, bom e belo, aquilo que resiste à crítica racional. Por isso, o dado como tal perde o seu sentido. A realidade, em si mesmo, suscita a dúvida, e o homem só se deveria prender àquilo sobre o qual pode alcançar certeza racional. Tudo é, assim, subordinado à razão. Não valem mais as coisas, e sim os objetos pensados; o mundo passa a ser o mundo do homem; Deus, o Deus do homem; e a religião só é considerada válida "dentro dos limites da pura razão" [...][2].

O classicismo não se baseou completamente nas teorias ou nos trabalhos dos antigos clássicos. Apesar de se encontrarem traços do platonismo ou do neoplatonismo no classicismo moderno, nossa atenção deve estar voltada para o aristotelismo, para Horácio e Longino, para quem o classicismo se voltou com quase todas as suas forças. Evidentemente, a imitação dos antigos clássicos foi permeada, nos tempos modernos, pelos próprios tempos modernos e daí emergiu, quando de forma um pouco mais natural, uma literatura própria, dentro dos limites que uma época conturbada pode oferecer. Assim, consideramos restritiva a obsessão de definir o classicismo apenas como volta aos modelos clássicos. Devemos, sim, discutir de que maneira tal tentativa resultou numa forma de expressão da realidade, tantos séculos depois.

Alguns Princípios do Classicismo

Os princípios que regem o classicismo têm como eixo de sustentação uma forma de transparência harmônica. Essa forma é regida por elementos coerentes e convergentes tais como a ordem e o equilíbrio. Conduzidos por esses dois princípios, outros tantos são buscados e preservados: a verossimilhança, a proporcionalidade, a contenção como medida detentora dos extravasamentos pessoais e emocionais, o caráter sereno das manifestações estéticas. Todos esses elementos e outros não citados conformam uma forma de expressão que reflete uma visão de realidade que procura ser mantida, ao menos durante o século XVII na França, dentro de um conceito de verdade, questionável, é claro, mas convincente para os preceitos que regeram o período, e gerador de influência para os demais países. A clareza, baseada na racionalidade, pode ser considerada o fio de prumo que norteia essa estética fundamentada no imitativo mimético em que a Natureza é concebida essencialmente em termos de razão, regida por leis, e a obra de arte reflete tal harmonia. Apesar de todo esse "controle" racional do classicismo, a prática criadora, em muitos de seus resultados, revelou expressões surpreendentes que ficaram para a história da cultura literária, como paradigma de "engenho" que conseguiu, à sua maneira, driblar o cerco racionalista. Nesse sentido, assim se manifesta Benedito Nunes:

> A estética clássica não desterrou completamente a imaginação; valorizou, na arte, a representação de idéias ou de correlações que, acessíveis ao gênio, enquanto capacidade de engenho artístico, escapariam à pura aplicação dos conceitos e ao raciocínio analítico. Mas essas idéias ou correlações traduziriam apenas um derivativo do conhecimento racional; ainda que considerado um dom inato, o gênio não excede o alcance da fantasia subordinado à razão, nem autoriza o desvio das normas que fazem da beleza, dentro do círculo da legalidade universal, o eventual acompanhamento da verdade soberana[3].

Daí a feição de equilíbrio e de contenção nas obras clássicas. Os fluxos dos sentimentos, da fantasia, da volatilidade do humano diante das vicissitudes da vida eram trabalhados de modo a perpassar a "máquina do raciocínio", evitando as aspirações mais subjetivas do criador. Como veremos, os melhores representantes do

2. *Idem*, p. 79.

3. *Idem*, p. 60.

classicismo foram exatamente aqueles que, sem romper declaradamente com os princípios mantenedores da "ordem", produziram a atmosfera da tensão, sem a qual torna-se inviável qualquer literatura.

O Classicismo Francês

Como adiantamos, de todas as acepções da palavra classicismo, o século XVII na França significa o período e o lugar em que o termo adquiriu fundamentos verdadeiros de uma escola, de uma disciplina estética genuína. Neste sentido, saímos do sentido genérico do termo para nos aproximar de um sentido restrito que se realizou e permaneceu para sempre como o cerne do classicismo literário europeu. Como muito bem resume Erich Auerbach na sua *Introdução aos Estudos Literários*:

> No século XVII, a consolidação da monarquia absoluta, a centralização da administração e a debilidade dos vizinhos propiciaram à França hegemonia na Europa. Disso resultou para ela uma supremacia de civilização, de língua e de literatura, que se manteve quase sem contestação até o fim do século XVIII; mesmo no século XIX, a civilização francesa ocupa lugar preponderante na Europa[4].

Ainda respeitando a exposição do grande filólogo alemão, seriam duas as partes em que se divide o século XVII na França e, conseqüentemente, dois os blocos em que se distribuem os autores e obras do classicismo:

> a primeira, que vai até a morte de Mazarino, compreendendo os reinados de Henrique IV, Luís XIII e a menoridade de Luís XIV, época durante a qual o absolutismo encontra ainda adversários, em que perturbações surgem de quando em quando, em que a supremacia da corte ainda não se estabeleceu solidamente, em que esta não é ainda o centro da vida literária e artística, em que o gosto e o espírito público se mostram ainda assaz indecisos e flutuantes; e a segunda, que compreende o reinado de Luís XIV, quando o absolutismo é incontestado, o rei domina toda a atividade política e intelectual do país, e o espírito público, suas tendências e seus gostos são claramente definidos. Entre os grandes homens do século, Descartes e Corneille pertencem à primeira época; La Rochefoucauld e Pascal a um período de transição; La Fontaine, Molière, Bossuet, Boileau, Racine, La Bruyère e Fénelon são do século de Luís XIV[5].

O primeiro aspecto que define as medidas estéticas das artes e da literatura do classicismo francês é o fato de se impor contra o espírito do século XVI na Itália e, especificamente, na Espanha, que vivenciava o preciosismo cultista do barroco.

Otto Maria Carpeaux, na sua *História da Literatura Ocidental*, analisa as origens do que ele denomina classicismo francês do século XVII, com base no estudo evolutivo do barroco espanhol ou literatura mística espanhola. Logo no início do capítulo "Misticismo, Moralismo e Classicismo", no qual vêm à baila tais questões, o crítico assim se manifesta:

> O presente capítulo, que se ocupa principalmente dos escritores franceses do século XVII, chamados "clássicos", abre, no entanto, com a discussão da literatura mística espanhola. Não se trata, evidentemente, de tentativa de aproximação, que seria absurda. Mas justifica-se a justaposição por motivos históricos: de influências da mística ibérica na psicologia que caracteriza, em parte, o classicismo francês. E por mais um elemento comum, embora menos manifesto: o realismo[6].

Carpeaux, valendo-se de um procedimento histórico preciso e sucinto, consegue apresentar as origens do classicismo francês, que, na verdade, surge atrelado ao "preciosismo barroco" da França, introduzido pelo universo místico espanhol e italiano:

> A maneira de escrever *a lo divino* é a inversão barroca do processo dos petrarquistas da Renascença, que empregaram imagens religiosas para exprimir sentimentos eróticos. Na França, é esta a especilidade do "conceptista" Desportes, e inversão semelhante encontra-se no processo poético de Jean de La Cépède, empregando termos militares para descrever as cenas da Paixão. [...] La Cépède faz parte de uma extensa literatura religiosa ou, pelo menos, imbuída de espírito religioso, que se exprime em formas barrocas: é a literatura barroca da Contra-Reforma francesa: classicismo religioso, porque imbuído do realismo que aprendera na mística espanhola. Não se encontra em oposição

4. Erich Auerbach, *Introdução aos Estudos Literários*, São Paulo, Cultrix, 1972, p. 188.

5. *Idem*, p. 189.

6. Otto Maria Carpeaux, *História da Literatura Ocidental*, Rio de Janeiro, Alhambra, 1980, p. 662.

ao nascente classicismo de base aristotélica, do "Siècle de Louis XIV"; antes é seu precursor. Assim como aconteceu na Espanha e na Inglaterra, na relação entre Garcilaso e os poetas barrocos, entre os líricos elizabetanos e os *metaphisical poets*, também na França aquela poesia barroca tem raízes renascentistas: seus precursores são últimos rebentos da "Pléiade"[7].

A ponte que interliga a literatura barroca da Contra-Reforma francesa ao classicismo de base aristotélica parece ser, segundo Otto Maria Carpeaux, Jean-Louis Guez de Balzac, considerado o criador da frase clássica harmoniosa e redonda. Apesar de nele se censurar a falta de idéias, a sua natureza lhe confere um estilo que vai influenciar alguns dos grandes classicistas franceses, como foi o caso de Corneille. Parece um caso anfíbio, propício à esperada transição do barroco para o classicismo:

> Com efeito, Balzac é cristão; pertence à Renascença religiosa, ao "humanismo devoto". Mas não é cristão platonizante. O seu ideal está no título de uma de suas obras: *Socrate Chrétien*. É, por assim dizer, a síntese de Francisco de Sales e Lipsius. Balzac é estóico cristão, como Brébeuf, como Quevedo; e do estoicismo político de Balzac descende a tragédia política de Corneille[8].

Segundo o crítico, no estilo desse criador da prosa clássica francesa, sobretudo na epistolografia que determinou sua notoriedade, nota-se ainda a presença do barroco, principalmente pelo abundante uso de metáforas. Assim, o classicismo francês, que se voltou tão ironicamente ao preciosismo espanhol, surgiu, na verdade, desse preciosismo. Sua objetividade, seu "realismo" traz as marcas de influências do "realismo" de Santa Tereza de Ávila e longínquas marcas do conceptismo de Quevedo.

O *classicismo francês* colocou-se contra as invenções lexicais, bem como o vocabulário precioso. Essa posição, que parte das concepções de "limpeza" da língua francesa, na verdade, significava uma espécie de depuração de um sistema, cujas conseqüências se fariam notar, em progressão, da palavra à frase, da frase ao discurso e o discurso, em qualquer um dos gêneros produzidos, passava a refletir um modo de ver a realidade, que de nacional transportava-se, impositivamente, para o universal. Sob a óptica de Auerbach, que soube apreender uma caracterização das mais completas dessa escola, passamos a eleger seus aspectos fundamentais: preserva-se a tendência de imitar a Antigüidade; o sistema estético se apresenta e se impõe como modelo do qual não permite fugir; o controle racional tem como pressuposto uma estrutura modelar perfeita para os gêneros; interpretação particular dos teóricos e pensadores franceses para o conceito de mímese, de verossimilhança e de Natureza; ao conceito de imitação da Antigüidade está o que entendem como correspondente, isto é, imitação da Natureza. No que diz respeito a essa imitação, seu critério é de ordem, de crítica e de escolha. O caráter delimitador da língua francesa, que passa a negar as experiências ampliadoras do humanismo renascentista, acaba por exigir uma espécie de rigor com os elementos definidores de um código, de um padrão de língua. Daí todos os ingredientes normativos que determinaram e definiram o classicismo na França. Como esclarece Auerbach:

> O primeiro representante desse novo espírito de ordem e clareza foi François de Malherbe (1555-1628), poeta e crítico, homem de gosto apurado e seguro, de perfeita honestidade intelectual, mas algo pedante e estreito nos seus pontos de vista. Depurou ele o vocabulário, procurou fixar o significado das palavras e o valor exato de suas relações sintáticas; estabeleceu regras para a estrutura do verso (número de sílabas, cesura, rima, *enjambement*), e escolheu, no grande número de formas poéticas em uso, aquelas que lhe pareciam mais apropriadas ao gênio francês; condenou os neologismos, os termos dialetais, populares, arcaicos, os italianismos, e todas as espécies de extravagâncias[9].

Boileau, Corneille, Racine, Moliére, até mesmo La Fontaine, que foi dissidente dos nove gêneros estabelecidos, constituíram, com outros escritores de menor repercussão, uma espécie de muralha clássica, com ingredientes próprios, advindos, evidentemente, de todo o painel que regeu o longo período, mas determinados por

7. *Idem*, p. 675.
8. *Idem*, p. 677.
9. Auerbach, *op cit*, p. 190.

uma constituição própria, cujas bases geraram influência para os demais países e surtiram efeito para o neoclassicismo do século XVIII. Rigor, criatividade dentro das normas estabelecidas e produção representativa levaram o classicismo francês a atuar como paradigma. É nele que os críticos se baseiam para estabelecerem os aspectos, as características básicas que definem a estética clássica. Para Anatol Rosenfeld e J. Guinsburg, um dos aspectos determinantes dessa estética

> é o disciplinamento dos impulsos subjetivos. O escritor clássico domina os ímpetos de interioridade e não lhes dá pleno curso expressivo. De certo modo, pode-se considerar que ele se define precisamente por esta contenção. A obra de Racine é um exemplo de uma escritura em que as paixões veementes e as tremendas dissonâncias do barroco foram, por assim dizer, no plano da expressão, domadas por uma forma clássica.
>
> Há, evidentemente, nesse domínio, certa autolimitação. O autor desaparece por trás da obra, não quer manifestar-se. Ou melhor, seu desejo manifesto é o de ser objetivo. A obra é que vale como tal e não pelo que ela diz de seu criador. Ela é uma comporta fechada e não aberta. Tal fato exige uma maneira de forma rigidamente ligada ao objeto ou a idéia que se tem dele. Daí a importância dos procedimentos que assumem um caráter de regras. Na medida em que se enquadra em tais leis, a obra é boa, "clássica". É o caso das "três unidades" na dramaturgia. Julga-se que elas determinam a exemplaridade de uma peça[10].

Um dos aspectos mais relevantes do classicismo literário, que advém do classicismo geral, é a sua preocupação até mesmo normativa, voltada para a tipificação. Os ideais do classicismo estiveram, obsessivamente, voltados para a busca de uma forma de articulação entre o individual e o universal. Nesse sentido, na literatura, algumas características se justificam por esse princípio, ao mesmo tempo típico e universalizante. Dentre elas, cremos ser ilustrativo o caso do detalhamento psicológico ou das minúcias das personagens, negados pelos escritores clássicos, em função do que se poderia denominar universalmente humano.

Como comenta Gerd Bornheim, no ensaio já citado, o racionalismo do período clássico atingiu todas as formas de expressão. A idéia de buscar e fixar o "universalmente humano", já estabelecido claramente na dramaturgia de Aristóteles, torna-se no classicismo uma espécie de princípio inviolável e acaba regendo o caráter mimético da literatura e das demais artes. Essa forma de mimese aristotélica, conduzida pela razão do período clássico, atinge um grau de intensidade tão elevado que, por muitas vezes, parece acontecer a ordem inversa: o estabelecimento de uma realidade fechada, como se mais perfeita que aquela proposta pela Natureza.

Mais um aspecto resultante de todos os procedimentos éticos, estéticos e até filosóficos do classicismo francês é a impassibilidade que rege a natureza da obra. A produção, por exemplo, de uma tragédia deve valer por si mesma. A estrutura da obra, rigorosamente articulada dentro dos padrões estabelecidos, deve isentar-se da figura de seu autor. Não há lugar no classicismo para as evasões subjetivas, para as minudências dos conflitos psicológicos e muito menos para opiniões pessoais que possam sair do teor universalizante que rege o espírito da época. Nesse sentido, o classicismo, apesar de atuar na esfera restritiva, obsessivamente racionalista, passou a representar uma forma de contençao modelar, servindo como parâmetro para as escolas futuras, como foi o caso do próprio realismo artístico. E isso não se restringe à literatura, mas também às demais formas de expressão estética.

A grande força motriz que, na verdade, constitui o âmago do classicismo e, em especial, do classicismo francês, é a tensão que se consegue nas obras mais representativas.

Tensão esta gerada pelo fato de se conferir maior importância às faculdades intelectuais, ao racionalismo, mas de se trabalhar com o humano na sua plenitude, em que as emoções, em todas as suas dimensões estão presentes, todavia, contidas. Apesar de se buscar a expressão de valores universais acima dos particulares, a tensão persiste. É certo que se opõe ao barroco na hiperbolização dos conflitos e na exuberância da linguagem. Mas na harmonia das proporções, na simplicidade relativa, no equilíbrio da composição, e na idealização da realidade, os grandes clássicos como Corneille e Racine, nos seus

10. Guinsburg, *op. cit.*, p. 263.

trabalhos específicos, elevaram a arte literária a pontos magníficos[11].

Os fundamentos do classicismo aparecem manifestados por meio de um "novo realismo" que adquire popularidade (apesar da natureza sofisticada do público) com Corneille e Moliére. Entende-se que a década de 60 representa para a literatura francesa o período de sua maior criatividade. Na verdade, o que determinou a relevância do classicismo francês para a história não só da literatura francesa, mas para a história da literatura ocidental ou mundial, foi a sua efervescência na segunda metade do século XVII, independentemente das causas políticas e sociais que lhe serviram de matéria-prima. Queremos com isso dizer que a arte apenas emerge com sua pujança ao entrar em profunda sintonia consigo mesma, mediada, evidentemente, com a recepção do público. Nesse sentido, mais do que qualquer outro gênero literário, o teatro na França teve uma relevância especial, uma vez que vinha ao encontro de algumas necessidades que sentia o povo, a comunidade francesa daquele período.

Um corpo de trabalhos foi realizado e apresentado ao público num curto espaço de tempo. Além disso, a ressonância era imediata. Molière se lançou com a comédia de cinco atos, *L'École des femmes*, encenada em dezembro de 1662, gerando controvérsias tão animadas quanto as primeiras sátiras de Boileau, como foi o caso de *Le Cid* de Corneille, circulada na mesma época. A primeira *masterpiece* de Racine, *Andromaque*, apareceu em 1667, quase ao mesmo tempo que a coleção de fábulas de La Fontaine, de 1668. Todas essas obras eram caracterizadas por um novo senso da dignidade da linguagem, pelo poder contido da imaginação, divisando novas formas para a comunicação literária, e pela habilidade intelectual para renovar o lugar comum e o ordinário. Nesse sentido, o século XVII francês, independentemente de todas as trágicas causas sociais e ideológicas que o nortearam, deixou para a posteridade cultural algumas lições das quais até hoje nos servimos, como tem demonstrado a arte moderna. Dentro de todas as imposições e rigor que delineou o período, além de uma ética da objetividade e da "limpeza", os escritores se valeram do estudo para articularem caminhos nunca antes delineados, formas de invenção que acabaram por transcender a "camisa-de-força" que regia o seiscentos. O classicismo francês se tornou uma espécie de universo de ensinamentos que permaneceu, em vários níveis, até mesmo na consciência popular, e isso determina sua relevância.

11. A guerra civil (1648-1652) deixou suas marcas na classe média. Ela deixou os autores, os escritores, bem como o público mais sofisticado, mais cínico, menos inclinado para as grandes realidades de heróis. As tendências ideológicas (jansenismo ou não jansenismo) influenciaram sobremaneira as tendências dos escritos dos melhores autores. Evidentemente, isso fica mais ou menos notório, mas, de qualquer forma, a França vivenciou uma realidade político-social-religiosa que talvez lhe tenha conferido os primados do mais definitivo classicismo, com aspectos que nem sempre podem ser determinados na realização literária e artística de outras culturas. Autores ou pensadores como Blaise Pascal, um dos maiores mentores desse período, escreveram sob a óptica do jansenismo, doutrina tirada do *Augustinus*, obra de Jansênio, que pretendia limitar a liberdade humana partindo do princípio de que a graça é concedida a certas pessoas desde o nascimento, e recusada a outras.

"Pascal, o criador da prosa moderna, foi jansenista, pelo menos durante certo tempo; Boileau, o legislador crítico da literatura clássica, foi jansenista; Racine, o maior dramaturgo, foi jansenista. Em geral, o jansenismo era o partido dos escritores e intelectuais. Reconhecendo isso, Sainte-Beuve colocou Port-Royal no centro da literatura do século; o convento teria sido o berço da literatura francesa clássica, e em torno de Port-Royal agrupou Sainte-Beuve todas as grandes e pequenas figuras da época, como amigos ou como inimigos. Desde a publicação da *Historie de Port-Royal*, de Sainte-Beuve (1848), o jansenismo ocupa o centro da história da literatura francesa. Não se conseguiu isso sem certo sacrifício; e outros críticos observaram a imensa influência que exerceu na literatura clássica um pensador anterior ao jansenismo: Descartes. O racionalismo analítico de Descartes, o seu espírito metódico, a clareza sistemática das suas exposições, a análise das paixões, tudo isso se encontra na literatura clássica em toda a parte; o racionalista Descartes seria precursor mais convincente da França moderna, progressista, do que o *grand Arnauld*". (Carpeaux, *op cit*, pp. 690-691.)

Autores mais Representativos

Os escritores franceses do século XVII acabaram por constituir, cada um deles, dentro das variantes que os singularizaram, mas considerando os substratos que os nortearam, verdadeiros sistemas que se interligavam e, ao mesmo tempo, sistemas quase independentes, que convergiram para um sistema global, denominado classicismo. Evidentemente, todos eles viveram o mesmo contexto histórico e os grandes problemas políticos da França absolutista, que atingiu seu apogeu durante o reinado de Luís XIV. O contexto efervescente do país esteve intimamente ligado, como já vimos, à mentalidade intelectual e/ou artística. Isso determinou, basicamente, duas linhas de produção verbal do período: os textos voltados para os ensinamentos morais, filosóficos e éticos, e os textos literários propriamente ditos em que também se manifesta o ideário absolutista. Vários gêneros foram desenvolvidos, sendo que cada um deles denunci ava a face desse rigor objetivo que se buscava na manutenção de uma forma de acreditar na arte da palavra como forma de representação. Dentre eles, o texto teatral encontrou o seu lugar mais adequado nesta França que parecia querer ver representada a sua própria face, a sua própria imagem. Dentro dos limites desse nosso ensaio, tentaremos apresentar parte desse fenômeno, por meio daqueles escritores e teóricos do classicismo francês que, na verdade, definiram o cânone da literatura ocidental que, de certa forma, ainda se mantém vivo.

Otto Maria Carpeaux estabelece um critério que consideramos válido para compreender as linhas mestras desse classicismo. Para ele, salvo Molière e La Fontaine, que desenvolveram uma arte mais independente, podemos dividir os demais escritores em três grupos fundamentais: o primeiro, em que se enquadra Corneille, pertenceria a uma corrente hispanizante, romântica, jesuítica; o segundo, corrente italianizante, aristotélica, que se manifesta sobretudo em Balzac e de maneira cristã em Bossuet; e uma terceira corrente, augustiniano-cartesiana, jansenista, que exerce influência em todos os outros. Entretanto, deve-se entender que em todos esses grupos, ou melhor, em todos os escritores franceses do século XVII, dominou um senso de rigor, mesmo nas comédias satíricas de Molière, ou nas tragédias mais densas de Racine. Cada um deles, dentro de suas influências e tendências ideológicas ou até mesmo religiosas, registraram seu ponto de vista, elegendo uma parcela da complexidade social e política a que melhor se afeiçoasse, sob os desígnios do absolutismo. Nesse sentido, de todos os escritores do século, quatro se destacaram de forma especial, não só por representarem vivamente sua época, mas por deixarem seus registros para a literatura ocidental, de maneira decisiva, abordando aspectos distintos da condição humana. São eles: Corneille, com suas tragédias político-históricas; Boileau, com suas epístolas e, sobretudo, com suas teorias sobre literatura; Molière, principalmente com suas sátiras, e Racine, com suas tragédias psicológicas. Apesar de se basearem nos modelos greco-romanos, como eram os princípios do classicismo geral, suas obras tiveram, como já assinalamos, uma cor local, de caráter nacional, genuinamente francês. Valendo-nos da ironia de Carpeaux, as peças de Corneille, baseadas na Antigüidade latina, jamais seriam compreendidas por um romano; enquanto as peças de Racine, baseadas nas tragédias gregas, seriam incompreensíveis a um grego.

Na verdade, o teatro francês do século XVIII teve sua codificação clássica, impondo-se como fundamento inaugural do classicismo literário, com Pierre Corneille (1606-1684), que iniciou sua produção com a realização de comédias. Uma das primeiras que o trouxe à luz do público foi *O Cid* (1636), mas o que o celebrizou foi a série de tragédias (*Horácio* – 1640, *Nicodemes* – 1651), e uma comédia (*O Mentiroso* – 1643). Para seus críticos mais credenciados, Corneille é o verdadeiro criador da arte clássica no teatro francês. Foi ele quem substituiu o drama da intriga pelo drama de caracteres. Seus heróis, humanos, mas movidos pela preocupação da própria glória, são arrebatadamente atraídos pelos sentimentos mais nobres e assim vencem os obstáculos que lhes impõe o destino. Esse heroísmo expressa-se em versos densos, muitos deles com feição de máximas. Dominique Secretan, no seu livro *Classicism*, analisa detidamente esse autor, que para ela é, sem dúvida, o mais representativo dentre os *grands classiques*. Correspondendo o início de sua produção à primeira metade do século XVII, vivenciou a transição e concretizou na arte teatral os princípios ideológicos e estéticos da transição entre a minoridade de Luís XIV para a sua plenitude absolutista.

A versatilidade de que era dotado o seu universo inventivo leva à dificuldade de sintetizá-lo numa definição. Nesse dramaturgo, destaca-se um aspecto que consideramos de fundamental importância: conjugam-se em Corneille o inventor de comédias e tragédias e o teorizador de vários princípios do classicismo francês. Essa parte de seu trabalho se realiza nos seus prefácios, nas análises e comentários críticos, bem como nos seus discursos. Nesse sentido, os propósitos do classicismo encontram nesse artista a sua síntese: a prática inventiva e a teoria. Como representante, prático ou teórico, do classicismo, são vários os elementos que podem ser detectados, uma vez que foi um dos seus expoentes. Dentre eles, podemos destacar: imitação dos antigos; presença do moralismo pela descrição das virtudes e dos vícios além de um desfecho moral em suas peças; a busca de verossimilhança no tratamento de um assunto; resolução do conflito criado nas tragédias; criação de um universo inteligível ao público; peças distribuídas em cinco atos. Quanto à forma de versificação: uso do alexandrino; rimas duplicadas; versos com doze sílabas com mais ou menos ruptura no meio: antitética e equilibrada formação do verso. Foi exatamente por meio das grandes tragédias de Corneille (*Cinna*, *Horace*, *Polyeucte*) que ele demonstrou ter não apenas compreendido as regras da tragédia psicológica, mas também que foi ele quem trouxe essa forma de arte para o clímax do período clássico. É importante compreender que a arte de Corneille atua decisivamente como uma espécie de transição do período da solidificação da monarquia absoluta, com a centralização da administração, em que imperava o Cardeal Richelieu, primeiro-ministro do filho de Henrique IV, Luís XIII, e a consolidação do absolutismo que se deu na segunda metade do século[12]. Boileau, Molière e Racine, bem como outros autores do classicismo, viveram a solidificação da monarquia absoluta, mas, de certa forma, tiveram em Corneille seu guia. Interessante notar que, no caso de Nicolas Boileau (1636-1711), apesar de ter desenvolvido vários gêneros, sua relevância dentro do movimento é incomensurável. Independentemente de hoje discordarmos de tantos aspectos de suas idéias e sobretudo de sua visão de mundo, altamente preconceituosa e restritiva, ele parece consistir na própria materialização do *classicismo*. Jansenista por excelência, considerava apenas as classes privilegiadas, entendendo como não dignos dos cuidados culturais os menos favorecidos. Isso refletia, evidentemente, nos próprios gêneros que estabeleceu, conferindo maior desprezo à *farsa*, gênero que atingiu mais diretamente o povo.

Autor de *Sátiras*, *Epístolas*, de *Arte Poética* (1674), do *Atril* (1674 e 1683), talvez esteja nisso a sua relevância para ditar as normas da arte, na segunda metade do século, normas que ultrapassaram as fronteiras da França, em etapas diferentes, mas ininterruptas, durante todo o século XVIII. Imitador de Horácio, consagrou-se à poesia moral e à sátira. Em nome do bom senso e da natureza, opôs-se à ênfase, à erudição pedantesca, ao preciosismo de mau gosto. Contribuiu, assim, para fixar o ideal literário a que se daria na França o nome de *classicismo*. Contemporâneo dos dois melhores teatrólogos do período, foi amigo devotado de Molière e de Racine. A contribuição de Boileau para o classicismo

12. "Durante a longa minoridade que se seguiu a morte desse rei, sobrevinda em 1643, quase ao mesmo tempo que a de Richelieu, uma derradeira tentativa de revolta contra o absolutismo foi levada a cabo pela grande burguesia dos parlamentos e por alguns grandes senhores; malogrou; tratava-se da Fronda (1648-1653), movimento sem idéia condutora e complicado por toda sorte de intrigas, dirigido sobretudo contra o Cardeal Mazarino, sucessor de Richelieu. Após a morte de Mazarino (1661), o jovem rei, Luís XIV, continua e conclui a obra de seus predecessores, centralizando a administração; governa o país através de seus funcionários; tenta inclusive dirigir-lhes a vida econômica" (Auerbach, *op. cit.*, p. 188.).

francês e para a sua continuidade em outros países, sobretudo durante a primeira metade do século XVIII, foi decisiva. Ainda hoje lemos sua satírica *Le Lutrin*, suas horacianas *Epistles* e suas juvenálias *Satires*, mas sua fama e sua influência nas literaturas inglesa e alemã se deve, principalmente, ao seu trabalho teórico e a sua tradução e comentário sobre o *Tratado do Sublime* de Longino. O que favoreceu a expansão de suas teorias e de suas idéias foi o seu didatismo, a sua forma original de composição.

De todo o trabalho criativo de Boileau, sem dúvida alguma, um persistiu como fonte de influência e de diálogo entre o que se denominou classicismo francês e os procedimentos neoclássicos das demais literaturas, incluindo a alemã, a inglesa e, inclusive, a portuguesa. Tratase de sua famosa *Arte Poética*. Em função de sua força e autoridade, que perduraram por mais de um século em toda a Europa, Erich Auerbach foi levado a considerá-lo o grande sucessor de Malherbe. Segundo ele:

> Seus preceitos não se limitavam à linguagem e ao verso; ele insistia na diferença de gêneros na poesia, à maneira dos teóricos antigos; insistia, sobretudo, na diferença principal, a clara separação de tudo quanto fosse trágico, do realismo da vida cotidiana; mesmo na comédia, a partir do momento em que a ação se passasse num meio de pessoas de bem, seria mister excluir todo grotesco e todo realismo rasteiro, admitido somente na farsa, que, de resto, Boileau detestava. Tratava-se, segundo ele, de uma regra de conveniência, essa tripla separação dos gêneros: o trágico sublime, o cômico das pessoas de bem na linguagem da conversação polida, e o baixo realismo grotesco da farsa; ele não concebia outro realismo popular que não fossem as momices da farsa. E se insistia na regra das três unidades no teatro (tempo, lugar, ação), não era somente por causa da autoridade dos antigos, mas porque, a seu ver, o próprio bom senso e a verossimilhança o exigiam[13].

O jansenismo de Boileau levou-o às últimas conseqüências em termos de preconcebimentos e autoritarismo separatista. Nesse sentido, haveria muito o que se questionar de seus preceitos. Seu "direitismo" evidentemente corrobora a "ordem" e a força sobre seus seguidores. Tudo estava na base de sua concepção de homem e de sociedade. Interpretava os princípios imitativos dos antigos dentro de sua forma de ver o mundo. Boileau ignorava tudo o que vinha do povo, inclusive sua sensibilidade; compreendia por imitação da Natureza os usos e costumes das pessoas de bem. Aplicava sua argúcia com ironia, utilizando sua perspicácia e sua capacidade de observação.

Na verdade, o classicismo consiste numa formulação rigorosa do aristotelismo. O anseio e o rigor pela categorização em nome de uma justeza de princípios aparentemente estéticos mantém acesa a vitalidade moral que determinou toda esta mentalidade do período. A insistência ao fazer valer o vigor cartesiano, mediante comportamento cartesiano, nem sempre correspondeu aos ditames de Descartes. O que definiu a melhor produção do classicismo foi a realização acima de qualquer suspeita. O discurso crítico da época vinha alinhado ao discurso moral. Deve-se considerar, por exemplo, a obra crítica de Bossuet, que não cessou de atacar, com argumentação violenta, as diretrizes do teatro em nome da boa ordem dos valores religiosos que defendia. Seria ingênuo pensar que o classicismo francês respondeu a uma ordem harmônica da sociedade. Ao contrário, dentro de todo o caos que reinava, imperou o rigor aliado ao vigor da imaginação, causa maior para a realização de tão intensa literatura.

Evidentemente, a visão preconceituosa e depuradora de Boileau espargia sua influência doutrinária em todos os autores, sobretudo naqueles em que o jansenismo influenciava de maneira mais decisiva. E dessa influência não se livraram os seus grandes amigos, Molière – apesar de sua independência inventiva, levando-o a não se prender tanto a regras estabelecidas – e Racine – que, como veremos, soube ultrapassar essas regras, valendose delas como instrumento técnico, mas gerando nas suas tragédias a tensão necessária, fruto das contradições da época. Parece que tais contradições de natureza religiosa e sociais mas fruto das convulsões políticas de uma monarquia que se impôs paulatinamente atuaram como fortalecimento de uma moral francesa que se desenvolveu no século XVII e se manteve por muito tempo. Na época, essa moral regulou, ou acabou por dialetizar, até mesmo as invenções dos melhores escritores. O espírito bur-

13. *Idem*, p. 192.

guês que se desencadeia faz atenuar o universo das paixões a seu modo e essa moral estética é a que empreende Boileau e atinge os grandes representantes do teatro clássico francês.

Jean-Baptiste Molière (1622-1673) pode ser considerado fruto dessa atmosfera contraditória que dominava o século XVII. Filho de um tapeceiro, camareiro do rei, foi aluno dos jesuítas no Colégio Clermont, depois fez estudos de direito antes de se dedicar ao teatro. Dirigiu, durante quinze anos (1643-1658), um grupo de atores ambulantes. A partir de 1659, instalado em Paris, e protegido por Luís XIV, representou, para o divertimento da Corte ou para o público parisiense, numerosas comédias. Ator, diretor de companhias, criou, verdadeiramente, a *mise-en-scène* e dirigiu, com precisão, a atuação dos atores. Como autor, utilizou toda a gama dos efeitos cômicos, da farsa mais bufa até a comédia mais requintada. Suas obras-primas são as peças em que, combatendo um vício da alma ou uma extravagância do espírito, construiu personagens que se tornaram tipos eternos. A lição de moral que se tira de seu teatro é uma recomendação ao homem para que nunca ultrapasse a medida e permaneça nos limites que o bom senso fixa à natureza humana[14].

Como se sabe, se a tragédia consistiu num gênero mais elitizado, conduzindo as camadas aristocráticas da sociedade, isso não significa que a arte da representação não tivesse seu lugar nas camadas populares. Todos os autores, mesmo Racine, considerado o maior poeta do século, escreveram comédias e alguns deles escreveram farsas, cujo alcance era bem maior. Entretanto, foi Molière aquele que melhor desenvolveu o gênero cômico, sendo que suas comédias trazem elementos próprios da farsa, explorando "motivos grotescos e jogos de cena mais ou menos grosseiros da tradição francesa e italiana; e um lado moralista, que pinta e critica os ridículos da sociedade de seu tempo, com muito realismo, mas buscando sempre, nos diferentes personagens que põe em cena – o avaro, o hipócrita, o ciumento, o misantropo, o hipocondríaco, o esnobe etc. – tipos humanos que tivessem podido viver em todos os tempos e em todos os lugares"[15]. A capacidade desse comediógrafo em registrar, caricaturar os vários perfis dos homens em sociedade, nas suas condições mais cotidianas, levou as gerações futuras a reconhecê-lo e consagrá-lo, além da influência que exerceu em escritores dos séculos seguintes e nas demais formas de expressão artística. Essa habilidade em "pintar" os tipos mais diversos com tão grande realismo levou-o a influenciar até mesmo pintores do século XIX, durante o período que emergia na França o realismo artístico. Dentre os que mais se aproximariam da arte de Molière, dentre os artistas plásticos, devemos destacar Daumier, no grafismo e na caricatura, apontado por Baudelaire, nos seus comentários dos Salões, como o Molière dos tempos modernos.

Esses autores do classicismo francês, como já dissemos, manifestaram por suas produções e por suas relações pessoais e ideológicas um verdadeiro entrecruzamento de procedimentos que, apesar de suas diferenças, juntos, abarcaram todas as esferas da sociedade francesa do século. Porém, de todos eles, um emergiu e brilhou de forma mais intensa, pela sua arte e pela sua forma de ir além de todos os limites estabelecidos. Trata-se, sem dúvida, de Jean Racine (1639-1699).

Recolhido pelas religiosas de Port-Royal, tornou-se aluno dos Solitários. Depois de ter tentado conciliar suas aspirações literárias com a carreira eclesiástica, consagrou-se totalmente ao teatro. Estreou com *A Tebaida* (1664), apresentou depois *Alexandre* (1665), mas foi o sucesso da tragédia *Andrômaca* (1667) que lhe deu reputação. Lançou em seguida *Britânico* (1669), *Berenice* (1670), *Bajazé* (1672), *Mitridates* (1673), *Ifigênia* (1674), *Fedra* (1677). Nomeado historiógrafo do rei, reconciliado com os jansenistas, renunciou ao teatro. Mas retornou

14. Eis as principais comédias de Molière: *As Preciosas Ridículas* (1659), *Escola de Maridos* (1661), *Escola de Mulheres* (1662), *Dom Juan* (1665), *O Amor Médico* (1665), *O Misantropo* (1666), *Médico à Força* (1666), *O Avarento* (1668), *Tartufo*, *O Burguês Gentil-Homem* (1670), *As Sabichonas* (1672), *O Doente Imaginário* (1673).

15. Auerbach, *op. cit.*, p. 203.

em 1689 com as tragédias bíblicas *Ester* e *Atalia* (1691). Seu teatro pinta a paixão como uma força infernal que destrói quem dela esteja possuído. Realizando o ideal da tragédia clássica, apresenta uma ação simples e clara, cujas peripécias nascem da própria paixão das personagens. Deve-se-lhe também uma comédia, *Os Litigantes* (1668), espirituosa crítica dos costumes judiciários do século XVII.

Todas as opiniões críticas são unânimes ao considerarem Racine o maior poeta de sua época. As virtudes pessoais, sua erudição, suas paixões, seu relativismo de espírito, até suas contradições parecem tê-lo favorecido para que realizasse o que realizou. Profundo conhecedor dos clássicos antigos, tinha-os introjetado e soube, na sua arte, articular seus conhecimentos ou suas experiências modernas ao universo e a forma dos antigos, daí resultando uma maravilhosa produção. Sem que se distanciasse das estruturas, da "gramática" dos padrões clássicos, Racine conseguiu "inventar", sendo inteiro, dentro da esfera da tensão trágica e passional, sem que os preceitos rigorosos do classicismo interferissem no sentido até violento de sua expressão. Como disse, sendo o maior poeta do século de Luís XIV, conseguiu realizar praticamente apenas obras-primas. Levadas à cena de 1667 a 1676, constituem todas elas universos complexos e completos no que diz respeito a sua motivação composicional. Mais uma vez citando o brilhante filólogo alemão Eric Auerbach,

> [sua obra] se compõe quase inteiramente de tragédias de amor passional, cuja conveniência e estilo elevado não escondem, em momento algum, que se trata sempre de amor sensual na sua forma extrema, aquela em que ele lida com a loucura, em que despreza toda outra consideração, mesmo a dignidade moral e a vida, e em que dilacera inteiramente a personagem que por ele é possuída, não lhe deixando outra solução que não seja a morte. Os versos de Racine são, de longe, os mais belos da língua francesa; La Fontaine e alguns modernos (Paul Valéry) dele se aproximam algumas vezes, mas nada se pode comparar a força sustida e infinitamente variada do ritmo raciniano que, perfeitamente correto, sem jamais transgredir as leis mais severas de uma estética rigorosa, inebria ou dilacera o coração daqueles que em sua vida não experimentariam nunca paixões de ímpeto semelhante[16].

16. *Idem*, p. 201.

A obra de Racine pertence ao cânone da literatura mundial e com razão. Apesar de todas as influências da época, de seu envolvimento com o jansenismo, colocando seus princípios religiosos em crise, e até mesmo sua íntima relação com o "déspota do classicismo" Nicolas Boileau, Racine nos lembra a posição de Flaubert, ao defender o artista como somente artista e nada mais. Esse grande poeta trágico, comparado a Shakespeare por alguns críticos, conseguiu realizar uma arte singular, com feições próprias, dentro de todas as condições em que foi criada. Evidentemente, Racine seria Racine em qualquer época. Mas esse artista viveu e vivenciou uma época específica e dela, sua matéria-prima, soube extrair os subsídios para a produção de uma arte que permaneceu para sempre, ocupando o espaço de preocupações críticas dos melhores estudiosos do século XX, como foi o caso de Roland Barthes, no trabalho que sobre ele realizou. Do mesmo modo, as marcas de suas tragédias estão presentes na literatura pós-Racine. Dentre os autores mais significativos, vale salientar Marcel Proust, em cuja obra *A la Recherche du temps perdu* valeu-se desse classicismo raciniano, na complexa e iluminadora trajetória ficcional e crítica. O autor se utiliza da peça *Phèdre*, presente em vários momentos da narrativa, como índice conotativo de todo o complexo da trama, seja ficcional, seja crítica, que se desencadeia na grande obra. Com certeza, tal procedimento denuncia o modo como Racine foi compreendido à luz da modernidade.

É necessário que se compreenda devidamente o teor do chamado *classicismo francês* de uma perspectiva crítico-analítica. O primeiro aspecto é o modo como essa escola se constituiu. A crítica especializada considera, com fundamentos precisos, pouco clássico o classicismo francês, no sentido de imitação dos valores greco-latinos, pois ele se vale das lições dos antigos mas não se deixa por eles dominar. Daí tornar-se tão genuinamente francês, como já afirmamos neste ensaio. Essas lições consistem, sobretudo na teoria dos antigos, dentro de uma prática altamente integrada ao modo francês de ver o mundo e transitar seus valores políticos, morais e religiosos, fundamentados na realidade histórica da França do seiscentos. Nesse sentido, um dos autores mais citados neste capítulo, pela lucidez crítica com que conduz suas análises, Otto Maria Carpeaux, deve nos guiar para algumas considerações finais desta parte do nosso estudo. Para ele, "As comédias de Corneille – *La Galerie du Palais*, *La Place Royale*, *Le Menteur* – são pouco cômicas; já foram chamadas de dramas burgueses, e o adjetivo é sobretudo importante nessa definição. Corneille é um burguês de Rouen, e nunca perdeu os hábitos do provinciano um tanto extraviado na Corte". Nesse sentido, a expressão literária de Corneille, na verdade, reflete esse universo particular do maravilhado com a Corte que resguarda os valores familiares, do universo restrito em que se criou. O que importa compreender é que a esfera do homem Corneille, francês provinciano por excelência, tímido e sonhador, se manifesta nas suas peças. "Corneille reduziu os acontecimentos exteriores a um mínimo, deslocando o interesse dramático para o foro íntimo das suas personagens; criou um teatro de conflitos psicológicos, invisíveis. O importante no *Cid*, em *Horace*, em *Cinna*, em *Polyeucte*, não é o duelo, a luta fratricida, a conspiração, o martírio, mas o conflito entre amor e honra, no *Cid*; o conflito entre patriotismo e amor, em *Horace*; o conflito entre necessidade política e generosidade humana, em *Cinna*; o conflito entre paganismo e cristianismo, em *Polyeucte*".

Quanto a Racine, mesmo não sendo o maior poeta da língua francesa, é o poeta mais perfeito da língua francesa. Esta é uma afirmação que merece reflexão crítica. Discute Carpeaux que os críticos estrangeiros manifestaram, com raras exceções, hostilidade contra Racine; contra o que se colocam os críticos franceses, que, com generalizações elogiosas, o elevam ao mais alto grau da capacidade literária universal. Sobre ele questiona o crítico:

> Quais são, afinal, os temas de Racine? Ciúmes criminosos (*Andromaque*), crimes de um tirano (*Britannicus*), sacrifício de um inocente para fins políticos (*Iphigénie en Aulide*), incesto (*Phèdre*). [...] As suas personagens principais são, na maioria, mulheres: Hermione, Bérénice, Agripine, Roxane, Monique, Phèdre, Athalie. Para alguns de seus críticos, isso ocorre devido à natureza das mulheres, sendo mais emotivas que os homens, as suas paixões exprimem-se com gestos verbais mais vivos, de modo que se tornam melhor representáveis no palco. [...] É um poeta do lado noturno da alma, um poeta das paixões mórbidas e perversas; e todos os indícios biográficos revelam que era ele mesmo homem apaixonado e perverso, impondo-se apenas – penosamente – a compostura calma e mesurada que os seus versos serenos e musicais sugerem em meio às tempestades psíquicas. Nessa disciplina humana e poética reside o classicismo de Racine; realizou, como nenhum outro poeta da literatura universal, o ideal clássico, definido por Gide como aquele que soube dar à dimensão humana a sua forma mais banal. Racine parece banal, porque a sua poesia dá a fórmula mais geral, mais humana das emoções humanas[17].

Desde o tempo de Richelieu, a sociedade francesa começou a demonstrar seu interesse pelo teatro. Essa forma mimética por excelência, que exigia dentro dos moldes aristotélicos apenas uma postura passional da assistência, encontrou no público, às vésperas do romance e ainda bastante distante do cinema, a carência por um canal próprio que correspondesse às suas necessidades mais imediatas. Todos os esforços, inclusive do próprio sistema absolutista, existiram para que se elevasse esse gênero que se tornou o máximo da realização da literatura francesa. Conjugaram-se, portanto, os valores morais, sociais e estáticos, numa indissolúvel relação. Se a primeira metade do século foi palco de seu surgimento e evolução, a segunda metade, como já dissemos, durante a maturidade de Luís XIV, significou a sua consagração. Nesse sentido, se é verdade que sempre existe uma íntima relação ou uma relação dialética entre as macroestruturas sociopolíticas e a infra-estrutura das produções artísticas, a França do século XVII pode ser considerada modelar. Mesmo naqueles escritores considerados mais independentes, como ocorreu com Molière (por sua posição polêmica) e com La Fontaine (pelo gênero que

17. Carpeaux, *op. cit.*, pp. 726-727.

desenvolveu, não incluído na lista defendida por Boileau), não se pode dizer que suas obras se distanciem completamente dos desígnios que regiam o período. No caso de La Fontaine, autor de fábulas, sua obra resistiu e permanece no mundo todo graças à forma *exemplar* com que articulou o *purismo da língua francesa*, estabelecido pelo período desde o final do século XVI e pelos substratos morais que conduzem suas histórias.

O classicismo francês não pode ser compreendido apenas pelos elementos estéticos definidores de sua estrutura, mas também pela ética da conveniência de um sistema político que acabava ditando seus princípios absolutistas nas realizações estéticas. Exatamente dentro dessa linha de compreensão é que, no contexto inventivo de tantos outros escritores, os quatro acima assinalados formam, dentro de suas diferenças, verdadeiros alicerces de sustentação da condição da França do período. Se por um lado destacaram-se pelo rigor clássico dentro dos moldes canônicos, Boileau (seu legislador), Corneille (o primogênito do teatro clássico) e Racine (o que melhor o realizou), Molière, perseguido por tantos, também encontrou seu lugar de destaque e deixou seu legado para os séculos futuros. Considerado o grande cômico da época, esse provinciano tornou-se o favorito do rei ainda jovem, que o protegeu contra as perseguições de alguns poderosos por sentirem-se atingidos pelas suas críticas, suas sátiras, principalmente aquelas dirigidas contra as suas vaidades.

A Questão dos Gêneros no Classicismo Francês

É fundamental que se divida o *classicismo* na literatura européia em duas vertentes ou linhas de força: uma que diz respeito às produções propriamente ditas realizadas por poetas, dramaturgos, escritores em geral (peças, narrativas, poesia etc.); outra que diz respeito ao trabalho de manifestação crítico-teórica que envolve uma produção em certo sentido até mais intensa e que nem sempre corresponde a sua prática nas invenções artísticas.

A discussão em torno do trabalho literário, em todos os seus parâmetros, desde a natureza da literatura até o processo de criação, foi uma prática que surgiu com o Renascimento, com a questão da revalorização dos antigos, sobretudo Aristóteles, Horácio e Longino, e se manteve acesa durante todo o período clássico. A questão dos procedimentos miméticos de invenção e o estabelecimento das normas para a produção da literatura centravam-se, sobretudo, nos gêneros e na sua hierarquização.

Partindo dos conceitos de Aristóteles de sua *Poética*, da *Arte Poética* de Horácio e do *Tratado do Sublime* de Longino, interpretados à luz dos novos tempos, tomando por base várias teorias da Renascença, dentre elas, as italianas do século XVI (*Poeticae Septem libri*, 1561 de Scaliger, *Poetica d'Aristotele...*, 1576 de Castevetro, *Sobre o Poema Heróico*, 1594 de Tasso, dentre outras), os *classicistas franceses* codificaram regras que se tornaram verdadeiro sistema, atuando como modelo para os poetas e escritores em geral.

Apesar dos vários teóricos que trabalharam no sentido de organizar regras formais de estrutura e de conteúdo para a literatura, por meio de textos teóricos, prefácios, polêmicas literárias e outros meios, foi Boileau, na sua *Arte Poética*, que forneceu a palavra final daquilo que passaria a reger as invenções literárias do período, indo ao encontro dos propósitos gerais do classicismo racionalista, da moral que dominava todos os pólos dos pensadores e, conseqüentemente, do público.

Mais do que o estabelecimento de nove gêneros literários, dentro dos quais se definia o "certo e errado" da normativização clássica, Boileau também estabeleceu uma hierarquia entre eles. Esse procedimento, que serviu para instaurar a "camisa-de-força" dos modelos de invenção, encontra, na modernidade, juízos críticos que o denunciam com muita lucidez. Destacaremos dois que nos parecem sintetizar os pontos nevrálgicos da questão: Ernst Robert Curtius, na já referida obra *Literatura Européia e Idade Média Latina,* de 1947, e René Wellek e Austin Warren, na conhecida obra *Teoria da Literatura,* de 1948. Considerando que a ciência da literatura "chegou à maioridade sob a forma da filologia helenística" e como tal classificando a matéria literária segundo o gênero e segundo os autores, Curtius segue o seu juízo, da seguinte forma:

> O sistema dos gêneros dos antigos não corresponde ao moderno, pois além dos gêneros de poesia, como a epopéia, a comédia, a tragédia, consideram-se também, como princípios classificadores, os gêneros de versos (iambo, elegia etc.) Fixados os gêneros, resta determinar a sua ordem e subordinação. Há gêneros maiores e menores. Qual é a mais elevada: a epopéia ou a tragédia? Quantos são os gêneros menores? Boileau enumera nove, mas exclui a fábula. Com razão? Pode vir a ser clássico o escritor que só cultiva um gênero menor, por exemplo, a fábula? A teoria de Boileau era obrigada a negá-lo, e não obstante, La Fontaine impôs-se. Há quem veja nele o mais belo fruto do classicismo francês. Mas, que vem a ser um clássico, afinal, e desde quando há clássicos?[18]

Dentre os críticos modernos que se voltaram para o estudo e interpretação do classicismo, cremos ser Ernst R. Curtius um dos que melhor conseguiram detectar aspectos fundamentais de apresentação e questionamento daquele período. Munido de extrema erudição, mas também dotado de mobilidade crítica, não se restringe enumeração das características do classicismo, indo além na relativização de seus propósitos. Soube entender e reconhecer o classicismo francês como o único verdadeiramente codificado, questionando a sua existência em outros países, e soube, exatamente por isso, apontar o classicismo francês como um movimento estético-literário nacional, sob todos os aspectos. É dentro desse ponto de vista analítico que Curtius critica o estabelecimento dos gêneros pelos teóricos do classicismo francês e, principalmente, questiona, ironicamente, o estabelecimento de uma hierarquização por Boileau, na sua *Arte Poética*. Nesse contexto, vale transcrever a mesma visão, manifestada pelos teóricos americanos René Wellek e Austin Warren:

> Os séculos XVII e XVIII foram épocas que tomaram os gêneros bem a sério: os seus críticos eram daqueles para quem os gêneros existem, são reais. Que os gêneros se diferenciam – e que diferentes se devem conservar – é um geral artigo de fé para os neoclássicos. Mas se no criticismo neoclássico procuramos uma definição de gênero ou um método que permita distinguir um gênero dos outros, encontramos pouca consistência ou sequer consciência da necessidade de um critério. A relação de Boileau, por exemplo, inclui a pastoral, a elegia, a ode, o epigrama, a sátira, a tragédia, a comédia e a épica; contudo Boileau não define a base desta tipologia (talvez porque tenha concebido a tipologia como dado histórico, e não como construção racionalista). São esses seus gêneros diferenciados pelos temas, pela estrutura, pela forma dos seus versos, pela magnitude, pelo tom emocional, pela sua *Weltanschauung*, ou pelo seu público? Não podemos dizê-lo. Podemos, no entanto, dizer que, para muitos neoclássicos, a noção de gênero parece tão auto-suficiente no seu conjunto que não suscita qualquer problema geral. Hugh Blair (*Rhetoric and Belles Lettres*, 1783) consagra uma série de capítulos aos principais gêneros, sem, no entanto, introdutoriamente discutir os gêneros em geral ou os princípios da classificação literária. Por outro lado, as espécies que ele escolheu não têm qualquer consistência à face da metodologia ou de outra disciplina: na maior parte, remontam aos clássicos gregos, mas nem sempre. Blair ocupa-se longamente da "Poesia Descritiva", na qual, diz ele, "podem exibir-se as mais supremas diligências do gênio", não querendo, porém, com isto significar "qualquer particular espécie ou forma de composição", nem sequer, ao que parece, no sentido em que podemos falar de um "poema didático" [...]. A teoria neoclássica não explana, não expõe nem defende a doutrina das espécies ou a base de diferenciação. Em certa medida, atende a certos tópicos, tais como pureza da espécie, hierarquia das espécies, duração das espécies, acréscimo de novas espécies.
>
> Uma vez que o neoclassicismo foi, historicamente, uma mistura de autoritarismo e de racionalismo – agiu como força conservadora, disposta a, tanto quanto possível, manter e adaptar as espécies de origem antiga, especialmente as espécies poéticas. Boileau admite, porém, o soneto e o madrigal; e Johnson louva Denham por este ter, em *Cooper's Hill*, inventado um "novo esquema de poesia", e considera as *Seasons* de Thomson um "poema... de uma espécie nova" e o seu "modo de pensar e de exprimir seus pensamentos" "original"[19].

Como se vê, dentro dos mesmos propósitos críticos de E. R. Curtius, a passagem acima retoma pontos de questionamento da maior relevância. Não nos compete questionar a existência dos gêneros e o respeito que a eles se atribui, uma vez que sempre existiram e, de certa forma, sempre conduziram os processos de invenção li-

18. Ernest Robert Curtius, *Literatura Européia e Idade Média Latina*, Rio de Janeiro, Instituto Nacional do Livro, 1957, p. 256.

19. René Wellek e Austin Warren, *Teoria da Literatura*, Lisboa, Publicações Europa-América, 1962, p. 290.

terária ou ao menos quase sempre lhe valeram de sinal de apoio. É bastante comum na modernidade que as composições, ao buscarem seus caminhos criativos, dialoguem com estruturas estabelecidas.

O que se questiona, e com toda razão, na tipificação e na hierarquização dos gêneros no classicismo francês é a falta de um critério convincente, restando apenas aquele que todos conhecemos: certo autoritarismo, fruto de uma obsessiva racionalidade. Como disse Curtius, no caso específico de Boileau, ele se propôs a desenvolver, na prática, vários dos gêneros poéticos que incluiu na sua listagem, não demonstrando qualidade em nenhum deles. Assim, para as normas do classicismo, o gênero a ser respeitado acabava por suplantar a qualidade da obra.

Como os exemplos dados por René Wellek e Warren, outros tantos poetas existiram, destacando-se pela criação de grandes obras que não se enquadrariam naqueles gêneros estabelecidos. Sem dúvida, o exemplo de Curtius, foi o mais representativo do classicismo francês: La Fontaine. Mesmo não sendo a fábula considerada por Boileau, o desenvolvimento desse gênero lhe conferiu notoriedade na França e fora da França, sendo respeitado como um dos maiores escritores franceses de todos os tempos. Sobre ele, assim comenta Auerbach:

> Jean de la Fontaine (1621-1695) é um grande poeta, comparável a Ariosto pela espontaneidade e naturalidade, e pela facilidade aparente com que alcança a perfeição; no entanto, muito estudou ele seus modelos, sobretudo os antigos. Escreveu *Contes* encantadores, em que redige em verso assuntos extraídos de Boccaccio e de outros contistas antigos; rejuvenesceu, outrossim, o gênero do apólogo, dos pequenos contos de animais cujos personagens são como que homens disfarçados, gênero conhecido na Europa desde o poeta Esopo, imitado igualmente na Idade Média e que convinha à ingenuidade maliciosa de seu gênio. A coletânea de suas fábulas, que todas as crianças aprendem de cor na França e em outros países onde se ensina o francês, é o livro mais popular da literatura francesa[20].

Como se nota, a obra de La Fontaine é o argumento mais contundente em favor dos pontos críticos que se fazem ao normativismo dos gêneros durante o classicismo. Sem desrespeitar os parâmetros básicos do período, estudou os antigos, mas soube inventar, pela força da imaginação criadora, uma forma literária de valor inquestionável e de uma intensa capacidade comunicativa.

Numa ordem similar de diferenciação, os clássicos separam igualmente os estilos. Há um estilo alto, de que faz parte, na dramaturgia, por exemplo, a tragédia. Essa espécie de peça não pode recorrer à palavra de extração inferior, devendo ser plasmada e escrita segundo o elevado contexto estilístico que lhe é pertinente. A comédia, por seu turno, exige um padrão médio de composição, enquanto a farsa há de ser escrita em estilo baixo. Os mesmos preceitos estilísticos, racionalizados e canonizados, imperam nas demais formas da produção artística, uma vez que o efeito visado é sobretudo o da clareza e da regularidade.

Alguns Fundamentos do Neoclassicismo Europeu

Não faz parte dos objetivos deste capítulo discorrer sobre o neoclassicismo. A riqueza e complexidade do assunto requerem tratamento especial no espaço devido. Entretanto, até mesmo para que bem se compreendam os fundamentos do classicismo, faz mister que se apontem algumas manifestações do neoclassicismo do século XVIII. Logo no início deste estudo, transcrevemos a passagem de um ensaio de J. Guinsburg e Anatol Rosenfeld que apresentava descritivamente o conceito de clássico. Num determinado ponto, assim diz o texto:

> Na medida em que, a certa altura da história cultural de determinados países, sobretudo na França, tal concepção tornou-se dominante e mesmo normativa, em função de um surto criativo que produziu trabalhos notáveis em vários campos da arte, ela deu origem ao período "clássico" do "classicismo" europeu, tendo a sua influência e o poder de suas regras se espalhado no mundo ocidental, inclusive sob a

20. Auerbach, *op. cit.*, p. 204.

forma de um "neoclassicismo" que prevaleceu durante o século XVIII e fez par com o racionalismo ilustrado[21].

Essa influência e poder do classicismo francês, que se espalhou no mundo ocidental sob a forma de um neoclassicismo, prevalecendo durante o século XVIII e fazendo par com o racionalismo ilustrado, precisam, por questões inclusive didáticas, ser melhor explicados.

As idéias de Razão e de Natureza, codificadas e controladas pela visão de mundo do classicismo francês do século XVIII, canalizaram-se para o século XVIII e conduziram o pensamento iluminista, que passou a dominar as várias culturas européias, mesmo aquelas que não haviam vivenciado, devidamente, os ares do período clássico. Essa codificação entrou, de modos diferentes, em sintonia com a realidade cultural de, praticamente, todos os países europeus. O gosto do classicismo amadurecido durante o século XVII torna-se modelo, seja no que diz respeito à língua, seja no que diz respeito à literatura, mesmo com toda a flexibilidade que passou a existir no estilo, nos gêneros e nos temas. Para melhor contextualizar o ideário do Século das Luzes, leiamos a passagem de Benedito Nunes:

> Figuras complementares dentro dessa cadeia, o *classicismo* e a *religião natural* – o *deísmo* – do período, fizeram parte de uma constelação de princípios. O primeiro deles é a *uniformidade da razão*, que ligou entre si, numa só matriz filosófica, essa mesma idéia de Razão – o bom senso cartesiano, igualmente compartilhado por todos os homens – e a idéia de Natureza – o conjunto daquelas disposições que, acessíveis ao livre exame analítico, seriam sempre iguais em toda parte, escapando à força do hábito, ao prestígio da autoridade, às tradições e aos caprichos das circunstâncias históricas, bem como à influência, considerada perturbadora, das paixões e dos hábitos. Foi a tal matriz que se vinculou o individualismo racionalista da Ilustração, que reconheceu o homem como sujeito universal de direitos naturais em nome da humanidade, e como sujeito universal de conhecimento em nome do progresso da inteligência da espécie[22].

Essa "constelação de princípios" parece-nos uma metáfora feliz para representar, em síntese, o perfil do multifacetado século XVIII. Atuando em todos os campos da cultura, proliferando, sobretudo no campo das idéias, as formas do neoclassicismo não só fizeram par com o racionalismo ilustrado, mas se relacionaram tão intimamente a ponto de, na maioria das vezes, não se conseguir divisá-los. Século de transição política que se consolidaria com a Revolução de 1789, na literatura e nas artes, esse período seria também palco de um pré-romantismo, que em certos países se manifesta apenas como a resultante de um processo evolutivo e, em outros, como foi o caso da França, manifestar-se-ia como um profundo antagonismo entre Revolução e *Ancien Régime*.

Portanto, mediante a impossibilidade de analisar detidamente as influências do classicismo no século XVIII, elegemos alguns movimentos que julgamos necessário apontar. Para abordá-los, introduziremos as seguintes considerações de Curtius, na citada obra:

> A literatura fancesa possui um classicismo claramente definido e codificado. O mesmo acontece com o romantismo. O romantismo diverge de todos os outros pelo fato de ser um consciente anticlassicismo. Na França, romântico e clássico defrontam-se como Revolução e *Ancien Régime*. A Espanha e a Inglaterra têm romantismo, porém não classicismo. A Alemanha possui ambos, mas com uma importante modificação: o romantismo e o classicismo vivem no mesmo tempo e em parte no mesmo lugar. O romantismo de Iena de 1798 é reflexo, "conscientização" em parte também crítica do classicismo de Weimar de 1795. Por outro lado, muita coisa de romântico se observa nos últimos anos de Goethe. Mas há também grandes autores de nossa época clássica – Jean Paul, Hölderlin, Kleist – que não podem ser incluídos nem num partido, nem no outro. A florescência alemã de 1750 a 1832 não é separável pelo divisor clássico-romântico. Que acontece com a Itália? Será, hoje, sensato, contrapor o "clássico" Leopardi ao "romântico" Manzoni?[23]

As palavras do crítico servem-nos como guia para a discussão de alguns pontos, como anunciamos, manifestados durante o referido século em dois países, além da França, que nos parecem representativos, dentro do pai-

21. Guinsburg, *op. cit.*, p. 262.
22. *Idem*, p. 57.

23. Curtius, *op. cit.*, p. 278.

nel geral, não só do que denominamos neoclassicismo, mas pelo que passarão a influir no espírito geral da Europa: Alemanha e Inglaterra.

O que consideramos fundamental discutir é a questão da mesclagem que se processa no final do século XVII e durante todo o século XVIII na literatura européia: entre a realidade "clássica" de cada país e as interferências do classicismo francês, agora interligado aos novos ideários da Ilustração. O caráter *sui generis* dos procedimentos estéticos reside no fato de termos comportamentos distintos nos países variados. Evidentemente, a literatura francesa é a única que, consolidada, por razões próprias, no absoluto rigor clássico, mantém-se, sob alguns de seus aspectos e de suas leis, intacta. Os princípios fundamentais da estética e do gosto literário preservam-se durante o novo século. Entretanto, mediante as mudanças políticas e o surgimento do ideário que fermentou os novos tempos, cujo documento mais valioso foi *A Enciclopédia*, um novo estilo floresceu na França. Ela já havia realizado e vivenciado profundamente o classicismo e deixado, nos seus maiores representantes, as fontes de influências que entrariam para o conhecimento de outros países, de outras culturas. Nesse sentido, a literatura francesa ditou normas e procedimentos, os quais nem mesmo os países ibéricos que mais resistência demonstraram, como Espanha e Itália, poderiam ignorar. Entretanto, esse processo de "exportação" do classicismo para os demais países da Europa não se deu de forma unânime no que diz respeito aos seus autores mais representativos. As peças de Corneille e Racine tiveram enorme sentido na França, o mesmo não ocorrendo, durante o século XVIII, nos demais países. Caso contrário ocorreu com os escritos de Boileau, sobretudo com sua *Arte Poética*, que, paulatinamente, foi dominando todas as outras culturas. Afora esse trabalho doutrinador, espécie de alavanca moral e estética, foi o trabalho de um escritor e pensador nascido no século XVIII, filho, portanto, do "século das Luzes", que atuaria como a força, a ponte necessária para levar o classicismo francês para os demais países. Trata-se do rigorosamente caótico e vigoroso Voltaire.

Francois-Marie Arouet, dito *Voltaire* (1694-1778), talvez possa ser considerado a síntese representativa desse período tão complexo, não só da França, mas das grandes lideranças ideológicas e estéticas do século XVIII. Como diz Otto Maria Carpeaux: "A sátira subversiva de Swift e o classicismo doutrinário de Johnson, unidos pela poesia de Pope – eis Voltaire. O 'desacordo equilibrado pela inteligência' dá a síntese do classicismo da Ilustração"[24]. Um dos mais relevantes aspectos que fazem de Voltaire este símbolo do classicismo ilustrado do século XVIII é a conjunção do espírito francês, em sua pessoa e em seu talento, bem como o modo como introjetou e transformou as profundas influências inglesas que recebeu. O resultado foi este fenômeno que realizou todos os gêneros, sendo bem-sucedido em quase todos eles, deixando sempre as marcas de certo lirismo aliado ao seu modo de ver e de transmitir um conteúdo revolucionário por meio de uma forma antiga, clássica, para não dizer reacionária. Cremos fundamental citar uma espécie de descrição que Otto Maria Carpeaux faz – para nós a mais esclarecedora – desse figurativizador do século XVIII europeu:

> Em tudo o que disse há certo lirismo leve, um perfume como do tempo entre Watteau e Mozart, crepúsculo suave da época aristocrática. Até no pessimismo arrasador dos romances satíricos, em *Zadig*, *Micrômegas*, e sobretudo em *Candide*, existe algo de ironia política dos ingleses, se bem que atrás de um estilo muito diferente, estilo lúcido, que é a essência da sua literatura, sobrevivendo aos gêneros que ele cultivou e a sua ideologia de burguês abastado e céptico. Voltaire pode contradizer-se mil vezes; a unidade da sua obra imensa e multiforme é garantida pela permanência do estilo, personalíssimo sem profundidade, claro e irônico e seco. É a arte da inteligência pura, sem emoção íntima, algo oportunista e daí sem coerência ideológica nas atitudes literárias. Nada mais inexato do que a definição de Voltaire, proposta por Faguet: "....un chaos d'idées claires". Voltaire parece-se com Pope e todo o classicismo inglês, pela arte de construir simetrias perfeitas de materiais incoerentes, de idéias vagas que não se deu o trabalho de analisar a fundo. A obra de Voltaire é, por assim dizer, um Cosmos de idéias obscuras. Daí a razão pela qual quase todas as suas

24. Carpeaux, *op. cit.*, p. 1324.

obras sucumbiram ao tempo, tornando-se ilegíveis; mas a obra, como conjunto, permanece, constituindo o maior monumento literário do século XVIII[25].

Mesmo não sendo possível aprofundar nossas considerações, julgamos importante tentar elucidar os fundamentos básicos que justificam ser Voltaire esse símbolo tão importante para o século XVIII. Desde muito jovem, esse filho de um notário parisiense conseguiu se infiltrar na alta sociedade da Regência, por meio de seu talento, seja como poeta, seja pelo espírito manifestado nas suas idéias. Portador de grande fortuna, acumulada por suas ligações com financistas célebres da época, foi também o grande patrono da *Enciclopédia*, cujo principal organizador foi Denis Diderot (17131784). Devido às suas sátiras pessoais e políticas e pelos escândalos provocados por elas, Voltaire sofreu uma série de perseguições, sendo obrigado, em 1726, a deixar a França, exilando-se na Inglaterra, onde permaneceu por três anos. Nas considerações críticas de Antonio José Saraiva e Oscar Lopes:

> A influência inglesa é claramente reconhecível nos primeiros dois grandes doutrinários que exerceram maior influência no Século das Luzes francês: Montesquieu e Voltaire, cujas relações com a alta burguesia ou aristocracia, além de uma estadia em Inglaterra, os fizeram naturalmente simpatizar com o sistema político britânico. O *Espírito das Leis* (1748) de Montesquieu é a primeira tentativa notável de explicação racional das formas de sociedade em relação ao meio fisico, e contém uma apologia da divisão dos poderes (executivo, legislativo, judiciário), segundo uma imagem idealizada da política inglesa; as *Cartas Filosóficas* (1734) de Voltaire representam a sua adesão definitiva ao deísmo de Bolingbrocke, ao empirismo e liberalismo de Locke, enfim o seu inglesamento ideológico, com suas características anticlericais, moderadas, favoráveis a uma monarquia esclarecida, tolerante e eclética[26].

No final do século XVII e início do século XVIII, mais especificamente, a partir de 1680, desencadeou-se na França uma série de transformações políticas e ideológicas que, integrada à evolução das idéias de outros países como Inglaterra, implicaria alterações fundamentais no painel geral do pensamento europeu. O sistema absolutista foi se tornando cada vez mais desacreditado, principalmente depois das guerras do regime de Luís XIV, sobretudo a da Sucessão ao trono da Espanha. A partir de 1688, na Inglaterra, ocorrem profundas transformações sociais e políticas, principalmente com a consolidação do sistema parlamentar e do gabinete ministerial. Muitas da criações culturais e científicas mais avançadas vêm daquele país, que começa a tomar a dianteira nos processos de modernização. Vai-se processando um amplo desenvolvimento do capitalismo.

Mediante as grandes transformações que vinham já se processando neste país e que atingiu seu apogeu no início do século, a Inglaterra consistia num núcleo efervescente em todos os campos, ponto de partida político que se expandia num liberalismo cada vez acentuado, proliferador de resultados inovadores e fundamentais no campo da ciência, das artes e da literatura. Houve, portanto, grande sintonia entre a realidade inglesa e os propósitos de Voltaire. Sobre esta relação frutífera, assim resume Erich Auerbach:

> A Inglaterra, por essa época, começava a tornar-se o que continuou a ser desde então: uma monarquia constitucional cujos habitantes desfrutavam de grande liberdade, um país que florescia graças às suas empresas coloniais, ao seu comércio e a sua indústria, e habitado por cidadãos de religiões e seitas diferentes trabalhando em comum na base de uma tolerância quase completa. Foi lá que Voltaire concebeu as idéias que lhe guiariam a atividade futura: o ideal da burguesia livre que se enriquece pelo trabalho; a idéia de tolerância, fundamento de toda liberdade e de toda cooperação; a idéia de uma moral fundada no interesse, no egoísmo inteligente; em suma, o ideal da burguesia democrática do século XVIII. Na Inglaterra, Voltaire conheceu também a Física de Newton que, desde então, tomou para ele o lugar da Filosofia; ele adotou o sistema empírico, isto é, baseado na experiência, da filosofia inglesa, e combateu desde então não apenas a Metafísica religiosa mas toda Metafísica especulativa, sobretudo a de Descartes e de seus sucessores; notemos, aqui, que o racionalismo francês do século XVIII não é absolutamente idêntico ao racionalismo cartesiano; está temperado de

25. Carpeaux, *op. cit.*, p. 1326.

26. Antonio José Saraiva e Oscar Lopes, *História da Literatura Portuguesa*, Lisboa, Porto-Editora, 1950, p. 518.

forte dose de empirismo e se mostra mais prático que teórico nos seus objetivos[27].

Ainda nas considerações de Auerbach, Voltaire não foi nem ateu nem puro materialista; reserva um lugar para Deus no seu sistema; Deus permanece, nele, como o primeiro motor da Natureza; cumpre ver, porém, que Voltaire rejeita todos os dogmas. Por fim, conheceu ele na Inglaterra a literatura inglesa, e conheceu sobretudo o teatro de Shakespeare, tão radicalmente diverso de todas as tradições do classicismo francês e que lhe provocou grande impressão. Entretanto, manteve-se ligado aos ditames do gosto estético francês, que jamais abandonou.

Os aspectos básicos desse grande escritor e pensador francês consistem em ser o maior propagandista, juntamente com Montesquieu e Rosseau, dos ideários modernos do século XVIII e, ao mesmo tempo, maior propagandista do próprio classicismo, atingindo pontos da Europa que não conseguiam introjetar as posições francesas do século XVII. Esses aspectos advêm da conjunção entre o perfil do homem, do intelectual e do escritor que juntos formam o perfil de Voltaire, para não dizer o perfil do século XVIII europeu.

Dotado de inteligência extraordinária, a figura polêmica desse francês, aliada ao seu trabalho intelectual, determinou a sua relevância histórica, mesmo que todos os fundamentos de seu tempo tornaram-se passado, mesmo os gêneros cultivados, a ideologia professada, suas concepções sobre religião e outros pontos deixaram de ter, atualmente, qualquer relevância:

> O que permanece é a versão eficiente que deu a certas opiniões, suas ou alheias. Voltaire é em toda a literatura francesa a mina mais rica de epigramas, aforismas, chistes, ditos – é o maior daqueles *diseurs de bon-mots* que Pascal condenara. Escrevendo, não é capaz de suprimir um *bon-mot* que lhe ocorra, seja injusto, embora; o estilo do qual é dono, acaba dominando-o. Voltaire é um estilista. Adotou as convenções do classicismo razoável, porque lhe permitiram estilizar a Razão, tornar eficiente a expressão das idéias. Voltaire é um escritor intencional. A sua obra inteira serve às suas tendências. É o maior intrumentalista da literatura universal[28].

Como já dissemos, Voltaire desenvolveu praticamente todos os gêneros do classicismo, compondo poesia, tragédias, comédias e a grande epopéia, sendo que nesses dois últimos não obteve grande sucesso, porém, nos anos que se seguiram ao seu retorno da Inglaterra, o ponto fundamental de seus escritos se voltou para textos polêmicos, satíricos, filosóficos e históricos nos quais se acentuou para os desígnios revolucionários do século, mais influentes e representativos para toda a Europa. Dentre eles, destacam-se *Lettres philosophiques*, que consistem nas suas impressões inglesas, o primeiro de seus pequenos romances de tese, *Zadig* e muitas outras coisas no mesmo tom polêmico[29]. Realizou também, durante essa época, suas grandes obras históricas: *Histoire de Charles XII*, *Le Siècle de Louis XIV*, *Essai sur les Modeurs e l'Esprit des Nations*[30].

Após a publicação de *Cartas Filosóficas*, em 1734, Voltaire foi obrigado a afastar-se de Paris, refugiando-se

27. Auerbach, *op. cit.*, p. 215.

28. Carpeaux, *op. cit.*, p. 1326.

29. Maioria dos trabalhos relevantes para o século XVIII, escritos por Francois-Marie Arouet, dito Voltaire, extraídos da cronologia das obras estabelecida por Otto Maria Carpeaux, na sua *História da Literatura Ocidental*, pp. 1324-1325:

Epopéia: *Henriade* (1723/1728); epopéia herói-cômica: *La Pucelle d'Orleans* (1755/1771).

Poesia: *Epître à Uranie* (1722); *Epître sur la philosophie de Newton* (1736); *Le Mondain* (1736); *Discours en vers sur l'Homme* (1737); *La loi naturelle* (1756); *Poème sur le desastre de Lisbonne* (1756); *A Horace* (1772), além de numerosas odes, epístolas, epigramas etc.

Tragédias: *Oedipe* (1718); *Marianne* (1724); *Brutus* (1730); *Zaire* (1732); *Alzire* (1736); *Mérope* (1743); *Oreste* (1749) e outras.

Comédias: *L'enfant prodigue* (1736); *Nanine ou Le préjugé vaincu* (1749); *L'Écossise* (1760) e outras.

Romances e contos: *Zadig* (1747); *Memnon* (1750); *Micromégas* (1752); *Candide ou l'Optimisme* (1759); *L'Ingénu* (1767); *L'homme aux quarante écus* (1768); *La princesse de Babylone* (1763).

30. *Obras historiográficas*: *Histoire de Charles XII* (1731); *Le siècle de Louis XIV* (1751); *Essai sur les Modeurs et l'Esprit des Nations* (1756); *Histoire de la Russie sous Pierre le Grand* (1767).

Panfletos, crítica etc.: *Essai sur la poesie épique* (1728); *Le temple du goût* (1733); *Remarques sur les Pensées de M. Pascal* (1734); *Lettres philosophiques ou lettres sur les Anglais* (1734); *Élements de la philosophie de Newton* (1738); *Traité sur la Tolérance* (1763); *Dictionnaire philosophique portatif* (1764).

em Cirey, no castelo de Madame de Châtelet. Conseguiu reabilitar-se em 1745, mas, após uma estada durante alguns anos em Potsdam, hóspede de seu amigo o rei Frederico da Prússia, período em que já se tornava célebre em toda a Europa, estabeleceu-se numa região perto de Genebra, em Délices, e em 1760, em Ferney, território francês, perto da fronteira suíça. Foi lá que permaneceu durante os vinte últimos anos de sua vida.

Alemanha

No caso da Alemanha, como afirmou Curtius, praticamente conviveram classicismo e romantismo, na segunda metade do século. Devido à Reforma, esse país vivenciou um descompasso em relação aos demais, sobretudo no que diz respeito à cultura greco-latina. A sua reintegração se deu durante o século XVIII, por meio de uma série de movimentos que lhe conferiram uma intensidade intelectual invejável, gerando resultados altamente frutíferos para a cultura em geral e para a literatura e crítica literária em particular. Em se tratando de um dos melhores críticos desse período e, em especial, da situação da Alemanha em relação ao classicismo e ao romantismo, vejamos a avaliação crítica de Gerd Bornheim:

> O *Sturm und Drang*, uma das primeiras manifestações importantes da cultura alemã, torna-se indispensável para a compreensão do Romantismo. Mas não menos importante é o Classicismo alemão. De fato, entre Goethe e os românticos há muito menos oposição do que permite concluir um exame superficial. Tanto a obra de Goethe como a de Schiller permanecem fiéis, fundamentalmente, à vocação romântica dos nórdicos. A menor tentativa de comparação entre Racine e os clássicos alemães põe essa fidelidade a descoberto. Evidentemente, existem elementos clássicos em Goethe e Schiller. Existe, ao menos, a tentativa de um Classicismo. Mas a ruptura entre Classicismo e Romantismo foi, ao contrário do que aconteceu na França, muito mais aparente do que permitem suspeitar, por exemplo, as relações entre Schiller e os irmãos Schlegel.
>
> Sabe-se que a viagem à Itália modificou profundamente as concepções de Goethe, levando-o a tentar uma experiência clássica, cujo mais maduro e equilibrado fruto é a helênica *Ifigênia em Táuride*. Não obstante o alto nível conseguido nessa tragédia, Goethe toma consciência, suscitado por uma série de razões, de que seus ideais clássicos representam uma fórmula sem futuro em solo germânico. O espírito com que retorna ao tema de Fausto e prepara sua versão definitiva, consciente de que trabalha uma personagem eminentemente romântica, é significativo para a situação geral do Classicismo alemão[31].

Como se pode compreender, o ideal clássico na Alemanha permanece excessivamente um ideal. A busca da serenidade clássica, da "calma grandeza e nobre simplicidade", revela, paradoxalmente, um elemento nostálgico que deixa perceber um temperamento romântico. Isso permite perceber ter sido o classicismo, na Alemanha, um fenômeno isolado, vivido por um pequeno grupo, não tendo jamais chegado a expressar a totalidade da cultura alemã de sua época.

Sem dúvida, o ponto crucial para avaliarmos a existência de um classicismo na Alemanha é entendermos o modo como vivenciou este país o Século das Luzes, os reflexos do pensamento iluminista francês durante o século XVIII alemão. Para G. Bornheim, essa fase é a menos germânica da cultura alemã, exatamente por viver, culturalmente, "sob a sombra da cultura latina, especialmente da francesa".

Uma vertente da crítica do neoclassicismo alemão

Ao mesmo tempo, vigora no classicismo uma rígida separação das artes: elas não se confundem, cada uma obedece a seus próprios ditames. A função crítica do período neoclássico foi de grande intensidade, sobretudo aquela que buscava a tipificação das artes e da literatura. Nesse sentido, se a literatura alemã demonstrou-se mesclada de neoclassicismo e pró-romantismo, a reflexão crítica foi mais definida. É fundamental, neste sentido, que se reporte à obra crítica de G. E. Lessing. Trata-se de *Laokoon ou sobre os Limites entre a Pintura e a Poesia,* de 1766.

A contundência crítica, aliada à habilidade argumentativa de Lessing, permitiu-lhe influenciar não só todas as camadas da opinião intelectual da época, mas também

31. *In* J. Guinsburg, *op. cit.*, p. 84.

os estudiosos de analogias entre "artes temporais" e "artes espaciais" do nosso século. Neste sentido, pela sua própria linha de abordagem, *Laokoon* consegue abranger o período clássico por meio de uma recuperação crítica das mais divergentes tendências da época e estabelecer uma espécie de alicerce estético, que tem servido de ponto de partida e de apoio aos críticos e teóricos modernos, mesmo que não mais lhe confiram validade absoluta. Lessing foi um grande estudioso e sua teoria crítica é resultante de uma conjunção de pensamentos dos mais relevantes esteticistas e filósofos clássicos. Dentre os empíricos ingleses, destacam-se David Hume, John Locke e George Berkeley, cujas idéias, lançadas durante o século XVII, surtiram efeito nos ensaístas do século XVIII: Joseph Addison, com *Spéctator*, lorde Kames, *Elements of Cristicism*, lorde Shaftesbury e outros. Tais teorias, que privilegiam sobretudo o processo de fruição das obras de arte, possuem natureza sensista, e se, por um lado, significaram o desenvolvimento de critérios autônomos de fruição estética, por outro, baseando-se no "prazer ingênuo" do contato artístico, tornaram-se reducionistas. O próprio critério de apreciação é apresentado como sendo a satisfação que precisa ser justificada pelos resultados. Diretamente voltados para as artes comparadas e influenciados pelos filósofos sensistas, destacam-se três nomes cuja influência é decisiva na formulação do pensamento de Lessing: *abbé* Jean-Baptiste Du Bos (1670-1742), Charles Batteux (1713-1780) e Denis Diderot (1713-1784).

Laokoon, como resultado, é a conjunção dessas várias tendências que se unem para um único propósito, que mais claramente se define na reação a duas correntes básicas da época. Propõe-se a criticar o arqueólogo J. J. Winckelmann, cujos comentários e teorias sobre a arte grega antiga dominavam totalmente o público não só alemão, mas também italiano. Por outro lado, analisa e critica alguns comentadores da época que sugeriam aos artistas modelos de imitação extraídos de obras clássicas.

Para realizar seu trabalho, Lessing se valeu da seguinte estratégia: retomou exatamente a fonte clássica, através de Homero, Aristóteles, Horácio, Virgílio e dos tragediólogos gregos, em especial Sófocles. Partindo de obras individuais, principalmente da *Ilíada* de Homero, analisa-as detidamente e acaba por demonstrar as falsas interpretações dos comentadores, que diziam se valer desses mesmos recursos, mas, na verdade, revelam deturpar as teorias críticas clássicas. Desta forma, o que parece primordial em *Laokoon* é a nova concepção da forma estética que Lessing forneceu.

É por meio desse minucioso estudo comparativo, que não podemos detalhar neste ensaio, que Lessing estabelece sua tipologia das artes e de alguns gêneros literários, delimitando três universos fundamentais: a escultura (arte espacial) como forma totalmente imitativa e limitada rigidamente pelas leis miméticas; a poesia épica (arte temporal), imitadora de ações, porém possuidora de uma esfera mais ampla; e a poesia dramática (arte temporal e espacial), síntese ideal de eficácia mimética.

De igual modo, dentro da literatura, cada gênero tem suas leis específicas. A poesia lírica não deve valer-se do padrão épico e este não se confunde com a poesia dramática. A cada gênero correspondem preceitos especiais e a confusão entre os vários tipos de composição é tida como um grave defeito. A obra deixa de ter o valor que poderia alcançar se se conforma exatamente às regras dos respectivos gêneros. Na pintura e na escultura, sua busca é a do universal. Na literatura, esquiva-se de descer a distinções psicológicas, muito minuciosas. Em todas as suas formas de expressão procura fixar o universalmente humano. Trata-se de um princípio fundamental do classicismo, já estabelecido nitidamente na dramaturgia por Aristóteles, mas com validade para todas as outras artes.

Inglaterra

A *História da Literatura Inglesa* demarca-se por uma história da reflexão muito particular sobre o próprio fazer literário, a função da literatura e suas relações com a realidade. Já em 1595, após a morte de seu autor, o ensaio denominado *The Defense of Poesie*, de Sir Philip Sidney, atuou no pensamento crítico inglês com uma intensidade que permaneceu como alicerce para a crítica futura. Sua defesa da poesia é comparada de Aristóteless às acusações de Platão em relação a essa forma de expressão artística. De certa forma, durante o século XVII, enquanto quase todos os países vivenciavam a idade do ouro, em que as interpretações inventivas da literatura ganharam as feições do cultismo precioso do barroco, a poesia inglesa também se realizou olhando por uma fresta distinta e produzindo a chamada poesia metafísica, uma forma singular de se distinguir criticamente das manifestações da poesia espanhola. Como sabemos, neste mesmo século, na França, acontecia o apogeu do período clássico na teoria radical de Boileau e nas grande manifestações do teatro.

O século XVIII na Inglaterra não pode ser denominado "The Age of Reason", mediante o quadro que se delineou na teoria e na prática literárias do período. Como nos demais países, mas distinguindo-se por suas especificidades, o classicismo se manifestou neste país como neoclassicismo, uma vez que delineou-se com perfil próprio dentro do que evoluiria para o pré-romantismo. Apesar de uma certa euforia da razão proporcionada por pensadores como Descartes e Newton, uma aparente ilimitação do sucesso do pensamento matemático, na verdade, o clima do século neste país é muito bem sintetizado pelo seu grande mentor e crítico na literatura: Alexander Pope, que denuncia, seja nos seus versos filosóficos, seja nas suas reflexões em prosa, a presença do conflito entre os dois pólos – razão e sentimento apesar de sempre se conferir à razão uma espécie de domínio nos atos de criação. Pope é considerado o grande realizador dos preceitos sobre poesia de Nicolas Boileau. Aqueles postulados que conduzem a ordem e a razão do classicismo são mantidos e se presentificam no respeito à simetria, ao decoro, ao pensamento científico; no cultivo dos sentimentos de filantropia, a exaltação de pessoais e domésticas relações, está o culto aos sentimentos e a sensibilidade. Os dois impulsos eram sincrônicos, até quando, ao serem levados ao extremo, pudessem se tornar contraditórios. Na literatura do período, a sátira adquiriu grande intensidade, sendo uma das glórias da época: argumento, *wit*, *plain prose*, isto é, voltada para a razão; o outro impulso inspirou a novela psicológica, a poesia do sublime. Na crítica, razão é aliada com tradição, as regras neoclássicas derivadas da retórica latina, julgamento baseado na utilidade: o impulso passional é refletido no movimento de categorização das formas considerando a psicologia do artista e a audiência. Nesse contexto, a maior representação do pensamento e da criação inglesa da primeira metade do século XVIII, constituindo-se, ao nosso ver, um exímio exemplo de neoclássico, foi Alexander Pope. Partilho, neste sentido, da opinião de Antonio Candido, para quem o poeta e crítico inglês teria sido o mestre do neoclassicismo e contrário à opinião do magnífico crítico E. R. Curtius, para quem não houve classicismo (neoclassicismo para nós) na Inglaterra. Nos poemas de Pope reunidos no primeiro volume (1717), ele conjuga vários gêneros: a chamada "poesia local" (*Windsor Forest*), o poema didático (*An Essay on Cristicism*), a epístola heróica (*Eloisa to Abelard*), e o herói-cômico (*The Rape of the Lock*), realizados com muita sensibilidade e destreza técnica. As mesmas qualidades são evocadas na sua última poesia pelos temas morais e sociais. O epíteto "intelectual" conferido a Pope tende a obscurecer a verdadeira força emocional de sua poesia. Seus principais ensaios, *Moral Essays, Imitations of Horace* e *An Essay on Man,* denunciam a consciência desse poeta que vivenciou e reinterpretou o classicismo dentro de seu tempo e aponta, pelo seu trabalho crítico e artístico, para os fundamentos que haveriam de surgir no romantismo da literatura inglesa e européia.

6. O CLASSICISMO NO TEATRO

6.1. A Dramaturgia do Classicismo

João Roberto Faria

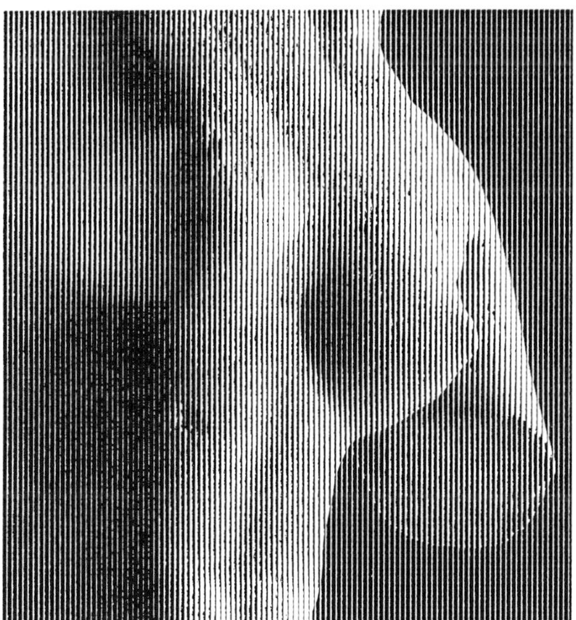

As Origens do Classicismo

As raízes do teatro clássico encontram-se na Itália renascentista. Fiéis ao princípio básico da imitação dos modelos da Antigüidade greco-latina, artistas e eruditos puseram-se a ler, traduzir e estudar as obras principais de autores como Ésquilo, Sófocles, Eurípedes, Plauto, Terêncio e Sêneca.

Em 1515, como conseqüência dessa atividade, o poeta Trissino escreve a primeira tragédia clássica italiana, *Sofonisba*. Nos anos seguintes, ao mesmo tempo em que surgem outras tragédias baseadas ora em Sêneca ora em Sófocles e Eurípedes, alguns eruditos redescobrem a *Poética* de Aristóteles, que tivera uma primeira publicação em latim em 1498. Multiplicam-se então os comentários, as interpretações e edições desse texto seminal, sobretudo a partir das repercussões obtidas pela obra *De arte poetica*, de Marco Girolamo Vida, que apareceu em 1527. A extraordinária atividade crítica que se seguiu, com os trabalhos empreendidos por Robortello, Segni, Maggi, Mutio,

Fracastor, Minturno, Scaliger e Castelvetro, entre outros, foi fundamental para a constituição da doutrina clássica.

O prestígio da cultura italiana renascentista assegurou a divulgação das obras teatrais da Antigüidade greco-latina e de Aristóteles nos demais países europeus. Mas a recepção dos princípios do classicismo estabelecidos a partir da *Poética* não foi pacífica.

Na Espanha, por exemplo, a dramaturgia exuberante de Lope de Vega, Calderón de la Barca e Tirso de Molina não levou em conta as lições dos estudiosos italianos e preferiu o romanesco, o colorido das dissonâncias barrocas ao ideal clássico de equilíbrio e ordem. Lope de Vega deixou claro na primeira parte de seu opúsculo *Arte nuevo de hacer comedias* (1609) que não desconhecia o debate teórico ocorrido na Itália, para em seguida fazer uma defesa vigorosa das liberdades que tomava em relação às regras clássicas. Pode-se dizer que resultaram em nada os esforços de teóricos como Alonzo Lopez Pinciano ou Francisco de Cascales para implementar o classicismo na Espanha. O teatro do "Siglo de Oro" jamais cortou os vínculos com as fontes populares.

Na Inglaterra ocorreu um fenômeno semelhante. De um modo geral, os grandes dramaturgos elisabetanos produziram uma dramaturgia distanciada do rígido cânone clássico. O maior dentre eles, Shakespeare, utilizou as formas dramáticas com enorme senso de liberdade e pragmatismo, incorporando em suas peças as tradições populares e a rica imaginação medieval. A história do teatro inglês registra, todavia, algumas tentativas no sentido da instauração do classicismo: peças de dramaturgos como George Chapman e Ben Jonson, escritas de acordo com a ortodoxia aristotélica, e o texto "An Apology for Poetry or The Defense of Poesie", do poeta Sir Philip Sidney, uma eloqüente defesa do pensamento clássico escrita sob a influência das doutrinas humanistas, em 1581, e publicada postumamente em 1595. O brilho fulgurante de Shakespeare ofuscou essas iniciativas. Só depois de sua morte é que a dramaturgia inglesa se inclinará diante das regras clássicas, fortalecidas nessa altura pela excelência dos dramaturgos franceses.

Se nos lembrarmos de que também na Alemanha a forma teatral predominante no período foi o drama barroco, e que em Portugal a sombra de Gil Vicente pairou sobre as tentativas de Sá de Miranda e Antonio Ferreira, constataremos que, rigorosamente, e em grande escala, os preceitos clássicos elaborados pelos pensadores italianos foram acolhidos apenas na França. É nesse país que serão retomados e ampliados os comentários e as interpretações da *Poética* de Aristóteles – e também, em menor escala, da *Arte Poética* de Horácio –, com vistas ao estabelecimento de uma doutrina estética sólida e coerente, alicerçada em princípios e regras que deveriam orientar a criação artística. E é em torno dessa doutrina, seja para aceitá-la, seja para se contrapor a ela, que surgirá uma dramaturgia de extraordinária beleza, cujos expoentes máximos são Corneille, Molière e Racine.

Não deixa de ser curioso lembrar que na Itália, berço do classicismo, as formas teatrais mais importantes do século XVII foram a ópera e a *commedia dell'arte*, gênero de espetáculo de forte apelo popular. Ou seja, as lições dos eruditos do século anterior não frutificaram em seu país de origem. Assim, é na França que o classicismo se organiza verdadeiramente como um sistema coerente, produz inúmeras obras-primas e adquire vitalidade suficiente para sobreviver por quase dois séculos, não sem opositores, até o romantismo.

Os Artesãos do Pensamento Clássico

Nas duas primeiras décadas do século XVII, a cena francesa era dominada por dois tipos de peças teatrais: a tragicomédia e a pastoral. A primeira, espécie de tragédia com final feliz, combinava elementos romanescos, heróicos e líricos. Era um gênero repleto de aventuras e toda sorte de peripécias, como ocorria na comédia espanhola de capa e espada. A segunda, de origem italiana, girava em torno das paixões de pastores e pastoras idealizados e se prestava a espetáculos suntuosos. Tanto a tragicomédia quanto a pastoral eram formas dramáticas extremamente livres, escritas sem a interferência de preceitos clássicos. Por isso, constituíam um tipo de teatro "irregular", contra o qual se voltaram os teóricos franceses influenciados pela leitura de Aristóteles e de seus comentadores italianos.

O primeiro texto importante para a sistematização da doutrina clássica na França surge em 1623: trata-se do prefácio que Jean Chapelain escreveu para a epopéia *Adonis*, do poeta italiano Giambattista Marino. Convencido da necessidade de regras para se atingir a perfeição na arte, defende seu ponto de vista e aponta os preceitos clássicos que julga decisivos, tais como a imitação dos antigos, o culto da razão, a concepção utilitária da poesia, o princípio da verossimilhança e a regra das unidades.

Homem de vasta cultura, conhecedor do espanhol e do italiano, leitor de Aristóteles e de seus comentadores, Chapelain impôs sua autoridade intelectual ao longo de cerca de trinta anos de atividade crítica. Com o apoio do cardeal Richelieu, tornou-se uma espécie de árbitro oficial para as questões literárias. A ele recorriam dramaturgos, poetas, estudiosos, que o consultavam acerca de pontos controvertidos da doutrina clássica. Em seus textos mais conhecidos, notadamente a "Lettre sur les vingt-quatre heures" (1630) e os "Sentiments de l'Académie française sur la tragi-comédie du *Cid*" (1637), estabeleceu os princípios que deviam modelar o gênero trágico, em termos que radicalizavam sua adesão ao aristotelismo.

Foi por sugestão de Chapelain que Richelieu criou a Academia Francesa, em 1634. Destinada a promover o uso do *pur français*, a Academia encarregou-se também de fazer a defesa das regras que deviam reger a criação das obras dramáticas. A polêmica em torno de *Le Cid* dá a medida da tutela do Estado no terreno artístico: Corneille foi severamente censurado por ter escrito uma tragicomédia, isto é, uma peça "irregular".

Pertencem à geração de Chapelain outros teóricos importantes, como Jules de La Mesnardière e o Abade d'Aubignac. O primeiro projetou codificar a nova doutrina dramática numa obra vasta, em três volumes. Mas a morte de Richelieu, em 1642, privou-o do apoio de que necessitava. Sua *Poética* ficou no primeiro volume, publicado em 1639. Nessa obra, embora inacabada, La Mesnardière demonstrou ser um leitor atento de Aristóteles, a quem considerava "o maior espírito do mundo". Além de ter sistematizado os princípios enunciados por Chapelain, visando dar uma formalização rigorosa ao modelo dramático clássico, sua maior contribuição pertence ao domínio das "conveniências". Ninguém melhor que ele discutiu as regras que determinavam o que podia e o que não podia ser mostrado no palco.

O Abade d'Aubignac, igualmente instigado por Richelieu e pela Academia Francesa, escreveu um tratado específico sobre a arte de compor peças teatrais: *La Pratique du théâtre*, obra redigida ao longo de muitos anos e publicada em 1657. Seu objetivo era auxiliar de modo concreto os dramaturgos de seu tempo e não apenas teorizar. Assim, embora fortemente apoiado em Aristóteles, "que nos deu os preceitos fundamentais do poema dramático", o Abade d'Aubignac foi mais longe do que os seus contemporâneos, no sentido de que não se limitou a comentar a *Poética*. Por sugerir uma prática, observa Jacques Scherer, ele "analisa como técnico bem informado e minucioso a maneira como trabalham os autores dramáticos de sua época". O resultado é que "escreveu o único tratado do século XVII que dá conta, com realismo e segundo uma lógica, da estrutura das obras dramáticas"[1].

Além de Chapelain, La Mesnardière e do Abade d'Aubignac, vários outros teóricos e dramaturgos trouxeram sua contribuição para os debates em torno do teatro clássico. Jean de Mairet, por exemplo, no prefácio de sua tragicomédia pastoral *Silvanire*, em 1631, foi o primeiro autor a defender o uso das unidades de tempo, lugar e ação. Georges de Scudéry, dramaturgo que gozou de algum prestígio, publicou suas *Observations sur le Cid* em 1637, alinhando-se com Chapelain na defesa das unidades e da verossimilhança, aspectos que Corneille teria desprezado.

1. J. Scherer, "Le métier d'auteur dramatique", *in* J. Jomaron (org.), *Le théâtre en France*, Paris, Armand Colin, 1992, v. 1, p. 192.

É toda uma geração, enfim, de homens de letras nascidos por volta de 1600, que se encarrega de dotar a França de um novo código literário. Coube-lhe, nas palavras de René Bray, "o papel de assegurar o triunfo da autoridade sobre a independência, da disciplina sobre a insubordinação. É a geração da ordem. Ela organiza o Parnaso, como Richelieu organiza o reino"[2].

O último grande artífice do classicismo, Nicolas Boileau, surge quando os princípios fundamentais e as regras da nova doutrina já estavam estabelecidos. É de 1674 a sua obra *L'Art Poétique*, que se distingue pela elegância dos alexandrinos e pela forma concisa de exprimir o pensamento. Rigorosamente, Boileau não acrescenta nenhum novo dogma ao arsenal já conhecido. Mas, ao reafirmar a vitalidade dos preceitos clássicos, procede modo agradável, com muita clareza, chamando a atenção para o que considera bom gosto e mau gosto nas obras de seu tempo. De um modo geral, queria que os autores evitassem o burlesco, o preciosismo e o pedantismo. Aos que lançaram mão desses recursos, Boileau desferiu ataques violentos, que lhe granjearam a fama de satirista temível.

Os Princípios Fundamentais do Classicismo

De acordo com a lição de René Bray, há uma diferença básica entre os princípios ou fundamentos e as regras da doutrina clássica. Estas são específicas, concretas, e dizem respeito às questões internas dos gêneros literários; já os primeiros são preceitos amplos, genéricos, e constituem o credo estético do classicismo, como assinala o estudioso francês, que os resume nos seguintes termos: "a instrução moral entendida como finalidade da poesia, a fé na arte e na regra, o culto da razão, os dogmas da imitação da natureza e da imitação dos Antigos"[3].

2. R. Bray, *Formation de la doctrine classique*, Paris, Nizet, s/d, p. 358.

3. *Idem*, p. 191.

Os debates em torno do utilitarismo da arte foram constantes entre poetas, dramaturgos e críticos do século XVII. A questão já havia preocupado os eruditos italianos do século anterior, que ficaram divididos entre os pontos de vista de Aristóteles e Horácio. Enquanto o primeiro vê na arte uma fonte de prazer, o segundo entende que ao agradável deve-se juntar o útil. De um modo geral, nesse aspecto particular, o classicismo francês será quase inteiramente horaciano. Se um autor de peso como Corneille diverge da maioria, escrevendo em seu *Discours du poème dramatique* que o compromisso da arte é com o prazer, Racine, em contrapartida, proclama no prefácio a *Phèdre* que a instrução moral é o objetivo que deve estar no horizonte do escritor. E Molière, por sua vez, defende a função moralizadora da arte, afirmando, no "Premier placet présenté au roi sur la comédie du *Tartuffe*", que o dever da comédia é corrigir os homens, divertindo-os. Também os principais teóricos do período alinharam-se com Horácio. Boileau resume bem essa posição em dois versos: "Então, que sua musa fértil em sábias lições una,/ por toda a parte, o sólido e o útil ao agradável"[4].

O princípio da obediência às regras está no centro da poética clássica. Acreditava-se que o escritor devia ter uma certa disposição natural para a arte, um dom que o fizesse diferente dos outros homens. Mas essa qualidade não bastava para torná-lo um grande artista. Ao dom era preciso juntar a arte, entendida, claro, como uma doutrina composta por um corpo de regras. Nesse sentido, escrever era uma atividade que exigia meditação, estudo, esforço, disciplina, trabalho assíduo, e não apenas aquilo que hoje chamaríamos inspiração. Teóricos como Chapelain ou La Mesnardière chegam a afirmar que uma pessoa dotada apenas razoavelmente do "gênio" poético poderia produzir uma bela epopéia ou tragédia, se superasse suas fraquezas naturais com o aprendizado e a obediência das regras clássicas. O primeiro, no já citado pre-

4. N. Boileau, *A Arte Poética*, tradução de Célia Berrettini, São Paulo, Perspectiva, 1979, p. 67.

1. Jean Racine. Gravura de Daullé, 1752.

2. Jean-Baptiste Poquelin, dito Molière.

3. Pierre Corneille. Gravura de Masne, 1643.

fácio a *Adonis*, sentencia que toda vez que um poema se aproxima das regras, mais próximo estará da perfeição.

Para os teóricos do classicismo, o conhecimento das regras significava uma espécie de saber científico, um domínio da técnica que se provara eficaz nas obras de arte da Antigüidade. Ao escritor do século XVII cabia, portanto, seguir as leis estéticas que vinham sendo formuladas a partir das leituras, interpretações e comentários da *Poética* de Aristóteles.

Paralelamente à questão das regras, uma outra autoridade se impôs no contexto literário, por força da vocação do século XVII: a razão. Pode-se dizer que, ao lado do aristotelismo, que representava a ligação com o mundo antigo, o culto à razão constituiu-se no aspecto "moderno" e original do classicismo francês, uma vez que sua formulação não dependeu da leitura de um Scaliger ou de um Castelvetro. Como explica René Bray, o racionalismo foi um produto inteiramente francês: "é o espírito da época que se exprime no racionalismo; precisemos, é o espírito da França daqueles tempos"[5]. De fato, são abundantes os documentos em forma de obras críticas, cartas, prefácios, polêmicas, testemunhando o prestígio da razão e do bom senso entre os principais dramaturgos e teóricos do classicismo. Leia-se, por exemplo, o primeiro prefácio de Racine a *Britannicus*: trata-se de um texto em que o dramaturgo explica que suas opções no plano do enredo e da construção dos personagens tiveram por base uma análise refletida e racional do episódio da história de Roma que o inspirou. A razão, enfim, transformou-se no fundamento básico da estética clássica e no instrumento pelo qual o escritor do século XVII afirmou sua individualidade. Boileau a considerava mais importante que a obediência cega às regras: "Portanto, ame a razão: que todos os escritos procurem sempre o brilho e o valor apenas na razão"[6].

A arte como imitação da natureza e a imitação dos modelos artísticos da Antigüidade são os princípios que complementam a doutrina clássica. No primeiro caso, alguns teóricos deram ao termo imitação um significado realista, defendendo a semelhança completa entre a representação e seu modelo. Chapelain escreveu em 1630, na *Lettre sur les vingt-quatre heures*: "Tenho por fundamento que a imitação em todo poema deve ser tão perfeita que não se perceba nenhuma diferença entre a coisa imitada e aquela que imita"[7]. O próprio Chapelain voltará atrás em textos posteriores e engrossará a corrente dominante que, ao contrário, entendia por imitação uma "representação" corrigida ou idealizada da natureza. De um modo geral, o escritor clássico, quando se dedica aos gêneros mais valorizados da epopéia e da tragédia, privilegia aquilo que há de mais nobre, de mais belo e de mais agradável em seu modelo. Imitar a natureza significa, nesse caso, copiá-la e embelezá-la simultaneamente. E por natureza entenda-se não o mundo exterior, o pitoresco de alguma paisagem, mas, fundamentalmente, a natureza humana. Todas essas idéias encontram-se na *Poética* de Aristóteles, que recomenda, tanto para a tragédia quanto para a comédia, que a cópia ultrapasse o modelo. Assim, pintar os homens melhores ou piores do que são significa elaborar um retrato "ideal" da natureza humana, no sentido de se buscar uma universalidade.

Quanto à imitação dos autores da Antigüidade greco-latina, o preceito vem do Renascimento e se baseia na crença da superioridade das obras-primas então descobertas. Mas no século XVII francês, o espírito crítico oriundo do culto à razão impede que haja uma imitação servil dos modelos oferecidos pelos mestres do passado. Os teóricos reconhecem a grandeza de certas obras antigas, apontam a existência de outras que não são perfeitas, enquanto os escritores mostram-se reverentes e independentes ao mesmo tempo. Racine, por exemplo, deixa claro em seus prefácios a *Andromaque*, *Phèdre* e *Iphigénie en Aulide* que é um admirador de Eurípedes, mas reivindica o direito de abordar os assuntos gregos

5. R. Bray, *op. cit.*, p. 139.
6. N. Boileau, *op. cit.*, p. 16.

7. Passagem citada em J-J. Roubine, *Introduction aux grandes théories du théâtre*, Paris, Bordas, 1990, p. 20.

por um prisma pessoal, próprio de seu tempo. Corneille, por sua vez, proclama na "Dedicatória" de *La Suivante* que se deve imitar apenas o que há de bom nos escritores antigos, uma vez que há imperfeições em suas obras. Quer dizer, a imitação é um ponto de partida, espécie de homenagem ao modelo original, e também um desafio, um estímulo para o artista atingir um alto grau de originalidade.

As Regras da Doutrina Clássica

A verossimilhança é a regra maior do classicismo. O ponto de partida das discussões dos teóricos foi o capítulo IX da *Poética*, no qual Aristóteles refere-se ao caráter geral ou universal da poesia, em contraposição ao caráter particular da história, para esclarecer que a segunda narra o que aconteceu e a primeira o que poderia ter acontecido. Quer dizer, o objeto da poesia não é o real, o verdadeiro, mas o possível, "segundo a verossimilhança e a necessidade"[8]. A questão se complica quando Aristóteles recomenda, para a tragédia, que o assunto seja buscado na história. Ora, em princípio, os fatos históricos, se aconteceram, são reais, possíveis e verossímeis.

As noções são complexas e foram amplamente interpretadas no século XVII. Os três termos da equação aristotélica – real, possível e verossímil – serviram de base para reflexões sobre as relações da obra de arte com a realidade e sobre as leis internas de sua constituição. Assim, na ocasião da polêmica em torno de *Le Cid*, por exemplo, Corneille foi acusado de ter aproveitado um fato histórico que seria inverossímil. Ou seja, para usar agora as palavras de Boileau: "A verdade pode às vezes não ser verossímil"[9]. Antes, o Abade d'Aubignac já havia garantido que "apenas a verossimilhança pode racionalmente fundar, sustentar e completar um poema dramático: não que as coisas verdadeiras e possíveis sejam banidas do teatro, mas que nele apareçam se forem verossímeis"[10].

Retomando a lição de Aristóteles, que radicalizou sua posição ao afirmar que no terreno da poesia são preferíveis as coisas impossíveis mas críveis às coisas possíveis mas incríveis, os teóricos do classicismo compreenderam a verossimilhança como uma necessidade interna do texto. Veja-se, a propósito, o quanto Racine modificou certos dados colhidos na história para tornar suas tragédias mais eficazes. Ele acreditava no fato histórico apenas como ponto de partida para a reelaboração artística. O mais importante era a verossimilhança. Somente ela é que conta na tragédia, escreve no prefácio a *Bérénice*.

Mas, além de se definir pela "necessidade", pela lógica interna do enredo, a verossimilhança diz respeito também à credibilidade junto ao leitor ou espectador. Nesse sentido, sua eficácia depende do grau de ilusionismo que contém, isto é, se consegue ou não convencer como uma espécie de verdade virtual. Em outras palavras, verossímil é aquilo que parece verdadeiro ao leitor ou espectador. Ressalte-se, ainda, que os acontecimentos postos em cena não devem ir contra a razão, nem ferir o bom senso, para que mantenham o seu potencial de persuasão. Vista por esse ângulo, a regra da verossimilhança se avizinha da regra das "conveniências" (*bienséances*, em francês), ainda que ambas tenham natureza distinta. A primeira, escreve Jacques Scherer, "é uma exigência intelectual; pede uma certa coerência entre os elementos da peça de teatro e proscreve o absurdo e o arbitrário ou pelo menos o que o público considera como tal". Já a regra das conveniências "é uma exigência moral e pede que a peça de teatro não choque o gosto, as idéias morais ou, se quisermos, os preconceitos do público"[11].

Em termos práticos, o cuidado com o decoro levou os teóricos a definir o campo de ação dos dramaturgos. Havia

8. Aristóteles, *Poética*, tradução de Eudoro de Sousa, Porto Alegre, Globo, 1966, p. 78.

9. Boileau, *op. cit.*, p. 55.

10. D'Aubignac, *La pratique du théâtre* (ed. P. Martino) Paris, Champion, 1927, p. 76.

11. J. Scherer, *La dramaturgie classique en France*, Paris, Nizet, 1986, p. 383.

coisas que não podiam ser ditas ou mostradas, em nome da razão, do bom gosto e da moral cristã. Assim, foram banidas do palco as palavras grosseiras ou obscenas, que por vezes apareciam nas tragicomédias, bem como as cenas em que personagens comem, bebem ou dormem. A tradição literária da poesia erótica pré-clássica não teve continuidade, a sensualidade nas palavras ou gestos passou a ser evitada e a sexualidade dos personagens foi sublimada. As conveniências exigiram também que fossem proscritos da cena os combates, os duelos e as mortes violentas. Apenas para exemplificar, lembremos o cuidado de Corneille em *Horace*, que faz Camille ser morta pelo irmão nos bastidores. Ou, em *Phèdre*, de Racine, a célebre descrição da morte horrível de Hippolyte, feita por Théramène.

A obediência à regra das conveniências fez da tragédia clássica um gênero teatral em que a narração tem uma importância extraordinária: ela traz para o palco, em forma de palavras, os fatos que, mostrados, poderiam chocar o espectador ou também aqueles que não poderiam ser representados por causa das próprias limitações técnicas do teatro no século XVII. Por outro lado, a exigência da narração diminui o espaço e o tempo para a ação física da representação, fazendo da tragédia clássica um exercício de linguagem. Nas mãos de um grande poeta como Racine, um belíssimo exercício de linguagem, diga-se de passagem, mas sem a vibrante teatralidade, digamos, de uma tragédia de Shakespeare. A propósito, quando Victor Hugo criticou a forma da tragédia, observou precisamente que "todo o drama se passa nos bastidores" e que só vemos no teatro "os cotovelos da ação", pois "no lugar de cenas, temos narrações; em lugar de quadros, descrições"[12].

Não vem ao caso entrar no mérito dessas críticas, mas ressaltar as conseqüências formais que a regra das conveniências trouxe para o interior da tragédia clássica. As supostas limitações apontadas por Victor Hugo nem sempre foram um problema para os escritores do século XVII, como se vê pelo número de obras-primas que nos legaram.

A dramaturgia do classicismo obedeceu ainda a uma regra que talvez tenha sido a mais restritiva de todas: a regra das unidades de ação, tempo e lugar. Mais uma vez, a fonte é Aristóteles, mas agora tomado erradamente como legislador das três unidades, quando, efetivamente, ele exigiu apenas a de ação. É o que se pode ler no oitavo capítulo da *Poética*, que esclarece o seguinte: uma peça de teatro é a representação de uma fábula, isto é, de uma ação. E esta deve ser una e completa, formando um todo orgânico, de modo que "todos os acontecimentos se devem suceder em conexão tal que, uma vez suprimido ou deslocado um deles, também se confunda ou mude a ordem do todo"[13]. Quer dizer, a unidade de ação fortalece os nexos causais entre os fatos e dispensa aqueles que não estiverem ligados entre si por uma necessidade lógica. Aristóteles exemplifica com a *Odisséia*, lembrando que Homero não incluiu em seu texto todos os fatos da vida de Ulisses, mas apenas aqueles que constituíam um todo organizado de acordo com a necessidade e a verossimilhança. Além disso, a *Poética* deixa claro que unidade de ação não significa *unicidade* de ação. Uma trama pode conter fatos secundários, desde que logicamente subordinados ao fato principal.

Os teóricos do classicismo aceitaram a lição de Aristóteles e praticamente reproduziram os seus termos nas discussões sobre a unidade de ação. Em contrapartida, quando se debruçaram sobre a questão da temporalidade, deduziram de uma passagem do quinto capítulo da *Poética* uma exigência que não existia. Aristóteles, comparando a extensão da epopéia e a da tragédia, diz que a segunda "procura, o mais que é possível, caber dentro de um período do sol, ou pouco excedê-lo"[14]. E essas poucas palavras – uma constatação histórica – foram suficientes para gerar uma norma, não sem antes desencade-

12. V. Hugo, *Do Grotesco e do Sublime:* Tradução do "Prefácio de Cromwell", tradução de Célia Berrettini, São Paulo, Perspectiva, 1978, p. 47.

13. Aristóteles, *op. cit.*, p. 73.

14. *Ibidem.*

4. Ilustração para *A Morte de César*, de Scudéry. Paris, 1636.

5. Rotrou, ilustrações para *Laura Perseguida*. Paris, 1639.

6. Ilustrações para edições do teatro de Corneille. Paris, 1663.

ar uma série de discussões em torno do significado da expressão "período do sol". Para alguns, a ação de uma tragédia deveria estar contida em doze horas; para outros, em vinte e quatro ou mesmo trinta.

Os argumentos fundavam-se geralmente no critério da verossimilhança. Se a ação deve ser una e completa e se o espectador fica duas ou três horas no teatro, como admitir um período ficcional muito longo? O ideal reconhecido por alguns teóricos seria concentrar a ação de modo absoluto, para que houvesse coincidência entre o tempo fictício da ação e o tempo real da representação. Mas, por se tratar de algo muito difícil de se realizar, prevaleceu o bom senso e generalizou-se a exigência de que a duração da ação dramática não ultrapassasse vinte e quatro horas.

É igualmente em nome da verossimilhança e do bom senso que será formulada a regra da unidade de lugar. Como Aristóteles nada escreveu a respeito, os teóricos prescreveram por conta própria que a ação, concentrada em no máximo vinte e quatro horas, não poderia se passar em mais de um lugar. Mas o que significa "um lugar"? Corneille, sempre interessado em alargar os limites das regras, acha que a ação situada em dois ou três locais de uma cidade não fere a exigência da unidade de lugar. Já o Abade d'Aubignac restringe ao máximo o espaço ficcional, exigindo um espaço cênico fixo, como a frente de um palácio para as tragédias e uma praça para as comédias. A seu ver, o espaço "aberto", comum nas peças da Antigüidade, devia ser o modelo dos dramaturgos do classicismo. Ocorre que há peças cujas ações exigem o espaço "fechado", como se vê em *Andromaque* ou *Britannicus*, de Racine, que se passam respectivamente numa sala do palácio de Pirro e num quarto do palácio de Nero.

O fato concreto é que a unidade de lugar, à semelhança da unidade de tempo, foi objeto de várias interpretações. O ideal pretendido pelos teóricos e dramaturgos era evidentemente a concentração da ação em um espaço cênico imutável. Mas foram igualmente aceitas as peças em que as ações se passavam nas dependências de um palácio, em locais de uma cidade ou, ainda, em complemento à unidade de tempo, nos lugares que um personagem pode percorrer em vinte e quatro horas.

Por fim, o desejo de coerência e lógica interna levou os teóricos a formular uma última exigência: a unidade de tom na apresentação da ação dramática. Isso significava, em outras palavras, o reconhecimento de que havia uma clara distinção entre os gêneros, a ser mantida a qualquer preço. Assim, por exemplo, uma tragédia jamais deveria conter cenas, personagens ou linguagem típicas da comédia. Esta, afinal, punha em cena os homens comuns, com seus aspectos grotescos ou risíveis, enquanto aquela movimentava reis e príncipes.

A dramaturgia do classicismo, como se vê pelo conjunto de princípios e regras que a constituíram, possui características ideológicas e formais bastante peculiares. De um lado, prende-se ao racionalismo do século XVII e expressa uma visão de mundo em conformidade com o gosto e os valores políticos e morais da monarquia; de outro, apresenta-se como um sistema de construção dramática em que a coerência interna é alcançada pela disciplina e sujeição às regras. No plano formal, o resultado é uma dramaturgia que se caracteriza pela estrutura fechada, isto é, peças que têm a ação limitada e unificada em torno de um acontecimento principal, de um tempo ficcional de no máximo vinte e quatro horas e de um único espaço cênico. Tamanha concentração, somada às exigências de um máximo de decoro, faz da tragédia clássica um gênero que, desprovido de ação física, busca eficácia, energia e beleza na linguagem.

Corneille: A Transição Rebelde para o Classicismo

A obra dramática de Corneille (1606-1684) é extensa e variada. Suas primeiras peças, escritas em Rouen, onde vivia, trazem as marcas do teatro pré-clássico ainda em voga por volta de 1630. São comédias e tragicomédias em que predominam o gosto pelo romanesco e pela ação movimentada, a coexistência do poético e do prosaico, de elementos trágicos e cômicos, do realismo e do fantástico, tudo configurando a exuberância dos contrastes barrocos. Corneille, em 1660, confessa candidamente no "Examen" de sua primeira comédia, *Mélite*, representada em 1629, que não obedeceu às regras clássicas quando a escreveu porque na época simplesmente não sabia que elas existiam. Em seguida, a tragicomédia *Clitandre* vem demonstrar sua inclinação pelos enredos complexos, arquitetados em torno de ações que se passam em vários locais e que não dispensam duelos, assassinatos, disfarces e qüiproquós, na linha de seu antecessor mais ilustre, o dramaturgo Alexandre Hardy.

Corneille deu continuidade à sua carreira com comédias "irregulares", *La Veuve*, *La Galerie du Palais*, *La Suivante*, *La Place Royale*, e uma tragédia, *Médée*, que não prima pela sobriedade clássica, como denota o desfecho feérico em que Medéia foge pelos ares num carro puxado por dragões, enquanto Jasão suicida-se em cena. Nenhuma dessas peças é uma obra-prima. As comédias obedecem a um mesmo esquema: giram em torno de uma intriga de amor, de amores contrariados, com os inevitáveis encontros e desencontros de jovens apaixonados e a garantia do final feliz. O aprendizado do ofício, porém, deu resultados imediatos. A fase inicial da carreira de Corneille culmina com as duas primeiras obras importantes que escreveu, por volta de 1635 e 1636: a comédia *L'Illusion Comique* e a tragicomédia *Le Cid*.

A primeira foi definida pelo próprio autor como um "monstro estranho", uma "invenção bizarra e extravagante", em função de sua estrutura nada uniforme: "O primeiro ato não passa de um prólogo, os três seguintes formam uma comédia imperfeita, o último é uma tragédia, e tudo isso em conjunto resulta numa comédia"[15]. Corneille, na verdade, dá mostras de extraordinário virtuosismo na construção dessa peça, recorrendo ao metateatro para colocar em cena duas ações simultâneas: uma, que mostra Pridamant pedindo ajuda ao mago Alcandre para encontrar o filho Clindor; outra, formada pelas visões de Pridamant proporcionadas pelo mago e que na verdade é a representação teatral de um enredo trágico protagonizado por Clindor, que se tornara ator. Comédia romanesca escrita em versos, *L'Illusion Comique* agrada pelo uso livre da fantasia na construção do enredo, pela mescla do trágico com o cômico, pelo brilho da linguagem e sobretudo por ser uma defesa da arte do intérprete, uma verdadeira apologia do teatro.

Com *Le Cid*, representada no início de 1637, Corneille tornou-se o principal dramaturgo de seu tempo. A peça fez um sucesso extraordinário junto ao público, mas, por não ser uma tragédia escrita de acordo com os moldes clássicos, mereceu a censura dos eruditos ligados à Academia Francesa. Criou-se uma enorme polêmica, que passou à história como "la querelle du *Cid*" e que foi decisiva para a afirmação da doutrina clássica. Corneille viu sua peça dissecada pelos críticos, que apontaram, de um modo geral, problemas relativos à verossimilhança, às conveniências e à regra das três unidades. Scudéry, por exemplo, recriminou o excesso de acontecimentos que estariam contidos no limite das vinte e quatro horas: "No curto espaço de um dia natural, escolhe-se um preceptor para o príncipe de Castela, cria-se uma briga e uma disputa entre Dom Diego e o Conde, um duelo entre Rodrigo e o Conde, a luta de Rodrigo contra os mouros; outra contra Dom Sancho; e o casamento de Rodrigo com Chimène no final"[16]. Quer dizer, não é "verossímil" que tanta coisa aconteça em tão pouco tempo.

Mas foi o desfecho da peça que mais chocou Scudéry. Os termos que reservou a Chimène foram violentos: "parricida", "impudica", "prostituta". A seu ver, a atitude da personagem feria a verossimilhança, o decoro e o bom senso: "É verdade que Chimène casou-se com o Cid, mas não é verossímil que uma filha honrada se case com

15. P. Corneille, *Oeuvres complètes*, Paris, Gallimard, 1980, v. 1, p. 613.

16. Scudéry, "Observations sur *le Cid*", em P. Corneille, *Oeuvres complètes*, Paris, Gallimard, 1980, v. 1, p. 786.

17. *Idem*, p. 785.

o assassino de seu pai"[17]. O argumento aristotélico é evidente: é preferível pôr em cena os fatos impossíveis mas críveis aos possíveis mas incríveis.

Em um ano, cerca de quarenta comentários, a favor ou contra Corneille, foram publicados. Diante das dimensões adquiridas pela polêmica, que naturalmente alimentou-se também de detalhes mesquinhos, ofensas e injúrias, o cardeal Richelieu interveio, solicitando à Academia que fizesse um julgamento equilibrado da peça. Chapelain redigiu então a obra "Les Sentiments de l'Académie Française sur la Tragi-Comédie du *Cid*", na qual ratificou, com termos serenos mas firmes, as críticas aos aspectos da peça que a afastavam do modelo clássico. Por outro lado, na longa conclusão de seu texto, rendeu-se às qualidades de *Le Cid*: "a ingenuidade e a veemência das suas paixões, a força e a delicadeza de muitos dos seus pensamentos e esse charme inexplicável que se mistura com os seus defeitos conquistaram-lhe uma posição considerável entre os poemas franceses desse gênero"[18].

A verdade é que *Le Cid* é uma obra-prima do teatro, independentemente do gênero a que pertence, a tragicomédia. Corneille baseou-se no argumento do drama romanesco *Las mocedades del Cid*, de Guillén de Castro, e construiu uma trama centrada numa forte tensão moral e psicológica entre dois jovens que se amam e que se vêem separados por um obstáculo em princípio intransponível: a morte do pai de Chimène pelas mãos de Rodrigo, forçado pelo código de honra de seu tempo a vingar a afronta sofrida pelo próprio pai.

Os personagens centrais são movidos por sentimentos contraditórios: o amor os une, mas o dever os separa. Rodrigo não podia fugir à obrigação imposta pelas circunstâncias: seu pai, homem velho, não tinha condições de responder à bofetada recebida do Conde. E Chimène, por sua vez, não podia deixar de pedir ao rei a punição de Rodrigo. Até para ser digna do amor dele era preciso reivindicar a sua morte.

É em torno desse conflito entre o amor e a honra que a ação dramática se constrói, com sutilezas psicológicas que atingem principalmente a personagem Chimène. Até que ponto ela deseja a morte de Rodrigo? Corneille enfatiza a luta interior dessa jovem emocionalmente desequilibrada, que age para vingar a morte do pai, mas que reage com um desmaio diante da falsa notícia da morte de Rodrigo pelos mouros. Sempre dividida, Chimène anuncia que se casará com quem desafiar e matar Rodrigo, mas em seguida arrepende-se e altera-se quando vê o desafiante Dom Sancho chegar depois do duelo.

Corneille não encaminha a peça para um final trágico, como talvez exigisse a situação. Rodrigo, apesar de assassino, transformara-se em herói nacional, depois da vitória sobre os mouros. A solução para o conflito, num universo ainda feudal, só podia ocorrer pela intervenção do rei, que observara nos dois jovens a extrema fidelidade a valores morais e éticos, atitude que os enobrece. Mostraram-se portanto dignos um do outro e, cicatrizadas as feridas, poderão se casar depois de um tempo. O milagre de Corneille em *Le Cid*, observou um estudioso de sua obra, não foi apenas escrever a obra-prima da tragicomédia, mas sobretudo "fundar a tragédia com final feliz, dando a seus heróis o poder de reverter uma situação claramente trágica, sem jamais ceder à covardia ou à complacência, e sem que viesse ajudá-los algum acontecimento exterior imprevisto ou alguma transformação milagrosa"[19].

Outra qualidade da peça, que não pode passar despercebida, é a poesia contida na linguagem. É certo que Corneille aproveita elementos da tragicomédia, como o romanesco da ação e o acúmulo de acontecimentos. Mas como toda a ação física ocorre nos bastidores, o que é uma inovação em relação ao teatro pré-clássico, a linguagem fica em primeiro plano ao longo da peça, ganhando tonalidades vibrantes e heróicas, polidas e cava-

18. Chapelain, "Les Sentiments de l'Académie Française sur la tragi-comédie du *Cid*", em P. Corneille, *Oeuvres complètes*, Paris, Gallimard, 1980, v. 1, p. 820.

19. J. Morel, *La tragédie*, Paris, Armand Colin, 1964, p. 39.

lheirescas, dolorosas e ternas, conforme a situação vivida pelas personagens.

O sucesso de *Le Cid* junto ao público não foi suficiente para convencer Corneille a prosseguir na linha de uma dramaturgia ainda ligada às tradições pré-clássicas e tão de acordo com o seu gosto pelas intrigas complicadas e pelo romanesco. As restrições dos eruditos ligados à Academia Francesa e a enorme polêmica em torno da peça o deixaram abatido. Só depois de três anos é que voltou a escrever para o teatro, decidido talvez a provar que não teria nenhuma dificuldade com a forma mais exigente da tragédia clássica, como demonstram *Horace* (1640), *Cinna* (1642) e *Polyeucte* (1642-1643).

Essas peças comprovam em definitivo o enorme talento dramático de Corneille. As duas primeiras são tragédias políticas de extraordinária beleza, inspiradas pela história romana, filão que será aproveitado muitas outras vezes. *Horace* gira em torno do confronto entre Roma e Alba, cidades rivais que decidem evitar o horror de uma grande guerra, escolhendo cada uma os seus três melhores guerreiros para lutarem por todos. O único sobrevivente é Horace, defensor de Roma, que perdeu dois irmãos e matou os três Curiaces.

O elemento trágico dessa luta fica por conta dos laços de parentesco que unem os guerreiros. Horace, afinal, matou os irmãos de sua esposa e o noivo da própria irmã. Evidentemente, nenhum combate ocorre em cena. A peça obedece à regra das conveniências e centra-se na força da linguagem, que contrasta a visão feminina e a masculina do conflito. As mulheres são as únicas que sofrem, porque cindidas entre o amor que dedicam ao marido ou ao noivo e aos irmãos. São belíssimas e pungentes as intervenções de Sabine e Camille, lamentando sua sorte e a tragédia que se avizinha. Já os discursos de Horace e de seu pai são extremamente viris e patrióticos. Acima de tudo, o amor a Roma. Tornou-se antológica a fala do velho Horace, no terceiro ato, bradando contra a covardia e defendendo a morte pela pátria.

O conflito entre os homens e as mulheres explode no final do quarto ato, quando Camille recrimina a morte do noivo e amaldiçoa Roma, diante de um Horace indignado, que a mata. A violência de seu gesto é gratuita, uma vez que as palavras da irmã não significavam propriamente uma ameaça a Roma, nessa altura já vitoriosa. Mas Corneille armou esse desfecho para aprofundar no quinto ato o significado político da peça, que culmina com a absolvição do herói assassino, em nome das razões de Estado.

Segundo George Steiner, o quinto ato de *Horace* impressiona por outro motivo: a demonstração de que as palavras, na política, são irracionais e destrutivas: "Horace tornou-se uma espécie de colosso nacional; sua linguagem é sonora e vazia, como a do trompete; a todo instante ele invoca abstrações heróicas para justificar a destruição da vida"[20]. Essa peça inaugura um conjunto de tragédias políticas que Steiner não hesita em classificar como o mais importante da literatura ocidental. *Horace*, *Cinna*, *La mort de Pompée*, *Nicomède*, *Sertorius* e *Suréna*, todas inspiradas pela história romana, ilustram o modo particular pelo qual Corneille faz o trágico ou o patético nascer do discurso político.

Com as tragédias que escreveu, e poderíamos lembrar ainda as de cunho religioso, como *Polyeucte* e *Théodore, vierge et martyre*, e outras como *Rodogune* e *Héraclius, empereur d'Orient*, Corneille contribuiu de maneira decisiva para a consolidação do classicismo na França, ainda que sua relação com os preceitos elaborados pelos teóricos não tenha sido de inteira submissão. Já em 1637, na dedicatória de *La Suivante*, ele escrevia: "gosto de seguir as regras, mas longe de tornar-me seu escravo, alargo-as e condenso-as de acordo com a necessidade que tem o meu assunto"[21].

Na prática, o resultado dessa posição foi uma dramaturgia brilhante, mas por vezes com certos detalhes que desagradavam aos teóricos, tais como a morte de Camille em *Horace*, a narração de Laonice no primei-

20. G. Steiner, *La mort de la tragédie*, tradução de Rose Celli, Paris, Gallimard, 1993, p. 64.

21. P. Corneille, *op. cit.*, p. 387.

P.Brissard, d.
J.Sauvé f.
L'AVARE

LES PRECIEUSES RIDICULES

7. P. Brissart, ilustrações para as obras de Molière, 1682.

ro ato de *Rodogune* ou a ação sobrecarregada de romanesco de *Héraclius*. Isso para mencionar alguns poucos exemplos. Mais importante é lembrar que Corneille respondeu a seus críticos em 1660, quando publicou suas peças em três volumes, antepondo a cada uma delas um esclarecedor "Examen". Além disso, escreveu para cada volume um longo ensaio introdutório, a fim de expor o modo pelo qual compreendia a poética clássica. De um modo geral, pode-se dizer que suas discordâncias com os teóricos provinham de uma leitura muito particular que fazia de Aristóteles, a quem admirava bastante. Em seus três *Discours* sobre o poema dramático não negou a validade das regras, mas recriminou a normatização inflexível. Ao discorrer sobre as unidades de tempo e lugar, procurou alargá-las, argumentando que a regra fora formulada a partir de interpretações equivocadas da *Poética*.

Os textos de 1660 contêm, em suma, a essência do pensamento dramático de Corneille. São documentos que atestam sua disposição para o debate doutrinário e que revelam a relação conflituosa que manteve ao longo de sua vida com os preceitos clássicos. Aceitava-os, como escritor do século XVII, mas não permitia que interferissem demasiadamente no seu trabalho de criação artística.

Molière: A Comédia no Classicismo

Os teóricos do século XVII manifestaram, de um modo geral, uma enorme indiferença em relação à comédia. Todas as regras foram elaboradas para a tragédia, gênero considerado hierarquicamente superior, seja pelos personagens que punha em cena, como reis, príncipes e nobres, seja pelo tipo de ação, grandiosa e solene. A comédia, nas décadas imediatamente anteriores ao aparecimento de Molière (1622-1673), era um gênero "médio", situado entre a grandeza trágica e a chocarrice farsesca. Definia-se não pelo objetivo de provocar o riso, possibilidade embora sempre presente, mas por outras características, tais como personagens de condição social baixa ou mediana, ambiente doméstico, assuntos corriqueiros e desfecho obrigatoriamente feliz. De qualquer modo, a comédia era um gênero de pretensões literárias, ao qual se aplicavam as mesmas regras da tragédia: devia ser escrita em versos, ter cinco atos, respeitar as conveniências, preocupar-se com a verossimilhança e obedecer às unidades de ação, tempo e lugar. Por outro lado, por não ter a densidade psicológica da tragédia, seu único trunfo era o enredo bem construído. Quer dizer, nos seus primeiros tempos, a comédia clássica era basicamente uma *comédia de intriga*.

Molière, no início de sua carreira, escreveu duas peças desse gênero, *L'Étourdi* e *Depit Amoureux*, ambas girando em torno de jovens enamorados às voltas com obstáculos para a realização do amor e revelando já a facilidade do autor para a criação de enredos emanharados e tipos cômicos que garantiam o riso do espectador. Além dessas peças, nesse período Molière escreveu cerca de uma dezena de farsas, das quais apenas duas não se perderam, *La Jalousie du Barbouillé* e *Le Médecin Volant*. Toda essa produção foi representada primeiramente em cidades do interior da França, nos tempos em que o dramaturgo sobreviveu à frente de uma companhia "mambembe" de teatro. Foram longos treze anos, entre 1645 e 1658, importantes sem dúvida para o amadurecimento do homem de teatro e o aprendizado da arte de interpretar e de compor comédias.

Molière e sua companhia fixaram-se em Paris no final de 1658, sob a proteção de Philippe d'Orléans, irmão do rei Luís XIV. Instalados no teatro Petit-Bourbon, deram início a uma série de representações que alcançaram enorme sucesso, com um gênero que estava então desacreditado em Paris, até por força da má vontade dos letrados: a farsa.

A produção mais importante desse período é formada por três peças: *Les Précieuses Ridicules*, *Sganarelle ou Le Cocu Imaginaire* e *L'École des Maris*. A primeira, representada em novembro de 1659, apresenta uma novidade em relação às farsas anteriores, na medida em que Molière abandona os tipos e temas convencionais que vinha aproveitando, com base na tradição francesa ou italiana, e busca na realidade à sua volta a inspiração para escrevê-la. O resultado é uma obra satírica que combina aspectos da farsa e da comédia de costumes, sendo o alvo do autor o "preciosismo" cultivado em certos salões aristocráticos e burgueses do século XVII. A peça, escrita em prosa, com um único ato, ridiculariza duas moças pedantes, filha e sobrinha de um burguês simplório, que não economizam citações, linguagem afetada e comportamento pretensamente refinado. Já *Sganarelle* (1660), também em um ato, é um retorno à mais pura farsa, não só pelo tema, o medo de ser corno, mas sobretudo pelo personagem criado à italiana, que havia aparecido primeiramente em *Le Médecin Volant* e que será aproveitado em várias outras produções posteriores. Molière escreveu essa peça em versos, para dar-lhe uma certa dignidade literária. Mas o seu aspecto marcante é mesmo o personagem Sganarelle, modelado com base nos tipos cômicos da *commedia dell'arte*.

Depois do fracasso da "comédia heróica" *Dom Garcie de Navarre*, uma tentativa de teatro sério representada em fevereiro de 1661, Molière, quatro meses depois, voltou aos assuntos e às formas que dominava, com *L'École des Maris*, uma comédia em três atos, escrita em versos, e que aborda numa trama farsesca um tema caro ao comediógrafo: o autoritarisno nocivo dos velhos na educação dos jovens. Inspirado parcialmente por uma comédia de Terêncio, *Os Adelfos*, Molière faz o elogio da educação baseada na liberdade e ridiculariza a grosseria e a prepotência de quem não respeita a natureza humana. Seu intuito de fazer teatro de idéias é tão claro que pela primeira vez utiliza um personagem *raisonneur* para expor o próprio pensamento acerca do assunto abordado.

De certa forma, nasce dessa peça a primeira obra-prima de Molière, *L'École des Femmes*, cuja estréia ocorreu em dezembro de 1662. O paralelismo dos títulos sugere a afinidade que se revelará na mesma tese, a de que a base da virtude e da fidelidade das mulheres está na liberdade. Em *L'École des Maris*, o ridículo Sganarelle cerceia os movimentos de Isabelle, prende-a em casa e pretende se valer da autoridade de tutor para fazê-la sua esposa. Em *L'École des Femmes*, o igualmente ridículo Arnolphe, temendo casar-se com uma mulher que possa traí-lo, isola desde criança a ingênua Agnès e a cria longe da sociedade, preparando-a para ser uma esposa inteiramente fiel, porque ignorante de todos os pecados do mundo. Em ambos os casos, a natureza humana se revelará mais forte: as mocinhas apaixonam-se por jovens da sua idade e, ardilosamente, enganam os velhos tirânicos, como ocorre comumente nas boas farsas.

A importância de *L'École des Femmes* está no fato de inaugurar o conjunto das grandes comédias do autor, aquelas escritas em cinco atos, preferencialmente em versos, que mantêm o objetivo de provocar o riso e divertir o espectador, mas dando relevo à pintura dos costumes e à análise dos caracteres. Nesta peça ainda é muito forte a presença de recursos farsescos, como se percebe nos qüiproquós e repetições de situações cômicas. Por outro lado, há um bom destaque para a descrição dos costumes relativos ao casamento burguês e para o desenho dos personagens centrais. Arnolphe é um tipo cômico, evidentemente, mas seu sofrimento sincero torna-o igualmente patético. E Agnès encanta enquanto personagem que revela aos poucos como se forma o coração de uma mulher.

O sucesso de *L'École des Femmes* foi extraordinário. Em apenas quatro anos Molière havia adquirido enorme prestígio em Paris e em Versailles, onde tinha entre os admiradores o próprio rei Luís XIV. Não tardaram a surgir, porém, o ciúme e a inveja de companhias rivais, adversários e desafetos que atacaram a peça, apontando pretensas falhas de construção do enredo e acusando o autor de ser apenas um *farceur*, de ferir a moralidade da época e de ofender a religião, entre outras coisas.

Molière respondeu no terreno que dominava melhor: escreveu e fez representar duas comédias curtas, *La Critique de L'École des Femmes* e *L'Impromptu de Versailles*, nas quais expôs suas idéias teatrais. São documentos importantes para se compreender a posição do dramaturgo no interior do classicismo, a começar pela defesa que faz do gênero cômico, considerado inferior pelos letrados. Molière afirma pela boca do personagem Dorante, numa tirada irônica e deliciosa, que é mais difícil escrever uma comédia do que uma tragédia, que é mais fácil emocionar do que provocar o riso. E argumenta em favor da dignidade de sua arte, cujo objetivo primeiro é corrigir os homens, moralizando os seus costumes e satirizando os seus vícios. Igualmente importantes são as considerações que faz a respeito das regras clássicas. Molière aceita-as, mas resguardando o direito de transgredi-las, se necessário, porque está convencido de que de nada adianta escrever uma peça de acordo com as regras e não agradar. Seu compromisso era com o público que o aplaudia, tanto o do *parterre* quanto o da corte. Daí as críticas aos que desejavam julgar exclusivamente segundo as regras. Para ele, a grande regra era agradar e o único critério válido de julgamento de uma peça era o prazer que ela proporcionava.

A verdade é que as primeiras obras de Molière estão distantes das exigências intelectuais da doutrina clássica, por força da comicidade farsesca e do jogo cênico necessariamente estilizado. A partir de *L'École de Femmes*, porém, surgem as grandes comédias da maturidade do escritor, nas quais os recursos do baixo cômico aparecem apenas ocasionalmente, uma vez que o riso é provocado preferencialmente pela ridicularização dos costumes e análise dos caracteres. É o caso de *Le Tartuffe*, uma comédia escrita em versos, em cinco atos, e de acordo com a regra das unidades. Às qualidades da forma, capazes de satisfazer os teóricos, justapunha-se, porém, um conteúdo polêmico, que não agradou aos setores da Igreja que se julgaram atacados na figura do protagonista. A primeira encenação, em 1664, e a segunda, em 1667, foram interditadas. Apenas em 1669, com imenso sucesso, *Le Tartuffe* pôde ser representada.

O tipo central da comédia é um hipócrita, um falso devoto, que se vale da ingenuidade de Orgon, um chefe de família burguês, para instalar-se em sua casa e enganá-lo com um comportamento calculadamente humilde e atitudes de fingido desprendimento e abnegação. Interessante é a solução encontrada por Molière para que o espectador não se engane jamais a respeito da hipocrisia do personagem: uma longa exposição nos dois primeiros atos, nos quais Tartuffe não aparece. São os outros personagens que falam dele o tempo todo, divididos em dois grupos: de um lado, Orgon e sua mãe, que o defendem; de outro, o restante da família, que o vê enquanto rematado hipócrita. Como o primeiro grupo contém os personagens mais cômicos, construídos inclusive com traços farsescos, somos levados a acreditar no segundo. Assim, quando Tartuffe surge no início do terceiro ato, pedindo a Laurent que aperte o seu cilício e a Dorine que cubra os seios com um lenço, estamos preparados para que o velhaco não nos engane. Depois, evidentemente, o enredo evolui de modo a construir na mais completa inteireza o caráter odioso do personagem.

Com *Le Tartuffe*, Molière amplia o seu universo cômico, libertando-o das limitações da farsa e da comédia de intriga. O enredo torna-se mais complexo, com situações que envolvem vários personagens ao mesmo tempo. Interessa-nos o que vai acontecer com Tartuffe, mas ficamos igualmente curiosos acerca dos membros da família ameaçados pelo hipócrita. É que o espaço cênico não é mais a praça pública, mas o interior de um lar burguês, evocado ora pelo ângulo da caricatura, em tipos como Orgon, sua mãe e a criada Dorine, ora por um sincero realismo, com Cléante, Elmire, Mariane e Damis. O resultado é uma peça que funciona simultaneamente como diversão e desmascaramento de um vício social concreto. Ou seja: Molière realiza em toda a sua plenitude a síntese horaciana de unir o agradável ao útil, este entendido como a prática de uma dramaturgia engajada do ponto de vista da moral e da religião. O personagem Tartuffe, criado a partir da observação de um grupo social, não poderia mesmo deixar de desencadear a onda de protestos que culminou em sua primeira proibição, no ano de 1664.

Molière, que, em certa medida, concebera *Le Tartuffe* como uma espécie de vingança contra as críticas sofridas por *L'École des Femmes*, não se intimidou e escreveu em poucos meses uma nova comédia para afrontar os falsos devotos: *Don Juan*, representada em janeiro de 1665. Mais uma vez o protagonista é um tipo repulsivo, incapaz de conquistar a simpatia do espectador. Molière criou-o a partir do modelo oferecido pela peça de Tirso de Molina, *El Burlador de Sevilla y convidado de piedra*, aproveitando também o fato de que a platéia francesa já conhecia algumas versões italianas e francesas do mito espanhol. Mas aos dados da tradição o autor sobrepôs outros, que revelam suas intenções de polemizar. Don Juan é caracterizado como um *grand seigneur* que olha a humanidade com desdém, um sedutor libertino que desrespeita os princípios morais, um ateu orgulhoso que desafia Deus e, no último ato, um falso devoto, um hipócrita capaz de mentir ao próprio pai.

Como observa um dos biógrafos de Molière, Don Juan é um personagem que entra em cena na esteira de Tartuffe. Libertino e hipócrita, misturam-se nele "o arquétipo do *burlador* espanhol e o modelo da libertinagem fogosa à francesa, que triunfa então entre as pessoas que vivem em torno do jovem rei"[22].

No plano formal, a peça apresenta a peculiaridade de romper radicalmente com os preceitos clássicos. Apesar dos cinco atos, é escrita em prosa. E a ação distende-se no tempo e no espaço, formada por uma sucessão de cenas justapostas que não contemplam a idéia de unidade. Até o "maravilhoso", que por força das exigências da verossimilhança havia praticamente sido banido da tragédia, aparece em *Don Juan*. Por fim, a presença de Sganarelle como criado do protagonista revela a intenção de abordar o mito pelo prisma farsesco. O rebaixamento moral dos dois personagens ajusta-se assim às intenções críticas do autor. Como era de se esperar, a peça, hoje considerada uma irrefutável obra-prima, provocou um novo escândalo e saiu de cartaz ao cabo de apenas quinze representações.

Molière, incansável, já preparava uma nova sátira aos costumes do seu tempo. *Le Misanthrope*, encenada em junho de 1666, completa, pode-se dizer, uma espécie de trilogia na qual o autor radicaliza as críticas à sociedade francesa. Aqui, numa inversão irônica extraordinária, se tivermos em mente *Le Tartuffe*, o personagem central é ridicularizado não porque tenha defeitos morais, mas porque, ao contrário, é exageradamente sincero e honesto. A comicidade de Alceste nasce da sua "rigidez" de caráter – para usarmos o conhecido conceito de Henri Bergson –, isto é, de sua enorme falta de maleabilidade para viver numa sociedade em que reinam a mentira, a maledicência, a hipocrisia e a desonestidade.

Exemplar nesse sentido é a cena em que o protagonista dá sua opinião sincera a respeito do soneto de Oronte, criando mais um inimigo. Vê-se aí sua incapacidade até para uma pequena e inofensiva mentira.

A estratégia de Molière, ao longo da peça, é colocar Alceste em situações que reforçam o seu perfil moral e psicológico. O resultado não é só a construção de um personagem extraordinariamente rico, mas uma gradual substituição dos aspectos mais cômicos por outros que atingem o patético, por força do sincero sofrimento do misantropo, decepcionado com os homens e infeliz no amor, porque apaixonado pela coquete Celimène. Comédia que se avizinha do drama, *Le Misanthrope* conquistou a admiração dos letrados do século XVII, uma vez que realizava de modo perfeito os ideais da alta comédia clássica: era escrita em versos, tinha cinco atos, respondia às exigências da verossimilhança e das conveniências com seu realismo bem dosado, descartava os recursos farsescos e lançava mão de uma comicidade refinada para pôr em relevo a construção de um personagem que encarnava um traço essencial da natureza humana.

Apesar de todas as qualidades, essa peça notável obteve um sucesso apenas mediano, fato que deve ter contribuído para Molière escrever apenas mais duas comédias de caráter: *L'Avare* (1668) e *Les Femmes savantes* (1672). O restante de sua produção compõe-se basicamente de farsas, comédias de intriga e comédias-balés, tais como *Georges Dandin* (1668), *Les Fourberies de Scapin* (1671) e *Le Bourgeois Gentilhomme* (1670), pe-

22. A. Simon, *Molière: une vie*, Lyon, La manufacture, 1988, p. 306.

8. Obras de Racine, ilustrações para *Britannicus* (ao lado) e *Bérénice* (abaixo). Paris, 1678.

9. Gravuras de F. Chauveau para obras de Racine. Abaixo: *Os Demandantes*; ao lado: *Bajazet*. Paris, 1687.

quenas obras-primas em seu gênero e provas definitivas do irresistível talento cômico do autor. Verdade seja dita, o maior compromisso de Molière era com o riso. À doutrina clássica ele efetivamente deve pouco, pois jamais deixou de se valer dos recursos cômicos de uma tradição popular que remonta à comédia latina, à farsa medieval, à comédia espanhola e à *commedia dell'arte*. Apesar disso, segundo Pierre Voltz, já no final do século XVII a obra de Molière tornou-se o modelo a partir do qual se constituiu uma espécie de ortodoxia da comédia clássica. Os letrados deram início a uma tradição que durante pelo menos dois séculos atribuiu ao escritor "o mérito de ter criado uma comédia regular e verossímil e que só levou em conta as peças escritas de acordo com as regras, tornando-o de algum modo o melhor representante da *grande comédia*". Além disso, essa tradição estabeleceu "uma hierarquia para os diferentes tons cômicos – coisa que Molière jamais fez –, renegando os procedimentos grosseiros da farsa em favor das nuances delicadas do registro *realista*"[23]. Já os tempos modernos, ainda segundo Pierre Voltz, preferem tirar outras lições da obra do comediógrafo, vendo-a como a realização plena de um teatro *engajado*, porque sempre envolvido numa grande causa moral; *estilizado*, porque essencialmente centrado nos recursos do baixo cômico; e *livre*, porque aberto a diferentes estilos e soluções para provocar o riso.

Racine: O Triunfo do Classicismo

Ao contrário de Corneille, que escreveu a maior parte de sua obra sob a vigilância dos teóricos, pressionado o tempo todo a seguir as regras que estavam sendo estabelecidas, Jean Racine (1639-1699) estreou num momento em que já não se discutia mais a primazia e a excelência da forma clássica. Como nenhum outro, ele soube adaptar-se às exigências da poética rigorosa de seu século, aceitando-a sem qualquer contestação e demonstrando que as regras não impediam a realização plena da imaginação e da poesia. Sua obra compõe-se de apenas onze tragédias e uma comédia, escritas num curto espaço de tempo, entre 1664 e 1677, com exceção das duas últimas tragédias, *Esther* e *Athalie*, que datam de 1689 e 1691.

Na verdade, a carreira literária de Racine começa um pouco antes, na casa dos vinte anos, com algumas odes que conquistaram a simpatia de Chapelain e proporcionaram ao jovem escritor um contato mais estreito com o meio artístico ligado à corte de Luís XIV. A estréia no teatro se deu em 1664, com a tragédia *La Thébaïde ou Les Frères ennemis*, escrita a pedido de Molière para ser representada no Palais-Royal. Racine buscou inspiração em Eurípedes para pôr em cena as lutas entre dois irmãos, Étéocle e Polynice, filhos de Édipo, pelo trono de Tebas. Mas o enredo carregado de acontecimentos, a luta pelo poder, as máximas sobre a tirania, tudo lembra Corneille nesse primeiro exercício do escritor. De qualquer modo, vale registrar o retorno às fontes gregas da tragédia, que serão retomadas nas obras-primas posteriores. Também a segunda peça não se caracteriza pela originalidade. *Alexandre, le Grand*, encenada em 1665, é uma tragédia histórica, de cunho romanesco e galante, à semelhança de outras da época, que gira em torno das conquistas e dos amores do rei macedônio na Índia.

A primeira grande peça de Racine, com a qual se pode dizer que nasce uma tragédia raciniana, é *Andromaque* (1667). Aí já se encontram alguns elementos essenciais de seu sistema dramático, tais como a simplicidade da ação, apanhada já próxima do desenlace; os personagens vivendo sob a pressão de um dilema e movidos em suas decisões pelos impulsos interiores; a violência da paixão, sempre devastadora e fatal; e as unidades de tempo e lugar postas a serviço da intensidade dramática.

Racine tomou uma passagem da *Eneida* como ponto de partida para *Andromaque*, situando a ação numa sala do palácio de Pyrrhus, rei do Epiro e vencedor da guerra de Tróia. Em seu poder encontra-se, como prisioneira, a viúva de Heitor, Andromaque, por quem nutre uma paixão avassaladora, que não é correspondida. À altivez da

23. P. Voltz, *La comédie*, Paris, Armand Colin, 1964, p. 93.

heroína, ele responde com amor e furor, não hesitando em chantageá-la com a ameaça de entregar o filho Astianax aos gregos. Racine explica no prefácio à peça que seguiu as lições de Aristóteles para construir seu personagem, cujas desgraças devem provocar a piedade dos espectadores, porque ele não é nem inteiramente bom, nem inteiramente mau, reunindo em si virtudes e fraquezas que o tornam extremamente humano. A "falha" de Pyrrhus, que desencadeia a tragédia, é a paixão por Andromaque, que o leva a sacrificar a aliança política com os gregos, negando-se a entregar-lhes Astaniax, e abandonando a noiva Hermione. Pyrrhus pagará com a vida essas afrontas, porque a paixão de Hermione por ele também é de natureza violenta. É ela quem arma o braço de Oreste, tomada pelo ciúme devastador, para depois desesperar-se e suicidar-se. Seu gesto arrasta o terceiro apaixonado violento da peça, Oreste, para a loucura.

A concisão dramática alcançada por Racine é surpreendente. Parodiando um conhecido poema brasileiro, poderíamos resumir o enredo da peça em duas linhas: Oreste amava Hermione, que amava Pyrrhus, que amava Andromaque, que desejava ser apenas viúva de Heitor e mãe de Astaniax. Racine explorou ao máximo as tensões originadas pelo estado emocional dos personagens e organizou a trama com base nos desequilíbrios provocados pela força da paixão. Como escreveu um estudioso de sua obra, trata-se da "entrada na tragédia do realismo psicológico e do amor-paixão, bem como o começo de um novo sistema dramático"[24].

O sucesso de *Andromaque*, que parece ter sido comparável ao de *Le Cid*, não se repetiu com a tragédia seguinte, *Britannicus*, encenada em 1669, por conta de uma cabala organizada por Corneille e seus partidários. A rivalidade que nascia entre os dois grandes dramaturgos levou Racine a uma espécie de desafio: buscar na história romana o assunto para a sua tragédia. Baseado em Tácito, ele pôs em cena as lutas políticas entre Nero e sua mãe Agrippine, bem como a violenta paixão do imperador por Junie, que o levou a cometer aquele que teria sido o seu primeiro crime: o envenenamento do meio-irmão Britannicus, por quem Junie estava apaixonada.

Racine invadia assim o terreno preferido do velho Corneille, para escrever uma tragédia política, histórica e romana. Mas nem por isso abdicou de sua estética particular, como se percebe pela inexistência de tons heróicos, pela ausência de retórica e pelo despojamento da ação, centrada menos nas questões políticas, ligadas à luta pelo poder, do que na exposição de uma alma monstruosa, movida por uma paixão doentia ou desejo brutal. Claro que o pano de fundo histórico delineia-se nas maquinações e na perfídia de Nero, que neutraliza as manobras de Agrippine, com a ajuda do insidioso Narcisse. Mas o que impressiona são as ações provocadas pelo ciúme e crueldade de Nero, que aterrorizam Junie e culminam na morte traiçoeira de Britannicus. Racine explicou em dois prefácios à peça que seu objetivo foi pintar um *monstre naissant*. Quer dizer, interessava-lhe menos o desenho da figura política do imperador do que a análise psicológica de um caráter hediondo no momento de sua formação.

Os dois prefácios, na verdade, são respostas às críticas sofridas por *Britannicus*. Vale destacar, na defesa que Racine fez das suas opções estéticas, a definição de tragédia como "uma ação simples, com pouca matéria, tal como deve ser uma ação que se passa em um único dia e que, avançando gradualmente até o fim, sustenta-se apenas pelos interesses, sentimentos e paixões dos personagens"[25].

Vista por esse ângulo, a tragédia raciniana mais perfeita é *Bérénice*, escrita em seguida a *Britannicus* e encenada em 1670. Rigorosamente, o que se passa em cena, enquanto ação, não é mais do que uma renúncia ao amor, por força de circunstâncias políticas. Não há mortes nem paixões ensandecidas ou desejos brutais, como nas peças precedentes, mas um sentimento de outra natureza, um amor intenso, de colorido elegíaco, que se exprime nos alexandrinos carregados da mais pura poesia. Titus, nomeado imperador de Roma, vê-se impedido de casar-

24. J. Lemaitre, *Jean Racine*, Paris, Calmann-Lévy, s/d, p. 129.

25. J. Racine, *Théâtre Complet*, Paris, Garnier, s.d., p. 208.

10. *As Sabichonas* de Molière, segundo Ch. Coypel, 1726.

11. *O Senhor de Pourceaugnac*, segundo Ch. Coypel, 1726.

se com Bérénice, rainha da Judéia, uma vez que os romanos não aceitariam uma estrangeira em seu trono. Racine não fez mais do que seguir a lição de Aristóteles, pondo em cena a passagem da felicidade para a infelicidade. O fato trágico está no sacrifício do amor, na separação forçada de dois entes que se amam, na dor que quase os leva à morte. Para animar um pouco o enredo, há ainda um terceiro personagem – não contemos os inevitáveis confidentes – que se envolve com as questões amorosas: Antiochus, apaixonado por Bérénice e amigo fiel de Titus, não será poupado do sofrimento imposto pela renúncia e resignação. É em torno de apenas três personagens, dos obstáculos que enfrentam para a realização do amor e do reconhecimento de que estes são insuperáveis que se alimentam os cinco atos da peça, numa ação simples, linear e de extrema concisão.

O sucesso de *Bérénice* foi extraordinário. Mas como houve críticas à ação rarefeita e dúvidas a respeito do gênero a que pertencia, Racine expôs o seu pensamento no prefácio à primeira edição da peça. Em primeiro lugar, esclareceu que *Bérénice* era sim uma tragédia, porque não é necessário que haja sangue e mortes nesse gênero teatral. Basta-lhe que a ação seja grande, os personagens heróicos e as paixões intensas, para que suscite aquela "tristeza majestosa" capaz de emocionar o espectador. Em seguida, Racine reafirmou seu ideal de escrever tragédias com a mesma simplicidade de ação que se encontra nos autores da Grécia antiga. E aos críticos de seu sistema dramático, aos que acreditavam que a simplicidade indicava pouca capacidade inventiva, retrucou afirmando que "ao contrário, toda invenção consiste em fazer alguma coisa de nada" e que o grande número de incidentes numa peça "foi sempre o refúgio dos poetas que não sentem em seu gênio nem abundância nem forças suficientes para prender a atenção dos espectadores, durante cinco atos, com uma ação simples, sustentada pela violência das paixões, pela beleza dos sentimentos e pela elegância da expressão"[26].

As palavras de Racine dirigiam-se a Corneille, que fizera estrear uma semana depois de *Bérénice* uma tragédia com o mesmo assunto, *Tite et Bérénice*. A rivalidade entre ambos chegara ao seu ponto culminante, em 1670. Mas entre a complicação corneliana e a simplicidade raciniana, a platéia preferira a segunda, consagrando-a enquanto forma trágica. Segundo um estudioso do classicismo, Antoine Adam, alguns críticos qualificaram *Bérénice* como um texto menor, uma costura de madrigais e elegias. *Bajazet* (1672) teria sido a resposta de Racine, por se tratar de uma tragédia em que ele demonstra capacidade para o enredo romanesco tão ao gosto dos seus detratores. A ação situada na Turquia trazia para o palco a violência oriental na sua forma mais exacerbada. Lutas pelo poder, paixões e ciúmes devastadores culminam num desfecho sangrento, nessa peça em que o estudo do coração humano se faz por meio de personagens muito próximos da barbárie.

Depois de mais uma tragédia tendo o Oriente como pano de fundo, *Mithridate* (1673), Racine voltou-se para o universo de sua predileção, a Grécia antiga, nas duas obras escritas em seguida: *Iphigénie en Aulide* (1674) e *Phèdre* (1677). Ambas têm como ponto de partida Eurípedes e os mitos gregos abordados nas suas tragédias *Ifigênia em Aulis* e *Hipólito*. Para o ensaísta George Steiner, o que caracteriza as duas peças de Racine é "uma extraordinária tensão entre a forma clássica, racional da ação e o caráter sobrenatural, irracional da fábula"[27]. Mas o que as difere entre si é o fato de que em *Iphigénie* a tensão se abranda e redunda numa espécie de sacrifício da mitologia, enquanto que em *Phèdre* a tensão não se desfaz jamais.

De fato, os prefácios que Racine escreveu para as duas peças são bastante esclarecedores a respeito da questão observada por George Steiner. Em *Iphigénie* o autor podia ter aproveitado tanto a versão do mito em que Agamennon sacrifica a filha, derramando seu sangue no altar de Artémis, para que soprem os ventos em direção a

26. *Idem*, p. 270.

27. G. Steiner, *op. cit.*, p. 84.

Tróia, quanto a que está presente na tragédia de Eurípedes, na qual a própria deusa intervém e salva Iphigénie, substituindo-a por uma corça. Mas Racine não aceitou nem o sacrifício humano nem a intervenção do maravilhoso. Explicou, no prefácio, que não quis sujar a cena com a morte horrível de uma personagem tão virtuosa e amável e descartou a solução de Eurípedes porque ela seria considerada absurda e inverossímil pelos espectadores de seu tempo. Daí a invenção da sombria e má Ériphile, personagem tipicamente raciniana, movida por paixão e ciúme incontroláveis, que provoca a própria desgraça ao se empenhar pelo sacrifício da rival Iphigénie, prometida a Achille.

A inclusão da personagem Ériphile e o desfecho "feliz" revelam o quanto Racine se esforçou para adequar a tragédia às exigências racionalistas. A solução final, porém, não é de todo satisfatória. Aquela revelação surpreendente de que Ériphile carrega nas veias o sangue de Hélène e de Thésée soa um tanto forçada, apesar da beleza dos versos. Ademais, se por um lado Racine evitou que uma deusa descesse dos céus, por outro aceitou que a morte de Ériphile fizera os ventos soprarem, conforme o relato de Ulysse. Rigorosamente, a platéia deveria considerar os dois fatos igualmente inverossímeis.

As hesitações que se encontram em *Iphigénie* desaparecem em *Phèdre*, tragédia que evoca o mundo da Grécia mitológica em toda a sua plenitude. Já no prefácio Racine deixa claro que sua personagem é uma vítima da cólera divina e que a paixão por Hippolyte é muito mais uma punição dos deuses do que um movimento de sua vontade. O tema da fatalidade é apanhado no interior do mito grego, tal como Eurípedes o delineou na tragédia *Hipólito*, em que Fedra é uma vítima infeliz, um instrumento da vingança de Afrodite contra o casto Hipólito, devoto de Ártemis. Mas ao mesmo tempo em que evoca a vontade dos deuses, Racine desenha a paixão da personagem com traços inequivocamente modernos, numa fusão perfeita entre os aspectos do mundo sagrado da tragédia grega e os do mundo profano. Quer dizer, Phèdre não é apenas a personagem mitológica que sucumbe pela força da fatalidade divina, mas o ser humano que carrega dentro de si as sementes da própria danação.

Uma leitura psicanalítica de *Phèdre*, como a de Charles Mauron em *L'Inconscient dans l'ouevre et la vie de Racine*, dirá que a desgraça da personagem nasce da irrupção de desejos incestuosos, considerando sua paixão pelo filho do marido como uma das derivações possíveis do complexo de Édipo. Já uma leitura sociológica, como a de Lucien Goldmann, em *Le Dieu caché*, poderá ver a tragédia como expressão do jansenismo de Port-Royal. Nesse caso, a desgraça de Phèdre é ter nascido numa época anterior a Cristo e viver num mundo sem nenhuma perspectiva de redenção. Não poder ser tocada pela graça de Deus é uma fatalidade contra a qual não há salvação.

A maior obra-prima de Racine já foi objeto de muita análise e interpretação. Vale destacar também a visão de Roland Barthes, no livro *Sur Racine*, que define Phèdre como uma tragédia nominalista. Para o crítico, a desgraça é provocada menos pelos significados das palavras do que por sua enunciação, menos pela paixão da personagem do que por sua confissão. Quer dizer, as palavras é que são portadoras da desgraça, não os sentimentos. Afinal, falar é confessar o desejo, admiti-lo em todo o seu horror.

Deixando um pouco de lado as leituras engenhosas, resta considerar em *Phèdre* a extrema habilidade de Racine como poeta dramático. A ação começa já próxima do desenlace, com a protagonista no auge do desespero, com o espírito em desordem, consumida pela paixão cheia de culpa e pecado. É assim que Phèdre entra em cena, amparada por Oenone, sua confidente. Há três dias que não se alimenta e, simbolicamente, prefere as sombras da floresta à luz do dia. Para Racine, Phèdre é a personagem trágica por excelência, pois, não sendo nem inteiramente culpada nem inteiramente inocente, desperta no espectador os sentimentos de compaixão e terror. Se a construção dessa alma feminina é particularmente notável, não menos desprovidos de arte são os aspectos estruturais da tragédia. As unidades de tempo e lugar

12. *Zaïre*, de Voltaire, ato V, cena X.

colaborando para a intensidade dramática da ação, o perfeito encadeamento causal entre as cenas, a linguagem elevada insuflando poesia no enredo, todos esses recursos são empregados com maestria.

Depois de *Phèdre*, Racine afasta-se do teatro por doze anos. Nomeado historiógrafo de Luís XIV, juntamente com Boileau, vai se dedicar inteiramente à nova função. Seu retorno ocorrerá em condições muito especiais. A pedido de Mme. Maintenon, que fundara em Saint-Cyr um convento para moças, escreve *Esther* e *Athalie*, duas tragédias tiradas da Bíblia. Em ambas, como bem observa George Steiner, o conflito entre a fábula e a forma racional, fonte principal da energia das peças precedentes, encontra-se resolvido, uma vez que os fatos bíblicos não são matéria de convenções dramáticas ou alegorias e sim uma verdade positiva[28]. Nessas peças, como diria Lucien Goldmann, não há mais lugar para um Deus "oculto", mas para o Deus da Bíblia, presente e triunfante. Com sua atmosfera solene e grandiosa, elas atestam o fervor religioso do escritor ligado a Port-Royal.

Do Classicismo ao Romantismo

As tragédias de Racine representaram o ponto culminante da estética clássica, que depois dele não teve no teatro nenhum realizador à sua altura. No século XVIII, Voltaire (1694-1778) assumiu o papel de dramaturgo preocupado com a preservação do gênero trágico e desejou ser o continuador das realizações do século anterior. Durante sessenta anos, entre 1718 e 1778, ele escreveu vinte e sete tragédias que lhe asseguraram um prestígio enorme no mundo das letras.

Mas ao mesmo tempo em que manteve o respeito pelas regras clássicas e o culto a Corneille e Racine, Voltaire alargou o seu horizonte, incorporando uma série de inovações à tragédia francesa. A estada de três anos na Inglaterra, entre 1726 e 1729, colocou-o em contato com uma dramaturgia diferente, que lhe pareceu bárbara e grosseira em certos aspectos, mas bela e vigorosa em outros. Em seu "Discours sur la tragédie", que serviu de prefácio à peça *Brutus* (1730), ele revelou claramente o desejo de criar um sistema dramático que pudesse conciliar as qualidades formais e o bom gosto da dramaturgia clássica com certas ousadias do teatro inglês e do teatro grego, que valorizavam o espetáculo. O fato é que Voltaire aprendeu na Inglaterra a admirar a ação em cena. À tragédia francesa, centrada nos diálogos, faltavam o movimento, a vibração e uma certa violência que viu nos palcos ingleses. Lá, dizia, o teatro fala aos olhos, enquanto na França fala aos ouvidos, pela elegância e harmonia dos versos. A seu ver, as peças francesas eram mais belas, artísticas e duradouras, porque eram obras de arte da linguagem. Por outro lado, poderiam ser mais interessantes nos palcos se aproveitassem as situações que, consideradas em princípio de mau gosto ou horríveis, "bem arranjadas, representadas com arte, e sobretudo amenizadas pelo charme dos belos versos, sem dúvida nos proporcionariam prazer"[29].

Voltaire escreveu algumas tragédias com essas idéias em mente, mas não teve coragem para reproduzir as ousadias de Skakespeare, como se percebe em *Zaïre* e *La mort de César*, obras que apresentam um parentesco com *Otelo* e *Júlio César*. Em ambas, as mortes que poderiam ocorrer em cena são jogadas para os bastidores, numa atitude respeitosa para com a regra das conveniências. Na primeira, Orosmane, tomado de ciúme e convicto da traição de Zaïre, mata-a quase no palco, pelo que se pode depreender da rubrica. Na segunda, César sai de cena e é morto em seguida pelos conspiradores, cujos gritos devem ser ouvidos pela platéia. Quer dizer, faltou pouco para que as mortes ocorressem no palco, à semelhança do que se vê nas peças de Shakespeare.

As queixas de Voltaire em relação à arbitrariedade da regra das conveniências, que permitia, por exemplo, um

28. G. Steiner, *op. cit.*, p. 98.

29. Voltaire, "Discours sur la tragédie", in *Théâtre choisi de Voltaire*, Paris, Hachette, 1912, pp. 93-94.

suicídio em cena, mas não um assassinato, não se traduziram em ruptura efetiva. O máximo que ele ousou nas duas tragédias mencionadas foi ensangüentar a cena com a presença dos corpos dos personagens mortos nos desfechos, em torno dos quais giram os últimos diálogos. De qualquer modo, as marcas do teatro inglês estão presentes nos assuntos e na ação organizada com um pouco mais de movimento. Em *Zaïre*, Voltaire chega a utilizar alguns velhos recursos que mais tarde se tornarão banais no melodrama prestes a nascer: o pai que reconhece os filhos de quem estava separado havia muitos anos, por meio de um objeto, e uma carta interceptada que acaba por desencadear o final sangrento. Recursos como esses modificavam a tragédia clássica, mas obviamente não a melhoravam. Ao contrário, revelavam um gênero em crise, para o qual não havia mais um caminho ascendente.

Voltaire atirou em várias direções: buscou a aproximação com os ingleses, retornou ao ideal clássico em *Oedipe*, *Oreste*, *Mérope* e investiu no exotismo, trazendo para a cena o Oriente, a China e a América, em peças como *Le fanatisme ou Mahomet le prophète*, *L'Orphelin de la Chine* e *Alzire ou Les Américains*. Além disso, orientou a tragédia para as discussões e combates filosóficos, dando preferência a temas políticos e religiosos. Por fim, sua inquietação alcançou o próprio espetáculo teatral, na medida em que a representação de suas peças ganhou mais movimento e o cenário mais pompa. Que não se veja, porém, nessas inovações nenhum espírito revolucionário. A estética de Voltaire é fundamentalmente clássica e conservadora. No plano formal, ele submeteu-se à regra das unidades de ação, tempo e lugar, manteve a distinção entre os gêneros e fez a defesa dos versos e da rima, colocando-se contra a tragédia em prosa. Acrescente-se que depois de 1745 sua relativa admiração por Shakespeare diminuiu bastante e foi substituída por críticas contundentes ao que considerava anárquico e grosseiro no teatro elisabetano.

A permanência do classicismo ao longo do século XVIII deveu-se igualmente a outros autores que continuaram a cultivar o gênero trágico, embora adaptando-o ao gosto da platéia por intrigas romanescas, pelo exotismo e mesmo por um tanto de sensualidade e crueldade. Pode-se dizer que as obras de Crébillon père, La Grange-Chancel, Jean-François Marmontel, Jean-François de La Harpe, Bernard-Joseph Saurin, Marie-Joseph Chénier e Jean-François Ducis, entre outros, forjaram uma espécie de neoclassicismo caracterizado tanto pelo esforço de preservação dos ideais clássicos quanto pelas tentativas de expandir alguns limites herdados do século anterior.

Nenhum desses autores resistiu à passagem do tempo, ainda que tenham eventualmente conseguido sucesso. O mais representativo dentre eles talvez seja Ducis (1733-1816), pela particularidade de ter reescrito algumas tragédias de Shakespeare, como *Macbeth*, *Hamlet*, *Otelo*, *Rei Lear*, *Romeu e Julieta*, adaptando-as à forma clássica. O resultado, porém, foi medíocre. Ao sujeitar a exuberante matéria shakespeariana à regra das conveniências ou às unidades de tempo e lugar, ao simplificar o enredo fazendo desaparecer personagens secundários e ao excluir o grotesco, o humor e a grosseria de cena, o dramaturgo francês descaracterizou por completo os textos originais, sem dar aos seus a mesma grandeza. Como observou o velho Lanson, Ducis tinha em mente as tragédias de Voltaire quando fez as versões das peças shakespearianas. Em sua apreciação rigorosa, são "vazias, sentenciosas, sentimentais, com todas as facilidades tradicionais, bilhetes, disfarces, qüiproquós, conspirações, sonhos, confidentes"[30].

De fato, basta ler a versão de *Otelo* para se perceber que Ducis deve mais à *Zaïre* de Voltaire do que à peça de Shakespeare, da qual aproveitou apenas o fato central do enredo, além de ter mudado os nomes da maioria dos personagens. O cuidado para não chocar a platéia francesa levou-o a ocultar o caráter maligno de Iago, aliás Pézare, que aparece como amigo de Otelo até a última cena, quando então somos informados de que ele era um apaixonado por Hédelmone (Desdêmona). Sem o perso-

30. G. Lanson, *Histoire de la littérature française*, Paris, Hachette, 1951, p. 842.

13. *O Pai de Família*, de Diderot. Aquarela de J. G. Ziesenis, Biblioteca do Arsenal, coleção Rondel.

14. Molière na Comédie-Française: *O Aturdido* e o *Médico a Despeito de Si*, século XIX.

nagem que destila o veneno do ciúme no coração de Otelo, o desfecho da versão de Ducis apóia-se num quiproqüó, tal como acontece em *Zaïre*, com evidente perda de densidade dramática. E em ambas as peças a arma do crime não será um banal travesseiro mas um nobre punhal, como exigia o propalado bom gosto francês.

A verdade é que os autores do século XVIII não conseguiram evitar o esgotamento do gênero trágico. A burguesia em ascensão exigia outras formas dramáticas, mais próximas de sua realidade e capazes de refletir as modificações profundas pelas quais estava passando a sociedade francesa. Sintonizado com os novos tempos, Denis Diderot (1713-1784) criou então o drama burguês, gênero intermediário entre a tragédia e a comédia, trazendo para a cena não a análise das paixões mas a representação de realidades sociais bastante próximas do público. Nas peças *Le Fils naturel* (1757) e *Le Père de famille* (1758), ele lançou as bases do "gênero dramático sério", ao qual dedicou uma série de escritos teóricos, tais como os *Entretiens sur Le Fils naturel* e o *Discours de la poésie dramatique*.

Nesses textos, Diderot discorreu longamente sobre a natureza do drama burguês e explicitou seus propósitos veristas. Queria que o teatro se alimentasse das tragédias domésticas, que buscasse o patético nos conflitos familiares, nos problemas conjugais, na vida cotidiana de seu tempo. Com efeito, a nova forma teatral baniu do palco os reis e príncipes, bem como a Antigüidade greco-latina, para dar lugar a pessoas comuns, artesãos, comerciantes, magistrados, que passaram a ser apreendidos não pelo ângulo da análise psicológica mas pelos papéis que desempenhavam na sociedade e na família. Em primeiro plano foram postos os deveres do cidadão, uma vez que o teatro devia inspirar nos homens o amor à virtude e o horror aos vícios. A prosa tornou-se a forma de expressão adequada à representação do universo burguês, por estar mais próxima da realidade do que os alexandrinos. Por fim, o próprio espaço cênico ganhou um novo significado, na medida em que procurou oferecer aos olhos do espectador quadros mais verdadeiros, com o auxílio da gestualidade dos intérpretes, da naturalidade das falas e de cenários que evocavam lugares do mundo real.

As peças de Diderot são ilustrações perfeitas dessas idéias. Em *Le Fils naturel*, por exemplo, a rubrica inicial dá indicações precisas para a reprodução em cena de uma sala mobiliada ao gosto da época e a ação dramática envolve a classe burguesa. Todos os personagens são virtuosos e não traem essa condição quando postos em situações difíceis. O patético nasce do sofrimento amoroso, inevitável, e das renúncias impostas pela retidão de caráter. Dorval, o protagonista, é posto à prova o tempo todo e consegue reprimir o amor que sente por Rosalie, noiva de seu melhor amigo, que por sua vez também o ama. Há um certo exagero emotivo que lembra a *comédie larmoyante* de Nivelle de la Chaussée, inventada poucos anos antes. Os personagens choram muito para comover o espectador e algumas situações são criadas em função desse efeito, como a longa descrição dos sofrimentos do pai de Rosalie.

Apesar de ser uma peça fria, monótona, *Le Fils naturel* compõe-se dos quadros da vida cotidiana tão desejados por Diderot. A ruptura com o modelo clássico, presente também em *Le Père de famille*, logo conquistou outros adeptos como Sedaine, Beaumarchais e Mercier, que consolidaram o nascimento do novo gênero, escrevendo peças e reflexões teóricas. Ao longo da segunda metade do século XVIII, o drama rivalizou com a tragédia e conquistou a estima do público. Mas as tradições clássicas, por sua vez, não foram desprezadas. Autores como Corneille, Racine e Voltaire tinham admiradores fiéis e constante apoio das autoridades e intituições oficiais.

Os ataques mais consistentes ao classicismo foram feitos fora da França, na Alemanha do *Sturm und Drang*. Lessing (1729-1781), influenciado tanto pelas peças e pensamento teórico de Diderot, que traduziu para a sua língua, quanto pela leitura da obra de Shakespeare, foi o primeiro a desferir críticas contundentes ao modelo francês da tragédia, reivindicando a criação de um grande teatro nacional, mais próximo do público, da vida cotidiana e da esfera burguesa. Nos artigos reunidos no volume

Dramaturgia de Hamburgo, Lessing classificou a doutrina clássica como opressiva, artificial e restritiva, condenando as regras que tolhiam a liberdade de criação artística. Seus elogios ao drama histórico de Shakespeare apontavam um novo caminho para o teatro alemão: "reação nacional contra uma opressão cultural, reação burguesa contra uma arte aristocrática e monárquica, mas também abertura para uma arte mais aberta e mais rica"[31].

Ao lado de Lessing, escritores notáveis como Goethe, Schiller e Lenz renovaram o teatro na Alemanha e se tornaram conhecidos em toda a Europa. Na França, várias de suas peças foram traduzidas, adaptadas e representadas com sucesso, motivando novos ataques ao classicismo. Uma das principais iniciativas, nesse sentido, foi a adaptação da trilogia *Wallenstein*, de Schiller, feita por Benjamin Constant entre 1806 e 1809 e que o levou a escrever um estudo intitulado *Quelques reflexions sur la tragédie de Wallenstein et sur le théâtre allemand et autres oeuvres*. Trata-se de um autêntico manifesto em favor da renovação do teatro francês por meio da imitação das peças alemãs. Igualmente decisivo para os debates em torno dos gêneros dramáticos na França foi o aparecimento da tradução do *Cours de littérature dramatique*, de August Wilhelm Schlegel, em 1813, obra que estabelece as linhas principais do drama romântico. No mesmo ano, os franceses viram surgir mais uma obra capital: *De l'Allemagne*, de Madame de Staël, em que se divulgava praticamente toda a produção literária recente do país vizinho.

O cerco final ao classicismo veio da Inglaterra. Se as traduções de obras de Byron e Walter Scott foram importantes para o movimento romântico francês como um todo, no terreno específico do teatro o fato crucial foi a representação de peças de Shakespeare por artistas ingleses em Paris, em duas ocasiões. Na primeira, em 1822, as reações da platéia foram tão grosseiras que motivaram Stendhal a engajar-se nos debates doutrinários. Sua obra *Racine et Shakespeare* (1823-1825) é uma bela defesa do escritor inglês e do drama romântico. Já a segunda série de representações dos artistas ingleses, em 1827, foi coroada de sucesso, revelando que aos poucos as barreiras contra Shakespeare foram superadas. Nesse mesmo ano, a admiração dos românticos franceses pelo autor de *Otelo* esteve perfeitamente representada no célebre "Prefácio" que Victor Hugo escreveu para o drama *Cromwell*: "Eis-nos chegando à sumidade poética dos tempos modernos. Shakespeare é o drama; e o drama que funde sob um mesmo alento o grotesco e o sublime, o terrível e o bufo, a tragédia e a comédia, o drama é o caráter próprio da terceira época de poesia, da literatura atual"[32].

Por incrível que possa parecer, o classicismo contava ainda com fiéis defensores nos meios literários. Alfred de Vigny, no prefácio à tradução que fez de *Otelo*, em 1829, ainda se dá ao trabalho de atacar o sistema dramático da tragédia neoclássica. Mas nessa altura a última trincheira verdadeiramente importante do classicismo era a Comédie-Française. Pois a conquista desse reduto das grandes tradições teatrais francesas não se fez por esperar. A derrota final do classicismo, se é que se pode falar nesses termos, deu-se exatamente no palco da Comédie-Française, com a representação do drama *Hernani*, de Victor Hugo, em 1830. Os historiadores do teatro celebrizaram a expressão "batalha do *Hernani*" para dar uma idéia da extraordinária disputa havida entre os adeptos do classicismo e do romantismo. Nas palavras de Théophile Gautier, "não se tratava de uma representação como as outras: dois sistemas, dois partidos, dois exércitos, até mesmo duas civilizações, não seria exagero dizer, achavam-se frente a frente, odiando-se cordialmente, como só se odeia nas lutas literárias"[33]. À parte o entusiasmo do escritor romântico, que participou ativamente dessa "batalha", percebe-se no depoimento o quanto o classicismo sobreviveu à sua própria época. A representação de *Hernani* acabou por significar o fecho de um ciclo iniciado quase duzentos anos antes.

31. A. Ubersfeld, *Le drame romantique*, Paris, Belin, 1993, p. 31.

32. V. Hugo, *op. cit.*, pp. 36-37.

33. Passagem citada por D. A. Prado, "O Teatro Romântico: a Explosão de 1830", em *Teatro de Anchieta a Alencar*, São Paulo, Perspectiva, 1993, pp. 210-211.

6.2. A Cena Classicista

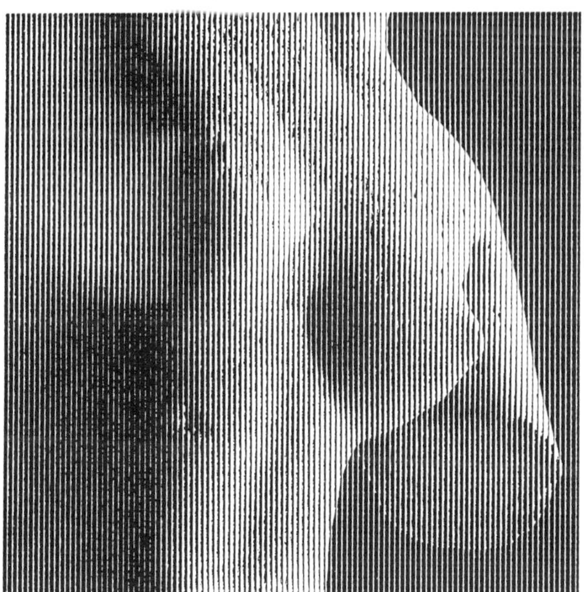

Silvana Garcia

No que concerne ao teatro, podemos dizer que o triunfo das *regras clássicas* na França do século XVII esconde, na verdade, um fenômeno que, tanto naquele momento específico quanto em seu processamento histórico, não foi, em absoluto, coeso. Se a produção setecentista aparentemente se submete a uma determinada visão normativa do fazer teatral, este, na prática, não constitui um modelo acabado.

Desde suas origens, a plasmação de um teatro rigoroso, lídimo herdeiro da tradição clássica, é forjada no interior de um debate de idéias, de um confronto de bastidores que se desenvolve por mais de dois séculos, a partir do Renascimento italiano.

As primeiras impressões dos humanistas, acreditando que a Antigüidade clássica constituía uma tradição monolítica, fez com que, desde o princípio do século XVI, estudiosos se debruçassem sobre os escritos antigos para retirar deles a *justa interpretação*, empenhando-se em decifrar Aristóteles e tratando de conciliá-lo com a tradição latina, em especial Horácio. Cada crítico buscou interpretá-los a sua maneira, tentando acomodá-los ao espírito de sua época.

Nunca, porém, houve homogeneidade no pensamento crítico, no que concerne a essa herança, ao longo desses três séculos. Desde as primeiras tentativas de reedição do modelo clássico, sempre houve tendências discordantes que se polarizaram em torno dos diferentes temas aristotélicos: a conveniência ou não de misturar elementos cômicos e dramáticos, a predominância da ação sobre a pintura de caracteres ou vice-versa, a ênfase na função edificante ou no divertimento, a interpretação mais ou menos rigorosa das unidades. Acaba por prevalecer uma interpretação de viés conservador, que reconhecia o respeito à autoridade de Aristóteles, entendendo que sua *Poética* tinha caráter normativo, privilegiava o propósito moralizante e didático do teatro, alinhando-se à tradição retórica medieval e à tradição latina horaciana, e propagava a rígida separação dos gêneros. Foram estes os pilares do pensamento classicista que o Renascimento italiano difundiu pelo continente.

Também a França do século XVII fez-se tributária dessa tendência, embora, nesse momento, já se houvesse descartado o caráter prescritivo da doutrina estética aristotélica, substituído por um critério de razão e de senso comum. A visão predominante no século XVII francês se fecha em torno da necessidade de subserviência às unidades ditas aristotélicas – unidades de tempo, ação e lugar –, além da observância à verossimilhança (*vraisemblance*) e ao decoro (*bienséance*), também estes entronizados como normas.

Dos primeiros a recolocar em discussão, na França do século XVII, a questão das três unidades, o crítico Jean Chapelain entendia que a obediência às unidades garantia a ilusão cênica. Embora não exigindo uma literalidade do tempo ficcional, aceitando, portanto, uma certa elasticidade no transcurso temporal da ação, Chapelain restringia-no ao máximo de 24 horas. Esse era o limite que, para além das horas de duração do espetáculo, com o apoio dos intervalos ocupados por interlúdios, o espectador poderia aceitar como plausível o tempo de ação transcorrido. O mesmo raciocínio comandava a adoção das unidades de ação e de lugar, obrigadas à singularidade em benefício da ilusão.

Reconhecendo no drama uma função moral, defendia a força e a verdade das paixões no palco, afirmando que elas deveriam ser reflexos da condição da vida real, sustentadas pela verossimilhança. Com igual ênfase, propugnava a norma do decoro, entendida como um princípio de adequação segundo o qual cada personagem deveria "falar de acordo com sua condição, sua idade, seu sexo"[1]. Essa norma, que, *lato sensu*, passaria a conter um sentido de decência moral e social, para o crítico configura-se ainda uma garantia da ilusão e também um complemento natural do princípio de verossimilhança.

Embora Chapelain seja responsável por reacender esse debate na França, ele não fez senão ecoar outros autores antes dele e dar passo a outros pensadores afinados com esses mesmos princípios como Boileau, Dacier e o próprio Racine. São estes que irão representar o pensamento estético dominante no período, embora, na prática do teatro, esse rigor na interpretação das normas clássicas tenha sido constantemente contrariado por diversos críticos, bem como pelos próprios artistas, que nunca se subordinaram inteiramente às regras. Molière e Corneille, com diferentes medidas de ousadia, contrariaram sistematicamente as normas e mesmo Racine, tomado como exemplo mais genial de contenção clássica, concebeu uma realização muito particular desses princípios, escapando do risco da mediocridade que abalou outros produtores menos talentosos.

Se, de algum modo, a história registrou esse breve momento como homogêneo, isso se deve em parte à reação romântica, que unificou em bloco o objeto de seu repúdio em nome da liberdade de criação, e, também, à

1. *Apud* M. Carlson, *Theories of the Theatre,* Ithaca, Cornell University Press, 1993, p. 93.

assimilação dos pressupostos classicistas como princípios estruturantes do drama realista[2].

O debate em torno de um modelo ideal de teatro sempre se deu prioritariamente no campo da dramaturgia, em detrimento da realização cênica. Para a compreensão dos homens de teatro de então, o palco era simplesmente o lugar (e a ocasião) para se dar corpo e voz à palavra poética, sendo esta, em conseqüência, o principal foco de atenção.

No palco, até mais que na literatura dramática, mesmo em seu momento de consecução mais rigorosa, no século XVII, o ideal clássico nunca chegou a realizar-se integralmente. As soluções que possibilitaram a realização cênica dos princípios normativos, seguindo o exemplo da literatura, foram igualmente elásticas, de modo a não aprisionar em moldes estéreis a genialidade criadora dos dramaturgos, eles também diretores. Assim, as incongruências ou inadequações reveladas pela *mise-en-scène* eram sempre remetidas às insuficiências da dramaturgia.

Por outro lado, os ares classicizantes, além de impregnados de resíduos da tradição cênica medieval, foram sucessivamente combinando-se às tendências contemporâneas, contaminando-as mas também aceitando suas influências, de modo que os produtos da tendência classicista sempre se configuraram como produtos híbridos ou, no mínimo, com alto teor de impureza.

No que concerne à realização cênica[3], portanto, o rastreamento dos traços classicizantes configura-se como uma tarefa bastante complexa e difícil.

No princípio, ao longo do século XVI, enquanto a literatura trágica teve uma evolução, ainda que lenta, em direção à sua forma, sua consecução cênica permanece tributária da herança do drama sacro, com a preservação da noção de cenário simultâneo. Este só será substituído pelo cenário único, expressão máxima da economia cênica classicista, em meados do século XVII. Paralelamente, evolui o próprio edifício teatral, "reinventado" no século XVI para atender à nova conjuntura do teatro. No veio do teatro classicista, o jogo do ator ganha o papel principal, enquanto portador da palavra trágica. No jogo entre estilização e realismo, a história da interpretação desse período se forja no interior de uma polêmica que aponta para uma medida de equilíbrio, conseqüentemente, na busca de uma maior naturalidade.

O parâmetro para o tracejamento dessa história tem nas noções de verossimilhança e de ilusionismo realista seu principal eixo condutor.

Edifícios e Cenografias

No que concerne à realização cênica, o impulso no sentido de recuperação do teatro da Antigüidade coincide com o momento mais espetacular das representações dos dramas sacros. Estes, contaminados pelo pensamento humanista e favorecidos pelos desenvolvimentos técnicos das maquinarias teatrais, deixavam-se tomar por motivos pagãos e, somando-se às suntuosas "entradas" e festas cortesãs, constituíam o panorama de luxo e exuberância cênica característico do Renascimento.

Em contraponto, estudiosos e eruditos ensaiavam as primeiras tentativas de reconstituição da cena clássica, pretendida como ideal de espetáculo cênico, única passível de conter adequadamente as peças dos autores latinos ou as imitações que delas se faziam, visando a recu-

2. Sobre a noção de drama absoluto ou rigoroso, cf. P. Szondi, *Theorie des modernen Dramas*, Frankfurt am Main, Suhrkamp, 1956 (também editado pela Einaudi, Torino, 1962); e A. Rosenfeld, *O Teatro Épico,* São Paulo, Perspectiva, 1977.

3. A rigor não podemos falar propriamente em *encenação*, referindo-nos a esses períodos, pelo menos não na acepção que temos dela contemporaneamente. Devemos ater-nos a uma acepção mais geral do termo, aquela que designa o conjunto dos meios de interpretação cênica: cenografia, iluminação, música e jogo dos atores. Sobre este assunto, cf. A. Veinstein, *La Mise en Scène Théatrale et sa Condition Esthétique,* Paris, Flammarion, pp. 7-8, 1955. O mesmo cuidado devemos ter no que concerne à cenografia, estabelecendo uma diferença entre o cenário como moldura ou realidade autônoma e a concepção moderna, forjada ao longo do século XIX, que pressupõe uma noção de unidade a serviço da transcriação cênica de um texto. A esse respeito, cf. D. Bablet, *Esthétique Générale du Décor de Théâtre de 1870 à 1914,* Paris, CNRS, 1975, em particular a Introdução e o Capítulo II.

perar, da maneira o mais fiel possível, o teatro estruturado segundo os gêneros, tal como definido pelos antigos.

No século V e primeira fase do século XVI, essas iniciativas de reprodução do modelo clássico, na prática dos homens de teatro, vão ocorrer no meio palaciano. É nos salões das cortes, sob a iniciativa dos nobres e das academias, que se promovem as montagens desses textos, dedicadas a uma platéia restrita. O ambiente para as representações era armado em função do evento e resultava em uma construção sólida porém provisória, no qual estrutura de palco e armação cenográfica se confundiam em um mesmo aparato.

São parcos os registros que se têm dessas primitivas tentativas de reconstrução da cena "à maneira clássica". Em geral, ecoam ainda a tradição de recitação dos clássicos no âmbito restrito dos mosteiros e abadias do período medieval e ajustam-se aos modos da apresentação dos dramas sacros, em particular sob a forma de disposição linear e frontal. As gravuras que ilustravam as edições de peças antigas são uma das principais fontes à qual o historiador pode recorrer para decifrar o modo como esses clássicos eram ambientados. Exemplo mais significativo, as ilustrações publicadas por Trechsel, em Lyon, em 1493, para a primeira edição das obras de Terêncio, revelam atores comprimidos em uma área de atuação diminuta, diante de um cenário rudimentar, de disposição frontal, no qual se justapõem pequenos arcos à maneira de portas, providos de cortinas que, abrindo-se, revelavam acanhados interiores. Sobre as portas, em tabuletas, apareciam declinados os nomes das personagens que habitavam as moradas[4]. Uma cenografia, sem dúvida, fortemente marcada pela influência das *mansões* do teatro sacro, na qual se busca uma unidade visual sem a preocupação de estabelecer uma unidade de lugar.

Ao longo do século XVI, os homens de teatro irão empenhar-se na procura de maior adequação entre gênero e forma cênica, cuidando de permanecer fiéis ao suposto modelo antigo e, ao mesmo tempo, fortalecer um princípio de ilusionismo realista. Nesse período, intensificam-se os estudos arqueológicos, tomando por objeto as ruínas dos teatros romanos, e elege-se como obra capital para a interpretação dos edifícios antigos o *De Architectura*, de Vitrúvio, escrito no ano I a.C. Redescoberto pelos italianos em 1414 e publicado em latim pela primeira vez em 1486, o texto vitruviano, a exemplo da *Poética* de Aristóteles, sofreu inúmeras leituras e tentativas de interpretação, provocadas, em grande parte, por seu caráter lacunar, repleto de imprecisões.

Paralelamente, toma impulso a expansão das técnicas de perspectiva aplicadas ao teatro[5]. A perspectiva impli-

4. Mesmo a existência desses registros não garante uma compreensão exata de como eram montadas essas peças no século XV. As ilustrações das obras de Terêncio parecem referir-se mais a uma prática da gravura do que à prática cênica. Assim, excetuando-se as matrizes de Trechsel, todas as demais parecem ter sido meras reproduções executadas a partir daquelas, sem muito rigor, constituindo-se, antes, em objeto de estudo no campo da história da gravura do que propriamente da história do teatro; cf. T. E. Lawrenson e H. Purkis, "Les éditions ilustrés de Térence dans l'histoire du théâtre – Spetacles dans un fauteuil?", *in* J. Jacquot (org.), *Le Lieu théâtral a la Renaissance,* Paris, Ed. du Centre Nacional de la Recherche Scientifique, 1986, pp. 1-23.

5. Por obra de arquitetos e cenógrafos geniais como Andrea Mantegna, Girolamo Genga e Baldassare Peruzzi, a cenografia perspectívica em relevo ganha monumentalidade e apuro técnico. A descrição feita por Vasari da montagem de *Calandria*, peça do Cardeal de Bibbiena, em 1516, sob direção de Baldassare Castiglione e cenografia de Girolamo Genga, serve-nos de exemplo, informando-nos sobre a disposição perspectívica e a combinação de elementos construídos, elementos em meio-relevo e representação pictórica: "A cena imitava uma cidade belíssima com ruas, palácios, igrejas, torres, ruas de verdade, tudo em relevo mas ajudado por excelente pintura e perspectiva bem executada. Entre outras coisas, havia um templo de oito faces em meio-relevo [...] todo trabalhado em estuco descrevendo belíssimas histórias, as janelas imitando alabastro, arquitraves e cornijas de ouro fino e azul ultramarinho e, em certos lugares, vidros imitando jóias que pareciam verdadeiras. (*Apud* L. Magagnato, *Teatri Italiani del Cinquecento,* Venezia, Neri Pozza Editore, 1954, pp. 26-27.) Com Baldassari Peruzzi, na primeira metade do século XVI, a exuberância cênica renascentista ganha um enxugamento, constituindo uma das primeiras sistematizações da cenografia que irá predominar pelo próximo século. A base dessa cenografia é a organização do espaço a partir de duas alas de edifícios tridimensionais construídos em torno de um espaço central. A organicidade do conjunto é dada pelo emprego da perspectiva.

1. Oberon visto por Inigo Jones: figurino para *Oberon The Fairy Prince* (*Oberon O Príncipe do Reino das Fadas*) de Ben Jonson, 1611.

ca a predominância de um elemento de ordem lógica, ou seja, uma articulação que se concatena por um princípio ordenador, visando a um conjunto unificado, sólido. Em confronto com o espaço policênico dos dramas sacros, a perspectiva introduz um elemento de coligação entre as partes construídas, preenchendo com panorama e paisagens os espaços entre elas, rompendo com a noção estrita de *luogo* e ampliando-a para o registro cenográfico.

De todos os que estudaram e se inspiraram no livro de Vitrúvio, quem produziu a codificação mais definitiva foi Sebastiano Serlio, discípulo de Peruzzi. A segunda parte de seu livro *Architettura*, publicado em 1545, contém um estudo dedicado ao teatro e teve grande repercussão dentro e fora da Itália. Pautado nas descrições do autor latino, Serlio reconstitui em desenho os três tipos básicos de cenários, correspondendo aos gêneros cômico, trágico e satírico. A estrutura desses cenários assenta-se sobre uma base comum de quatro módulos de bastidores a cada lateral do palco, os três primeiros construídos em ângulo, o último em plano, mais um painel de fundo.

Os estudos de Serlio irão influenciar definitivamente a cenografia do teatro moderno, primeiramente devido ao caráter técnico de seu tratado: sistematiza uma norma para a construção perspectívica da cena, estipulando os princípios para a disposição das casas no palco, bem como para a iluminação e coloração dos cenários. Projetando o palco inclinado[6], resolve o problema do "horizonte de cena" – ou seja, ajusta de forma mais adequada o conjunto arquitetônico-cenográfico às determinantes da perspectiva, favorecendo a ilusão de profundidade.

Como conceito, suas contribuições orientam-se no sentido de obter da cenografia um maior ilusionismo realista e um profundo sentido de adequação, expresso, por exemplo, pela preocupação em indicar o tipo de edifício ideal para cada gênero de peça. Sua inspiração em Vitrúvio extrapola o objetivo de reconstituição arqueológica, resultando em um projeto arquitetônico-cenográfico no qual a harmonia cênica é ordenada por uma busca de equilíbrio que é tanto formal quanto temático (e não simplesmente uma combinação entre "vazio" e "pleno"). Em Serlio, mesmo os elementos de natureza mais francamente decorativos, como a inclusão de paisagens longínquas a serem entrevistas pelos vãos dos edifícios, obedecem a um princípio de realismo ilusionista: "perchè così si finge il vero"[7].

Os estudos arqueológicos, empreendidos sob influência do texto de Vitrúvio, e a reclusão cada vez maior dos espetáculos em espaços fechados – tal como esses teatros construídos provisoriamente nos salões das cortes, em contraposição à tradição dos espaços abertos da linhagem medieval – propiciaram, em meados do século XVI, as primeiras construções de edifícios especificamente dedicados ao teatro. A exemplo do que ocorria na literatura, que buscava constituir uma dramaturgia animada pelo vigor das obras clássicas, a construção desses edifícios pretendia oferecer a moldura adequada para a apresentação das obras trágicas. O teatro Olímpico de Vicenza, primeiro e um dos mais significativos erigidos no período, é exemplar dessa preocupação em reproduzir o "verdadeiro teatro".

O Teatro de Vicenza foi encomendado pela Academia Olímpica, em 1580, a Andrea Palladio, poucos meses antes da morte do arquiteto. Palladio era um dedicado estudioso do teatro antigo e este viria a ser o terceiro projeto executado por ele na cidade (e único de sua autoria a sobreviver até o presente). O Olímpico foi construído em um terreno relativamente estreito, designado pelo Conselho Municipal de Vicenza. Tendo em vista essas características, Palladio erigiu o edifício no sentido longitudinal do terreno. A platéia, diferentemente do teatro romano, apresenta uma disposição elíptica, solução engenhosamente encontrada para driblar a escassez de es-

6. Por esse princípio, o palco é dividido em duas partes distintas: à frente, um estrado plano, de pouca profundidade, serve como área de jogo; na parte traseira, um plano ligeiramente inclinado comporta o cenário em perspectiva.

7. *Apud* V. Mariani, *Storia della Scenografia Italiana*, Firenze, Rinascimento del Libro, 1930, p. 37.

paço. O palco, por sua vez, ocupa cerca de metade do espaço e constitui-se de um largo proscênio, delimitado por uma fachada com cinco aberturas (três frontais e duas laterais), pelas quais se entrevê uma armação cenográfica composta por alamedas de casas construídas em perspectiva. Essa grande massa arquitetônica do palco remete aos *frons scenae* dos teatros romanos mas, em vez de uma monumental fachada de palácio, como nos modelos antigos, parece filiar-se mais propriamente ao esquema dos arcos triunfais das *entradas*[8].

O estudo do Teatro Olímpico sugere-nos a intenção de obter-se um conjunto harmônico, integrado, no qual se encontram combinadas a reverência ao modelo antigo com a presença de elementos típicos do Renascimento: o "lugar ideal para a grande poesia trágica"[9]. Essa busca de organicidade entre sala e palco, plasmada de forma estupenda por Palladio, ecoa a tendência dos arquitetos da época de buscar, na construção da cena, uma ilusão de continuidade com relação à sala como um todo, sem qualquer tipo de ruptura entre o palco e platéia (o que não impedia o emprego de guirlandas ou frisas com motivos decorativos). Desse modo, o espectador estaria totalmente imerso no universo ficcional, sem barreiras entre esse e seu mundo real. O mesmo pensamento orienta o modelo idealizado por Serlio[10].

Entre o universo do palco e o do espectador persiste um único elemento: a cortina de proscênio. Desde seus primeiros empregos – na Itália no século XV e na França no século seguinte –, a cortina da boca-de-cena teve um uso bastante definido e inalterado até o século XIX. Ela marcava a abertura do espetáculo e era levantada apenas ao seu final[11], sem nenhuma outra função que a de abrir e fechar o espaço-tempo fictício. O pensamento classicista dos séculos XVI e XVII não podia conceber o fechamento da cortina entre os atos por vigorar, no dizer de Georges Védier[12], um princípio de "unidade da ilusão", ou seja, uma vez que o espectador era transportado para o universo ficcional, ele aí deveria permanecer e seria impensável qualquer ato que pudesse romper com essa continuidade. Seria essa "unidade da ilusão" uma das exigências que teria levado à consagração, no século XVII, das unidades de tempo e lugar, uma vez que obrigava a representação (e, antes dela, a dramaturgia) a uma sucessão temporal estrita e a uma continuidade da referência espacial.

Essa organicidade da construção teatral, bem como a natureza do envolvimento do espectador, sofrerão, no século XVII, uma alteração significativa, na qual o

8. Magagnato refere-se à ela como "uma cortina arquitetônica" (Magagnato, *op. cit.*, p. 73).

9. *Ibidem*, p. 73.

10. Na Inglaterra, o modelo palladiano vai infiltrar-se principalmente pelas mãos do cenógrafo Inigo Jones. É somente a partir do século XVII que as teorias do Renascimento começam a ser melhor assimiladas e a penetração do modelo clássico irá alterar a estrutura daquele que conhecemos como palco elisabetano. Para alguns estudiosos, não é descabida a hipótese de que, já na reconstrução do Globe, em 1614, após o incêndio que o destruíra totalmente no ano anterior, a *tiring house* (construção ao fundo da área de jogo) apresentaria uma fachada mais fiel à leitura renascentista do *frons scenae* latino, com as tradicionais cinco portas abrindo-se para o palco, balconetes e pilastras em relevo, distribuídos em uma construção arquitetônica de três andares; cf. R. Leacroft e A. Leacroft, *Theatre and Playhouse*, London, Methuen, 1984, pp. 56-57; também A. M. Nagler, *Shakespeare's Stage*, New Haven, Yale University Press, 1981, p. 10. É no mesmo sentido que Jones irá assimilar os desenvolvimentos cênicos irradiados pela Itália, projetando espaços que remetem francamente ao modelo palladiano, que conheceu em visita a Vicenza. Destes, um dos exemplos mais interessantes é a adaptação do Cockpit-in-Court, em Whitehall, transformando-o em um pequeno teatro cujo palco ostenta um *frons scenae* semicircular, de dois andares, com cinco portas abrindo-se para a área de jogo, a porta central em arco dando visão a uma cena perspectívica. Também neste exemplo percebemos o esforço de conjugar palco e platéia num ambiente homogêneo, denotando uma intenção de fazer penetrar o espectador no universo da fábula e, em última instância, contemplá-lo com a experiência da ilusão absoluta.

11. À maneira do *aulaeum* antigo, no século XVI a cortina cumpria seu papel caindo por terra. Só posteriormente, com a definição do arco do proscênio e a evolução dos urdimentos, foi possível a implantação de mecanismos que sustentassem a cortina, fazendo-a subir. Nicola Sabbattini já havia previsto tal sistema em seu tratado.

12. Cf. G. Vedier, *Origine et évolution de la dramaturgie neoclassique,* Paris, Presses Univeristaires de France, 1955, *passim*, em especial pp. 35 e 52-57.

surgimento do arco cênico (ou arco de proscênio) terá um papel predominante. Com o emolduramento arquitetônico da cena, resolve-se a transição entre palco e platéia, demarcando claramente o limite entre um e outro, ou seja, recortando o mundo bidimensional dos atores em contraste com o espaço tridimensional do espectador. Isso claramente implica uma definição mais precisa da natureza da ilusão que concerne ao espetáculo teatral.

A incorporação definitiva do arco do proscênio à arquitetura teatral aparece supostamente atestada pela primeira vez no Teatro Farnese, de Parma, construído pelo arquiteto Giambattista Aleotti[13]. Inaugurado em 1628, e ainda inspirado em Vitrúvio, esse teatro constituiria uma síntese de todo o desenvolvimento do edifício teatral do último século e seria a mais acabada plasmação do pensamento clássico legado à era barroca (em contraposição ao Teatro Olímpico, protótipo do teatro clássico renascentista segundo o modelo vitruviano). O palco, netamente demarcado por uma moldura ornamentada em relevo, diferentemente das vistas palladianas, abre-se para uma perspectiva única, plantada sobre o eixo do teatro. Projetado não apenas para acolher as obras trágicas mas, principalmente, como espaço dedicado aos balés e torneios, possui uma platéia em U, prenunciando a planta em ferradura que irá dominar a construção das platéias meio século mais tarde.

O passo seguinte na evolução da cena foi a paulatina substituição da cenografia tridimensional pela representação pictórica. O cenário construído em perspectiva acarretava vários problemas: o primeiro é que, dada a própria natureza dessa cenografia – ou seja, edifícios executados a partir de bastidores em ângulo, com paulatina redução da escala dos edifícios –, os atores ficavam restringidos a uma região diminuta do proscênio, pois, do contrário, arriscava-se a que, no confronto com a estatura humana, se desfizesse ou se tornasse ridícula a escala perspectívica. Do mesmo modo, esta cenografia só se realizava enquanto possibilidade de ilusão completa, ou seja, próxima da realidade, desde um único ponto da platéia (o "ponto de vista do príncipe"), único ângulo de visão na sala que recebia como articulado o conjunto cenográfico.

Por outro lado, o grande desenvolvimento dos aparatos e maquinarias cênicas, desde o trabalho pioneiro de Sabbattini[14], depois expandido pelos mestres da cenografia *maravilhosa* do período barroco, amplia a trilha para os espetáculos de efeitos, projetados para impactar os espectadores com seus câmbios à vista. Assim, a exuberância das apresentações, em particular a presença dos intermédios exigindo a troca constante de cenários[15], chocava-se inevitavelmente com a imutabilidade da cenografia tridimensional.

Estes foram fatores que certamente contribuíram para, no decorrer do século XVII, a paulatina difusão de uma cenografia mais francamente pictural, com a substituição dos elementos construídos por bastidores planos perfilados, formando alas a cada lateral do palco, completados por telões de fundo e perspectiva aérea[16].

13. Há vários registros anteriores que atestariam a existência, em construção temporária ou permanente, de palcos comportando o arco cênico, entre eles um esboço realizado por Bartolomeo Neroni, de meados do século XVI, e uma xilogravura de Andrea Andreani, estampada por Girolamo da Bolsena, em 1589, reproduzindo o palco construído por Riccio Senese para a representação de *Ortensio*, de Alessandro Piccolomini, em Siena. Fala-se também do teatro construído por Buontalenti no Palácio Uffizi, em Florença, e mesmo no Teatro de Sabbioneta, de Scamozzi. O Teatro Farnese, de qualquer modo, é um dos primeiros e o mais antigo exemplo que nos resta da implantação do arco cênico em um teatro permanente.

14. Nicola Sabbattini publicou seu *Pratica di fabricar scene e macchine ne'teatri* em 1637, indicando diversos procedimentos para operação de mudanças de cenários. Novos desenvolvimentos técnicos foram projetados por Giacomo Torelli, durante o período em que trabalhou no Teatro Novíssimo, em Veneza, na década de 1640 e, posteriormente, em sua estada em Paris.

15. Em uma era na qual a cortina de boca-de-cena não opera nas divisões entre os atos, permanecendo o palco exposto durante toda a extensão da peça ao olhar do espectador, essas mudanças de cena, no âmbito dos cenários tridimensionais, representavam desafios insolúveis para artistas e provocavam tédio e impaciência na platéia.

16. A implantação dos bastidores planos exigiu um desenvolvimento da técnica de perspectiva. No sistema dos bastidores em ângu-

Aqui
ral do te
renascen
enquadra
co e sala
modelo b
tirá até o
No ve
balé, gara
cenário s
ção, dian
do os di
evolução
de viés, r
fias do ir
A linh
na direçã
existia do
foi Lodo
italianos
para ele,
aceitasse
grande l
apenas u
modo o c
que poss

lo, cada ba
mas da per
seja, facha
res planos
um edifício
um conjun
interiores)
17. Int
do século,
diversos o
com relaçã
perspectiva
bém desvi
proporcion
sentação d
18. *Ap*

2. Figurino de Zara na *Tragedy of the Mourning Bridge* (*Tragédia da Ponte da Lamentação*), de Thomas Jefferup, 1757.

4. Cenário original de uma tragicomédia, *Lisandre e Caliste*, de P. du Ryer, possivelmente representada em 1630.

2. Figurino de Zara na *Tragedy of the Mourning Bridge* (*Tragédia da Ponte da Lamentação*), de Thomas Jefferup, 1757.

3. Proposta perspectivista de cenário, segundo Serlio, com tripla destinação conforme os gêneros clássicos: cômico (no alto à esquerda), trágico (mais acima) e satírico.

Aqui se pode considerar completo o esquema estrutural do teatro que começou a ser forjado no período renascentista: cena ilusionista perspectívica pictórica, enquadramento arquitetônico do palco com o arco cênico e sala retangular para os espectadores. Esse será o modelo básico que, com acréscimos e evoluções, persistirá até o século XIX.

No veio dos exuberantes espetáculos da ópera e do balé, garantiu-se, assim, a possibilidade de existência do cenário sucessivo (*décor successif*), com a transformação, diante dos espectadores, dos cenários representando os diferentes lugares. Como desdobramento dessa evolução, à perspectiva linear substitui-se a perspectiva de viés, responsável pelo efeito vertiginoso das cenografias do início do século XVIII[17].

A linhagem classicizante, em contrapartida, caminhou na direção da economia do cenário único. Essa noção já existia desde o Renascimento, e seu principal inspirador foi Lodovico Castelvetro, um dos primeiros estudiosos italianos a comentar a obra de Aristóteles. Assim como, para ele, era inadmissível pretender que o espectador aceitasse a idéia de que a ação transcorrera durante um grande lapso de tempo quando, de fato, permanecera apenas um par de horas sentado na platéia, do mesmo modo o cenário deveria exibir apenas aquela "única vista que possa ser abarcada pela visão do espectador"[18]. A abrangência do olhar, que deve poder captar o todo, e um raciocínio com base na razão e no senso comum justificavam, para Castelvetro, a necessidade de ater-se às normas.

O pensamento classicizante do século XVII francês sedimentou a noção de que apenas um cenário deveria ser usado para a peça inteira. No entanto, até meados do século, essa exigência foi sistematicamente contrariada pela persistência do cenário múltiplo (*multiple décor*). Seguindo o preceito de agrupar a representação de momentos sucessivos da ação, tal como podemos detectar na tradição pictórica dos séculos XVI e XVII, distribuíam-se pelo palco de cinco a sete construções cenográficas, cada qual representando um lugar diferenciado, sendo o todo ordenado pela perspectiva. Os registros acerca das produções do Hôtel de Bourgogne indicam que, até em torno de 1640-50, predominavam ainda esses cenários híbridos, tributários do sistema de mansões dos dramas sacros. É possível que *Le Cid*, de Corneille, apresentado em 1637 no Théâtre du Marais, tenha usado um cenário desse tipo, combinando sinteticamente fragmentos de diferentes lugares, o que lhe teria valido a crítica de Scudéry: "um mesmo lugar representa o apartamento do rei, o da Infanta, a casa de Chimène e a rua, quase sem alteração de aspecto de modo que o espectador, em geral, não sabe onde se encontram os atores"[19].

Com a gradativa falência dessa cenografia, também obrigada por uma dramaturgia tendente à obediência das unidades, impõe-se a norma do cenário único. No caso das comédias, o mais comum era a representação de uma praça pública, à maneira da Commedia dell'Arte. De acordo com a ilustração da edição de 1664, o cenário de *École des Maris*, de Molière, compreendia um telão de fundo no qual se achava pintado um arco, por cuja abertura vislumbrava-se um pomar. Cada lateral do palco continha a representação de uma casa, montada sobre bastidor em ângulo, com portas e janelas praticáveis. Dois pesados

lo, cada bastidor correspondia a um edifício, pintado segundo as normas da perspectiva e obedecendo à disposição do próprio aparato, ou seja, fachadas frontal e lateral. Em um primeiro momento, os bastidores planos também foram tratados segundo o princípio de a cada qual um edifício. Na sua evolução, passaram a representar fragmentos de um conjunto, ampliando as alternativas de lugares cênicos (inclusive interiores) e acrescentando magnificência à cenografia barroca.

17. Introduzida por Ferdinando Bibiena, logo nos primeiros anos do século, a *scena per angolo* substituía o ponto de fuga central por diversos outros alocados lateralmente, criando, assim, uma ruptura com relação à arquitetura da sala como um todo, na medida em que a perspectiva não mais se assentava sobre o eixo da platéia. Isso também desvinculou palco e platéia no que concerne à relação de proporcionalidade, ampliando ainda mais as possibilidades de representação de interiores e dando grandiosidade ao conjunto cênico.

18. *Apud* Carlson, *op. cit.*, p. 49.

19. *Apud* P. Sonrel, *Traité de Scénographie*, Paris, Odette Lieutier, 1943, p. 58.

lustres pendiam sobre a cabeça dos atores. Juntamente com as luzes da ribalta, não registrada na gravura, seria essa, provavelmente, toda a iluminação da cena. Posteriormente, e principalmente por obra de Molière, passou a ser comum a adoção de um ambiente de interior, um salão neutro: a *chambre à quatre portes.*

No caso das tragédias, o cenário único podia representar uma decoração de colunas, pórticos e galerias de inspiração grega ou latina. Porém, sua versão mais usual encontra-se sintetizada na idéia de *palais à volonté.* O termo, empregado particularmente por pintores e cenotécnicos, significava que, estabelecido o gênero da peça, estes podiam escolher, à vontade, uma ambientação palaciana qualquer, facilmente identificável pelos espectadores como um recinto nobre, compatível com o universo de corte no qual transcorriam as tragédias.

Em flagrante contraste com a exuberância dos cenários das óperas e balés, os palcos nos quais eram oferecidas as grandes obras da dramaturgia do período, em particular o Palais-Royal e o Hôtel de Bourgogne[20], eram, pois, guarnecidos apenas com um telão de fundo e um mobiliário mínimo, em geral algumas cadeiras. Essa austeridade cênica provocou, em um crítico do início deste século, a afirmação de que aquilo a que o público assistia não era uma representação, mas "uma recitação sob dois lustres"[21]. Assim, a ambientação pictórica mantinha apenas uma vaga relação com o conteúdo da peça e isso favorecia ao autor eludir o peso excessivo de uma atenção restrita das unidades.

Corneille era um dos que alçavam a voz, protestando contra o rigor das regras. Em seu "Discurso sobre as Três Unidades", que abre o terceiro volume de suas obras completas, publicadas em 1660, ele afirma que se os teóricos tivessem a obrigação de oferecer suas peças ao público seguramente seriam mais flexíveis e "dar-se-iam conta, na prática, de quão restritivas são suas exigências e quantas boas coisas isto bane de nosso teatro"[22].

Ele reconhece, no entanto, a necessidade das unidades, ainda que trate de interpretá-las de uma maneira flexível, ampliando a compreensão de lugar único como "uma mesma habitação, no máximo um mesmo palácio" defendida pelos ortodoxos.

> Penso que é preciso buscar essa unidade (de lugar) com o maior empenho possível, mas, como ela não se conforma a qualquer tema, concordarei, de bom grado, em definir como unidade de lugar aquilo que acontecer em uma só cidade. Não que pretenda que a cena represente essa cidade inteira [...] mas somente dois ou três lugares particulares confinados no interior de suas muralhas.

Em seu texto, Corneille contempla também o caso de peças nas quais seja inevitável a conciliação de dois lugares distintos de ação. Dando testemunho de seu próprio procedimento, diz ele que constrói a peça de modo que a mudança de cenários jamais ocorra durante os atos, mas nos seus intervalos, assim como evita a necessidade de decoração diferenciada para cada lugar distinto, cuidando para que "nenhum deles seja jamais designado, mas somente o lugar geral no qual estão incluídos, como Paris, Lyon, Constantinopla etc".

Complementando essa linha de raciocínio, Corneille defende a idéia de um "lugar teatral fictício", uma espécie de antecâmara que poderia acolher as personagens

20. Até o início da década de 1630, o Hôtel de Bourgogne era o único teatro permanente de Paris e lugar privilegiado para as apresentações. É nele que se instala, em 1629, a primeira companhia de teatro a obter do rei autorização para fixar-se na cidade. Entre 1634 e 1647, disputa a liderança com o Théâtre du Marais, sede da companhia do ator Montdory, para, no período seguinte, reinar soberano até o final da década de 1680. O Palais-Royal, construído pelo arquiteto Lemercier a pedido do Cardeal Richelieu, é tido como o primeiro exemplo francês de teatro erigido segundo o modelo italiano, com arco cênico e palco equipado com aparatos para as mudanças de cenários. Ostentando o nome de Palais-Cardinal, foi inaugurado em 1641, com a peça *Mirame*, escrita por um coletivo de autores (entre eles Corneille), a partir de um argumento do próprio Richelieu.

21. *Apud* J. Arnavon, *Notes sur l'interprétation de Molière,* Paris, Librairie Plon, 1923, p. 166.

22. *Apud* O. Aslan (org.), *L'Art du Théâtre,* Paris, Seghers, 1963, p. 171. Todos os fragmentos a seguir são retirados dessa coletânea.

tanto nas cenas mais concorridas quanto em seus momentos de recolhimento ou entrevistas mais íntimas,

um lugar teatral que não seria nem o apartamento de Cleópatra nem o de Rodogune, na peça que leva esse título [...] mas uma sala para a qual se abrem todos esses aposentos e à qual atribuirei dois privilégios: primeiro, que cada um que aí converse possa presumidamente falar com o mesmo sigilo que desfrutaria em seu quarto; segundo, que, ao invés de atender ao que seria da ordem da conveniência (*bienséance*), que prevê que aqueles que estão em cena devam dirigir-se aos aposentos daqueles com os quais queiram conversar, possam estes vir ao encontro daqueles no palco, sem com isso contrariar a norma de conveniência, a fim de conservar a unidade de lugar e o vínculo entre as cenas.

Também Racine vai adotar as referências genéricas de lugar em seu teatro. Para ele, no entanto, a idéia de cenário único não necessariamente coincidia com a de *palais à volonté*. Em grande parte de suas tragédias, o autor designa detalhes arquitetônicos ou de decoração que obrigariam cenógrafos e pintores a adequá-los a sua imaginação[23]. Essas especificidades não vinham necessariamente explicitadas nas rubricas de abertura do texto, mas podiam estar sugeridas no interior das próprias falas, procedimento usual em Racine. Neste particular, o escritor reflete o pensamento de D'Aubignac, que, observando o exemplo dos dramaturgos gregos, pretendia que "o movimento das personagens, costumes e gestos" deveriam estar expressos nos "próprios versos que (o autor) as faz recitar"[24].

23. A principal fonte para a reconstituição dos cenários da época é o "Mémoire de Mahelot, Laurent, et des Autres Décorateurs", documento dividido em três partes que registra as requisições de material cênico das companhias do Hôtel de Bourgogne, começando incertamente entre 1622 e 1634 e chegando até 1686. Pesquisando esse documento, David Maskell observa que, de nove peças de Racine inventariadas por Michel Laurent, apenas *La Thebaide* e *Mithridate* teriam sido representadas diante de um cenário *à volonté* no senso estrito do termo (D. Maskell, *Racine: A Theatrical Reading,* Oxford, Claredon Press, 1991, pp. 15-16).

24. *Idem*, pp. 16-17. Corneille, em contrapartida, acreditava que a dramaturgia não deveria ser "diminuída em sua dignidade" com a obrigação de indicar essas minudências (*idem*, p. 64).

Dos três grandes dramaturgos desse século, Molière foi quem, aparentemente, demonstrou maior descaso pela unidade de lugar. Em geral, suas peças ostentavam o tipo de rubrica genérica aconselhada por Corneille, designando apenas a cidade do evento. Por outro lado, também ele nos oferece indícios de que o espaço único não necessariamente significava um único cenário. A fórmula "*Le théâtre représente...*" e "*Le théâtre change et répresente une ...*", que aparece em algumas de suas peças[25], indicaria certamente uma rápida substituição do telão de fundo.

Fora dos espaços fechados dos teatros, então, a exigência de uma adequação do cenário a um único ambiente, segundo a sugestão do texto, desmorona em face das circunstâncias. Nas cortes, freqüentemente, a peça era apresentada diante da mesma decoração preparada para o *divertissement* que a antecedia. Uma poltrona era colocada perante os espectadores, seguramente à frente de um cenário de ambientação mitológica, povoado de alegorias e aparatos mecânicos, em nada relacionado com a temática da peça. Assim, sabemos, foi representado *Malade Imaginaire*, em 1674, em Versalhes, após uma *féerie* oferecida pelo rei.

Na verdade, a idéia de uma "recitação sob dois lustres", se, por um lado, sintetiza o princípio de economia que orienta a cena classicista, pode, mais que isso, significar que a dramaturgia permanece sendo o principal veículo desse pensamento e, no palco, é a palavra que deve reinar soberana. Tarefa difícil, se pensarmos nas condições de recepção nos teatros franceses do século XVII.

Desde 1548, quando a Confrèrie de la Passion instala o teatro do Hôtel de Bourgogne e ganha monopólio sobre todas as apresentações teatrais em Paris, as companhias passam a utilizar teatros temporariamente adaptados em quadras de tênis. A planta retangular e estreita desses espaços acaba por fixar-se como modelo e a maioria dos teatros construídos ou reformados ao longo do sé-

25. Por exemplo, originalmente, em *Malade Imaginaire*, aparecem as duas fórmulas: "Le théâtre représente une chambre" e "Le théâtre change et représente une ville".

4. Cenário original de uma tragicomédia, *Lisandre e Caliste*, de P. du Ryer, possivelmente representada em 1630.

culo XVII repetem basicamente uma mesma estrutura, da qual o Hôtel de Bourgogne, recém-reformado em 1647, pode ser o exemplo: imediatamente à frente do palco elevado ficava o *parterre*, área ocupada pelos espectadores em pé; as laterais eram tomadas por dois andares de camarotes; sobre estes, num terceiro e último patamar, uma galeria aberta, sem divisões, chamada *paradis*; no fundo e no alto da sala, do lado oposto ao do palco, encontrava-se uma arquibancada. A capacidade de ocupação do teatro girava em torno de 1.600 espectadores.

Quanto ao público, era certamente composto por representantes abastados das classes burguesa e aristocrata, estando ausente, com exceção de lacaios e acompanhantes, qualquer espectador de extração mais popular. Mesmo essa platéia supostamente requintada não impedia tumultos e falatórios, em especial no ambiente mais descontraído do *parterre*, como comprovam os inúmeros decretos que, até o século XVIII, tentam ordenar o comportamento do público.

Além do mais, a partir de meados do século XVII, impõe-se o hábito de um certo número de espectadores privilegiados sentar-se no próprio palco, disputando o espaço com os atores[26].

Em resumo, teatros estreitos e abafados, público turbulento, que conversava durante as cenas menores e interrompia constantemente o espetáculo com aplausos (ou apupos), palco alto e apinhado de gente, que não oferecia boa visibilidade para a maior parte da platéia, situação esta agravada pela insuficiência da iluminação e pelos figurinos pomposos que incluíam grandes perucas e chapéus. Era contra todos esses obstáculos que os atores lutavam para impor sua arte e fazer ressoar, acima do burburinho, a palavra poética dos grandes autores.

26. Em torno de 1716, cada lado do palco do Comédie Française contava com cinco fileiras de bancos, com capacidade para cerca de 140 espectadores. Esse costume vai persistir até 1759, quando Voltaire consegue banir os intrusos da cena. Na Inglaterra, o fenômeno se repete, sendo os espectadores retirados do palco por intervenção do ator David Garrick, em 1762.

O Ator e a Cena

Do mesmo modo que na arquitetura teatral e na cenografia os ares classicizantes misturaram-se a outras exalações contemporâneas, promovendo resultados e produtos híbridos, no campo da interpretação fica difícil definir com precisão qual foi a "maneira clássica" de recitação dos trágicos. Se, em alguns momentos, predominaram certas tendências como o "estilo francês", modo de interpretação empostado e artificial que o século XVII logrou impor como modelo, mesmo este não pode ser detectado com clareza.

O certo é que, ao longo de três séculos, estudiosos e homens de teatro disputaram entre si a primazia de exprimir no palco, do modo mais adequado, o espírito trágico. A busca de adequação, equilíbrio, verossimilhança, apontava, por um lado, para uma interpretação mais natural, comedida; do mesmo modo, o caráter universalizante porém aristocrático da temática trágica inspirava uma atuação estilizada, que os limites estreitos da *bienséance* tornavam ainda mais artificial.

O domínio da palavra poderosa da poética trágica, confinada pela cadência da métrica, na boca de personagens de estirpe e altivez nobres, impunha ao ator uma dicção ritmada que, no limite do exagero, transformava-se numa cantinela monótona e artificial. Voz potente e cristalina, não por acaso, era o principal requisito para o ator desse século. Porém, tudo leva a crer que, com facilidade, ele caía na pura exibição da potência vocal, resvalando para a tonitruância desprovida de nexo e emoção sincera.

> É incontestável que o herói trágico, na medida em que é um ser humano, não deve afastar-se da natureza; porém, é igualmente verdade que as grandes ações e a alta linhagem ou posição dos heróis trágicos exigem uma postura naturalmente digna e majestática[27].

Assim referiu-se a grande atriz Elena Riccoboni a Michel Baron, discípulo de Molière e celebrado por mui-

27. *Apud* T. Cole e H. K. Chinoy, *Actors on Acting*, New York, Crown Publishers, 1970, p. 160.

tos como o primeiro grande trágico francês. Em seu conselho, formulação que nos remete ao comedimento horaciano, a atriz propõe o meio termo, a medida conciliadora que deve expurgar do palco os excessos do exibicionismo virtuoso, bem como sua contrapartida, um naturalismo desprovido de teatralidade.

Dos documentos de que dispomos sobre interpretação, do Renascimento ao século XVIII, essa busca de adequação e equilíbrio foi freqüentemente reiterada por grandes nomes do teatro, raras vezes combatendo um naturalismo debilitado e quase sempre reivindicando um retorno ao sentido das palavras e condenando a canastrice grandiloqüente.

Um dos registros mais antigos e dos mais interessantes vem de Leone de' Sommi, autor, ator e diretor de cena do Renascimento italiano. Em seus "Diálogos em Matéria de Representação Cênica"[28], em particular no terceiro da série de quatro, Sommi nos diz que "o ponto mais importante é que o ator deve convencer o espectador de que suas personagens são verdadeiras". Para tanto, é necessário um ajustamento o mais preciso possível entre o ator e sua personagem. Parte dessa responsabilidade pertence ao diretor, que, na distribuição dos papéis, deve empenhar-se em escolher "os atores mais aptos para as personagens [...] consignando a cada um o papel que mais lhe convém". O princípio é o de obter-se uma *imitação* tão perfeita quanto possível, apoiada nos atributos naturais do ator, que exclui artifícios teatralistas, como o uso de máscaras e barbas postiças:

> [...] o intérprete deve trazer sempre a figura esbelta, os membros soltos, e não amarrados e desengonçados. Deve firmar os pés de maneira apropriada quando fala e movê-los com graça quando for preciso, menear a cabeça com um certo giro natural, para não dar a impressão de tê-la cravada no pescoço com pregos; e os braços e as mãos (quando não houver necessidade de gesticular com eles) devem ficar à vontade, indo para onde a natureza os inclina [...] conservando sempre nas ações maior ou menor gravidade, conforme exija a condição da personagem que se representa.

28. J. Guinsburg (org., trad. e notas), *Leone de' Sommi. Um Judeu no Teatro da Renascença Italiana,* São Paulo, Perspectiva, 1989. Todos os fragmentos a seguir são retirados dessa edição, especificamente do "Diálogo III", pp. 91-108.

De' Sommi faz recomendações explícitas sobre o modo de recitação, para que não induza "à afetação e ao enfado", exigindo que o ator, abandonando todo tom pedantesco e escapando da cantinela, faça com que sua fala "não soe diferente de uma conversa familiar que ocorra imprevistamente". O ator deve "falar em geral em tom forte, sem no entanto alçar a voz em grito", buscando "exprimir bem, com lentidão todas as palavras, até as últimas sílabas" para permitir a perfeita compreensão do texto pelo espectador: "E assim também se procederá com o som das palavras, que serão ora arrogantes e ora plácidas, ora proferidas com timidez e ora com ardor, pondo-se os pontos em seus devidos lugares, sempre imitando-se e observando-se o natural daquela qualidade de pessoas que são representadas".

É também em nome da naturalidade que fala Shakespeare pela boca de Hamlet, no ato III/cena II. O caráter essencialmente convencional da cena elisabetana, na qual os papéis femininos eram entregues a jovens atores imberbes, fornece-nos a moldura adequada para entender as advertências do jovem príncipe ao dirigir-se à companhia de teatro que visita sua corte:

> [...] que a discrição seja teu guia; acomode o gesto à palavra e a palavra ao gesto, tomando cuidado para não exceder a modéstia da natureza, pois o exagero nos afasta dos propósitos da representação, cuja finalidade sempre foi e será, por assim dizer, erguer o espelho diante da natureza, para mostrar à virtude sua verdadeira face [...]. Tanto o excesso quanto o desleixo, embora provoquem risos nos ineptos, ofendem as pessoas judiciosas, cuja crítica deve ser levada em conta, mais do que a opinião de todo um teatro repleto. Oh! já vi e ouvi representarem tantos atores cuja elocução e postura nada tinham de cristã, tampouco pagã, ou mesmo humana, e que, apavonando-se e recebendo elogios, fizeram-me pensar se não teriam sido feitos por algum aprendiz da natureza, e muito mal feitos, tão abominável era o modo como imitavam a humanidade.

Na França, de todos os que julgaram os excessos da interpretação trágica, Molière foi, sem dúvida, o mais virulento. Suas críticas tinham como endereço certo seus rivais, os atores do Hôtel de Bourgogne, em especial

Montfleury, cruelmente satirizado pelo comediógrafo em *L'Impromptu de Versailles*. Nesta pequena obra-prima de metateatro, Molière aparece em seu próprio papel, dirigindo sua companhia e satirizando, na figura de um suposto autor, a todos aqueles que buscam no palco nada mais que o aplauso fácil já repudiado por Shakespeare.

> *Molière* – Sonho com uma comédia na qual haveria um poeta, que eu mesmo representaria, que viria oferecer uma peça a uma trupe de comediantes recém-chegada do interior. "Há aqui, diria ele, atores e atrizes capazes de valorizar um texto? Porque minha peça é uma peça... – Oh!, Senhor, responderiam os comediantes, temos atores e atrizes que foram considerados convenientes por onde quer que tenhamos passado. – Então, quem faz o papel de rei entre vocês? – Eis um ator que tem sido bom no papel. – Quem? este jovem bem apanhado? Estão brincando? É preciso um rei que seja grande e gordo como quatro, um rei, por Deus! que seja entripado como se deve, um rei com uma vasta circunferência, que possa preencher plenamente um trono. Bela coisa um rei de porte elegante! Isso é um grande erro!"

Depois de ouvir recitar o ator alguns versos, "o mais naturalmente possível", na indicação de Molière, o empertigado poeta é tomado por indignação, e, clamando por mais ênfase, expõe-se ele mesmo a dizer as frases (imitando Montfleury, na indicação dos editores da edição de 1682):

> Vêem esta postura? Observem bem. Aqui, marque como se deve os últimos versos. Eis o que atrai a aprovação do público e provoca aplausos. – Mas, Senhor, responderia o comediante, parece-me que um rei que conversa a sós com seu capitão de guarda falaria um pouco mais humanamente e não assumiria esse tom de endemoninhado. – Não sabem de nada. Recitem da maneira como estão pensando e quero ver se conseguem arrancar um ah! da platéia...

Mas, apesar das objeções bem-humoradas de Molière, é justamente esse estilo afetado e convencional do Hôtel de Bourgogne, inspirado por Bellerose e Montfleury[29], que vai resistir ao longo desse e do século seguinte, influenciando o modo de interpretação das tragédias também fora da França.

As condições do momento são propícias para que os atores ganhem destaque e exibam seus atributos. É justamente no decorrer dos séculos XVII e XVIII que eles conquistam um pouco mais de espaço e respeitabilidade no seio da sociedade. Depois de muito tempo perseguidos, assimilados aos meliantes e vagabundos, os atores começam a ser regenerados na mesma medida em que o teatro passa, também ele, por um processo de resgate de dignidade, ainda que não totalmente a salvo da polícia e, principalmente, da Igreja. Elizabeth I e James I na Inglaterra, depois Richelieu, Mazarin e Luís XIV, na França, os governantes do absolutismo reconhecem no teatro o espelho no qual poderão ver refletido (e refletir-se como) um modelo de grandeza social, e assim o protegem e incentivam. Do mesmo modo, a emergência de uma dramaturgia vigorosa abre passo a seus intérpretes, impondo-lhes personagens e tramas nobres que exigem educação e domínio técnico, decoro e seriedade.

Na Alemanha, o desenvolvimento do teatro a partir do século XVIII – eclosão tardia considerando-se o panorama na França e na Inglaterra – sofre impulso através da iniciativa de intelectuais e artistas militantes como Johann Christoph Gottsched e Caroline Neuber, os quais, inspirados no exemplo do classicismo francês, aspiram à reforma do teatro, a favor de uma dramaturgia de qualidade e da preparação de atores disciplinados e competentes. Esse empenho na formação e dignificação do ator e seu ofício terá seguimento no trabalho institucional promovido pelo ator Konrad Eckhof e por Goethe, na qualidade de diretor do Teatro da Corte de Weimar.

A admissão de mulheres nos elencos – na França na primeira década do século XVII e na Inglaterra durante a Restauração[30] – é também uma confirmação dos novos tempos que se abrem para o teatro. Elas também se en-

29. Bellerose (Pierre Le Messier) ingressa no Hôtel de Bourgogne em 1629 e lidera o elenco da Companhia até 1647. Montfleury (Zacharie Jacob) foi o ator mais prestigiado pelo público do Hôtel de Bourgogne, que apreciava ruidosamente seu modo intempestuoso de interpretação. Foi célebre sua criação de Orestes para *Andromaque*, de Racine, e morreu em cena, em um esforço de fúria excessiva emprestada à personagem.

30. Os homens, no entanto, ainda por um bom tempo, ficarão encarregados da representação de certas personagens femininas cômicas ou grotescas.

contram nas platéias, primeiro enclausuradas em camarotes discretos, portando véus ou máscaras; depois, com o transcorrer do século, partilhando abertamente o espaço nobre das galerias com o público predominante de notáveis e gentis-homens.

É justamente nesse momento que se firmam, pelos principais pontos da Europa, companhias profissionais estáveis, parcialmente subsidiadas pelos governantes e favorecidas por uma política de monopólio. Na França, cujo modelo pode servir de parâmetro, os atores são mantidos sob contrato e o corpo principal do elenco, os *sociétaires*, recebe seus proventos por meio de um sistema proporcional de cotas, de acordo com a importância do ator na hierarquia interna. Na estrutura um tanto rígida das companhias, os atores passam a distribuir-se em "linhas de papéis", sendo reservado ao primeiro escalão a estirpe dos protagonistas. Entre estes, destaca-se o mais antigo da trupe para assumir a função de *doyen*, uma liderança que lhe garante papel privilegiado na escolha dos textos e na condução dos ensaios[31].

O programa das companhias era organizado em sistema de rodízio pelo qual se alternavam as peças do repertório, sendo, às vezes, uma peça diferente a cada dia. Logo que destacado para um determinado papel, o ator assimilava-o a seu repertório e estava apto a apresentá-lo em qualquer tempo.

Os atores aprendiam seu ofício durante o próprio exercício da profissão, adquirindo os códigos do palco por meio da observação dos atores mais experientes. Estes, por sua vez, podiam tomar iniciantes a seus cuidados, orientando-os em seu desenvolvimento.

Em uma estrutura como essa, ainda que houvesse margem para uma expressão mais pessoal, o trabalho do ator era um exercício grandemente codificado: ele se dirigia a maior parte do tempo à platéia, utilizando principalmente a área do proscênio, jamais dava as costas para o espectador, recitava longas falas, quase sempre em postura estanque e, quando se movimentava, impulsionado pelos ritmos do verso, desenhava o espaço com avanços e recuos, privilegiando as linhas diagonais.

Fora os deslocamentos pelo palco, os atores contavam com um número muito estreito de ações e atitudes em cena, restringindo-se a sentar, ajoelhar-se em atitudes de súplica ou submissão, jogar-se ao chão em desespero ou desamparo, além de eventuais desmaios. Expressões de rosto e olhares combinados a gestos significativos arrematavam a imponência estatuária dessas composições.

Não são poucos os registros que indicam a preocupação dos atores e, principalmente, dos diretores-dramaturgos no sentido de garantir precisão e conformidade na interpretação. Goethe, em seu empenho por disciplinar e imprimir dignidade ao trabalho do ator, elabora uma série de "normas" estritas que concernem à postura e atitudes dos atores em cena:

> Deixe que o corpo fique em posição ereta, peito erguido, a parte superior do braço até os cotovelos próxima do corpo, a cabeça voltada ligeiramente em direção da pessoa com quem está falando, porém apenas ligeiramente de modo que três-quartos da face estejam sempre voltadas para a platéia.
>
> Pois o ator deve lembrar-se constantemente de que está no palco para o prazer do público.
>
> Conseqüentemente, é de uma naturalidade equivocada os atores representarem entre si como se nenhuma terceira pessoa estivesse presente; eles nunca devem atuar de perfil, tampouco dar as costas para a platéia. Se isso for necessário, por força da caracterização ou por necessidade, devem fazê-lo com critério e graça.
>
> É preciso ser especialmente cuidadoso de modo a nunca falar para o palco, mas sempre para a platéia. Pois o ator deve dividir sua atenção entre dois objetos: ou seja, entre a pessoa com quem está falando e seu público. Ao invés de girar totalmente a cabeça, é preferível, quando necessário, apenas dirigir o olhar.
>
> É fundamental que [...] aquele que fala sempre se desloque para trás, e aquele que terminou sua fala se mova para diante imperceptivelmente. Se assim se procede com entendimento, e por meio da prática realiza-o sem embaraço, o resultado se faz sentir tanto para os olhos como para a inteligibilidade da fala[32].

31. Em geral, os dramaturgos também exerciam a função de diretor. Na Inglaterra, o autor participava pessoalmente da condução dos três primeiros ensaios e a preparação de uma peça raramente se estendia por mais de duas semanas, em um ritmo de três horas por dia. Só com Garrick é que esse período irá se estender por cerca de dois meses.

32. *Apud* Cole, *op. cit.*, pp. 272-273.

5. Luis XIII Richelieu e Ana d'Áustria no teatro (o poder real na platéia e a nobreza no salão): representação de *Mirame*, tragicomédia de Desmarets de Saint-Sorlin, encenada para a inauguração do Palais-Cardinal, 1741. Pintura de Abraham Bosse.

6. Palladio: teatro olímpico de Vicenza.

Normas igualmente estritas determinavam o código do palco, obrigando o (ou obrigado pelo) rigor do dramaturgo na construção do texto. Assim, o número de personagens interagindo no palco raramente excedia a três e o movimento de entradas e saídas marcava a divisão das cenas. Segundo a convenção da *liaison des scènes*, sempre um ator permanecia do episódio anterior para dar início à cena seguinte. O palco só ficava vazio nos entreatos e no início do espetáculo, quando subia a cortina e o público aguardava a entrada dos atores.

Os dramaturgos esmeravam-se na preparação desta e das outras entradas, procurando sempre envolvê-las em um clima de impacto ou surpresa para os espectadores. Em sua *Pratique du Théâtre*, D'Aubignac reflete sobre esse importante momento para a tragédia:

> A primeira vez que um ator entra em cena, ele pode apresentar três estados de ânimo: isento de paixão, tomado por forte paixão ou em algum ponto intermediário entre os dois. Os extremos são fáceis, uma vez que um bom ator saberá qual voz e gesto são requeridos para expressar paixão violenta. A dificuldade reside na meia-paixão (*demi-passion*), quando um terceiro ou quarto ator entra, em geral com boas ou más notícias. Estas, freqüentemente, são ditas tanto com excesso quanto com ausência de paixão e assim a platéia ri na parte mais séria da peça. O remédio é acalmar o ator com algumas palavras de moderação, e, então, promover a meia-paixão, de modo que sua voz se alce aos poucos e seus gestos se animem em consonância com a fala. Ou como Mondory, que caminha para cima e para baixo no palco antes de falar, chacoalhando a cabeça, subindo e baixando o olhar e assumindo diferentes atitudes de acordo com o sentimento que quer expressar. Isso lhe permite alcançar o grau correto de meia-paixão[33].

Evidentemente, a expressão das grandes emoções eram momentos particularmente privilegiados para que o ator pudesse exibir toda sua habilidade dramática, dando volume à voz, enfatizando gestos, conduzindo o espectador para explodir em aplausos no momento do clímax.

A dicção e o ritmo das falas constituíam grande parte do mérito dessas cenas. A maneira pela qual os atores recitavam o texto, enfatizando cada metade do verso alexandrino, alçando a voz nos momentos mais significativos, acabava por compor uma entonação de modalidade retórica que, se por um lado podia arrebatar o público, também produzia tédio em determinados espectadores e servia de pretexto à maledicência de críticos mais agudos. A "monotonia da recitação" e dos "diálogos nos quais a cada interlocutor é permitido falar alternadamente por meia hora" provocou em uma visitante inglesa a conclusão de que "os teatros dos outros países reúnem *espectadores*, mas uma *audiência* só é encontrada na França!"[34]

François Riccoboni, filho do grande ator Luigi Riccoboni, lídimo representante do teatro italiano na França, dá testemunho acerca do estilo dos atores do Hôtel de Bourgogne, um estilo que ele pejorativamente chama de "declamatório", preservado ainda no século XVIII:

> A declamação é uma combinação de veemência e monotonia. Comece em tom baixo, pronuncie com afetada lentidão, prolongue os sons langorosamente sem variação, alce subitamente a voz em uma sílaba na metade das pausas de sentido, e imediatamente retorne ao tom do qual partiu [...] Nos momentos de paixão, expresse-se com força superabundante, sem nunca abandonar o mesmo tipo de modulação. É assim que se declama[35].

O artificialismo da interpretação trágica, para o olhar contemporâneo, parecer-nos-ia ainda mais extravagante se considerarmos os figurinos com os quais os atores faziam suas triunfais entradas em cena. As vestimentas eram confeccionadas em tecidos nobres, ricamente adornadas, com detalhes no rigor da moda, tudo para agradar aos olhares e preservar a magnificência do ambiente nobre no qual se moviam as personagens[36]. Essa tradição já

33. *Apud* Maskell, *op. cit.*, p. 49.

34. *Idem*, p. 93.

35. *Idem*, p. 112.

36. Eram principalmente as companhias que proviam seus próprios guarda-roupas. Porém, dado o luxo pretendido, o encargo dessa manutenção era extremamente alto, mesmo para as companhias subsidiadas. Assim, ocasionalmente, a realeza oferecia dotações para esse fim específico. Também os atores contribuíam para o acervo dos guarda-roupas e era comum a compra de vestimentas usadas, em geral de criados agraciados com elas pelos patrões. Essa situação é basicamente a mesma ao longo dos séculos XVII e XVIII.

estava presente nas representações do Renascimento. Mesmo Leone de' Sommi, defensor de uma certa naturalidade na interpretação, no que concerne ao figurino arriscava-se a contrariar toda verossimilhança, em nome da "reputação e beleza" que o luxo acrescentaria à cena. Assim, ele afirma não hesitar em "vestir sempre os atores o mais nobremente que me seja possível", incluindo nessa concepção até mesmo os criados, desde que a indumentária do patrão fosse mais rica e suntuosa, "mantendo entre eles a devida proporção"[37].

Atendendo mais à vaidade do ator e ao luxo da cena, os excessos do figurino chegam ao ponto de se tornarem inconvenientes à movimentação em cena, como constata Joseph Addison, em 1711:

> O modo usual de vestir um herói é meter-lhe um imenso penacho de plumas na cabeça, que se alça tão alto que freqüentemente a distância entre o queixo do ator e o topo de sua cabeça ultrapassa aquela até a sola de seu sapato. É como se, para nós, um grande homem e um homem alto fossem a mesma coisa. Isso atrapalha muito o ator, que se vê obrigado a manter o pescoço excessivamente teso e firme enquanto fala e, apesar da preocupação que ele simula ter por sua amada, seu país, ou seus amigos, podemos perceber, por sua ação, que seu maior cuidado e atenção é no sentido de impedir que o penacho de plumas lhe caia da cabeça[38].

No entanto, o estilo contemporâneo era parcialmente abandonado para as tragédias ambientadas em tempos antigos ou lugares exóticos. Nestes casos, os figurinos ostentavam uma combinação anacrônica de elementos que remetiam ao período ou à referência geográfica dados, sem abdicar, porém, da moda do momento. Assim, o emprego de turbantes, túnicas e véus bastava, por exemplo, para compor um "traje turco". A presença mais forte da herança romana, em detrimento do teatro grego, e, por outro lado, a referência indistinta à "antigüidade", não importando discernir entre um e outro, acabou por impor o "*habit à la romaine*" como norma para os figurinos trágicos, sempre que a peça se referisse aos temas clássicos. Como exemplo, para a peça de Ben Jonson *Oberon, The Fairy Prince*, em 1611, Inigo Jones preparou o traje do Príncipe Henrique, assimilando-o a um imperador romano, com um elmo encimado por plumas e decorado com uma coroa de louros, armadura e botas "à maneira romana", tudo isto combinado a bragas em uso na época, estilizadas por listas verticais que imitavam as franjas de couro das roupas romanas[39].

Mesmo quando os detalhes revelavam certo cuidado com a veracidade histórica – como é o caso dos figurinos de Inigo Jones, que foi à Itália pesquisar o assunto –, acima da autenticidade predominavam o gosto e o entendimento de que o teatro deveria ser magnificente, em particular a tragédia, porque retratava um universo de seres aristocráticos e aproximado aos deuses. Esse era o pensamento dominante, principalmente no âmbito das festas da corte, que vai contaminar as produções dos clássicos. O figurino "romano" prestava-se a exaltar toda a pompa da aristocracia, associando-a à glória do Império romano e, conseqüentemente, destacando a figura do rei, atribuindo-lhe uma majestade atemporal e uma grandiosidade simbólica, útil aos interesses da monarquia absolutista.

Pesados elmos com plumagem, longas caudas para as rainhas e princesas, povoando o palco com pagens cuja tarefa era menos dramática e mais funcional, postados ao redor das atrizes para evitar tropeços e escorregões inconvenientes, a situação de pompa dos figurinos tende a se agravar a partir de 1650, e pelo século à frente, com a introdução, na moda da Corte – e imediatamente incorporadas ao palco –, de enormes e empoadas perucas e de armações de crinolina, que ampliavam ao excesso a circunferência das saias das mulheres. Também a riqueza dos adereços e enfeites tende a aumentar, com a aplicação de pedras preciosas, ouro e prata, e o emprego de veludos, brocados e peles nobres, acrescentando mais luxo e brilho às cores fortes dos tecidos.

37. Guinsburg, *op. cit.*, p. 100.

38. *Apud* D. De Marly, *Costume on the Stage. 1600-1940,* New Jersey, Barnes & Noble Books, 1982, p. 21.

39. *Idem*, p. 14.

A manutenção de tais figurinos, no entanto, era sempre um encargo dos mais pesados, mesmo para aquelas companhias mais abastadas. Vestimentas novas, portanto, não eram a norma. Assim, observa-se, no transcorrer do século XVIII, o predomínio do sistema de acervo comum. Essa tendência obedece ao princípio da generalidade – tributária do universalismo, fundamento do pensamento classicista – que rege também a composição dos cenários padronizados, mantidos em estoque segundo sua natureza (interior de palácio, exterior, templo etc.) e reutilizados constantemente segundo as necessidades. Por um raciocínio assemelhado, atores e atrizes recorriam aos guarda-roupas e escolhiam, a seu gosto, as vestimentas de suas personagens, sem qualquer preocupação com as opções alheias e, conseqüentemente, com a harmonia do conjunto. Por outro lado, os atores mais abastados supriam seu próprio figurino, com todo o luxo e exuberância que sua vaidade (e seu bolso) lhes autorizava, agravando ainda mais a desproporção.

Porém, a partir de meados de século XVIII, cresce o número de vozes que começam a protestar contra as extravagâncias na produção de figurinos. Não se trata de um criticismo isolado, mas a busca de maior adequação nos figurinos acompanha de perto os esforços de conjugar de modo mais coerente o processo de caracterização e interpretação. Assiste-se ao início de um processo de mudança que coincidirá com o fenecimento da inspiração classicista e a paulatina predominância de novos valores, que garantirão a emergência da expressão romântica. Neste contexto de reforma, atores de renome, aliados a críticos e dramaturgos, terão um papel de destaque.

Na França, os primeiros ares de uma interpretação mais realista inspiram-se na presença, em cena, de Michel Baron. Ator de carreira extensa, desenvolveu seu estilo trabalhando com Molière até 1673 (ano da morte do dramaturgo). Passou, então, para o Hôtel de Bourgogne e aí sedimentou sua reputação de grande ator trágico, de filiação realista. Após três décadas ausente do palco, Baron retorna à cena em 1720 e, com ele, ressurge a tendência de uma interpretação mais natural.

Em meados do século, a dramaturgia classicista atravessa um momento de revitalização, depois de algumas décadas imobilizada pelo peso da herança raciniana. O universo temático das peças ainda se prende ao âmbito das personagens nobres e os princípios do trágico ainda dominam, mas ocorrem novas contaminações, configurando um período que os historiadores destacam sob o predicado de *neoclássico*. Voltaire, principal expoente do teatro e do pensamento do século XVIII, esforça-se por arejar o rigor do modelo seiscentista: abre-o para novas temáticas, colocando em cena personagens históricos e enredos passados em lugares exóticos, amplia o limite da *bienséance*, ousando nas cenas de violência e introduzindo elementos fantásticos, valoriza nas tramas a presença do emocional e do sentimental, e dedica uma atenção maior ao espetáculo. O fato de ter vivido na Inglaterra por um certo período, entre 1726 e 1729, certamente influencia a idéia de maior liberdade de expressão que Voltaire deseja para a tragédia. Embora mantendo uma severa distância crítica, ele reconhece que o grande vigor da cena inglesa deve-se à presença de mais elementos de ação e à habilidade de os ingleses flexibilizarem as regras sem, contudo, invalidá-las. Ainda assim, continua defendendo a supremacia das unidades, a manutenção da versificação para a tragédia e a finalidade moral e didática do teatro, traduzida como "justiça poética".

Ao lado de Voltaire, repensando a realidade do teatro francês, encontra-se o enciclopedista Denis Diderot. Apoiando-se na defesa da verossimilhança, ele irá condenar os excessos de convencionalismo da cena francesa, que contaminam a ilusão de realidade, diminuindo, conseqüentemente, o prazer do espectador. Propõe, em contrapartida, uma interpretação mais despojada, com uma gestualidade e movimentação cênica mais naturais, maior coloquialidade nos diálogos, figurinos e cenários adequados às demandas específicas da peça.

Diderot e Voltaire inscrevem-se nesse momento de transição que é a segunda metade do século, quando os reclamos de mudanças ainda sentem o freio da tradição classicista. Porém, mais radical que seu contemporâneo,

Diderot, em suas reflexões acerca de verossimilhança e propósito moralizante, é um termômetro mais sensível de seu tempo e aponta na direção dos novos rumos que se anunciam para o teatro, os da *comédie larmoyante* e do *drame bourgeois*, que começam a exigir cor local e particularidade em substituição aos preceitos classicistas.

É nesse contexto que se implanta de forma mais consistente o debate, que já se vinha esboçando desde o século anterior, em torno de uma teoria da interpretação. A disputa entre dois estilos, envolvendo o nome de duas famosas atrizes, pode ser usada como parâmetro para essa polêmica. As protagonistas rivais dessa trama são, de um lado, Mlle. Dumesnil, atriz de ímpeto e temperamento, memorável nos papéis de Fedra e Cleópatra; de outro, Mlle. Clairon, atriz de interpretação calculada, tendendo ao patético, que fez sucesso como intérprete das tragédias de Voltaire.

O embate entre as duas configura algo mais do que a oposição entre duas diferentes índoles no interior da tradição classicista, constituindo, na verdade, um encruzamento de quatro vias. Por um lado, um estilo declamatório e convencional enfrentando outro mais realista, com preocupação de adequação histórica; na via transversal, a presença de um modo de interpretação emocionado e intuitivo contra uma atuação mais francamente controlada.

No interior desse debate, Diderot produz uma referência das mais significativas para a teoria da interpretação com seu "Paradoxo do Comediante", escrito em torno de 1773, ainda que publicado apenas na década de 1830. Nele proclama que a verdade no palco não significa a transposição das coisas tal como são na natureza, mas "a conformidade das ações, das falas, do porte, da voz, do movimento, do gesto, com um modelo ideal imaginado pelo poeta, e freqüentemente ampliado pelo ator"[40]. Arte, portanto, como realidade idealizada, "um grande fantasma" que o ator projeta e que se esforça por realizar. Atuação, portanto, como um processo essencialmente racionalista, forjada por meio do estudo, do treinamento e da disciplina, e não apenas o resultado de uma emoção inspirada: "é a sensibilidade extremada que produz os atores medíocres; é a sensibilidade medíocre que produz a multidão de maus atores, e é a ausência total de sensibilidade que prepara os atores sublimes"[41].

Nesse sentido, Diderot alinha-se à tendência ainda dominante, negando valor à inspiração e ao gênio, fundamentos do pensamento estético romântico. Naturalmente, entre Dumesnil e Clairon, toma partido desta última, usando-a como modelo na exposição de suas idéias. Reconhece que se a atriz experimenta, num primeiro momento, os "tormentos" de sua personagem,

> uma vez acabada a luta, assim que ela consegue elevar-se à altura de seu fantasma, ganha controle sobre si mesma, repete-se sem emoção. Do mesmo modo que, às vezes, nos ocorre em sonho, sua cabeça toca as nuvens, suas mãos procuram os dois confins do horizonte; ela é a alma de um grande manequim que a abraça; suas tentativas (de experimentação) fixaram-no sobre ela[42].

A interpretação calculada e eficiente de Clairon, tão valorizada por Diderot, e também por Voltaire, não se realiza senão ao longo da carreira da atriz. No início, ela acomoda-se ao estilo declamatório dominante; mais tarde, convencida por Marmontel[43], volta-se para uma representação mais natural e torna-se responsável por uma série de mudanças introduzidas na esfera do figurino, sempre na direção de maior adequação histórica. Refletindo sobre o trabalho do ator, e espelhando, portanto, seu próprio processo, Clairon

40. D. Diderot, *Paradoxe sur le comédien*, Paris, Flammarion, 1981, p. 137.

41. *Idem*, p. 133.

42. *Idem*, p. 129.

43. Jean François Marmontel, autor de sucesso na Comédie, protegido de Voltaire, encarregado por Diderot de redigir a maior parte dos textos sobre teatro para a *Enciclopédia*. Referindo-se a Clairon, diz ele: "Fui visitá-la em seu camarim e, pela primeira vez, encontrei-a vestida com sua roupa de sultana; sem anágua de crinolina, braços semidesnudos, na autenticidade do traje oriental. [...] Não era mais a atriz, mas a própria Roxane." *(Apud* O. G. Brockett, *History of the Theatre,* Boston, Allyn and Bacon, 1991, p. 339.)

7. *Alceste* de Quinault e Lulli, no Pátio de Mármore de Versalhes, iluminado por Carlo Vigarini com milhares de velas. Gravura de Jean Lepautre.

enfatiza a necessidade de um esforço de construção da personagem, através do estudo e da repetição insistente:

> (o ator) deve estudar a história (da personagem), de modo a captar a intenção do autor, sentir a beleza de sua composição e adaptar sua personagem ao contexto geral da obra: deve sondar os corações de todos os que estão em cena interagindo com ele, perceber as relações que mantém entre si e, finalmente, deve estar pronto para compreender por que o que ouve e o que vê estão representados ou expressos daquele determinado modo[44].

O pensamento e os câmbios promovidos por Clairon terão continuidade no trabalho de outros atores, entre eles Lekain, ator favorito e protegido de Voltaire, que escandaliza o público da Comédie Française na estréia de *Sémiramis* com seus braços desnudos, cabelos desalinhados e mãos sujas de sangue.

Na Alemanha, à preferência ao estilo empolado francês, defendido por Gottsched e, depois, ainda que em bases um pouco diferentes, referendado por Goethe (e também Schiller), irá se contrapor o pensamento mais afinado com a naturalidade propugnada por Lessing e posta em prática pelos atores Eckhof e Konrad Ackermann, que, juntos, desenvolvem a escola de interpretação realista de Hamburgo[45].

Na Inglaterra, Charles Macklin e David Garrick dão impulso às primeiras reformas, em confronto com a tradição representada por seus antecessores imediatos, Quim, Booth e Betterton[46]. Serão ainda pequenas alterações na composição das personagens, principalmente no sentido de uma maior aproximação com a realidade, que não chegarão a afetar a situação global do teatro. Ator e gerente do Drury Lane entre 1734 e 1743, Macklin introduz, ainda que de forma não sistemática, mudanças na caracterização já tradicional de certas personagens, como, por exemplo, inspirando seu Shylock nos judeus venezianos do início do século XVIII e vestindo MacBeth com trajes de tradição escocesa.

Garrick, seu sucessor no período de 1747 a 1776, também empenhou-se no realismo de suas interpretações – ainda que aparentemente tenha sido menos radical que Macklin –, trabalhando sobre a rima para imprimir-lhe maior coloquialidade. Incrementou o número de elementos históricos na produção dos figurinos e, supostamente, deve-se a ele o mérito de ter sido o primeiro a eliminar, sem maiores repercussões, plumas e perucas dos vestuários.

No depoimento de uma testemunha da época, referindo-se a um espetáculo no qual compartilhavam o palco tanto Quin, expoente da velha escola, quanto Garrick, então um jovem promissor intérprete, emerge com clareza o embate entre as duas concepções:

> Quin se apresentou [...] com um traje de veludo verde, bordado nas costuras, uma longa e volumosa peruca, meias colantes e sapatos de salto alto à moda dos pedantes; mantendo praticamente a mesma cadência, com voz plena e profunda, valendo-se de um modo ríspido de agir, que pertencia mais ao Senado que ao palco, pôs-se a recitar seus versos com ar de indiferente dignidade [...] Garrick, então jovem e ágil, vivaz em cada músculo e em cada trejeito, adentrou o palco com determinação [...] Foi como se um século inteiro houvesse transcorrido durante a transição de uma simples cena; como se, descartado o velho, uma nova ordem repentinamente desabrochasse, brilhante e luminosa, e claramente destinada a dispersar os barbarismos e a intolerância de uma era insípida [...] supersticiosamente devotada às ilusões de uma declamação impositiva... No entanto, no geral, (a platéia) deu mostras de adorar as trevas ao invés da luz e [...] cedeu muito mais aplausos ao mestre da velha escola que ao fundador da nova[47].

44. *Apud* Cole, *op. cit.*, p. 172.

45. Lessing foi tradutor e entusiasmado divulgador da obra de Diderot, a quem via como um antídoto para o pensamento classicizante francês adotado por Gottsched, e, por outro lado, é em Eckhof que ele se inspira para suas reflexões sobre o desempenho do ator (algumas das quais constam de seu famoso volume *Dramaturgia de Hamburgo*); cf. A. Rosenfeld, *Teatro Alemão,* São Paulo, Brasiliense, 1968, pp. 38-45 e 56-60, e *História da Literatura e do Teatro Alemães,* São Paulo, Perspectiva, 1993, pp. 60-62.

46. Thomas Betterton dominou o palco da Restauração entre 1660 e 1709, fazendo escola com seu modo comedido de atuação. Barton Booth, cuja carreira em Londres toma impulso em 1700, foi discípulo direto de Betterton, embora adotando um estilo mais fogoso. James Quin atuou entre 1734 e 1751. Adepto do estilo declamatório, impôs-se mais nos papéis cômicos que nos trágicos, sofrendo aqui a concorrência de Garrick.

47. *Apud* Brockett, *op. cit.*, p. 312.

Como transparece nesse depoimento, os espectadores ingleses, como seus contemporâneos na platéia da Comédie Française, mostram-se ainda refratários às mudanças. Permanecerão fiéis ao universo aristocrático dos heróis trágicos enquanto estes não forem eliminados da cena. Algumas poucas décadas e esse quadro ganhará efetivamente uma nova moldura, com a sedimentação do drama, favorecido por uma platéia renovada. Aos poucos, na França pós-Revolução, os teatros passarão a ser freqüentados por um outro público, heterogêneo, com maior presença de segmentos populares. Um público que já assiste aos espetáculos das feiras e do *boulevard*, e cultiva a admiração por outros heróis, aparentados àqueles clássicos, porém mais viscerais e atraentes graças ao filtro melodramático.

Nos teatros de *boulevard* fermentam também outras mudanças. As tramas romanescas do melodrama exigem os efeitos cênicos e, conseqüentemente, cresce a preocupação com o próprio espetáculo. Os homens de teatro esmeram-se no ajuste da cena, cuja espetacularidade demanda precisão e desenvolvimento técnico. Por sua vez, na comunhão vigorosa com um público menos cultivado, porém a seu modo exigente, os atores encarregam-se de ir desmontando, pouco a pouco, os rígidos códigos dos atores e da cena classicistas.

Nessa esfera, por sua vez, apuram-se as exigências de cor local e rigor histórico, aumentando a tendência à particularização. Com a presença mais assídua de pintores nos quadros técnicos dos teatros, abre-se a possibilidade de cenários mais específicos. Atenua-se a pompa dos figurinos, afinados com um pensamento que, no confronto com a exuberância do período anterior, tende a resgatar discrição e dignidade para a cena classicista.

Nesse contexto, a geração de atores trágicos que emerge nos palcos próximo da virada do século é francamente uma geração de transição. Na França, reina soberano François Talma, ator combativo não apenas no palco, mas também no campo da política, chegando a romper com a aristocrática Comédie Française devido a suas convicções republicanas. Mais tarde, torna-se o favorito de Napoleão. Afinado com os novos tempos, e sob influência de seu amigo pintor David, promove reformas radicais nos figurinos, desnudando pernas e braços e empregando a toga romana, o traje da magistratura, para os papéis situados na Antigüidade. Admirador de Lekain, honra a tradição do estudo como instrumento de construção da personagem, legada por seu antecessor. Escreve no prefácio das *Memórias* de Lekain:

> Os atores [...] devem tomar a natureza por modelo, fazê-la seu constante objeto de estudo. Lekain sabia que as cores brilhantes da poesia serviam apenas para dar maior grandeza e majestade às belezas da natureza. Não ignorava que as pessoas profundamente afetadas por violentas paixões, ou tomadas por grande aflição, ou violentamente agitadas por interesses políticos, possuem uma linguagem mais elevada e ideal – que, contudo, é ainda a linguagem da natureza. É, portanto, essa linguagem – nobre, vigorosa, dilatada, mas ao mesmo tempo simples – que deveria ser o constante objeto de estudos do ator, bem como do poeta...[48]

Ainda encontramos aqui o preceito clássico de idealização da natureza e a adesão ao comedimento e sobriedade, contrários à afetação, que animou a empreitada de muitos de seus pares no passado. Talma, porém, já revela um temperamento romântico, que o faz queixar-se a Victor Hugo de jamais ter tido um papel que, de fato, atendesse a suas ansiedades: "uma personagem que tivesse movimento e variedade de vida [...] que fosse ao mesmo tempo trágica e cotidiana, ao mesmo tempo um rei e um ser humano"[49]. Com Talma, evidencia-se que a busca de naturalidade encaminha-se cada vez mais em direção à individualidade romântica.

Na Inglaterra, John Philip Kemble e Sarah Siddons fazem essa passagem. Atores consagrados no Drury Lane entre as duas últimas décadas do século XVIII e as primeiras do século seguinte, Kemble e sua irmã Sarah representam, no palco, a tentativa de conciliação de duas tendên-cias, já inevitavelmente conflitantes. De um lado, a dignidade e a graça de um classicismo serenizado; de

48. *Apud* Cole, *op. cit.*, p. 181.
49. *Idem*, p. 179.

8. *O Doente Imaginário* de Molière na gruta das Rocailles (Parque de Versalhes, 1674), cenário de Carlo Vigarini, segundo gravura de Jean Lepautre.

outro, a intensidade emocional, que flui do ator com potência para eletrizar a platéia e esgotar o intérprete. Dizia-se que, mesmo horas depois de ter agradecido os aplausos no palco, Sarah Siddons ainda se achava possuída por suas emoções e não raras vezes isso a fazia adoecer.

Neste ponto, já iniciado o novo século, vemos o ideal classicista diluir-se ante a afirmação de novos valores.

Cada vez mais o trabalho do ator aproxima-o de si mesmo e de seus semelhantes. O caminho da naturalidade, que antes servia ao combate da estilização caricaturesca, encontra agora oportunidade de expansão no campo do particular e do característico. A sensibilidade do ator vem ao encontro dos anseios do novo público, que não mais se espelha em arquétipos heróicos, mas busca, no palco, alguém que lhe seja familiar. O ator pode, pois, abrir mão da grandeza lírica e buscar a expressividade em seu próprio corpo e em seu próprio interior. Verossimilhança e mimese vão ser restauradas em novas bases.

Impõem-se para o ator a disciplina e o estudo como fundamento de seu desempenho e organizam-se as primeiras academias e escolas para sua formação.

O palco, por sua vez, adquire maior dimensão com o aperfeiçoamento da iluminação a óleo, que amplia a área de jogo para além do arco do proscênio e ousa na liberdade cenográfica. Livre de *voyeurs* incômodos, fecha-se em si mesmo. O empenho em provocar a ilusão cênica que, no viés classicista, servia para justificar a convenção, agora força uma alteração em sua natureza. A ilusão teatral ganha, com a crescente impregnação da tintura realista, um novo rumo.

O retrato da natureza pretendida para o teatro deixa de ser uma verdade idealizada e ganha contornos mais concretos no rosto e na vida daquele espectador que, agora, senta-se nos bancos instalados no *parterre* ou agita-se no *paradis*. É esse mesmo espectador que defende com tapas e impropérios os desafios à *bienséance* ousados por Victor Hugo em *Hernani*. Os derradeiros sopros do classicismo dissolvem-se, ameaçados, à frente, pelo turbilhão romântico.

Esgotado enquanto tendência prescritiva, com pretensão normatizadora, e abandonado como parâmetro estético, o pensamento classicista, no entanto, deixará sua marca, forjada no diálogo que estabeleceu, ao longo dos séculos, com outras tendências e manifestações, para a construção da base do teatro burguês moderno.

7. O CLASSICISMO NA MÚSICA

7.1. O CLASSICISMO E A MÚSICA

Eduardo Seincman

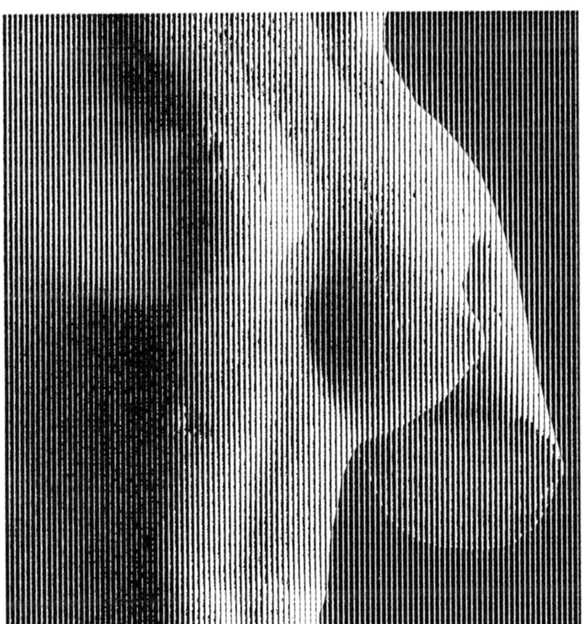

A música do período clássico é, em geral, descrita como um fenômeno no qual impera a estética do "bom gosto", do "acabamento", do "equilíbrio", enfim, daquilo que costumamos denominar, até pejorativamente, de "gosto classicizante", de "gosto áulico", associando-a a uma prática cortesã de requinte e nobreza. Ouvimos uma sinfonia de Haydn, ou de Mozart, e nos dispomos, por vezes, aprioristicamente, a perceber formas bem estruturadas e simétricas. Não seria esta uma concepção parcial e superficial a respeito do século XVIII, que nos induziria a uma escuta "deturpada" e a uma interpretação errônea do próprio fenômeno sonoro?

Não é possível compreender o estilo clássico, de maneira plena, sem tomar em consideração a atitude iluminista sua ideologia: por um lado, é um movimento de fé, de confiança na evolução do homem, no progresso e na razão; por outro, um momento de profunda descrença dos antigos valores, inclusive os religiosos, da tradição e da autoridade estabelecidas pela estrutura política e social. É necessário ter em mente essa polarização entre positivismo e ceticismo, entre a crença no progresso e a dúvida essencial, para que possamos apreender, de maneira sensível, a expressão estética do fenômeno musical do classicismo: externamente, a perfeição palaciana de uma música feita para a corte, mas, internamente, uma linguagem dramática que aceita a realidade de um mundo cuja essência é contraditória e paradoxal.

Se J. S. Bach e D. Scarlatti, cronologicamente já tão próximos de Mozart, adotavam uma postura de completa submissão perante o mecenato aristocrático, o mesmo já não ocorre, na mesma intensidade, com Mozart ou Beethoven. É que no Iluminismo, no plano das relações sociais, o *questionamento* resultará em um ceticismo quanto ao *status quo* estabelecido; e, no plano da individualidade e da subjetividade, esse questionamento irá adentrar a visão estética fazendo com que a linguagem se debruce e comente o seu próprio discurso, gerando ambigüidades que produzem o inesperado e o chiste. A presença dessas contradições fazem aflorar o inconsciente no âmbito do consciente, e submetem o texto musical a um movimento de "afirmação de negações" que o torna descontínuo por excelência. A "objetividade" barroca é substituída, assim, pela subjetividade de um universo semântico em contínuo processo de transformação.

Seria impossível, neste sentido, deixar de associar, por exemplo, a obra de um Voltaire àquela de um Mozart: em ambos, o drama se faz presente não só pela ação da dúvida existencial, mas, também, pela argúcia e humor de detalhes que afloram à superfície, manifestando, desta forma, as contradições do mundo[1].

Toma relevância uma nova atitude política em que as palavras adquirem um sabor de revolta contra as amarras do Antigo-Regime, surgindo não apenas os hinos de libertação, mas, igualmente, obras musicais de cunho mais social. O próprio Mozart colocou em música as *Bodas de Fígaro* de Beaumarchais "quando a peça estava proibida nos teatros de Viena, e incluiu no primeiro final de *Don Giovanni* um *Viva a Liberdade* mais explícito que o da Nona Sinfonia"[2]. Há, pois, tanto em Mozart, quanto em Voltaire, um sintoma de radicalidade, signo de uma nova era que representa, como salientou Kant, a passagem da "minoridade" à "maioridade"[3].

O racionalismo possui, na realidade, uma dupla face: a instituição da razão como antinomia ao obscurantismo, por um lado, e, por outro, a crença de que o entendimento humano se insere em uma realidade individual e intransferível. Desse modo, a descoberta interior torna-se condição e, ao mesmo tempo, resultado do progresso exterior. Há, pois, uma constante dialética entre o individual e o coletivo, entre o particular e o geral, entre o concreto e o abstrato. Mas o domínio da razão não constitui, apenas, uma questão de crença exclusivamente positivista. Ainda há lugar para o desconhecido e é digno de nota, neste sentido, que Descartes, o próprio fundador do racionalismo, tenha recebido a "revelação" de sua filosofia pela ação de um gênio, um *daimon* que se lhe revelou em seu interior através de sonhos.

A identificação de senso comum do Iluminismo com positivismo pleno deve-se, em grande parte, aos próprios sentidos relativos à "luz": na França, *lumière* é uma palavra de ordem, um estado de espírito protagonizado por uma intelectualidade que aposta na transformação rumo a um mundo superior, apoiada na racionalidade iluminista; na Inglaterra, *to enlighten* possui um sentido mais voltado às questões de natureza moral e econômica; e na Ale-

1. Rushton afirma que este humor veio da Itália pelas mãos de Goldoni, 1707-1793: "A Goldoni devemos creditar, mais que a qualquer outro, a invenção da ópera cômica de subtexto sério, a forma das obras-primas de Mozart [...] como seriam mais tarde *Don Giovanni* e *Cosi fan tutte*" (J. Rushton, *A Música Clássica*, tradução de Clóvis Marquês, Rio de Janeiro, Zahar, 1988, p. 39).

2. *Idem*, p. 18.

3. A este respeito Foucault comenta que a saída que para Kant representa a *Aufklärung* "é um processo que nos tira do estado de 'minoridade'". E por minoridade ele entende um determinado estado de nossa vontade que nos faz aceitar a autoridade de qualquer um outro para nos conduzir nos domínios em que é conveniente usar a razão. (Michel Foucault, "O que São as Luzes?", tradução de Mônica Seincman, *Boletim de Novidades Pulsional*, ano VII, n. 58, fev. de 1994, p. 47).

manha, *Aufklärung* significa esclarecimento, descobrimento, reconhecimento[4]. Mas, paralelamente a essas significações, a "luz" constitui-se, também, em um símbolo racional-místico, no sentido de uma espécie de *iluminação interior* que transformaria o ser, elevando-o a outros patamares de relação com o universo à sua volta; visão que estará presente, de maneira inequívoca, e com toda sua potência, nas obras musicais do classicismo iluminista, dentre as quais *A Flauta Mágica* de Mozart é o exemplo mais perfeito e acabado.

A grande obra do Iluminismo, a *Enciclopédia* (1740-1770), em que a música tem um lugar de destaque, reflete a nova atitude do ser humano em face do conhecimento e da história: ele se debruça, pela primeira vez, de maneira metódica e sistemática, sobre o próprio conhecimento e o próprio ato de conceber a realidade, tanto a do passado quanto a do presente. Com relação à linguagem artística haverá, por um lado, uma ruptura com o passado recente devido à presença de novos dispositivos estéticos e estilísticos, e, paradoxalmente, por outro, a recorrência ao próprio passado, tendo em vista a reutilização de processos musicais, já repertorizados, que permitam a consecução dos novos ideais. Este procedimento de retorno ao passado já vinha se constituindo em um fator essencial na criação musical desde o barroco: assim, observamos a influência do folclore sobre a linguagem musical, por exemplo, de D. Scarlatti, bem como a presença de construções renascentistas tanto nos *Corais*, quanto nos *Motetos* de Bach. Já dentro do classicismo propriamente dito, deve-se ressaltar, também, a influência do material folclórico na obra de Haydn (na sinfonia n. 103 ele utiliza uma melodia folclórica croata); e Mozart, que irá debruçar-se de maneira especial sobre a obra de Bach, efetuará, tal como este, uma síntese "antropofágica" dos diversos estilos nacionais e locais (italiano, francês etc.). Assim, tanto o exotismo, quanto o internacionalismo terão lugar neste "Século das Luzes" e os enredos das óperas e melodramas poderão situar-se tanto na China quanto no Peru, e a música turca aparecerá em várias obras como *O Rapto do Serralho* de Mozart, *La rencontre imprévue* e *Iphigénie en Tauride* de Gluck, ou mesmo na Sinfonia Militar n. 100 de Haydn.

A historicidade convivendo, lado a lado, com a multiplicidade de abordagens do real, incluindo a aceitação de outras culturas, conduzirá o classicismo a um universalismo fundamental, em que as visões diacrônica e sincrônica, não mais mutuamente exclusivas, situar-se-ão em uma relação dialética de oposição e de complementaridade. Paralelamente ao espírito universal, o classicismo irá, portanto, nomear a *diferença* e, fazendo dela o seu motor de propulsão, conduzirá a linguagem a um grau de imanência jamais anteriormente experimentado. Desse modo, a arte em geral, e a música em particular, irão adquirir tanto uma objetividade no que diz respeito à sucessão de eventos, quanto a possibilidade de atuação sobre os aspectos subjetivos inerentes ao drama que se desenvolve.

O homem do Iluminismo não mais buscará esquemas predeterminados de ação ou de pensamento, mas configurações gerais que, partindo do singular, transformar-se-ão em leis reaplicáveis à própria realidade. Mas, para que isto seja posto em prática, é necessária uma mudança de ordem pragmática: é preciso haver um despojamento, uma simplificação dos elementos, a fim de que se possa atingir, propriamente, uma essência. É que uma realidade complexa não permite um total controle do fenômeno, nem tampouco a sua apreensibilidade, ao passo que o encadeamento de eventos simples e, portanto, passíveis de retenção mnemônica, possibilita a existência de um enredo, de um fio condutor orgânico que permeia a obra conferindo-lhe um cunho dramático. Aquilo que se perde em efeitos "epidérmicos" instantâneos e momentâneos ganha-se em densidade expressiva e profundidade psicológica.

No âmbito propriamente musical, a "pesadez" tonitroante das massas orquestrais e da polifonia barrocas cederá lugar a uma simplificação melódica e a uma verticalização do eixo harmônico, conferindo à música

4. A este respeito, cf. F. J. C. Falcon, *Iluminismo,* São Paulo, Ática, 1989.

um sentido de "leveza" anteriormente inexistente. Esse enxugamento da densidade sonora permitirá a ocorrência de uma nova ordenação e conexão dos eventos e das estruturas musicais: surge o tema, algo qualitativa e funcionalmente distinto da simples melodia barroca ou rococó, pois que ele representa, mais que uma mera seqüência de notas, uma verdadeira entidade que se "humaniza": uma entidade, ao mesmo tempo, simples e autônoma, que se diferencia das demais devido à sua singularidade. Isto permite que o fruidor a transforme em um evento datado, isto é, passível de ser retido na consciência de modo a atuar, graças à sua força no presente, tanto no passado, quanto no futuro. O classicismo irá se situar, portanto, em um novo patamar estético cuja essência reside na busca de uma grande quantidade de informações a partir de uma quantidade restrita de materiais.

A escuta da música do classicismo é algo qualitativamente distinto da música barroca. Esta última opera mais por semelhanças que por diferenças: é um mundo, como afirmou Deleuze, de *dobras* e *desdobras*, onde o Mesmo transmuta-se constantemente no Outro, sendo a diferença entre ambos uma conseqüência da variação contínua e ininterrupta à qual são submetidos os materiais, estando ela bastante escamoteada por essa graduação "infinitesimal" em que não se percebe tanto o conflito entre os elementos. O universo barroco está, pois, permeado pela infinitude e transcendência do ser.

Ao contrário, o classicismo constitui-se em um universo dialeticamente pulsante, cujo tempo é constituído por um entrechoque de elementos distintos e singulares, mesmo que ainda ordenados numa sucessão aparentemente causal. Aí atua de maneira inequívoca o conflito dos elementos, e não mais a sua gradativa transmutação. O ouvinte é convidado participar da obra de uma maneira totalmente distinta: mais do que nunca, é necessária a presença de uma *escuta ativa*, tal como iria caracterizá-la, posteriormente, Edward Hanslick. Assim, poder reter o que a obra me oferece significa poder atuar e projetar nela uma enorme gama de experiências de ordem pessoal e existencial. Diferentemente do barroco, em que a predeterminação ainda imperava de modo inequívoco, o classicismo põe em jogo a construção constante e permanente da obra, sendo o futuro não somente uma variação do passado mas, acima de tudo, uma presenciação da imponderabilidade do presente.

Há, pois, uma transformação radical quanto à questão da forma de recepção do fenômeno musical. Se no barroco o tempo e a memória constituíam-se em um dado de fato, no classicismo eles se tornam um desejo, uma construção: ouvir uma obra de Bach, por exemplo, as *Variações Goldberg*, significa estar situado em uma espécie de eterno presente que remete mais ao passado que ao futuro, já que este se corporificará como uma projeção daquele. Isto é diverso do que ocorre, por exemplo, nas *Sinfonias Londrinas* de Haydn, onde o tempo se apresenta como uma constante reconstrução, um *re-conhecimento*, no sentido de uma verdadeira *Aufklärung* – o passado remoto estará presente, como subtexto, no presente, gerando um enredo, uma história, uma trama, um drama que o ouvinte constrói, do qual toma parte e pelo qual passa a se responsabilizar.

Em termos genéricos, pode-se afirmar que a música do barroco pensa a fluidez, a sinuosidade, a inflexão, a continuidade e, também, a "sensação":

ex. 1. J. S. Bach

O classicismo, ao contrário, apóia-se na interrupção, na descontinuidade, no drama e no conflito de ordem "existencial". A continuidade do discurso torna-se, pois, algo tenso, problemático, e não mais um dado imediato da realidade:

1. Retrato do jovem Bach.

2. Bach por Hausman, 1746.

ex. 2. Haydn

Passando da transcendência à imanência, a obra dessacraliza-se, tornando-se parte constitutiva da realidade cotidiana e urbana. A música vai abandonando, pouco a pouco, o espaço ritualístico da Igreja, para se tornar parte integrante e integradora dos rituais profanos, cedendo terreno para a música instrumental, para a música de dança e a ópera. A linguagem musical terá seu acesso expandido a novas camadas sociais e adquirirá, gradativamente, um novo *status* que lhe garantirá a sua autonomia com relação a outras formas de expressão artística às quais estava anteriormente vinculada e atrelada. Conforme salienta Rushton, "pela primeira vez na era cristã, a música secular sobrepuja em importância a música sacra. As missas e oratórios de Haydn e Beethoven não são contribuições à liturgia, mas culminâncias da forma musical"[5].

O racionalismo iluminista é, na essência, distinto do racionalismo do setecentos. O ser humano toma consciência de que a realidade é fruto de uma construção, e, dentre as formas artísticas, a linguagem musical é aquela que mais se aproxima da emancipação de toda concepção da criação enquanto mimese. Assim, mesmo que tomemos características semelhantes na maneira de o barroco e o classicismo darem forma ao conteúdo musical, isto será apenas aparente. Constatamos, por exemplo, que a numerologia presente na obra de Bach revela a existência de um conjunto de princípios universais (dos quais a música é somente uma das muitas e possíveis manifestações) que reflete, simbolicamente, uma *outra realidade*, uma realidade metafísica. Em Mozart, essa numerologia é também um simbolismo, mas um simbolismo maçônico que representa a potencialidade da fé humana em sua própria força, em seus próprios ideais. *A Flauta Mágica*, neste sentido, é, sem dúvida, o expoente das concepções iluministas e maçônicas cujo conteúdo "repousa no pressuposto do avanço constante, historicamente necessário, de uma racionalidade que pouco a pouco ilumina as sombras do erro e da ignorância"[6].

A música do classicismo, ao mesmo tempo em que se humaniza, ganha características de leveza, isto é, adquire uma simplicidade na maneira de se fazer aparecer, totalmente distinta da música do barroco: a melodia torna-se mais sinuosa e menos angulosa; a harmonia se expande no tempo dando mais possibilidades aos vôos melódicos e temáticos; a orquestra se organiza em naipes adquirindo uma maior unidade enquanto corpo; ao mesmo tempo, a periodicidade das frases, partes e formas musicais torna-se uma encruzilhada de eixos melódicos, harmônicos e rítmicos que passam a ter uma relação praticamente indissolúvel entre si. Ao excesso de traços e gestos barrocos opõe-se a simplicidade e a elegância, o que não significa, em absoluto, uma perda na intensidade expressiva; ao contrário, constitui-se, na realidade, em um ganho, pois o que havia, anteriormente, de "explícito" e "superficial" torna-se algo implícito e profundamente enraizado não apenas no texto, mas no próprio *subtexto* da obra.

Paralelamente à razão, a intuição passa, pouco a pouco, a fazer parte dos conceitos estéticos desse período: Baumgarten, por exemplo, "sustenta a causa da intuição estética pura perante o tribunal da razão. Quer salvar a intuição provando que uma lei interior igualmente a governa. Se essa lei não coincide com a razão, constitui,

5. J. Rushton, *op. cit.*, p. 9.

6. F. J. C. Falcon, *op. cit.*, p. 37. Um outro aspecto que, não pode ser ignorado é o da utilização consciente do número, pelo classicismo, como uma proporção, uma retomada da preocupação com a divina *proportione*, da seção áurea renascentista de Luca Paccioli.

não obstante, um *analogon* dela"[7]. Ora, estando a intuição estreitamente ligada aos fenômenos artísticos, em especial à música, isto terá como resultante a apreciação musical tornar-se, ela mesma, um novo ritual: um ritual de fruição estética que exigirá do ouvinte uma escuta compromissada não apenas com os ideais de beleza, equilíbrio e proporcionalidade, mas toda uma *pulsão* pela paixão, pela expressão do trágico, do desconhecido, do inusitado e, inclusive, do cômico.

Há, pois, não somente uma mudanca de enfoque, mas uma profunda alteração na maneira de ver e fruir a arte, tanto do ponto de vista do observador, quanto do criador. É possível notar, por exemplo, a despeito de ambas possuírem um caráter eminentemente religioso, o abismo que separa a *Missa Solemnis* de Beethoven e a *Paixão Segundo São Mateus* de Bach. Este último, comenta Karl Popper, "se esquece de si em sua obra, é servo dela. Claro está que não deixa de imprimir-lhe sua personalidade: isso é inevitável. Contudo, ele não se mostra, como por vezes o faz Beethoven, consciente de estar-se expressando a si mesmo e aos seus modos de ser [...] *A Missa em Ré*, de Beethoven, evidencia este ponto. Ali se lê: *partindo do coração, esta música pode chegar de novo ao coração*"[8].

À *homogeneidade* barroca, ao seu "caráter único", tanto internamente às obras, quanto às obras entre si, o classicismo opõe a *diversidade:* cada uma delas torna-se um ser único e insubstituível, e a sua unidade, o seu fio condutor, deixa de estar baseado na similitude dos elementos para situar-se, mais propriamente, no conflito entre eles, havendo espaço e tempo para a multiplicidade de distintos movimentos rítmicos, melódicos e harmônicos, que coincidem, em sua essência, com as mudanças de estado do ser humano. Mas essa nova postura estética é sempre alcançada devido à supressão dos gestos acessórios, de modo que esses "estados de alma" constituem, não um dado epidérmico, mas gestos exemplares e paradigmáticos correspondendo a uma essência. Como salientou Wölfflin, o objeto artístico e musical adquire, assim, uma "idealização do modelo a partir de dentro, e não tem nada a ver com o embelezamento, a idealização a partir de fora"[9].

Essa atitude de fazer do objeto artístico algo que vá além da representação e que interfira conscientemente no mecanismo da psique humana está ancorada não apenas nas novas ordenações políticas, sociais, econômicas, filosóficas e artísticas, mas, igualmente, na retomada de processos relativos ao passado, em especial a Renascença e a Antigüidade clássica. Porém, como enfatizou Wölfflin, "cada geração vê no mundo aquilo que lhe é semelhante"[10]; assim, o que o classicismo retoma da Antigüidade e do Renascimento não são tanto seus elementos materiais, mas, notadamente, o modo de conceber o objeto artístico: a reutilização de processos tais como a proporcionalidade e o equilíbrio, aliados à sobriedade, irá permitir a presença de um "subterrâneo" formal e arquitetônico. Há, pois, nas obras, a presença de uma unidade profunda, a despeito da grande diversidade de materiais que se apresenta aos ouvintes.

Essa inter-relação entre o texto e o subtexto, entre o dito e o não-dito, é a garantia de indissolubilidade e inseparabilidade das partes e do todo. Ao contrário do barroco, em que atuava uma espécie de "combinatória" de fragmentos, já não é mais praticamente possível permutar um determinado trecho musical por outro qualquer, sem que haja uma perda de informação. Cada uma das partes é condição *sine qua non* de significação das demais, tanto as anteriores, quanto as posteriores. Forma e conteúdo não podem ser mais apreendidos como configurações distintas, mas como duas faces da mesma moeda, cuja *articulação* é o dado essencial da perenidade e organicidade da obra.

Como resultado paralelo à mudança mais geral na concepção de mundo do Iluminismo, em que o homem

7. E. Cassirer, *A Filosofia do Iluminismo,* tradução de Álvaro Cabral, Campinas, Unicamp, 1992, p. 450.

8. F. K. Popper, *Autobiografia Intelectual,* tradução de L. Hegenberg e O. Silveira da Motta, São Paulo, Cultrix/Edusp, 1977, p. 69.

9. H. Wölfflin, *El arte clasico – una introducción al renacimento,* tradução de A. D. Arenas, Madrid, Alianza, 1968, p. 258.

10. *Idem*, p. 275.

passa a constituir o centro de suas próprias reflexões e indagações, a escuta musical torna-se, ela mesma, um acontecimento temporal e mnemônico por excelência, tomando parte desta verdadeira revolução humanística copernicana em pleno século XVIII.

A "estética da imanência" abole, de vez, com a presença de simbolismos artificiosos, o que pode ser claramente constatado quando se compara a relação texto-música do barroco com a do classicismo. Por exemplo, nos *Corais* e nos *Motetos* de Bach, o conteúdo das palavras é, em geral, descrito através de perfis melódicos que ascendem ou descendem, dependendo do fato de o texto reportar-se aos "céus" ou ao "inferno". Se comparados aos procedimentos de Mozart, como nas *Bodas de Fígaro* ou em *A Flauta Mágica*, percebe-se que, apesar da pequena distância histórica que os separa, neste ponto, especificamente, Bach e Mozart estão a anos-luz de distância. A música de Mozart reveste-se de um cunho dramático pelo fato de ela compor com o texto, ao invés de ilustrá-lo, o seu sentido. A linguagem musical deixa de ser pensada como um "revestimento", apresentando-se mais como um *subtexto*, uma camada profunda que sustenta a ação. A ópera é, neste sentido, exemplar, pois ela passa a ser um veículo resultante da relação orgânica entre texto e música. O drama que se desenvolve está acima das idiossincrasias, e estas, quando operam, estão sob a tutela de uma forma mais ampla que lhes dá suporte.

Para que esse processo de aprofundamento atingisse tal envergadura, foi necessária a maturação de novos procedimentos, como, por exemplo, o da *modulação*: a nova maneira de lidar com os eixos de encadeamentos harmônicos, mais distendidos no tempo, permite que a melodia e o tema sejam revestidos de uma ambiência que, além de expressar o tônus textual, atua no sentido de compor uma verdadeira "construção da personagem". Além disso, as novas tonalidades dos *temas secundários* ou das partes conflitantes, os *trios*, são percebidas, como salientou Rosen, como verdadeiras dissonâncias: não mais dissonâncias "verticais", presentes nos acordes, e, sim, dissonâncias "horizontais", isto é, que ocorrem, no tempo, em função da permanência da tonalidade principal na consciência do ouvinte. Esse processo de retenção mnemônica é uma característica fundamental desse período e permite, igualmente, que até mesmo a mais simples melodia carregue, em si, uma ampla carga de significações que a relacionam aos demais contextos da obra. Há uma espécie de onipresença do todo nas partes e, portanto, uma tensão permanente e imanente entre o detalhe e conjunto. Deixa, assim, praticamente de existir o virtuosismo *per se* e tudo aquilo relacionado ao instantâneo, ao improvisado, ao momentâneo: o classicismo, ao contrário, irá valorizar a *construção*, isto é, a perenidade dos elementos que concorrem para a existência de uma linguagem *em processo*, pedindo ao receptor que dele participe ativamente, responsável que é pela relação dialética entre o todo e a parte, entre o "instante" e a *durée*.

O pretenso equilíbrio da música do classicismo se apresenta, pois, não de modo tranqüilo, mas sob a égide de conflitos interiores dos mais diversos tipos e espécies; oposições internas, antíteses que se resolvem, não na obra em si, mas pela presença de um ouvinte que, operando continuamente sínteses *a posteriori*, reorganiza e reinterpreta, a cada momento, o percurso da obra que, no transcorrer da audição, fora extremamente complexo e problemático. Mesmo os menores detalhes passam pelo crivo dessa "estética de conflitos", tal como podemos observar neste trecho da *Sonata em Sol Maior* de Haydn:

ex. 3. Haydn

Mesmo os trechos de maior envergadura, como os movimentos de uma sonata, também são pensados a partir do conflito dramático: assim, vemos Haydn escrever, após o "Allegro" de sua *Sonata em Mi Bemol*, um "estranho e inquietante" segundo momento, um "Adagio" em *mi maior*.

ex. 4. Haydn

Se, por um lado, o classicismo almeja a um despojamento da matéria, por outro, ele anseia àquilo que Wöllflin descreveu como o "desejo de complexos cada vez mais ricos em conteúdo". Entre esses dois pólos há um caminho difícil, e que irá corresponder a uma época de transição, uma época "maneirista", a do *estilo galante*, que se situa entre o final do barroco propriamente dito e o início do classicismo, quando a linguagem atinge o poder de síntese, seu verdadeiro equilíbrio. É o período de compositores como Leonardo Da Vinci, Domenico Scarlatti, Johann Adoph Hasse e Telemann. Como afirma Rushton, "o novo estilo dá continuidade ao passado na utilização de motivos marcantes prolongados em desenvolvimento seqüencial e nos floreios cheios de vivacidade, reminiscentes da geração de Vivaldi. E antecipa desdobramentos posteriores na dependência a cadências periódicas e na extensão do material por oposição e simetria"[11]. Aos poucos, dada a mais nítida pontuação cadencial das frases, os centros tonais secundários irão tomar corpo e densidade expressiva, aceitando novas incursões harmônicas, inclusive as cromáticas, e as novas periodicidades de frases também assimétricas. A simplicidade original do *estilo galante* irá, aos poucos, se modificar, e a linguagem do classicismo aceitará esta nova complexidade comprometida com a busca de uma maior densidade dramática.

É que em um primeiro momento, o *estilo galante* se mostra demasiado simplista, pois que está preocupado em reagir de maneira violenta contra a complexidade polifônica; em um segundo momento, pelo fato de o novo estilo clássico ser ainda embrionário e tecnicamente imperfeito (ao contrário da polifonia barroca, muito desenvolvida), o *estilo galante*, carecendo de um fio condutor que unificasse as obras e de um princípio unificador espaço-temporal, opta por um certo retorno à polifonia, tal como a utilização de imitações. A reutilização da polifonia seria, naquele momento, a única maneira de se garantir a articulação entre as partes de uma obra, sem o que elas se tornariam monótonas e vazias de forma e conteúdo. Rosen se refere a este "entremeio" como um período maneirista cujas obras, pela ausência de um estilo integrado, inclinaram-se, ou a uma arbitrariedade na dramaticidade extremada – casos de Gluck, C. P. E. Bach ou mesmo do Haydn inicial –, ou a um estilo polido, insípido e cortesão – caso do outro filho J. C. Bach. Outros tentaram unir essas duas tendências, tal como Stamitz, que, segundo Rosen, "combina o fraseio clássico primitivo com a seqüência harmônica do barroco mais rançoso, de forma que raramente um elemento reforça o outro mas, sim, ao contrário, dissipa seu efeito"[12]. "O compositor", continua Rosen, "tinha pois de eleger entre a surpresa dramática e a perfeição formal, entre a expressividade e a elegância: raramente podia combinar ambas. O estilo clássico não nasceu até que Haydn e Mozart, juntos e separadamente, criaram um estilo no qual o efeito dramático aparecia motivado de maneira surpreendente e lógica, e no qual expressão e elegância davam as mãos"[13].

Assim, como conseqüência dessa evolução, o tônus inicial que se estruturava nos modelos de simplicidade,

11. J. Rushton, *op. cit.*, p. 25.

12. C. Rosen, *El estilo clasico – Haydn, Mozart, Beethoven*, tradução de E. G. Moreno, Madrid, Alianza, 1986, p. 27.

13. *Idem*, p. 52.

3. Retrato inacabado de Mozart por Lange, 1782.

despojamento, equilíbrio, periodicidade e simetria mais rigorosos não pôde perdurar por muito mais tempo. Algo, aliás, de certa forma previsível, pois que a linguagem artística se afirma por um duplo jogo: de um lado, a afirmação de um repertório, de um paradigma, de outro, a contradição necessária às regras do próprio sistema a fim de que haja informação. Havia, pois, mesmo no período transitório, de instabilidade, uma tomada de consciência de que a *unidade* musical poderia ocorrer dentro de um contexto de variedade, ou do contrário o classicismo jamais atingiria este novo *pathos*, já que é na assimetria e no contraste que se situa a possibilidade de alcançar uma nova amplitude expressiva. Como exemplo desse fato podemos tomar a ária *Ach, ich fühl's* de *A Flauta Mágica*, de Mozart, em que "a simetria da música galante e sua clareza harmônica vêem-se comprometidas por frases assimétricas e pela sutil infiltração de harmonias cromáticas"[14].

Antes mesmo de surgirem e amadurecerem os novos processos de *elaboração* e *desenvolvimento temático*, outras transformações irão contribuir para o desenvolvimento do estilo clássico: a orquestra divide-se racionalmente em naipes, deixando de ser um mero conglomerado de instrumentos; o contraste entre *tutti* e *soli* barrocos cedem terreno para um diálogo mais orgânico do solista com a orquestra no concerto clássico; o *forte* e o *piano* serão substituídos pelos *crescendos* e *decrescendos*, dispositivos gradativos e exemplares quanto às novas necessidades de expressão psicológica e que, como corolários do fraseio articulado, possibilitarão a transição rítmica de um tipo de textura a outra; ao invés do pulso único e regular da música barroca, preferir-se-ão os *acellerando* e *rittardando*, assim como a própria mudança de andamentos de acordo com o tônus psicológico que se deseja expressar; à seqüenciação em cadeias da harmonia e melodia, que conferiam à música barroca um perfil de "infinitude", seguir-se-á a estabilização do sistema tonal em regiões harmonicamente bem estabelecidas[15]; ao "nervosismo" pulsante das células melódicas que percorrem todas as camadas polifônicas da orquestra barroca, das mais agudas às mais graves, o classicismo irá opor a sinuosidade das linhas melódicas que deslizam sobre um acompanhamento homofônico de *notas fundamentais* que, conforme já havia constatado Rameau, geram sons harmônicos superiores – a melodia das vozes agudas passa a ser uma resultante das notas graves, fazendo com que o espaço musical torne-se uno, indissolúvel, ocorrendo, assim, uma homogeneização da textura orquestral devido à distribuição equilibrada dos acordes triádicos por todo o campo de tessitura. Ora, toda essa evolução técnica tem sua contrapartida estilística; assim é que iremos encontrar em Johann Stamitz um dos maiores responsáveis pelo desenvolvimento da sinfonia tal como ela iria ser legada aos vienenses. Ao mesmo tempo, devido ao seu incentivo de realizar audições "domésticas" e públicas em Paris, a música sinfônica irá se desligar, aos poucos, dos laços operísticos e teatrais, transferindo-se da Itália para a Europa central, notadamente os países de língua germânica, influenciando toda a geração desde Mozart a Schubert.

Paralelamente às questões técnicas e estilísticas, não se pode deixar de observar a questão fundamental da forma e da prosódia musicais. Dentro desse contexto, o tema é um elemento fundamental, uma espécie de personagem em torno do qual orbitam todos os outros elementos: constitui uma posse do ouvinte que é também, por sua vez, por ele "possuído". Ao contrário do barroco, em que os motivos se sucediam de maneira contínua e ininterrupta funcionando como elementos unificadores, no classicismo, a *permanência*, no tempo, dos temas e dos demais eventos musicais torna-se um dado que depende do ouvinte: a permanência deixa de ser aparente e objetiva, para se tornar latente e subjetiva.

14. J. Rushton, *op. cit.*, p. 27.

15. O contraste tonal entre essas regiões, como salientou Schoenberg, permite o fortalecimento da tonalidade principal pela presença da negação da afirmação, que induz o ouvinte a desejar o estado anterior, pois a negação é a suspensão momentânea do estabelecido e do conhecido.

O tema apresenta-se como uma figura em *close-up*, apreendida em uma fração temporal, e suficientemente carregado de autonomia harmônica e melódica para que seja necessária a sua constante repetição. O que não significa, entretanto, que ele seja auto-suficiente, pois a relação de *oposição* para com os outros eventos musicais é fundamental. Mas a própria oposição engendra uma *complementaridade*, pois o conflito traz à tona algo que no barroco ainda era incipiente: a tomada de consciência de que não há qualquer elemento musical, por mais rico que seja, que não possua uma *falta*, que não necessite do *outro* a fim de que o *eu* tenha sentido. Cada elemento da linguagem musical torna-se, assim, condição necessária do *ser do outro*, onde "cada magnitude e cada direção só alcança seu efeito quando referida a outras magnitudes e outras direções"[16]. O reconhecimento daquilo que nomeia o singular se dará pelo choque entre o simples e o complexo, entre o tranqüilo-sereno e o agitado-movido; e é desse modo fragmentário que a liguagem irá se estruturar, necessitando, pois, mais do que nunca, da *unidade na diversidade*, a qual só poderá ser levada a cabo pela intencionalidade, tanto do autor, quanto do fruidor. A linguagem musical adquire, assim, uma qualidade humana em que os valores absolutos são substituídos e suplantados pelos valores relativos.

O barroco é prolixo na utilização intensiva do contraste; mas esses contrastes não são de tal ordem que não se possam intercambiar partes entre si, ou, inclusive, substituir umas pelas outras, sem se perder o sentido global do discurso. Impera aí uma maneira de articular os elementos, como se eles fossem partes de um jogo que se perfaz pela análise combinatória, pela permutação que representa a concepção de um universo aberto, um universo que pode ser lido em várias direções e no qual o acaso intervém de maneira contundente.

Essa trama caleidoscópica já não é mais possível no classicismo: não se pode mais permutar livremente, nem, tampouco, improvisar a cada momento. Mas o que se perde em liberdade de movimento, ganha-se em intensidade dramática ou, como descreveu Wölfflin, em "intensidade potenciada" do efeito da obra, ou seja, a manutenção de um equilíbrio geral em função dos conflitos e tensões locais. Basta comparar, por exemplo, a *Sarabande em Ré Menor*, para teclado, de Haendel, com a introdução do "Adagio Cantabile" da *Sinfonia n. 94* de Haydn:

ex. 5. Haendel

ex. 6. Haydn

A maneira de Haendel articular o encadeamento, a "frouxidão" harmônica de sua peça, em *quintas ascendentes*, não ocorre na sinfonia de Haydn: há, também, aqui, um alto grau de incerteza, mas se alcança, no entanto, uma grande força dramática em decorrência de uma invenção contundente, em que a instabilidade harmônica opera por oposição e complementação à estabilidade no seio da qual o tema principal propriamente dito se inicia. Essa utilização dramática da harmonia, por Haydn, será a fonte na qual Beethoven irá beber, haja vista a introdução do "Adagio Molto" de sua *Primeira Sinfonia*, cujo

16. H. Wöllflin, *op. cit.*, p. 290.

primeiro acorde (C7) nega a tonalidade de dó maior, para posteriormente reafirmá-la com uma contundência, ainda mais evidente, quando da entrada do tema principal:

ex. 7. Beethoven

A nova organicidade dos elementos da música do classicismo deve-se a uma primordial simplificação e transparência da escrita: a percepção daquilo que se está ouvindo deve ser automática e imediata, não havendo tempo para indecisões ou divagações momentâneas; busca-se uma essência pela anulação do acessório. Isto não significa, de modo algum, que não seja possível haver uma "ociosidade auditiva"; muito pelo contrário, devido à objetividade alcançada pela simplificação da linguagem, pelo despojamento melódico e harmônico, o ouvinte tem, agora, a possibilidade de refletir e reconstruir, no tempo mesmo da execução musical, aquilo que já fora anteriormente veiculado. No barroco, o excesso, no sentido mais geral e profundo da palavra, não permitia a realização dessa espécie de "auto-análise", atitude ímpar do processo de recepção do período clássico, incrustada na atitude crítica, reflexiva e antidogmática do Iluminismo.

O classicismo engendra, assim, um novo processo de criação musical, preocupado em obter o máximo de conteúdo com o mínimo de material. Esse processo aguça a invenção e confere, à música, uma grande elasticidade na procura de novos meios e procedimentos expressivos, não havendo mais lugar para esquemas predeterminados de organização do *corpus* musical. A música se reveste de uma tal organicidade que, por mais que tentemos decifrá-la a partir desta ou daquela estrutura, estaremos sempre diante de uma permanente elaboração. O classicismo nos revela, pois, de maneira absolutamente clara, que a forma musical não é, propriamente, um dado da realidade, mas uma *construção* que o ouvinte realiza constantemente, ao organizar e separar a música em estados que ora se opõem, ora se complementam.

Comumente nos referimos a essa época como a do amadurecimento e da racionalização das formas musicais, esquecendo, no entanto, que nesse período desabrocha uma verdadeira consciência da noção de *tempo* que é, sem dúvida, a outra face de Janus da estética musical do Iluminismo. Se, por um lado, a forma constitui a transformação do tempo passado em *espaço*, por outro, o *tempo* resulta da pulsão do ouvinte em tentar projetar, para o futuro, a experiência adquirida pelos próprios dados do passado. Pela primeira vez na história da linguagem musical surgem expressões de conotação temporal como *variação*, *extensão*, *transição*, *desenvolvimento* etc. Longe de ser uma resultante da simples concatenação das partes entre si, o tempo adquire uma tal densidade, organicidade, unicidade e coesão, que já não é mais possível concebê-lo como uma flecha unidirecional que do passado caminha em direção ao futuro. O tempo adquire uma outra substância, no sentido de estar mais próximo ao que Santo Agostinho se referiu como sendo a "lembrança presente das coisas passadas, visão presente das coisas presentes e esperança presente das coisas futuras"[17]. Há, pois, uma projeção do passado, e do futuro, no presente, e, neste sentido, a música do classicismo confere, ao ouvinte, uma espécie de domínio do tempo, o "dom" de articulá-lo, conectando, criando nexo entre os eventos.

A música barroca está relacionada a um tempo que poderíamos denominar de ontológico, enquanto a do classicismo se traduz em um tempo psicológico. Estas seriam, para Stravinsky, de acordo com sua *Poética Musical*, as duas espécies básicas de música:

17. *Santo Agostinho*, "Confissões", L. XI, tradução de A. Ricci, Coleção Os Pensadores, São Paulo, Abril Cultural, 1980, p. 222.

uma evolui paralelamente ao processo do tempo ontológico, penetra-o e se identifica com ele, fazendo nascer no espírito do ouvinte um sentimento de euforia, de *calma dinâmica*, por assim dizer. A outra excede ou contraria este processo. Não se ajusta ao instante sonoro. Se afasta dos centros de atração e de gravidade e se estabelece no instável, o que lhe torna propícia a traduzir os impulsos emocionais de seu autor. Toda música na qual domine a vontade de uma expressão pertence a este segundo tipo [...] a música ligada ao tempo ontológico está geralmente dominada pelo princípio da *similitude*. A que se vincula ao tempo psicológico procede espontaneamente por *contraste*[18].

Similitude e contraste, uniformidade e variedade são características que polarizam essas duas fases da música. Mas a primeira delas, apesar do perigo que representa o excesso de repetições, é, no mínimo, uma garantia de unidade, ao passo que a segunda sempre irá correr o risco de não possuir suficientes elementos unificadores. A presença de unidade entre as partes de uma obra tem como condição necessária um processo de desenvolvimento e de transformação tanto da técnica quanto da escritura musical, pois implica um maior controle do compositor sobre a obra executada. Assim, surge uma nova postura quanto aos padrões a serem adotados com relação à composição: se, anteriormente, o *baixo cifrado* era improvisado, no classicismo o acompanhamento harmônico não somente passa a ser escrito, como, também, segundo as recomendações de Carl Philip Emannuel Bach, deixa de ser um mero elemento subsidiário da melodia para se tornar um evento ativamente participativo do conjunto da obra e de seu equilíbrio; por esse motivo é que as *ornamentações*, quando ocorrem, são cada vez mais detalhadamente escritas e menos improvisadas; as anotações da dinâmica, pela presença de *crescendos* e *decrescendos*, adquirem uma maior precisão; e as indicações exatas quanto aos instrumentos que tomam parte na obra executada permitem e são, ao mesmo tempo, conseqüência da necessidade de um maior controle do *campo de tessitura* musical. Essas transformações e aquisições permitem que a música instrumental pura vá se afirmando, desde o setecentos, no cenário musical, a princípio na Alemanha e na Áustria, e, posteriormente, no restante do continente europeu. Não importa sob que função social, ou sob que contexto – seja como introdução ou como prelúdio à música vocal e cerimonial, ou como concerto de mesa –, a música instrumental se desenvolve pela presença de determinadas características específicas relacionadas às *formas de dança*: a pontuação, o ostinato rítmico, a unidade tonal, a concisão, a quadratura, a repetição de motivos e temas, a forma simétrica, a arquitetura proporcional e equilibrada, são características que permitem à música abandonar a sua função francamente utilitária e ritualística, adquirindo um tônus próprio, reconhecível, diverso e singular. Com o advento do classicismo, esse desenvolvimento da música pura, associado às questões emergentes relativas ao drama de fundo psicológico e existencial, permitirá o redimensionamento e a ressignificação da figura do instrumentista, já que este se tornará, em última instância, um verdadeiro co-autor, o responsável direto pela expressão e interpretação musicais.

Mas, para que a música instrumental fosse, pouco a pouco, sobrepujando a música vocal, foi preciso haver uma transformação social mais profunda em que se assistiu ao surgimento de uma "classe média" que iria influir nos rumos da atividade musical e de sua estética: inicia-se o comércio de partituras impressas, todo um mercado voltado para a transcrição da música de câmara e da música orquestral para os teclados. O cravo, em especial, foi um meio através do qual os leigos puderam ter acesso à expressão musical. Ele possibilitava ao intérprete executar, a duas mãos, o que anteriormente estava consignado a vários instrumentos ou, ainda, a muitas vozes corais. Devido à complexidade polifônica dos diversos conjuntos, foi necessário, na maioria das vezes, simplificar as partes a fim de que os leigos pudessem executá-las. Essa simplificação, somada à uniformidade timbrística dos instrumentos de teclado, fez com que, gradativamente, a polifonia tendesse a desaparecer e a homofonia ganhasse relevância.

As novas diretrizes técnicas e estéticas valorizam a figura individual do executante, surgindo, assim, uma

18. I. Stravinsky, *Poética Musical,* tradução de E. Grau, Madrid, Taurus, 1977, p. 35.

nova categoria – a do virtuose – e novos gêneros musicais, como as peças curtas, o *poutpourri*, as fantasias e as variações. O timbre particular e nasal do cravo, bem como a utilização excessiva de ornamentos pelo rococó, permite o advento de um gênero até então ausente dos padrões musicais: a paródia – o humor, o chiste, o sarcasmo passam a tomar parte ativa na linguagem musical, "humanizando-a", o que será algo de importância decisiva para a conformação de uma nova estética musical.

O classicismo não deve ser visto apenas como uma ruptura em relação ao barroco. Muitos dos procedimentos que ele irá adotar, e desenvolver, serão uma conseqüência, uma continuidade na busca de soluções formais e estruturais que o barroco já havia anteriormente colocado em prática. A *fuga* é, nesse sentido, exemplar: trata-se de uma estrutura composicional que alcança uma grande unidade que seria tão almejada pelo classicismo, e que representa, sem dúvida, uma síntese das conquistas da linguagem musical do Ocidente. Um processo que, gestado no âmbito da polifonia vocal, desvincula-se gradativamente do texto e se desloca para o gênero instrumental, criando e desenvolvendo a autonomia e maturidade da música enquanto forma de linguagem.

A fuga foi essencial, não apenas no sentido dessa libertação em relação ao texto, mas também porque contribuiu para o estabelecimento definitivo das "leis" tonais, tendo introduzido, igualmente, de forma inequívoca, o processo de *modulação*. Tal como ocorreria posteriormente no *allegro-de-sonata*, a fuga se estruturava, internamente, através do conflito entre motivo principal e motivo secundário, entre *sujeito* e *contra-sujeito,* que, estando relacionados intrinsecamente às regiões tonais de *tônica* e *dominante,* possibilitava que houvesse, como afirmou Salazar, "uma dupla coerção, uma dupla exigência, nas primeiras tentativas de construção da música instrumental *per se*: o jogo motívico e o jogo tonal. Quando o pensamento musical se houver aclarado suficientemente na cabeça dos compositores dentro deste caminho e eles tiverem dominado este duplo jogo, a música haverá entrado em uma nova época: a época da sonata"[19]. O mesmo autor, enfatizando a questão espaço-temporal relativa à fuga, observa que "este impulso que conduz o motivo, desde sua tonalidade inicial até a quinta superior, *faz caminhar* a música adiante; sucessão agógica cujo desenvolvimento é importantíssimo, porque a música não seguirá já passivamente como na canção, arrastada pelo texto, nem mecanicamente, como na dança, impulsionada pelos passos dos bailarinos, senão *organicamente* e por um princípio dinâmico interno e especificamente musical"[20]. Desse modo, em um futuro próximo, a linguagem musical estará, então, apta a adquirir um tônus dramático essencial à discursividade almejada pela música pura e pela estética do classicismo.

Paralelamente à questão estética ocorreu, no entanto, um fato de ordem técnica de extrema importância para o definitivo estabelecimento do sistema tonal, e a possibilitação efetiva de uma expansão tonal (de modulações mais longínquas dentro do *ciclo das quintas*): o surgimento, em 1722, do temperamento igual, colocado em prática pela exemplar obra de J. S. Bach, *O Cravo Bem Temperado*. O temperamento igual possibilita que a modulação propriamente dita se instaure: no barroco havia muito mais "desvios" de tonalidade que, propriamente, modulações. No classicismo a modulação se constituirá, como bem observou Rosen, em uma verdadeira *dissonância* "levada a um plano mais alto, o da estrutura global"[21]. Mas seria necessário ainda algum tempo para que as transformações de ordem técnica gerassem um novo estilo.

Se o "velho" Bach foi, sem dúvida, o grande ordenador das novas possibilidades advindas do temperamento igual, um de seus filhos, C. P. E. Bach, seria, no entanto, um dos responsáveis pela "desordenação" necessária da linguagem barroca, sem o que não se atingiria um outro patamar estético. Carl Philip

substituiu a incrustação ornamental do barroco e do rococó pela ornamentação expressiva, com um grau de liberdade que prefigura o rubato

19. A. Salazar, *La música en ia socledad europea-II, hasta fines del siglo XVIII,* Madrid, Alianza, 1983, p. 147.

20. *Ibidem*.

21. C. Rosen, *op. cit.*, p. 31.

4. *Ludwig van Beethoven* de Karl Stieler.

5. *Haydn*, pintura anônima.

de Chopin. Após a regularidade de pulsação do barroco, e em concomitância com os períodos simétricos do *galant* operístico, Bach surpreende pela variedade rítmica e das figuras de valor; ele procede por arremetidas de atividade e repouso, freqüentemente demorando-se numa harmonia estranha à tonalidade principal [...] Particularmente significativa é a multiplicação de idéias contrastantes, não raro de curtíssima duração, num mesmo movimento. Uma torrente de motivos pode servir de introdução à tonalidade da peça, ou algo que se revela não ser a tonalidade, como na *Sonata em Fá Maior* que começa em dó menor[22].

Uma nova etapa da linguagem musical se descortina, e a velocidade das mudanças torna-se brutal, bastando, para isso, que se constate o curto período de tempo que separa as sonatas barrocas (*suítes, formas de dança* etc.) das formas rudimentares do *allegro-de-sonata* do classicismo. Instaura-se uma verdadeira hierarquia entre os acordes e graus da tonalidade, o que terá conseqüências profundas na estrutura e forma tonais. Neste sentido, é necessário, apenas, um pequeno passo para que a sonata monotemática caminhe em direção ao bitematismo. Comentando as sonatas de D. Scarlatti, Salazar afirma que

a inflexão *T-D-T* que se encontra nas danças simples se acha, como é natural, na sonata monotemática scarlattiana, mas sob uma forma, mesmo que fácil e graciosa, muito estreita, que se ampliará indefinidamente na sonata bitemática. Para integrar a primeira bastarão duas seções: *T-D* e *D-T*. Mas como o jogo modulatório e o motívico necessitam maior dimensão na segunda, será mister interpolar, entre ambas seções, uma terceira na qual esse jogo possa espraiar-se suficientemente: é a seção posteriormente conhecida como *Desenvolvimento*, ou *elaboração temática*, ou *Durchfüehrung*[23].

Charles Rosen situa o ano de 1775 como o do grande salto qualitativo, quando aparece o *Concerto K.271* de Mozart, obra que realiza a sua maturidade musical, sendo, igualmente, a época em que Haydn se familiariza com a ópera cômica italiana, à qual muito deve o estilo clássico. Mas uma outra questão, além daquela tonal e formal, já se colocava no seio mesmo da consecução dos ideais presentes no *allegro-de-sonata*, pois era necessário, a despeito do contraste e conflito entre o *tema principal* e o *tema secundário*, que houvesse uma unidade entre eles, quer dizer, a manutenção da tensão psicológica entre o *mesmo* e o *outro*, a necessidade de que, apesar das diferenças, houvesse algo de comum entre ambos, a fim de que não se perdesse, nessa passagem, a densidade e a direcionalidade temporais. Esse ideal tão almejado, a possibilidade de "controlar o tempo", só iria amadurecer, efetivamente, com a criação do processo de *elaboração temática* iniciado por Haydn em seus quartetos *Scherzi* ou *Russos* op. 33, que, segundo o próprio autor, obedeceram a princípios de composição totalmente novos:

ex. 8. Haydn

Esse processo se constituiria em uma verdadeira revolução na linguagem, possibilitando que uma determinada *entidade musical* (um motivo, um tema etc.) se transformasse, gradativamente, a ponto de engendrar uma nova entidade: isto é, gerar um *outro* a partir de seus próprios elementos. Além disso, a respeito desses mesmos quartetos, Rosen considera a integração do tema e acompanhamento, a ponto de não se distinguirem um do outro,

22. J. Rushton, *op. cit.*, pp. 84-85.
23. A. Salazar, *op. cit.*, p. 152.

"uma revolução no estilo [...] verdadeira invenção do contraponto clássico"[24].

A partir de então, o processo de *elaboração temática* se tornaria a principal ferramenta de criação da linguagem musical, influenciando não apenas sua época, como é o caso de Mozart, mas gerando conseqüências que se fariam sentir, até mesmo, em pleno século XX. Ele possibilitava, definitivamente, a maturação do *allegro-de-sonata*, que se faria presente em praticamente todo o repertório musical, desde a música solista, passando pela música de câmara, até a música orquestral sinfônica e operística.

O *allegro-de-sonata* transformou-se no grande eixo unificador da linguagem musical e no grande divisor de águas entre os novos processos de composição e os antigos. Um verdadeiro drama que constrói um enredo a partir de uma série de recursos temáticos e harmônicos; um todo orgânico, cuja descrição e separação em três partes, *Exposição*, *Desenvolvimento* e *Reexposição*, é algo mais téorico do que, propriamente, auditivo, pois não se trata mais de uma "forma ternária", e, sim, de um processo em que cada uma das partes está imbricada e é condição necessária das demais. A presença de temas antagônicos, submetidos a modulações tonais, é apenas parte do processo, pois que eles só tomam corpo e sentido real a partir do momento em que são submetidos à "onírica" elaboração da *Seção de Desenvolvimento* (*Durchfüehrung*) e à *Reexposição*, cuja presença da tonalidade principal constitui o fecho lógico e necessário, uma resolução e síntese dos conflitos presentes no decorrer da obra.

O *allegro-de-sonata* é muito mais um *processo* que uma *forma*. Ele traz à tona questões que deverão ser resolvidas por cada obra em particular, inexistindo, portanto, a possibilidade de qualquer espécie de homogeneização ou pasteurização. A sonata não é, como na maioria das vezes tentamos esboçá-la, um *esquema temático*, mas um modelo essencialmente harmônico que irá buscar, no próprio sistema tonal, os recursos expressivos de que este dispõe para se estruturar enquanto linguagem. O *allegro-de-sonata* é um organismo em que se expressa não apenas determinados sentimentos dramáticos, mas verdadeiras ações dramáticas, o que pode ser constatado pela comparação que Rosen faz entre Haendel e Mozart:

> em seu famoso quarteto *Jephta*, Haendel conseguiu representar quatro emoções diferentes: o valor da filha, a severidade trágica do pai, o desespero da mãe e o desafio da amante; no entanto, os amantes, no final do segundo ato de *O Rapto do Serralho* de Mozart, vão da alegria à reconciliação final, passando pela suspeita e ultraje; nada como estas quatro emoções sucessivas para colocar manifesta a relação do estilo sonata com a ação operística durante o período clássico, e qualquer um se sente tentado a fazer corresponder esta sucessão de emoções com o primeiro tema, o segundo, o desenvolvimento e a recapitulação[25].

Apesar de todas as discrepâncias e diferenças, há uma relação muito estreita entre a *fuga* e o *allegro-de-sonata*, pois as questões tonais presentes, em germe, na primeira, irão tomar corpo e fôlego na segunda. Entretanto, se na fuga ainda havia espaço para certos mecanicismos, tal como a necessidade de transposição do *sujeito* para um outro grau da tonalidade, e a presença de um *contra-sujeito* com vistas à manutenção da variedade e do equilíbrio, no *allegro-de-sonata* a questão se desloca: não se trata mais de apresentar um *tema secundário*, situado em outra região tonal, em conflito com um *tema principal* – não é só a oposição e a variedade o que importam. Importa, também, e principalmente, a *direcionalidade*, a escuta do próprio caminho que se percorre para ir-se de um tema a outro, de uma região tonal a outra (ver *ex. 9*).

Inicia-se, portanto, no classicismo, um novo processo de recepção do fenômeno musical em que os temas, apesar de serem "entidades" e se comportarem enquanto tais, na consciência, têm sua valoração até certo ponto relativizada, pois há um deslocamento do foco de atenção dos temas para aquilo que se interpõe entre eles. Muitas vezes, essas transições acabam por gerar novas

24. C. Rosen, *op. cit.*, p. 102.

25. *Idem*, p. 51.

ex. 9. Mozart

entidades temáticas, ou, dependendo do seu grau de importância, elas próprias se cristalizam como eventos datados e significativos, perdendo, inclusive, o perfil de elemento puramente conectivo. Neste caso, as *pontes* e *transições*, em geral, transmutam-se em verdadeiros "devaneios" harmônico-melódicos que já não estão em uma função subsidiária ou secundária com relação aos temas – ao contrário, passam a constituir, com eles, uma poderosa arma expressiva e dramática. Isto explica a grande quantidade de melodias de que Mozart se utiliza em suas obras, como em muitos de seus concertos para piano. Em outras situações essas pontes, ou transições, "perdem-se" em seu próprio devaneio e apresentam-nos um estado amórfico e ambígüo de suspensão temporal, tal como ocorre neste trecho mozartiano:

ex. 10. Mozart

Ora, essa ênfase na escuta daquilo que é transitório torna-se um fato da maior importância: tal como ocorrera na pintura do século XVI, em que as figuras dos retratos eram despidas a fim de mostrar as articulações do corpo, a música do classicismo mostra, desnuda e desenvolve suas estruturas articulatórias, obrigando o ouvinte a participar, assim, de cada detalhe da composição, por menor que ele seja. Esses momentos e movimentos transitórios representam, no fundo, as mudanças de estado do ser humano, com suas inquietudes, instabilidades, incertezas, ambigüidades – tudo aquilo que não é o certo, o ponto de chegada, o definitivo, mas o próprio tatear a passagem de um estado a outro: o situar-se "entre", assumindo e tornando, momentaneamente, perene, a própria *durée* e as conseqüências de não poder ser mais aquilo que já se foi, e não ser, ainda, aquilo que poderá vir a ser. Não que o barroco não possua esses "momentos-limite" entre dois estados; é que o classicismo os torna, digamos assim, *presentificados*, tratando-os como um fato de realidade tão importante quanto os demais.

A música apresenta-nos, assim, um dispositivo similar e paralelo àquele embutido no conceito de *evolução*, tão caro ao Iluminismo. Um processo que possui a capacidade de historicizar o tempo musical, fazendo com que o ouvinte penetre-o e vivencie-o da mesma maneira com que ele o faz em relação à realidade mais próxima que lhe é pertinente. A arte e a vida começam a se aproximar de um modo mais intenso, e a *intuição estética* passa a ser um "diretório" paralelo ao da *razão*, tal como o concebia, por exemplo, Baumgarten. E, neste ponto, mais uma vez, a "natureza psíquica" e a "natureza artística" convergem de maneira substancial, havendo uma reciprocidade entre o objeto e o ser que irá modificar a própria visão de mundo e a concepção do que seja a realidade.

Até o advento do *allegro-de-sonata*, a linguagem musical, em suas diversas manifestações, como o *oratório*, a *missa*, a *cantata*, a *ópera* etc., se encontrava em situação de dependência e de subserviência ao texto. No século XVII, e adentrando o oitocentos, dentro da ordem racionalista-cartesiana da cultura oficial, o *melodrama* ainda era visto como uma arte "menor", pois unia a poesia, uma grande forma artística que se dirigia *à razão*, com a música, que se inclinava à mera *sensação*. Com o advento do classicismo, esse panorama começa a se transformar, pois o racionalismo estrito cede terreno a um empirismo racionalista, gerando uma abordagem estética em que a "verdade" deixa de estar relacionada exclusivamente à *imitação* do mundo exterior, passando a se vincular com a expressão humana e individual. Desse modo, se o conceito de "natureza" era anteriormente utilizado como sinônimo de razão e de verdade, e o termo "imitação" para indicar o procedimento a embelezar e tornar mais agradável e amena a verdade da razão, na segunda metade do século XVIII, como salientou Enrico Fubini, "encontraremos o termo natureza usado, quase paradoxalmente, como símbolo do sentimento, da espontaneidade, da expressividade; e o termo imitação para indicar a coerência e a verdade dramática, o vínculo da arte com a realidade"[26].

Essa radical mudança do panorama estético e filosófico irá possibilitar, cada vez mais, que a música esteja apta a veicular seu próprio objeto, libertando-se dos grilhões impostos pela palavra e pelo texto, o que lhe conferirá uma autonomia jamais experimentada em tal nível de profundidade. A música ritual e religiosa perderá terreno para a música "profana", quer seja ela sinfônica ou operística: a linguagem musical deixará de ser uma arte "menor", para se constituir em uma das poucas e, talvez mesmo, a única que tem acesso aos mais longínquos recônditos da natureza e da psique humana. Por esse motivo é que, a partir de então, tomará corpo o amadurecimento do fenômeno descrito como *música pura* (de câmara e sinfônica), totalmente desvinculada de quaisquer relações com as artes descritivas ou representativas. A música torna-se capaz de veicular e descrever, não o mundo real e palpável dos sentidos, mas o mundo das idéias, das emoções e das questões existenciais, enfim, do drama deste *estar-aí* e *ser-no-mundo*.

A história das correntes estéticas não se faz pela mera sucessão: cada uma delas, além de desenvolver elementos embrionários anteriormente veiculados, acrescenta novos elementos que farão oposição àqueles, havendo sempre um movimento duplo de continuidade e de descontinuidade, em que o novo dialoga constantemente com o antigo, no seio mesmo da própria matéria sonora. Assim o faz o classicismo vienense, de Haydn, Mozart e Beethoven, com relação ao barroco e ao rococó, cujas principais características estavam vinculadas à música de dois países em especial: França e Itália. A música desses três compositores representa a grande maturação dos novos ideais e, igualmente, um momento de confluência e síntese das características conflitantes que já se pronunciavam desde o setecentos.

Na França, a obra de Lully representava o modelo de "seriedade, austeridade, simplicidade, sujeito às regras tradicionais, às unidades de tempo, de lugar e de ação quanto ao argumento trágico ou mitológico, acomodando-se ao gosto áulico e de tendência classicizante dos ambientes aristocráticos da corte"[27]. Por outro lado, na

26. E. Fubini, *La estética musical del siglo XVIII a nuestros dias*, tradução de A. P. Rodriguez, Barcelona, Barral, 1971, p. 18.

27. *Idem*, p. 19.

6. Vivaldi, caricatura de Ghezzi.

Itália, o melodrama, "espetáculo mais popular, permitiu à música desenvolver-se com uma mais ampla margem de liberdade, deixando maior desafogo à veia melódica, ao virtuosismo dos cantores, em detrimento da ação trágica, criando o gênero inteiramente particular que é a *ópera buffa* e *cômica* de tema burguês"[28]. Essas duas vias pelas quais a música vinha se desenvolvendo eram contraditórias: de um lado, a tendência a uma simplificação que caracterizava o momento *pré-clássico*, o "estilo galante", e, de outro, a presença de características que diziam respeito ao *barroquismo* com todo o seu excesso de ornamentações e catarses. Para que surgisse algo de novo, seria necessária uma síntese dessas duas vias, um meio termo entre a veia melodiosa, fonte de expressão do individual e do particular, e a veia racionalista que ia de encontro ao despojamento, buscando a expressão mais intensa a partir de uma pequena quantidade de materiais. Esse momento não se deu, de forma alguma, de maneira tranqüila: as duas correntes em oposição proliferavam e eram fonte para verdadeiras guerrilhas estéticas e filosóficas. A polêmica entre Raguenet, que em 1698 fez uma viagem à Itália, e Lecerf, que em 1704 publicou sua *Comparaison de la musique italienne et la musique française*, o primeiro mais favorável ao bel-canto italiano, e o segundo ao "bom gosto" francês, já antecipa e nos revela a tensão desse momento de convívio do rococó e do pré-romantismo: uns, os *italianistas*, apegados ao excesso, à volubilidade, ao virtuosismo, e, outros, os *francesistas*, tomando partido do equilíbrio, da beleza e do gosto áulico e cortesão.

Será necessário esperar pela segunda metade do século XVIII para assistir ao surgimento e desenvolvimento de uma linguagem que atinja o ponto de equilíbrio entre essas duas vertertes. Trata-se, na realidade, de uma mudança sutil: é preciso manter ambas, mas, simultaneamente, galgar um outro patamar no qual a imanência almejada se desdobre em transcendência, a fim de que não se atinja somente o nível dos sentidos e das sensações do ouvinte, mas que se consiga fazê-lo penetrar nas entranhas de uma nova realidade que aos poucos se configura – uma realidade que, mesmo possuindo uma exterioridade, está impregnada de um drama interior, de um drama existencial.

Du Bos, em suas *Reflexions critiques sur la peinture et la poésie*, de 1719, já afirmava que, "como o pintor imita os raios e as cores da natureza, assim o músico imita os tons, os acentos e os suspiros, as inflexões da voz, enfim, todos aqueles sons com cujo auxílio a própria natureza expressa seus sentimentos e paixões"[29]. A partir daí, o passo seguinte será o de a música buscar, não a imitação pura e simples, mas a representação da própria essencialidade dos sentimentos e das paixões, o que leva Batteux, em 1747, a eleger a poesia como a "linguagem do espírito" e a música como a "linguagem do coração", não sendo necessária, a esta última, a intermediação dos conceitos e da razão, a ponto de afirmar que "*o coração tem sua própria inteligência independente das palavras*"[30]. Ora, aqui se prenuncia e se pronuncia um novo tipo de racionalismo. Se não ainda de fato, mas potencializado, estava plantado o germe de uma outra postura estética que pode ser verificada nas obras dos compositores de transição entre o barroco e o classicismo propriamente dito: são obras, por assim dizer, "estranhas", cuja pretensão é ainda maior que a efetiva possibilidade técnica de atingir um novo patamar de profundidade dramática. Nesses compositores, como Lully, D. Scarlatti, os filhos de Bach, Rameau etc., percebemos, nitidamente, todo o leque de contradições e a busca de soluções pessoais para a linguagem musical desse período: há momentos em que lampejam os aguilhões do drama, mesclados, no entanto, com uma forma ainda antiquada de encadear e de estruturar o texto musical, o que torna essa linguagem, muitas vezes, presa de seu próprio artificialismo. Mas há autores em que isto não constitui propriamente um problema, e eles conseguem dar a suas obras um sabor todo especial. É o caso, por exemplo, de D. Scarlatti, cuja obra para teclado, ímpar na maneira de tratar o fato harmônico e de sintetizar e mesclar traços da música espanhola

28. *Ibidem*.

29. E. Fubini, *op. cit.*, p. 26.

30. *Idem*, p. 30.

com a música italiana, faz dele um compositor extremamente poético e original, que só não pôde influenciar mais fortemente sua própria época devido ao fato de estar afastado do circuito europeu propriamente dito, tendo se isolado nos salões da corte.

Outro caso interessante é o de Rameau, cujo mérito reside menos em sua obra composicional que em sua obra teórica. Esta última foi de importância crucial para a fundamentação de todos os procedimentos harmônicos que dariam base e sustentação ao novo *estilo clássico*. Seus tratados elaboram uma síntese magistral dos processos harmônicos, conseguindo, teoricamente, alcançar a grande unidade que daria conta do funcionamento dos acordes e das funções destes dentro do sistema tonal. Ele reduz os acordes a duas categorias principais – os *maiores* e os *menores* –, relacionando-os à série *harmônica*[31] e redecifrando a linguagem tonal em termos de *inversões de acordes* e de *relações de força* entre os três graus principais da tonalidade (I, IV, V). Rameau propiciou, assim, que germinasse uma nova escuta do sistema tonal, desgarrando-se de uma longa e potente tradição barroca do *baixo cifrado*, calcado em cadeias contínuas e em ininterruptas marchas harmônicas. Ele também invertia, de certa forma, a hierarquia auditiva, enfatizando a melodia como um componente da harmonia, como um evento que surge, no agudo, como reverberação das *notas fundamentais* executadas na região grave; criava-se, assim, uma unidade entre melodia e harmonia, até então, jamais alcançada, mas sempre almejada. A harmonia tornava-se o grande eixo estrutural da linguagem musical, o *princípio unificador* que ordenava e fundamentava as demais ocorrências, inclusive o ritmo e o tempo musicais.

A evolução da linguagem musical não adveio somente da criação de novas obras, sendo fundamental o intercâmbio, no classicismo, entre as novas idéias filosóficas, e estéticas, e a *praxis* composicional. Neste sentido, o amadurecimento da tonalidade enquanto *sistema* coeso, uno e orgânico, reflete e é, por seu turno, um reflexo dos ideais almejados pelo classicismo e iluminismo. A singularidade deste sistema, calcado notadamente na ordem harmônica, e não melódica, conferiu à música um grande poder de autonomia e expressão, possibilitando que a própria estética da arte, em geral, e da música, em particular, reformulasse muitos de seus conceitos e conteúdos. Assim é que nos deparamos com o pensamento, por exemplo, de um Diderot, que, indo mais além de Rousseau nas questões musicais, afirma que o prazer da música consiste na percepção da própria relação dos sons entre si.

Ora, esta postura, que futuramente iria influenciar a obra teórica de Edward Hanslick, é, tanto quanto o foi a música desta época, revolucionária, no sentido de inverter a marcha habitual de pensamento e de concepção estética. Fubini, referindo-se às teses de Diderot, afirma que "a percepção das relações inerentes aos sons nos leva, em efeito, a um elemento inconsciente, instintivo e original, certamente mais próximo ao sentimento que ao intelecto, se queremos, em realidade, contrapor estes dois termos. Perceber as relações e ser, por conseguinte, um ótimo conhecedor de música, não implica conhecer tais relações; *a alma tem seus conhecimentos sem ser consciente deles*", afirmava Diderot, ou seja, "as relações presentes na música parecem expressar o mundo ao nível mais elementar, mas também talvez mais profundo e geral, e nossa percepção das mesmas se verifica de modo mais direto e imediato, antes e mais além de toda convenção lingüística"[32]. Além disso, a música, por não *descrever* objetos, deixa mais espaço à imaginação, o que faz de Diderot um adepto da *música pura*, no sentido de esta ser mais um "esboço" do que, propriamente, a coisa pronunciada, percebendo-se, aí, uma postura pré-romântica que iria influenciar profundamente o século XIX.

Essa capacidade de a linguagem musical expressar-se através de seus próprios meios, a faculdade de atingir a regiões nunca antes exploradas, modificam substancial-

31. Elemento teórico importantíssimo para a constatação de que a música também estava, como as demais artes, intimamente vinculada à natureza física dos processos da realidade.

32. E. Fubini, *op. cit.*, p. 47.

mente a própria relação texto/música: há uma nova valorização da figura do libretista, que se torna o responsável pela criação de um texto que seja "musical". Não é mais fadado à música o papel de acompanhar o texto, e é bastante sintomático, neste sentido, que Arteaga, teórico italiano defensor dos ideais racionalistas mais tradicionais, "lamente" o fato de o grande libretista Metastasio "ser indiretamente *culpado* de haver feito entrever aos homens a possibilidade de a música ser uma espécie de nova língua inventada, pela arte, com a finalidade de suprir a insuficiência que nos foi legada pela natureza"[33]. Essa nova língua deve-se, em grande parte, às reformas de Gluck, que, em 1769, publica um prefácio à tragédia *Alceste* afirmando ser seu "propósito restringir a música a seu verdadeiro papel dramático, contribuir para a expressão poética e aumentar o interesse do enredo, sem interromper a ação ou arrefecê-la com adornos inúteis e supérfluos"[34]. Gluck negou-se a satisfazer as vaidades dos cantores e a realizar qualquer ato que descaracterizasse a ação dramática. Além disso, trouxe à ópera um aspecto de unidade que logo iria ser assimilado por Mozart, e, banindo todos os excessos, deu direção às obras pela inclusão de um clímax, tendo de simplificar para obter fluência, abandonando, assim, a grandeza e a monumentalidade, sintomas de "pesadez".

Essa reforma de Gluck foi possível porque houve uma profunda mudança de ordem estética e conceitual: ao invés de a música ser uma tentativa de imitação da natureza, ela passa a ser uma outra espécie de natureza, adquirindo, assim, um perfil mais condizente com as transformações levadas a cabo pelo "Século das Luzes". Mozart, como constatamos, por exemplo, em *Idomeneo, rè di creta*, é, neste sentido, exemplar: texto e música passam a ter uma tal reciprocidade que superam muitas de suas possibilidades enquanto linguagens individuais, o que permite, inclusive à ópera, deixar de lado os temas mitológicos do barroco e impregnar-se de outros elementos, como a questão histórica e a crítica social. Além do mais, intensificando-se a ação dramática, permite-se que o discurso musical torne-se o grande responsável pela unidade e multiplicidade da obra, pontuando e subtextualizando as palavras, os diálogos, os acontecimentos e o enredo. É neste sentido que Rousseau, referindo-se à ópera, afirma que "estas passagens, em que se alternam o recitativo e a melodia envolta em roupagem orquestral, são as mais deliciosas, as mais fortes e comoventes de toda a música moderna. O ator, agitado, transportado por uma paixão que o impede de dizer tudo o que desejaria, hesita, detém-se, deixa as coisas por dizer, enquanto a orquestra fala por ele; e esses silêncios, assim preenchidos, tocam o ouvinte muito mais profundamente que se o próprio ator dissesse tudo que a música nos permite compreender"[35].

Uma outra característica fundamental do classicismo é o gradativo amadurecimento da *mistura de gêneros*, que ocorre das mais variadas formas, nos mais diversos estilos musicais. Na música instrumental não se pode deixar de citar a *Sonata H.48*, em dó maior, de Haydn, ou ainda a *Sonata K.333*, em si bemol, de Mozart, cujo final é um movimento completo de concerto com cadência. Os concertos de Mozart também são magistrais neste sentido: o *Concerto K.453*, em sol maior, em que "o espírito da intriga cômica irrompe na coda do *finale* em forma de variações, e o da tragédia, ou do *Sturm und Drang*, perpassa o *Concerto K.466*, em ré menor"[36]; cite-se, ainda, o *Concerto K.459*, em fá maior, que sintetiza, no seio de um mesmo movimento, a fuga e a sonata.

A mistura de gêneros, unindo e contrastando a ópera séria com a ópera *buffa*, traduz a inquietude existencial do homem iluminista, avesso aos dogmas, e sintetiza, de maneira contundente, a dinâmica do real a partir de uma visão condensada e sintética, em que o tempo vertical, sincrônico, dos fatos, passa a ser um universo paralelo ao da seqüenciação normal e diacrônica dos acontecimentos. A incorporação da técnica de *elaboração temática* e do *allegro-de-sonata* nas *aberturas* ou, mesmo, no interior das óperas, revaloriza e redimensiona a

33. *Idem*, p. 56.
34. J. Rushton, *op. cit.*, p. 48.
35. *Dictionnaire*, 1767, em J. Rushton, *op. cit.*, p. 34.
36. *Idem*, p. 64.

própria *música pura* em um contexto que, aparentemente, lhe seria adverso, mas ao qual ela também tem seu espaço garantido e assegurado, pelo fato mesmo de atuar como fator de complementação ou de contraste, de acordo com o contexto em que se insere. Desse modo, vemos o classicismo atuar no sentido desta outra síntese igualmente importante: a convivência e uma nova "conivência" entre a música vocal e a música instrumental; o timbre orquestral e a exploração dramática das regiões harmônicas, e das modulações, contribuem e desempenham um papel fundamental neste "dizer algo" de que as palavras carecem; a mitologia presente nas óperas barrocas cede lugar, como salientamos, ao drama propriamente humano abandonando-se o *exterior* e *transcendente*, e estabelecendo-se o *interior* e *imanente*.

Não será casual o fato de o palco do classicismo, propriamente dito, situar-se em solo austríaco e alemão: o germe e as bases de um novo estilo já haviam sido lançados, mas França e Itália estavam por demais atarefadas e preocupadas com as querelas estéticas e políticas: ópera *buffa vs.* ópera séria, *bel canto vs.* simplicidade melódica, Raguenet *vs.* Lacerf, estilo italiano *vs.* estilo francês, D'Alembert e Rousseau *vs.* Rameau, "lullistas" *vs.* "rameauistas", "buffonistas" *vs.* "antibuffonistas", "gluckistas" *vs.* "piccinistas" etc. O racionalismo iluminista exigia algo mais do que a preocupação com as particularidades estilísticas: ele buscava, também, na arte, a síntese das diferenças. Isto só poderia ocorrer em uma cultura que, estando consciente dessas querelas, buscasse, por outro lado, no domínio mesmo do fenômeno musical, as respostas e soluções que os novos ideais exigiam. Além disso, na Alemanha, a oposição não estava centrada tanto no confronto entre a música vocal e a música instrumental: esta última já era, há muito tempo, aceita sem os questionamentos teóricos ou filosóficos com que o resto da Europa tanto se preocupara. Na realidade, o centro da discussão estava mais centrado nas controvérsias entre os defensores das leis harmônicas de Rameau e os que ainda acreditavam no ensino tradicional do contraponto e do baixo cifrado, ou, ainda, na questão polifonia *vs.* harmonia, já que a primeira, estilisticamente atrelada ao barroco, era vista, por músicos como Scheibe, Mattheson e Quantz, como uma técnica *artificial*, incapaz de expressar os sentimentos e as paixões.

Quantz, conhecido por seu famoso tratado de flauta de 1752, exprime idéias estéticas que constituem, na realidade, uma antecipação extraordinária do classicismo vienense: ele aceita a autonomia da música instrumental e de suas formas; mostra que ela é capaz, tanto quanto a música vocal, de suscitar emoções e paixões, devido à sua propriedade de dosificar contrastes, sejam eles relativos ao timbre instrumental, aos andamentos, às dinâmicas, ou à presença de temas contrastantes. Ele sugere, assim, um *equilíbrio de opostos* que se desvie de qualquer excesso e que aspire à elegância formal. Acrescenta que a música tem a função de servir ao homem e não a Deus, e sugere um *estilo misto* que observe o que há de melhor, tanto nos franceses, quanto nos italianos, criticando a falta de variedade do primeiro e o excesso de audácia do segundo.

Esse equilíbrio manifestar-se-ia, em toda a sua plenitude, nas óperas de Mozart, das quais *Don Giovanni* e *A Flauta Mágica* constituem exemplos magistrais dessa síntese tão almejada. Quanto a esta última Rushton afirma, com propriedade, ser ela "um repositório de quase todos os estilos existentes; seus movimentos são como canções folclóricas estróficas, suas árias mais complexas aproximam-se da linguagem da ópera séria e a música dos sacerdotes iluminados varia da pureza hínica a um coral entretecido em contraponto bachiano – uma síntese semelhante de simplicidade e artifício inspira a *Nona* de Beethoven, que neste sentido é a culminância de uma época, e não um modelo para a seguinte"[37].

É que o estilo clássico, como afirmou Charles Rosen, "não foi tanto a realização de um ideal, mas a reconciliação dos ideais em conflito dentro de um equilíbrio ótimo"[38].

37. *Idem*, p. 18.
38. C. Rosen, *op. cit.*, p. 51.

7.2. A Música do Classicismo

Lauro Machado Coelho

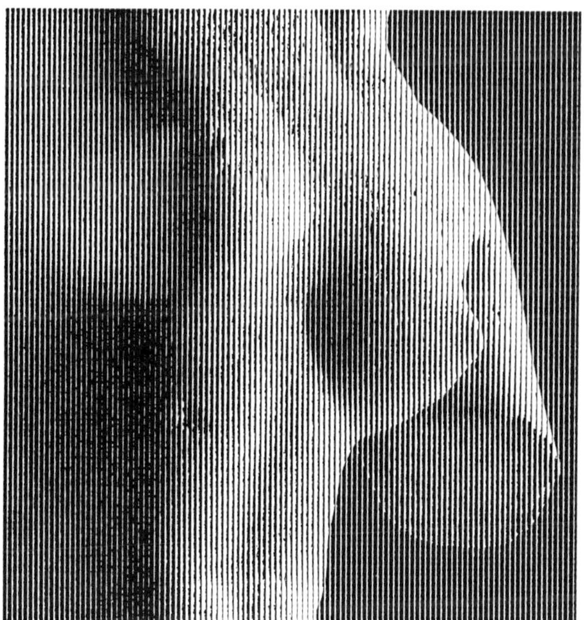

A morte de Johann Sebastian Bach em 1750, exatamente na metade do século XVIII, tem sido vista por muitos historiadores como um marco, uma divisória entre o barroco tardio e o nascente estilo clássico. Devemos, entretanto, ter muito cuidado com essas periodizações demasiado definidas pois, no coração da última fase do barroco, em Couperin, Albinoni e, sobretudo, Vivaldi, já encontraremos elementos que nos ajudarão a compreender a música composta na plenitude do período dito clássico.

Em 1750, o tipicamente barroco Georg Philip Telemann tinha 69 anos, era Musikdiretor das cinco principais igrejas de Hamburgo e continuava enriquecendo a sua obra gigantesca, amplamente aberta a todas as influências francesas e italianas. Aos 67 anos, Jean-Philippe Rameau, renovador do modelo de ópera dita "versalhesa", fixada no século anterior por Jean-Baptiste Lully, já tinha escrito todas as suas obras importantes, tanto teóricas quanto musicais, e nem podia imaginar que, em breve, seria um dos motivos de uma violenta polêmica, a "Querelle des Bouffons", opondo o velho e o novo.

Georg Friedrich Haendel, com quem a ópera barroca chegara a seu apogeu, estava com 65 anos e dedicava-se agora aos oratórios em inglês: terminara *Theodora* e seu *Messias* obtinha, por toda parte, um sucesso nunca mais desmentido. Domenico Scarlatti tinha 65 anos, era o mestre de capela do infante da Espanha e dedicava-se a uma obra para teclado pré-clássica que, hoje ainda, nos assombra pela sua originalidade. O barroco Pergolesi, a quem devemos, com *La Serva Padrona*, o modelo do *intermezzo* de que nascerá a ópera cômica clássica – realista, com personagens e situações recortadas do cotidiano – estaria no auge da maturidade, aos 40 anos, se não tivesse morrido prematuramente, em 1736; mas seu nome tinha atravessado as fronteiras da Itália e sua obra exercia enorme influência no exterior, especialmente na França.

Na força de seus 36 anos, Christoph Willibald Gluck ainda compunha, para a corte austríaca, óperas sérias de estilo metastasiano – ou seja, obedientes ao receituário do barroco tardio que, a essa altura, já estava inteiramente obsoleto. Mas acabara de casar-se com Marianne Pergin, a filha de um rico banqueiro vienense, e a despreocupação financeira haveria de lhe trazer uma liberdade para compor cujo resultado seria uma das grandes revoluções na história da ópera. O homem a quem caberia fixar a forma da sinfonia – o gênero clássico por excelência – ainda estava com 18 anos: o adolescente Joseph Haydn tinha acabado de ser demitido do coro da catedral de Santo Estêvão, dava aulas e compunha pequenas peças para sobreviver, enquanto descobria maravilhas estudando as sonatas para teclado de Carl Philip Emanuel Bach, um dos filhos mais talentosos de Johann Sebastian. E seria necessário esperar ainda seis anos por Wolfgang Amadeus, em cujas mãos todas as formas – vocais e instrumentais – do classicismo seriam levadas a seu apogeu.

No período de 1750 a 1830, começa a mudar gradualmente a condição social do artista. Nas épocas precedentes, as cortes e a Igreja monopolizavam os músicos mais competentes; e a nobreza e os altos funcionários, desejosos de imitar o brilho cortesão, também encarregavam artistas profissionais das atividades musicais em seus palácios. Era limitada a existência da música chamada "pura" – que não tinha função sacra ou dramática –: ela era executada apenas em círculos fechados, para públicos bem definidos ou com destinações específicas (como as *Variações Goldberg*, de Bach, compostas para apaziguar a insônia de um homem rico).

No século XVIII, a burguesia nascente, rica e culta, vai considerar dever seu promover as qualidades intelectuais, o espírito crítico, a liberdade de pensamento, a tolerância religiosa. Nesse contexto, a música é, para ela, sinal de distinção, que ela cultiva, muitas vezes, por pura ostentação. Mas o lado positivo dessa vaidosa exibição de cultura será um mecenato ativo pois, no fundo, os donos de grandes fortunas sabem que incidirá sobre eles, também, o reflexo da glória dos artistas a quem protegerem. Desenvolve-se, assim, uma rede de aficionados que consome cada vez mais música, um novo público para quem a música que se pode ouvir na igreja ou no teatro de ópera já não é mais suficiente: ele a quer ouvir também nas "academias", as apresentações que compositores e intérpretes passam a organizar em seu próprio benefício.

Essa evolução cria, naturalmente, necessidades novas do ponto de vista do repertório: é preciso que se criem peças adequadas para a execução nessas ocasiões. Com isso, assiste-se à definição e consolidação de estruturas novas de composição, as chamadas "formas fixas" – abertura e concerto para solista, sinfonia, sonata, quarteto de cordas e demais formações de câmara – que adquirem prestígio a ponto de passar a constituir, para o futuro, um ponto básico de referência. É a partir desse período, a que os historiadores convencionaram dar o nome de classicismo, que o adjetivo "clássico" passou também a ser utilizado para designar a música dita "erudita", por oposição à popular ou folclórica.

Na *História da Música Ocidental* organizada por Brigitte e Jean Massin, relembra Marc Vignal que os três pináculos do período clássico – Haydn, Mozart e, já na transição para o romantismo, Beethoven – foram os primeiros compositores a nunca precisar ser redescobertos.

1. Carmontelle, violinista e alaudista.

2. Concerto noturno na Alemanha.

Tornaram-se famosos em vida e suas obras nunca deixaram o repertório, formando assim a base de nossa vida musical. Por isso, tornaram-se a referência mais ou menos consciente para os compositores e o público do futuro, até mesmo quando essa referência era negativa, de rejeição e busca de um caminho oposto. Esses três deram o seu *status* nobre aos gêneros novos da sinfonia e do quarteto de cordas. Transformaram radicalmente (Mozart principalmente) o concerto e a ópera. Apesar dos laços subterrâneos que essas duas categorias continuariam conservando, estabeleceram a distinção clara entre a música sinfônica e a de câmara. Puseram a música instrumental em pé de igualdade com a vocal. Asseguraram à arte musical alemã uma predominância que, de certa forma, mantém-se até hoje. Merecem, nesse sentido, serem chamados de "clássicos".

Profundamente influenciada pelo laicismo e o racionalismo iluministas, a segunda metade do século XVIII será, além disso, a primeira vez, em toda a história da civilização ocidental, até então fortemente marcada pela religiosidade, que a música sacra perde terreno para a secular. Isso não significa que missas e oratórios deixem de ser compostos; mas, nas mãos de Haydn, Mozart ou Beethoven, essas peças são menos contribuições para a liturgia, concebidas com vistas à sua utilização imediata e quase exclusiva no serviço religioso, do que estudos de evolução de forma, com freqüência contaminados por elementos provenientes da área dramática – a cantata profana, a ópera – e destinados à sala de concertos, "celebrando antes uma religião da humanidade do que a de qualquer igreja", como diz Julian Rushton em *A Música Clássica* (1988).

Essa busca das estruturas claras, sólidas e equilibradas, e o fato de que o músico "clássico" conviveu com uma época de ideologia predominantemente racionalista, induziram à tendência retrospectiva a vê-lo, por oposição ao do barroco ou do romantismo, como um artista com tendência à disciplina formal mais do que à intensa expressão dos sentimentos. Isso é um equívoco e uma simplificação ingênua. Não podemos nos esquecer: as formas que, hoje, parecem-nos fechadas e perfeitamente resolvidas ainda eram, para os compositores que as estavam utilizando, um processo, uma busca. Ouvidas em seqüência, as 104 sinfonias de Haydn demonstram a liberdade de invenção de quem ainda não tem compromisso nenhum com um molde congelado e está constantemente experimentando com a forma.

Só mais tarde percebeu-se que a música escrita nesse período, pelo menos por seus criadores mais importantes – de Haydn a Beethoven, de Mozart e Gluck a Rossini e Weber –, constituía padrões de excelência a serem imitados. É obra de uma crítica acadêmica posterior, e não dos teóricos contemporâneos aos músicos ditos clássicos, a formulação de um "ideário" que, na verdade, não existia, na época, com tanta rigidez. É o que leva os mais sérios estudiosos contemporâneos do classicismo, de Julian Rushton a Frank Kermode, de H. C. Robbins Landon a Charles Rosen ou Allan Atlas, a insistir que é preciso tentar desligar-se da visão que o século XIX tinha da era clássica, para melhor compreendê-la. Por mais árdua que seja essa empresa, é preciso tentar encarar aquela época da forma como ela própria se via.

As memórias do compositor Karl Ditters von Dittersdorf (1739-1799) traçam um quadro precioso da situação, na segunda metade do século XVIII, do artista, em geral proveniente da classe média baixa, ainda submetido a um esquema de trabalho muito rígido, sobre o qual não tinha o menor controle, e sem a menor garantia de segurança. Além de ser muito mal remunerado e de estar sujeito a ver suas gratificações serem canceladas sem a menor explicação, a estabilidade no emprego dependia dos humores do aristocrata ou do potentado eclesiástico para quem trabalhava. E a perda de um empregador com gostos musicais refinados, que fosse sucedido por um herdeiro sem grande interesse por música, poderia significar a dispersão da orquestra do palácio e a sumária demissão de um grupo grande de profissionais.

Essa situação leva os músicos, na segunda metade do século XVIII, a procurar, cada vez mais, empregos no setor oficial leigo, trocando a corte e a igreja por cargos de funcionário público nas prefeituras mais abastadas. Os salários e condições de trabalho não eram nem um pouco melhores, mas os termos de contratos já começavam a ser mais claros, as possibilidades de reivindicação um pouco maiores e, pelo menos, não obrigavam o artista a se humilhar para arrancar do empregador, a duras penas, algum condescendente benefício – ou a recorrer a subterfúgios como o da *Sinfonia da Surpresa* com que Haydn teve de fazer seu patrão, o príncipe Esterházy, compreender que, se não concedesse férias à sua orquestra, corria o risco de vê-la debandar por puro cansaço.

Isso coincide com o aparecimento, a que já nos referimos, nas camadas mais abastadas das grandes capitais européias – Londres, Paris, Viena, Berlim – de um público para a música paga. E leva ao aparecimento das salas de concertos, dos empresários que as geriam, dos compositores que lhes forneciam repertório, dos intérpretes que as executavam. Na área da ópera, esse já era um fenômeno mais antigo: o primeiro teatro público, o Tron di San Cassiano, tinha aberto suas portas em Veneza em 1637; e para a escola veneziana contribuíra toda uma legião de operistas que vai de Monteverdi e Cavalli até Albinoni e Vivaldi. O próprio Haendel, ao instalar-se em Londres, além de ser um prolífico compositor, tinha-se transformado também em hábil empresário, administrando com muito talento o seu próprio teatro e, durante muito tempo, monopolizando a produção operística da capital londrina.

Quanto à música instrumental, já no início do século XVIII surgia em Londres a primeira sala de concertos. Fundada em 1710, a Academy of Ancient Music contava com a colaboração de nomes como Haendel ou Geminiani. Em Veneza, Antonio Vivaldi atraía grande público às suas audições no Ospedale della Pietà: estrangeiros vinham de longe ouvir os concertos do Prete Rosso. Isso já acontecia antes mesmo de Anne Philidor – meio-irmão de François Philidor, que haveria de se celebrizar como compositor de óperas e enxadrista – ter estabelecido um marco na evolução da música instrumental, ao fundar, em Paris, em 1725, os *Concerts Spirituels*.

Funcionando até 1791, primeiro na Salle des Suisses, nas Tulherias e, depois, no Hôtel Soubise, os *Concerts Spirituels* abriam suas portas a quem quer que pudesse pagar a entrada. E revelaram ao público parisiense as obras instrumentais dos italianos Corelli, Vivaldi e Pergolesi, dos franceses Delalande, Mouret, Rameau e Léclair, dos germânicos Haydn, Johann Christian Bach e Mozart. Ao lado dos *Concerts Spirituels*, surgiram ainda, em Paris, no fim do Ancien Régime, outras organizações privadas que, como eles, deveriam desaparecer com a Revolução Francesa. Uma delas foi o *Concert de la Loge Olympique* que, em 1785, encomendou a Haydn a série de sinfonias, de n. 82 a 87, hoje conhecidas como "Parisienses".

As salas de concerto de Londres e Paris foram o modelo para as que, na segunda metade do século, proliferaram por toda a Europa: a Tonkünstler Societät, que surge em 1772 em Viena e, em 1812, é substituída pela Musikfreunde Gesellschaft que, até hoje, exerce papel proeminente na vida musical austríaca; os Concertos Felix Maritis, de Amsterdã (1777); ou a Gewandhaus, de Leizig (1781) que, no apogeu do romantismo, terá Felix Mendelssohn como seu titular.

Ainda assim, não era fácil, na segunda metade do século XVIII, a vida do músico que trocava pela atividade independente os empregos humilhantes na corte ou na igreja – de que não escapou nem sequer o gênio de Mozart, exposto, na corte de seu empregador, o arcebispo Colloredo, de Salzburgo, aos mesmos padrões de tratamento de um cozinheiro. Esperavam-nos contratos leoninos, que lhes faziam perder todos os direitos sobre a obra, uma vez vendida a empresários, editores, ou até mesmo a particulares que as adquiriam para execução (com freqüência não hesitando em apresentá-las como de sua própria autoria; este teria sido o destino do *Requiem* de Mozart, se ele tivesse vivido o suficiente para terminá-lo e entregá-lo ao conde Walsegg, o aristocrata que o encomendara).

3. *Dicionário de Música* (frontispício), de J. C. Walter. Publicado em Leipzig, 1732.

4. *Sonata Número 1* em sol menor para violino solo, de Bach: manuscrito autógrafo.

5. Um salão musical no século XVIII. Água-forte de G. de Saint-Aubin.

Mesmo assim, ainda era mais vantajoso vender suas partituras, tocar e cantar nos salões da burguesia emergente, ou dar aulas aos diletantes endinheirados e a seus filhos. Desde o barroco, uma classe privilegiada fora a dos cantores – os sopranos, os *castrati*, sobretudo –, cujo virtuosismo canoro, muito apreciado pelo público pagante, rendia-lhes proveitosos convites para apresentação na corte ou nos grandes teatros europeus. A partir de 1750, o *star system* que governava os palcos operísticos começa também a estender-se aos instrumentistas. Eles se tornam muito solicitados, surgindo assim o virtuose que, na primeira metade do século XIX, há de se constituir num fenômeno de proporções semelhantes aos dos grandes cantores populares de hoje em dia, com o mesmo cortejo de fãs e o mesmo delírio cada vez que se exibiam em público.

Mas antes mesmo de Franz Liszt e suas "tietes", músicos como Vivaldi ao violino, Haendel ao órgão, Mozart e Beethoven ao piano já atraíam grandes multidões, às quais entusiasmavam pelo seu talento como executantes e não só pelas suas capacidades criativas como compositor. Isso significou, necessariamente, o desenvolvimento de gêneros novos, voltados não mais para o serviço da igreja – oratório, missas, motetos, cantatas sacras – ou para as festividades de corte – suítes de danças, concertos grossos, cantatas profanas comemorativas –, como era a regra durante o barroco, mas para o consumo do próprio compositor quando ele se apresentava, como virtuose, num concerto público ou num sarau em casa de um mecenas.

Para manter sob controle os riscos do transbordamento do lirismo individual, o espírito de ordem do classicismo impõe a essas formas novas regras muito severas de estruturação. Com o progressivo abandono do baixo contínuo e o costume cada vez mais freqüente de anotar a ornamentação e outros "maneirismos", o respeito ao texto vai-se impondo como uma exigência superior. Por outro lado, a orquestra vai se adaptando ao tamanho das salas de concerto e encontrando um equilíbrio duradouro. Mais tarde, ao longo do romantismo, ela aumentará, será enriquecida com novos instrumentos, até atingir as dimensões hipertrofiadas que tem em obras como a *Sinfonia dos Mil*, de Gustav Mahler, ou os *Gurre Lieder*, de Arnold Schönberg. Mas a sua estrutura fundamental não se modificará mais. Para essa orquestra, serão escritas grandes sonatas instrumentais com vários movimentos, e essas peças serão batizadas com o nome de "sinfonia" que, antes, dava-se ao trecho instrumental que servia de introdução a uma ópera.

Ao lado da sinfonia, a existência do virtuose faz proliferarem os concertos para solista: as peças de câmara, com uma infinidade de combinações de instrumentos; as sonatas para solista ao teclado, ou solista acompanhado pelo piano; e também as composições curtas, da mais variada natureza. Estas últimas visavam à execução doméstica, para a dança ou a simples audição. Eram muitas vezes escritas de forma a que pudessem ser também tocadas pelos alunos do compositor ou seus convidados. O florescimento desses gêneros reflete-se, é claro, nos meios de comercialização: crescem as editoras e peças que, antes, eram preservadas apenas em manuscrito (o que explica o desaparecimento de obras fundamentais como duas das *Paixões* de Bach), passam a ser impressas e vendidas às orquestras ou aos particulares.

Isso conduz a uma valorização da música instrumental que será de importância fundamental para a evolução da história da música no futuro. Das sinfonias de Haydn e Mozart, veremos emergir o monumento beethoveniano, eterno modelo para seus seguidores de Schubert a Mahler, passando por Schumann e Mendelssohn, por Brahms e Bruckner. Mas as próprias formas não-instrumentais – a ópera, a cantata – passarão por um processo de enriquecimento das texturas instrumentais, em pé de igualdade com as vozes, que as fará sair do puro belcantismo barroco para embrenhar-se na trilha que nos levará a Verdi via Mozart, Rossini e Donizetti; e que nos levará a Wagner via Beethoven, Weber e Marschner.

No início do período de transição entre o barroco e o classicismo, a música secular era inegavelmente dominada pela ópera italiana. "No fim", assinala Rushton, "embora esta continuasse a florescer, a música instrumental de caráter sinfônico é que parece constituir – vista retrospectivamente, mas também para muitos daquela época – a culminância da realização musical."

Publicada entre 1751 e 1772, a *Encyclopédie*, dirigida por Denis Diderot e Jacques d'Alembert, ambicionava sintetizar, em seus 28 volumes, a totalidade do conhecimento humano, à luz de um viés intelectual racionalista cujas raízes, questionando e desafiando dogmas firmemente estabelecido pelo pensamento religioso, já podem ser encontradas nas posturas de Galileu Galilei e sir Isaac Newton quanto às suas descobertas científicas. Os artigos sobre música, na *Encyclopédie*, foram escritos por Jean-Jacques Rousseau, que, além de filósofo, era também compositor. Com sua ópera *Le Devin du Village*, de modelo italianado, Rousseau entrou de cabeça na "Querelle des Bouffons", que jogava uns contra os outros, em meados do século XVIII, os preceitos tradicionais da *tragédie-lyrique* seiscentista, formulados por Lully, e um conceito novo de ópera ideal, baseado nos mais recentes produtos do melodrama italiano.

A querela inicia-se, em fevereiro de 1752, com a publicação da *Lettre sur Omphale*, na qual o barão Melchior de Grimm contesta a decisão da Académie de Musique de remontar *Omphale*, de André Cardinal Destouches e que, desde a sua estréia em 1701, era sempre muito bem recebida cada vez que a reprisavam. Os ataques de Grimm a uma ópera de modelo tradicional, que "não tem saber, riqueza, nem harmonia", coincidem com os espetáculos, em Paris, da pequena companhia de Pietro Manelli, que, da Itália, traz uma série de *pasticci* e *intermezzi*, entre os quais *La Serva Padrona*. É nela que uma parte da intelectualidade francesa vai ver a *fraîcheur de nouveauté* que não tinha conseguido perceber numa obra contemporânea intensamente original como o *Platée*, de Rameau, apenas porque ela era fiel a um modelo que eles consideravam superado.

Para os favoráveis à ópera italiana, os temas domésticos e as personagens realistas do *intermezzo* respondiam às exigências de naturalidade dos enciclopedistas, que queriam livrar o palco lírico dos deuses e heróis mitológicos do teatro seiscentista. Essa querela, que ousa questionar as bases mais respeitáveis da ópera tal como vinha sendo feita pelos seguidores de Lully – entre os quais havia nomes notáveis como o de Rameau –, é típica de um espírito de liberdade que não hesita em subverter todo tipo de ordem, da política à estética. Não contentes em organizar o conhecimento de forma clara e sistemática, os filósofos iluministas queriam fazer dele um instrumento para o aperfeiçoamento, que acreditavam ser possível, da sociedade humana. Eles tomaram a seu cargo, portanto, a missão de reformar política, social e culturalmente o mundo em que viviam.

Voltavam-se, assim, antes de mais nada, contra o modelo autocrático de governante cuja matriz estava em Luís XIV. A fórmula de dominação do Rei Sol fora reproduzida não só por grandes governantes, como a imperatriz Maria Teresa, da Áustria, ou Frederico II, o Grande, da Prússia, mas até por pequenos senhores. Era o caso do patrão de Haydn, que tinha, em Esterházy, uma miniatura de Versalhes, do ponto de vista da imponente concepção arquitetônica de seu palácio, mas também do rigor com que imperava sobre seus súditos. Dominação que, pela rigidez mesma de sua estrutura, convidava ao questionamento, ao desafio, à inovação – até mesmo quando o déspota pretendia fazer-se passar pelo modelo platônico ideal do governante esclarecido. Não enganava a ninguém o esplendor de Sans-souci, onde Frederico, o Grande, poeta, flautista de algum talento, compositor diletante, cercava-se dos maiores pensadores, cientistas, artistas da Europa de seu tempo, convidando a seus salões músicos como Bach ou um filósofo "subversivo" como Voltaire.

Os efeitos do pensamento iluminista foram, naturalmente, desiguais numa Europa cujo mapa não tinha, nem de perto, a configuração que só adquiriria na segunda metade do século XIX, e em que o germe da consciência nacional ainda estava longe de eclodir – o que só aconteceu durante a plenitude romântica. Foram maiores esses efeitos na Inglaterra, cuja monarquia passara por revoluções que a tinham feito aproximar-se mais do padrão constitucional; e na França, é claro, palco do grande cataclisma de fim de século, cujas férteis conseqüências, em todos os planos da vida social, estamos até hoje em vias de avaliar.

Na Áustria, por sua vez, o que se assiste é a um joguinho de avanços e recuos, em decorrência das circunstâncias políticas que cercam as diversas etapas de sua história. Um período de reformas moderadamente inspiradas no ideário iluminista vem com José II, que, em 1780, sucede à sua mãe, Maria Teresa – a soberana cujo despotismo cristalizou-se para sempre, simbolicamente, nos impiedosos agudos da Rainha da Noite, da *Flauta Mágica* mozartiana. Antes mesmo de a revolução estourar na França, porém, a situação instável na fronteira dos impérios austríaco e otomano já tinha forçado José II a recuar em muitas das suas concessões – inclusive em relação ao liberalismo pregado pelas lojas maçons do Grande Oriente austríaco, de que a *Flauta* foi o mais belo fruto. E o regime implantado por seus sucessores foi assumindo características cada vez mais claras de um Estado policial protofascista.

Mais errático ainda era o avanço das idéias progressistas nos Estados alemães, com seus principados, eleitorados, arcebispados e cidades livres; ou na Itália, com seus Estados papais, monarquias independentes ou semi-independentes e áreas que só com a campanha do Risorgimento, no século XIX, deixariam de estar sob ocupação estrangeira, francesa ou austríaca. Isso faz com que não seja nem um pouco uniforme o efeito das idéias novas no plano estético; que não haja sincronia entre literatura, artes plásticas ou música; que não haja sequer equilíbrio na evolução de um mesmo gênero musical de um país para o outro.

Num momento em que, trabalhando primeiro em Viena e, depois, em Paris, Gluck já está no auge de sua proposta de reforma do teatro musical – colocando os alicerces para a ópera heróica do início do século XIX que, passando por Cherubini e Spontini, levará a Berlioz –, a Itália ainda está lutando laboriosamente para superar os velhos modelos da ópera séria barroca de molde metastasiano. Muitas vezes, dependerá do esforço individual de um governante criar condições para que, em seu território, desenvolva-se uma experiência pioneira enriquecedora. É o caso do principado de Mannheim, onde, entre 1743 e 1778, o Eleitor Palatino Carl Theodor criou uma orquestra de amplos recursos, entregue a Johann Stamitz. Com seu filho Carl, seu discípulo Christian Cannabich e outros músicos que a eles vieram agregar-se, Stamitz teve plena liberdade de fazer, com a sua "orquestra-laboratório", experiências que modificariam radicalmente a técnica futura de escrita instrumental.

Surpreendente, sobretudo no campo da sinfonia, era a produtividade dos compositores da escola de Mannheim. Ignaz Holzbauer escreveu duzentas sinfonias; a Cannabich atribuem-se 150; Carl Joseph Toeschi, Anton Filtz e os Stamitz compuseram outras tantas. Muito prolíficos foram também músicos vienenses que, durante algum tempo, estagiaram na cidade e tiveram seu nome ligado ao dos "Mannheimer": Franz Xaver Richter (autor de 69 sinfonias), Ernst Eichner, Franz Beck, Wilhelm Cramer, Ignaz Fränzl – a lista é muito grande.

Mas a maioria dos estudiosos concorda, hoje, que a escola de Mannheim foi menos importante pelas composições que produziu do que pelo estilo de execução que propôs para a orquestra como um grande corpo homogêneo (uniformidade dos golpes de arco, perfeição do fraseado, exatidão dos ataques, amplos matizes dinâmicos). Cannabich foi, aliás, um precursor do regente, tal como o concebemos modernamente. Um dos mais ilustres influenciados pela escola de Mannheim foi Mozart, que ali passou algum tempo. Em suas sinfonias, percebemos a marca dos achados feitos por esses pesquisadores:

- Tendência a generalizar a forma sinfônica em quatro movimentos, todos eles com a mesma tonalidade, exceto o lento (com freqüência na tonalidade relativa); e a decidir que o movimento lento será o segundo, e o minueto, com um trio, o terceiro, ambos enquadrados por tempos mais rápidos. Assim agindo, os mestres de

Mannheim expandiram a forma básica da abertura italiana, tal como tinha sido concebida por Alessandro Scarlatti (*allegro / adagio / allegro*), complementando-a com um movimento intermediário.

• Emprego regular da forma de sonata no primeiro *allegro*, com dois temas contrastados, um dinâmico, o outro lírico.

• Abandono definitivo da escrita contrapontística e do baixo contínuo.

• Enriquecimento da instrumentação: uso mais apurado e diversificado das cordas; maior independência dos sopros em relação às cordas (Stamitz introduz o clarinete na orquestra, pouco depois dos concertos P. 73 e 74 de Vivaldi, e pouco antes do *Zoroastre*, de Rameau, que é de 1749); técnicas de notação que produzem maiores nuances de dinâmica; novas expressões no fraseado – por exemplo o galope, que, já ricamente empregado por Piccini, Paisiello e Cimarosa, chegará a seu apogeu com Rossini, que fará dele uma marca registrada.

• A partitura torna-se precisa, metodicamente disposta, sem possibilidade de grandes variações, em função de uma orquestra cujo formato se estabiliza. Em sua *Histoire Universelle de la Musique*, Roland de Candé oferece um quadro comparativo de várias orquestras européias, desde a da Ópera de Berlim em 1741, até a do Teatro do Festival de Bayreuth em 1876. E fica claro que todas elas tomam por base a chamada "orquestra clássica", assim constituída: cordas (de 12 a 16 violinos, dois pares de violas e violoncelos, dois contrabaixos); sopros aos pares: flautas, oboés, clarinetes, fagotes, trompas e trompetes; e um par de tímpanos.

Tendo seguido, em suas primeiras partituras desse gênero, o modelo tripartite das primitivas sinfonias italianas, tanto Haydn, na *N. 31 em Ré Maior*, de 1765, quanto Mozart, na *K 201 em Lá Maior*, de 1773, adotaram o corte clássico de Mannheim, em quatro movimentos. Em geral, ambos escreviam para formações mais modestas do que as de Stamitz e Cannabich. As partes de flauta só aparecem tardiamente, e o emprego do clarinete é raro neles: vêm nas seis últimas sinfonias de Haydn, as *"Londres"*; e nas *K. 297 "Paris"*; *K. 385 "Haffner"*; *K. 543 em Mi Bemol Maior*; e *K. 550 em Sol Menor*, de Mozart.

Deve-se registrar, aqui, um outro efeito do espírito de abertura iluminista para o resto do mundo: a perda de uma preconceituosa atitude eurocêntrica que fazia os modelos ocidentais – o italiano para a ópera, por exemplo – fecharem-se em si mesmos e serem exportados como fórmulas autocontidas. É na segunda metade do século XVIII que, através do contato, via Império austríaco, com a música cigana ou com os compositores eslavos (os boêmios Jíři Antonín Benda e Josef Mysliveček, por exemplo), a música européia começa a ser permeada por efeitos típicos da escrita do Leste: acentuação mais marcada e procedimentos de música folclórica, como o *rubato*, a *fermata*, a oscilação *accellerando / ritardando*, que vão enriquecer muito a expressão dos sentimentos. Estes serão recursos de predileção durante o romantismo.

Mas um efeito especialmente importante terá, para a música, o trabalho dos enciclopedistas e sua preocupação em classificar e sistematizar todos os tipos de conhecimento humano. Ele vai dar origem a uma literatura teórica muito abundante que, sem se limitar aos tradicionais manuais específicos de execução, harmonia, contraponto ou técnicas de composição, vai estender a discussão ao campo estético, voltando-se inclusive para a comparação entre a música e as outras artes e mostrando as relações estruturais que ela tem com a arquitetura, por exemplo. É dessa atitude que, na virada do século XVIII para o XIX, vai surgir a moderna historiografia musical, tendo como pioneiro um estudioso como Jérôme-Joseph de Momigny, que, entre 1791 e 1818, desmembrou em dois volumes e classificou por ordem de assunto o material dedicado à música na *Encyclopédie* original. Enriquecendo-a com atualizações pessoais, Momigny reviu a *Encyclopédie Méthodique de Musique* num volume por critério cronológico e, no outro, por obras em ordem alfabética. O ponto de partida para seu trabalho era, evidentemente, o *Dictionnaire de Musique* publicado por Rousseau em 1767, tendo ele preservado o princípio do

6. Fazendo música clássica. Água-tinta de M. Aertman.

7. As gôndolas de Veneza, gravura baseada em Canaletto.

8. *A Dama na Espineta*, Longhi.

filósofo de que a erudição, o levantamento factual da informação, não deveria estar desvinculado da crítica, por mais subjetiva e dogmática que esta fosse.

Esse é, de resto, o tom que impregna trabalhos como *A General History of the Science and Pratice of Music*, de 1776, em que sir John Hawkins tentava demonstrar que a crise em que se debatia a música inglesa – de fato vivendo uma escassez de compositores de que só começaria a se reerguer em meados do século XIX – deveria atribuir-se ao efeito esterilizante da obra de Haendel sobre os outros artistas. Idéia contrária à de Charles Burney, cuja alentada *A General History of Music*, publicada em quatro volumes entre 1776 e 1789, é o fruto de extensas pesquisas de campo feitas durante viagens que ele descreve em seu delicioso *Diário*, um dos documentos mais preciosos sobre a vida musical européia na fase de transição do barroco para o classicismo. Apaixonado pela ópera italiana, Burney via nela a raiz de tudo o que a música contemporânea tinha de mais apreciável.

Equilibrado em sua avaliação do passado, mas também dando a ele grande importância, Jean-Benjamin de la Borde lança, em seu *Essai sur la Musique Ancienne et Moderne*, de 1780, a semente do interesse pelos estudos de música antiga, num desmentido à idéia de que o Século das Luzes desprezou inteiramente a Idade Média, considerando-a apenas a "longa noite negra da História". A mesma paixão pelas raízes medievais da música do Ocidente encontramos na *Storia della Musica* do padre Giambattista Martini, um dos grandes eruditos da época, com quem Johann Christian Bach e Mozart estudaram contraponto.

O século XVIII foi uma época de grandes polêmicas. Na França, onde a "Querelle des Bouffons" tinha lançado tradicionalistas contra modernistas, houve a guerra entre os partidários de Gluck e suas propostas de reforma da ópera, e os admiradores de Niccolò Piccini, praticante de um estilo conservador de melodrama italiano. E nos Estados alemães também registravam-se controvérsias semelhantes. Na Prússia, Friedrich Wilhelm Marpurg escreveu um manual sobre a fuga (1753) e uma *Introdução Crítica à História da Música* (1759) para defender o sistema harmônico proposto por Rameau em suas obras teóricas, contra Johann Philip Kirnberger, Martin Agricola e Carl Philip Emanuel Bach, que tinham sido alunos de Johann Sebastian e defendiam com unhas e dentes o ensino tradicional da harmonia mediante o contraponto e o baixo cifrado.

Cabe retificar, aqui, aliás, a impressão errônea de que a música de Bach tenha sido inteiramente esquecida durante o classicismo, só sendo redescoberta a partir do trabalho de exumação de Mendelssohn, que, em 1829, reapresentou em Leipzig a *Paixão segundo São Mateus*. Está claro que o grande público perdera de vista uma música que, originalmente concebida para cerimônias litúrgicas ou de corte, deixara de ser ali executada, pois seu estilo tornara-se antiquado. Mas o contato dos especialistas com a obra de Bach nunca se interrompeu. Seus "Prelúdios e Fugas" continuavam circulando e eram amplamente estudados (Carl Zelter, com quem Mendelssohn estudou, era um de seus maiores cultores e sempre usava suas peças para ensinar a seus alunos os mistérios do teclado). E a publicação, em 1802, de sua primeira biografia, escrita por Johann Nikolaus Forkel, fez parte de um vasto movimento nacionalista que visava à recuperação da identidade germânica, em vista do aumento da influência pós-revolucionária francesa.

Um dos aspectos mais marcantes do legado iluminista é o internacionalismo a que já nos tínhamos referido anteriormente. No seu *Ensaio sobre a Verdadeira Arte de Tocar Teclado*, de 1753, C. Ph. E. Bach consegue conciliar o respeito à tradição germânica, de que seu pai tinha sido o excelso representante, com a admiração pela escola francesa – Rameau e Couperin – e pelas aquisições da escola italiana de ópera, na qual ele próprio se inspira entusiasticamente nas obras que produz para o palco. O livro do filho de Bach tem importância muito grande para a história da estética: foi nele que se baseou Johann Georg Sulzer para redigir, entre 1771 e 1774, com a ajuda de Kirnberger, a parte relacionada à música de sua ambiciosa *Teoria Geral das Belas Artes*. E, na virada do século XIX, ainda encontramos a marca muito fértil das idéias de C. Ph. E. Bach nos manuais de teclado utilizados pelo Conservatório de Paris.

Constatamos, assim, a presença de rios subterrâneos que, tendo seu nascedouro no barroco tardio, percorrem e fertilizam todo o classicismo, indo desaguar no pré-romantismo. É o caso de Wolfgang Koch, cujo *Ensaio sobre uma Concepção da Composição* (1782–1793), em que estão formulados os princípios básicos do estilo dito "galante" ou "rococó", bebe sua inspiração em Bach. Pois as suas idéias desempenham papel muito importante ao alicerçar as teorias expostas, no outro extremo do período que nos interessa, por Antonín Reicha que, entre 1814 e 1833, redigiu uma coleção de tratados de melodia, harmonia, contraponto e composição. Os livros de Reicha foram traduzidos pelo pianista virtuose Carl Czerny, aluno de Beethoven, e contribuíram muito para os fundamentos dos tratados de execução e improvisação pianística por ele mesmo publicados.

Todas essas observações servem para confirmar o óbvio: o fato de não haver ruptura e, sim, desenvolvimento, evolução, de um estilo de época para outro e de, até mesmo nas teorias estéticas aparentemente revolucionárias do romantismo, haver a sedimentação de toda uma literatura histórica, crítica, teórica, analítica e pedagógica cuja origem remonta ao século precedente. Esses vasos comunicantes existem, porém, não só no domínio das obras especificamente voltadas para a técnica e a estética musicais.

Uma das mais importantes influências teóricas sobre a música do classicismo é a do filósofo Johann Joachim Winckelmann, cuja *História da Arte Antiga* (1764) parte de um estudo das artes plásticas greco-romanas para formular uma filosofia da arte passível de ser aplicada a todas as manifestações do espírito humano. "A beleza é atingida", diz ele, "quando as características particulares e individuais vêem-se subordinadas ao plano geral da obra" – rejeitando-se, assim, tudo o que fosse excessivamente individualista em favor da universalidade que, como já foi dito, é um dos objetivos primordiais do espírito clássico. "Cria-se desse modo", concluía Winckelmann, "uma obra ideal, que transcende o pessoal e tem uma nobre simplicidade e uma calma grandeza na harmonia de suas proporcões."

Um dos projetos mais diretamente afetados pelas idéias de Winckelmann é o da reforma da ópera, empreendida por Gluck – embora não seja possível garantir que o autor do *Orfeu e Eurídice* tivesse lido diretamente os seus escritos. Mas sabemos, isso sim, que ele estudou detidamente os escritos de um dos discípulos de Winckelmann, o italiano Francesco Algarotti, que conheceu pessoalmente o filósofo quando ele esteve em Roma. Baseando-se em suas idéias, Algarotti escreveu o *Saggio sopra l'Opera in Musica* (1755), em que faz a crítica dos excessos da ópera do barroco tardio, que acabara se convertendo em mero veículo para exibições virtuosísticas de cantores que, por serem adorados pelo público, dispunham de cacife para impor aos compositores os seus mínimos caprichos.

Algarotti não só expôs as suas concepções teóricas no *Saggio* como as pôs em prática num libreto: uma *Iphigénie en Aulide* sintomaticamente escrita em francês, pois era na austeridade musical e na flexibilidade cênica da *tragédie lyrique* versalhesa que ele tomava o ponto de partida para a reação contra a obsolescência do libreto metastasiano. Em vez do modelo consagrado pela ópera séria barroca, em que improváveis mudanças de humor das personagens acabavam desenredando situações aparentemente condenadas a nunca se resolver, no libreto de Algarotti as personagens aceitam o seu destino, e só a intervenção divina impede o conflito que parecia fatal. Embora essa intervenção externa seja um resíduo da prática barroca do *deux ex machina*, ela permite um desenlace mais verossímil do que os obtidos por Metastasio com suas inesperadas reviravoltas no estado de espírito das personagens.

O libreto de Algarotti nunca chegou a ser musicado. Mas inspirou outros textos – entre eles o que François du Roullet escreveria, em 1774, para a primeira ópera

9. *As Índias Galantes*: figurinos para as "entradas" dos bailados.

10. Rameau visto por Carmontelle. Museu Condé, Chantilly.

11. Gluck num retrato anônimo.

12. O alaúde em *A Carta* de Vermeer.

parisiense de Gluck. O resultado imediato de suas teorias foi libretos franceses, muito próximos dos princípios que ele defendia, terem sido traduzidos para o italiano, em óperas montadas no teatro da corte dos Bourbon, em Parma, cujo diretor era o francês Du Tillot. O compositor oficial de Parma era Tommaso Traetta, de orientação francófila – ele já tinha musicado, em 1759, um *Ippolito ed Aricia* traduzido da primeira ópera de Rameau. Pois Gluck, tendo lido o *Saggio* de Algarotti, viu no palco a aplicação prática de suas idéias ao assistir, em 1761, no Burgtheater de Viena, à *Armida* de Traetta – que não passava, na realidade, de uma tradução da peça que Quinault escrevera para Lully em 1686; e que o próprio Gluck, curiosamente, haveria de remusicar, em Paris, 16 anos mais tarde.

Bebendo a sua inspiração em Algarotti – que estendia as suas teorias ao próprio teatro de ópera e sustentava que ele deveria ser expurgado dos excessos decorativos, readquirindo a simplicidade de formas dos anfiteatros greco-romanos –, Traetta buscou efetuar, dentro do espírito de universalismo iluminista, a síntese musical e dramática das formas francesas e italianas, da tradição antiga com o espírito contemporâneo. É considerado apenas um pioneiro, e não o verdadeiro pai da ópera "reformada", pois a sua produção é irregular e ele recai com freqüência nos velhos chavões da ópera séria barroca. Mas os ensaios de Algarotti e as partituras de Traetta fornecem uma das fontes teóricas e práticas da ideologia que, em 1761, Gluck começará a pôr em prática ao conhecer, em Viena, o poeta italiano Ranieri da Calzabigi, com quem escreverá o *Orfeu e Eurídice*.

Esse joguinho de *musical chairs* com os libretos, indiscriminadamente musicados, ora por um ora por outro autor, é uma das mais curiosas características do barroco, que atravessa todo o classicismo, e ainda vai ter manifestações muito freqüentes no pré-romantismo. Em decorrência das condições de trabalho anteriormente evocadas, era comum os artistas lançarem mão desenvoltamente da obra um do outro, não só no nível de textos mas também do material musical propriamente dito. Numa época em que a noção de direito autoral ainda não se tinha imposto, e não existiam leis que preservassem a propriedade intelectual (a primeira legislação, fruto da Revolução Francesa, só será promulgada em 24 de julho de 1793), ninguém via mal algum em que Bach transcrevesse para o cravo, como se fossem seus, concertos para violino de Vivaldi. Ou que não houvesse uma única melodia original na série dos concertos para órgão de Haendel – precisando compô-los muito rapidamente, para executá-los nos recitais que dava durante os intervalos entre um ato e outro de suas óperas, o compositor não hesitava em saquear a obra de seus contemporâneos, em busca de belas melodias que, justiça seja feita, sempre rearmonizava de forma a torná-las muito mais atraentes.

Libretos eram propriedade comum. Do *Artaserse*, de Metastasio, existem cerca de cem versões diferentes. E os últimos compositores a utilizar o da *Clemenza di Tito* foram o próprio Gluck, no início da carreira, e Mozart, em sua última ópera. Mais descarada ainda era a facilidade com que melodias viajavam de uma obra para a outra. O imponente movimento de abertura do *Oratório de Natal*, de Bach, iniciou a carreira numa cantata escrita para comemorar o aniversário da mulher de seu patrão, em Cöthen. E no *Imeneo*, a última ópera de Haendel, há duas árias que vão reaparecer, no *Messias*, como "Why Do The Nations" e "The People Who Walked in Darkness".

Esta, porém, como o dissemos, não é praxe que se esgote com o barroco: atravessa todo o classicismo (Gluck é um mestre na arte do "tira daqui bota ali") e chega até as primeiras décadas do século XIX. O tema do primeiro movimento da *Eroica* sai da abertura de *Bastien und Bastienne*, o *singspiel* do Mozart adolescente. E o mais brilhante gatuno de si mesmo é Rossini. Compondo na velocidade em que compunha, indo de uma cidade para outra, numa época em que ópera era um artigo para consumo imediato, e o público de Nápoles já não se lembrava mais – ou nem conhecia – o que tinha sido oferecido ao de Veneza na temporada anterior, don Gioacchino não tinha o melhor escrúpulo em se autoplagiar copiosamente. Basta dizer que sua abertura mais famosa, tendo nascido no *Aureliano in Palmira*, estagiou uns tempos na *Elisabetta regina d'Inghilterra*, ambas sérias, antes de aterrisar no *Barbiere di Siviglia,* onde, para nossos ouvidos atuais, soa como o supra-sumo da introdução a uma peça cômica.

Definir, hoje, o estilo do período em que nos estamos detendo não é empresa simples pois, embora só possam ser plenamente compreendidas em relação ao contexto político e social em que se desenvolveram, as artes não operam por sincronia – e isso é particularmente complexo numa fase em que a chamada música "clássica" vienense coexiste com artes plásticas em que os elementos barrocos tardios ainda são muito fortes, enquanto a literatura já está enveredando por trilhas nitidamente pré-românticas que, necessariamente, exercem grande influxo sobre as obras musicais. O período chamado clássico caracteriza-se não só por uma busca constante de formas novas como também pela rica reabsorção de técnicas das épocas anteriores. E, com freqüência, as obras desse período são um amálgama de antigas tradições, aquisições externas e resultado de experimentação com formas novas.

O melhor exemplo dessa grande síntese está na obra de Mozart. Não tendo sido um criador, ele foi capaz de oferecer, com a sua produção, o mais acabado exemplo de cada gênero existente em seu tempo. E, em especial, na *Flauta Mágica*, fez uma espécie de amplo apanhado de toda a experiência musical do século XVIII. Nessa ópera, Mozart utiliza todos os estilos disponíveis em seu tempo, a ele legados pela tradição, ou fruto das pesquisas dos criadores com quem convivia, realizando o milagre de harmonizar, num todo absolutamente coerente, elementos de origem totalmente disparatada.

As duas temíveis árias da Rainha da Noite, com sua florida coloratura, vêm direto da ópera séria barroca. As árias de Papageno, que representa o homem comum, são típicas canções de rua, legítima música popular vienense. O parzinho amoroso, Tamino e Pamina, expressa-se na linguagem sentimental do *opéra-comique* de estilo francês, muito popular em Viena desde que o conde Giacomo Durazzo, intendente dos Teatros Imperiais, fizera vir de Paris uma companhia inteira (da qual Gluck foi um dos maestros e compositores). O mouro Monóstatos é uma típica personagem de ópera-bufa, parente do Osmin do *Rapto do Serralho*, enquanto as Três Damas, os três Gênios e as aparições de animais encantados pela flauta saem do mundo do *singspiel* de tema fantástico, o gênero predileto do grande público. E é com formas de música litúrgica – e esotérica maçônica – que se expressam Sarastro e seus sacerdotes nos rituais iniciáticos (Bach, em especial, comparece no contraponto dos Dois Homens Armados que esperam o casal na porta do templo, onde eles serão submetidos às provas da água e do fogo).

Não existe, nessa fase, um momento de ruptura semelhante ao que tinha ocorrido, um século e meio antes, quando a monódia veio substituir as formas polifônicas; nem como o que ocorrerá um século e meio depois, quando a Segunda Escola de Viena propuser o abandono da tonalidade. Educado por seu pai, C. Ph. E. Bach é o autor de uma música sacra ainda muito ligada à tradição; mas o seu contato com Domenico Scarlatti faz com que escreva, para o teclado, peças que influenciam muito Mozart e, na época de Beethoven, ainda continuam sendo ouvidas com muito agrado. Essa coexistência de formas e tendências justifica, portanto, a dificuldade que, com freqüência, os teóricos têm em distinguir o que é "clássico" ou "pré-clássico", em separar o que já é "pré-romântico" do que ainda está ligado ao "rococó" (ou *style galant*).

Ainda mais – nunca é demais insistir – que o internacionalismo, característica fundamental dos filósofos iluministas, convencidos de que as idéias, conhecimentos e criações deveriam transmitir-se da forma mais ampla possível, contribuía para essa incorporação de elementos das mais diversas proveniências geográficas e temporais numa vasta linguagem comum. Linguagem de que os músicos, aliás, necessitavam, pois esta era uma época em que viajavam muito e precisavam ser compreendidos nos mais remotos recantos em que se apresen-

13. Tamino e Papageno com três damas: cena de *A Flauta Mágica*.

14. Pamina, atraída pela som da flauta, descobre Tamino. Gravura de Schaffer, Viena, 1791.

15. Haendel por James Thornhill.

tassem. Essa é a época, por exemplo, em que o desejo de Catarina, a Grande, de fazer de São Petersburgo um dos grandes pólos culturais europeus, a faz levar para a Rússia nomes como Martín y Soler, Galuppi, Paisiello ou Cimarosa. E todos eles precisavam expressar-se numa "língua franca" que assimilasse elementos locais, mas conservasse uma base sólida familiar à Europa ocidental, central ou oriental. Isso contribui para tornar fluida a possibilidade de encontrar definições nítidas.

Esse internacionalismo faz surgir, na segunda metade do século XVIII, um fenômeno novo: a busca de inspiração, para o teatro musical, em obras estrangeiras contemporâneas (que se restringe, num primeiro momento, ao domínio cômico, já que a ópera séria continua dando preferência aos temas de origem antiga e mitológica; é só em meados do século seguinte que, dessa vertente cômica, vai desenvolver-se a ópera séria romântica, também explorando obras de autores contemporâneos). Uma das óperas de maior sucesso na segunda metade do século XVIII é *La buona figliuola* (1760), de Niccolò Piccini, baseada no popularíssimo romance epistolar inglês *Pamela or Virtue Rewarded*, de Samuel Richardson. Da mesma forma, Antonio Salieri adapta Shakespeare no seu *Falstaff*, prenunciando uma tendência de revalorização do bardo inglês que será típica do romantismo. E é no *Barbier de Séville* de Beaumarchais que Giovanni Paisiello vai buscar, em 1782, o tema da ópera que será uma das favoritas do público italiano, até ser desbancada, em 1816, pela de Rossini, que, de lá para cá, nunca mais arredou pé do repertório básico.

Na segunda metade do século XIX, o exotismo terá uma voga extraordinariamente forte: da *Africana* de Meyerbeer à *Madama Butterfly* de Puccini, da *Lakmé* de Delibes aos *Pescadores de Pérolas* de Bizet, todos os quadrantes serão esquadrinhados. Pois essa voga já deita as suas raízes no internacionalismo desse período. Mais do que isso: a curiosidade dos europeus pelas paisagens distantes e os costumes estranhos vem de mais longe, do interior do próprio barroco, como o atesta *Les Indes Gallantes* (1735), de Rameau: cada uma das entradas dessa ópera-balé – "Le Turc Généreux", "Les Incas du Pérou", "Les Fleurs: Fête Persane" e "Les Sauvages" –, ambientada entre os peles-vermelha na América do Norte recém-atingida pela colonização francesa, explora um recanto pitoresco do mundo, cuja descoberta fascinava o homem da época. E o modelo para Rameau tinha sido uma outra ópera-balé que contou por muito tempo com o agrado das platéias: *L'Europe Gallante* (1699), na qual André Campra mostra como os costumes amorosos se modificam da França para a Itália ou a Espanha.

A Áustria, por sua vizinhança com o Império otomano, foi o grande ponto de disseminação do gosto pela *turquerie*, tanto no mobiliário, quanto em elementos fantasiosos do vestuário, em temática literária ou elementos musicais. O som muito característico das bandas de janízaros será imitado com os efeitos percussivos de tambor, triângulo e pratos em óperas que se passam efetivamente na Turquia, como *O Rapto no Serralho*, de Mozart, ou *La Rencontre Imprévue*, que Gluck escreveu para a companhia francesa de *opéra-comique* com a qual trabalhava em Viena. Mas surgem também em peças de música puramente instrumental como a *Sinfonia n. 100 "Militar"*, de Haydn; ou o *Noturno em Dó Maior para Instrumentos de Sopro e Banda de Janízaros*, do pré-romântico Ludwig Spohr.

O mais claro exemplo da interpenetração de tendências e da convivência de opostos dentro dos movimentos estéticos setecentistas é o surgimento, na Alemanha, por volta de 1770-1780, de um movimento já pré-romântico extremamente importante. O nome do *Sturm und Drang* (*Tempestade e Ímpeto*), foi tirado do título de uma peça de Friedrich Maximilian von Klinger (1776), que se passava na América. Pondo a ênfase na energia, no demoníaco, nas qualidades prometeicas do indivíduo, o movimento reagia contra o racionalismo iluminista e o formalismo do teatro neoclássico, tal como ele se manifestava, por exemplo, nas estáticas tragédias de Voltaire, decalcadas nas de Corneille e Racine. Friedrich von Schiller e Johann Wolfgang von Goethe, os seus líderes, mas também Reinhold Lenz, Heinrich Wagner e Gottfried

Bürger iam buscar sua inspiração na liberdade formal de Shakespeare e na veemência com que este expressa as suas emoções. É significativo observar que, dentre os filósofos do movimento enciclopedista, o único com quem os artistas do *Sturm und Drang* sentiam-se identificados era Rousseau, justamente o mais pré-romântico deles.

A prova de que esses dramaturgos estavam muito à frente de seu tempo é o fato de que, no nível musical, só durante o romantismo pleno a paixão descabelada que colocam em cena conseguiria ser assimilada. Rossini já se baseou no *Wilhelm Tell*, de Schiller, porque ela lhe fornecia a moldura épica de que necessitava para a sua última ópera, estreada em Paris em 1829, e que já constitui uma das precursoras do *grand-opéra* romântico. Mas será necessário esperar por Giuseppe Verdi para que se leve ao palco *I Masnadieri* (tirada de *Die Räuber*), *Luisa Miller* (extraída de *Kabale und Liebe*) e, principalmente, *Don Carlos*. Só autores oitocentistas – Ludwig Spohr, Hector Berlioz, Charles Gounod, Arrigo Boito, Ferruccio Busoni – encorajaram-se a tocar no imenso monumento que é o *Fausto*. Da mesma forma, só Jules Massenet, na segunda metade do século XIX, há de se sentir tentado a converter num drama lírico o semi-autobiográfico *Os Sofrimentos do Jovem Werther* (1774), no qual Goethe captou de tal forma o sentimento trágico de desilusão da classe média com o mundo em que vivia, que provocou verdadeira epidemia de suicídios entre os jovens, que se identificavam com sua desesperançada personagem.

E, no entanto, se a violência dos dramaturgos do *Sturm und Drang* não teve efeitos imediatos sobre o teatro lírico a eles contemporâneo, é no domínio da música instrumental que vamos encontrar uma manifestação muito interessante dessa influência: as sinfonias que Haydn escreveu em 1766 e 1774, caracterizadas por feroz concentração dos movimentos rápidos; maneirismos nervosos tais como os *tremolos* de semicolcheias repetidas nos *finales*; saltos largos e freqüentes no material temático; uso crescente dos acentos *fortissimo* e, acima de tudo, pela ampla margem de contrastes emocionais numa mesma obra (cf. H. C. Robbins Landon, 1966). Sinfonias como a *N. 26 "Lamentatione"* ou a *N. 49 "La Passione"* bastam como desmentido à idéia de que a música do classicismo é racional, disciplinada e fria.

Na França, existe, sim, uma reação ao formalismo da tragédia neoclássica, mas ela não assume aspectos tão exacerbados quanto na Alemanha. A influência mais importante sobre a ópera será a do drama burguês – também chamado de *comédie larmoyante* – praticado pelo enciclopedista Denis Diderot. Numa peça como *Le fils naturel*, ele sofre a influência dos novelistas ingleses de tendência já nitidamente pré-romântica: o Samuel Fielding da *Pamela* ou da *Clarissa or The History of a Young Lady*; o Tobias Smolett de *The Adventures of Roderick Random*; ou o Henry Fielding de *The History of Tom Jones a Foundling*. Para a história da música, a "comédia lacrimejante" de Diderot tem significado marcante, na medida em que ela é uma das forças que fazem com que o *opéra-comique* francês tenda a ser mais sentimental do que bufo.

Tal como é praticado por François Philidor (*Tom Jones*), Pierre Monsigny (*Le Déserteur*) ou André Grétry (*Zémire et Azor*), dando mais peso aos elementos de intriga doméstica, de crítica de costumes e de relacionamento amoroso do que às situações cômicas, o *opéra-comique* francês vai formar um modelo muito característico, amplamente exportado para os países nórdicos e de língua alemã. Já vimos a popularidade que ele obteve, na Áustria, na fase em que a companhia trazida pelo conde Durazzo produziu, para o público vienense, diversos espetáculos (alguns deles compostos pelo próprio Gluck). Esse gênero francês, contaminado por características do romance inglês, será também determinante para que se desenvolva, nos Estados alemães, um tipo de *singspiel* em que predominam os problemas domésticos e sentimentais (*singspiel*, literalmente "ação cantada", é o nome que se dá à versão germânica do *opéra-comique*, com diálogos falados, e não recitativos, interligando os números cantados).

Die Schweitzerfamilie (A Família Suíça, 1809), de Joseph Weigl, gozou, durante muito tempo, de imensa

16. *O Messias* de Haendel, na abadia de Westminster em 1784.

17. Viena do século XVIII: Michaelsplatz e o Burghtheater.

18. *Um Concerto* francês em um século concertante (XVIII): pintura de Fragonard.

popularidade. Um dos melhores autores desse tipo de *singspiel* foi Gottblieb Neefe, um dos professores de Beethoven. E no *Fidélio* (1804, revisto em 1814), encontraremos – ao lado da trama política central –, uma típica intriga de *singspiel* doméstico: Marzelline, a filha do carcereiro Rocco, apaixona-se pelo jovem Fidélio, sem saber que ele é, na verdade, Leonora, disfarçada de homem para averiguar se é naquela fortaleza que está ilegalmente detido o seu marido, Florestan; e, com esse amor, deixa indignado Jacquino, que também trabalha com seu pai e faz planos de casar-se com ela.

Nos Estados alemães, esse tipo de *singspiel*, em que elementos franceses e ingleses se misturam, vai corresponder muito nitidamente, na fase de transição entre classicismo e romantismo, às aspirações e preocupações do chamado período Biedermeier. Esse nome designa o movimento emergente da mentalidade burguesa conformista, apolítica, preocupada com a acumulação de bens materiais, e recolhida num estilo de vida provinciano em que o valor predominante é a busca do conforto – tendência que se manifesta até mesmo na evolução do mobiliário, como o demonstra Michael Thonet, o inventor da "cadeira austríaca", preocupado com o *design* de móveis menos pomposos e ornamentados do que os dos períodos precedentes, mas que oferecessem bem-estar ao corpo.

Biedermeier é uma palavra que deriva dos nomes de *Bieder*mann e Bummel*meier*, duas personagens cômicas utilizadas, nos jornais da época, por vários caricaturistas diferentes. Essa versão *avant la lettre* do Bouvard e Pécuchet flaubertianos simbolizava a burguesia cautelosa e de horizontes limitados. Sentimentalismo, ausência de preocupação com as grandes causas da época e temática voltada para os aspectos mais simples do cotidiano são as características principais do Biedermeier – que, em seu pólo negativo, pode ser melancólico, com gosto pelo sombrio (prenunciando o romantismo) e por um refinamento exagerado de escrita (em que já há a semente longínqua do formalismo parnasiano).

"Num período tão rico e variado, as generalizações sobre tendências artísticas não resistem ao exame", afirma Rushton. E, de fato, além do que acabamos de apontar, outro setor em que estão muito presentes o universalismo clássico e a interpenetração de influências é o da evolução da ópera bufa, no final do século XVIII. Já mencionamos as influências que Piccini vai buscar em Richardson para a sua *Buona Figliuola* (antes de imigrar para Paris e servir de arma involuntária aos "italianistas", contra os "gluckistas", numa daquelas acirradas polêmicas que foram a especialidade francesa no período setecentista). Mas há também o caso de Pierre Augustin Caron de Beaumarchais.

Numa fase em que a comédia francesa andava em crise, esse genial dramaturgo fez reviver o espírito de Molière, dissimulando, sob uma farsa extremamente engenhosa, críticas políticas muito ousadas (não era Napoleão quem dizia que, nas peças de Beaumarchais, "já se via a revolução em marcha"?). Ele próprio contribuiu para o palco lírico, escrevendo o libreto de *Tarare*, que foi musicado por Salieri (e, mais tarde, convertido numa ópera italiana, para Viena, com o nome de *Axur, rè d'Ormuz*). Mas não é isso o mais importante. A trilogia de Beaumarchais, centrada na figura do barbeiro Fígaro, atendeu com perfeição às necessidades de renovação da ópera bufa.

La Folle Journée ou Le Mariage de Figaro (1784), que se passa na Espanha mas é uma peça francesa até a raiz dos cabelos, converteu-se, em Viena, nas mãos de um italiano, Lorenzo da Ponte, e de um austríaco, Mozart, naquela que é o apogeu da ópera cômica setecentista: *Le Nozze di Figaro*. E, em 1782, *Le Barbier de Séville* (1775) forneceria ao italiano Paisiello o seu título de maior sucesso – pelo menos até que ele fosse desbancado, em 1816, já nos estertores do estilo clássico, por um de seus últimos grandes representantes, Gioacchino Rossini.

Bibliografia

ABBIATI, Franco. *Storia della Musica*. Milano, Garzanti, 1975.

CANDÉ, Roland de. *Historia Universal de la Música*. Madrid, Aguilar, 1981.

19. *Concerto em um Salão*, Lancret

CUMMINGS, David (org.). *The Random House Encyclopedic Dictionary of Classical Music.* New York, Random House, 1995.

DAICHES, David (org.). *The Penguin Companion to Literature: British and Commonwealth.* London, Penguin Books, 1971.

GASSNER, John e QUINN, Edward (org.). *The Reader's Encyclopedia of World Drama.* London, Methuen & Co Ltd, 1970.

MASSIN, Brigitte e Jean (org.). *História da Música Ocidental.* Rio de Janeiro, Nova Fronteira, 1997.

ROBBINS LANDON, H. C. *Haydn: Sinfonias.* Coleção Guias Musicais BBC. Rio de Janeiro, Zahar, 1984.

RUSHTON, Julian. *A Música Clássica.* Rio de Janeiro, Zahar, 1988.

WARRACK, John e WEST, Ewan (org.). *The Oxford Dictionary of Opera.* Oxford University Press, 1992.

8. O CLASSICISMO NAS ARTES PLÁSTICAS

Annateresa Fabris

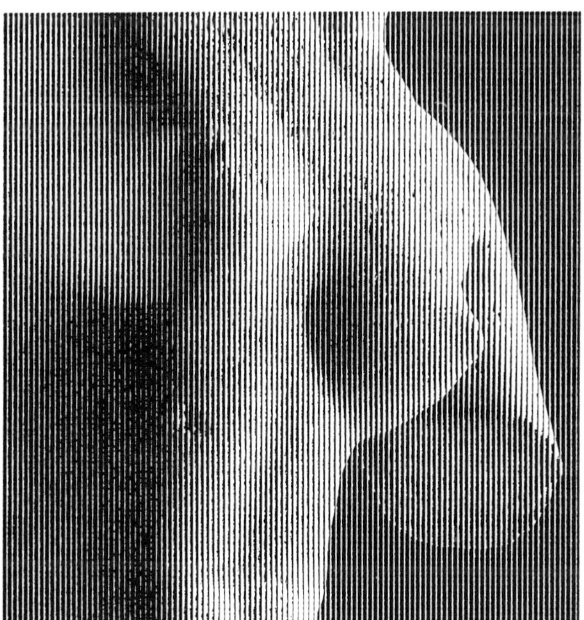

Alguns Momentos da Questão Historiográfica

O classicismo é "um estado", "um momento", escreve Henri Focillon em 1934. É

> o ponto da mais elevada concordância das partes entre si. É estabilidade, segurança, depois da inquietude experimental. Confere, se assim se pode dizer, solidez aos aspectos móveis da procura (e por isso mesmo, em certo sentido, é uma renúncia). Assim a vida perpétua dos estilos alcança e abrange o estilo como valor universal, ou seja, como uma ordem válida para sempre, que, para além das curvas do tempo, estabelece o que chamamos a linha das alturas. Mas não é o resultado de um conformismo, pois provém, ao contrário, de uma última experiência, da qual conserva a audácia, a qualidade forte e germinante. [...] Breve momento de plena posse das formas, apresenta-se, não como uma lenta e monótona aplicação das "regras", mas como uma felicidade rápida, como o acme dos gregos[1].

Momento culminante da vida das formas, que para Focillon é regida por um ritmo biológico, no qual quatro

1. H. Focillon, *Vie des formes,* Paris, PUF, 1970, p. 19.

estágios se sucedem seqüencialmente (experimental, clássico, de refinamento e barroco), o classicismo não é privilégio da arte antiga nem resulta necessariamente de uma influência ou de uma imitação. Ao contrário, o estágio clássico de um estilo não é uma conquista exterior: é a maturação do momento experimental, posto que a forma é dotada de uma vida orgânica.

Em seu ensaio Focillon não faz referência a Élie Faure, que, em 1927, complementara sua *História da Arte* com um volume dedicado ao "espírito das formas", no qual havia estabelecido um paralelo entre a escultura grega e a escultura medieval num arco de tempo de quatro séculos (do VII ao IV e do XI ao XV, respectivamente), a partir da idéia de um movimento interior da história que se oporia à ideologia do progresso. A história, para Faure, é regida por um ritmo, descrito como uma curva, "cujas ascensões representam períodos de associação, e cujas descensões, períodos de dissociação moral entre os homens, com um máximo de coesão nos cumes da curva, um máximo de anarquia em seus pontos menos elevados". Nessa curva inscrevem-se os diferentes aspectos do estilo – primitivo, arcaico, clássico, acadêmico, decadente –, que marcam a passagem gradual da confusão original a uma ordem embrionária, desta para uma forma complexa e harmoniosa, que entra em colapso quando as relações mútuas entre os elementos da composição se perdem. Momento de equilíbrio passageiro, o classicismo manifesta-se poucas vezes na história da arte: na Grécia de Fídias e Sófocles, na França de Chartres e novamente na França de Versalhes, quando a expressão artística se mostra capaz de conciliar as contradições e os antagonismos de seus elementos compositivos "para forçar a unidade do homem a terminar seu poema, apesar das dificuldades e das ciladas no caminho"[2].

Se Focillon não cita Faure, lembra, no entanto, a teoria do arqueólogo Waldemar Déonna, segundo o qual

> em todos os lugares, em todos os períodos da história, as idades ou estes estágios apresentam os mesmos caracteres formais, de modo que não é possível ser surpreendido quando se constatam correspondências íntimas entre o arcaísmo grego e o arcaísmo gótico, entre a arte grega do V século e as figuras da primeira metade de nosso século XII, entre a arte flamejante, essa arte barroca do gótico, e a arte rococó. A história das formas não se desenha por uma linha única e ascendente. Um estilo acaba, um outro nasce. O homem é obrigado a recomeçar as mesmas buscas, e é o mesmo homem, isto é, a constância e a identidade do espírito humano, que as recomeça[3].

Esse tipo de procedimento metodológico não era novo. Na *História da Arte na Antigüidade* (1764), Winckelmann, partindo da concepção cíclica de Escalígero e Florus, havia estabelecido quatro fases de expressividade da beleza na arte grega, à qual fazia corresponder quatro momentos análogos no Renascimento italiano. O "estilo antigo" era, assim, representado pelos escultores anteriores a Fídias e pelos antecessores de Rafael. O "estilo sublime" abarcava o século de Fídias e as expressões de Rafael e Michelangelo. Inscreviam-se no "estilo belo" Praxíteles, Lisipo e Apeles, de um lado, e Correggio e Reni, de outro. O "estilo de imitação e decadência" aplicava-se ao final da trajetória da escultura grega, até a queda do Império Romano, e a artistas como os Carracci e Maratta.

A idéia clássica condensa-se no estilo sublime, cujos germes já estavam presentes no período anterior. Este, apesar de duro, era exato nos contornos e notável pelo domínio técnico. O estilo sublime desenvolve-se no período de liberdade, quando a arte deixa de imitar a natureza e se volta para o ideal. O que era duro e pronunciado torna-se mais livre e natural; a violência dos gestos e das atitudes é atenuada; a técnica não é mais tão aparente; as figuras são belas e grandiosas.

Nem sempre, no entanto, o paradigma grego é sinônimo de arte clássica. Em 1899, em *A Arte Clássica*, Heinrich Wölfflin empreende um estudo, cujo objetivo é o resgate da produção do começo do século XVI. Contrariando o

2. E. Faure, *L'esprit des formes,* Paris, Gallimard, 1991, v. I, cap. "O Grande Ritmo".

3. Focillon, *op. cit.*, p. 17.

gosto dominante, que privilegiava aqueles que Wölfllin denomina "primitivos" (Ghirlandaio, Filippino Lippi, Botticelli, por exemplo), o autor nega firmemente que o momento clássico não seja original, que tenha detido o elã autóctone do Renascimento ao trazer novamente à vida o ideal de uma época desaparecida. Prolongamento natural do *Quattrocento*, a arte clássica é uma manifestação espontânea dos italianos. Não se trata de um fenômeno teórico, derivado dos modelos antigos, mas de uma afirmação livre da escola italiana no momento de seu pleno florescimento.

Tendo como centro Florença e Roma, a arte clássica distingue-se por uma atitude sintética. Longe de ser descritiva, como a arte do *Quattrocento*, a expressão clássica é concisa e essencial: trabalha com poucas figuras, enfatiza o sentido dramático da composição, elimina os acessórios supérfluos, confere primazia ao corpo humano, pois seu objetivo é emocionar o espectador e não diverti-lo como no século anterior. Ao mesmo tempo em que a forma ganha uma nova dimensão, a expressão do sentimento é moderada, adquirindo aquela reserva conhecida como "serenidade clássica". O idealismo da arte clássica não contradiz a realidade, nem enfatiza a monumentalidade em detrimento da caracterização precisa. Herdeira do *Quattrocento*, a expresão clássica exalta a vida contemporânea, mas sua maior necessidade de dignidade só é satisfeita pela seleção de tipos, costumes, arquiteturas, que raramente se encontrariam reunidos na realidade. A beleza do corpo está naquilo que reflete uma impressão de calma e força. É provável que o conceito de "beleza regular" tenha surgido nesse momento, indicando não apenas a simetria do rosto, mas "uma disposição clara, proporções coerentes das formas do rosto, difíceis de determinar nos detalhes, mas que se evidenciam de imediato no conjunto"[4].

Para desfazer equívocos, Wölfflin dedica uma parte de seu estudo à análise das relações que existiram entre o Renascimento e a arte antiga. Os artistas do século XV, mesmo quando acreditam estar evocando o antigo, conseguem, de fato, resultados originais, que serão capitalizados por seus sucessores. A superioridade do século XVI é fruto dessa evolução interna, que lhe permite

> durante um breve espaço de tempo encarar a Antigüidade face a face. Este foi o resultado de uma evolução própria, interior, e não conseqüência de um estudo deliberado dos velhos fragmentos. A larga corrente da arte italiana simplesmente seguiu o seu curso, e o *Cinquecento*, de qualquer maneira, teria sido o que foi até mesmo se as estátuas antigas não existissem. A beleza da linha não provém do Apolo de Belvedere, e a serenidade clássica não tem sua origem nos *Nióbidas*[5].

O que de fato aproxima o Renascimento da Antigüidade são as novas concepções de dignidade e de beleza. É a similaridade de gosto entre as duas épocas que leva os artistas do *Cinquecento* a querer reproduzir de maneira exata as figuras derivadas da história antiga. Isso não significa, no entanto, que os artistas percam a sua originalidade, como mostra sobretudo Michelangelo, graças ao qual a escultura não se perde em imitações estéreis.

A idéia que um estilo gera o outro já havia sido explicitada por Wölffin em *Renascença e Barroco** (1888) e será retomada em 1915 em seu livro mais conhecido, *Conceitos Fundamentais da História da Arte*. O interesse pela arte clássica transparece, aqui e acolá, em certos adjetivos pejorativos dados ao barroco no livro de 1888, dedicado a uma reavaliação do fenômeno anticlássico no espaço de tempo que medeia entre 1525 e 1630. Wölfflin analisa o barroco a partir das normas clássicas, vendo nele uma dissolução do Renascimento levada a cabo pelos grandes mestres do século XVI.

Clássico e barroco confrontam-se novamente em *Conceitos Fundamentais da História da Arte*, no qual o historiador suíço compara dois tipos estilísticos acabados, que faz falar por contraste através de cinco pares de conceitos antitéticos: linear *x* pictórico, plano *x* fundo, forma fechada *x* forma aberta, múltiplo *x* único, clareza absoluta *x* clareza relativa. Os cinco princípios wölfflinianos

4. H. Wöfflin, *A Arte Clássica,* São Paulo, Martins Fontes, 1990, p. 280.

* Tradução brasileira, São Paulo, Perspectiva, 1989 (N. da E.).
5. *Idem*, p. 290.

1. *Hércules Carregando o Céu*, Fídias, cerca de 460 a. C.

3. *São Sebastião*, Andrea Mantegna, 1485.

2. *Monumento eqüestre a Gattamelata*, Donatello, 1447-1452.

não são conceitos propriamente ditos. Não possuem consistência autônoma, pois um é derivação do outro, devendo antes ser considerados cinco momentos de uma mesma idéia, redutível à oposição entre tátil e ótico. O estilo clássico, próprio do Renascimento, é caracterizado por Wölfllin como um momento no qual predominam uma concepção tátil do desenho, que faz da linha o elemento que determina o contorno e o plano, que enfatiza o limite das coisas, isolando os objetos percebidos como valores concretos e tangíveis; uma visão em superfície; uma forma autocontida, regida pela simetria ou pelo princípio da reciprocidade entre as duas partes do quadro; uma preocupação analítica, pela qual os vários componentes da obra são válidos por si, mesmo se relacionados com o todo; a sensação plástica como manifestação total da forma.

Ser e devir podem ser considerados os princípios vitais que regem a dupla tátil-ótico numa contraposição que, para Wölfflin, não se encerra nos dois momentos estudados como paradigmas de dois modos diferentes de visão. Para o autor, a arte evolui sempre e necessariamente do linear para o pictórico, pois se trata de um processo racional e previsível em seu desenvolvimento:

> O sentido da evolução não poderia inverter-se. A regularidade oculta só pode vir após a regularidade evidente, a clareza relativa pode ser assumida como princípio figurativo somente depois da experiência de uma clareza absoluta, a concepção plástica e isoladora do mundo dos corpos deve necessariamente preceder a concepção da totalidade figurativa pictórica, da aparência pictórica, da vibração pictórica da luz, e assim por diante[6].

Essa evolução, que Wölfflin vê explicitar-se na transição do românico ao gótico, deste ao primeiro Renascimento, do século XV ao Renascimento pleno, nem sempre é confirmada pela história da arte. A evolução pode ser inversa, como mostra uma série de exemplos arrolados por Roberto Salvini. Na transição da arte helenística e paleocristã à arte bizantina, é clara a passagem de uma visão pictórica e espacial para uma visão linear e planimétrica. O mesmo ocorre na passagem do barroco ao neoclassicismo e, em parte, do impressionismo para as tendências construtivas do nosso século[7].

Trazer para a discussão alguns dos momentos historiográficos mais próximos de nós não implica deixar de levar em consideração outros aspectos e outras possibilidades da questão clássica, elaborados muitos séculos atrás. A idéia de que a arte grega dos séculos IV e V a.C. é uma expressão clássica, isto é, perfeita e digna de ser imitada, é forjada em Roma no primeiro século da nossa era. Pela falta de exemplos gregos concretos, a idéia da perfeição será transposta para a arte romana[8], o que explica, em parte, a disputa teórica que tomará conta do século XVIII e que terá como protagonistas Piranesi e Winckelmann, entre outros.

Considerando inautêntico o diálogo da Idade Média com a arte clássica[9], o Renascimento busca na Antigüidade não apenas o mito da idade de ouro, mas sobretudo um método que lhe permita plasmar uma idéia de arte como harmonia e ordem, de reviver o ideal grego do *analogon*, que fará do corpo humano a medida de todas as coisas. Graças aos modelos antigos, os artistas do Renascimento aprendem a ver a natureza, fazendo de sua imitação o objetivo supremo da arte. Imitação não significa, no entanto, mímese, pois a idéia de beleza perseguida pelo Renascimento aponta para o ideal e não para uma concepção realista. A beleza é fruto de uma escolha, é constituída pelos elementos mais belos existentes na natureza, que o artista reúne em sua obra, atento às idéias de harmonia, ritmo, medida. Desse modo, o artista renascentista supera ao mesmo tempo a teoria mimética de

6. Wöfflin, "Concetti base della storia dell'arte. Revisione", *in* R. Salvini (org.), *La critica d'arte della pura visibilità e del formalismo,* Milano, Garzanti, 1977, p. 192.

7. Salvini, "Introduzione", *in op. cit.*, p. 31.

8. G. C. Argan, "Il neoclassico", in *Da Hogarth a Picasso,* Milano, Feltrinelli, 1983, p. 141.

9. Sobre a relação da Idade Média com a arte antiga, ver E. Panofsky, "Introducción", *Estudios sobre iconología,* Madrid, Alianza, 1972, pp. 26 e ss.

Aristóteles, de quem, porém, deriva o conceito de ordem, e a idéia plotiniana da emanação divina, transformando a arte num processo de *conhecimento* da natureza a partir de princípios criados pelo homem[10].

O modelo romano é soberano nesse momento, como mostra a evolução das "artes do desenho" traçada por Vasari, que localiza em Roma o momento da perfeição, embora não deixe de reconhecer que um desenvolvimento maravilhoso havia ocorrido também na Grécia. A descoberta do *Apolo de Belvedere* em fins do século XV, do *Torso de Belvedere* e do *Laocoonte* no começo do século XVI reforça o papel de Roma como centro irradiador da arte antiga, pois essas obras estarão ao alcance dos artistas no *antiquarium* que Bramante constrói no Vaticano, a pedido de Júlio II. Michelangelo chega a considerar-se discípulo do *Torso de Belvedere*, no qual via reunidas todas as belezas da arte antiga, enquanto *Laocoonte* é identificado com a escultura descrita por Plínio, o Velho em sua *Historia Naturalis*, sendo considerado uma imitação perfeita da natureza e um modelo de expressividade.

A própria idéia de Renascimento, formulada por Villani, Ghiberti, Manetti e Vasari, não poderia ser entendida sem recorrer ao mito do mundo antigo. A arte, morta nos fins da Antigüidade, arruinada, segundo Vasari, pela barbárie e pelo zelo dos paleocristãos, decadente na Idade Média, havia renascido na Toscana no século XIIII através da "maneira moderna". Fruto da volta à natureza e aos modelos antigos, a "maneira moderna" atinge seu apogeu, torna-se "clássica", diríamos nós, no século XVI, quando as conquistas dos períodos anteriores atingem a perfeição.

Os debates teóricos do século XVI, a transformação do artista em intelectual, a idéia de que a arte constitui o ponto de encontro entre a mão e o juízo[11] darão origem ao fenômeno acadêmico, cujo objetivo primordial é formar as novas gerações de pintores, escultores e arquitetos a partir dos exemplos dos grandes mestres, apresentados como paradigmas.

Não é por acaso que a idéia da organização acadêmica surge na segunda metade do século XVI, quando já imperava a estética maneirista, para a qual a arte se fundamentava em dogmas e cânones, descobertos no passado por alguns artistas divinos e passíveis de transmissão aos criadores do presente. A Academia Florentina do Desenho, fundada em 1563 graças ao interesse de Vasari, não consegue, no entanto, pôr em prática o programa inicial de seu mentor – formar os jovens artistas na arte primária –, dedicando-se antes à defesa de interesses corporativos. Trinta anos mais tarde, Zuccari funda em Roma a Academia de São Lucas, cujo ensino deveria estruturar-se em volta do trabalho no ateliê e de conferências e debates sobre teoria da arte. Entre as diferentes práticas de ateliê havia o desenho "à antiga", isto é, c estudo dos grandes mestres clássicos, o que evidencia a intenção da instituição acadêmica de tornar-se guardiã de um certo número de normas derivadas da história da arte, consideradas eternas e, portanto, válidas para o presente.

O modelo acadêmico acabado, no qual a idéia clássica se transforma em dogma, no qual a formação do artista responde a objetivos precisos, inclusive de propaganda a serviço do Estado, conhecerá um primeiro momento na Academia de Pintura e Escultura, fundada em Paris em 1648. Em 1666 é a vez da Academia de França em Roma, na qual os artistas franceses deveriam aprender "o bom gosto e a maneira dos antigos". Poussin era o exemplo a ser seguido, pois ele ensinava a fazer do estudo em Roma, do contato com as estátuas antigas e com os mestres do Renascimento o ponto de partida para uma pintura sóbria e geometricamente determinada, voltada para a exaltação de ações heróicas e essencial, destituída de detalhes inúteis e triviais.

Também no caso da academia parisiense o desenho integra o plano básico de ensino, abarcando cópias dos

10. C. Roy, *L'art à la source,* Paris, Gallimard, 1992, v. II, pp. 150-151; L. Venturi, *Storia della critica d'arte,* Torino, Einaudi, 1970, p. 97.

11. S. Rossi, *Dalle botteghe alle accademie,* Milano, Feltrinelli, 1980, p. 159.

4. *Et in Arcadia ego* (2ª versão), Nicolas Poussin, 1638-1639.

desenhos dos professores, desenhos de modelos de gesso e de esculturas clássicas originais, desenhos de modelos vivos. No programa de ensino destacam-se ainda os "discursos", conferências nas quais se analisavam as obras de arte a partir de várias categorias (invenção, proporção, cor, expressão e composição) e se atribuíam notas de 0 a 80 aos artistas do passado, como faz Roger de Piles no *Balance des peintres* de 1708.

A proporção, uma das normas fundamentais da composição, está completamente sujeita aos cânones da Antigüidade clássica, assim como a representação de gestos e atitudes. A própria natureza deveria ser vista a partir dos exemplos gregos e romanos e é por isso que a viagem a Roma é parte integrante da formação do artista[12].

Os *Entretiens sur les plus excellents peintres anciens et modernes* (1666-1668), de Félibien des Avaux, servem de base ao ensino acadêmico: o estudo das estátuas antigas deve corrigir a natureza; a composição é espiritual porque se dá na imaginação e precede a execução; o desenho, mesmo não sendo nobre, é essencial para representar a história, a fábula, a expressão; a beleza, que é proporção, não depende de regras e sim da razão[13]. A contribuição mais conhecida de Félibien é a codificação dos gêneros pictóricos, que vigorará até o século XIX, alicerçada na idéia da nobreza do tema. Uma vez que o quadro deve ser a imagem das ações, Félibien faz da composição alegórica o fim supremo da pintura. Logo abaixo dela vem a pintura de história e, em escala descendente, o retrato, as ações comuns dos homens, a paisagem com seres vivos, a paisagem pura e a natureza-morta.

Algumas das idéias centrais de Félibien inscrevem-se no âmbito daquela vertente artística e historiográfica denominada "classicismo", que tem em Bellori um de seus teóricos mais eminentes.

O classicismo do século XVII opõe-se a seu par complementar, o barroco, e aos resquícios maneiristas ainda presentes num bom número de artistas. Sua tomada de posição é dupla: combate, de um lado, a chamada "pintura de maneira", isto é, a pintura gerada pela pintura, sem relações com a natureza; critica, por outro, o naturalismo representado por Caravaggio, falho de invenção, submisso à natureza, incapaz de seleção e, portanto, de idealização. Nesse contexto, o recurso ao exemplo clássico torna-se um princípio regulador, um caminho a ser trilhado necessariamente pelo artista plástico que desejasse reconquistar o sentido do natural, e pelo arquiteto que quisesse se opor à arquitetura barroca então em voga, tipificada por Borromini. O "erro" de maneiristas e naturalistas seria sanado pela observação da arte antiga, natural, mas não naturalista, isto é, penetrada pela idéia, expressão de uma realidade purificada pela operação artística. Se o pintor e o escultor encontram na arte antiga as "belezas perfeitas da natureza", aos arquitetos o exemplo clássico serviria "de lei e de razão", levando-os a redescobrir a ordem, a medida, a eurritmia, a opor-se àqueles "ângulos, quebras e distorções de linhas", àquela decomposição de bases, capitéis, colunas com "mentiras de estuques", excessos de detalhes e "desproporções"[14], tidos como novidade pelo público do século XVII.

Autor do tratado *A Idéia do Pintor, do Escultor e do Arquiteto* (1664), Bellori transforma em norma, em dogma, em sistema o que havia sido formulado isoladamente por artistas como Alberti, Rafael, Vasari a respeito da relação entre arte e natureza. Ao combater contra maneiristas e naturalistas, a estética classicista do século XVII toma consciência de sua tarefa: afirmar que a arte necessita da natureza como substrato e como material a ser sublimado e negar, ao mesmo tempo, a natureza comum, não sujeita a regras, diante da qual a arte demonstra a sua superioridade. Como afirma Panofsky, só no século XVII se compreende pela primeira vez que idea-

12. N. Pevsner, *Las academias de arte: pasado y presente,* Madrid, Cátedra, 1982.

13. Venturi, *op. cit.*, p. 138.

14. G. P. Bellori, "L'idea del pittore, dello scultore e dell'architetto, scelta delle bellezze naturali superiore alla natura", *in* Panofsky, *Idea,* Firenze, La Nuova Italia, 1975, p. 190.

lismo e naturalismo, estudo do antigo e estudo dos modelos são "contraposições lógicas"; só no século XVII a concepção da arte como "macaco da natureza" assume um significado pejorativo, confirmado mais tarde por Winckelmann[15].

Em 1672, Bellori publica *As Vidas dos Pintores, Escultores e Arquitetos Modernos*, nas quais aplica sua teoria idealista. Rafael, Michelangelo e Giulio Romano são exaltados por terem reconduzido a arte às idéias gregas e romanas. Entre os contemporâneos, Bellori aprecia particularmente Reni e Poussin pelo fato de sua beleza ser superior à natureza.

Um Aspecto do Debate Clássico

Um momento novo no debate sobre o classicismo é marcado por Winckelmann, que, nos dizeres de Rosario Assunto, historiciza a idéia e a natureza. Se para o classicismo anterior a beleza é uma idéia que sobrepuja a natureza, uma idéia sublime revelada pela primeira vez pelos antigos, Winckelmann, ao contrário, acredita que a beleza impressa na arte antiga é a própria beleza que se oferece como dádiva da natureza[16]. É por isso que exorta o artista de seu tempo a imitar os gregos a fim de reencontrar os princípios daquela beleza revelada pela própria natureza, impossível de ser captada pelo olhar contemporâneo. A imitação do belo natural, de acordo com o historiador alemão, tanto pode trilhar o caminho da "cópia parecida", procedimento próprio dos holandeses, quanto se pautar pela busca de "imagens ideais", na qual os gregos se revelaram mestres exímios. Existe uma diferença sensível entre os artistas antigos e aqueles do século XVIII:

> os gregos teriam obtido essas imagens mesmo se não as tivessem tomado a corpos mais belos que os nossos, pela oportunidade cotidiana de observar o belo na natureza, o que não se oferece a nós todos os dias e raramente se apresenta como o artista deseja.
>
> A nossa natureza não criará, facilmente, um corpo tão perfeito como o de Antinous Asmirandus, e a idéia não pode conceber nada que seja superior às proporções mais que humanas de uma bela divindade como o Apolo do Vaticano: o que a natureza, o espírito e a arte têm sido capazes de produzir, aí está diante dos olhos.
>
> Creio que a imitação dessas duas obras permite mais rapidamente o aprendizado, pois o artista encontra, numa, a soma do que se encontra disperso por toda a natureza e, na outra, o ponto a que pode elevar-se acima de si mesma a mais bela natureza, com coragem e sabedoria. A imitação ensinará a pensar e a conceber com firmeza, pois aqui se revelam os limites extremos tanto do belo humano como do belo divino[17].

Imitação não significa para Winckelmann adesão ao preceito naturalista ou cópia pura e simples dos exemplos do passado. A imitação distingue-se da cópia: enquanto esta representa a subserviência ao modelo, a primeira implica, ao contrário, a atualização de uma concepção estética, derivada de condições externas perfeitas, capaz, portanto, de apontar o caminho para uma arte perfeita e para uma vida perfeita. Imitar significa reconstituir um momento único da história da humanidade, no qual natureza e forma se integraram de tal modo a ponto de constituir uma totalidade: graças a ela a arte, informada pelo divino, transcendeu o plano físico e se transformou em metafísica.

Winckelmann não é apenas um teórico, mas o fundador da arqueologia, denominada por Argan "uma verdadeira ciência do clássico". Clássico e classicismo têm suas definições circunscritas nesse momento, como prova a disputa que se estabelece entre os defensores do modelo grego e aqueles do modelo romano: se a arte grega é o clássico, a arte romana, que a imita, é classicista; portanto, o classicismo como imitação do clássico, que não é imitação, é a antítese do clássico. A partir dessas formulações Argan propõe que não se fale em "neoclassicismo", mas em "neoclássico", "porque é nesse período e com

15. Panofsky, *Idea*, *op. cit.*, pp. 82-84.

16. R. Assunto, *L'antichità come futuro,* Milano, Mursia, 1973, pp. 64-67.

17. J. J. Winckelmann, *Reflexões sobre a Arte Antiga,* Porto Alegre, Movimento/Universidade Federal do Rio Grande do Sul, 1975, pp. 47-48.

esse tipo de arte que se combate e se destrói para sempre o classicismo, como tradição de um valor-modelo que, ao contrário, sendo por sua própria natureza absoluto e imutável, não pode ser transmitido no tempo"[18].

Se a volta ao antigo representa a possibilidade de descobrir uma natureza penetrada pelo princípio conformador do belo, representa também a possibilidade de fazer da razão um guia efetivo para o presente. Razão é sinônimo de ordem para um teórico como Karl Philipp Moritz, que num arquiteto como Borromini combate o uso da linha curva por se opor ao conceito de estabilidade, fundamental para a arte de edificar. Winckel-mann, por sua vez, não só ataca Bernini por ter negado aos gregos "tanto a superioridade de uma natureza mais bela, como a beleza ideal de suas figuras", como se posiciona radicalmente contra a concepção global do barroco ao erguer em ideal supremo qualidades puramente plásticas como a "linha simples"e o "contorno nobre"[19].

A atitude neoclássica, com efeito, representa uma tomada de posição contra o barroco e o rococó, aos quais é contraposto o modelo antigo como exemplo estético e ético ao mesmo tempo. Michelangelo não é poupado de críticas e um teórico como Milizia localiza nele o iniciador do barroco:

> Em todas as obras esculpidas e pintadas Michelangelo faz um alarde tão grande de sua ciência anatômica que parece ter trabalhado unicamente para a anatomia: e infelizmente ele não a entendeu bem nem a aplicou bem. [...] Resultou áspero, duro, extravagante, carregado, pequeno, grosseiro, e o que é mais visível, amaneirado, uma vez que suas figuras têm constantemente uma mesma maneira, e o mesmo caráter, de modo que tendo visto uma se viram todas[20].

Michelangelo é tambem criticado por Winckelmann, mas com outros argumentos. Sua imaginação era "por demais fogosa para sentimentos ternos e para a graça gentil", o que causou o afastamento dos artistas que se seguiram a ele "do antigo e do conhecimento da graça". Michelangelo é um artista não-gracioso por ir de encontro ao decoro da natureza e ao agradável. Isso porque a graça, embora seja inferior à beleza, é um atributo fundamental da arte grega. Age na simplicidade e na quietude da alma; requer uma relação particular entre agente e ação, excluindo qualquer heterogeneidade (*decorum*); é alheia ao horror e ao lamento, pois deve mostrar a dignidade do homem em seu recato espiritual[21].

As características que Winckelmann atribui à graça evidenciam que o que a estética neoclássica procura é uma graça regida pela razão. Não é, pois, a graça frívola e galante do rococó, concebida em termos naturalistas e sensuais. Mas uma graça que se funde com o sublime, que vai da razão à natureza, "para iluminá-la e resgatá-la: e o seu modelo, para a arte, não devia ser buscado nas flores, nos ramos, nos sarmentos, nos juncos sutilmente dobrados, nas delicadas cores das flores, mas numa candura de mármores alabastrinos, às vezes apenas sombreados de rosa; e nas elegâncias da linha geométrica, sabiamente conduzida da reta à curva, segundo passagens sutilíssimas e aproximações calculadas", como sublinha oportunamente Rosario Assunto[22].

A questão grega, que tem em Winckelmann seu representante mais significativo, é uma parte do debate teórico que mobiliza os estudiosos e os artistas da segunda

18. Argan, "Il neoclassico", *op. cit.*, pp. 142-143.

19. Ver Assunto, *op. cit.*, p. 27; Winckelmann, *op. cit.*, p. 47.

20. *Apud* A. M. Brizio, *Ottocento Novecento,* Torino, UTET, 1945, pp. 8-9.

21. *Apud* Assunto, *op. cit.*, p. 60. Para Winckelmann existem três estágios para a graça: 1. *sublime*: imutável e permanente. Comunica-se só com o espírito, desenvolve-se na tranqüilidade da natureza divina. Corresponde ao estilo jônico. Nela distinguem-se Praxíteles e Apeles e, entre os modernos, Guido Reni. 2. *atrativa*: temporal. Surge da fusão da beleza sublime com graças mais sensíveis e mais naturais. Nasce da pintura e depois se propaga para a escultura. Corresponde ao estilo dórico. Aparece em artistas como Fídias, Policleto e, mais recentemente, Rafael, del Sarto e Leonardo. 3. *infantil e cômica*: não se refere à beleza ideal, pois suas formas não são totalmente desenvolvidas. É cômica enquanto as duas primeiras são trágica e épica respectivamente. Aparece nas cabeças de faunos e bacantes, caracterizando-se por um sorriso alegre, por um perfil vulgar e pelo nariz achatado. Nos tempos modernos é própria das cabeças de Correggio.

22. Assunto, *op. cit.*, pp. 40-42.

5. *Nymphaeum nos Jardins de Salústio*, Giovanni Battista Piranesi, 1762.

6. *O Parnaso*, Anton Raphael Mengs, 1761.

metade do século XVIII. Existe uma contrapartida, Roma, igualmente importante para a compreensão da busca do "verdadeiro estilo", termo com o qual os homens daquele período designavam seus esforços. Ao contrário de Winckelmann, que procura a pureza da arte grega para transformá-la em paradigma estético e moral, Piranesi é atraído pela Antigüidade romana em sua realidade concreta, enquanto ruína, enquanto vestígio de um tempo passado, mas ainda repleto de significação. Para contrastar o mito helênico, Piranesi enumera incessantemente argumentos em favor da arquitetura romana, polemiza com Mariette, que a fazia descender dos antecedentes gregos, defende sua origem autóctone e sua derivação das propostas etruscas. Atribui caracteres diferentes às duas arquiteturas, vendo no luxo o traço peculiar da grega e na praticidade aquele da romana. A magnificência da arquitetura romana estava enraizada na praticidade e tinha um objetivo supremo, o bem público.

Piranesi chega a uma interpretação histórica da arquitetura romana não apenas pelos cuidados arqueológicos que dispensa a sua pesquisa, mas também pela imagem que transmite dos monumentos evocados, caracterizados por uma espacialidade ampla, na qual história e natureza se encontram, e por um novo conceito de massa arquitetônica. O arquiteto e gravador veneziano cria uma visão grandiosa dos monumentos romanos, não infensa a efeitos pitorescos e dramáticos, nos quais Argan percebe uma precisa consciência histórica. Enquanto ruína, o monumento romano não pode oferecer modelos válidos para o presente: pode despertar emoções que motivam a imaginação, e isso explicaria a visão própria que Piranesi infunde neles. Essa visão, no entanto, não é um *revival*. É, isso sim, a consciência de que a arte clássica está morta, de que as ruínas não são mais arte, mas natureza, e que, enquanto tais, interessam sobretudo o artista plástico. A arte antiga torna-se uma interpretação[23], um fato histórico e não metafísico como ocorre com a teorização de Winckelmann.

Tanto a atitude de Piranesi quanto aquela de Winckelmann evidenciam que o debate clássico é uma construção do século XVIII, que projeta no mito da Antigüidade exigências e preocupações próprias daquele momento. A descoberta de Herculano (1738) e Pompéia (1748), durante o reinado de Carlos VII, embora importante na difusão de um repertório desconhecido até aquele momento, nem sempre é capaz de tornar o debate teórico menos abstrato do que era anteriormente. Persistem ainda idéias errôneas sobre o desenvolvimento da arte entre os gregos e romanos e as pinturas murais trazidas à luz são, não raro, fonte de perplexidade. Muitos teóricos encontram uma série de defeitos nas obras recém-descobertas que Winckelmann atribui a um momento de decadência: desenho pobre, anatomia falha, expressão fraca, colorido monótono. Apesar de serem considerados fracos reflexos das obras-primas de Polignoto, Zêuxis e Apeles[24], os murais romanos não deixam de fornecer modelos e sugestões aos artistas do momento. *As Pinturas Antigas de Herculano e Arredores*, cujo primeiro volume é publicado em 1757 pela Academia Real de Herculano, são fonte de inspiração para um artista como Mengs. Seu *Parnaso* (1761) traz ecos de algumas das reproduções do livro, notadamente na figura de Apolo e no motivo das musas dançando. No teto da Villa Albani as reminiscências antigas pictóricas e escultóricas fundem-se com a evocação de um outro momento clássico, Rafael, mas não conseguem se furtar de todo ao gosto dominante no momento, como mostra o ritmo curvilíneo imposto à composição.

Se Mengs encontra na Antigüidade uma visão ideal dos primórdios da história, um pintor como David encarna o lado propriamente moral do neoclássico, se pensarmos numa obra paradigmática como *O Juramento dos Horácios* (1784-1785). A primeira idéia para a obra encomendada por Luís XVI em 1783 é derivada da peça

23. Ver H. Honour, *Neo-classicism,* Harmondsworth, Penguin Books, 1979, p. 54; Argan, "Il neoclassico", *op. cit.*, p. 142; Argan, "Il 'revival' ", p. 326.

24. Honour, *op. cit.*, p. 45.

Os Horácios (1639), de Corneille, inspirada por sua vez na *História de Roma*, de Tito Lívio. O quadro é pintado em Roma, cidade na qual David completara sua formação, iniciada com o classicista Vien, e na qual entrara em contato com Mengs, Milizia e Quatremère de Quincy.

A matriz literária é logo deixada de lado porque enfraqueceria a relação entre sentimento e dever que David desejava enfatizar. O quinto ato da peça de Corneille mostrava o velho Horácio pedindo clemência para o filho, réu de ter assassinado a irmã Camila, que o recriminava pela morte de um dos irmãos Curiácios, seu amado. O que era patético nos desenhos iniciais, inspirados na peça, torna-se tragédia na obra acabada, concebida como uma síntese visual, na qual se condensam os momentos fundamentais do episódio. Como mostra Argan, o quadro é formulado em ritmo ternário tanto temática quanto estruturalmente. Aos três momentos da ação – juramento, pai que aceita o sacrifício dos filhos em prol da pátria, mulheres que choram – correspondem três movimentos plásticos: "o passo decidido dos que juram e o gesto concorde das mãos estendidas, o ângulo agudo do pai ainda relutante, a pirâmide levemente recuada das mulheres que choram, como se já estivessem envolvidas pela penumbra do pórtico"[25]. A composição ternária é realçada pelo uso de triângulos sucessivos, que ritmam toda a superfície da tela, na qual se recortam figuras quase escultóricas, caracterizadas por cores metálicas, contra um fundo de arcos semicirculares e colunas dóricas.

O quadro de David é elogiado pela fidelidade arqueológica de sua reconstituição, na qual se percebe uma evocação dos baixos-relevos romanos em virtude do alinhamento retilíneo da composição, mas esse não parece ser o motivo fundamental de sua recepção positiva. Na escolha de David, que toma o partido da pátria em detrimento da família, condensam-se as mais elevadas virtudes romanas, coragem, integridade, justiça, auto-sacrifício em prol do próprio país e da liberdade. Qualidades altamente apreciadas naquele momento particular do século XVIII, quando a relação entre beleza e liberdade, postulada por Winckelmann em sua *História da Arte na Antigüidade,* assume um significado político preciso. A superioridade da arte grega residia numa série de condições favoráveis – clima ameno, beleza física, caráter bondoso e sereno – e sobretudo na liberdade política e de pensamento, que Winckelmann estende idealisticamente a toda a Grécia, apesar de não desconhecer a existência das cidades-estado. Influenciado pelas idéias do teórico alemão e pela leitura de Plutarco, David transforma o ideal estético em modelo da pólis ideal: o presente revive o passado da história, concebido como valor a ser realizado; a arte é a instância organizadora não só do gosto, mas do próprio comportamento social, voltado para a recuperação daquela dignidade sublime expressa pela estatuária clássica[26].

A teoria de Winckelmann e a pintura de David têm um alvo bem preciso naquela derivação do barroco que era o rococó, considerado sinônimo de superficialidade e vacuidade expressiva. Nas superfícies graciosas da arte rococó parecia cristalizar-se a efígie de uma sociedade frívola e avessa a todo heroísmo, esquecida da ética e da dignidade, que os defensores do ideal clássico atacarão em termos antes morais do que estéticos. Para contrastar o sensualismo e o hedonismo vigentes procura-se um novo homem social. Se Rousseau encontra tal homem no mito do "bom selvagem", os defensores do classicismo o localizam na Antigüidade, momento particular da história da humanidade, no qual haviam sido forjadas regras válidas para o presente, que deveriam ser recuperadas.

Nesse quadro de referências, o mais importante não era imitar as soluções formais da arte antiga, mas estar atento a seu valor ético, como fazem Winckelmann e David. O importante, pois, não era criar um corpo, apenas fisicamente belo, mas um corpo que expressasse as virtudes da alma. Esse é o corpo dos Horácios, de Bruto, daquele herói moderno que é Marat. Corpo que procura evocar aquela "forma nobre" que Winckelmann atribui

25. Argan, "David e Roma", p. 200.

26. Adaptação das idéias de Assunto, *op. cit.*, pp. 87-97.

7. *O Juramento dos Horácios*, Jacques-Louis David, 1784-1785.

ao jovem grego, com o qual nenhuma comparação é possível, se o modelo for o homem do século XVIII:

> Um Teseu, segundo o modelo moderno, seria um Teseu entre rosas; feito segundo o modelo antigo, seria um Teseu educado entre músculos, segundo o julgamento expresso por um pintor grego sobre duas representações diferentes deste herói[27].

A arte do presente, ao atualizar os exemplos da Antigüidade, tem na singeleza e na ordenação clara dos diferentes elementos da composição seus atributos fundamentais. A pintura e a escultura devem expressar um ideal de beleza, condensado no verdadeiro idealizado, uma vez que a arte é concebida como uma ação não mimética, antinaturalista em sua essência. Na pintura, a cena e a ambientação são reduzidas ao essencial, dá-se preferência à composição planimétrica; são evitados escorços, acessórios e todo elemento que possa distrair o espectador do cerne do quadro, a ação. No caso da arquitetura, as decorações e os ornamentos são quase integralmente banidos, a menos que não tenham uma função estrutural a desempenhar. O edifício deve expressar claramente sua função social, do mesmo modo que a cidade é expressão de um conjunto de funções coordenadas. A racionalização, que está na base das estruturas neoclássicas, manifesta-se através do predomínio da forma geométrica, implícita no David de *O Juramento dos Horácios*, explícita sobretudo na arquitetura do período[28].

Para reagir contra os aspectos extravagantes da arquitetura rococó, o arquiteto neoclássico volta-se para a racionalidade antiga e para os exemplos severos e despojados de Palladio, Mansart, Le Vau, entre outros. A súmula teórica da nova proposta arquitetônica está no *Ensaio sobre a Arquitetura*, que o abade Laugier publica em 1753. Nele, Laugier propõe o uso funcional e não mais decorativo das ordens; estabelece como princípio básico da arquitetura a cabana, feita de elementos estruturais, naturais e racionais – quatro troncos de árvore, quatro vigas horizontais e o telhado; dela deriva a estrutura do templo, que se torna o modelo preferido dos arquitetos neoclássicos, emprestando sua tipologia a igrejas, escolas, teatros, repartições públicas e residências particulares. A arquitetura moderna, nos dizeres de Laugier, deve voltar aos princípios antigos e acabar com o "relevo" puramente ornamental, pilastras, meias colunas e frontões.

A beleza da arquitetura neoclássica deve resultar da estrutura do edifício, do uso de formas geométricas simples (cubo, pirâmide e esfera), do respeito ao caráter intrínseco dos materiais, não mais escondidos por debaixo da decoração extravagante, mas exibidos em sua singeleza física. O edifício é apreciado por qualidades práticas como a solidez, a sobriedade, o conforto, que adquirirão um caráter monumental no período napoleônico, sem perderem, no entanto, suas características fundamentais.

A preocupação com uma estrutura clara e ordenada, que reponta da pesquisa arquitetônica, é também característica da expressão plástica e de uma série de reflexões teóricas que têm como objeto definir a diferença entre as "artes do tempo" e as "artes do espaço". Essa reflexão, feita pelo abade Dubos, por Shafetsbury, por Diderot e, principalmente, por Lessing, coloca em xeque um dos princípios fundamentais da poética barroca, o *ut pictura poesis*, fonte de vários mal-entendidos desde o Renascimento.

Influenciado por *Reflexões sobre a Imitação das Obras Gregas na Pintura e na Escultura*, de Winckelmann, em que são lançadas as bases da estética neoclássica, Lessing busca determinar áreas de atuação distintas para as artes plásticas e para a poesia, a partir da idéia de que deve existir uma relação entre o signo e o objeto representado. O ponto de partida do ensaio é o trecho do escrito de Winckelmann, em que este determina os caracteres peculiares da arte grega, "nobre simplicidade" e "grandeza serena tanto na atitude como na expressão", dos quais a estátua de *Laocoonte* seria um exemplo cabal. Longe de

27. Winckelmann, *op. cit.*, p. 41.

28. Sobre a tipologia neoclássica, ver, entre outros, W. Friedlaender, *De David a Delacroix,* Madrid, Alianza, 1989, p. 21; A. Del Guercio, *Conflittualità dell'arte moderna,* Roma, Editori Riuniti, 1976, p. 37; Assunto, *op. cit.*, p. 50; Argan, "Il neoclassico", *op. cit.*, p. 144.

gritar como o personagem de Virgílio, o Laocoonte escultórico não manifesta sua dor por nenhuma atitude violenta, pois, na arte grega, o caráter da alma se expressava através do corpo.

Não concordando com a explicação de Winckelmann, Lessing procura outras determinações, que o levam a circunscrever dois modos distintos de fazer arte, dois caminhos semânticos diferentes, dos quais resultará a contraposição entre a *ação espacial*, própria das artes plásticas, e a *ação temporal,* própria da poesia. Por ser progressiva, a ação temporal admite a expressão do sofrimento e até mesmo a presença do feio, pois estas características se reduzem a um momento passageiro numa sucessão de acontecimentos. A ação espacial, ao contrário, eterniza um momento único, representa o visível de uma única maneira, devendo escolher o instante mais fecundo para sua representação. A comparação que Lessing propõe no segundo capítulo de *Laocoonte* (1766) é uma clara demonstração de sua hipótese, enraizada no respeito à regra fundamental da arte, a lei da beleza:

> O artista queria representar a maior beleza compatível com a dor física. Esta, em toda a sua violência deformadora, não podia aliar-se com aquela. O artista era, pois, obrigado a diminuí-la, a moderar o grito em gemido, não porque o grito indica uma alma baixa, mas porque confere ao rosto um aspecto repugnante. Imaginem Laocoonte com a boca aberta e julguem. Façam-no gritar e vejam. Ele era uma imagem que inspirava compaixão porque encarnava simultaneamente a beleza e a dor; agora é uma imagem hedionda, monstruosa, da qual se gostaria de desviar o olhar porque a visão da dor provoca repugnância sem que a beleza do objeto sofredor seja capaz de transformar essa repugnância num doce sentimento de compaixão.
>
> Uma boca aberta é, em pintura, uma mancha, em escultura, um vazio, que produzem um efeito dos mais chocantes, sem falar no aspecto repugnante que confere ao resto do rosto retorcido num esgar.

São razões intrinsecamente plásticas, pois, que definem para Lessing as características próprias da escultura, a qual se exprime por sinais naturais, à diferença da poesia, que se serve de sinais arbitrários, e que delimitam as possibilidades de representação intrínsecas a cada arte[29].

Embora Lessing só conhecesse uma reprodução de *Laocoonte*, única referência plástica de seu ensaio, e pautasse toda a sua análise por exemplos literários, o impacto de suas idéias é imediato, tanto que a denominação "belas-artes" cede lugar a uma nova dicção, "artes plásticas", de acordo com o termo cunhado por ele.

Se as considerações de Lessing fazem vir à tona o caráter normativo da estética neoclássica, interessada em definir e circunscrever as formas que a arte poderia assumir e as tarefas que a ela caberiam, não é dessemelhante o propósito de Winckelmann, cujo objetivo é alcançar o tratamento sistemático e histórico da arte na Antigüidade. Numa carta de abril de 1761, Winckelmann torna claro seu propósito, quando escreve:

> Após três séculos era hora que alguém se decidisse a procurar um sistema relativo para a arte dos antigos, não tanto com o objetivo de aperfeiçoar seu progresso nos nossos dias, porque os pobres que as cultivam não são disso capazes, mas ao menos para dirigir suas mentes na prática de seu estudo e na apreciação adequada de seu mérito. Não se trata, portanto, de dar uma instrução superficial, e sim de apresentar o modo de operar com segurança e a partir de leis determinadas[30].

Esse objetivo guia *História da Arte na Antigüidade*, na qual Winckelmann funde história e estética, distanciando-se do modelo biográfico, da tradição erudita e da descrição topográfica. O que o autor denomina "tema" na carta de 1761 materializa-se no livro graças à atenção particular dedicada às origens, aos progressos e variações, à decadência e à extinção da arte, a partir do estudo de suas manifestações no tempo e no espaço, contradito, em parte, pela determinação dos princípios da beleza absoluta.

Winckelmann, desse modo, não cria apenas um protótipo de beleza para a arte de seu tempo. Propõe um método de análise, que Hegel resumirá no conceito da busca da "idéia da arte" através das obras e da história da

29. G. E. Lessing, *Laocoon,* Paris, Hermann, 1964. Na apresentação do livro, na edição citada, há uma longa explicação do princípio do *ut pictura poesis*.

30. *Apud* R. Cioffi Martinelli, *La ragione dell'arte*, Napoli, Liguori, 1981, p. 33.

arte. Hegel, de resto, está dialogando com Winckelmann quando define a forma clássica como um momento de equilíbrio entre conceito e realidade. A forma clássica, harmoniosa e racional, é caracterizada pela serenidade e pelo repouso, sendo a encarnação do espiritual na estrutura corporal. As proporções, a complementaridade das partes da figura escultórica, o isolamento da subjetividade em si mesma, expressa pelo olho de pedra da estátua, são as principais manifestações sensíveis da encarnação do Espírito[31], denotando uma leitura atenta da proposta de Winckelmann, o qual, não por acaso, havia concentrado sua análise na linguagem da escultura.

A escultura é, de fato, uma expressão predominante no momento neoclássico, por ser a forma de arte mais próxima do ideal. "Autêntico fundamento de toda a arte figurativa", como a define Goethe[32], é a que melhor reflete a estética neoclássica, pois nela a simplicidade e a linearidade encontram o terreno mais favorável e o relevo atinge uma perfeição rara.

A renovação da escultura em sentido clássico ocorre em Roma, cidade na qual Canova entra em contato com as obras antigas e renascentistas. Tomando uma posição contrária à cópia, isto é, à observação da natureza, Canova afirma que a única maneira de igualar os gregos reside no confronto entre a realidade e as grandes obras do passado. Por isso, se sujeita a um severo programa de estudos, que inclui a cópia de modelos antigos nos Museus Vaticanos e o desenho com modelo vivo na academia de Pompeo Batoni. Um discípulo de Winckelmann, Quatre-mère de Quincy, converte-o à doutrina do belo ideal, cujos primeiros indícios estão no *Apolo Coroando-se com Louros* (1781), que Argan considera uma reconstrução da escultura clássica de acordo com os preceitos de Winckelmann, inclusive pelo fato de a estátua ser acéfala e mutilada de um braço, e no *Teseu sobre o Minotauro* (1782), no qual se notam ainda ecos maneiristas e barrocos na articulação das duas figuras e no realismo conferido ao ser híbrido. Canova, no entanto, para conformar-se ao cânone clássico, renuncia à idéia de apresentar as duas figuras no momento do combate, conferindo ao conjunto aquela serenidade antiga, tão cara a Winckelmann. Hugh Honour propõe uma leitura do grupo em termos simbólicos a partir dos dois registros que o enformam: o cadáver do Minotauro representaria o fim da fase veneziana, ao passo que Teseu seria o emblema do adquirido idealismo, que fará de Canova um "continuador" da tradição antiga[33].

Nos monumentos funerários de Clemente XIV (1783-1787) e de Clemente XIII (1787-1792), Canova, embora respeite algumas convenções barrocas – figura do papa no topo do conjunto e figuras alegóricas de ambos os lados –, renuncia, porém, à policromia, aos efeitos ilusionistas, à gesticulação e às poses tensas para criar estruturas idealizadas e serenas, nas quais se destacam elementos puramente formais, de grande plasticidade e geométricos ao mesmo tempo. Quando o primeiro monumento é inaugurado em 1787, Milizia não hesita em escrever:

> As três estátuas parecem ter sido esculpidas no melhor período da arte grega, pela composição, expressão e panejamentos; e os acessórios, os símbolos e a arquitetura possuem a mesma regularidade[34].

A concepção do belo ideal, que se eleva acima de todas as contingências locais e temporais, faz com que Canova empreste atributos clássicos a seus contemporâneos: Napoleão torna-se um deus grego, na esteira das representações do imperador Augusto feitas pelos romanos; sua irmã Paulina evoca uma Vênus triunfante.

Quem leva mais longe os pressupostos da estética neoclássica é o dinamarquês Thorvaldsen, que parte da lição de Canova, mas a "corrige" a fim de atingir um idealismo formal mais rigoroso. Insiste na linha suave para definir o volume, tolera apenas um mínimo de mo-

31. G. Bras, *Hegel e a Arte,* Rio de Janeiro, Jorge Zahar, 1990, pp. 90-91.

32. *Apud* K. Lankheit, *Révolution et restauration,* Paris, Albin Michel, 1966, p. 28.

33. Argan, "Antonio Canova", *op. cit*, p. 212; Honour, *op. cit.*, p. 39.

34. *Apud* Honour, *op. cit.*, p. 40.

vimento, confere a suas figuras um estado idílico de indiferença, refuta o individual em prol da definição do tipo ideal. *Jasão* (1802-1803), graças ao qual se torna célebre, é possivelmente influenciado pelo *Doríforo* de Policleto e corresponde à idéia da grandeza antiga enunciada por Winckelmann: tem um aspecto compacto e denso, não interrompido por qualquer tipo de gesto.

A importância que a teoria de Winckelmann adquire para seus contemporâneos pode ser mostrada por outros fatores além daqueles já mencionados. A segunda edição da *Enciclopédia*, no verbete "Antigos", não só cita explicitamente a autor alemão, como molda a idéia de arte antiga a partir de suas categorias fundamentais. Quatro são "as partes essenciais" da arte entre os antigos: beleza geral das formas; perfeição do desenho nas figuras humanas, sobretudo nas cabeças; grandeza e nobreza das atitudes e dos caracteres; expressão altiva e correta das paixões, sempre subordinada à beleza. Se o estudo das obras antigas era imprescindível para recuperar essa idéia de arte, é sintomático que a *Enciclopédia* lhe anteponha "uma leitura reflexiva dos excelentes escritos de Winckelmann", numa demonstração do reconhecimento de seu papel e de seu método, guiado por categorias estilísticas e formais.

O verbete da *Enciclopédia* localiza na arte antiga qualidades precisas – unidade, clareza, harmonia dos diferentes elementos da composição entre si –, que podem ser contrapostas à frivolidade e à afetação do rococó, por responderem àquela atitude racional na qual o Iluminismo se fundava.

As idéias de Winckelmann informam um outro verbete da *Enciclopédia,* aquele dedicado às "Antiguidades", no qual é estabelecida uma relação imediata entre arte e liberdade. Mas "os belos séculos de liberdade grega" oferecem outros exemplos ao presente: a criação guiada por objetivos determinados, a função positiva das leis e dos costumes, a concepção do indivíduo como parte do Estado, a subordinação da educação aos deveres cívicos. Desse quadro de referências derivam o "vigor másculo", o "julgamento maduro", "objetivo", "determinado" das obras de arte antigas, raramente perceptível na expressão moderna, vazada, ao contrário, no pueril e no limitado[35].

O modelo ideal do teórico alemão reveste-se de atributos laicos e cívicos, denotando mais uma vez o compromisso do momento neoclássico com uma renovação não apenas artística, mas, antes de tudo, ética e social. Rosario Assunto tem razão quando propõe para esse momento um aparente paradoxo, a idéia da *Antigüidade como futuro*. Trata-se de um paradoxo apenas aparente, uma vez que o momento neoclássico "se reconhece no espírito da Antigüidade, o projeta diante de si como um futuro, um valor graças ao qual se aperfeiçoa. O passado, transposto para o futuro, volta a ser presente; mas nessa sua forma presente supera, por assim dizer, a si mesmo: a grandeza que volta não só dá forma à felicidade hodierna, mas a incrementa, de modo que basta seu retorno para tornar ainda mais feliz a humanidade de hoje"[36].

O caráter utópico dessa busca, na qual a razão se impõe ao sentimento, não pode ser esquecido, nem se pode deixar de levar em consideração um fato incontestável: o esquematismo, a uniformidade formal, a frigidez expressiva caracterizam boa parte da arte neoclássica, que acaba se revelando muito mais como um conjunto de normas e convenções, como um sistema aplicado rigidamente do que como uma verdadeira compreensão do espírito que animava os artistas da Antigüidade. No caso particular da pintura, o convencionalismo neoclássico manifesta-se com evidência na estrutura da composição, sujeita à horizontalidade a fim de contrastar a preferência do século XVII pela diagonalidade, e à regra da unidade de ação. Não é abusado usar um termo teatral para designar uma estrutura pictórica porque a pintura neoclássica se conforma, as mais das vezes, à regra das três unidades, fazendo de suas telas momentos dramáticos petrificados, portadores de uma idéia simbólica e exemplar à qual se sujeita toda a composição. Nesse predomínio da idéia simbólica, que rechaça qualquer "sobrecarga sensual",

35. Cioffi Martinelli, *op. cit.*, pp. 29-32.
36. Assunto, *op. cit.*, p. 52.

8. *Panteão*, Jacques-Germain Soufflot, 1757. Sainte Geneviève, Paris.

9. *Hércules e Licas*, Antonio Canova, 1795-1802.

deve ser buscado, segundo Starobinski, o gosto neoclássico pela pureza do traço. Se o modelo legitimador é o grafismo dos vasos gregos, sobretudo no caso do desenho e da gravura, não se pode deixar de analisar um outro componente desse gosto: a crença de que a arte deve concentrar as idéias em formas facilmente legíveis, subtraídas à sucessão e à duração[37], portanto, alheias à transformação e ao próprio devir histórico. É por isso que a pintura neoclássica recorre ao tipo ideal, ao paradigma, valoriza a forma compacta, o desenho preciso, a linha contínua, renuncia à cor enquanto valor sensorial, modelando por gradações e não por contrastes, como acontecia no rococó.

Transformada em categoria, em arquétipo, a tradição clássica deixa de ser uma experiência renovada para afirmar-se como idéia, como abstração[38]. Desse enrijecimento não escapa nem mesmo um artista como David, freqüentemente cindido entre obediência e desvio da norma, entre uma visão realista e uma reconstrução arqueológica, no qual se aglutinam algumas das contradições centrais do momento neoclássico, simultaneamente retrospectivo e prospectivo, acadêmico e moderno.

Arte Clássica ou Artes Clássicas?

Ao analisar o fenômeno clássico, Claude Roy estabelece um paralelo com a teologia, pois percebe nas características que lhe são atribuídas um elo evidente com os atributos da divindade. Na filosofia de Hegel e na historiografia de Wölfflin, a arte clássica estaria próxima da definição do Espírito Criador: busca da representação eterna e do divino, despojado de todo arbítrio e de todo acidente para o primeiro; fechada, necessária e clara para o segundo, que lhe opõe o barroco, reino da contingência. Mesmo quando André Chastel tenta resumir os conceitos fundamentais de Wölfflin em duas grandes categorias, "plenitude do ser" e "fluidez do aparecer", o paralelo teológico volta a se impor. E o que dizer da terminologia proposta por Nietzsche, apolíneo e dionisíaco? Ou dos atributos da criação clássica determinados por Winckelmann, muito próximos do vocabulário místico? A partir desses exemplos, escreve Roy:

> Quer repouse na aceitação de uma ordem do sagrado, quer sacralize uma ordem inteligível, a arte clássica, nesse aspecto, pode ser definida como uma arte para a qual há sempre valores mais sagrados do que esse acidente, o artista, e mais importante que esse transeunte, o ser humano. [...] a *medida* clássica é em primeiro lugar mensuração da única relação que importa, a relação com o absoluto. Nem toda arte religiosa é clássica, mas toda arte clássica supõe, imanente ou transcendente, aquela dimensão que Rublov chama Deus e que Alberti chama natureza.

Do que se infere que o modelo do artista clássico é Deus e que o objetivo da arte clássica, como percebeu Hegel, é a representação do divino em si, em sua "calma infinita" e sua "sublimidade intemporal, imóvel, sem nenhuma personalidade subjetiva". O criador clássico, pois, é "aquele que esquece seu eu, ou o sobrepuja, que espera a individualidade subjetiva para atingir a generalidade objetiva, o acidental para agarrar o permanente". A intemporalidade pretendida seria o reverso da história, a negação do tempo, da transitoriedade, uma proteção contra o nada[39].

As categorias da arte clássica – medida, cálculo, simetria, ordenação geométrica e matemática, equilíbrio das proporções, harmonia das relações, domínio dos impulsos e dos caprichos, clareza, legibilidade, inserção na tradição – não resumem em si a essência da expressão clássica. Esta só existe quando a natureza e o homem então subordinados a uma concepção imanente e velada das proporções calculadas, o que significa que, para Roy, não há possibilidade de classicismo nas linguagens abstratas, nas quais o rigor geométrico e a abstração mate-

37. Del Guercio, *op. cit.*, pp. 43-44; J. Starobinski, *1789. Les emblèmes de la raison,* Paris, Flammarion, 1979, pp. 99-100.

38. Argan, "David e Roma", *op. cit.*, p. 195.

39. Roy, *op. cit.*, pp. 164-171.

mática valem por si. Os exemplos lembrados pelo autor, Poussin, David, Ingres, Seurat, têm em comum a busca de uma monumentalidade que desafia a contingência do ser para atingir aquela essência, descoberta pelos antigos e da qual o artista contemporâneo se aproxima pelo trâmite da imitação e da cópia. O passado como modelo e como exemplo está na base do projeto clássico, cujo objetivo é dominar a natureza, conceitualizá-la a partir das normas que regem o espírito humano.

O que é o clássico, afinal? Nostalgia do passado ou tentativa de realizar uma utopia? Busca de uma origem mítica ou desejo de definir racional e definitivamente as grandes interrogações que mobilizam a humanidade? Trata-se de um sistema rígido, normativo ou de um confronto livre com o passado? É uma categoria válida apenas para a arte ocidental ou está presente também nas culturas não-ocidentais? O clássico é o momento mais fecundo de uma "história biológica" da arte, momento cíclico e recorrente, ou há atitudes clássicas localizadas e historicamente definidas e determinadas?

Confrontado com a questão do classicismo no interior do impressionismo, Pierre Francastel descarta de todo a idéia de uma história cíclica, por não acreditar nem em repetições nem em retornos de fatos artísticos do passado. Por isso, é falso falar no classicismo de Degas, Renoir, Cézanne e Seurat, utilizando princípios apriorísticos e formais generalizantes sem levar em conta a história de cada artista, suas opções, seus diálogos. O que representa a questão do clássico para Cézanne, por exemplo? A resposta de Francastel é clara e incisiva:

> Corot costumava dizer que a maior dificuldade consistia em conservar durante o trabalho de imitação conscienciosa a emoção primitiva: palavra de clássico que expressa o tormento de Cézanne. Mas se se pode falar por Corot, assim como por Cézanne, de poesia e de classicismo, é preciso considerar que sua poética é absolutamente despojada de toda literatura. Ela não resulta nem de uma reflexão filosófica nem de qualquer sistema *a priori*. Cézanne, como Corot, é um maravilhoso temperamento de pintor; ele não é clássico por raciocínio e método, mas por necessidade. O classicismo para ele não resulta de um esforço de reflexão, de uma escolha entre vários partidos possíveis, é o único partido possível, uma visão e não uma intenção. Cézanne reencontra a arte dos museus e a atitude clássica não nos quadros dos mestres, mas na prática da arte[40].

O alerta de Francastel, que insere o problema clássico numa moldura histórica precisa e enxerga na atitude de Cézanne um fato de poética motivado pela prática pictórica, pode nos ajudar a estabelecer uma distinção entre o mito da arte clássica e determinadas práticas clássicas que se estruturam ao longo dos séculos.

O mito da arte clássica é aquele que tem por parâmetro o belo ideal, que busca uma noção de unidade capaz de dominar o caos do mundo fenomênico, que se pauta por uma idéia de harmonia na qual a inteligência desempenha um papel fundamental e ordenador. Modelo a ser imitado, ele traz em si a questão da repetição e da imitação[41] e para ele se impõe uma pergunta: o que cada momento histórico busca nesse mito? Se uma resposta foi dada neste ensaio através da análise do problema neoclássico, ela não pode ser estendida a outros momentos e a outros contextos históricos porque as variáveis que os compõem são diferentes e as motivações de uma época não valem para outra. Se a motivação neoclássica é ideológica, moral, o mesmo não pode ser dito da atitude seiscentista, essencialmente nostálgica, não prospectiva, que tenta "repetir o real melhorando-o" com o objetivo de ordenar a natureza e de subordiná-la às regras da composição geométrica, de criar um espetáculo de coerência perfeita, regido por uma harmonia soberana, enraizada nos exemplos gregos e romanos[42].

Enquanto o mito da arte clássica permanece intacto, sua fruição é móvel, difícil de ser abarcada numa só visada. A arte clássica, apesar de propor a repetição e a imitação, é uma invenção sempre contingente, mascara freqüentemente contradições profundas dos momentos que a elegem como parâmetro, incitando-nos a buscar a

40. P. Francastel, *L'impressionisme,* Paris, Denöel/Gonthier, 1974, pp. 179-180.

41. Roy, *op. cit.*, pp. 109-110.

42. *Idem*, pp. 145-146.

história oculta, o avesso da ordem e da harmonia, o que é reprimido e silenciado pela vontade racional.

A arte clássica gera, portanto, as artes clássicas, aqueles plurais movidos pela utopia de um momento perfeito, que tentam superar a história num esforço que só faz evidenciar a sua temporalidade, sua busca de uma verdade ficcional, reconstruída a cada momento a partir das pulsões de um presente problemático e repleto de contradições.

Marcos Históricos do Classicismo Renascentista

No século XIV surge em Florença uma nova consciência artística, fruto de um juízo teórico oriundo da Antigüidade. Os pensadores florentinos localizam em Cimabue e Giotto os marcos inaugurais da ruptura com a Idade Média, deixando de lado um personagem fundamental como o escultor Niccolò Pisano, o primeiro artista que se aproxima de fato das lições da Antigüidade. A partir do estudo dos sarcófagos romanos, Pisano elabora figuras simples e claras, recobertas por amplos panejamentos e captadas em atitudes naturais.

Se Cimabue encerra em Florença o episódio bizantino, seu discípulo Giotto propõe uma nova visão do homem, vazada na Antigüidade clássica. Representa o corpo humano de maneira realista, conferindo caracterização psicológica às fisionomias de seus personagens, infundindo vida em seus gestos e movimentos, como testemunham os afrescos de Assis (Basílica de São Francisco, *c.* 1296), de Pádua (Capela Scrovegni, *c.* 1304-1306) e de Florença (Santa Cruz, 1317).

No começo do século XV Florença é o principal centro do classicismo, sinônimo tácito de volta à Antigüidade. Nesse período são elaboradas as grandes contribuições formais da cidade a uma linguagem plástica renovada, baseada no respeito às regras da geometria (proporção e simetria), na codificação da perspectiva e numa visão laica da iconografia religiosa. O classicismo florentino não está, no entanto, isento de conflitos, como provam artistas como Donatello e Masaccio. Atento observador da natureza e da arte antiga, Donatello amplia seu repertório de temas clássicos após a viagem a Roma (1431-1433). É o que se percebe, por exemplo, no *Monumento Eqüestre de Gattamelata* (1447-1452), inspirado na estátua de Marco Aurélio, e na figura do *putto,* derivada dos relevos clássicos e adaptada à iconografia cristã. O sentido dramático, que permeava sua obra desde o início, acentua-se nos trabalhos dos últimos anos, sobretudo na *Madalena* (1453-1455) e nos baixos-relevos dos *Púlpitos de São Lourenço* (1461-1466), nos quais atinge uma expressividade atormentada, que antecipa de vários séculos o expressionismo novecentista. Masaccio, por sua vez, caracteriza-se pela busca de um realismo poderoso, no qual é possível perceber as lições de escultores como Niccolò e Giovanni Pisano e do próprio Donatelllo. Dono de um estilo grandioso e simples, dá vida a figuras sólidas e robustas, definidas pela plenitude volumétrica e pela acentuação tipológica. Se esse é o traço fundamental dos afrescos do Carmo de Florença (1427), não se pode, no entanto, desconhecer a intensidade dramática da *Crucificação* de Nápoles, que integrava o políptico de Pisa (1426-1427), ritmada pelo contraste violento entre a figura pétrea de Cristo e o fundo dourado da tela.

Expressões realmente próximas do espírito clássico devem ser procuradas em dois artistas não-florentinos, Piero della Francesca e Mantegna.

Em Piero della Francesca a idéia clássica atinge um de seus pontos mais elevados, graças a uma expressão serena e calma, a uma espacialidade quase sempre ampla, a uma definição abstrata e geométrica dos volumes, a um cromatismo chapado e claro. Suas composições denotam uma preferência acentuada pela frontalidade, pela simetria, por expressões de calma e serenidade mesmo em situações dramáticas, como testemunha o ciclo de Arezzo dedicado à *História da Cruz* (*c.* 1452-1459). Um outro recurso que contribui para realçar a nobreza solene de suas figuras é o caráter impessoal de suas

10. *Aquiles Lamenta a Morte de Pátroclo*, John Flaxman, 1793.

11. *Montanha Santa Vitória com Grande Pinheiro*, Paul Cézanne, 1885-1887.

fisionomias estáticas e intemporais, mas assim mesmo penetradas de sentimentos profundos.

O classicismo de Mantegna é bem diferente daquele de Piero della Francesca. Explicita-se num gosto arqueológico, fecundado pelo ambiente paduano, cuja universidade era famosa pela atenção dedicada ao estudo da Antigüidade. Além disso, Mantegna sofre influência das obras de Donatello presentes na cidade, do pintor, arqueólogo e antiquário Squarcione e do humanista Feliciano, que confirmam sua busca de uma abstração formal de caráter escultórico. A recuperação arqueológica do pintor, que se traduz numa evocação detalhada e minuciosa do mundo antigo, investe até mesmo as cenas religiosas que parecem integrar a história romana. Seu estilo é duro, firme, gráfico, conferindo um aspecto pétreo aos homens e à natureza. Sua cor é prevalentemente surda. Mantegna demonstra um grande interesse pelas pesquisas perspéticas, criando ângulos inéditos de visão, lançando mão do escorço para criar efeitos dramáticos.

A tensão, que permeia boa parte da expressão pictórica e escultórica do Renascimento, não é a nota dominante da arquitetura do período. A primeira figura de destaque nesse campo é Brunelleschi, que introduz em seus edifícios os princípios estruturais da Antigüidade. Capaz de reduzir o edifício à regra matemática, Brunelleschi concebe organismos claros, nos quais tudo se resolve em relações mensuráveis, numa ordenação harmoniosa, fonte de uma beleza severa e essencial.

Proposta de uma nova maneira de edificar no caso de Brunelleschi, a arquitetura é submetida a um processo de intelectualização por Alberti, que repensa criticamente as lições de Vitrúvio. Em seu tratado *De re aedificatoria*, redigido em 1452, Alberti defende uma visão racional da arquitetura, na qual a perspectiva desempenha uma função organizadora. De acordo com suas idéias o edifício deve ser fruto de cálculo; deve se dar preferência à planta circular porque expressa melhor o valor plástico da construção; as ordens antigas devem ser superpostas na fachada. Como arquiteto, coloca em prática a idéia de que a ele só cabia projetar o edifício: o Palácio Rucellai (*c.* 1446-1451) é construído por Bernardo Rossellino; o Templo Malatestiano (1447), cuja fachada se inspira nos arcos antigos, é confiado a Matteo de' Pasti.

Em Roma, as lições da arquitetura clássica são colocadas em prática sobretudo por Bramante, a partir de 1500. No claustro de Santa Maria da Paz (1500-1504) e no Tempietto (1504), erguido no provável local da crucificação de São Pedro, o arquiteto segue o cânone antigo das proporções, conseguindo composições equilibradas e efeitos monumentais em obras de pequenas dimensões.

A linguagem clássica começa a impor-se em Veneza no final do século XV, quando o estilo gótico até então dominante cede lugar às ordens antigas. As formas do renascimento florentino e romano são introduzidas na cidade a partir de 1527, graças a Sansovino, que havia feito sua formação no ateliê de Giuliano da Sangallo e no círculo de Bramante. Seu exemplo influencia Palladio, que havia estudado em Roma a Antigüidade clássica. Defensor intransigente da volta ao classicismo, Palladio é autor dos *Quatro Livros da Arquitetura* (1570), tratado no qual discute as idéias de Vitrúvio, Alberti e Vasari. Sua formação romana torna-se patente na qualificação de restaurador da arquitetura antiga que confere a Bramante, retirando o mérito de Brunelleschi. Como arquiteto, Palladio realiza igrejas, palácios e casas de campo, que servirão de modelo à arquitetura rural inglesa do século XVIII. Seu estilo grandioso, severo e simétrico, no qual não faltam elementos maneiristas (pureza dos detalhes, densidade dos efeitos), será usado como contraposição ao barroco e estará na base da arquitetura neoclássica. Entre suas obras merecem destaque a Basílica (1549) e o Teatro Olímpico (1580) de Vicenza e as igrejas de São Jorge Maior (1566) e do Redentor (1576) em Veneza.

Marcos Históricos do Neoclassicismo

À diferença do classicismo renascentista, que tinha no homem o cerne de suas preocupações, o neoclassicismo, que se desenvolve entre meados do século XVIII e as primeiras décadas do século XIX, é guiado pela exaltação dos valores do cidadão. Representa, desse modo, uma reação moral, pois se opõe à sociedade cortesã, e uma reação intelectual, pois visa encontrar as fontes de uma civilização primitiva e verdadeira.

Os franceses Caylus e Cochin parecem ter sido os primeiros a reagir contra o rebuscamento rococó e a preconizar a volta a uma linguagem sóbria e racional, cujas fontes seriam a Antigüidade e o classicismo seiscentista. A reação nascente encontra apoio no círculo dos enciclopedistas hostis à corte, o que explica a diferença do neoclassicismo em relação aos classicismos anteriores. Trata-se de uma atitude moral e política, da busca de novos padrões de comportamento, relacionados com um ideal de vida estóico e republicano. É por isso que o neoclassicismo é associado à revolução francesa e à independência norte-americana. O caso dos Estados Unidos é típico desse momento: Washington é aclamado pai da pátria (*pater patriae*); a capital é construída em estilo romano; o poder legislativo é sediado no Capitólio.

O novo gosto, que se instaura a partir de meados do século XVIII, não pode ser dissociado da crise dos valores da sociedade cortesã e da busca de novos modos de vida. Por isso, o motor principal do neoclassicismo não pode ser localizado nas descobertas arqueológicas, nem nas teorias de pensadores como Mengs, Winckelmann, Lessing e Milizia. A descoberta de Herculano (1738) e Pompéia (1748) teria motivado uma moda passageira se não existissem uma disponibilidade e um interesse acentuado pela volta às origens. Ao interesse por Roma e pela Grécia deve ser acrescentado aquele pela Etrúria e pelo Egito: graças a esses exemplos é rejeitada toda forma de convenção e de capricho em prol de uma expressão simples e direta. Roma torna-se o principal museu da Europa e suas ruínas constituem uma grande fonte de inspiração. Sua divulgação por Piranesi transforma-as em ponto de partida de muitos arquitetos, entre os quais Soufflot, autor do Panteão de Paris, o primeiro edifício verdadeiramente neoclássico.

A partir da arte grega são formuladas as linhas-mestras do programa neoclássico. Winckelmann interpreta de maneira nova a arte antiga pela ênfase dada à superioridade da expressão grega. Relaciona a beleza das obras helênicas com um estado particular do artista, dando-lhe como características uma "nobre simplicidade e serena grandeza na ação e na expressão [...] nobreza e moderação mesmo no sofrimento" e a "precisão de contornos".

O ideal artístico formulado por Winckelmann atrai sobretudo os escultores, que concentram na figura humana a encarnação da beleza ideal, apresentando-a em atitudes que evocam a simplicidade e a serenidade dos modelos gregos. O escultor mais importante do momento é Canova: desde 1781 inspira-se no mundo greco-romano, tanto formalmente (busca do belo ideal, de formas simples, de uma elegância suave), quanto tematicamente (*Teseu e o Minotauro*, 1781-1783; *Cupido e Psiquê*, 1787-1793; *Hércules e Licas*, 1795-1802). Influenciado por seu exemplo, o dinamarquês Thorvaldsen dá vida a uma expressão rigorosa, na qual tenta pôr em prática os preceitos de Winckelmann (*Jasão*, 1802-1803).

O escultor neoclássico, assim como o pintor contemporâneo, deriva da Antigüidade uma concepção idealizada do nu, no qual projeta a idéia da eternidade e de uma verdade fiel aos princípios da natureza. Desse interesse surge o "nu contemporâneo", do qual o exemplo mais famoso é *Voltaire* (1770-1776), de Pigalle.

A pintura neoclássica caracteriza-se pela observação de normas que visam transformar o quadro numa manifestação de simplicidade, sobriedade e dignidade. O pintor busca essencialmente a forma, dando preferência à linha contínua, à pureza do traço, à precisão do desenho. Como a grande fonte de inspiração é a estatuária antiga, a composição é sólida, quase escultórica, renunciando ao sensualismo cromático em prol de cores frias e chapadas.

Se um dos primeiros episódios da pintura neoclássica é o *Parnaso* (1761), de Mengs, o grande representante do novo estilo é Jacques-Louis David desde *Belisário* (1780). O ideal romano molda integralmente *O Juramento dos Horácios* (1784-1785), mas no período do Diretório David adere ao ideal de beleza grego, como prova o *Rapto das Sabinas* (1799).

Nos últimos vinte anos do século XVIII desenvolve-se a tendência "pompeiana" após a descoberta da existência de uma arte colorida e fantasiosa na Grécia e em Roma. Entre seus representantes destaca-se Pierre-Paul Prud'hon, interessado em Canova e na pintura de Herculano e Pompéia, que busca uma evocação poética da Antigüidade.

No século XIX, o principal representante do neoclassicismo é Ingres, discípulo de David, que descobre na Itália seu ideal: a visão da natureza através dos gregos e de Rafael. Dá vida a uma expresssão linear, na qual a forma surge como um plano sugerindo profundidade, disposto em baixo-relevo. Em termos cromáticos, dá preferência aos meios tons, às harmonias dos neutros, sem sugestão de luz e de sombra.

Na arquitetura, o neoclassicismo exibe uma atitude racionalista que prefigura o funcionalismo: busca formas simples, proporcionadas, simétricas; propõe plantas claras em sua distribuição; usa as ordens antigas, deixando de lado o estilo compósito; elimina o relevo ornamental. A volta à Antigüidade é proposta em fins de 1750 em dois edifícios emblemáticos: o Panteão de Paris, de Soufflot, em cruz grega, cuja colunata é derivada do Panteão de Roma e cujo interior é ritmado por colunas coríntias, exibindo ainda influências de Piranesi e Clérisseau (1757-1790); o Templo Dórico de Hagley Park, de James Stuart, tentativa de reconstrução arqueológica de um edifício grego (1758).

Na Inglaterra, destaca-se a linguagem eclética dos irmãos Robert e James Adam, influenciados por Clérisseau, Piranesi, pelo estilo jônico, por Palladio, pelo Renascimento, cuja arquitetura se caracteriza pelo ar antigüizante. Na França, o grupo de Boullée, Ledoux e Lequeu busca soluções novas graças ao uso de formas geométricas simples, revestidas de significados simbólicos. Na Alemanha, os arquitetos dão preferência ao estilo dórico, como atestam a Porta de Brandeburgo (1789-1793), de Langhams; o Walhala (1831-1842) e o Propileu (1846), de von Klenze; a Nova Guarda (1816), de von Schinkel. Na Itália, a maior expressão da arquitetura neoclássica é a Piazza del Popolo, em Roma, que Valadier projeta em dois hemiciclos, pontuados no centro por um obelisco (1810-1816).

No período napoleônico, a identificação com Roma imperial dá um novo impulso ao interesse pela arquitetura antiga. Os arquitetos do período, preocupados com a monumentalidade, lançam mão de volumes simples, buscam a simetria e os efeitos de perspectiva, trabalham com formas geométricas básicas (cubo, paralelepípedo, semi-esfera).

Os feitos de Napoleão são celebrados por uma série de monumentos: o Arco do Carroussel (1806-1808), de Percier e Fontaine, inspirado no Arco de Setímio Severo; o Arco do Triunfo (1806-1836):, de Raymond e Chalgrin, inspirado na arquitetura do período de Luís XIV; a Coluna Vendôme (1806-1810), de Vivant Denon, Gondouin e Lepère, inspirada na Coluna Trajana; o Templo da Glória (Madalena, 1807-1842), de Vignon, em estilo coríntio, erguido sobre um alto pódio romano.

No Brasil, o neoclassicismo impõe-se a partir da Missão Le Breton (1816). Entre seus integrantes destacam-se Debret e Auguste Taunay na pintura e Grandjean de Montigny na arquitetura (Praça do Comércio, 1820; sua residência na Gávea, que hoje integra o *campus* da Pontifícia Universidade Católica).

Do Rio de Janeiro, o neoclassicismo propaga-se pelas demais regiões, originando, entre outros, o Teatro Santa Isabel do Recife (Vauthier, 1840-1846), o Teatro São Pedro de Porto Alegre (1858) e o Teatro da Paz de Belém do Pará (Pereira Magalhães, 1869-1875).

9. O CLASSICISMO NA ARQUITETURA

Fernanda Fernandes

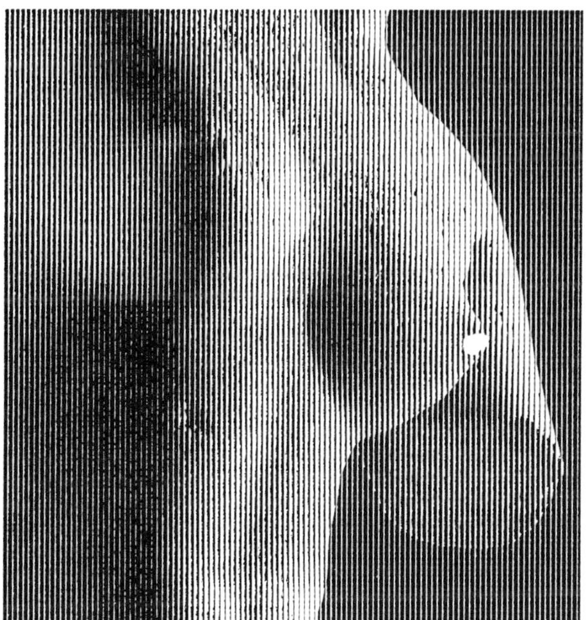

A Doutrina Clássica

O "clássico" ou a arte do mundo antigo greco-romano se apresenta em diferentes momentos da história, como ponto de referência para a elaboração arquitetônica. Os diferentes momentos de retomada da Antigüidade clássica como fonte de inspiração e questionamento são usualmente considerados períodos classicistas.

Esse constante diálogo com a Antigüidade indica também o sentido de busca de uma origem onde a autoridade dos antigos funciona como pedra fundamental para a constituição do próprio percurso trilhado pela cultura ocidental. Neste sentido a noção de clássico constitui-se como parâmetro de análise para a construção de uma historiografia arquitetônica participando, como termo constante, da polaridade clássico/anticlássico.

Considera-se o Renascimento italiano dos séculos XV e XVI como um período clássico por excelência. Esta formulação foi inicialmente enunciada por Vasari em suas *Vite* (1550), onde esse período é visto como progresso e apogeu do espírito e da cultura clássica com Michelangelo ao vértice. Do clássico até o neoclássico, termo que se emprega de maneira convencional para descrever a arquitetura da segunda metade do século XVIII e particularmente da passagem do século XVIII ao XIX, temos a formulação da idéia de clássico em arquitetura e também a sua dissolução.

Elemento fundamental da arquitetura clássica são as ordens arquitetônicas. Uma "ordem" é uma unidade coluna-viga, regulada por uma norma de proporcionalidade e guarnecida com todo um repertório de ornamentos. Gregos e romanos primeiro e os arquitetos do Renascimento depois consideravam a utilização das ordens garantia da perfeição arquitetônica[1].

Durante o Renascimento procede-se ao estudo das ruínas da Antigüidade romana e do único tratado remanescente do período (século I) – o tratado de arquitetura de Vitrúvio[2].

Em seu tratado Vitrúvio descrevia uma ordem etrusca e três ordens gregas – dórica, jônica e coríntia. Os teóricos do Renascimento acrescentaram a este repertório uma quinta ordem – a compósita, retirada da observação da ordem arquitetônica existente no último nível do Coliseu romano. Estas cinco ordens passaram a ser os elementos essenciais da composição arquitetônica desde o início do século XVI até final do século XIX.

Durante toda a Idade Média e o Renascimento se pensou que os ensinamentos de Vitrúvio sobre as proporções tinham a força de uma revelação e eram um ensinamento sobre o microcosmo, ou sobre as proporções que governam o corpo humano, visto como representação em escala reduzida da harmonia universal. Para os pensadores do século XV e XVI, a imitação dos antigos tinha sido a evocação de um passado pagão cujos segredos íntimos estavam de acordo com os mistérios divinos. A arquitetura clássica era considerada a única arquitetura verdadeira não apenas porque se ajustava à razão, à maneira estabelecida pelos antigos, mas também porque se baseava diretamente na revelação divina. O divino se revelava nas proporções que regiam a harmonia do cosmos e através delas se atingiria a perfeição da arquitetura. Essa suposição prévia do valor absoluto das proporções é a base da teoria de toda a arquitetura clássica.

A questão central da estética clássica foi portanto a crença em critérios absolutos de beleza, baseados em leis proporcionais. Esse axioma fundamental da doutrina clássica afirmava que o belo é inerente à natureza porque a vontade divina havia impresso uma grande harmonia no macrocosmo e no microcosmo.

Essa busca de um ideal de beleza baseado nas leis das proporções tem o corpo humano como paradigma. A figura humana é estudada como modelo a ser seguido no processo de criação. Assim, o homem "ad quadradum" e "ad circulum" – símbolo da união do humano com o divino – representaria a totalidade buscada pela adequada relação entre as partes. É em Vitrúvio que se encontra a referência à figura humana como medida proporcional que deveria aparecer refletida na elaboração dos edifícios.

Durante o Renascimento a música era considerada uma forma de expressão artística paradigmática, na medida em que possuía o vínculo mais estreito com as leis da natureza. A aproximação entre a harmonia musical e a arquitetura ocorria como forma de estabelecer a passagem de uma experiência acústico-temporal para outra ótico-espacial. Estava ainda baseada no consenso sobre a similitude entre os sentidos espirituais – a audição e a visão –, sendo que aquilo que atinge harmoniosamente a audição também o faz com a visão.

Para a concretização dessa aproximação, os artistas renascentistas vão se valer do achado atribuído a Pitágoras, de que os tons podem ser medidos espacialmente, ou seja, que as harmonias musicais se estabelecem pela relação entre números inteiros. Ainda a Pitágoras era devida a crença de que a alma humana e o

1. John Summerson identifica o classicismo com o uso das ordens arquitetônicas em seu livro *A Linguagem Clássica da Arquitetura*, São Paulo, Martins Fontes, 1982.

2. Vitrúvio Pollione, *Dell'Architettura*, organização e interpretação de Giovanni Florian, Giardini Editori e Stampatori in Pisa, 1978.

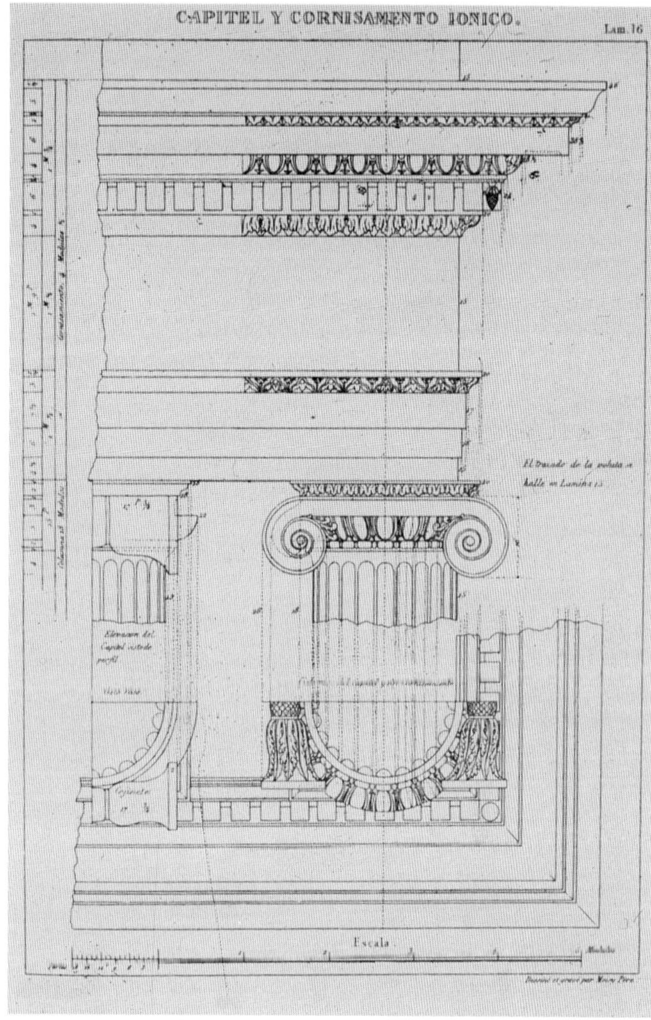

1. Ordem Jônica, desenho de A. Palladio para o tratado *I quattro libri di Architettura*, 1570.

2. Leon Battista Alberti, Santa Andrea em Mântua, 1470.

próprio mundo tinham sido concebidos numa estrutura perfeita a partir desses números e proporções.

A harmonia do universo, marcada por Deus nas proporções do corpo humano como reflexo da racionalidade do cosmos, pode ser refletida na própria obra do homem. Desse modo as relações entre os números simples, correspondentes aos acordes harmônicos, são assumidos como cânones abstratos das relações arquitetônicas[3].

O antropomorfismo, as teorias harmônico-proporcionais, a perspectiva, confluem no âmbito mais geral para precisar a visão de mundo renascentista. Esses critérios proporcionais induziriam a um ideal de beleza pensado como valor absoluto e terminaram por criar um léxico arquitetônico próprio ou ainda uma normativa.

O Classicismo Renascentista

O Renascimento ou a renovação da Antigüidade clássica teve como principais formuladores no campo arquitetônico Filippo Brunelleschi (1377-1446) e Leon Battista Alberti (1404-1472). O nome de Brunelleschi vem usualmente associado à construção da cúpula de Santa Maria del Fiore em Florença. Suas demais obras se referem a uma pesquisa voltada ao conhecimento da arquitetura antiga e a uma nova concepção espacial, baseada nos princípios da visão perspética. No Spedale degli Innocenti (1419-1444), edifício que ocupa um dos lados de uma praça, se revela a preocupação com a formulação de um espaço urbano. O plano inferior do edifício se organiza como um pórtico, ou uma sucessão de arcadas em ordem dórica, que se configura como situação intermediária entre o espaço da praça e a volumetria do edifício. Também pensadas como espacialidades perspéticas são as igrejas florentinas de San Lorenzo (1420) e Santo Spirito (1436).

Leon Battista Alberti foi o responsável pela formulação de uma série de preceitos que guiariam a elaboração de uma arquitetura de matriz clássica e intimamente ligada à cultura humanista. Os seus tratados *De Pictura* (1436), *De Re Aedificatoria* (1452) e *De Staua* (1464) são os veículos de difusão de seus ensinamentos. Além de tratadista, Alberti foi também arquiteto e nos legou uma série de obras exemplares desse primeiro momento do Renascimento italiano, pautado pela busca de uma arquitetura que recuperasse a perfeição dos antigos.

Alberti em seu tratado *De Re Aedificatoria,* obra em dez volumes escrita a partir do tratado vitruviano, define o belo como: "um concerto de todas as partes acomodadas juntamente com proporção e discurso [...] de maneira que não se possa acrescentar ou diminuir ou mudar coisa alguma a não ser para pior"[4]. O belo é assim pensado como o valor absoluto de um organismo estético onde nada pode ser modificado.

Esse ideal de beleza conduzirá a uma arquitetura onde o caráter orgânico é fortemente acentuado, visando perpetrar uma obra na qual a relação entre os elementos constituintes conduzirá à unidade, ou ainda, à própria formulação vitruviana de "Symmetria" como relação entre as partes segundo um acordo ou uma proporção.

Alberti, em relação à arquitetura dos templos, recomenda a forma redonda como a mais adequada, por ser aquela que mais se encontra na natureza. No entanto outras figuras geométricas fundamentais como o quadrado, o hexágono, o octógono, o dodecágono poderão ser utilizadas, visto serem determinadas tendo como base o círculo. Através deste equilíbrio geométrico, onde cada parte está em relação geométrica com as outras, procura-se atingir a revelação do divino. As soluções de igrejas com planta central foram largamente utilizadas pelos arquitetos renascentistas.

3. Sobre o uso das proporções harmônicas na arquitetura renascentista é fundamental o livro de Rudolf Wittkower, *Principi Architettonici nell'etá dell'Umanesimo*, Torino, Einaudi, 1964. Ver ainda sobre o mesmo assunto, embora com enfoque diverso, Erwin Panofsky , "A História da Teoria das Proporções Humanas como Reflexo da História dos Estilos", in *O Significado nas Artes Visuais*, São Paulo, Perspectiva, 1976.

4. Leon Battista Alberti, *De Re Aedificatoria,* edição crítica de G. Orlandi e P. Portoghesi, Milano, Il Polifilo, 1966.

A primeira obra de arquitetura religiosa de Alberti, San Francesco a Rimini (1450), consistia em transformar uma antiga igreja do século XIII em um monumento funerário para Sigismundo Malatesta. Para o desenho da fachada Alberti retoma da arquitetura romana o motivo do arco triunfal. Em seu trabalho seguinte, Santa Maria Novella em Florença (1456), o problema se resumia em projetar uma fachada para uma igreja medieval já existente e conseqüentemente se colocava o problema de promover uma conciliação entre formas antigas e novas. Como demonstrou Wittkower[5], a solução adotada por Alberti se baseia na utilização de relações proporcionais simples, de modo que a fachada se inscreve perfeitamente em um quadrado, submetendo a uma organização geométrica os antigos elementos existentes.

Nas igrejas de San Sebastiano (1460) e Santa Andrea (1470), ambas construídas na cidade de Mântua, Alberti também opera soluções de fachada inscritas no quadrado. Em San Sebastiano, Alberti elabora uma igreja com planta quadrada e capelas retangulares em três lados, solução que assinala o posterior desenvolvimento de igrejas em cruz grega como a catedral de São Pedro no projeto de Bramante. Na fachada de Santa Andrea as referências utilizadas são a do templo clássico e a do arco do triunfo, que aparecem fundidos em um modo inovador.

Em seu tratado *De Pictura,* Alberti teoriza sobre a perspectiva, fundamental modificação dos modos de visão processada em época renascentista e fator essencial para a compreensão das formulações espaciais do período. Alberti irá definir a perspectiva como a representação do real segundo a razão humana. O enunciado albertiano consiste em aplicar as leis da geometria euclidiana, mais especificamente o teorema dos triângulos semelhantes, à visão humana. Assim, a representação do real passa a se valer do critério proporcional de diminuição das grandezas segundo as distâncias. Alberti organiza passo a passo os procedimentos que devem ser seguidos para a construção dessa nova espacialidade, onde a localização de planos verticais e horizontais ocorre por articulação segundo leis universais e matemáticas e não mais como simples agregação de partes concebidas a partir da experiência empírica do visível[6].

A idéia vitruviana de simetria, com a correlata noção de proporção, a perspectiva e o ritmo, regidos pela utilização das ordens arquitetônicas passam a constituir os preceitos que norteiam a produção artística do período.

Esses preceitos passarão a constituir-se numa normativa, sendo sistematizados pelos protagonistas do segundo renascimento do século XVI romano – Bramante, Rafael e Michelangelo, e com este último efetiva-se o próprio questionamento da regra. Ainda no final do século XV acontecem as grandes edições de Vitrúvio, a romana em 1486 e a de Florença em 1496, impulsionando a divulgação do saber dos antigos[7].

Donato Bramante (1444-1514), formado na corte de Urbino e com trabalhos já realizados em Milão, chega a Roma em 1499 e se insere no trabalho de recuperação da Roma papal, empreendido pelo papa Sisto IV. Suas primeiras realizações são o pequeno claustro de Santa Maria della Pace (1504) e o Tempietto de San Pietro in Montorio (1503). Esta última obra foi considerada pelos arquitetos posteriores como modelo de perfeição no confronto com a arquitetura dos antigos. Construído no lugar presumível da crucificação de São Pedro, esse pequeno templo é concebido como monumento comemorativo. Tomando como referência a ruína romana do Templo de Vesta, o edifício é pensado como forma circular a partir da sucessão rítmica da ordem dórica, que se reflete na cela interior do *tempietto* em pilastras que orientam o olhar em visão perspética. Com essa solução Bramante concretiza no objeto arquitetônico as novas leis da visão a partir da perspectiva e conseqüentemente uma nova concepção espacial.

5. Rudolf Wittkower, *op. cit.*, p.48

6. Leon Battista Alberti, *Da Pintura*, Campinas, Ed. da Unicamp, 1989.

7. Leonardo Benevolo no seu já clássico *Storia dell'Architettura del Rinascimento* (Roma-Bari, Laterza, 1968) fornece uma visão abrangente da arquitetura renascentista.

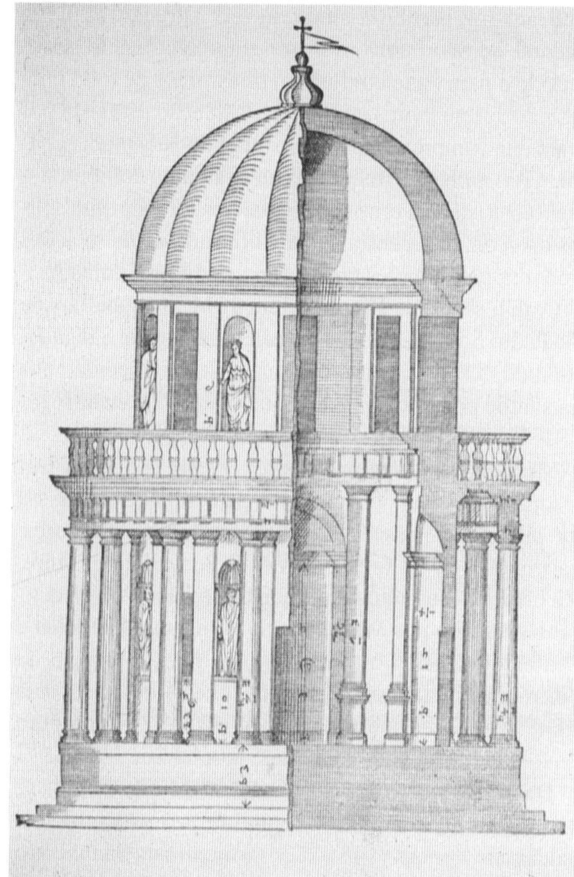

3. Donato Bramante, Tempretto de San Pietro en Montorio, Roma, 1503.

4. Donato Bramante, Tempretto de San Pietro en Montorio. Perspectiva de A. Palladio para *I quattro libri di Architettura.*

Bramante participa ainda da reconstrução da nova catedral de São Pedro, o maior empreendimento desse período e para onde confluíram os esforços de toda uma geração dos melhores arquitetos. A solução proposta por Bramante comprova o prestígio atingido pela planta central. Com a planta em cruz grega Bramante combinou o símbolo cristão da cruz com os valores também simbólicos da geometria centralizada, utilizando-se de relações proporcionais simples com o fim de atingir a unidade.

Com a morte de Bramante em 1514, os trabalhos de São Pedro ficam a cargo de Rafael e Giuliano da Sangallo. Contudo, a solução do problema só será fornecida anos mais tarde por Michelangelo, que em 1547 é encarregado de levar a termo a construção.

Michelangelo retoma a cruz grega proposta por Bramante envolvendo-a com uma parede exterior ritmada por pilastras colossais que abarcam todos os andares, reafirmando dessa forma a unidade do edifício. Porém, isto ocorre já na segunda metade do século XVI e o contorno proposto por Michelangelo com suas saliências e reentrâncias indica o movimento de pulsão próprio da época maneirista, que com suas dúvidas colocará pela primeira vez em questão a estabilidade da forma pura renascentista, baseada num ideal absoluto de beleza.

Durante a construção da Catedral de São Pedro, se forma junto a Bramante um grupo de jovens arquitetos: Baldassare Peruzzi (1481-1536), Antonio da Sangallo, o jovem (1483-1564), Jacopo Sansovino (1483-1520), que com suas obras concretizariam a formulação típica do palácio urbano romano, difundido posteriormente para outras regiões italianas e contribuindo para a nova imagem da cidade renascentista. Com esses arquitetos se forma uma escola romana de arquitetura capaz de organizar um patrimônio de idéias transmissíveis e verificáveis racionalmente[8].

Michelangelo Buonarroti (1475-1564) trabalha como arquiteto, escultor e pintor. Considera a escultura uma arte superior, que extrai da matéria uma forma latente despertada pela "idéia" do artista. Seus principais trabalhos como arquiteto são realizados em Florença e Roma.

Enquanto se ocupa dos trabalhos em São Pedro, Michelangelo procede à ordenação da Praça do Capitólio (1567). Nesse trabalho, o artista deve redefinir uma situação urbana já existente. Projeta diante do Palazzo Senatorio uma praça trapezoidal, construindo nas laterais dois edifícios simétricos e criando assim um espaço perspético definido por duas paredes laterais. Na concepção dos edifícios utiliza uma ordem coríntia de pilastras gigantes que percorrem seus dois níveis, mas é no estranhamento causado pelos frontões interrompidos e no elaborado desenho dos capitéis que se revela a mão inovadora de Michelangelo.

As realizações romanas da primeira metade do século XVI asseguram à Itália o prestígio de um estilo clássico. A característica mais geral é a necessidade de fazer reinar nas formas uma clareza absoluta, tanto no conjunto como no detalhe. A *Escola de Atenas* de Rafael e o *Tempietto de San Pietro in Montorio* de Bramante são exemplos acabados dessa completa articulação dos planos, desse controle dos elementos, que assegura a ordem e a unidade da obra pela correta relação entre as partes.

Nesse novo classicismo romano ocorre a passagem ao "tipo", a redução do individual e esse movimento para a sublimação das formas numa forma essencial, exprimida por Michelangelo como uma irradiação da beleza do alto. Esse valor absoluto de beleza buscado pelos arquitetos renascentistas faz com que sua relação com a Antigüidade não se concretize como cópia mas como revisão, dela se aproximando pela idealização.

O classicismo se efetiva, portanto, como a observação de certas normas ou regras deduzidas de uma generalização realizada a partir do conhecimento do antigo. Porém o estudo do antigo indicava cada vez mais a contradição existente entre os dados deduzidos dos monumentos da Antigüidade e a "regra" fundamental repre-

8. A arquitetura romana do século XVI é minuciosamente estudada no trabalho desenvolvido por Renato Bonelli *Da Bramante a Michelangelo*, Venezia, Neri-Pozza 1960.

sentada pelo tratado vitruviano. Segundo Argan, dessa impossibilidade de realizar o classicismo nasce o anticlassicismo maneirista, que não implica em um descrédito do estudo do antigo, mas sim na consciência da dificuldade de sua realização[9]. A partir da regra se institui o arbítrio e é nessa esfera, ou no diálogo dessas duas polaridades que se efetiva a obra dos dois grandes mestres do século XVI – Michelangelo e Palladio.

Por volta de 1530 Veneza se destaca como centro irradiador da arquitetura clássica, conferindo ao pensamento monumental renascentista uma feição particular. A adoção das formas clássicas em Veneza é acompanhada pelo interesse pela pureza matemática dos edifícios e pelas especulações sobre a noção de beleza harmônica. O humanista Francesco Zorzi, a partir das teorias pitagóricas sobre os números, desenvolve medidas proporcionais baseadas no diapasão musical que julga exprimirem a harmonia universal.

No mesmo período Serlio publica em Veneza os primeiros quatro livros de seu tratado (1537) que irá posteriormente influenciar a obra de Andrea Palladio, o mais expressivo dos arquitetos do período.

Andrea di Pietro della Gondola (1508-1580) deveu seu pseudônimo de Palladio ao humanista Trissino, responsável também pela sua formação como arquiteto. Ao contrário dos maiores artistas de época renascentista como Rafael e Michelangelo, que manifestaram seu gênio nos vários modos da arte exprimindo a figura do homem universal renascentista, Andrea Palladio foi essencialmente um arquiteto, esboçando pela primeira vez a tendência à especialização dos saberes que se efetivará a partir do século XVII.

Palladio desenvolve a maior parte de sua vasta obra arquitetônica em Vicenza. O seu tratado *I Quattro Libri di Arquitettura*, publicado em 1570, constitui uma sitematização de seus trabalhos como arquiteto, ou ainda uma teorização de sua obra arquitetônica tendo em vista a divulgação de um saber.

Seguindo as proposições de Alberti, Palladio definirá a beleza como resultante "da bela forma e da correspondência do todo às partes, das partes entre si e destas com o todo: de modo que os edifícios pareçam um inteiro e bem acabado corpo"[10].

Wittkower e Ackermam observam nas soluções arquitetônicas de Palladio a utilização de sistemas proporcionais e a concretização de uma pluralidade de esquemas responsáveis pela acentuada continuidade verificada entre as suas obras[11]. Esse modo de projetar revela-se no marcante tipologismo presente na arquitetura palladiana. De fato a sistemacidade planimétrica se tornará o elemento característico de seus edifícios urbanos e "vilas". Nesses projetos se verificam algumas soluções recorrentes, como a localização de uma sala no eixo central do edifício e uma absoluta simetria nos ambientes menores que a contornam.

As relações simples estabelecidas entre a largura, altura e profundidade do edifício são características de todas as "vilas" propostas por Palladio. Nesses projetos Palladio se utiliza do frontão clássico, tomado de empréstimo da antiga arquitetura sacra, como elemento dignificador da arquitetura doméstica. O exemplo mais completo da utilização do pórtico clássico se encontra na Vila Rotonda (1566-1570), onde a solução se reproduz nas quatro faces que compõem o cubo edificado. Solução diversa ocorre na Vila Emo (1550) e na Vila Barbaro em Maser (1555), onde o frontão do templo aparece simplesmente sobre o plano da parede do edifício.

Como Michelangelo, Palladio também se utiliza de ordens gigantes mas os resultados obtidos pelos dois arquitetos são diferenciados. O maneirismo de Michelangelo modifica profundamente os elementos

9. Giulio Carlo Argan, "L'Architettura del Manierismo", in *Storia dell'Arte come Storia della Città*, Roma, Ed. Riuniti, 1983.

10. *I Quatto Libri di Architettura di Andrea Palladio*, Milano, Ulrico Hoepi Editore Libraio, 1980.

11. Rudolf Wittkower, *op. cit.*; James S. Ackerman, *Palladio*, Torino, Einaudi, 1972.

5. Andrea Palladio, Vila La Totonda, Vincenza, 1566-1570.

6. Andrea Palladio, Vila Emo em Fanzolo, 1550.

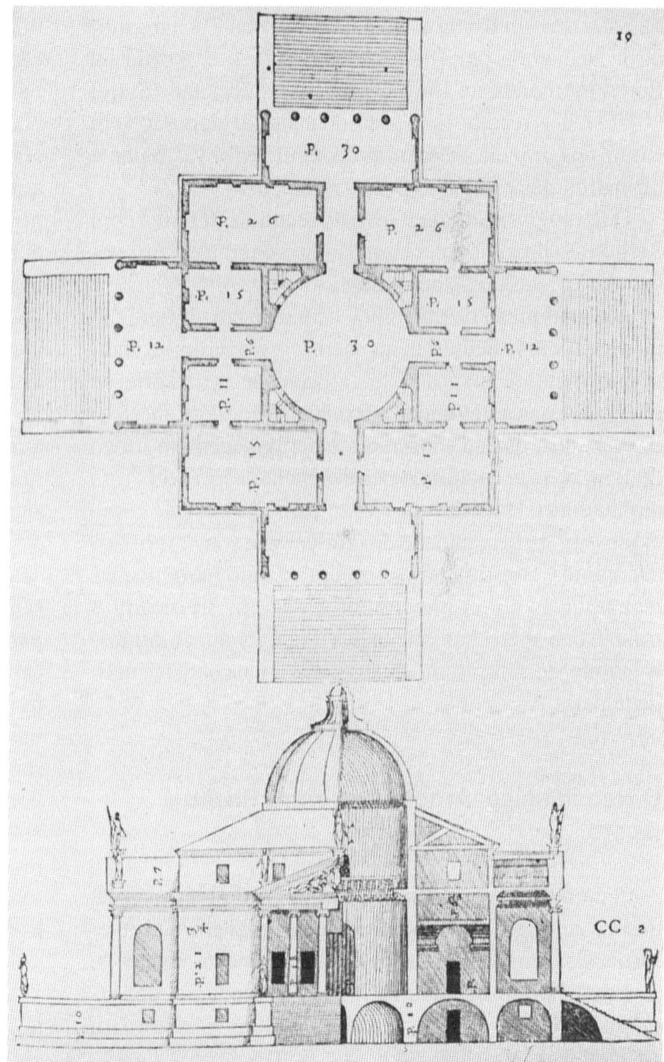

constituintes enquanto o de Palladio não os altera. É o jogo entre os puros elementos clássicos que confere o caráter maneirista a sua arquitetura.

As experiências desenvolvidas durante o século XVI fazem de Roma a fonte genuína do classicismo internacional e o final do século assiste à proliferação das academias, criadas com o fim de organizar e administrar esse patrimônio de cultura. Em 1582 é instituída a Academia de San Luca em Roma e, em 1593 Federico Zuccaro funda a Academia del Disegno, seguindo o exemplo da florentina, criada em 1562. O tratado de Sebastiano Serlio (1475-1554) recolhe uma parte do material elaborado em Roma nos primeiros decênios do século e foi vastamente difundido nos principais países europeus.

O tipologismo arquitetônico do século XVI nasce com Serlio e Palladio, com a intenção de generalizar um vocabulário clássico de arquitetura.

A constituição de um "tipo" acontece por intermédio de um processo dedutivo, que ocorre a partir do levantamento mais ou menos sistematizado de uma série de exemplares arquitetônicos já existentes com características comuns, que se conservam e permanecem ao longo do tempo. Este caráter de permanência próprio do "tipo arquitetônico" faz com que ele também se apresente como expressão da necessidade de conservar e transmitir certos valores, constituindo-se em um veículo particular de transmissão de conhecimento. Assim, tipologia e tratadística aparecem vinculadas e funcionam como instrumento de difusão da experiência renascentista, validada pelas Academias.

O Neoclássico: Arquitetura entre Razão e Gosto

A arquitetura neoclássica se realiza em âmbito europeu e extra-europeu, contudo seu núcleo central e sua problemática de formação são fenômenos tipicamente franceses.

Em 1671 foi fundada na França a Academia de Arquitetura. Coube a ela formular um "corpus teórico" para a arquitetura, que se constituía de uma normativa detalhada. Contudo, os membros da Academia ficavam eximidos da função de construção, cabendo a eles a nova atribuição de estabelecer uma teoria que guiasse a elaboração arquitetônica.

Até o final do século XVII a Antigüidade tinha sido o fundamento de um método baseado na utilização das ordens arquitetônicas, através das quais permanecia garantida a harmonia dos sentidos nobres – a visão e a audição. A norma daí decorrente era atemporal e convalidada pela autoridade dos antigos. Porém, no início do século XVIII o conhecimento mais profundo dos edifícios gregos revelou que gregos e romanos tinham praticado arquiteturas distintas e que mesmo dentro do mundo romano persistiam diferenças. Esse conhecimento leva ao questionamento de uma norma absoluta e a-histórica, baseada nas ordens arquitetônicas, e a Antigüidade não pode mais ser considerada um ideal de perfeição a ser atingido.

Claude Perrault, o tradutor francês de Vitrúvio, é o responsável, no desenvolvimento de sua doutrina, pelo questionamento da suposta unidade dos sentidos espirituais, na qual se baseava a ligação entre a harmonia musical e a arquitetura[12].

No seu *Odornnance des Cinq Especès de Colonnes, selon la Méthode des Anciens* (Paris, 1683), Perrault desenvolve sua crítica à doutrina clássica. Tomando como parâmetro de análise a variedade das ordens que aparecem na tratadística anterior sobre o assunto e ainda nos monumentos antigos, Perrault esclarece sobre a impossibilidade de as mesmas se basearem em proporções invariáveis, como as que regem as harmonias musicais. Questiona, dessa forma, a idéia até então vigente de que a beleza arquitetônica fosse atingida através do uso das harmonias musicais.

Apontada assim a dissociação entre os sentidos auditivos e visuais esboça-se o problema de qual a referência

12. *Le Dix Livres d'Architecture de Vitruve, Corrigez et Traduits Nouvellement en François, avec des Notes et des Figures,* Paris, 1673.

7. Michelangelo, Palazzo dei Conservatori, detalhe. Praça do Capitólio, Roma, 1563.

8. Michelangelo, Palazzo dei Conservatori, detalhe da fachada. Praça do Capitólio, Roma, 1563.

a ser seguida na busca da beleza arquitetônica. Ainda, segundo Perrault, as proporções que atingem de maneira agradável a nossa visão podem não ser fruto de um "valor absoluto" como se pensava anteriormente e sim decorrência do hábito, ou ainda do costume, ou de qualquer outro fator do gosto, baseado em um fundamento arbitrário. Assim, Perrault coloca as novas premissas para o pensamento arquitetônico: existe uma beleza absoluta e inevitável, mas também existe uma beleza arbitrária, que é fruto de uma predisposição. Estabelece a partir daí uma aproximação entre a beleza absoluta e fatores que têm o mesmo caráter que a harmonia musical, como as leis da estática, por se produzirem de modo natural. Esclarece, por fim, que a beleza absoluta diz respeito aos materiais, à execução e à simetria, entendida como a equivalência e a correspondência de medida que mantêm as distintas partes de um edifício entre si.

A divisão entre beleza absoluta e beleza arbitrária leva em última instância à distinção entre a razão e o gosto, este último pertencente à esfera do arbitrário e do contingente. Esta revisão efetivada por Perrault atinge a questão do clássico na sua esfera do sagrado, na medida em que relativiza o valor absoluto e imutável presente na natureza e nos astros como dado *a priori* para atingir a perfeição arquitetônica e portanto a beleza, conduzindo-o na direção de uma razão concreta e provável[13].

A partir de Perrault o neoclassicismo vai se distinguir da continuidade clássico-acadêmica do século XVII, sobretudo pelo empenho na construção de uma nova proposta figurativa de tipo científico baseada em cânones verificáveis. Sob este aspecto ganha destaque a polêmica racionalista no interior da cultura neoclássica. Neste debate, jogam um papel fundamental as teorias formuladas por dois religiosos atuantes no século XVIII: o italiano Lodoli e o francês Laugier.

13. Sobre a polêmica impulsionada por Perrault, ver especialmente Joseph Rykwert, *Los primeros Modernos. Los arquitectos del siglo XVIII*, Barcelona, Gustavo Gili, 1982.

Carlo Lodoli (1690-1761), frade veneziano pertencente à ordem dos franciscanos, analisa em seus estudos a máxima vitruviana segundo a qual na concepção de um edifício não deveria aparecer nada que não fosse um elemento funcional em algum sentido. Embora não as tenha deixado escritas, as principais formulações expressas por Lodoli foram sistematizadas pelo seu discípulo Andrea Memmo.

Fundamental no pensamento lodoliano é a relação estabelecida entre a forma e a natureza dos materiais utilizados. Considerando que a arquitetura clássica e de maneira particular as ordens arquitetônicas foram inicialmente concebidas em madeira, a transposição das soluções ornamentais das ordens para um trabalho em pedra deveria levar em conta as características próprias dos materiais utilizados, resultando em novas soluções ornamentais. Assim, o vocabulário ornamental dos antigos deveria ser corrigido e reformulado segundo a firme regra da razão, ou ainda segundo a natureza dos materiais empregados. Considera a forma simples e suas limitações como algo contraposto à variedade das formas ornamentais.

Lodoli pretende purificar tudo o que é inautêntico na obra arquitetônica e estabelece a verdade como critério supremo de toda criação: "o visível deve ser legível". Para tanto é essencial que a estrutura do edifício esteja intimamente relacionada com o funcionamento estático de toda a construção e que seja visível para o observador. Essa concepção do funcionamento físico-material do edifício deve controlar todos os detalhes. Portanto, as formas ornamentais do passado apenas deverão ser aceitas quando utilizadas segundo as leis da matemática e levando em conta os resultados experimentais da prova dos materiais.

A doutrina de Lodoli e seus seguidores, chamados de rigoristas ou puristas, visava precisar os procedimentos que deveriam orientar o trabalho do arquiteto. Estes são pensados como leis imutáveis que se mantêm à margem dos acidentes da história ou das peculiaridades do lugar. Desta forma Lodoli se contrapõe a Perrault no que se refere à beleza arbitrária e sua relação com a esfera dos costumes. Segundo Lodoli, o hábito só pode produzir uma beleza precária porque baseada em idéias demasiado vagas e que não são fruto de causas constantes.

Próximas às teorias de Lodoli encontram-se as formulações propostas pelo abade Marc-Antoine Laugier (1713-1769), pertencente à Companhia de Jesus. Laugier publica o seu *Essai sur l'Architecture* em 1753 e nele propõe purificar e revigorar a tradição arquitetônica através do retorno às origens. Afirma que a base de toda a arquitetura é a cabana primitiva, tomada como exemplo arquitetônico em seus elementos essenciais. Considera, portanto, que apenas o estritamente necessário é belo, vendo as adições arbitrárias como abuso. Vê na simplicidade e na naturalidade o caminho para atingir a beleza, indicando a geometria e as formas geométricas simples como os elementos a serem utilizados para atingir a verdadeira arquitetura.

Laugier buscava o sólido e imutável fundamento do qual podia surgir a arquitetura verdadeira. Assim, julgava necessário verificar em que medida as mesmas ordens gregas podiam ajustar-se às necessidades modernas. Acreditava também que a arquitetura tinha de suscitar emoções e que o aspecto exterior de qualquer edifício devia ser severo, mas também estimular os sentimentos.

A essa nova compreensão da Antigüidade clássica, iniciada com a revisão dos princípios vitruvianos, vêm se associar as descobertas arqueológicas de Herculano (1738) e Paestum (1748), que trouxeram à luz novo material para o estudo do antigo. Piranesi e Winckelmann, embora partindo de posições diversas, se empenharam profundamente no estudo da Antigüidade greco-romana e exerceram uma influência marcante sobre o neoclassicismo. Winckelmann tem a convicção de que a perfeição foi alcançada pelos gregos, enquanto Piranesi defendia a originalidade dos etruscos e via o apogeu da arte antiga em Roma.

Giambattista Piranesi (1720-1778), formado como arquiteto em Veneza seguindo os passos de Lodoli, se estabeleceu em Roma em 1744 e através de uma acurada seleção das ruínas remanescentes e da utilização de efeitos de luz e sombra em seus desenhos, soube conferir uma nova dimensão à arquitetura de Roma antiga. Em uma série de águas-fortes intituladas *Grotteschi*, Piranesi mostrava as ruínas romanas como vestígios vivos da antiga grandeza de Roma. Os resultados de suas pesquisas ficaram registrados no seu livro *Della Magnificenza ed Architettura dei Romani* (1761), seguido pelo seu *Parere sul'Architettura*, onde propunha a criação de um novo estilo inspirado na arquitetura romana. Piranesi teve poucas oportunidades de concretizar suas idéias arquitetônicas. Seu único edifício construído, a Igreja de Santa Maria del Priorato em Roma (1764), é uma obra de fatura simples, comparada com suas visões da grandeza de Roma.

Johann J. Winckelmann (1717-1768) desenvolve sua teoria sobre a Antigüidade clássica quando se transfere para Roma como bibliotecário e conservador da coleção de antigüidades do cardeal Albani. Em 1763 passa a ocupar o cargo de prefeito das antigüidades do Vaticano. Empreendeu várias viagens para a região de Nápoles para visitar as ruínas de Paestum e Herculano e escreveu vários ensaios sobre as escavações de Herculano, sobre o Apolo do Belvedere e sobre a arquitetura dos antigos. A sua obra mais importante *História das Artes da Antigüidade*, foi publicada em 1764[14].

Advogava uma volta ao espírito da Antigüidade como caminho para atingir a qualidade artística e indicava os valores fundamentais da arte antiga como "nobre simplicidade e serena grandeza". Winckelmann foi o primeiro a aplicar o método histórico ao estudo das obras de arte, considerando a história como uma sucessão de ciclos de crescimento e decadência. Com a sua teoria a arte começa a substituir a religião e a experiência estética a revelação mística. Winckelmann como arqueólogo concretizou o retorno ao antigo, tornando-se poeta do movimento

14. Johann J. Winckelmann, *Il Bello nell'Arte. Scritti sull'Arte Antiga*, Torino, Einaudi, 1973 (edição integral das obras de Winckelmann, organização de Federico Pfister).

9. Marc-Antoine Laugier, *Essai sur l'Architecture*, capa da 2ª edição, 1755.

10. Etienne-Lours Boullée, teatro para a Place du Carrossel, 1781.

neoclássico e conferindo à Grécia o seu estatuto de referência cultural.

Arquitetura Neoclássica

Um dos objetivos da primeira geração de arquitetos neoclássicos foi limpar a arquitetura das extravagâncias do rococó. A formação arqueológica dos arquitetos franceses será sistemática e terá como ponto de referência obrigatório Roma.

Jacques-Germain Soufflot (1713-1780) estuda em Roma de 1731 a 1738. Em meados do século, juntamente com seu aluno G. P. Dumont, realiza o levantamento arquitetônico dos templos dóricos de Paestum, estudando seriamente as ruínas da Antigüidade grega. Sua obra principal é a Igreja de Sainte-Geneviève, construída em Paris em 1746, onde Soufflot associa uma estrita regularidade clássica ao detalhe monumental romano, ambos pautados pela atenção à lógica construtiva. Essa obra é vista como a concretização do ideário arquitetônico proposto por Laugier.

François Blondel, um dos mais importantes diretores da Academia de Arquitetura francesa, seguido por seu aluno Boullée e posteriormente por Durand, traçam, através de suas obras, o percurso trilhado por uma arquitetura de feição neoclássica[15].

Jacques-Francois Blondel (1705-1774) desenvolve suas atividades principalmente como professor e escritor, sendo o responsável pela consolidação e divulgação das teorias arquitetônicas francesas no seu aspecto mais racional. Fazia do método da distribuição a essência de todos os procedimentos compositivos, quase a chave da beleza arquitetônica. Apesar de acreditar que a arquitetura é criatividade e arte do gosto, afirmava a validade de algumas regras. Para tanto os arquitetos deveriam se guiar pela moderação, evitando assim que seu trabalho ficasse sujeito às instabilidades da moda.

Blondel colocava o gosto como uma questão individual e indeterminada, mas esclarecia que cada obra arquitetônica deve expressar o seu propósito. Para tanto o arquiteto deve falar por meio da distribuição das massas, da seleção de formas e da elegância do estilo. Para expressar o caráter de um edifício é necessário sobretudo captar o seu específico significado.

Etienne-Louis Boullée (1728-99), aluno de Blondel, iniciou sua carreira aos dezoito anos na École des Ponts et Chaussés. Em seu ensaio *Architecture-Essai sur l'Art* (1793) apresenta a geometria elementar como base do projeto arquitetônico. Para Boullée o importante é o estudo da forma arquitetônica. Analisando as qualidades específicas dos sólidos geométricos tentou descobrir como estes podem provocar comoção. Os meios que Boullée considera especialmente apropriados são a distribuição das massas, a iluminação, as dimensões monumentais e a ênfase no caráter do edifício. Boullée se declarou o inventor da arquitetura das sombras, dispondo as massas de maneira que através do contraste entre suas formas se produzam atrativos efeitos luminosos. Utilizou os ornamentos com parcimônia por acreditar que assim ficava evidenciada a grandiosidade do edifício. Na prática Boullée preferiu polir as superfícies e foi absolutamente contrário ao excesso de ostentação. Estava mais interessado em explorar as potencialidades das formas geométricas do que em buscar a referência arquitetônica em antigos modelos.

Em seu teatro para a Place du Carrossel (1781) oferece uma solução circular formada por um porticado em ordem jônica, coroado por uma cúpula de forma achatada. O seu projeto para uma Biblioteca de 1784 é pensado como uma homenagem à cultura, fazendo referência em sua figuratividade à *Escola de Atenas* de Rafael, como síntese metafórica do saber dos antigos. Suas especulações sobre a esfera, indicada como forma perfeita, encontrarão sua formulação arquitetônica no monumento a

15. A arquitetura neoclássica foi minuciosamente estudada por Emil Kaufmann, no seu tradicional *L'Architettura dell'Iluminismo* (Torino, Einaudi, 1984). Fundamental sobre o assunto é também o livro de Hugh Honour *Neoclassicismo*, (Madrid, Xarait, 1982).

11. Claude Nicolas Ledoux, Salenas de Chaux, perspectiva geral, 1773.

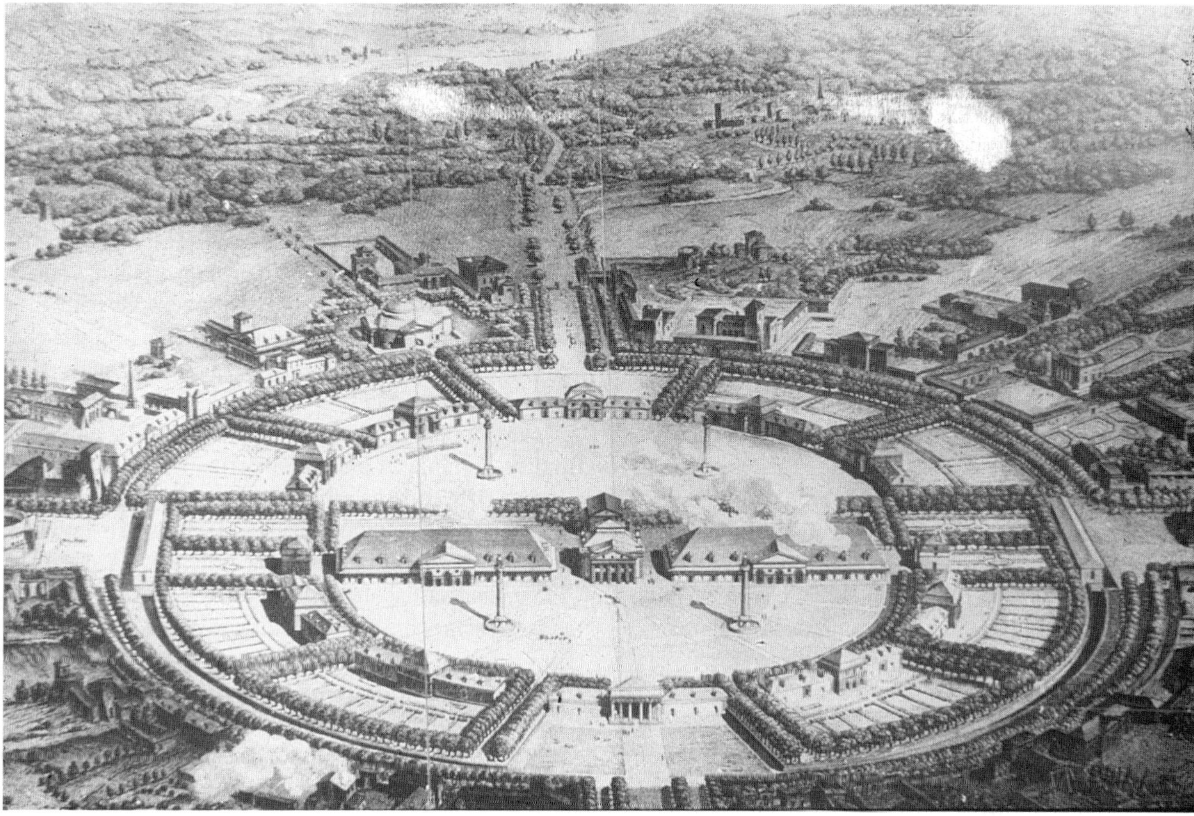

12. Claude Nicolas Ledoux, Salenas de Chaux, Casa do Diretor, 1773.

Newton. Os trabalhos elaborados por Boullée não serão construídos, permanecendo como desenhos e próximos à representação pictórica em seus efeitos de luz e sombra. Contudo, contribuem de forma fundamental para a concepção de uma nova arquitetura.

Vizinho ao trabalho de Boullée se encontra o de Claude Nicolas Ledoux (1736-1806), baseado na poética das formas geométricas elementares. A arquitetura ideal de Ledoux, com suas formas piramidais, cúbicas e esféricas, se inspirava na pureza geométrica dos fenômenos naturais, estando ainda de acordo com as teorias funcionalistas da beleza. Em seu projeto para uma Casa de Guardas em Malpertuis (1780) explora as potencialidades da esfera como forma arquitetônica[16].

Em 1773 Ledoux é encarregado de sistematizar as instalações das Salinas de Chaux e projeta uma cidade concebida como um agregado de unidades típicas. No seu projeto de quarenta "Barrières" construídas ao redor de Paris em 1785 obtém uma arquitetura nova a partir da mudança de escala das formas geométricas tradicionais, organizando-as a partir de uma composição complexa e com o uso metódico de elementos decorativos[17].

Em meados do século XVIII assiste-se à retomada da formulação proposta por Perrault acerca das duas belezas em arquitetura. A beleza absoluta e *a priori* da arquitetura passa a ser considerada a partir dos axiomas da geometria, pois estes resultam evidentes para o sentido comum, e se concretizam no emprego de proporções simples no dimensionamento dos edifícios. A busca da simplicidade leva a se considerar que quanto mais simples um corpo mais belas as suas proporções e à conclusão de que o arquiteto deve utilizar em suas obras preferencialmente a esfera e o círculo, considerados os elementos geométricos mais simples. O emprego da geometria elementar como garantia da beleza absoluta dos edifícios era contudo regido pelo gosto e através dele ficava garantida a necessária variedade das construções. Agora a edificação é considerada uma indústria humana primária e os arquitetos já não se consideram operadores de fórmulas sagradas.

Ao longo do século XVIII ocorreram esforços no sentido de retornar a uma visão racional da atividade do arquiteto em oposição às flutuações provocadas pelo gosto. Essas tentativas visavam principalmente à redução da importância dos valores formais, concedendo mais peso às destrezas mecânicas.

Jean-Nicolas-Louis Durand (1760-1834), aluno de Boullée, formula os princípios permanentes da arquitetura em termos de estrutura e composição geométrica, concebendo um método pragmático de ensinamento que encontrou posteriormente ampla aplicação. A partir de 1795 ensina na Escola Politécnica e exercita uma enorme influência sobre os arquitetos através de sua obra teórica.

No seu *Precis de leçons d'architecture données à l'Ecole Polytechnique* (1802-1805), Durand apresenta a arquitetura como uma operação racional e uma pesquisa ponderada dos problemas práticos colocados. A utilidade pública e privada, o bem-estar e a conservação dos indivíduos e da sociedade é a sua finalidade última. Afirma ainda que a arquitetura é condicionada pela demanda social, pela conveniência e pela economia. Refuta deste modo as posições estéticas que tinham tomado corpo durante o século XVII e que consideravam o prazer como a finalidade da arquitetura.

Sustenta que a simetria e a regularidade são qualidades fundamentais a serem consideradas na elaboração arquitetônica porque dizem respeito à economia de meios. Considera o círculo e a esfera as figuras geométricas mais perfeitas porque o círculo contém a superfície mais extensa consentida pela circunferência e a esfera o máximo volume obtido a partir de uma superfície externa. Contudo, escolhe o quadrado e o cubo como as figuras geomé-

16. Os projetos de Ledoux são publicados em 1804 em seu livro *L'Architecture considérée sous le rapport de l'art, des moeurs et de la legislation*, juntamente com seus escritos.

17. A arquitetura proposta por Boullée e Ledoux é analisada por Emil Kaufmann no seu livro *Tres Architectos Revolucionarios: Boullée, Ledoux y Lequeu*, Barcelona, Gustavo Gili, 1980.

tricas mais convenientes para a arquitetura por se adaptarem mais facilmente à construção.

O método de composição elaborado por Durand consiste em partir da planta quase sempre quadrada e transformá-la em uma retícula desenhando depois o eixo principal e aqueles subsidiários necessários para ligar os espaços e finalmente dispor sobre a retícula os elementos arquitetônicos. Para atingir a forma final do edifício o plano reticulado deveria ser projetado verticalmente. Segundo o método de Durand a arquitetura se resolve a partir de uma solução gráfica.

Durand sustenta ainda a necessidade de eliminar qualquer elemento decorativo supérfluo e propõe que o edifício evidencie de maneira visível os elementos funcionais. Fará do racionalismo a base da nova didática que se formará sobre as coordenadas fundamentais da simplicidade, da economia e da utilidade.

Esta visada para uma arquitetura racional, pautada pela austeridade geométrica e pela clareza estrutural, pode ser considerada como antecipação da arquitetura produzida pelo movimento moderno nas primeiras décadas do nosso século.

As pedras que constituíram o edifício clássico são obra de artistas, que forjaram uma linguagem teórica consistente em uma normativa consagrada pelo saber dos antigos e que por vários séculos não encontrou rivais que abalassem as sólidas fundações de sua construção.

Mas também a doutrina clássica tinha suas escapatórias. Sempre se reconheceu que não poderia existir uma grande arte apenas como estreita aderência às regras. Toda norma, ou regra, permite exceções e licenças e estas se fizeram sentir na constante polaridade entre a regra e o arbítrio.

No próprio interior da cultura clássica se formula uma literatura crítica que, paulatinamente, corrói sua doutrina máxima, colocando em dúvida os critérios absolutos de beleza.

A noção de beleza arbitrária teorizada por Perrault introduz a questão do gosto, que em seus desdobramentos conduziria à variedade e a relatividade dos critérios de julgamento da beleza. Em última instância, o conflito da doutrina clássica se manifesta nas oposições entre razão e sentimento, lei e liberdade, objetividade e subjetividade.

10. MODA E CLASSICISMO

Ana Claudia de Oliveira
Kathia Castilho Cunha

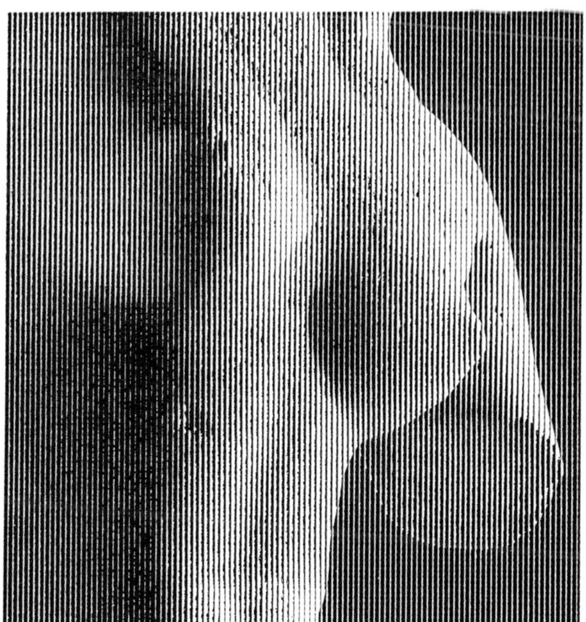

I. Moda e Corpo, Duas Linguagens

Em suas várias manifestações, a arte constitui-se numa das principais fontes de documentação da moda de épocas distintas e são delas que seus estudiosos, no geral, se servem para a abordagem dos usos e costumes vestimentares. As imagens que a arte fornece do vestuário permitem associações que vão além dos meios de produção dos tecidos e das roupas em dado período. Ao serem confrontadas com os exemplares de roupas recompostas ou recuperadas pelos historiadores, elas possibilitam avanços no desenvolvimento do enfoque da moda como sistema de elementos constituintes articulados por regras próprias de combinação. Moda é, pois, linguagem – ao mesmo tempo em que é expressão, traz nesta o sentido daquilo que cria. Quando os estudiosos da moda se detém em trechos literários, quando se debruçam sobre os figurinos e trajes de peças teatrais ou, mesmo, quando olham um óleo, uma gravura, uma água-forte ou ainda uma caricatura, eles estão buscando, na apresentação das figuras humanas, a concepção do traje como um todo.

A procura é dos traços que, por minúsculos que sejam, assinalem a relação entre a roupa e o corpo, além de como os usos são instaurados e impostos como moda. De um modo geral, parte-se dos elementos que organizam a roupa, de uma verificação das divisões de um traje em relação às divisões do corpo. Estuda-se o corte sobre determinado tipo de tecido, o desenho da roupa, os adereços e tudo o mais empregado em sua confecção, que articulados delineam uma plástica que veste o corpo. Por sua vez, o corpo também não é passivo, mas impõe-se por sua plástica à moda.

Em muitas épocas, essa plástica vestimentar distancia-se da anatomia do corpo, enquanto em outras, ao contrário, dela se aproxima[1]. Esta movimentação forma o eixo fundante de nossa abordagem, pois assumimos que é pelo tipo de relacionamento entre o corpo físico e o corpo vestido que os elementos de sistematização das duas linguagens – a do corpo e a da moda – se concretizam. Em sua própria estruturação, tais linguagens articulam conceitos e ideários de épocas e de povos com suas concepções sócio-político-culturais, assim como seu estágio de desenvolvimento tecnológico, ou seja, expressão e conteúdo são correlacionais. Advogamos, portanto, que o corpo é tanto suporte da moda quanto é quem a dita, em função da sua valoração em dado período histórico.

Para o entendimento dessa relação, partimos inicialmente do inventário dos componentes eidéticos: as linhas, formas, direções, figuras que organizam uma peça vestimentar. Propomos, em seguida, como estes são articulados e distribuídos na topologia corporal, analisando, ao mesmo tempo, o tipo de integração ou não desta distribuição naquela da vestimenta. Ao fator eidético e ao topológico, aliamos o cromatismo e o seu emprego, mostrando como ele também desempenha um papel constituinte da linguagem da moda. A estes três componentes, ainda um quarto tem que ser acrescentado: o matérico. O que o constitui são os traços caracterizadores do tipo de tecido, de trama, de consistência que atribui leveza ou peso, do caimento, relevo, espessura, brilho ou opacidade, entre outros, assim como a adequação desse tipo de material a dado modelo e corte. Partindo da articulação que entrecruza, combinatoriamente, em uma certa discursividade os componentes mencionados, que são, portanto, da ordem textual com elementos de ordem contextual, empreenderemos mais adiante o estudo dos efeitos de sentido que uma roupa veicula em sua estruturação, e pela qual ela posiciona e identifica aquele que a veste. No regime das coisas do mundo, e dos sentimentos também, uma indumentária, como todo e qualquer outro texto, dá emergência a seus efeitos de sentido específicos em termos de "situações", em que ela tem existência. Assim é que texto e situação não estão separados, mas ambos são dispositivos geradores de significação[2].

As situações específicas, nas quais as obras de arte mostram as indumentárias em certos usos, verificam-se sob a forma que a arte monta para instalar, neles e por eles, as figuras humanas vestidas ou não. A cenarização é montada como um palco onde o corpo posicionado age e no qual interage. Ela posiciona portanto o corpo configurado que atua, e é, pois, um dos *locus* de manifestação dos conceitos e dos valores veículados *em* e *por* uma situação. No presente estudo, além desse trabalho correlacional entre texto e contexto situacional, há ainda aquele do contexto histórico no qual emergiram os usos, as modas. As condições sócio-político-econômicas e, especificamente, também o estágio do desenvolvimento tecnológico da produção de tecido e indumentárias, se-

1. Para um aprofundamento dessa relação consultar K. C. Cunha, *Configurações de uma Plástica: do Corpo à Moda*. (Dissertação de Mestrado, PUC-SP: Comunicação e Semiótica), São Paulo, 1998.

2. Cf. E. Landowski, "Por uma Abordagem Sóciosemiótica da Literatura", tradução de A. C. de Oliveira, in revista *Significação*, São Paulo, AnnaBlume, 1996, pp. 22-43.

rão por nós continuamente evocados para que a moda seja considerada nas condições de sua instauração e no tempo de sua duração.

Ao lado dos museus de arte, os museus de moda são hoje, inclusive pelos recursos de exposição de que dispõem, verdadeiras recriações ambientais de época com o fito de mostrar as roupas e os seus usos contextualizados. Constituem-se, então, em registros vestimentares e de costumes capazes de operar um translado dos visitantes a outros tempos. No presente caso, através de imagens dessa natureza, nossa ancoragem nos situará no neoclassicismo e nas recorrências ao classicismo grego e romano, que o referido período artístico fez reviver na criação de moda, na segunda metade do século XVIII e no começo do século XIX.

II. Circunstâncias de um Retorno

Nosso enfoque das obras de arte compreendidas nessa periodização move-se, sobretudo, geograficamente, pela Europa Ocidental e, em particular, pela França e Inglaterra. Enlaçam-se nesse nosso olhar outros aspectos sócio-econômico políticos, e da própria filosofia com os seus ideários, os quais, por sua atuação conjunta, vão reanimar o contexto em que ocorre o ressurgimento do classicismo nos séculos XVIII e XIX.

Tanto o neoclassicismo quanto o estilo Império só podem ser definidos em relação ao vasto movimento classicista que dominou a Europa no século XVIII e cuja caracterização nos trajes e adornos muito o distinguiu de retornos à Antigüidade empreendidos por outros períodos. Tendo o seu apogeu na França, como uma reação aos excessos do rococó nos últimos anos do reinado de Luís XV, este retorno estético foi, em grande parte, impulsionado pelas descobertas das escavações arqueológicas em Pompéia e Herculano. As gravuras de G. B. Piranesi, *Veduti di Roma,* assim como as suas obras *Antichità Romane* (1756) e *Della Magnificenza ed Architettura de' Romani* (1761) punham em relevo a arte romana barroca ao mesmo tempo que, exaltando o passado histórico romano, apregoavam a independência desta arte da do mundo grego. Somaram-se a esses implusos, os resultados que as escavações de R. Adam, em Spalato (Split, hoje) trouxeram, juntamente com as investigações de Wood em Palmira.

O que surpreendeu os europeus nesse conjunto de novas descobertas arqueológicas foi que elas fizeram ver autênticos cenários da vida quotidiana dos romanos da aristocracia, em Herculano, da classe média abastada e, sobretudo, da vida do povo comum, em Pompéia. Com isso, o que puseram em evidência são narrativas do viver familiar, doméstico, cujos acontecimentos se desenrolavam em uma arquitetura romana concebida por uma estética até então desconhecida, e que elucidaria as profundas diferenças entre a arquitetura grega e a romana. A Roma republicana foi constituída então em um dos parâmetros para a oposição ao luxo barroco de Versalhes, que os apregoadores de uma retomada do racionalismo condenavam, conclamando ao "bem comum" e a outras normas morais, além das vigentes, bem como a um retorno à natureza. Todavia, como a natureza é sabiamente imperfeita, o artista deveria fazer como os gregos e formular o belo ideal, resultante de uma síntese abstrata de todas as belezas; cabia, pois, ao artista aprender a ver a natureza pelo caminho dos gregos. A ilusão de movimento do barroco e do rococó foi substituída pela imobilidade da estatuária antiga e por uma monumentalidade dos atos praticados pelas figuras humanas, tidos como modelares.

Impressionado por essas descobertas, o arqueólogo alemão J. J. Winckelmann, já em 1750 começou a propor a imitação da "simplicidade nobre e da grandeza serena" dos helenos. Em seu ensaio, "Reflexões sobre a Imitação da Arte Grega na Pintura e na Escultura"[3], de 1775, o autor definia que em seu entendimento *antique,* "antigo", era a cultura grega clássica. Deve-se a ele uma

3. J. J. Winckelmann. *Reflexões sobre a Arte Antiga*, tradução de H. Caro e L. Tochtrop, Porto Alegre, Movimento, 1975.

nova visão desse mundo antigo que exerceria um papel fundante na cultura ocidental. Se todo retorno ao Antigo, do Renascimento ao barroco, estabeleceu-se pela mediação de Roma, foi com Winckelmann e com as descobertas arqueológicas que os gregos se instalaram no mundo ocidental, numa posição que mantêm até os nossos dias. Na Alemanha, que Winckelmann trocou por Roma, onde a Grécia lhe era acessível, o pintor e teórico A. R. de Mengs (1728-1779), numa variação do neoplatonismo, repropôs teoricamente, e também pela criação artística, que o fim último da arte é a Beleza, criada nas manifestações que ela mesma produz para ter a visibilidade que a faz existir. A forte reação à arte barroca estava instaurada. O aprendizado da arte deixava de ser postulado com base no estudo da natureza, passando a ser calcado nas modulações que dela os gregos faziam em suas manifestações artísticas. Deste modo, o estudo da arte – e não o da natureza – é que ensinaria os criadores.

Na França, tal reação foi adotada por S. Vouet (1590-1647), que transmitiu os seus preceitos ao seu aluno J.-L. David (1748-1825). Com ele, a arte assumiu essa modulação, e o neoclassicismo destacar-se-ia como um retorno sem igual à Antigüidade. Deputado à Assembéia, J.-L. David baseou-se nas teorias do neoclassicismo para, em forma de lei, modificar os ensinamentos de arte da Academia de Belas-Artes. Participando ativamente da ação revolucionária, ele procurou conceitos estéticos para reoperar uma reaproximação entre os valores de seu período e aqueles dos ensinamentos clássicos. Através do traje, tal retorno teve uma das suas principais via de execução. Nos traços vigorosos dos drapeados das vestimentas e, ainda, no próprio projeto destas, explicitava-se a sua busca de como vestir o novo homem francês. As características fundamentais desse indumento concentravam-se na sua utilidade, caráter racional, durabilidade e representatividade. J.-L. David, assim, inspirou-se na toga romana como ideal cujo uso resumia todos os princípios elencados e que distinguia dignamente o cidadão romano. O seu objetivo então era encontrar um traje que identificasse, por si só, o novo "estatuto" do homem do século XVIII e, simultaneamente, expressasse uma forma de educação: vestidos de maneira idêntica, proclamava-se, pelo ato de identificação de uns com os outros, a igualdade dos homens.

No final do Antigo Regime, o estilo neoclássico incorporava as concepções da arte antiga e o grande destaque que nela era dado à figura humana totalmente calculada pela geometria e idealizada a partir de uma especial concepção do mundo visível, do corpo e da beleza, submetidos a uma ordem antropocêntrica universal.

Por volta de 1770, anunciava-se uma grande revolução na forma de trajar da moda feminina, visto que, na masculina, esta já fora iniciada com o processo contínuo de uniformização do traje, em que os valores decorativos, estéticos e cíclicos eram cada vez menos explorados, assim como certos acessórios, usos e costumes estavam menos sujeitos às alterações. Tais transformações de concepção e estruturação do trajar foram desencadeadas principalmente em função dos sérios problemas econômicos enfrentados pela aristocracia. Tentando resolver a crise econômica, a proposta de democratização da moda e o redimensionamento das regras de elegância visavam aproximar mais as diferentes classes sociais. Justamente para a obtenção desse propósito é que a Antigüidade serviu de parâmetro ideal.

As mudanças orientadas no sentido de reduzir os excessos no trajar mostram-se bastante aceleradas em 1780. As roupas sofreram múltiplas influências do movimento revolucionário: no seu cromatismo, restringem-se às cores vermelho, azul e branco; no seu aspecto formal, passam a ser mais discretas, menos volumosas e com reduzida ornamentação, até transformarem-se progressivamente, sobretudo no traje feminino, no *robe de chemise*, uma longa túnica, em geral branca, presa abaixo do busto por um cinto e com um drapeado que acompanhava a circunferência do corpo. Tais mudanças assinalam, notadamente, uma alteração de gosto. No traje masculino, igual despojamento é observado e, desde 1787, a grande tendência passa a ser a influência do fraque inglês, que tem sua origem no traje militar cujas faldas posteriores são abertas a fim de permitir a mobilidade. De uma maneira geral, a moda inglesa masculina propunha uma certa negligência com a aparência e demonstrava uma mentalidade menos presa às qualidades estéticas que, cada vez mais, eram delegadas à moda feminina.

Nada então pode ser mais divergente do que o estilo Diretório (anos 1789-1799) e o estilo Império (1800-1815), que engloba o Consulado (1799-1804), o reinado Imperial (1804-1814) e a Restauração (1815-1820). Enquanto o estilo Diretório multiplica as variações dos temas antigos trazendo diferentes fontes de influências diretas para a moda, o segundo não cessa as suas tentativas de conferir a esses temas um formalismo imponente e monumental que, em muito, está aliado ao gosto pela linha vigorosa e elegante. O que ele objetivava era talhar os temas à sua imagem e escala com padrões mais uniformes e fixos das linhas, segundo as novas técnicas do industrialismo crescente. No primeiro, redescobre-se o luxo e o conforto presentes em Pompéia, enquanto, no segundo, o pitoresco com seus aspectos joviais e coloridos, que essas mesmas descobertas revigoraram.

Incorpora-se ainda ao Diretório o estilo etrusco, cuja retomada se deve aos vasos descobertos nas escavações arqueológicas. Também se assumia mais consensualmente que, nas ruínas campanianas e gregas, havia elementos mais representativos do "antigo" do que o eram os exemplares da arte romana Se no início dessa volta a outras sociedades e costumes de ornamentação e vestimentas, o Egito era a referência, logo, foi ela transferida para o mundo romano e deste, para o mundo helênico, que passaria a ser o paradigma dominante das orientações artísticas com suas formas nítidas, sóbrias e geométricas.

III. A Interação Corpo e Moda no Neoclassicismo

O conjunto de imagens mostra a moda do tempo de Luís XIV até o final do Império. Uma crescente simplificação e despojamento do traje masculino são ressaltados como característica maior. A indumentária de Luís XIV (Fig. 1a) assinala um uso de tecido brocado para o *palston* e a casaca. As mangas largas deixam aparecer uma sucessão de babados, rendas, fitas e outros adereços que expandem ainda mais a largura do braço e criam volume. Na pintura de corpo inteiro (Fig. 1b), o calção curto contrasta com o longo manto real. Ele é usado por cima de meia calça que modela a perna. Mesmo revestida, esta é a única parte do corpo que deixa ver a forma física do rei. No entanto, a extensão da perna é entrecortada por adornos: ligas abaixo do joelho, laços de fita carmim no tornozelo e sapatos prata de salto vermelho, abotoados no peito do pé por grandes fivelas. Na cabeça, exibem-se nos dois óleos perucas altas e inteiramente cacheadas, que caem bem abaixo dos ombros, numa reiteração dos babados e dobras do manto.

Os trajes do Antigo Regime vão ser substituídos pelas roupas da corte inglesa (Fig. 2). Marcadas por uma maior descontração de seu corte, ela impõe novas maneiras de ser trajada. Os babados de renda são eliminados, assim como as fitas e outros adereços. Os casacos passam a ser confeccionados em tecidos lisos e com uma amplitude que favorece inteiramente a movimentação do corpo. Seu abotoamento frontal é feito por fileira dupla de botões forrados pelo mesmo tecido do casaco. Na parte posterior dele, uma abertura vertical da cintura para baixo libera ainda mais os movimentos. O ajustamento dessa peça vestimentar ao corpo é somente realizado pelo cinto de couro que está confortavelmente colocado abaixo da cintura. Os calções mantêm-se ainda largos mas seu comprimento atinge os joelhos e, cortes laterais abrem espaço aos bolsos. A meia calça ainda amolda as pernas ao cobrí-las e os sapatos perdem seus saltos, suas cores variadas e chamativas, passando a ser neutros em suas cores únicas. O chapéu é tricorne e, em geral, na cor preta.

À diferença da vida em festas da corte francesa, os prazeres na corte inglesa estavam muito mais ligados às caçadas, a da raposa entre as mais reputadas. Esse viver no campo trouxe novos modos de apresentação da figura masculina no seu interagir social. Inspirado neles é que o traje revolucionário francês (Fig. 3) adotará uma simpli-

1a. Luís XIV (1638-1715), em duas posturas: à esquerda, óleo atribuído a Claude Lefèbvre. Em 1643, o rei da França em uniforme dos "Cent-Suisses", diante de uma vista do palácio das Tulherias; b: à direta, óleo de Hyacinthe Rigaud. No mesmo ano, aos 63 anos de idade, Luís XIV é retratado envergando o grande costume real.

2. *Casal Andrews* de Thomas Gainsborough, óleo de 1748. Na cena campestre, o cavalheiro traja roupas do campo que acompanham as formas do corpo conferindo-lhe certa liberdade, enquanto a figura feminina tem o quadril alargado pelo uso do *panier* e uma contensão dos movimentos do corpo.

3. Interpretação de um *Sans-Culotte* pelo ator Chenard. Pintura de L. Boilly, 1792.

4. Traje informal parisiense, *Le grand négligé*, de 1808, Paris, Biblioteca Nacional (Cabinet des Estampes).

ficação sem precedentes. Em tons neutros, a jaqueta larga estende-se até o quadril e suas mangas encurtadas caem com folga. As fileiras duplas de botões forrados com o mesmo tecido se firmam. Usada aberta, a jaqueta deixa ver a camisa lisa, sobreposta por um colete em tecido listrado, mas sempre com muito recato e sem grandes contrastes cromáticos. Um lenço mais longo envolve duplamente o pescoço após o enlaçamento de suas pontas que caem sobre o colete. As calças alongam-se até o tornozelo e tornam-se mais largas, despreendendo-se inteiramente do corpo. Nos pés, os sapatos de uso interno são protegidos por um segundo calçado para uso externo. O chapéu de três pontas passa a exibir somente duas. Na sua parte frontal, como adereço emblemático, uma corcarda com as cores da bandeira francesa é ostentada.

No final do Império (Fig. 4), as casacas vão ser usadas bem mais curtas na frente e alongadas na parte posterior em que um corte mediano permite ainda a livre movimentação. Sob o casaco, mantém-se o uso do colete colado ao corpo. As cores destes vão de novo estabelecer contrastes cromáticos. No pescoço, os lenços são arranjados com elegância mais para comporem a aparência do que servir de proteção. Confeccionadas em casimira, tecido com maior maleabilidade e com maior moldabilidade, as calças ajustam-se e mantêm-se longas. As barras são encobertas por botas de cano longo ajustado às pernas e com debrum em cor contrastante. O chapéu ganha uma forma mais alongada na vertical, que resultará no formato da cartola.

Pelo seu despojamento, pelo uso menos figurativo dos adereços, pelas linhas mais em consonância com as das formas do corpo, a moda masculina que imperou no neoclassicismo era para um homem mais centrado nas coisas do mundo terreno, mais ligado ao seu aqui e agora. No desencadear das transformações de que este homem era a figura motora, o que se encontrou revitalizado foram os ideais e as concepções humanísticas greco-romanas. Renovou-se na moda neoclássica tal como havia sido renovado antes no Renascimento, a filosofia e a visão de mundo. Não ocorre pois a imposição de um repertório de modelos do passado a ser tomado como padrão a ser imitado. A reoperação é mais uma forma de tradução do ideário na linguagem da moda, o que distinguiu inteiramente o que aconteceu na moda do que se passou na linguagem da pintura e da escultura. Nas circunstâncias de um retorno ao Antigo, depreende-se que cada linguagem tem mecanismos próprios para construir a sua estruturação.

Na pintura, J.-L. David recolocou em cena as concepções artísticas que pretendiam ser os frutos de uma imitação escrupulosa das formas severas e robustas preferidas pelos Antigos. A sua famosa tela *Brutus* (1789, Paris, Museu do Louvre) expõe perfeitamente esse fato com as poltronas em forma de gôndolas, como as que figuravam nos vasos gregos. As figuras humanas são apresentadas em tamanho natural e toda a dramaticidade se concentrava num ponto único, que, também era um modo encontrado para submeter a estruturação do quadro à razão e conferir-lhe um alcance moral e universal. A tensão continua a ser trabalhada e alcança maior grandiosidade na atuação heróica das figuras anatomicamente quase sobre-humanas da tela de David *O Rapto das Sabinas* (1799, Paris, Museu do Louvre). Na tela *O Juramento dos Horácios*[4] (1784, Paris, Museu do Louvre), os três irmãos, decididos a dar suas vidas em defesa de Roma na guerra contra a cidade vizinha, Alba, são mostrados na cena em que prestam juramento ao pai. A cena se desenrola em frente dos arcos de um dos recintos da casa, um pátio provavelmente. Nos três arcos do fundo, as paredes são lisas, inteiramente desprovidas de qualquer decoração; o capitel dá um coroamento abrupto ao fuste; e o pavimento simples do piso caracteriza bem a rusticidade da arquitetura de Roma. Sem nenhum sentimento expresso no rosto, é a atitude dos guerreiros que ganha relevo, assim como ocorre nos três outros agrupamentos das personagens distribuídas nesse palco. Dispostos na lateral esquerda, os irmãos portam elmos protetores que recobrem suas

4. Verificar ilustração neste livro no Capítulo 8: "Pintura e Classicismo", p. 278.

5. *O Rapto de Briséis*. Afresco anônimo, Pompéia. Detalhe.

6. *O Rapto das Sabinas* (1799), J.-L. David, Paris, Museu do Louvre. Detalhe do centurião.

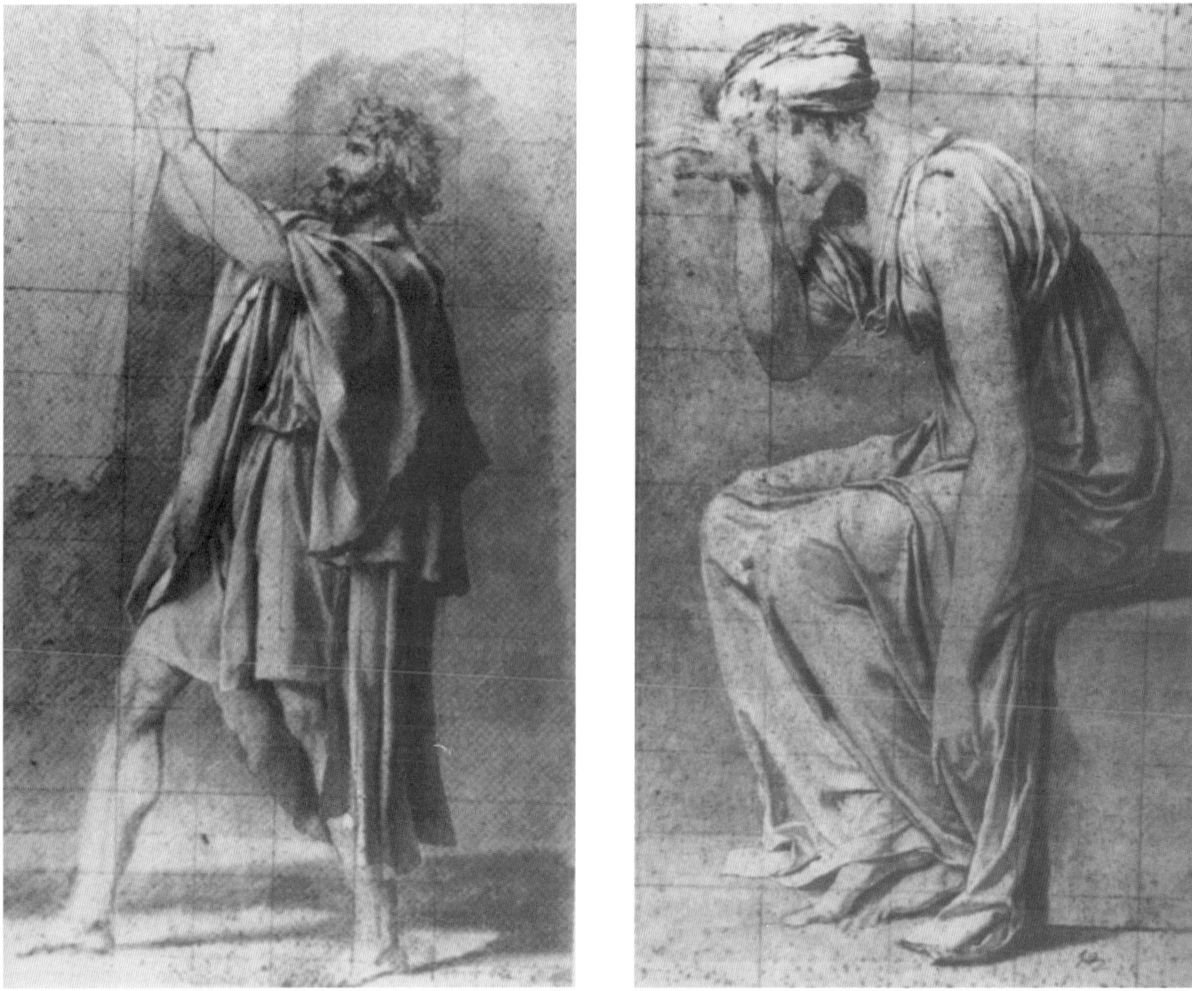

7. Estudos do pai dos Horácios e da irmã Camila para a pintura *O Juramento dos Horácios* (1784), de J.-L. David. Paris, Museu do Louvre.

cabeças, enquanto a figura do pai, no centro, tem os cabelos curtos e encaracolados. Toda ação se concentra no ato dos guerreiros jurarem – sem temor, convictos de sua atitude e do seu dever – ao *pater-familias* que lhes eleva as espadas, sangue de seu sangue.

As figuras femininas, por sua vez, sentadas na lateral direita, prostradas com a partida dos guerreiros e invadidas pela incerteza do que sucederá, choram. A loira Sabina, mulher do mais velho dos irmãos, tem um tecido esbranquiçado cobrindo-lhe a cabeleira presa e podemos ver na parte frontal desta que o penteado é atravessado por alinhavos de fita. A morena Camila, irmã dos Horácios, vive duplamente a dramaticidade da situação, uma vez que é também noiva de um dos irmãos Curiácios, os guerreiros inimigos, com os quais se travará o duelo, e que, no mesmo instante, em Alba, juram igualmente ao pai defender a sua cidade. A jovem está com os cabelos presos e enfaixados por tiras de tecidos que prendem e ornamentam o seu penteado, como o *sakkos* grego. O branco é a cor da túnica de Camila, enquanto a de Sabina, em contraste, é escura. Sobre esta, desdobra-se um manto amarelado, circundado de um barrado de motivos geométricos gregos em outro tom. Numa triangularização entre as figuras femininas e o pai, chefe do clã dos Horácios, duas crianças vivem a apreensiva partida envoltas pelo corpo e pelas vestes de uma mulher que os acalenta. Essa parte da cena acentua ainda mais a atitude dos guerreiros, pois nos faz ver imediatamente, que eles se dispõem a sacrificar mulher e filhos, em defesa da cidade.

Os guerreiros vestem túnica à romana, escuras e curtas, deixando bem à mostra a musculatura das pernas. Observando seus braços, neles também se destacam os músculos fortes e rijos. Os quatro, sem distinção entre a idade do pai e a dos filhos, exibem a mesma juventude. Sobre a túnica, o pai enverga um manto púrpureo que realça ainda mais a sua posição de centralizador dos vários conjuntos menores de ação. Por meio desse episódio romano, celebrado na França pela tragédia de Corneille, *Horace,* J.-L. David, em uma atmosfera tensiva, pinta a guerra, o patriotismo e o heroísmo. Da luta de vida e morte – da qual só um dos Horácios sobreviveria, sabemos pela obra teatral de Corneille que o guerreiro sobrevivente, ao retornar a Roma, mataria a própria irmã por ela prantear o noivo Curiácio morto –, o que a tela apregoa é a nobreza dos sentimentos e um nexo de moral para enlevar os pensamentos daqueles que a olham, comovendo-os, não pela emoção, mas pela racionalidade que a severa geometria regula na distribuição de tudo e de todos na pintura. Nessa harmonização, as cores, contidas pelos traços, sublimam o efeito estatuário. Com as direções marcadas sobriamente, numa ênfase da vertical, os traços desenham os drapeados e as movimentações dos tecidos acompanhando as dos corpos. As cores não possuem valores decorativos, mas, ao restringir a palheta às cores primárias – vermelho, azul e amarelo –, tanto para os homens quanto para as mulheres, o enunciante pictórico regula o seu emprego, usando-as com mais intensidade para os homens e, de maneira mais atenuada, para as mulheres.

Na obra de J.-L. David, as relações entre a moda e a cenarização, entre a moda e o corpo se iluminam exemplarmente. A situação à qual a pintura translada aquele que a olha nos mostra pelas vestimentas, pela arquitetura do pátio, o retorno à Antiguidade romana. Mas, em função das cores peculiares ao período revolucionário que são utilizadas na tela, um efeito de reprojeção da obra, sobre o contemplador, remete o olhar deste à França. Os guerreiros romanos tornam-se então um francês qualquer da época, que está sendo concitado a concordar com a idéia de que o valor máximo para a sociedade é o abandono do privado em prol do coletivo, do particular em prol do universal. Essa reflexão racional que a obra encaminha não se perdeu no tempo e é convocada aqui, entre outras coisas, pelo trajar. A correlação, de que, para o "bem comum", é justificável e necessário deixar a casa, a família, e que a coragem exigida por esse ato dignifica o cidadão, é proclamada em forma de uma estratégia de convencimento, tanto do francês revolucionário com a finalidade de guiar a imitação de atos exemplares, quanto dos vedores atuais. É uma estratégia de convencimento que gera efeitos sobre a razão e não sobre as emoções dos que contemplam a pintura.

IV. Sinais do Tempo e de uma Nova Moda

A civilização urbana começou a redescobrir lentamente as virtudes dos cuidados corporais e, com isso, deu-se o aparecimento de novos métodos de curas e de beleza, como a prescrição de banhos com intervalos de tempo menor dos que eram antes habituais (pelo menos um a cada dez dias), o uso de sabão purificador, água fresca, cremes, perfumes etc. Todos esses cuidados reenviavam ao culto do corpo da Grécia antiga, em que dominava um ideal corpóreo, uma beleza natural, que eram atingidos pela prática de várias modalidades de ginástica. A todas essas atenções higienísticas e com os esportes juntavam-se medicamentos, maquiagem, bem como embelezamento através de roupas, jóias e penteados. Nesse ambiente é que nasceu a cosmética. Em seu significado originário, era uma disciplina científica que fazia parte da medicina e o seu objetivo estava em preservar o corpo e a beleza doados aos homens pelos deuses. Com esse sentido medicinal é que a cosmética voltaria no século XVIII a despertar grande interesse. Se há um padrão de beleza no neoclassicismo, podemos defini-lo qualificando a beleza como limpeza cristalina, purificada com água perfumada.

Ao mesmo tempo em que as novas propostas e os apelos dos higienistas da era da razão modificaram os hábitos no tocante aos cuidados com o corpo, eles também resultaram numa contestação ao uso dos espartilhos e dos *paniers*, para fazer emergir um corpo mais liberto. Foi então que começou a generalizar-se o uso das roupas íntimas, preconizadas como protetoras das zonas corpóreas mais frágeis.

Os estímulos para se viver no campo, em maior contacto com a natureza, estavam em conjunção com os novos ideais sociais ingleses, o que, de um lado, levou à criação de um traje masculino distintamente mais simples do que os da corte francesa, e, de outro, delineou ainda um novo traje feminino. A origem deste remonta provavelmente ao tipo de vestimenta usada pela duquesa de York durante a sua gravidez. Para não comprimir o ventre, a linha da cintura foi deslocada para baixo do busto. Um novo tipo de corpo foi então desenhado e, de pronto, considerado elegante, tornando-se moda, inclusive com o desenvolvimento de almofadinhas especiais, chamadas de *pad's*, cuja finalidade era a de realçar o ventre. Não tardou e elas se fizeram moda no além-Mancha, onde receberam o nome de *ventres postiches*.

Após o terror que reinou durante a Revolução Francesa, o aspecto mundano renasceu animado pelo sonho de felicidade, pela vontade de viver livremente e distanciado do pavor. Em Paris, os bailes inundam a vida com frivolidades, e as casas noturnas, com os prazeres e deleites que proporcionam, criam vários pontos de animação na cidade em que a abertura das lojas até altas horas da noite organizam espetáculos de "luzes" de outra ordem.

Um novo tempo estava florescendo e, das novas relações com ele, com outros homens e com o meio circundante, um novo homem estava nascendo. Isto fecundou o movimento de retorno ao "Antigo". Se ele foi estimulado pelas descobertas arqueológicas, e se apareceu como uma solução aos impasses do rococó, o fato é que em termos de moda tudo isso acabou desencadeando uma indumentária marcada por trajes planejados, como as túnicas à Minerva, à Vestal, à Romana (Fig. 8), à Diana, à Ateniense, os quais, pelos títulos mesmos, evidenciam as suas recorrências. A leveza era a qualidade exigida dos tecidos destas túnicas que passam a ser feitas de musselina e em linho (Figs. 9, 10 e 11). A transparência vai ganhar mais e mais adeptos, e os seios restringem-se a ser apenas velados. Os dedos dos pés passam a ser adornados com anéis e sandálias do tipo usado pelos guereiros romanos (Fig. 13). Enquanto isso, os braços vão sendo expostos, as luvas temporariamente guardadas, e braceletes serpenteados à la grega ornam o antebraço nu (Fig. 12).

Notadamente, os cabelos passaram por uma grande transformação no seu modo de atuar na aparência das

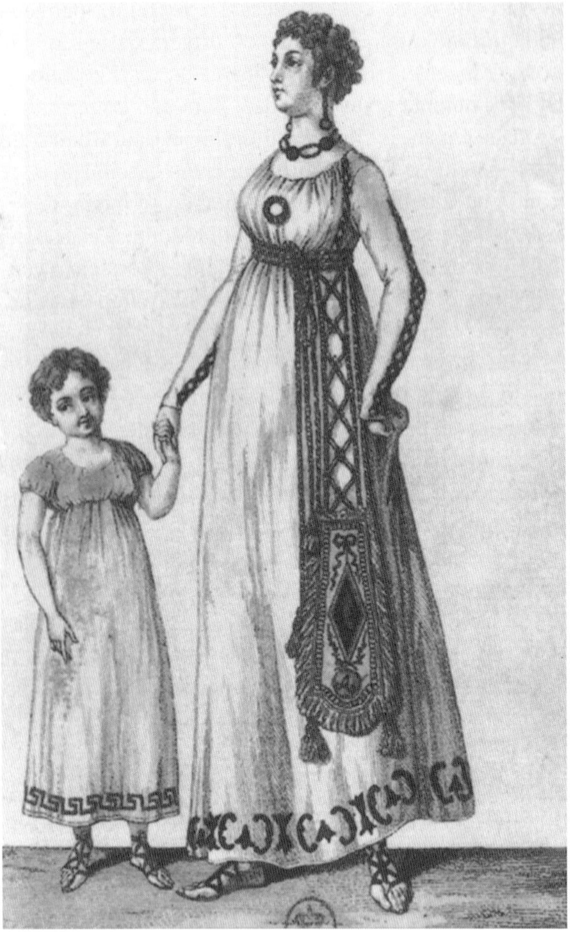

8. Traje à romana. Ilustração do *Journal des Dames et des Modes* (1797).

9. *A Família Shimmelpenninck* (1801), de P. P. Prud'hon, Amsterdã, Museu Ryks.

10. *Madame Récamier* (1805), de F. Gerard, Paris, Museu Carnavalet. Detalhe da pintura.

11. *Frau von Cotta* (1802), de C. G. Schick, Stuttgart, Galeria Staasts.

12. *Point of Convention* (1801), de L. Boilly, Coleção Alain de Rothschild.

13. Sandálias romanas (século I d.C.). Museu de Londres.

pessoas. De empoados, escondidos pelo uso contínuo de perucas, passaram a ser cortados bem curtos. Só pelos nomes dados aos cortes: à la Tito (Fig. 14b) ou à la Caracala, deduz-se que indicavam uma volta ao período romano. A cabeça começou a ser liberada, pelo menos ao anoitecer, do uso das perucas *cache-folies* (Fig. 14a). Os penteados retornaram à ornamentação mais simples dos penteados gregos e romanos e os cabelos são levantados tanto no alto da cabeça, quanto na zona central ou na nuca (Fig. 14c). Para prendê-los, usavam-se fitas ou rendinhas ou, tal como o antigo *sakkos* grego, eram recobertos de tecidos que envolviam o penteado (Fig. 15).

Em toda a sua diversidade, o que unifica o classicismo e o neoclassicismo aqui abordados é a reproposição do estilo clássico como modelo e referência. Segundo C. G. C. Argan[5], o que se nomeia por classicismo demarca as criações do passado grego que têm como apogeu a fase central entre o momento de preparação (período arcaico) e o de evolução (período helenístico). Enquadram-se ainda no termo, além da referência à arte do mundo greco-romano, também aquelas produções artísticas que são tidas como renascimentos da cultura humanística grega, um renascer que não se esgotou, postulamos nós. Em moda, o classicismo ainda vigora sendo recriado em importantes criações do século XX, como as que pretendemos apontar no final desse ensaio.

De outra parte, um novo impulso e desenvolvimento dos meios técnicos, principalmente da indústria têxtil, são decorrentes da Revolução Industrial, o que gerou uma aceleração do processo de produção e estamparia, cuja implementação foi autorizada, em Paris, a partir de 1759. As mudanças sociais coincidem com a transformação decisiva da estrutura produtiva e, sendo assim, com a Revolução Industrial inaugurou-se uma nova filosofia de mercado, estruturada principalmente pelo setor têxtil. Procurava-se vender mais e a qualidade final do produto tornava-se menos exigente. Inicialmente, a hegemonia têxtil inglesa se converte no novo centro da moda masculina, e a moda feminina também sofrerá grandes influências desta origem, em especial pela qualidade dos tecidos criados na Grã-Bretanha. O incremento da produção têxtil determinaria um sensível aumento da oferta e diversificação dos produtos, o que imporia ao mercado a troca regular do traje. O ritmo acelerado da produção industrial daria início, então, a ciclos obrigatórios ou temporadas da moda, como aquele das estações climáticas: primavera, verão, outono, inverno.

Napoleão Bonaparte colocou-se contra as extravagâncias do Diretório e, como acreditava ser a moda um poderoso veículo de difusão da imagem da nação, encarregou o grande costureiro Ippolyte Leroy de idealizar a elegância imperial. Em 1806, com o Bloqueio Continental que proibia a compra de produtos têxteis não oriundos da França, as indústrias de tecidos de Lyon beneficiaram-se de programas de incentivo que a levaram a uma renovação excepcional na fabricação mecânica da seda. Mais ainda, com a utilização de cilindros multiplicadores dos motivos decorativos minúsculos, tornou-se possível as imitações de caxemira. Nacionalmente, a França fez renascer assim seu parque têxtil, e seria isso que futuramente lhe daria grande relevância na feitura de tecidos femininos. Todavia, num primeiro momento, a produção de tecidos vai servir mais à decoração dos interiores, que Napoleão queria ver renovados, do que à moda, a qual continuaria a pagar os altos preços dos importados, burlando as imposições napoleônicas.

Durante o Império, em função do modelo de conduta de Maria Luísa da Áustria, segunda esposa de Napoleão, vai ser imposto aos trajes femininos um maior rigor, uma dose menor de fantasia. Voltam a ser empregados os tecidos mais quentes como tafetá, veludos e brocados; os decotes são acentuados e a cauda passa a ser parte integrante do vestido, principalmente do traje oficial. Em 1810, as saias são encurtadas e as mangas, embora ainda curtas, começam a ser reestruturadas. A moda será então uma outra e de um outro tempo também.

5. G. C. Argan, *Storia dell'arte italiana*, Firenze, Sansoni, 1986, 22. ed., pp. 22-23 e *Arte Moderna*, tradução de D. Bottmann e F. Carotti, São Paulo, Companhia das Letras, 1995, pp. 43-46.

14. A partir da esquerda: *Condessa Theresa Frees* (1801), J. F. A. Tischbeen, Museu de Hamburgo; Cabelos cortados no estilo à *la Tito*, ilustração da revista *La Mésangere*, ano 6, 1798; Acessórios para baile e traje à etrusca (1798).

15. No sentido horário: Moeda romana com o perfil de Faustina Menor, filha de Antonino Pio e Faustina Maior; Detalhe extraído da pintura *Palais Royal de Paris* (1798), de Debucourt; *Madame Récamier* (1800), Chinard, Coleção do Conde de Penha-Longa; *Frau von Cotta* (1802) de C. G. Schick, Galeria Staats.

16. *Flagelação da Iniciação e da Dança*, Casa dos Mistérios - Pompéia (século II a.C.). Detalhe do afresco.

17. *Imperatriz Maria Luísa com o seu Filho*, de F. Gérard (sem data). Detalhe do óleo.

V. Em Duas Vestimentas, Oposição Flagrante entre Rococó e Neoclassicismo

No plano da moda, a oposição do classicismo com o barroco, do rococó e o romantismo, explicita-se já ao primeiro olhar. Entre duas figuras femininas não conseguimos achar, na imagem apresentada, nada de similar entre a roupa e o corpo, e somos transladados imediatamente a outros séculos. A característica do "retorno ao Antigo", e como este fenômeno se processa, é fundamental e nosso enfoque específico objetiva dar conta do modo pelo qual esse outro tempo é reoperado no novo classicismo.

Num espaço de tempo breve, muito breve, comparado às transformações que se processam nas mudanças de linhas, formas, cores, materiais e matérias dos trajes na história da indumentária, deparamos uma revolução sem precedentes. Com o traje usado pela Marquesa de Pompadour (Fig. 18), em 1759, nos reportamos ao estilo rococó. Com Christine Boyer (1776-1800) (Fig. 19), primeira esposa de Luciano Bonaparte, ancoramos no neoclássico.

Na vestimenta de Marquesa de Pompadour, o que mais se destaca é a tendência à acentuação dos quadris, alargados no eixo horizontal, pendor que permanecerá até o ano da Revolução Francesa. Por toda a topologia do vestido abundam ornamentos suntuosos. No presente caso, construídos monocromaticamente em tom rosa pastel, eles se apresentam numa complexa retomada de laçarotes que se ladeiam e ainda numa sobreposições de várias ordens. O corpo tem a cintura bastante marcada. Em razão dos cortes nas duas laterais do busto, demarcando duas linhas paralelas, a parte superior apresenta-se bastante ajustada. Dando continuidade às linhas laterais enfeitadas com rendas que sobem por uma faixa estreita pelo ombro, as mangas são nele encaixadas e deixam o colo ficar todo visível. Mas esse tipo de decote, em vez de realçar as formas do corpo, vai encobri-las através de uma linha sucessiva de laços. O efeito de sentido que acabam criando é que tais fitas podem ainda atar mais, muito mais, o tronco aprisionado. Sustentadas pelo ombro, as mangas, não muito ajustadas, caem até a altura do cotovelo, onde se abrem numa sucessão de camadas amplas de rendas sobrepostas que são arrematadas por laços de fita. Em torno do pescoço, uma gargantilha, feita de rendas franzidas, acompanha as circunvoluções em que se encontram aplicados fios de pérolas, os quais a Marquesa também porta ao redor dos pulsos nus, tanto quanto no penteado e nas orelhas. Esse enfeite no enfeite aparece de maneira não menos repetitiva nos adornos da saia. Com a ampliação do quadril, que o uso do *panier* estrutura, as saias se redimensionam e parecem maiores por estarem sobrepostas. Na frente, dando continuidade ao duplo corte da blusa, as duas linhas vão se abrindo em linhas oblíquas até tangerem o chão. Através dessa abertura deixam aparecer a saia interna. Na altura dos joelhos, grandes apliques florais, entremeados de rendas, são confeccionados com o próprio tecido. Tais enfeites se repetem como uma cadeia que se estende ao redor das duas laterais das oblíquas prolongadas. Na saia interna, os apliques estruturam o arremate da barra. Ainda, um farto babado é preso à saia por intermédio de uma fileira de rendas franzidas.

Analisando a relação entre corpo e traje, percebemos dois movimentos antagônicos nessa roupa. Enquanto a parte superior é contida pela veste, a parte inferior, pelo alargamento da saia, expande os quadris. Contenção e expansão se articulam na cintura que passa a ser o ponto de atrito dessas duas oposições. Em contraste com todo rebuscamento da roupa, os cabelos são simplesmente atados na nuca e ligeiramente empoados. Numa reiteração do motivo floral, como para reforçar uma vez mais a sugestão de que as flores do vestido são prolongamentos das do jardim, uma rosa cor-de-rosa, com folhas verdes, adorna a parte esquerda do decote. Tudo é dito, redito e, uma vez mais, retomado com os mesmos ornamentos.

Essa indumentária caracterizadora da fase áurea do rococó vai ser até o período revolucionário cada vez mais rebuscada em sua ornamentação. A horizontalidade cada vez maior das saias parece ainda mais aguda em sua expansão, na medida em que os corpetes vão aderir mais o tronco. Como que para levar esse jogo de forças contrastantes ao seu embate, a linha da cintura é abaixada e termina por descer em ponta, na frente, o que alonga a extensão do tronco, na proporção em que a impossibilidade de manter a tensividade nesse reduzido triângulo a faz explodir ampliada pelas laterais do quadril. Este cresceu gigantescamente a ponto de necessitar da adaptação de próteses para garantir a locomoção do corpo feminino (Fig. 20). Por outro lado, essa nova configuração da plástica da mulher impôs um redesenho do mobiliário e, inclusive, da largura da portas. Aprisionado pela roupa, o corpo chegou ao limite da desconfiguração, assinalando sua total impotência para agir no seu habitat e, concomitantemente, encontramos aí demarcado o próprio lugar e papel da mulher na sociedade.

Na segunda figura da construção desse cotejo contrastivo, vê-se retratada, por Antoine Jean Gros, a primeira esposa de Luciano Bonaparte, Christine Boyer, que viveu de 1776 a 1800. O neoclassicismo apresenta-se aí na sua expressão máxima. As variações e apropriações de marcas específicas do traje antigo grego e romano apareceram já no início do período Império. A adoção da túnica como uma volta ao natural, ao despojamento e à simplicidade foi acompanhada de condutas excessivas e, agora, elas seriam transformadas em trajes, com tecidos mais pesados, menos diáfanos, e alongados na parte posterior mediante a incorporação das caudas.

Com o deslocamento da cintura para baixo do busto, as linhas retas e verticalizantes provocam o alongamento corpóreo. Sendo regida pela verticalidade, a direção geral da roupa aproximará a figura feminina da figura estatuária. Por este aspecto longilíneo é possível associar o corpo às cariátides, figuras femininas que substituem as colunas gregas, dando alicerce e suporte aos edifícios e também os decorando (Fig. 21).

Se a transparência brincava com o detalhamento do corpo através das pregas, aberturas laterais e fendas, nesse modelo o corpo apresenta-se totalmente velado e recoberto por um tecido mais encorpado e espesso. A única transparência a manter-se aparece efetivamente na manga curta que deixa transparecer a parte do ombro. Muito curta e pondo a nu o braço, a manga finda por um barrado estreito decorado.

Em função dos traços qualificadores do tecido, as formas e a mobilidade do corpo são ainda inteiramente visíveis. Todavia, se antes a postura, as angulações, a movimentação do corpo eram explicitamente mostrados, agora são apenas sugeridos.

As verticais que descem da amarração do cordão, logo abaixo do busto, são suavizadas em diagonais e buscam a direção horizontal quando se aproximam do solo e sobre ele se alongam.

A parte frontal do traje, mais curta do que a posterior, permite a observação do uso de calçados baixos, confeccionados em tecido de cor azul, muito tênue e cintilante, cor esta que reaparece ainda no cordão a demarcar a cintura alta do traje. Enrolado no contorno da circunferência, ele dá aí dois volteios sucessivos. Depois, as suas duas pontas se enlaçam, unindo-se no lado esquerdo do corpo, de onde se soltam em duas pontas pelo comprimento da roupa, que termina à altura dos joelhos.

O decote amplo põe o colo à mostra. Os seios são recobertos por um leve pregueado do tecido. Ao serem contidos por esse nervuramento que tem a sustentação da linha alta do cordão, os seios acabam sendo bastante acentuados.

O emprego de um tecido branco, cintilante, aparece na decoração da barra da túnica. Em contrapartida, na totalidade do vestido, o tecido utilizado é fosco. Embora ainda muito leve, é empregado em grande quantidade e, assim, reveste e oculta a nudez, ao mesmo tempo que sugere as conformações naturais do corpo. A cor predominante nas vestes femininas do período Imperial é ainda o branco, alvo e cândido que, no período clássico, pelas dificuldades de obtê-lo, constituía-se numa marca de distinção das pessoas que o portavam. As recentes descobertas arqueológicas da época mostravam que a grande maioria das peças escultóricas eram de mármore. Por haverem perdido suas características cromáticas, foram interpretadas como se o branco constituísse a cor

18. *Marquesa de Pompadour*, de François Boucher (1759). Coleção Wallace.

19. *Christine Boyer*, de A. J. Gros (sem data). Paris, Museu do Louvre.

20. *Modelo de Traje Usado na Corte de Luís XVI* (1774). Coleção da Biblioteca Nacional de Paris.

21. Pórtico das Cariátides (420-405 a.C.). Acrópole, Atenas.

dominante desse período. Os trajes femininos aderiram então ao emprego do branco que era unicamente quebrado pelas cores do manto. No exemplo em estudo, um manto púrpureo de caxemira, com um largo barrado nas pontas, contrasta como o branco marmóreo do vestido.

O manto de Christine Boyer apresenta-se apoiado somente no ombro esquerdo. Envolve circularmente o mesmo braço a fim de de mantê-lo preso e fixo. O manto púrpureo atravessa diagonalmente o corpo na parte posterior e cai ao solo na lateral direita do corpo, no sentido diametralmente oposto ao excesso de tecido que avança da cauda da túnica pelo lado esquerdo. Com o manto, o mesmo contraste cromático que era usual na Antigüidade entre o branco e o púrpura reaparece, repropondo, nesse cromatismo, as duas cores atribuidoras de prestígio aos que a vestiam.

Na diagonal do corpo, o volume do tecido do traje descende em drapeados: na esquerda, pelo cair do manto e da cauda; na direita, pelo fato de a extensão do manto retomar o volume ondulante, o ritmo das pedras e, quando caem no chão, a ilhota também acompanhar os movimentos dos drapeados e a água correr diagonalmente na horizontal. O corpo, assim ornamentado, aparece imerso em uma bucólica paisagem natural com a qual interage cenograficamente. Os elementos da natureza reforçam as características formais articuladas na constituição do próprio traje e intensificam os valores inerentes à moda desse período. Como nas demais pinturas, na cenarização tanto quanto na indumentária, são articulados, nos recursos de suas expressividades, os valores veiculados. A transparência que o traje não mais exibe é retomada pela pureza e pelo aspecto cristalino da água que cai em cascata, ao mesmo tempo que repropõe a verticalidade estruturada pela pregas do próprio vestido. Linha a linha, relebramos aqui H. Wölfflin, "tudo é desenhado de modo regular e distinto, cada linha parece ter consciência de sua beleza e, mais ainda, que ela deve pôr-se de acordo com as demais"[6].

6. H. Wölfflin, *Principles fondamentaux de l'histoire de l'art*, Brionne, Gérard Monfort, p. 130.

Estruturada pelos lineamentos exteriores do traje e dos acessórios usados, a base inferior do vestido abre-se diagonalmente, na medida em que se aproxima do solo. Tal estrutura é retomada e sustentada pela frondosa e sólida árvore, cujo tronco aparece disposto atrás do corpo feminino. A nova organização estrutural, da parte inferior do traje, que tende geometricamente à forma cônica ou cilíndrica, será a modificação a que o traje feminino irá progressivamente ao encontro no período subseqüente. Esse desenho do corpo perdurará e a cintura do traje volverá a marcar seu lugar exato no corpo feminino somente no romantismo avançado.

Os cabelos estão penteados conforme os dos penteados gregos, marcados com um certo descuido proposital que lhes garante um aspecto casual e natural. No alto do penteado encontra-se preso um longo véu, translúcido, de tecido extremamente fino e transparente que, depois, no romantismo, será bastante usado.

A harmonia está na base desse traje, quer nas suas linhas e nas combinatórias de cores, quer na relação de adequação de sua configuração verticalizante e com aquela que é própria do ser humano. O efeito maior desse equilíbrio é que a roupa impõe um efeito de total controle das combinatórias que a estruturam. Tão articuladas umas com as outras, elas impõem uma força que tem a consistência de um bloco hierarquizado, quase palpável. Por isso é que tanto o vestido e a mulher, quanto a paisagem em que um e outro estão situados, geram um efeito de tactilidade. Afora a cauda e seu volume, nenhum excesso está aí configurado. A plástica do corpo e a da vestimenta sintonizam.

VI. Projeções e Reprojeções do Clássico

Nossa análise mostrou que os elementos do classicismo que permanecem na organização da moda são: a) uma exploração de aspectos como a verticalidade no privilégio da linha, da figura e do seu contorno, em nível eidético; b) uma hierarquização das partes visivelmente articuladas, em nível topológico; c) uma distribuição unificadora da plástica da moda na plástica do corpo que, para ser apreendida, requer a atuação conjunta do sentido tátil em coalescência com o da visão; d) uma integração entre corpo e moda, graças ao emprego de qualidades matéricas que admitem moldabilidade, flexibilidade, leveza, transparência; e) um uso das cores monocromaticamente, para ressaltar o efeito de unidade das partes componentes do todo.

Em que medida a permanência desses significantes em tempos tão distintos explicar-se-ia pelas estruturas sólidas que o Classicismo, para além das instabilidades do momento e do movimento, mensurou através do cálculo em uma forma linear inteiramente passível de decomposição? Não residiria nessa singularidade, como assinalou H. Wölfflin, o atributo da "imediata lisibilidade das formas clássicas"[7], a razão que explicaria a sua acessibilidade a todos? E, igualmente, o fato destas permitirem a sua reoperalização em outros tempos e espaços?

Tal regularidade de uso na organização da linguagem da moda, que guarda em seu bojo, ou seja, lhe é imanente, um certo tratamento do contexto, nos leva a concordar com Jean-Marie Floch: "o clássico e o barroco não serão mais definidos aqui como duas épocas da história da arte ocidental (*grosso modo*, o século XVI e XVII), mas como 'visões' ou como 'ópticas' coerentes"[8].

Os retornos à Antiguidade continuaram a repetir- se na moda após o neoclassicismo e suas reaparições se mantiveram ao longo do século XX. O que, sobremaneira, nos parece importante estudar é como essas revisitações do clássico são realizadas. Não podemos deixar de considerar que cada uma delas carrega, em suas reestruturações, mudanças dos elementos que reemprega ou reinventa. Ainda que nas reatualizações do classicismo pelo neoclássico, tenhamos demarcado invariâncias, o que objetivamos notadamente destacar é como J. J. Winckelmann, J.-L. David, e, na moda, Ipolite Leroy e Rose Bertran, insurgem variantes. Essa exploração dos significantes em outros contextos, com introdução de novos procedimentos e meios, sem dúvida, transformam os resultados da recriação do classicismo.

Identificar nas apropriações do clássico o que dele se manteve, mas também o que foi transformado a fim de operacionalizar uma nova criação é, inquestionavelmente, o grande interesse da pesquisa.

Nessa perspectiva, apontamos o exemplo de Mariano Fortuny (1871-1949), criador de moda e pintor, que propôs e realizou pesquisas a partir de tecidos de estruturas retangulares que poderiam ser usados de diferentes formas de modo a permitir amplos movimentos e expressão ao corpo humano. Esta investigação ininterrupta de toda uma vida foi o que distinguiu Fortuny de grandes costureiros da época, tais como Worth, Poiret, Chanel, entre tantos outros. Fortuny é um criador de trajes, mas rejeita a moda comercial. Não se interessa por mudanças constantes mas, sim, em aprofundar características inerentes à sua pesquisa. Em 1907, ele apresentou o *Delfos* (Fig. 22), um traje feminino inspirado numa escultura de bronze descoberta na cidade de Delfos, um auriga que vestia uma túnica com amarrações no peito (Fig. 23), o que importava também, para Fortuny, uma remessa ao corte da roupa feminina nos períodos do Diretório e do Império (Figs. 12, 17 e 19).

Os elementos gregos no trabalho deste criador, não se limitam exclusivamente a servir de modelo, mas convertem-se em partícipes dos componentes matéricos, eidéticos e topológicos organizadores de suas roupas. A prega, por exemplo, que ele retoma dos Antigos, dela recupera somente a verticalidade e a importância da linha. A criação daí resultante é toda uma outra coisa. As pregas da túnica grega eram montadas no próprio ato de dispor o tecido sobre o corpo, segundo distintos processos de amarração. Por sua vez, em Fortuny, elas passam a ser características inerentes do tecido. Deixam de ser produtos da disposição topológica, para tornar-se

7. H. Wölfflin, *op. cit.*,1984, p. 342.

8. J.-M. Floch, *Identités visuelles*, Paris, PUF, 1995.

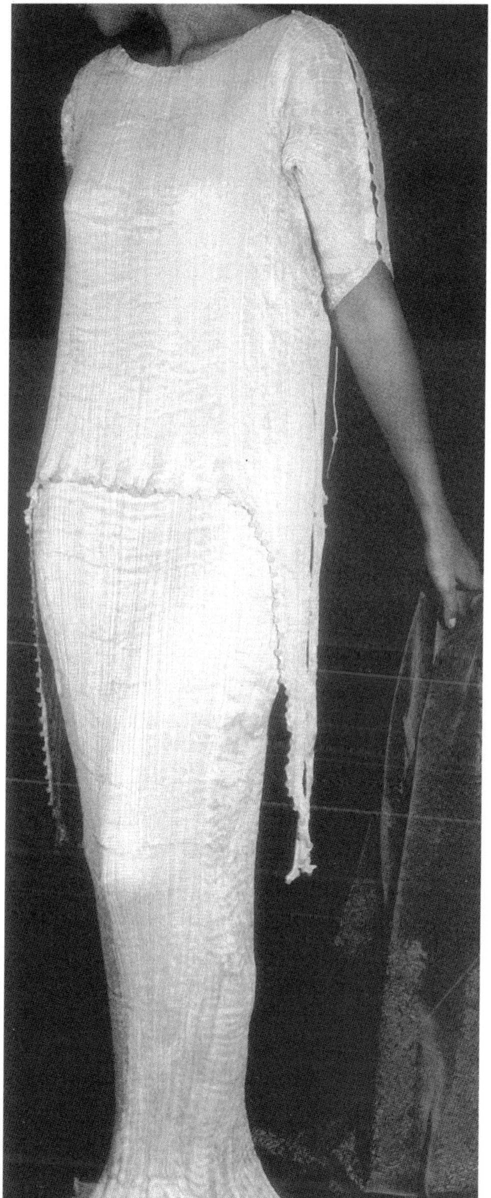

22. *Delfos Marfim* com túnica curta e manga entreaberta de Mariano Fortuny vestido pela Condessa E. L. Gozzi, Veneza (Col. E. Momenẽ).

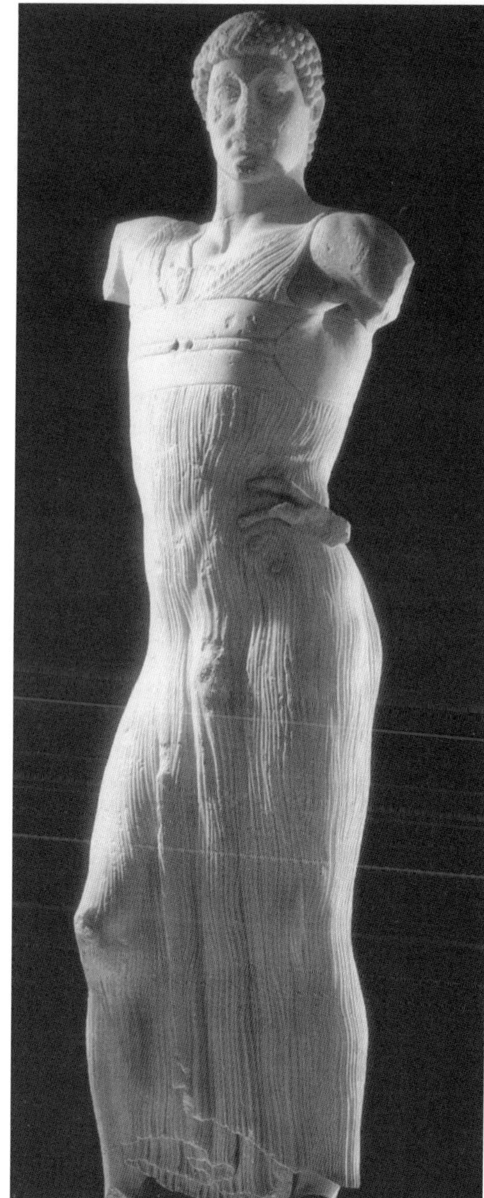

23. Escultura de Auriga, 470 a.C., Museu Whitaker, em Mozia.

estruturantes também da materialidade e da composição eidética do tecido.

Em função de um novo *eidos*, por ele elaborado e produzido, as suas túnicas *Delfos* se ajustam e até moldam as formas do corpo, ao mesmo tempo que acompanham a plástica deste corpo em toda a sua extensão e movimentação. A articulação do binômio contenção e expansão, que no rococó o fraccionavam, diferentemente, na túnica de Fortuny, tornam-se duas qualidades acopladas que são usadas para criar um corpo uno, clássico, portanto.

Ainda mais, o elemento espacial, que nas túnicas gregas se dividia em um espaço ocupado e outro a ser ocupado pela movimentação, pela gesticulação, nas de Fortuny, se aglutinam. O tecido molda o corpo na sua superfície; no entanto, sendo portador de elasticidade, tal revestimento é igualmente liberdade de movimento.

Citemos aqui mais um exemplo da manifestação do clássico na moda do século XX: Coco Chanel (1883-1971). Em um ensaio admirável sobre esta inovadora de moda, J.-M. Floch[9], já pelo próprio título, conceitua a trajetória de uma "visão clássica" na trajetória de Chanel. Epigrafando o seu estudo como "La liberté et le maintien", que se especifica no subtítulo "Esthétique et éthique, du *total look* de Chanel", o semioticista do visual parisiense deteve-se no estudo da produção de signifidos desse *total look*. Não se trata de um "estilo" vestimentar, de penteado... de silhueta feminina qualquer, mas de um *eidos* que formulou a identidade particular de uma marca instantaneamente identificável. Esta fórmula é em si mesma uma "visão do clássico" que o século XX recria no discurso da moda.

A partir do inventário dos elementos desse *total look* mostrados como uma reoperacionalização do clássico, causa estranheza que J.-M Floch os enlaçe como uma atualização de liberdade e manutenção. No entanto o autor teoriza que estes dois qualificadores que, à primeira vista, tendemos a ver como mutuamente excludentes, em Chanel agem juntos, criando para a mulher do século XX, uma moda funcionalista que alia ao prático a beleza. Essa renovadora da costura emprega os meios de expressão do clássico e é justamente aí que o sentido de manutenção – a do clássico – evidencia-se.

Nesta reconfiguração, há não obstante, transformações. Com certa liberdade, a modista utiliza os elementos discursivos da estética clássica e os conjuga a outros. Inusitadamente, entrelaça ao clássico elementos do seu par distintivo, o barroco. Neste seu fazer sem precedentes nas reatualizações do classicismo, Chanel reconfigurou concomitantemente a concepção de mulher, dando figura a um discurso ético pelo estético.

À diferença da moda que veste a Marquesa de Pompadour, Chanel apenas considera na moda feminina o que corresponde à própria função da roupa. Quando opta pelo uso de trajes mais soltos para distanciar o tecido do corpo, a sua opção é por aquilo que concede maior mobilidade às mulheres. Assim ela se aproxima das linhas retas clássicas que não prendiam, amarravam ou forçavam o corpo a manter-se subjugado à roupa; em contraposição porém, usa ornamentos que são característicos do barroco, como as pérolas, os botões dourados, os adornos, enfim. Em suas mãos desenhou-se a roupa de uma sociedade nova para a mulher que trabalha vestindo elegância, conforto, funcionalidade: uma moda, portanto, que promoveu a libertação do corpo. Neste direcionamento de seu trabalho, encontra-se o germe de várias propostas de moda do século XX.

Numa perspectiva ampla, podemos concluir afirmando que, na medida em que o clássico passou a ser no mundo ocidental uma recorrência cíclica, é esta que, em certo sentido, o converteu em uma tendência permanente da moda. No seu ir e vir, ao se reatualizar nessa ciclicidade, já como um eterno retorno, os trajes femininos ganham liberdade, pelo clássico, para romper com certas amarras que os atam tanto ao corpo quanto ao meio social, o que implica romper com o amordaçamento da mulher.

9. J.-M. Floch, *op. cit.*, pp. 107-144.

Bibliografia

ARGAN, G. C. *Arte Moderna*. Trad. D. Bottmann e F. Carotti. São Paulo, Cia. das Letras, 1992.

________. *Storia dell'arte italiana*. 21 ed. Firenze, Sansoni, 1986.

________. *et al. El pasado en el presente*. Trad. R. Arqués. Barcelona, Gustavo Gili, 1977.

BAYER, R. *História da Estética*. Trad. J. Saramago. Lisboa, Estampa, 1978.

BOUCHER, F. *A History of Costume in the West*. 3 ed. Trad. J. Ross. New York, Thames and Hudson, 1988.

CHAUNU, P. *A Civilização da Europa das Luzes*. 2. ed. Trad. M. J. Gomes. Lisboa, Estampa, 1995. Vol I e II.

CUNHA, C. K. *Configurações de uma Plástica: do Corpo à Moda*. Dissertação de mestrado. PUC-SP, Comunicação e Semiótica. São Paulo. 1998.

GUINSBURG, J. (org.). *O Romantismo*. 3. ed. São Paulo, Perspectiva, 1978.

FLOCH, J.-M. *Identités visuelles*, Paris, PUF, 1995.

LANDOWSKI, E. "Por uma Abordagem Sóciossemiótica da Literatura", in revista *Significação*, São Paulo, Anna Blume, 1996.

LUZZATTO, L.; POMPAS, R. *Il significado dei colori nelle civiltà antiche*. Milano, Rusconi, 1988.

MENGS, A. R. *Riflessioni su la Belezza e sul gusto della Pittur.* Trad. G. N. Dæazara. Bassano, 1873.

OSMA, G. F. de. *The life and work of Mariano Fortuny*. London, Aurum Press, 1994.

OLIVEIRA, A. C. "Por uma Semiótica Plástica". in revista *Face*. São Paulo, PUC-SP, COS, 1994, n. 4. pp. 101-143.

PAOAIOANNOU, K. *L'Art Grec*. Paris, Citadelles & Mazenod, 1972-1993.

PAQUET, D. *Storia della Belezza*. Trad. E. da Fiesole. Trieste, Einaudi, 1997.

UPJOHN, E. M.; WINGERT, P. S.; MAHLER, J. G. *História Mundial da Arte – do Barroco ao Romantismo*. Trad. M. França. São Paulo, Difel, 1975. Vol. IV.

WINCKELMANN, J. J. *Reflexões sobre a Arte Antiga*. Trad. H. Caro e L. Tochtrop. Porto Alegre, Movimento, 1975.

________. *Il bello nell'arte*. Trad. F. Pfister. Torino, Einaudi, 1943.

WÖLFFLIN, H. *Principles fondamentaux de l'histoire de l'art*, Brionne, Gérard Monfor, 1984.

11. REFLEXOS DO CLASSICISMO NO BRASIL

Aguinaldo José Gonçalves

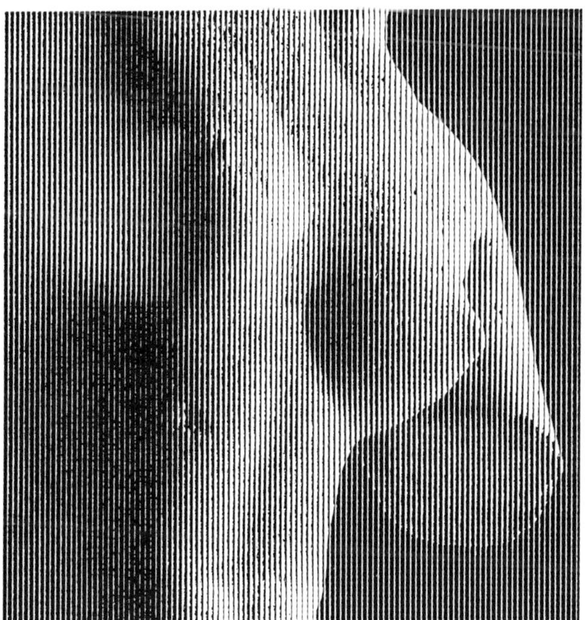

Considerações Iniciais

Para que se possam apresentar os reflexos do classicismo na literatura brasileira, há de considerarem antes de tudo, as condições de colônia em que vivia o país durante o século XVIII e, mesmo que de passagem, apontar as condições básicas da cultura do país colonizador, Portugal, mediante sua situação político-social. Tais condições foram determinantes para que se produzisse um tipo de literatura que expressasse, mesmo que de maneira polêmica, uma visão específica de mundo e de Brasil dentro do painel neoclássico europeu. Os fenômenos literários manifestados em nosso país não foram, e nem poderiam ter sido, um classicismo, termo que preferimos conferir ao clímax do grande período clássico europeu, produzido na França durante o século XVII. Trata-se, no caso, de um neoclassicismo, ou, até mesmo, reflexos de um neoclassicismo, dadas as aludidas condições da América daquele período, especificamente o Brasil. Tanto a literatura portuguesa quanto a brasileira (que lhe era considerada parte) basearam-se no movimento da Arcádia Lusitana a partir da doutrinação de Verney, cujo fio condutor foi combater o cultismo. Nessa batalha, as novas tendências se basearam na codificação de Boileau, procuraram redifinir a imitação direta dos gregos e romanos, sobretudo Teócrito, Anacreonte, Virgílio, Horácio, e tentaram restabelecer vários padrões do período por excelência renascentista na literatura portuguesa: o século XVI. Portanto, é de fundamental importância que bem se compreendam certos aspectos históricos da produção literária realizada no Brasil do século XVIII, pois grande parte, para não dizer toda ela, esteve vinculada mais ou menos intencionalmente a um contexto singular de nossa história. Se os séculos XVI e XVII podem ser considerados a época dos primeiros passos da colonização portuguesa do Brasil, decisivos sem dúvida para a formação da futura nacionalidade, mas ainda lentos, o século XVIII é, na realidade, uma segunda época histórica, caracterizada sobretudo pelo rápido desenvolvimento material e cultural do novo Estado; desenvolvimento em grande parte determinado pela mineração.

Se a segunda metade do século XVIII representou para o Brasil as efetivas manifestações intelectuais, delineando a nossa "idade do ouro", no primeiro quartel do mesmo século, já se podem assinalar resultados culturais de caráter coletivo. Dentre eles, teve relevância a formação de Academias que, na Europa, estavam em franco desenvolvimento: a dos Esquecidos, dos Seletos, dos Felizes e dos Renascidos podem ser consideradas as de maior relevância.

Entretanto, apesar de significar reflexos decisivos da concretização de nosso sistema cultural, com destaques fundamentais de alguns de seus escritores, como o historiador Rocha Pita, pelas circunstâncias históricas, as Academias não se integraram intencionalmente ao neoclassicismo europeu. Como já dissemos, tal fenômeno só vai ocorrer na segunda metade do século, a partir da publicação das *Obras* de Cláudio Manuel da Costa (1768) e da fundação, pelo mesmo poeta, em Vila Rica, da *Arcádia*, ou melhor, da *Colônia Ultramarina*, correspondendo, mais ou menos, à fundação da Arcádia Lusitana, fundada vinte anos antes em Portugal.

O vínculo, portanto, entre as nossas manifestações neoclássicas e as portuguesas foi inevitável e isso não se questiona. O que devemos procurar compreender é a cor nacional ou os matizes da terra brasileira que alteraram o estilo de nossas produções e que determinaram o início de nossa expressão cultural.

Relações entre o Neoclassicimo Português e o Brasileiro: alguns Fundamentos

Situação de Portugal

O século XVIII português vivenciou transformações político-sociais importantes. Essas transformações estiveram intimamente integradas às transformações culturais e literárias. Os movimentos culturais assumiram, em Portugal, uma interpretação política:

> Para fortalecer o projeto da monarquia portuguesa, assim como para proteger seus vastos domínios na América, na Índia e na África, entenderam o rei D. José I e seu ministro, o Marquês de Pombal, que seria necessário transformar a sociedade, sem debilitar, mas pelo contrário aumentando o poder do soberano. Diversamente da França, a luta não se daria, internamente, contra um parlamento que ia conquistando novos direitos e privilégios para contentar o poder onímodo do rei, mas contra a própria classe aristocrática, que procurava defender suas velhas regalias e recuperar sua influência ameaçada[1].

Na mesma linha de Jorge de la Serna, já se posicionavam Antonio José Saraiva e Oscar Lopes na sua *História da Literatura Portuguesa*. Para eles, na primeira metade do século XVIII, no reinado de D. João V, Portugal vivencia uma contradição fundamental: "por um lado, a mineração brasileira permite um reagrupamento defensivo da aristocracia nobiliária e clerical junto ao trono absolutista, que se manifesta por uma florescência

1. Jorge Antonio Ruedas de la Serna, *Arcádia: Tradição e Mudança*, São Paulo, Edusp, 1995, p. 4.

retardatária da cultura barroca; por outro lado, Portugal não pode isolar-se do ambiente europeu nem prescindir inteiramente das inovações técnicas, científicas e artísticas surgidas no estrangeiro"[2]. O aburguesamento do País está em crise com o tradicional estado de coisas. Nessa "batalha" de tranformações geradas sobretudo pelos conflitos econômicos e por um despotismo esclarecido gerador de conflitos sociais e dominador da cultura portuguesa, pode-se dizer que, historicamente, Portugal vivenciou um "Século das Luzes" bastante conturbado.

Das últimas manifestações do barroco português, que foi caindo na desagregação e no descabimento do estilo, Portugal, mediante todas as transformações sociopolíticas por que foi passando, desde a primeira metade do século, passa a viver um excessivo dogmatismo, conduzido principalmente por juristas, filhos da burguesia ou funcionários do despotismo esclarecido. Interessante que um século depois vamos assistir em Portugal, *mutatis mutandis*, cenas similares àquelas ocorridas na França do século XVII: manifestações lingüísticas e literárias que buscam um rigor e uma forma de restrição altamente acentuada de normas para o uso da língua, atuando essas mudanças como reflexos de novos modos de ver do Estado e da sociedade. Para Saraiva e Lopes, "tais obras vazaram-se no mesmo molde que produziu as cartas iniciais do *Verdadeiro Método de Estudar*", de Verney, sobre o qual comentaremos mais à frente.

Apesar de um tanto tardia a integração de Portugal às vanguardas advindas do ideário iluminista, sua participação nas linhas inovadoras européias, distintas e muitas vezes convergentes, foram decisivas. Ao analisar os reflexos da Ilustração do século XVIII europeu em Portugal e no Brasil, Antonio Candido, em *Formação da Literatura Brasileira*, discute a diferente situação dos dois países, comparando-a a dos países para ele modelares: França e Inglaterra. Denominando o nosso "Século das Luzes" de "beato, escolástico e inquisitorial", Candido salvaguarda nossa condição ao dizer que nossas "luzes", refletidas, sobretudo, na poesia árcade, fizeram-se manifestar nas concepções e no esforço de reforma que tiveram alguns intelectuais e administradores, "enquadrados" no despotismo relativamente esclarecido de Pombal:

> Homens como Verney e Ribeiro Souto queriam introduzir na pátria o novo espírito filosófico, impregnado das orientações metodológicas do racionalismo e do pós-racionalismo anglo-francês. Em literatura, à maneira, menos de Boileau, invocado pelo primeiro, quanto de Fontenelle, do seco Houdart de La Motte – modernos, seus antagonistas –, propugnavam uma poesia lógica, sem artifícios nem surpresas marcantes: poesia envergonhada e tímida em face da prosa, a qual pedia desculpas pelo que nela ainda restasse de poético. Boileau, nas *Reflexões sobre Longino*, dá como *test* da imagem a sua viabilidade ante expressões como – "por assim dizer", ou "se assim ouso falar", mediante as quais se suprimiriam ousadias indomáveis pelo freio da lógica[3].

Ainda trilhando nas considerações do crítico, devemos confirmar o que para ele representa o ciclo mais característico do pombalismo literário, cujos pontos culminantes são o *Uraguai* (1769), de Basílio da Gama, no campo antijesuítico; *O Desertor* (1771), de Silva Alvarenga, no setor da reforma intelectual; *O Reino da Estupidez* (1785), de Francisco de Melo e Franco, no protesto contra a reação do tempo de D. Maria I.

O perfil do neoclassicismo português na literatura delineia-se, principalmente, pelo arcadismo, que por sua vez, integra-se a um movimento político e cultural mais abrangente que circulava pelo veio de todos os países. Em Portugal esse movimento mais amplo foi controlado pelo administrador Pombal e por alguns intelectuais que atuaram de modo decisivo enquanto codificadores e interpretadores do ideário neoclássico, sobretudo francês e italiano.

Como se sabe, as várias tendências estéticas que se desenvolveram com feições próprias em cada país europeu, a partir da Renascença italiana, encontraram na França do século XVII um centro de codificação particular, nacional, mas com traços normativos tão fortes e um teor

2. Antônio José Saraiva e Oscar Lopes,*História da Literatura Portuguesa*, Porto Editora, Lisboa, 1950, p. 523.

3. Antonio Candido, *Formação da Literatura Brasileira*, São Paulo, Livraria Martins Editora, 1971, pp.46-47.

produtivo tão marcante, que determinaram o cânone da literatura ocidental. Nos países ibéricos (Espanha, Itália, Portugal), em que o cultismo foi mais arraigado e, conseqüentemente, duradouro, a rejeição aos novos padrões literários foi maior. Em Portugal, essas teorias, embora começassem a ser conhecidas desde o final do século XVII, só ganharam consistência na segunda metade do século XVIII. Dentre os interpretadores e condutores das novas idéias, dois se destacaram: Verney e Cândido Lusitano.

Se no começo do século XVII, já era traduzida em Portugal a *Arte Poética* de Boileau, as idéias contidas no tratado só se tornariam influência decisiva no pensamento literário português pelos meados do século (1747), ano em que Verney publicava o seu *Verdadeiro Método de Estudar*, cujos preceitos, altamente ortodoxos, traduziam a sua maneira, as novas concepções e impunham, de certo modo, verdadeira "camisa-de-força" à criação literária. Para Saraiva e Lopes,

> Em 1746, [...] o *Verdadeiro Método* passava à fieira crítica, não um simples epígone do gongorismo, mas o que havia de mais prestigioso no Barroco literário português, incluindo as suas reais ou pretensas origens camonianas, integrando um plano de reforma literária dentro de seu plano de completa reforma cultural e pedagógica. Da polêmica desencadeada por esta obra participou um padre oratoriano, Francisco José Freire, sob o pseudônimo, que se tornaria dentro de poucos anos o seu criptônimo arcádico, de Cândido Lusitano. É ainda sob a influência de Verney e no desejo tipicamente oratoriano de conter o Iluminismo dentro de certos limites conservadores, que Cândido Lusitano publica em 1748 a sua *Arte Poética, ou Regras da Verdadeira Poesia*, isto é, o manifesto do arcadismo português, embora com antecedência de oito anos sobre a sua corporização institucional, que, após tentativas diversas, se veio a realizar com a fundação da *Arcádia Lusitana* em 1756[4].

A operacionalização de seu método se realizaria, de certa forma, pelo grupo de poetas da Arcádia Lusitana, liderada por Cândido Lusitano. O produto desse processo representa o que denominamos de *arcadismo* português.

Do conjunto *monumental* de seu "método", que a crítica especializada acusa de falta de originalidade, a parte dedicada à literatura e, especialmente, à poesia, é a que nos interessa. Nesse sentido, parece Verney se aproximar bastante dos teóricos franceses posteriores a Boileau. Na concepção de Antonio Candido, as considerações do "legislador" português "despoetizaram" a teoria poética. apesar disso, insistiu no gosto como critério de apreciação, possibilitando, assim, a introdução de um ponto de vista mais pessoal, contrariando os princípios da estética do *classicismo*. Seu espírito de pedagogo imprimiu nos critérios um rigor, que contrariaria a natureza espontânea da invenção poética, daí ter chegado a criticar até mesmo Camões. Por outro lado – ainda analisa o crítico, considerando a facção positiva das imposições de Verney, deve-se registrar o fato de que seu repúdio à mania "versejante" da época, que era uma constante, influiu, positivamente, no cuidado necessário para a produção da nova poesia. Ele criticou os culteranos por pensarem mal e assim sacrificarem a naturalidade em benefício da sutileza.

É neste caminho que se atribui grande importância a Francisco José Freire, Cândido Lusitano, que em sua *Arte Poética* (1748) busca, mesmo embasado no *Verdadeiro Método de Estudar* (1747), reconduzir as questões sobre poesia, assinalando, antes de tudo, a sua necessidade e lhe restituindo a dignidade que lhe era de direito. Assim, ele insere a poesia portuguesa (da qual, em certo sentido, a nossa fazia parte) "nas aspirações do tempo e na tradição clássica". Para Antonio Cândido, *Arte Poética* consiste num tratado "que se pode considerar como pedra fundamental da poesia arcádica portuguesa, no seu caráter de superação do cultismo, imitação da poética franco-italiana e intelectualismo mitigado pela fantasia".

Apesar de apenas quatro anos de existência, a Arcádia Lusitana não pode ser avaliada pelos anos que durou, mas por toda a significação que possui para o encaminhamento da literatura portuguesa do setecentos, até mesmo pelas tensões geradas com aqueles que a ela se opuseram, em vários níveis, gerando novos caminhos, novas tendências literárias. Como afirmam Saraiva e Lopes:

4. Saraiva e Lopes, *op. cit.*, p. 569.

A teorização do arcadismo em Portugal não prima pela sua originalidade; deriva de uma longa linhagem de poéticas clássicas que entronca em Aristóteles e abrange os preceptistas antigos (Longino, Horácio, Quintiliano etc.), os do Humanismo quinhentista (Castelvetro, Rubestello, Vóssio, Escalígero) e sobretudo os modernos franceses e italianos (Boileau, Dacieux, Le Bossu, Rapin, Fontenelle, Marmontel, Voltaire; Muratori, Gravina, Nisiely etc.), incluindo ainda Pope e sobretudo Luzan[5].

Com a fundação da Arcádia Lusitana, culminaram em Portugal as tendências neoclássicas; a conjunção de sua "linhagem", como dizem os críticos, revela esse fenômeno cultural e literário, que se fez evoluir, no sentido de encontrar o "realismo burguês" setecentista em língua portuguesa que atingiria também países colonizados como foi o caso do Brasil. A sua existência, definida pela miscigenação social de seus fundadores, revela o novo painel da sociedade portuguesa, na segunda metade do século XVIII: Antonio Dinis da Cruz e Silva, Teotônio Gomes de Carvalho e Manuel Nicolau Esteves Negrão, três bacharéis em direito, filhos da burguesia. Na sua constituição, apesar dos resíduos de diferenciação de classe que muitas vezes ainda atuavam como obstáculos para o desempenho de suas funções, tentou-se salientar os méritos pessoais dos componentes e não sua origem. Como bem salienta Jorge de la Serna:

Imitando a Arcádia de Roma que havia sido institucionalizada em 1690 para honrar a memória de Cristina da Suécia por ocasião da sua morte e como reação aos excessos do maneirismo italiano, a Arcádia Lusitana teve também sua sede bucólica, ao menos de nome, que se chamou Monte Mênalo, e aí, imaginariamente, congregavam-se seus membros disfarçados de pastores. Os nomes arcádicos, pseudônimos ao gosto da tradição clássica, cumpriam também uma função congregadora, pois, ao substituir o nome verdadeiro pelo criptânimo pastoril, aqueles poetas despojavam-se transitoriamente das diferenças de posição social, para confraternizar em um âmbito de fantasia democrática e de aristocracia literária[6].

Tanto isso se confirma, que a maioria de seus representantes eram bacharéis, desembargadores, oratorianos e alguns nobres de sangue. Deve-se salientar também que a Arcádia não significou uma revolução radical de mudanças; mantêm-se alguns ingredientes que eram próprios do barroco, como suas convenções bucólicas e mitológicas, bem como certos rituais que revelavam a dependência dos intelectuais e artistas ao regime absolutista como soía ocorrer no período barroco de D. João V. Podem-se considerar os seguintes nomes como seus maiores representantes: Cruz e Silva, um de seus principais organizadores; Pe. Francisco José Freire (Cândido Lusitano) e Valadares e Sousa, seus principais teóricos e críticos; Manuel de Figueiredo, seu principal autor e teorizador teatral; Correia Garção, seu principal animador e figura mais prestigiosa; Reis Quita, o seu maior poeta lírico.

Dentre uma série de obstáculos que se interpuseram à Arcádia Lusitana, dificultando a sua continuidade, deve-se destacar a chamada "guerra dos poetas", na expressão utilizada por Saraiva e Lopes, que por volta de 1767 opôs a Correia Garção e a Arcádia um grupo de poetas dissidentes. Dentre eles, dois brasileiros de nascimento: José Basílio da Gama e Silva Alvarenga, juntamente com o português Filinto Elísio.

Vale, portanto, reafirmar que, apesar de a Arcádia Lusitana ou Ulissiponense ter funcionado em Lisboa apenas durante cinco anos (1756 a 1760), teve uma influência profunda no pensamento cultural português e, como era de esperar, essa influência atingiu a altura literária brasileira em formação. Sua presença se fez manifestar principalmente na formação de academias em várias cidades brasileiras, destacando-se, como é sabido, na cidade de Vila Rica.

Relação entre Brasil e Portugal

A expansão das idéias que fermentaram o século XVIII europeu ocorreu de um modo difuso, dificultando, muitas vezes, o próprio esclarecimento do fenômeno de um para outro país da Europa. Sendo assim, mais difícil se

5. *Idem*, p. 574.
6. Serna, *op. cit.*, pp. 56-57.

torna determinar, com precisão, as fontes fidedignas de onde vieram as influências para os intelectuais e poetas que aqui viviam. Duas são as esferas que constituíam nossos poetas: uma de natureza geográfica e outra de natureza cultural. Quanto à primeira, as evidências esclarecem: as conexões, direta ou indiretamente, eram portuguesas; já a segunda, esta sim, menos esclarecedora: seriam as fontes portuguesas da cultura européia, fontes italianas que vivenciavam o clima das Academias e da Arcádia Romana, ou ambas as fontes com uma vertente nacional que lhes dava o tom específico de um arcadismo ilustrado, mediante os ideários que definiam o painel da cultura e da política européia?

O mais recente trabalho sobre o assunto, já citado neste capítulo, defensor de nossa indissociável relação com o neoclassicismo português, é de 1995, denominado *Arcádia: Tradição e Mudança*, escrito pelo mexicano Jorge Antonio Ruedas de la Serna, sob a orientação de Antonio Candido. É também de Antonio Candido a apresentação do trabalho e nela, ao mostrar os méritos da obra, elege um, para ele, fundamental: o fato de o autor defender a idéia de que para entender corretamente o nosso arcadismo é preciso correlacioná-lo a fundo com o português. Esse fato, segundo Antonio Candido, é um ato *corretor* de Jorge de la Serna, que, talvez por ser mexicano, tenha revelado isenção naquilo que a crítica brasileira tem parecido parcial e parcimoniosa. O autor interpreta o fato como se isso acontecesse por uma herança nacionalista de origem romântica, que leva a acentuar estrategicamente o que considera específico, ignorando semelhanças e filiações, como se houvesse certo medo anacrônico de restabelecer o vínculo colonial. É por este prisma que seu trabalho se desenvolve, mostrando, não um estudo específico do arcadismo brasileiro, mas os traços que unem o nosso arcadismo ao de Portugal.

Durante o desenvolvimento de seu estudo, Jorge de la Serna alude a uma outra obra, que também se voltou para os estudos do arcadismo na literatura brasileira: *Capítulos de Literatua Colonial* de Sérgio Buarque de Holanda, obra póstuma, de 1991, organizada por Antonio Candido e também por ele apresentada. Na alusão, o autor mexicano se ressente do fato de mesmo Sérgio Buarque, com sua arguta capacidade de tratar do assunto, sobretudo nas análises de Claudio Manuel da Costa, ter mostrado as relações entre o arcadismo brasileiro e os poetas italianos, e não enfatizado as relações entre nossos poetas e os portugueses.

Mesmo com todas as diretas relações entre nossos intelectuais e poetas com Portugal, sobretudo do ponto de vista da dependência política, o seu universo pessoal era distinto do universo dos poetas portugueses. Evidentemente, a nossa produção se valeu das mesmas influências culturais e literárias européias, mas de modo anfíbio, miscigenado. Essa realidade distinta, aliada à potencialidade criadora dos melhores representantes, construíram a nossa literatura do período, que atuou de forma decisiva em nossa série literária, mesmo apresentando alguns aspectos aparentemente contraditórios. Como diz Antonio Candido:

> Quando focalizamos o nosso Arcadismo, devemos lembrar que para os românticos ele foi em grande parte um fenômeno de subserviência em relação à literatura metropolitana, e a Metrópole era algo que logo depois da Independência parecia necessário rejeitar em todos os campos. Mas, ao mesmo tempo, foi tido como prova de continuidade da vida do espírito do Brasil, além de justificativa e fonte das manifestações literárias dos próprios românticos, despertando neles, contraditoriamente, muito orgulho de tipo genealógico. Portanto, funcionou na posteridade imediata, senão como modelo estético (salvo no que toca ao indianismo dos dois épicos), certamente como fator positivo no sentimento de autonomia, que enformava então o projeto cultural das gerações contemporâneas da Independência ou imediatamente posteriores[7].

Compreendendo a situação e o lugar do movimento arcádico brasileiro no painel de nossa historiografia, torna-se um pouco mais fácil compreender as suas contradições e o modo de expressão de cada um de seus representantes. Ou melhor: o modo de expressão dos nossos poetas conjuga suas potencialidades próprias a uma rea-

7. *Idem*, p. XII.

lidade contraditória. Por realidade devemos entender um complexo histórico e cultural que constituía aquele período. Nesse complexo, evidentemente, inclui-se o momento histórico da Metrópole, suas contradições políticas, econômicas e literárias.

A crítica mais autorizada tem sido unânime em afirmar que os poetas neoclássicos ou arcádicos brasileiros deram à literatura portuguesa valiosa contribuição. É o caso dos sonetos de Claudio Manuel da Costa, lírico-amorosos ou de reflexão moral[8] das liras *Marília de Dirceu*[9], de Tomás Antônio Gonzaga, cuja significação e valor poético é indiscutível; da *Glaura*[10], de Silva Alvarenga, que expressa em bom número de rondós e madrigais o sentimento do amor e da Natureza; é o caso ainda do *Uraguai*[11], de José Basílio da Gama, que vale pela novidade do seu indianismo e pela renovação formal do decassílabo e do poema heróico; é o caso, finalmente, do *Caramuru*[12], de Frei José de Santa Rita Durão, que levou à poesia portuguesa do período o exotismo tropical e indianista.

Como seus contemporâneos, os poetas do Brasil afirmaram, a partir de Claudio Manuel da Costa, o anseio de uma renovação total do espírito, da literatura e da vida, anseio em que se podem apontar, como ingredientes mais importantes, a estima das formas de expressão poética de caráter popular ou que mais fielmente pudessem traduzir a personalidade do poeta, agora a busca da alma do "homem em estado natural". Tais ingredientes, que serviram à renovação do gosto poético do setecentos, podem-se apontar no conjunto da produção neoclássica brasileira, particularmente na obra dos dois mais importantes poetas líricos da época: Claudio Manuel da Costa e Tomás Antônio Gonzaga.

8. In *Obras*, Coimbra, 1768.
9. Lisboa, 1792.
10. Lisboa, 1799.
11. Lisboa, 1769.
12. Lisboa, 1781.

O melhor do neoclassicismo brasileiro foi, portanto, escrito na segunda metade do século XVIII; os primeiros decênios do século XIX, se é verdade que contaram com vivas sugestões dos valores do setecentismo e com influências do pré-romantismo, não chegaram a produzir novidades poéticas de importância, nem valores comparáveis aos do século anterior. Sousa Caldas[13], José Bonifácio de Andrada e Silva[14], José Elói Otoni[15] são, sem dúvida, valores muito mais históricos que estéticos.

A literatura brasileira, ao se constituir como sistema dinâmico, encontrou nas fontes do classicismo europeu a atmosfera na qual emergiu, deixando, evidentemente, manifestar-se uma espécie de mesclagem de linhas do pensamento e/ou da estética do século XVIII, que vai definir de maneira plural as artes literárias que aqui se manifestaram. Poder-se-ia dizer que nosso neoclassicismo significou o fusionismo de algumas linhas fundamentais, como ocorrera, de certa forma, em outros países: aspectos do classicismo francês já transformados pelos teóricos posteriores a Boileau, arcadismo italiano codificado pela Arcádia Lusitana e aspectos do ideário da Ilustração, influentes em todo o século XVIII.

Entretanto, exatamente pelo fato de o Brasil estar no momento de sua constituição sistêmica, é imprescindível que se retome a tão discutida questão de diferenciação entre *manifestações literárias* de literatura. Para Antonio Candido, por literatura compreende-se "um sistema de obras ligadas por denominadores comuns, que permitem reconhecer as notas dominantes duma fase". É desse prisma que o crítico defende a literatura do século XVIII no Brasil como um dos momentos decisivos de nossa formação. A existência de um conjunto de produtores literários, mais ou menos conscientes de seu papel; um conjunto de receptores, formando os diferentes tipos de público, sem os quais a obra não vive; um mecanismo transmissor (de modo geral, uma linguagem, traduzida

13. *Obras Poéticas*, Paris, 1820-1821.
14. *Poesias Avulsas de Américo Elísio*, Bordéus, 1825.
15. *Provérbios de Salomão*, Bahia, 1815; *O Livro de Jó*, Rio, 1852.

em estilos), que liga uns aos outros. A realização articulada desses denominadores parece ter se iniciado e consolidado a partir dos meados do século XVIII, adquirindo plena consistência na primeira metade do século XIX:

> Sem desconhecer grupos ou linhas temáticas anteriores, nem influências como as de Rocha Pita e Itaparica, é com os chamados árcades mineiros, as últimas academias e certos intelectuais ilustrados, que surgem homens de letras formando conjuntos orgânicos e manifestando em graus variáveis a vontade de fazer literatura brasileira[16].

Os escritores neoclássicos brasileiros tiveram, de certo modo, uma função diferenciada na história da nossa literatura. Tiveram uma função histórica, além de seus compromissos com o trabalho literário propriamente dito, ou, dito de outra forma, seu trabalho literário esteve atrelado a uma consciência histórica, pois tiveram como missão gerar e dar continuidade a uma formação cultural e a uma efervescência ambiental, num país colonizado, vivendo parcas condições de cultura para o desenvolvimento de sua própria identidade.

É importante, portanto, para melhor compreender a situação literária do período, verificar de que maneira uma literatura nascente como a brasileira apresentou-se diante das linhas de força que regiam, principalmente, por um lado, o "Século de Ouro" do barroco espanhol e, por outro, o "Século de Luís XIV" do classicismo francês. O fato de o século XVIII brasileiro ter sido regido pelo neoclassicismo implica, ao nosso ver, as marcas da Ilustração e do arcadismo, uma vez que quase sempre são compreendidos conjuntamente, mesmo nas manifestações européias. Estabelecendo uma analogia com a leitura de Ernst Robert Curtius, na sua magnífica obra *Literatura Européia e Idade Média Latina*, ao analisar criticamente o relativismo na formação do cânone moderno, por meio dos vários procedimentos literários manifestados em países com modos específicos de expressão de suas idéias e de suas vontades, durante o século XVIII, diríamos que o Brasil do mesmo século é um mosaico no campo das artes e da literatura e representaria um desperdício enquadrar seus fenômenos estéticos em compartimentos estanques. Apesar de se afirmar que o ponto comum de todas as tendências que regeram o neoclassicismo brasileiro ser o fato de se combater o cultismo barroco, entendemos, e aí reside nossa defesa ao mosaico, que mesmo havendo como constante em nossos autores a busca de harmonia perene, de justeza racional, de impassibilidade e a busca do equilíbrio tão almejado, nem sempre se conseguiu. Ou, dizendo melhor, nossos grandes poetas realizaram suas obras de teor neoclássico, circundados por certa "neblina barroca", tanto pelas marcas da estética, quanto pelas próprias condições históricas altamente paradoxais. Basta que se olhe para a arquitetura e artes plásticas que se produziram no mesmo século, sobretudo das cidades mineiras, para que se compreenda o barroco e o rococó pulsantes na cultura brasileira. Ao se comentar as influências na poesia de Claudio Manuel da Costa, por exemplo, os nomes de poetas da tradição que surgem pertencem à literatura clássica greco-romana, ao quinhentismo português, ou ao arcadismo italiano. Entretanto, como veremos, as marcas de poetas como Luís de Gôngora ou Lope de Vega são quase sempre omissas e, como sabemos, estiveram muito presentes na constituição de seu arcabouço poético.

Portanto, ao denominar o presente capítulo de "Reflexos do Classicismo na Literatura Brasileira", estamos já determinando a especificidade da nossa literatura no período e inferindo a impossibilidade de analisá-la com o mesmo rigor com que analisamos o classicismo e o neoclassicismo na literatura européia. Por outro lado, graças à qualidade dos poucos poetas que aqui viveram e produziram suas obras, o rigor crítico pode-se manter vivo no que diz respeito ao resultado dessa produção. Apesar das inúmeras influências que constituíram o *constructo* estético de nossos poetas, devemos entender que os processos de apropriação e de "tradução" eram comuns também aos poetas europeus; na verdade, trata-

16. Candido, *op. cit.*, p. 25.

va-se de um procedimento que veio com o Renascimento, acentuou-se no barroco e se manteve no neoclassicismo. Mais importante que o exercício de "arqueologia" das influências é tentar resgatar a qualidade dos resultados; é tentar compreender o grau de "antropofagismo" conseguido pelos nossos poetas.

"Prólogo ao Leitor": O Ato Inaugural da Poesia Neoclássica Brasileira

A poesia neoclássica e especialmente a poesia árcade apresentam algumas características, ou tentam respeitar alguns princípios. Tais princípios respeitavam ou se valiam de recursos próprios da prosa: clareza, ordem lógica, simplicidade, adequação ao pensamento. A palavra deveria exprimir a ordem natural do mundo e do espírito. O elemento nuclear que conduziu o "espírito clássico", procedimentos negadores do cultismo e conceptismo barrocos, levaram os líderes teóricos do movimento – Boileau e seus seguidores como La Motte e Verney, dentre outros – a certo extremismo de comportamento, como já analisamos, gerando posições altamente e restritivas e que atingiu de maneira intensa a poesia. Dentro desses princípios, mas apresentando suas próprias peculiaridades, a poesia brasileira da segunda metade do século XVIII diversifica-se em cada um dos poetas, acentuando em cada um aspectos que, conjugados constituem o perfil correto do período. Em alguns dos poetas (Tomás Antonio Gonzaga e principalmente Silva Alvarenga) os fundamentos do arcadismo se mostram com maior assiduidade e coerência. Em outros, o mosaico das contradições apresenta-se com maior vigor (Claudio Manuel da Costa). E nos épicos (Santa Rita Durão e principalmente Basílio da Gama) aos ideários da Ilustração com propósitos nacionalistas se fundem os ingredientes da tradição clássica e não podemos dizer, no caso do *Uraguai*, que seu estilo se isente, completamente, dentre suas influências, de aspectos do barroquismo.

Mas, de um modo geral, por mais que alguns ou muitos deles reproduzissem modelos do arcadismo ou neoclassicismo europeu, suas produções se voltavam para a construção de nossa literatura. Evidentemente, os poemas indianistas como o *Uraguai* e *Caramuru* deixaram nos seus temas as marcas de brasilidade. Mas isso não significa maior autenticidade nacionalista nesses poemas. É inevitável que tenhamos de considerar, pelas próprias condições históricas do setecentos brasileiros, a literatura daquele período como anfíbia, isto é, uma literatura que ansiava por ser literatura na altura que se produzia a literatura européia e, ao mesmo tempo, sendo marcada pela tintura de uma realidade muito própria, apenas respirando os ares de uma sociedade (a européia) em franco desenvolvimento e com bases filosóficas bastante particulares. Para melhor compreendermos a atmosfera acima considerada, vale que se faça a leitura do "Prólogo ao Leitor", que abre as *Obras* (1768) de Claudio Manuel da Costa. Diríamos também, que não se trata de um texto linear, como sempre foi lido até mesmo pela crítica mais respeitável. Trata-se de um texto que se realiza por uma mescla ziguezagueante que vai do enunciador lírico ao autor e, neste movimento, surgem os ambíguos propósitos que delineiam a condição da poesia neoclássica brasileira:

Prólogo ao Leitor

Se não for muita a tua maldade, sempre hás de confessar que algum agradecimento se deve a um Engenho, que, desde os sertões da Capitania de Minas Gerais, aspira a brindar-te com o pequeno obséquio destas Obras. Conheço que só entre as delícias do Pindo se podem nutrir aqueles espíritos, que desde o berço se destinaram a tratar as Musas; e talvez nesta certeza imaginou o Poeta desterrado, que as Cícladas do mar Egeu se tinham admirado de que ele pudesse compor entre os horrores das embravecidas ondas.

Não permitiu o Céu que alguns influxos, que devi às águas do Mondego, se prosperassem por muito tempo; e destinado a buscar a Pátria, que por espaço de cinco anos havia deixado, aqui, entre a grosseria dos seus gênios, que menos pudera eu fazer que entregar-me ao ócio, e sepultar-me na ignorância! Que menos, do que abandonar as fingidas Ninfas destes rios, e no centro deles adorar a preciosidade daqueles metais, que têm atraído a este clima os corações de toda a Europa! Não são estas as venturosas praias da Arcádia, onde o som das Águas inspirava a harmonia dos versos. Turva e feia, a corrente destes ribeiros, primeiro que arrebate as idéias de um Poeta, deixa ponderar a ambiciosa fadiga de minerar a terra, que lhes tem pervertido as cores.

A desconsolação de não poder substabelecer aqui as delícias do Tejo, do Lima e do Mondego, me fez entorpecer o engenho dentro do meu berço; mas nada bastou para deixar de confessar a seu respeito a maior paixão. Esta me persuadiu a invocar muitas vezes e a escrever a Fábula do Ribeirão do Carmo, rio o mais rico desta Capitania, que corre, e dava o nome à Cidade de Mariana, minha Pátria, quando era Vila.

Bem creio que te não faltará que censurar nas minhas Obras, principalmente nas Pastoris, onde, preocupado da comum opinião, te não há de agradar a elegância de que são ornadas. Sem te apartares deste mesmo volume, encontrarás alguns lugares que te darão a conhecer como talvez me não é estranho o estilo simples; e que seu avaliar as melhores passagens de Tedócrito, Vergílio, Sanazzarro, e dos Miranda, Bernardes, Lobo, Camões etc. Pudera desculpar-me, dizendo que o gênio me fez propender mais para o sublime; mas temendo que ainda neste me condenes o muito uso das metáforas, bastará, para te satisfazer, o lembrar-te que a maior parte destas Obras foram compostas em Coimbra, ou pouco depois, nos meus primeiros anos; tempo em que Portugal apenas principiava a melhorar o gosto nas belas letras. A lição dos Gregos, Franceses e Italianos, sim, me fizeram conhecer a diferença sensível dos nossos estudos, e dos primeiros Mestres da Poesia. É infelicidade, que haja de confessar que vejo e aprovo o melhor, mas sigo o contrário na execução.

Contra esta obstinação não há argumento; e sendo empresa dificultosa acomodar semelhante gênero de iguaria ao paladar de todos (porque uns o têm muito entorpecido, e outros demasiadamente delicado) contentar-me-ei com que nestas Obras haja alguma cousa que te agrade, ainda que uma grande parte te desgoste. A experiência do contrário me fará condenar o teu gênio – ou de indiscreto, se tudo aprovas, ou de invejoso, se nada louvas[17].

Dada a lucidez que conduziu o espírito de Claudio Manuel da Costa, tem-se nesse prefácio ingredientes bastantes para que por si nos contextualizem e nos assinalem os pontos fundamentais que vimos apresentando, quais sejam, os reflexos do classicismo na literatura brasileira. Dividido em cinco parágrafos, cada um deles discute pontos específicos, interligados por uma idéia comum, fonte de seu estilo, ou fonte do que se poderia denominar universo da consciência poética de Claudio Manuel da Costa. Respeitaremos, portanto, a seqüência dos parágrafos, elegendo, respectivamente, cinco aspectos, por ele levantados, que nos parecem centrais.

O primeiro comportamento do texto já é atmosférico; cria, logo de início, uma sintonia entre o enunciador lírico e o leitor, dentro de uma realidade poética. É *Glauceste* quem se anuncia, mesmo que, mais adiante, os índices de Claudio se evidenciem. Distingue as duas realidades (Brasil e Portugal, metonimizados pela Capitania das Minas Gerais e pelas delícias do Pindo); sobre as duas o universo das Musas se coloca e com ele as imagens florescem para apontarem a realidade da Poesia, independente da realidade geográfica: "e talvez nesta certeza imaginou o Poeta desterrado, que as Cícladas do mar Egeu se tinham admirado de que ele pudesse compor entre os horrores das embravecidas ondas". Por meio de metáforas, Claudio Manuel da Costa apresenta sua consciência poética, distinguindo-se da realidade do enunciador lírico. Nota-se que a incorporação das Musas não é superficial, mas profunda. Nesse procedimento, recuperado principalmente pelos árcades italianos e introjetado na poesia clássica portuguesa de natureza pastoril, já traz para o seu discurso lírico toda a manifestação da tradição dos antigos que tinham nas Musas o seu fundamento.

O segundo parágrafo desse prefácio é uma das melhores expressões críticas da realização poética que podemos assinalar. Para bem compreendê-la, não se pode isolá-la do contexto das poesias de Claudio Manuel da Costa e analisá-la literalmente, como se tratasse de um discurso meramente referencial, de um depoimento do homem e não do poeta. Infelizmente, é o que tem ocorrido, mesmo na crítica especializada sobre o poeta mineiro. Confronta, na articulação das palavras, por meio de uma singular habilidade de trabalhar com metonímias, a própria condição de seu estilo. A presentificação de seu fazer poético vai além da representação de uma expressão estilística e conjuga o ato de criação à realidade que lhe serve de matéria-prima. Trata-se de um teor auto-reflexivo, marcado pela primeira pessoa, que engendra o perfil de seu tempo, de seu espaço e, conseqüentemente, de sua poesia, por meio de uma "clareza tortuosa", como

17. Antonio Candido e José A. Castello, *Presença da Literatura Brasileira*, vol. I, 6ª ed., São Paulo, Difel, 1974, pp. 114-115.

é a sua poesia: neoclassicismo gerado dentro de raízes barrocas. Por falta de espaço, não nos compete adentrar a esfera das nuanças estilísticas desse prefácio, mas, que ao menos, o leitor atente para o movimento dos substantivos, dos adjetivos e o modo como o poeta cria a teia que expressa a realidade neoclássica do século XVIII europeu e as bases barrocas da realidade social brasileira: "Que menos, do que abandonar as fingidas Ninfas destes rios, e no centro deles adorar a preciosidade daqueles metais, que têm atraído a este clima os corações de toda a Europa!"

Os vários críticos desse poeta neoclássico aludem a sua consciência artística, mas poucos adentram a esfera de seus versos, para extrair-lhes os sentidos sugeridos. Entendemos que a originalidade dessa poesia está na forma como se valeu dos padrões estabelecidos pelo classicismo sem perder sua imaginação própria e sua consciência para a realidade que o circundava. Mais do que a conjunção estética que compõe sua arte (influência dos padrões cultistas, por um lado; busca dos novos valores do século, por outro), ele possui uma consciência aguçada da transmutação lírica e produz dentro dessa consciência. Talvez esteja nesse fenômeno a consistência da arte verbal de Claudio Manuel da Costa que tem atraído tanto a crítica contemporânea.

Após contrapor as duas realidades no parágrafo terceiro do prefácio, o poeta expõe no parágrafo seguinte quase todas as forças de influências de que se originam sua formação cultural e/ou poética. Mas ao expor – o que nos parece mais significativo – deixa transparecer seu juízo crítico em relação a essas influências. Pela tradição clássica exemplifica com Teócrito e Virgílio dentre os antigos e com Sanazzaro dentre os modernos italianos; depois inclui os portugueses do Renascimento e do barroco como Sá de Miranda, Luís de Camões, Manuel Bernardes. Em vários momentos justifica-se (cremos que ironicamente) em relação aos cuidados tomados para não exacerbar-se nas imagens metafóricas, nos meandros sintáticos, isto é, nos procedimentos que determinaram a estética barroca. Por outro lado, ao se referir ao gosto neoclássico que mal chegava a Portugal, dribla-o, respeitando-o como "lição dos Gregos, Franceses e Italianos", mas diz confessar "que vejo e aprovo o melhor, mas sigo o contrário na execução". É certo que Claudio Manuel Costa veio para o Brasil antes da maturação da Arcádia Portuguesa, mas temos sérias dúvidas se ele pretendia segui-la. O grande poeta realiza bem com os ingredientes de que dispõe. O melhor, no nosso entender, foi, para Claudio, aquilo que executou e era altamente consciente disso. Tanto que, na primeira frase do último parágrafo do prefácio, afirma: "Contra esta obstinação não há argumento", travando com o leitor um impasse que julgamos de suma importância, considerando os idos do século XVIII, em que agradar o público era um dos parâmetros da literatura.

Três Faces da Poesia Neoclássica Brasileira

Considerações Iniciais

Passaremos agora a um exercício de apresentação e leitura de algumas vertentes da poesia produzida no Brasil no século XVIII. Para isso, gostaríamos de nos livrar dos estigmas que circundam as obras e comentar, mesmo que de maneira breve, alguns procedimentos estilísticos e de concepção que nortearam o trabalho inventivo dos seus maiores representantes. Foram seis os poetas cujo trabalho permaneceu vivo na historiografia literária brasileira, dentre os quais dois (Santa Rita Durão e Basílio da Gama) destacaram-se por seus poemas heróicos, de natureza indianista; quatro destacaram-se principalmente pela intensidade de sua poesia lírica. São eles: Claudio Manuel da Costa na produção de seus sonetos, Tomás Antonio Gonzaga na realização de suas odes, Silva Alvarenga na criação de seus rondós e madrigais de alto teor neoclássico e Alvarenga Peixoto.

O que passaremos a apresentar significa apenas um viés que envolve um soneto de Claudio Manuel da Costa, uma passagem do Canto IV do *Uraguai* de Basílio da Gama, e uma lira de Gonzaga, como amostragem de alguns pontos que gostaríamos de assinalar em cada um deles. Tais pontos, que aparecerão durante a leitura crítica dos textos, talvez representem um ponto de vista crítico que espelhe o nosso interesse antigo por essa forma de poesia, ou, pelo menos, por alguns momentos dessa poesia produzida dentro de um rigor dogmático que só o período clássico soube impor. Essa questão de respeito às normas *versus* originalidade talvez seja uma das questões que mais nos intriguem. Por isso, antes de iniciar as leituras, leiamos os dizeres de Antonio Candido sobre a poesia arcádica ou neoclássica:

> Para conseguir esse ideal de inteligibilidade, no sentido mais lato, o escritor deveria escolher situações e emoções genéricas, que transcendem a condição individual. O leitor deveria poder, desde logo, libertar-se de qualquer obediência às condições estritamente pessoais do escritor, para receber a emoção artística através de paradigmas. Dai preferirem-se as grandes circunstâncias da vida para exercício do verso – circunstâncias por assim dizer impessoais, comuns a todos: nascimento, casamento, acontecimentos, celebrações, morte. Ou as situações que dissolviam o detalhe pessoal, como a convenção bucólica. Ou, finalmente, o recurso às situações, nomes e sentimentos da mitologia e da história greco-latina, graças aos quais o caso particular se esbatia no significado genérico, de alcance universal. O fastio causado pela literatura arcádica, sobretudo nos representantes menores, vem da monotonia das imagens, relativamente limitadas. Para o nosso gosto, parece faltar-lhes aquela consciência de individualização, que leva o escritor a encarar as coisas sob o ângulo da sua posição pessoal em face do mundo. Mesmo nas poesias mais pessoais do século XVIII, notamos o jugo do diálogo, da presença de outrem, a evitar uma provável solidão[18].

Longe de questionar as afirmações do crítico, por compreender e concordar com suas afirmações e caracterizações da poesia arcádica, não podemos também negar nosso próprio incômodo em relação a alguns efeitos causados por certos poemas. Diríamos efeitos de rara beleza, em que, mesmo existindo todo um processo de influências e de mecanismos canônicos que cerceariam a invenção, eles conseguem driblá-lo e propor uma poesia que vale, em alto grau, como fonte de conhecimento e de prazer.

18. Candido, *op. cit.*, p. 521.

"Este É o Rio, a Montanha É Esta", de Claudio Manuel da Costa

> Este é o rio, a montanha é esta,
> Estes os troncos, estes os rochedos;
> São estes inda os mesmos arvoredos;
> Esta é a mesma rústica floresta.
>
> Tudo cheio de horror se manifesta,
> Rio, montanha, troncos, e penedos;
> Que de amor nos suavíssimos enredos
> Foi cena alegre, e urna é já funesta.
>
> Oh quão lembrado estou de haver subido
> Aquele monte, e às vezes, que baixando
> Deixei do pranto o vale umedecido!
>
> Tudo me está a memória retratando;
> Que da mesma saudade o infame ruído
> Vem as mortas espécies despertando[19].

Para os propósitos deste ensaio, mais do que apontar as várias influências que os poetas europeus exerceram sobre a poesia de Claudio M. da Costa, interessa-nos mostrar, primeiramente, apenas um procedimento de sua poesia, e por que ele encontra tanto destaque no painel geral do neoclassicismo brasileiro. A escolha do poema corresponde, portanto, à escolha de uma das vertentes deste poeta, que, mais que temática, é estética e, por meio dela, ele acaba recuperando e problematizando determinados aspectos temáticos do neoclassicismo setecentista. Trata-se de sua consciência inventiva sobre representação e de que modo essa consciência questiona, o tempo todo, o próprio fundamento que norteava as teorias de seu tempo.

"Este É o Rio, a Montanha É Esta" consiste num harmônico e bem estruturado soneto decassilábico. Como

19. Péricles Eugênio da Silva Ramos (org.), *Poemas de Claudio Manuel da Costa*, São Paulo, Cultrix, 1992, p. 36.

veremos, se as influências da tradição clássica manifestam-se no rigor neoclássico de sua arquitetura, filamentos barrocos de Lope de Vega se fazem denunciar em similaridades lexicais e paralelismos sintáticos. Entretanto, acima de tais marcas, emerge o poema com estilo próprio, dominado pelas obsessões estéticas e críticas, marcadas pelas imagens que nos conduzem à arte de Claudio Manuel da Costa. Esse estilo realiza-se pela linguagem, pela sua forma de apresentar-se e de captar os contornos de uma poética e de uma visão, densa, que lida, magistralmente, não com as contradições do poeta, mas de seu tempo, da matéria com que lida. Nesse sentido, o poema em questão nos lembra a conceituação de grande literatura expressada por Ezra Pound: "Linguagem carregada de significado, até o máximo grau". Teócrito, Virgílio, Sannazaro, Sá de Miranda, Bernardes, Lobo, Camões, até mesmo Metastasio, pensando na sua maior influência dentre seus contemporâneos, cedem lugar ao poema e apenas ao poema. É certo que nele reconhecemos os elementos de seu cânone, isto é, o teor clássico de sua engendragem e presenças de componentes barrocos. Entretanto, o que lhe confere perfil próprio é seu estilo pessoal, a *forma* atuando como referência de expressão poética. Respeitando a estrutura do soneto, aos moldes clássicos, Claudio M. da Costa constrói um decassílabo, mesclando, pelas estrofes, versos sáficos e heróicos, procedimento tão comum às composições barrocas, mas de larga tradição, que vem do quinhentismo português, herdada dos renascentistas italianos. Postura também que nos lembra o barroco é a natureza antinômica, a contextualização dos opostos, definidos principalmente pelos eixos da euforia e disforia, que percorrem todo o texto. Entretanto, o procedimento com a "frase poética" revela extrema clareza, extremo rumo de clareza que norteava as novas tendências do gosto no século XVIII. Esquema de rimas ABBA ABBA CDC DCD, o poema é compacto pelo que articula de forma metonímica, valendo-se da palavra concreta que, justaposta, compõe o todo metafórico. Baseado na economia e na "objetividade" poéticas, ele consegue a realização de uma conjunção temática e metalingüística. A primeira estrofe se movimenta no nível conceitual, por meio da brilhante utilização dos demonstrativos que atuam como dêiticos, indicadores ambíguos. Tais indicadores apontam para referentes que, se numa primeira instância conduzem-nos para a natureza externa, a seguir devolvem-nos para o interior do texto. "*Este* é o rio, a montanha é *esta*, / *Estes* os troncos, *estes* os rochedos; / São *estes* inda os mesmos arvoredos; / *Esta* é a mesma rústica floresta". Note-se que existe uma consciência construtiva plasmada no conjunto da composição. O trabalho retórico foge das manifestações declaradamente metafóricas e acopla uma espécie de explicitação das referências denotadas, mas, ao fazer isso, nasce a ambigüidade dos conceitos. Pela utilização dos dêiticos e pela justaposição dos elementos da natureza (rio, montanha, troncos e rochedos), o que se tem como efeito é a montagem de um *cenário de signos* que mobiliza nossa mente para si mesmo, isto é, para a mensagem. Esse estranho cenário aparentemente transparente provoca o que Baudelaire chamaria um século depois, no poema *Correspondences*, de "floresta de signos", expresso no poema de Claudio pela imagem "rústica floresta". É dentro desse universo de linguagem que todas as manifestações passam a ocupar os seus lugares.

Valendo-se desse sutil recurso de indicadores ambíguos, o enunciador lírico faz manifestar-se sua "memória criadora" e traz à tona dos versos o diálogo com os temas e as formas do barroco conceptista e do arcadismo, mesclado a uma outra realidade que sempre lhe invade, em quase todos os poemas, pois constitui sua condição de transitório no seio da poesia neoclássica: "Tudo cheio de horror se manifesta / Rio, montanha, troncos, e penedos; / Que de amor nos suavíssimos enredos / Foi cena alegre, e urna é já funesta". Essa quadra representa a segunda parte da gradação (a primeira parte corresponde à primeira quadra) e, após sintetizar, nos dois primeiros versos, os ingredientes contidos na primeira, seqüenciados na mesma ordem, marcados por ponto e vírgula, os dois versos seguintes alteram o timbre do texto: "Que de amor nos suavíssimos enredos / Foi cena alegre, e urna é já funesta". O que nos chama a atenção na relação entre os dois primeiros versos e os dois versos finais é a diferença retórica; o timbre retórico que se altera consideravelmente. Com muita sutileza, como se apenas demonstrasse o processo de transformação do cenário marcado pelos adjetivos "alegre" e "funesta", o poeta consegue opor duas ambiências poéticas: a primeira marcada pelos elementos pesados, espessos, rústicos; a segunda, que imediatamente nos reporta à leveza e a um certo código próprio do pastoralismo, não evidenciado, mas sugerido pela escolha do vocabulário. Esse "diálogo retórico" ou, diría-mos, essa *paródia da retórica*, conjugada a uma expressão poética, é o que consideramos decisivo na linguagem de Claudio Manuel da Costa. Essa dupla ambiência da segunda quadra, corresponderia ao segundo passo normativo determinado por Verney no seu *Verdadeiro Método de Estudar*, para quem a segunda quadra do soneto deveria tratar da explicação do assunto demonstrado na primeira, com algum conceito de que se tire o argu-mento para os tercetos. Se não ocorre com transparência a explicação da primeira quadra na segunda, isso ocorre de modo ainda mais intenso, pois se dá pelas sutilezas do estilo. Vai ser nos tercetos que todos os elementos da complexidade inventiva anunciada nas estrofes anteriores se agigantam, pois é neles que a primeira pessoa invade o discurso e o enunciador lírico, munido da memória criadora, perpassa todos os ingredientrs contidos nas estrofes anteriores, sobretudo aqueles de natureza conceptista mesclados àqueles da nova expressão do gosto neoclássico.

Sérgio Buarque de Holanda, no seu brilhante ensaio sobre Claudio Manuel da Costa contido na obra *Capítulos de Literatura Colonial*, consegue realizar excelente articulação entre a produção poética desse artista com as linhas mais decisivas do classicismo europeu. Entretanto, ao fazer isso, amplia o sentido francês do termo classicismo, mostrando os pontos de convergência entre as várias manifestações clássicas, desde o classicismo greco-romano, passando pelo teor clássico de um Petrarca renascentista, mostrando procedimentos do conceptismo barroco que não contrariam, no fundo, os procedimentos ditados pelo "legislador" do classicismo francês, Nicolas Boileau. Dotado de intensa erudição e capacidade de análise, Sérgio Buarque estuda a poesia de Claudio à luz da tradição clássica, seja aproximando-a aos poetas mais representativos dessa tradição, tais como Gôngora e Lope de Vega, seja aproximando-a aos procedimentos retóricos do classicismo. Nesse particular, discute o relativismo da procedência de determinados procedimentos poéticos, mostrando a íntima relação entre aspectos renascentistas – seja temática, seja formal – barrocos e classicistas. Se, em alguns casos, as influências são mais diretas, manifestadas por maneirismos tão comuns ao espírito barroco, em outros, Claudio Manuel, como já dissemos ao iniciar este comentário analítico, simplesmente *realiza* sua poesia, como uma espécie de síntese, nada contraditória, do seu tempo.

O soneto em questão, "Este É o Rio, a Montanha É Esta", serve também ao crítico de exemplo para realizar algumas reflexões que julgamos fundamentais. Discute a temática do *desengano*, linha mestra do poema, mostrando que não se trata de uma temática específica da mentalidade barroca, integrando-a já ao quinhentismo. "Nem quer dizer que aquela emoção, ou melhor, a intensidade com que nos 14 versos do mineiro se exprime o horror produzido pelas cinzas de um tempo ditoso que já passou, como tudo passa, seja elemento obrigatório no barroquismo"[20].

O que vale a pena compreender, lendo este poema, é a forma de sua composição, que ao mesmo tempo atende às "legislações" impostas pelos teóricos do arcadismo português, como Verney, cujas regras advinham entrecruzadas da "Arcádia Romana" e dos postulados dos neoclássicos franceses obedientes ainda aos propósitos de Boileau, e consegue engendrar-se dentro de um estilo próprio, isto é, encontrar uma expressão de excelência,

20. Sérgio Buarque de Holanda, *Capítulos da Literatura Colonial*, São Paulo, Brasiliense, 1991, p. 313.

dentro das leis da poética de todos os tempos. Como vimos, a primeira estrofe do poema apresenta o "assunto". Os signos se seqüenciam de maneira aparentemente simples, sem as marcas retóricas que determinam o "maravilhoso", sem torneios e ornamentos. Entretanto, o trabalho lexical, morfológico e sintático se dispõe de maneira tal, que nele as problematizações de significado se instauram e nele, portanto, manifesta-se a grande intensidade do poema. Ao comentar a sua primeira estrofe, Sérgio Buarque faz algumas colocações que parecem não corresponder às nossas, apesar de concordarmos perfeitamente com sua leitura global do texto. Assim diz o crítico: "O desfile dos diversos acidentes que compõem a paisagem pintada parece apresentar-se da maneira mais esquemática e descolorida possível, como convém a um tema destinado a ser desenvolvido posteriormente. O próprio qualificativo dado à floresta, o único a aparecer nesses quatro versos, não tem sentido individualizador, mas genérico e convencional: toda floresta, com efeito, é rústica"[21]. Para nós, como já anunciamos anteriormente, é exatamente esse epíteto "rústica floresta" que confere singularidade ao conjunto das palavras. Imagem precedida pelo pronome adjetivo "mesma", consegue resgatar todos os jogos dos elementos anteriores, movimentados pela "dança" dos pronomes demonstrativos, dêiticos responsáveis pela carga de ambigüidade que confere a dimensão centrípeta do poema; e consegue nos conduzir circularmente pelas demais estrofes do poema, que são definidas por sutilezas retóricas denunciadoras da profunda consciência dos fenômenos estéticos de seu tempo, sabendo valer-se deles, para realizar a sua poesia, crítica por excelência. Mostrar o aparentemente comum, portanto, do modo como foi articulado significa mostrar o escondido, mostrar o outro, mesmo para os processos mais modernos de realização poética.

O que chama a atenção neste soneto de Claudio Manuel da Costa é sua rigorosa harmonia e unidade global. Cada palavra, bem como cada nuança rítmica, encontram no contexto o seu lugar e se articulam aos demais elementos da composição. Após apresentar dialetica-mente o assunto na primeira quadra e problematizá-lo na segunda, como já discutimos, os dois tercetos surgem, trazendo a inserção da primeira pessoa, do enunciador lírico, que se reporta de maneira anafórica à atmosfera engendrada nas estrofes anteriores:

> Oh quão lembrado estou de haver subido
> Aquele monte, e às vezes, que baixando
> Deixei do pranto o vale umedecido!
>
> Tudo me está a memória retratando;
> Que da mesma saudade o infame ruído
> Vem as mortas espécies despertando.

Depois, portanto, de adentrar o aludido *cenário dos signos*, o poema se volta para as imagens construídas nas duas primeiras quadras e se posiciona em relação a elas. Acreditar nos elementos indicados como referências da memória cremos tratar-se de ingenuidade de leitura. Na verdade, o que ocorre é uma remissão às imagens criadas nas duas primeiras quadras, procedimento que acentua o diálogo que se mantém em todo o poema entre o signo e sua representação, dentro de uma consciência retórica. Nesse sentido, o primeiro terceto recupera, via memória criadora, partes (aquele monte) do cenário, dentro de condições oscilantes. Mas, ao recuperar, ele provoca uma espécie de dupla relação: distanciamento em relação ao universo apresentado nas duas quadras que, como vimos, conjuga esferas díspares, e proximidade pelo olhar lírico que consegue resgatar aquelas situações retóricas já vivenciadas.

A partir dessa emergência da memória apresentada no primeiro terceto, a última estrofe do poema completa a constituição do conjunto: "Tudo me está a memória retratando". Como se fosse num procedimento gestáltico, forma e fundo se configuram e se completam na presentificação poética, marcada por uma espécie de conjunção entre o presente visto (duas primeiras estrofes) e o passado vivido (duas últimas estrofes) e reconstituído

21. *Idem*, p. 293.

pelos "ruídos" que fazem reviver na invenção poética os fragmentos deteriorados pela morte.

Basílio da Gama e uma Passagem de *Uraguai*

Basílio da Gama, apesar de brasileiro, manteve-se oscilante entre Brasil e Portugal e, talvez, juntamente com Silva Alvarenga, tenha sido um dos poetas que mais diretamente vivenciou os movimentos culturais e literários europeus ou, especificamente, português, inclusive, como já dissemos, atuando como dissidente em relação ao movimento da Arcádia Lusitana. Pertencente ao ciclo pombalino, realizou, dentre obras de menor representatividade, *Uraguai*, publicado em 1769, em Portugal. O início de sua composição ocorrera em Roma e, como anota Wilson Martins na sua *História da Inteligência Brasileira*, alguns críticos da época "ressentem-se de alguns defeitos". Entretanto, essas observações são questionáveis aos olhos da modernidade, pois elas fariam sentido aos ditames do neoclassicismo que o grande poeta soube manter presentes e, ao mesmo tempo, inovar, dentro de sua forma de construir. Segundo seus críticos, não se trata de um épico; com certeza essa foi a intenção do poeta, uma vez que na estética neoclássica a epopéia ocupava o cimo da hierarquia poética. No entanto, o seu gênio era lírico e sua intenção polêmica. Para Wilson Martins, a insistência dos leitores em ler o poema de Basílio à luz de *Os Lusíadas* não corresponde às intenções do poeta, que fez tudo para evitar o paralelo. O poema, escrito em versos brancos, não é dividido em estrofes; os cinco cantos (número deliberadamente anticlássico e que antes evoca os cinco atos da tragédia) são perceptivelmente mais curtos; a matéria constitui-se de um episódio único, sem relação com qualquer "mito" nacional. Dentre os elementos que determinam o *Uraguai*, há de se destacarem, além de sua excelente linguagem e de sua estrutura composicional, aspectos temáticos inovadores para a época, tais como a oposição entre a rusticidade e a civilização, a presença do índio como tema literário. Valendo-se do pseudônimo Termindo Sipílio, Basílio da Gama realizou uma das mais representativas obras da literatura luso-brasileira.

Para Antonio Candido, a sua publicação consiste num ponto decisivo, talvez o mais importante, para a formação de nossa literatura. Outro aspecto de natureza estrutural, que é importante mais uma vez salientar, é o fato de o crítico dizer que "é erro considerá-la epopéia, não se devendo perder de vista que é, primeiramente, lírica; em seguida, heróica; finalmente, didática". O que considera um mérito, dizendo que Basílio da Gama encontrou solução ideal para o *epos* setecentista, reduzindo-o a proporções compatíveis com o tom lírico, além de lhe dar conteúdo ideológico moderno. Na sua denominação, Candido diz poder chamar-lhe de "écloga heróica", em cuja estrutura se percebe o canto alternado de pastores e citadinos, com o "lobo voraz" surgindo a cada passo na roupeta do jesuíta.

O poema *Uraguai* traz como assunto a expedição mista de portugueses e espanhóis contra as missões jesuíticas do Rio Grande, para executar as cláusulas do Tratado de Madri, em 1756. Ainda segundo Antonio Candido, o poema tem a intenção ostensiva de fazer um panfleto antijesuítico para conciliar as graças de Pombal. Entretanto, o resultado estrutural da obra revela que, apesar dessas intenções primeiras, outras se fazem manifestar, como o fato de o poeta descrever o conflito entre a ordenação racional da Europa e o primitivismo do índio. Parece que a esfera de envolvimento lírico de Basílio o tomou pelo encantamento do ritmo campestre, contrariando a imposição de um ritmo arcádico, imposto pelo "bom gosto" que rondava as esferas acadêmicas européias. Demonstrado por Antonio Candido/José Aderaldo Castello e também salientado por Sérgio Buarque de Holanda, manifesta-se em Basílio da Gama todo o seu estudo, toda a sua leitura, revelando em seus versos, mais que influências, sua intensa capacidade de aproveitamento sofisticado da cultura adquirida, sobretudo a cultura literária, realizando com consciente transparência as reinvenções daqueles poetas que mais o marcaram. Dentre eles, Virgílio, Petrarca, Camões e Tasso.

Compõe-se de cinco cantos, com a distribuição da ação épica em seu desenvolvimento cronológico. É escrito em decassílabos brancos, sem estrofação, e é possível reconhecer a sua divisão em partes – proposição, invocação, dedicatória, narrativa e epílogo – apesar de principiar *ex abrupto*, em plena ação. Abandona a linguagem mitológica, mas ainda adota o maravilhoso, apoiado no feticismo indígena. Foge, assim, ao esquema tradicional, sugerido pelo modelo imposto em língua portuguesa, *Os Lusíadas*. A matéria da ação épica, distribuída nos quatro primeiros cantos, é limitada às lutas desfechadas entre índios, instigados por jesuítas, e portugueses e espanhóis nas missões dos Sete Povos do Uruguai, em conseqüência da execução dos dispositivos do tratado de 1750, que transferia essas missões para os domínios portugueses na América e a Colônia do Sacramento para a Espanha. O último canto é a antevisão sugerida pelas pinturas da igreja daquelas missões, da ambição de governo universal da Companhia de Jesus, coroando, assim, o propósito de crítica aos jesuítas, que domina toda a elaboração do poema. Destacam-se como heróis: português, Gomes Freire de Andrada; indígenas, Cepê, Cacambo, Tatu-Guaçu, a heroína Lindóia; jesuíta, caricaturado, o Pe. Balda[22].

Uma vez que se torna impossível o desenvolvimento de uma leitura mais detalhada do longo poema, optamos por fornecer apenas breve comentário de uma de suas mais belas passagens. Trata-se da narração da morte de Lindóia. Momento textual de alta contenção lírica, em que os recursos retóricos utilizados pelo poeta dão-nos a medida de sua habilidade e competência poéticas. Passemos, então, à leitura:

Cansados de esperar, ao seu retiro
Vão muitos impacientes a buscá-la.
Estes de crespa Tanajura aprendem
Que entrara no jardim triste, e chorosa,
Sem consentir que alguém a acompanhasse.
Um frio susto corre pelas veias
De Caitutu, que deixa os seus no campo;
E a irmã por entre as sombras do arvoredo
Busca coa vista, e teme de encontrá-la.
Entram enfim na mais remota, e interna
Parte do antigo bosque, escuro, e negro,
Onde ao pé de uma lapa cavernosa
Cobre uma rouca fonte, que murmura,
Curva latada de jasmins, e rosas.
Este lugar delicioso, e triste,
Cansada de viver, tinha escolhido
Para morrer a mísera Lindóia.
Lá reclinada, como que dormia,
Na branda relva e nas mimosas flores,
Tinha a face na mão, e a mão no tronco
De um fúnebre cipreste, que espalhava
Melancólica sombra. Mais de perto
Descobrem que se enrola no seu corpo
Verde serpente, e lhe passeia, e cinge
Pescoço e braços, e lhe lambe o seio.
Fogem de a ver assim, sobressaltados,
E param cheios de temor ao longe;
E nem se atrevem a chamá-la, e temem
Que desperte assustada, e irrite o monstro,
E fuja, e apresse no fugir a morte.
Porém o destro Caitutu, que treme
Do perigo da irmã, sem mais demora
Dobrou as pontas do arco, e quis três vezes
Soltar o tiro, e vacilou três vezes
Entre a ira e o temor. Enfim sacode
O arco e faz voar a aguda seta,
Que toca o peito de Lindóia, e fere
A serpente na testa, e a boca e os dentes
Deixou cravados no vizinho tronco.
Açouta o campo coa ligeira cauda
O irado monstro, e em tortuosos giros
Se enrosca no cipreste, e verte envolto
Em negro sangue o lívido veneno.
Leva nos braços a infeliz Lindóia
O desgraçado irmão, que ao despertá-la
Conhece, com que dor! no frio rosto
Os sinais do veneno, e vê ferido
Pelo dente sutil o brando peito.
Os olhos, em que Amor reinava, um dia.
Cheios de morte; e muda aquela língua
Que ao surdo vento e aos ecos tantas vezes
Contou a larga história de seus males.
Nos olhos de Caitutu não sofre o pranto,
E rompe em profundíssimos suspiros,
Lendo na testa da fronteira gruta
De sua mão já trêmula gravado
O alheio crime e a voluntária morte.
E por todas as partes repetido
O suspirado nome de Cacambo.
Inda conserva o pálido semblante
Um não sei quê de magoado e triste,

22. Candido e Castello, *op. cit.*, p. 145.

Que os corações mais duros enternece
Tanto era bela no seu rosto a morte![23]

Extraído do "Canto Quarto" do poema, decidimos eleger esta belíssima passagem, para que se possam ler e perceber as marcas de um estilo de alta qualidade literária. Não nos proporemos a sua análise, o que exigiria um estudo específico do poema. Talvez o aspecto que mais merece nossos cuidados nessa leitura seja a utilização dos mecanismos retóricos realizada por Basílio da Gama. Tais mecanismos, intimamente engendrados no andamento dos versos, acabam por conseguir o efeito de originalidade do texto e suplantar, com maestria, tantas influências e até mesmo imitações diretas dos clássicos que compuseram o seu universo poético. Ao comentar o estilo desse poeta, Antonio Candido aponta, com muita pertinência, sua sensibilidade plástica, não voltada para o escultórico ou para o arquitetônico, à maneira de Claudio, mas para os arabescos e os matizes, que dão ao verso movimento contínuo. Diríamos, concordando com o crítico na essência, que esses arabescos e matizes são conseguidos por uma excelência estilística na utilização do léxico, com especial sensibilidade inventiva, voltada para os substantivos concretos, adjetivos concretos, verbos de natureza sensitiva em geral e tátil em especial. A essa estilística das palavras aliam-se os meandros retóricos; os símiles e os epítetos parecem substituir as metáforas, cuja utilização poderia lembrar o estilo cultista, contra o qual a época se colocava. Além dessas figuras de palavras, registre-se a forma magistral com que se vale dos paralelismos, dos quiasmos, dos polissíndetos no andamento dos versos, marcados, sempre, pelas figuras de inversão mais suaves, para cumprir os ditames da simplicidade clássica, como é o caso dos hipérbatos. Tem-se a impressão nesta e em outras passagens de *Uraguai* que Basílio da Gama conseguiu criar uma esfera dos sentidos, valendo-se, evidentemente, de seu engenho construtivo, mas conduzindo-se com o próprio corpo. Nesse sentido – outra contradição – o poeta que intencionou agradar o pombalismo ilustrado português, com suas raízes no classicismo, acaba por nos reportar, por semelhança, aos princípios construtivos de Vicco. Se no *Uraguai* Basílio da Gama consegue recriar os elementos da natureza de forma tão vivaz, com certeza é porque não se manteve na famigerada linearidade dotada por Verney e demais teóricos do neoclassicismo português. Consegue, inclusive, pela sua forma heróica, efeitos de descrições coletivas, que dificilmente atingiria dentro dos meros padrões do gosto neoclássico. Um dos aspectos que norteiam seu estilo e, deste modo, manteve-o coerente com os princípios de seu tempo, é o sincronismo das peculiaridades, que revelam harmonia e pertinência de estilo em quase todas as passagens, sobretudo no que diz respeito aos valores plásticos conseguidos.

23. *Idem*, pp. 149-151.

Lira II de Tomás Antonio Gonzaga

No caso de Tomás Antonio Gonzaga, o que se observa é a ocorrência, ao menos em grande parte de suas liras, da manifestação de um lirismo árcade de puro refinamento. Isso não lhe confere superioridade enquanto poeta, mas nos possibilita fruir um encantamento neoclássico, criado por sua habilidade em respeitar o cânone da época, sem perder uma sensibidade expressiva que nos envolve em cada imagem. Dessa forma, a sua poesia é mais "compreensível", diríamos, que a de Claudio Manuel da Costa, sobretudo a primeira parte de *Marília de Dirceu*, em que ainda os indícios pré-românticos não se manifestam. Nas palavras de Antonio Candido e José Aderaldo Castello:

> Pode-se considerar Tomás Antonio Gonzaga, ao lado de Basílio da Gama como o mais equilibradamente neoclássico na poesia arcádica brasileira. Além disso, é por certo o mais pessoal, no sentido de que a sua obra lírica é integralmente construída como longa meditação em torno da sua personalidade, ou antes, da personalidade construída de um poeta que toma por pretexto o amor, a fim de obter uma visão serena da vida. Essa visão, ora epicurista, ora estóica, oscila, com as

circunstâncias e os temas, entre dois perigos: o de ser frívola e o de ser sentenciosa, extremos em que por vez cai. Mas ela manifesta a força criadora (isto é, o vigor da inspiração e a maestria da forma) com que o poeta Gonzaga dá sangue e nervo ao pastor Dirceu. Este (projeção artística do seu modo de ser e de pensar) avulta como elaboração poética, com estilização do seu drama e da sua alegria, por sobre o eventual alicerce biográfico. Sob tal aspecto, sobressaem as poesias escritas no cárcere, que formavam a segunda parte das edições tradicionais. Nelas, o elemento dramático assume uma seriedade e, ao mesmo tempo, uma contenção, que as torna realmente superiores. E chegamos a concluir que o melhor nome para a sua obra seria o inverso do que lhe foi dado, – Dirceu de Marília – pois ela é, sobretudo, a elaboração de uma visão do amor e da vida, em que a amada funciona como pretexto para a afirmação do poeta[24].

Indo ao texto, temos:

LIRA II

Pintam, Marília, os poetas
a um menino vendado,
com uma aljava de setas,
arco empunhado na mão;
ligeiras asas nos ombros,
o tenro corpo despido,
e de Amor ou de Cupido
são os nomes que lhe dão.

Porém eu, Marília, nego,
que assim seja Amor, pois ele
nem é moço nem é cego,
nem setas nem asas tem.
Ora pois, eu vou formar-lhe
um retrato mais perfeito,
que ele já feriu meu peito:
por isso o conheço bem.

Os seus compridos cabelos,
que sobre as costas ondeiam,
são que os de Apolo mais belos,
mas de loura cor não são.
Têm a cor da negra noite;
e com o branco do rosto
fazem, Marília, um composto
da mais formosa união.

Tem redonda e lisa testa,
arqueadas sobrancelhas,
e seus olhos são uns sóis.
Aqui vence Amor ao Céu
que no dia luminoso
o Céu tem um sol formoso,
e o travesso Amor tem dois.

Na sua face mimosa,
Marília, estão misturadas
purpúreas folhas de rosa,
brances folhas de jasmim.
Dos rubins mais preciosos
os seus beiços são formados;
os seus dentes delicados
são pedaços de marfim.

Mal vi seu rosto perfeito,
dei logo um suspiro, e ele
conheceu haver-me feito
estrago no coração.
Punha em mim os olhos, quando
entendia eu não olhava;
vendo que o via, baixava
a modesta vista ao chão.

Chamei-lhe um dia formoso;
ele, ouvindo os seus louvores,
com um modo desdenhoso
se sorriu e não falou.
Pintei-lhe outra vez o estado,
em que estava esta alma posta;
não me deu também resposta,
constrangeu-se e suspirou.

Conheço os sinais; e logo,
animado da esperança,
busco dar um desafogo
ao cansado coração.
Pego em seus dedos nevados,
e querendo dar-lhe um beijo,
cobriu-se todo de pejo
e fugiu-me com a mão.

Tu, Marília, agora vendo
de Amor o lindo retrato,
contigo estarás dizendo
que é este o retrato teu.
Sim, Marília, a cópia é tua,

24. *Idem*, pp.156-157.

que Cupido é deus suposto:
se há Cupido, é só teu rosto,
que ele foi quem me venceu[25].

Antes de discutir a lira acima, com o objetivo de apontar os reflexos do classicismo na literatura brasileira, queremos dizer que a obra *Marília de Dirceu* consiste numa das mais intensas realizações poéticas da história da literatura brasileira, no que diz respeito a sua literariedade, pelo grau de poeticidade que consegue engendrar e transmitir. Dir-se-ia que, sem fugir aos propósitos de seu tempo, sem escapar aos procedimentos estéticos propostos pelas normas do neoclassicismo, Gonzaga consegue realizar uma poesia que poucos europeus realizaram. Por tudo o que viemos discutindo, é certo que sua formação intelectual e literária tem suas bases na cultura européia, mas é certo também que sua poesia se forma de um estilo ímpar, atingindo um teor de lirismo incomum.

A lira escolhida para ilustrar nossas considerações não é a mais representativa para demonstrar determinados aspectos do neoclassicismo, tais como o bucolismo árcade que se manifesta em tantas outras da mesma obra. Entretanto, outros ingredientes, considerados essenciais para a compreensão dos fundamentos neoclássicos, são magistralmente articulados por Tomás Antonio Gonzaga neste poema, além de um certo encantamento de estilo que se distancia bastante do "enfado" a que, com propriedade, alude Antonio Candido ao analisar a morosidade, a monotonia dos poemas árcades, sobretudo de poetas menos representativos.

O primeiro aspecto que gostaria de apontar nessa lira de Gonzaga é a transparência com que, desde os primeiros versos, se apresenta a questão da representação clássica. Sua originalidade se manifesta pela forma poética e conceitual ou pela íntima relação entre as duas, respeitando os postulados clássicos, sem cair na conhecida lineridade referencial da maioria dos poetas clássicos europeus. Nesse sentido, Gonzaga se faz *clássico*, inclusive no sentido *strictu* atribuído ao termo por Paul Valéry. Para o poeta e ensaísta francês, clássica é aquela obra que traz em si um crítico. E o poema de Gonzaga, dentro do seu tempo e de suas circunstâncias, é permeado não só pela imagem que apresenta, mas pelo conceito dessa imagem. Talvez seja isso que lhe confere uma validade permanente: certa intraduzibilidade lírica, que nos demove para o seu interior, para o movimento tão claro de seus versos. A ordem direta das palavras, salvo alguns hipérbatos na colocação dos adjetivos, aliada a um universo lexical nada sofisticado, bem como o econômico uso de imagens obscuras próprias da poética barroca, que vão ao encontro das intenções clássicas, não impedem que essa poesia atinja efeitos de alto valor expressivo.

Valendo-se da redondilha maior nas suas nove estrofes, considerada medida fácil de composição, o poeta integra perfeitamente as intenções do conteúdo lírico a forma utilizada, articulando duas dimensões à primeira que denuncia certa ingenuidade pastoril, simples, de um Dirceu a sua Marília; a segunda, desde que adentremos as concepções subjacentes, resguardam toda uma concepção de invenção poética, de representação, contidas em palavras "doces" e "singelas". Essa demonstração por imagens dos procedimentos de representação pode ser lida logo na primeira estrofe: "Pintam, Marília, os poetas / a um menino vendado, / com uma aljava de setas, / arco empunhado na mão; / ligeiras asas nos ombros, / o tenro corpo despido, / e de Amor ou de Cupido / são os nomes que lhe dão". Quase todas as palavras utilizadas significam índices de representação; denunciam o universo mimético e apontam para uma espécie de universo iconográfico, bastante presente neste poeta visual. Ao realizar uma atmosfera da poesia arcádica, o poema ao mesmo tempo subverte os elementos básicos dessa poesia, o mitológico, em função de uma desmitificação de uma forma de representar, procurando uma outra, a sua forma, ao construir um outro mito: "Porém eu, Marília, nego, / que assim seja Amor, pois ele / nem é moço nem é cego, / nem setas nem asas tem / Ora pois, eu vou for-

25. Tomás Antonio Gonzaga, *Marília de Dirceu*, Rio de Janeiro, Ediouro, s/d, pp.14-16.

mar-lhe / um retrato mais perfeito, / que ele feriu meu peito: / por isso o conheço bem". A primeira pessoa utilizada por Tomás Antonio Gonzaga não significa postura individualizadora desse poeta, como passou a ocorrer com os procedimentos poéticos do romantismo. Sua poesia procura, permanentemente, o equilíbrio entre o típico e o ideal, como ditavam as normas do arcadismo e/ ou do neoclassicismo.

O tom realista de suas descrições, que, na lira em questão, domina todas as estrofes, parte do ponto de vista do enunciador lírico e não do homem histórico, Tomás Antonio Gonzaga, fazendo prevalecer a atmosfera da invenção e não uma retratação referencial. Como dissemos, após desconstruir a imagem do Amor segundo uma tradição clássica de poetas, "Pintam, Marília, os poetas", o poema constrói uma outra imagem, um retrato de Marília, mas demonstrando tratar-se de mais uma forma de representação, fazendo ganhar espaço o típico e o ideal. Ao analisar a concepção poética de Tomás Antonio Gonzaga, Sérgio Buarque de Holanda alude a esta lira que ora comentamos e percebe, o que não sói ocorrer com alguns críticos, esta dubiedade inventiva de Gonzaga, dentro dos propósitos que regiam sua consciência de realidade poética que não se identifica com a imediata realidade histórica, principalmente no arcadismo. Comentando, portanto, a descrição de Marília, assim se manifesta o crítico:

> Esta não se confunde, necessariamente, com a imagem formada pelo poeta, onde entram elementos herdados da convenção ou da tradição lírica, que bem podem variar ao sabor das circunstâncias. Se numa lira, por exemplo, e exatamente a primeira da primeira parte, os cabelos da amada são "uns fios de ouro" e logo na seguinte, já
>
> de loura cor não são
> Têm a cor da negra noite,
>
> tudo conforme a momentâneos caprichos do cantor, que ora segue fielmente os padrões petrarquistas, ora imita, com a mesma docilidade, determinada passagem de Anacreonte, é que os traços exteriores de Marília não precisam corresponder aos de sua representação poética[26].

26. Holanda, *op. cit.*, p. 213.

Essa transmutação poética que acaba por determinar "Marílias diferentes" em liras distintas é um dos mais significativos índices da própria natureza da poesia. O enunciador lírico plasma a realidade das imagens em circunstâncias diversas e, evidentemente, serão diversos os efeitos, dentro de um mesmo estilo. Mesmo na modernidade, nota-se que existe uma enorme resistência a se compreender a autonomia do discurso poético. Procura-se, insistentemente, fora do poema, os ingredientes que, na verdade, estão dentro do poema. Parece haver uma espécie de dificuldade do leitor em se ver, ao sentir as imagens, no movimento do próprio discurso. Lendo a lira de Gonzaga, interessa-nos verificar o modo como o discurso chega até nós. Apesar de um aparente destinatário de Dirceu, a forma da atualização da linguagem, sua intransitividade dialética, provoca uma traição; uma traição que diríamos intencional. A lira em questão, ao se propor a descrever liricamente o Amor, materializa-o na descrição da Musa, bem como sua relação com ela. Entretanto, é nesse movimento que uma série de outros elementos vão emergindo, transmitindo o caráter ideal de uma concepção dos sentimentos e de visão clássica de mundo. Dissemos, ao iniciar este comentário, que a questão da representação consistia numa espécie de ponto fundamental do texto, em que o poeta consegue desconstruir um ponto de vista e construir um outro, que coincide com o próprio poema. Nesse sentido, vale reler, para encerrar, a última estrofe desta lira:

> Tu Marília, agora vendo
> de Amor o lindo retrato,
> contigo estarás dizendo
> que é este o retrato teu.
> Sim, Marília, a cópia é tua,
> que Cupido é deus suposto:
> se há Cupido, é só teu rosto,
> que ele foi quem me venceu.

Voltamos ao primeiro ponto. Do mesmo modo que afirmamos, ao trabalhar o poema de Claudio Manuel da Costa, "Este é o rio, a montanha é esta", ser o modo de articulação das imagens o aspecto determinante para a avaliação de um poema, reiteramos tal afirmativa, ao lermos esta lira de Gonzaga. Considerando suas diferenças, existe o elemento fundamental de suas semelhanças: a consciência de sua arte e do instrumento com que lidam. Ainda mais: a integração de sua invenção ao seu tempo, sabendo criar, de modo efetivo, sem fugir aos princípios de sua escola. Trata-se de um poema árcade, que conduz os elementos mais relevantes do neoclassicismo. O poema simbolicamente discute a representação e sua própria engendragem. Todos os elementos da estrofe acima atuam como indicadores iconográficos de si mesmos e nos reportam para imagens representadas. Além disso, o "quadro" se coloca aos nossos olhos, tendo sempre como pretexto imagético a presença da musa, com a qual, dada a natureza envolvente da plástica verbal, passamos a concorrer. "A cópia é tua" torna-se uma imagem ambígua, pois o leitor, ao ver "agora" o retrato, passa a possuí-lo ou, ao menos, a querer possuir uma cópia dele. É nessa óptica, dentro dessa esfera de consciência, que passam a se formar as demais liras de *Marília de Dirceu*.

O que realizamos nesta parte do ensaio foi um recorte metonímico do conjunto da produção de três dos poetas neoclássicos brasileiros e, a partir daí, uma demonstração, dentro dos limites que se nos impuseram, alguns procedimentos que julgamos fundamentais e que espelham o conjunto de seus trabalhos. Na poesia lírica de Claudio Manuel da Costa e de Tomás Antonio Gonzaga pudemos verificar a sua presente consciência do processo de representação artística, aliada a uma consciência orgânica de seu tempo. Digo orgânica porque ambos a demonstram por meio de um trabalho de atualização lingüística de expressão poética, gerando beleza estética e propondo, com grande maestria, uma poesia como fonte de conhecimento. No caso de Basílio da Gama, apesar de nossa rápida passagem pela parte lírica de seu texto heróico, pudemos notar o domínio e a habilidade retórica que, para lembrar Vieira, não se realiza para mostrar *lavor*, mas consegue produzir efeito. Trabalhando com uma matéria histórica, consegue nos conduzir ao movimento centrípeto em relação ao texto, nos fazendo *ver* e, conseqüentemente, sentir, pela admirável construção de imagens.

Algumas Considerações Críticas

É interessante observar as atitudes preconceituosas nos movimentos da cultura. A partir do momento em que nos voltamos criticamente, com o objetivo de analisar um tema desta natureza – "Reflexos do Classicismo na Literatura Brasileira" – uma série de questões aparecem e dão vida ao ritmo acelerado que pulsou no Brasil do setecentos. Este capítulo, dadas as suas limitações de espaço, restringiu-se a tocar o dedo em alguns pontos, dentre tantos que merecem nosso empenho crítico, se queremos conferir justiça à nossa história literária. Interessante também notar o modo como a história da crítica brasileira ainda se faz trôpega e lacunar no que diz respeito a tudo isso. Ao analisar detidamente a nossa formação sistêmica, na sua *Formação da Literatura Brasileira*, Antonio Candido apresentou e revitalizou o século XVIII no Brasil, adentranto a esfera inventiva de todos os seus maiores representantes e também dos secundários, mas que tiveram sua expressão, influenciando o seu tempo e os tempos futuros. A impressão que se tem é que as palavras do crítico foram cristalizadas. A tocha olímpica se tornou estátua. Ninguém ou quase ninguém a tomou e deu continuidade ao processo. Dentro de nossas parcas condições, tivemos excelentes poetas. Ousaria afirmar que nossa produção literária foi, qualitativamente, mais competente que a portuguesa do período, mesmo considerando a fatia lusa de nossos poetas que Portugal faz questão de afirmar ser toda sua. Mas nós praticamente não fazemos nada para assumir o que é nosso! Mesmo Antonio Candido, valendo-se de sua fina postura como homem e como crítico, alude ao fenômeno no "Prefácio" ao livro de Jorge de la Serna:

É curioso que no Brasil o Arcadismo seja um assunto esquecido ou rejeitado pelos estudiosos. O Romantismo, mais recentemente o Barroco – sem falar na literatura contemporânea, que caiu no gosto da universidade há cerca de trinta anos –, estão sempre presentes no interesse deles. O Arcadismo é o grande ausente, apesar da sua posição chave no processo de formação, não apenas da literatura brasileira, mas da própria definição da identidade nacional, porque na América Latina literatura e ideologias andaram durante muito tempo de mãos ostensivamente dadas. Por que esse estado de coisas? Seria por uma suposta falta de talento dos árcades, comparados aos escritores mais importantes de outras correntes? Seria devido à desconfiança moderna em face das modalidades de literatura nas quais a mensagem parece transbordar indiscretamente do código? Ou seria apenas o vai-e-vem das modas?[27]

Insistimos, portanto, na necessidade de um maior empenho crítico de nossos estudiosos no sentido de recuperarem, com justeza, as produções muitas vezes esquecidas de nossas séries literárias. Já nos basta o preconceito a que aludimos acima dos críticos estrangeiros. Se hoje, como país sul-americano, vivenciamos a batalha de conquistar nosso espaço e o devido respeito, nesta condição de "terceiro mundo", mais ainda era difícil, senão inexistente, o reconhecimento de nossa realidade cultural, na segunda metade do século XVIII. É importante que olhemos de frente para o modo como a cultura européia nos olha. Ela praticamente não nos conhece. Se, da contemporaneidade, são apenas conhecidas as excentricidades não representativas de nossa melhor produção, menos ainda podemos esperar de nosso passado, principalmente do período colonial. Nesse sentido, vale lermos uma passagem de E. R. Curtius, de *Literatura Européia e Idade Média Latina*, na qual se retrata a nossa condição. Ao analisar as influências do classicismo na Europa e fora da Europa, por meio das pesquisas de Paul Van Tieghem, assim se expressa:

Paul Van Tieghem, que conquistou grandes méritos com as suas pesquisas sobre o pré-romantismo do século XVIII, constrói a sua *Histoire littéraire de l'Europe et de l'Amerique de la Renaissance à nos jours* (1941) sobre o seguinte plano: renascença, classicismo, romantismo, realismo, presente. [...] Pertencem ao classicismo, entre outros, Brockes, a epopéia brasileira *Caramuru* (1781) de Santa Rita Durão, Hölderlin e o abade Delille. Goethe e Schiller são pré-românticos como Bilderdijk, Csokonai Vitiz e Niemcewicz. São assim acomodados uns 1400 autores, divididos por 35 línguas e 37 nações. Muitas dessas nações, naturalmente, só nasceram depois de 1800 (o Brasil e os demais Estados sul-americanos) ou mesmo só em 1919[28].

A passagem de Curtius traz, resumidamente, vários pontos que merecem ser comentados. É verdade que extraídos de um contexto em que o ensaísta alemão critica o centralismo da França para o estabelecimento do cânone literário. Segundo ele, a ciência literária faz a ingênua tentativa de impor à literatura européia o esquema de tempo conveniente para a França, mas só para a França. Diz que o conceito de literatura universal teria de romper com o cânone francês, fato percebido por Sainte-Beuve, mas não resolvido, o mesmo acontecendo com escritores franceses da modernidade, que descobriram a amplitude das demais literaturas européias e americanas. O apego francês ao classicismo do século XVII ainda tem se mantido firme contra o europeísmo.

Compreendemos plenamente as intenções do crítico alemão e concordamos com a essência de sua análise, no que diz respeito ao "ajuste" que a crítica literária insiste em impor a manifestações literárias bastante distantes e diferenciadas do cânone francês. Entretanto, a passagem acima também nos fornece subsídios para refletirmos sobre a nossa condição. Lendo a disposição dos autores citados, notamos a presença de *Caramuru*, como uma espécie de índice do "absurdo" apontado pelo crítico, no meio de nomes exóticos de países marginais e autores europeus – sobretudo os alemães reconhecidos, como Hölderlin, Goethe e Schiller. Adicionado a isso vem o fato de o crítico declarar "1400 autores, divididos por 35 línguas e 37 nações", sendo que "muitas dessas nações, naturalmente, só nasceram depois de 1800 (o Brasil e os demais Estados sul-americanos)". Como não poderia deixar de ocorrer, uma vertente dessa forma de ver nos

27. Serna, *op. cit.*, p. XI.

28. Ernest Robert Curtius, *Literatura Européia e Idade média Latina*, Rio de Janeiro, Instituto Nacional do Livro, 1957, p. 279.

incomoda. É como se fôssemos um ponto do caos, de ilhas perdidas e distantes. Podemos entender e até concordar, sobretudo em se tratando da realidade do século XVIII. Entretanto, também entendemos que a nossa produção literária, isolada a partir de Gregório de Matos e sistêmica a partir do século XVIII, tem se desenvolvido, como sabemos, de maneira regular, com aspectos que diríamos, de excelência. Mediante tal situação é que questionamos: qual o lugar que ocupa, hoje, a literatura brasileira, no painel da literatura mundial, especificamente para a crítica e qual tem sido a efetiva atuação da crítica nacional em relação a nossa produção? Esta pergunta é a pergunta.

APÊNDICE

UM CONCEITO DE CLASSICISMO

Anatol Rosenfeld e J. Guinsburg

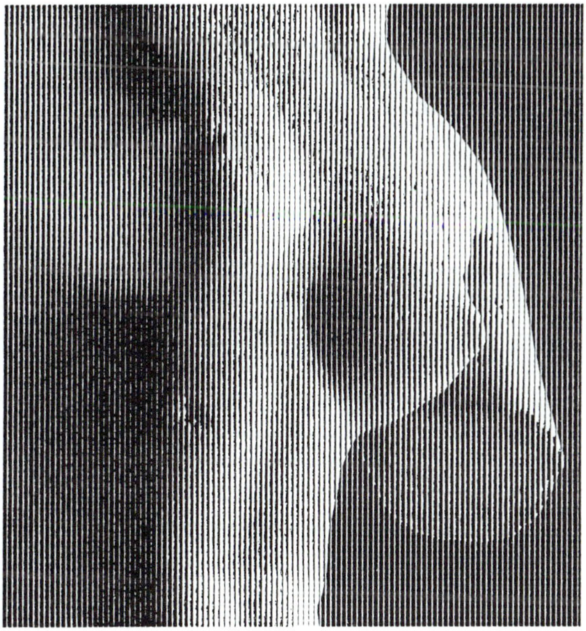

O termo vem de *classis*, "frota", em latim, e refere-se aos *classicis*, aos ricos que pagavam impostos pela rota. Um escritor *classicus* é pois um homem que escreve para essa categoria mais afortunada e mais elevada na sociedade. Tal foi o sentido inicial, como aparece em Áulio Gélio, fonte da primeira menção que se tem da palavra: ela significa aí um autor de obras para as camadas superiores. Depois o vocábulo sofreu várias transformações, passando a designar um valor, estético, ético, mas principalmente didático: um escrito "clássico" veio a ser uma composição literária reconhecida como digna de ser estudada nas "classes" das escolas. Nessa acepção, o termo é muito usado para vários fins. Por exemplo, a gente compra determinadas obras porque são consideradas modelares e, como tais, indispensáveis numa biblioteca. Entretanto, do ponto de vista estilístico, é possível que seu autor seja romântico e não clássico. Um terceiro significado que se impôs, ligado ainda ao segundo, diz respeito ao período em que a literatura, as artes, a cultura de uma nação ou de uma "civilização" alcançam um grande florescimento ou então o seu apogeu. Assim, fala-se do Século de Ouro na Espanha como de uma "época clássica" do gênio hispânico ou de Shakespeare como do "escritor clássico" da língua inglesa, embora do ponto de vista artístico semelhante designação não lhes caiba de maneira nenhuma.

Por fim, temos o nexo que nos incumbe definir mais de perto, ou seja, o conceito estilístico do que vem a ser "clássico" ou "classicismo". Sob este ângulo, a referência é a princípios e obras que correspondem a certos preceitos modelares, os quais, por seu turno, derivam de certa fase da arte grega e a tomam como padrão. Essa codificação ocorreu principalmente no Renascimento. Foi então que a redescoberta da Antigüidade greco-latina ou, como passou a chamar-se, "clássica", a revalorização de suas produções intelectuais e artísticas, conjugando-se com um extraordinário surto da criatividade italiana e até européia, puseram novamente na ordem do dia o pensamento e os problemas estéticos. Nesse campo, foi de particular importância o reencontro e a tradução direta do grego dos textos subsistentes da *Poética* de Aristóteles, bem como o trabalho crítico efetuado, entre outros, por Scaliger e Castelvetro. Com base nas elaborações desses comentadores surgiu a idéia de que os princípios fundamentais depreendidos da prática e da teoria helênicas constituíam um *non plus ultra* de todo o fazer artístico, os cânones imutáveis das condições e procedimentos que geram a obra de arte. Na medida em que, a certa altura da história cultural de determinados países, sobretudo na França, tal concepção tornou-se dominante e mesmo normativa, em função de um surto criativo que produziu trabalhos notáveis em vários campos da arte, ela deu origem ao período "clássico" do "classicismo" europeu, tendo a sua influência e o poder de suas regras se espalhado no mundo ocidental, inclusive sob a forma de um "neoclassicismo" que prevaleceu durante o século XVIII e fez par com o racionalismo ilustrado. Nestas condições, se se levar em conta que até o barroco nutriu pelo menos intenções classicizantes, só com o romantismo se estruturou um movimento que se atreveu a reptar abertamente e em seus fundamentos a perspectiva instaurada pela Renascença. Tudo o mais foi moldado e remoldado segundo a visão clássica.

No que se baseou tão cerrada presa artística? Quais são os seus princípios? De acordo com Croce, em sua *Iniciação Estética,* o classicismo se distingue fundamentalmente por elementos como o equilíbrio, a ordem, a harmonia, a objetividade, a ponderação, a proporção, a serenidade, a disciplina, o desenho sapiente, o caráter apolíneo, secular, lúcido e luminoso. É o domínio do diurno. Avesso ao elemento noturno, o classicismo quer ser transparente e claro, racional. E com tudo isso se exprime, evidentemente, uma fé profunda na harmonia universal. A natureza é concebida essencialmente em termos de razão, regida por leis, e a obra de arte reflete tal harmonia. A obra de arte é imitação da natureza e, imitando-a, imita seu concerto harmônico, sua racionalidade profunda, as leis do universo.

Outro aspecto relevante é o disciplinamento dos impulsos subjetivos. O escritor clássico domina os ímpetos da interioridade e não lhes dá pleno curso expressivo. De certo modo, pode-se considerar que ele se define precisamente por essa contenção. A obra de Racine é um exemplo de uma escritura em que as paixões veementes e as tremendas dissonâncias do barroco foram, por assim dizer, no plano da expressão, domadas por uma forma clássica.

Há evidentemente, nesse domínio, certa autolimitação. O autor desaparece por trás da obra, não quer manifestar-se. Ou melhor, seu desejo manifesto é o de ser objetivo. A obra é que vale como tal e não pelo que ela diz de seu criador. Ela é uma comporta fechada e não aberta. Tal fato exige uma maneira de formar rigidamente ligada ao objeto ou à idéia que se tem dele. Daí a importância dos procedimentos que assumem um caráter de regras. Na medida em que se enquadra em tais leis, a obra é boa, "clássica". É o caso das "três unidades" na dramaturgia. Julga-se que elas determinam a exemplaridade de uma peça.

Ao mesmo tempo, vigora no classicismo uma rígida separação das artes: elas não se confundem, cada uma obedece a seus próprios ditames. De igual modo, dentro da literatura, cada gênero tem suas leis específicas. A poesia lírica não deve valer-se do padrão épico e este não se confunde com a poesia dramática. A cada gênero correspondem preceitos especiais e a confusão entre os vários tipos de composição é tida como um grave defeito. A obra deixa de ter o valor que poderia alcançar se se conformasse exatamente às regras dos respectivos gêneros.

Relevante também é a lei da tipificação: a arte clássica não quer diferenciar e individualizar, seu propósito é sempre chegar ao geral e ao típico. Na pintura e na escultura, sua busca é a do universal. Na literatura, esquiva-se de descer a distinções psicológicas, muito minuciosas. Em todas as suas formas de expressão, tenta fixar o universalmente humano. Trata-se de um princípio fundamental do classicismo, já estabelecido nitidamente na dramaturgia por Aristóteles, mas com validade para todas as outras artes.

Numa ordem similar de diferenciação, os clássicos separam igualmente os estilos. Há um estilo alto, de que faz parte, na dramaturgia, por exemplo, a tragédia. Essa espécie de peça não pode recorrer a palavra de extração inferior, devendo ser plasmada e escrita segundo o elevado contexto estilístico que lhe é pertinente. A comédia, por seu turno, exige um padrão médio de composição, enquanto a farsa há de ser escrita em estilo baixo. Os mesmos preceitos estilísticos, racionalizados e canonizados, imperam nas demais formas da produção artística, uma vez que o efeito visado é sobretudo o da clareza e regularidade.

Mais um aspecto, que deflui logicamente de tudo quanto já foi dito, é que no classicismo o valor estético reside na obra, e somente nela. Por trás da arte, deve desaparecer o artista. Sem ser um anônimo mestre ou oficial, este trabalha quase como um artesão, seguindo as regras estabelecidas, às quais se conforma e se ajusta humildemente. Uma obra, por sua vez, sendo basicamente um autovalor, deve por si fazer-se valer esteticamente, perante o público. Mas não para comunicar-lhe apenas a beleza. O efeito da obra terá de ser *dulce et utile*, como diz Horácio. Isto é, além de suscitar reações aprazíveis, ela deve trazer proveitos de natureza prática, sobretudo didática. Na verdade, segundo a visão classicista, a obra será tanto mais realizada quanto maior o seu poder de veicular, através da bela e suave revelação da forma, ensinamentos e verdades que elevem o conhecimento e contribuam para o aperfeiçoamento do gênero humano.

Nesta conexão, recebe particular destaque o efeito moral do produto artístico. Embora quase todos os grandes poetas e artistas – Dante e Shakespeare não menos do que Corneille e Racine – sejam de opinião que a obra de arte tem uma função importante, antes de tudo ética, pois deve enobrecer o homem, purgando-o da carga de paixões que ele acumula na vida social e não consegue descarregar, o classicismo lhe dá um relevo específico, vinculando-o à boa "forma", capaz de falar à razão.

CRONOLOGIA DO CLASSICISMO

Fany Kon e J. Guinsburg

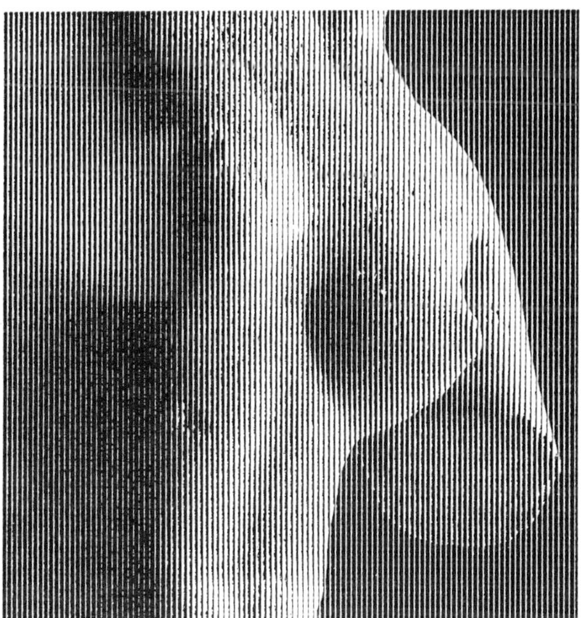

Século XV

1401 Começa a funcionar o primeiro banco público, a *taula de canvi* (mesa de câmbio), em Barcelona.

1418-1446 – Fillipo Brunelleschi (1337-1446) trabalha no projeto e construção da cúpula da Catedral de Santa Maria de Fiori em Florença.

1435 – Introdução do uso do cavalete na pintura.

1461 – Construção da Fortaleza de Tivoli.

1486 – Publicação, em latim, do *De Architectura*, de Vitrúvio.

1492 – Cristóvão Colombo parte da Espanha para o Novo Mundo e descobre a América.

1492 – Fernando II conquista Granada e unifica a Espanha.

1492 – O geógrafo judeu-alemão Martin Benhaim confecciona o primeiro globo terrestre.

1492 – A monarquia espanhola dá três meses aos judeus para se converterem ao cristianismo ou sair do país.

1493 – Publicação das ilustrações das obras de Terêncio, por Trechsel, em Lyon.

1494 – Publicação em Veneza da *Summa de Arithmetica, geometria, proportioni et proportionalitá*, de Luca Pacioli, em que se exlicavam os métodos da contabilidade por partida dobrada.

1494 – Carlos VIII, rei da França, invade a Itália. Começam as Guerras Italianas.

1495 – Edições impressas de obras da Grécia clássica já estão disponíveis na Europa.

1495 – Expulsão dos judeus de Portugal.

1500 – Hieronymus Bosch pinta *O Jardim das Delícias.*

1500 – O navegador português Pedro Álvares Cabral descobre o Brasil.

São criadas as letras de câmbio.

Consolidam-se entre os juristas italianos os princípios do direito imperial romano.

Século XVI

1501 – Primeira leva de escravos negros para a América.

1503 – Leonardo da Vinci começa a pintar a *Mona Lisa.*

1504 – Rafael pinta *O Casamento da Virgem.*

1504 – Michelangelo esculpe *Davi.*

1505 – Os portugueses colonizam Moçambique e chegam ao Ceilão (Sri Lanka).

1506 – O Papa Júlio II, papa de 1503 a 1513, encomenda a Bramante o projeto da (segunda) Basílica de São Pedro do Vaticano. A basílica é considerada a primeira igreja da Igreja Apostólica Romana, teria sido erguida em 330 e ali São Pedro estaria enterrado. A obra se estendeu por 120 anos, tendo trabalhado nela Michelangelo, Giacomo della Porta, Carlo Maderno, Giovani Lorenzo Bernini e Carlo Marchionni.

1507 – A palavra América é utilizada pela primeira vez em um mapa do cartógrafo Martin Valdseemuller.

1508 – Michelangelo começa a pintar o teto da Capela Sistina em Roma.

1509 – Erasmo escreve o *Elogio da Loucura.*

1509 – É estabelecido o primeiro engenho de açúcar das Américas.

1509 – Rafael pinta a *Disputa do Sacramento* na Sala de Assinaturas do Vaticano.

1510 – É fundada a colônia portuguesa de Goa na costa da Índia.

1511 – Os portugueses tornam-se os primeiros europeus a alcançar a Tailândia.

1512 – Albrecht Dürer é designado pintor da corte do Imperador Maximiliano I do Sacro Império Romano.

1512 – Os Habsburgos restauram os Médicis como governantes de Florença.

1513 – Maquiavel escreve *O Príncipe.*

1513 – Luís XII é derrotado pela Santa Aliança e as forças francesas são expulsas da Itália.

1513 – O explorador espanhol Juan Ponce de Leon desembarca na costa da Flórida.

1513 – Vasco Nunez de Balboa torna-se o primeiro europeu a atravessar o Oceano Pacífico, cruzando o istmo do Panamá.

1514 – O artista italiano Rafael torna-se arquiteto-chefe das obras da Catedral de São Pedro em Roma.

1514 – Conquistadores espanhóis, sob o comando do espanhol Diego Velazquez de Cuellar, conquistam Cuba.

1515 – Michelangelo esculpe *Moisés.*

1517 – O teólogo Martinho Lutero afixa suas 95 teses em Wittenberg na Alemanha, o que marca o início da Reforma protestante.

1519 – Carlos I da Espanha sucede a Maximiliano I como Carlos V, Imperador do Sacro Império Romano.

1519 – Introduzido na Espanha o chocolate como bebida.

1519 – Ulrich Zwingli lidera a Reforma na Suíça.

1521 – Lutero é excomungado como herege pela Dieta de Worms.

1521 – Fernando Cortez conquista Tenochtitlan, capital asteca.

1522 – A tripulação de Fernando de Magalhães completa a primeira circunavegação global a bordo do *Vitória.*

1524 – Começa a revolta dos camponeses alemães liderados por Münntzer.

1526 – Os Habsburgos herdam os domínios da Hungria e Boêmia.

1527 – Baldassare Castiglione escreve *O Cortigiano*, publicado um ano mais tarde.

1527 – Saque de Roma pelas forças espanholas e dos Habsburgos.

1530 – Confissão de Augsburgo.

1531 – Começam as guerras religiosas da Suíça. O líder protestante Zwingli morre em uma batalha.

1531 – Forma-se a Liga de Schmalkad, aliança dos governantes alemães protestantes.

1532 – Rabelais publica *Gargântua e Pantagruel.*

1532 – Thomas Cromwell torna-se o primeiro-ministro de Henrique VIII da Inglaterra.
1533 – Catarina de Médici casa-se com Henrique II, futuro rei da França.
1533 – Francisco Pizarro conquista os incas do Peru, e o seu líder, Atahualpa, é executado.
1533 – Henrique VIII se divorcia de Catarina de Aragão e casa-se com Ana Bolena.
1533 – A Igreja britânica rompe com a de Roma.
1534 – Lutero termina a tradução da Bíblia para o alemão.
1535 – O humanista e estadista inglês Thomas More é executado.
1536 – O teólogo francês Calvino publica *Institutio religionis christianoe.*
1540 – Henrique VIII manda executar Thomas Cromwell.
1540 – Ignácio de Loyola funda a Ordem dos Jesuítas.
1541 – Genebra torna-se o centro irradiador do calvinismo.
1543 – O anatomista Andreas Vesalius publica *Sobre a Natureza e a Estrutura do Corpo Humano.*
1543 – Nicolau Copérnico publica *De revolutionibus orbium coelestium.*
1543 – Portugueses exploram terras no Japão.
1543 – Implantado em Pisa o primeiro jardim botânico.
1545 – O Papa Paulo III abre o Concílio de Trento, que discutiria a Reforma Católica, ou Contra-Reforma.
1545 – Descoberta das minas de prata de Potosi, na Bolívia.
1545 – Publicação de *Architettura*, de Sebastiano Serlio.
1546 – O médico alemão Georgius Agricola publica *Da Natureza dos Fósseis.*
1546 – O médico Girolamo Fracastoro descreve a transmissão de doenças por germes.
1548 – Construção do teatro do Hôtel de Bourgogne.
1550 – O fumo do tabaco é introduzido na Espanha e em Portugal.
1550 – Vasari escreve *Le vitte de più eccelenti pittori, scultori e architettori italiani.*
1550 – A Itália toda encontra-se sob o controle do imperador Habsburgo Carlos V.
1551 – Fundada a Universidade do México.
1553 – O artista veneziano Paolo Veronese pinta os painéis do teto do Palácio dos Doges.
1555 – O astrólogo francês Nostradamus publica *Centúrias*, um livro de profecias.
1556 – O tratado de mineração e metalúrgica de Agricola *De re mettalica* é impresso.
1556 – Carlos V abdica.
1557 – Os portugueses estabelecem uma colônia em Macau, na China.
1558 – Carlos V morre. Fernando I é coroado imperador.
1559 – O pregador calvinista John Knox retorna à Escócia para liderar a luta protestante.
1559 – O Papa Paulo IV publica o primeiro *Index* de livros proibidos pelo Santo Ofício da Inquisição.
1559 – O Tratado de Cateau-Cambresis põe fim às Guerras Italianas entre a França e a Espanha.
1560 – Começa a construção do Palácio de Uffizi em Florença.
1562 – Giuseppe Arcimboldo torna-se pintor da corte de Maximiliano II.
1562 – Irrompem as guerras religiosas entre católicos e huguenotes na França.
1562 – Sir John Hawkins começa a traficar escravos na África para a América.
1564 – Os espanhóis fundam sua primeira colônia nas Filipinas, em Cebu.
1564 – As primeiras carruagens puxadas por cavalos chegam à Inglaterra provenientes da Holanda.
1564 – Começa na Inglaterra a manufatura de lápis com grafite.
1566 – A revolta dos guelfos nos Países Baixos dá início às lutas contra a Coroa Espanhola.
1568 – O flamengo Brueghel pinta *Jantar de Bodas* e *Danças dos Camponeses.*
1568 – Mary Stuart, rainha da Escócia, é presa e confinada por 19 anos a mando de Elizabeth I.
1569 – O cartógrafo Gerardus Mercator usa a primeira projeção cilíndrica para o mapa-múndi.
1570 – O arquiteto italiano Andrea Palladio publica *Os Quatro Livros de Arquitetura.*
1571 – Aparece na Itália um manual de caligrafia.
1571 – As frotas aliadas à Espanha, Veneza e ao papado derrotam os turcos em Lepanto.
1572 – Francisco de Toledo executa Tupac Amaru e subjuga a resistência inca à colonização no Peru.
1572 – Os huguenotes são chacinados na França na noite de São Bartolomeu.
1576 – O astrônomo dinamarquês Danish Tycho Brahe constrói um observatório na ilha de Ven.
1576 – O ator James Burbage constrói o primeiro teatro, o Theater, em Londres.

1578 – O rei D. Sebastião de Portugal perece nas mãos dos mouros na batalha de Alcaz quivir, no Marrocos.
1578 – Antigas catacumbas cristãs são encontradas em Roma.
1579 – Francis Drake, explorador inglês, descobre a Baía de São Francisco.
1579 – União de Arras. União de Utrecht. Formação das Províncias Unidas.
1580 – Michel de Montaigne publica seus *Ensaios.*
1580 – Felipe II da Espanha invade Portugal. As coroas ibéricas permanecem unidas até 1640.
1580 – Feiticeiras são perseguidas pela Inquisição em toda a Europa ocidental.
1580 – Construção, por Andrea Palladio, do Teatro Olímpico de Vicenza.
1582 – Introdução do calendário gregoriano nos países católicos pelo Papa Gregório XIII.
1584 – Os ingleses Walter Raleigh e Richard Grenville organizam expedições de colonização da América do Norte.
1585 – A Inglaterra se alia às Províncias Unidas e entra em guerra com a Espanha. As lutas se prolongam até 1604.
1587 – Mary Stuart, rainha da Escócia, é acusada de alta traição e executada.
1588 – A Invencível Armada espanhola é derrotada pela marinha inglesa.
1590 – William Shakespeare começa a escrever suas peças de teatro.
1592 – Giordano Bruno é preso por heresia.
1593 – Henry IV da França converte-se ao catolicismo.
1594 – Encenada a primeira ópera na Itália, *Dafne*, de Jacopo Peri.
1596 – Nasce Descartes.
1597 – El Greco pinta *A Agonia no Paraíso.*
1598 – John Florio compila um dicionário italiano-inglês.
1598 – O Édito de Nantes garante a igualdade de direitos aos franceses huguenotes e católicos.
1598 – Édito de Nantes.
1599 – Construído o teatro Globe, em Londres.
1599 – É introduzido o *Ante Christum Natum* (a.C.) como padrão de medida cronológica.
1599 – Os relógios passam a ser construídos com dois ponteiros, expressando medidas mais precisas do tempo horário.
1600 – Giordano Bruno é queimado vivo em Roma por seus escritos heréticos.
1600 – Hans e Zacharias Jannsen constróem por essa época o primeiro microscópio.
1600 – O barroco se desenvolve na Itália.
1600 – As perucas tornam-se moda nas cortes européias.

Século XVII

1601 – O artista italiano Caravaggio pinta *A Conversão de São Paulo.*
1602 – A Bodleian Library, primeira biblioteca pública da Europa, começa a funcionar em Oxford, Inglaterra.
1602 – Fundada a Companhia das Índias Ocidentais.
1603 – *Hamlet*, de William Shakespeare, é encenada pela primeira vez.
1604 – Hieronymus Fabricius escreve *De formata foctu*, estudo sobre a embriologia humana.
1605 – O escritor espanhol Cervantes publica a primeira parte de *Don Quixote.*
1607 – Encenada a primeira ópera de Claudio Monteverdi, *Orfeo.*
1607 – John Smith funda a primeira colônia inglesa em Jamestown na Virgínia.
1608 – O holandês Hans Lippershey constrói o primeiro telescópio.
1609 – Após armistício com a Espanha, as Províncias Unidas tornam-se independentes.
1609 – Johannes Kepler dá a conhecer sua primeira lei sobre o movimento planetário em *A Nova Astronomia.*
1609 – O dramaturgo espanhol Lope de Vega publica *A Nova Arte da Dramaturgia.*
1609 – Os ingleses começam a colonizar as Bermudas.
1610 – Galileu Galilei publica suas primeiras observações estelares em *O Mensageiro das Estrelas.*
1610 – Henrique IV da França é assassinado e sobe ao trono seu filho Luís XIII.
1610 – Maximiliano da Baviera forma a Liga Católica em oposição à União Protestante.
1614 – O matemático escocês John Napier publica o *Cânone Maravilhoso dos Logaritmos.*
1614 – Reconstrução do Globe em Londres.
1615 – Os holandeses conquistam as Ilhas Molucas, até então colônias dos portugueses, que as denominavam "Malucas".

1616 – O Cardeal Richelieu torna-se ministro das Relações Exteriores da França.

1616 – A Igreja Católica promulga um édito contra as teorias de Copérnico.

1618 – Começa luta entre católicos e protestantes conhecida como Guerra dos Trinta Anos.

1621 – Filipe IV torna-se rei de Espanha e Portugal.

1621 – Fundada a Companhia das Índias Ocidentais Holandesas.

1621 – Recomeça a guerra entre a Espanha e as Províncias Unidas.

1623 – Diego Velazquez torna-se pintor da corte de Filipe IV da Espanha.

1623 – Francis Bacon publica *Da Dignidade e Crescimento das Ciências.*

1623 – Nasce Pascal.

1624 – O poeta inglês John Donne publica *Devoções sobre Ocasiões Emergentes.*

1624 – O químico Johannes Baptista van Helmont demonstra a compressibilidade dos gases fluidos.

1627 – Os huguenotes revoltam-se contra o Cardeal Richelieu em La Rochelle.

1628 – O médico inglês William Harvey publica *Do Movimento do Coração e Sangue.*

1628 – O filósofo francês René Descartes formula as regras do método a razão.

1628 – Rendição dos huguenotes de La Rochelle.

1628 – Inauguração do Teatro Farnese, em Parma, obra de Giambattista Aleotti.

1628 – Descartes escreve as *Regras para a Direção do Espírito*, livro que só será publicado postumamente.

1629 – Carlos I dissolve o Parlamento e governa a Inglaterra autocraticamente.

1629 – Fernando II promulga o Édito de Restituição que devolve aos católicos as propriedades tomadas pelos protestantes.

1631 – O primeiro jornal, *Gazette de France*, é publicado em Paris.

1632 – Antony Van Dyck se fixa em Londres e torna-se pintor da corte de Carlos I.

1632 – O artista holandês Rembrandt Harmenszoon van Rijn pinta *Lição de Anatomia.*

1632 – Nasce Spinoza. Condenação de Galileu.

1633 – O artista francês Nicolas Poussin pinta *A Adoração do Bezerro de Ouro.*

1633 – Galileu Galilei é preso por "veemente suspeita de heresia".

1635 – O Cardeal Richelieu funda a Academia Francesa em Paris.

1635 – A França se alia à Suécia e entra na Guerra dos Trinta Anos.

1636 – Fundada a Universidade de Harvard em Boston.

1637 – O dramaturgo francês Pierre Corneille escreve *O Cid.*

1637 – Descartes escreve o *Discurso do Método.*

1637 – Rene Descartes publica seus conceitos de geometria analítica no *Discurso do Método.*

1637 – Inaugurada a primeira casa de óperas em Veneza, Teatro San Cassiano.

1637 – Publicação de *Pratica di fabricar scene e macchine ne' teatri*, de Nicola Sabbatini.

1637 – Estréia de *O Cid*, de Pierre Corneille (1606-1684).

1638 – Nasce Malebranche.

1639 – Guerra Franco-Espanhola.

1640 – Os portugueses rebelam-se contra a Espanha e João IV é coroado rei.

1641 – Inauguração do Palais-Royal (à época chamado Palais-Cardinal).

1641 – Descartes escreve as *Meditações.*

1642 – O Cardeal Richelieu falece e é sucedido pelo Cardeal Mazarin no cargo de primeiro-ministro da França.

1642 – Começa a Guerra Civil Inglesa, que opôs parlamentaristas e monarquistas.

1643 – Torricelli, físico italiano, demonstra os princípios do barômetro.

1643 – A primeira colônia francesa é fundada em Madagascar.

1643 – Luís XV sobe ao trono da França.

1644 – Descartes escreve os *Princípios de Filosofia.*

1644 – Descartes expressa o seu famoso lema (Penso, logo existo).

1644 – O artista barroco italiano Giovanni Bernini esculpe *O Êxtase de Santa Teresa.*

1645 – O filósofo e cientista francês French Blaise Pascal inventa a primeira máquina calculadora.

1646 – Fim da Guerra Civil Inglesa, com a rendição de Carlos I e a vitória dos parlamentaristas.

1646 – Nasce Leibniz.

1648 – A Fronda, guerra civil francesa, começa como uma revolta contra a rainha Ana de Áustria e o Cardeal Mazarin.

1648 – O Tratado de Nestfália marca a data oficial do fim da Guerra dos Trinta Anos.

1649 – Cromwell assume o governo da Inglaterra.

1649 – Execução de Carlos I da Inglaterra e instituição da English Commonwealth.

1650 – Morte de Descartes.

1650 – O bispo irlandês James Ussher fixa a data da Criação em 400 a.C.

1650 – Os oratórios tornam-se uma forma popular de música e representação musical na Itália.

1650 – O Sacro Império Romano e a Suécia assinam o Tratado de Nuremberg.

1651 – Thomas Hobbes publica *Leviatã*, obra em que faz a defesa da monarquia absoluta.

1652 – Os Atos de Navegação ingleses (The English Navigation Acts, 1651) levam à Primeira Guerra Anglo-Holandesa.

1652 – Termina a Fronda.

1653 – O compositor francês Jean Baptiste Lully compõe o primeiro *Minueto.*

1653 – Oliver Cromwell torna-se Lorde Protetor da Inglaterra.

1654 – Blaise Pascal e Pierre de Fermat desenvolvem teorias da probabilidade.

1654 – Os portugueses expulsam os invasores holandeses do Brasil.

1656 – O filósofo judeu-holandês Baruch Spinoza é expulso da sinagoga de Amsterdã.

1656 – O filósofo holandês Dutch Christiaan Huygens patenteia o primeiro relógio de pêndulo.

1656 – Giovanni Bernini projeta a Praça da Basílica de São Pedro.

1658 – O naturalista holandês Jan Swammerdam descreve os glóbulos vermelhos.

1659 – A Paz dos Pireneus marca o fim dos 24 anos de guerra entre a França e a Espanha.

1660 – Restauração de Carlos II, rei na Inglaterra, pelo Parlamento.

1660 – Os Boers se estabelecem na África do Sul.

1660 – Luís XIV da França casa-se com Maria Teresa da Espanha.

1660 – Os teatros são reabertos na Inglaterra. Começa o ciclo do Teatro da Restauração.

1660 – Spinoza escreve o *Tratado.*

1661 – Spinoza inicia a composição da *Ética.*

1661 – A Inglaterra adquire de Portugal a cidade de Bombain.

1662 – Morte de Pascal.

1662 – O arquiteto francês Andre Le Notre projeta os jardins do Palácio de Versalhes.

1662 – Robert Boyle desenvolve suas teorias dos gases, conhecida hoje como Lei de Boyle.

1664 – Fundação da Companhia das Índias Orientais Francesa.

1665 – A Inglaterra e Portugal vencem a Espanha e asseguram a independência portuguesa.

1665 – Jean Baptiste Colbert torna-se ministro das finanças de Luís XIV.

1665 – Robert Hooke publica suas observações com microscópio, em *Micrographia.*

1665 – Começa a Segunda Guerra Anglo-Holandesa.

1666 – O cientista britânico Isaac Newton termina sua teoria do cálculo fluxional.

1666 – Grande parte da cidade de Londres é destruída no Grande Incêndio.

1666 – É encenada pela primeira vez a peça *O Misantropo* de Molière.

1666 – Sabatai Tzvi proclama a si mesmo o Messias e funda o sabataísmo.

1667 – O poeta inglês John Milton escreve *Paraíso Perdido.*

1667 – Termina a construção da catedral da cidade do México.

1667 – A Paz de Breda põe fim à guerra entre a Inglaterra, a França e a Holanda.

1667 – Começa a ser construído o Observatório de Paris.

1667 – O projeto de Bernini para o Louvre é arquivado e um outro, para Versalhes, é encomendado a Charles Perrault, Claude Perrailt, Le Vau e Le Brun.

1668 – Aliança entre a Inglaterra, Suécia e a Holanda para derrotar a França.

1668 – Assinado o Tratado de Aix-la-Chapelle, em que a França abre mão de suas conquistas, mas mantém o controle sobre Flandres.

1668 – Tratado de Lisboa. A Espanha reconhece a independência de Portugal.

1668 – O escritor francês Jean de La Fontaine começa a publicar suas *Fábulas.*

1669 – Louis Le Vau começa a obra de expansão do Palácio de Versalhes.

1669 – Erupção do Etna na Itália resulta na morte de vinte mil pessoas.
1669 – Veneza cede Creta aos turcos otomanos.
1670 – Primeira publicação dos *Pensamentos de Pascal.*
1670 – Spinoza escreve o *Tratado Teológico-Político.*
1672 – Inglaterra e França declaram guerra à Holanda.
1673 – Leibniz começa a desenvolver suas teorias de cálculo integral e diferencial.
1673 – Morte de Molière (nascido em 1622).
1674 – Publicação da *Arte Poética*, de Boileau-Despréaux (1636-1711).
1675 – Baruch Spinoza termina sua obra *Ética.*
1675 – The Royal Observatory é implantado em Greenwich.
1675 – Huygens contrói um relógio baseado no princípio de isocronia dos pêndulos introduzindo a relojoaria mecânica.
1676 – O astrônomo alemão Ole Romer descobre a velocidade da luz.
1677 – O dramaturgo francês Jean Racine escreve a tragédia de *Fedra.*
1677 – Morte de Spinoza.
1678 – Malebranche termina a redação do seu livro *Em Busca da Verdade.*
1678 – Charles Le Brun projeta a Sala dos Espelhos para o Palácio de Versalhes.
1680 – Antonio Stradivarius abre sua oficina de violinos em Cremona, na Itália.
1680 – Fundada a Comédie-Française em Paris.
1682 – Edmund Halley observa o "Grande Cometa", que posteriormente recebeu seu nome
1682 – O Palácio de Versalhes torna-se a residência oficial da monarquia francesa.
1683 – Publicados os desenhos de protozoários observados em microscópio por Van Leeuwenhoek.
1684 – Leibniz escreve *Meditações sobre o Conhecimento, a Verdade e as Idéias.*
1685 – Luís XIV revoga o Édito de Nantes e exila milhares de huguenotes franceses.
1686 – Forma-se Liga de Augsburg contra a França.
1686 – Leibniz escreve o *Discurso de Metafísica.*
1687 – Isaac Newton publica *Principia,* obra em que estabelece as leis do movimento e da gravidade.
1687 – Declaração de Indulgência de Jaime II suspende as leis contra os católicos.
1688 – Os protestantes ingleses exigem uma Revolução Gloriosa contra o catolicismo.
1688 – Guilherme de Orange é convidado à Inglaterra como rei e Jaime II foge para a França.
1689 – Inglaterra e Províncias Unidas formam a Grande Aliança contra a França.
1690 – O filósofo John Locke publica *Ensaio sobre o Entendimento Humano.*
1690 – A Espanha se junta à Grande Aliança contra a França.
1690 – Os franceses vencem a esquadra inglesa na Batalha de Beachy Head.
1692 – A condenação das bruxas é levada a cabo em Salem na Nova Inglaterra.
1693 – John Ray publica a primeira grande classificação dos animais.
1694 – A Academia Francesa publica o primeiro *Dicionário* francês.
1694 – Fundado o Bank of England.
1694 – Leibniz publica o *Novo Sistema da Natureza.*
1697 – O poeta francês Charles Perrault publica as *Histórias de Mamãe Ganso.*
1698 – Thomas Savery inventa a bomba d'água, primeira aplicação prática da energia a vapor.
1699 – Morte de Jean Racine (nascido em 1639).
1700 – O estilo rococó começa a difundir-se na França.

Século XVIII

1701 – O pintor francês Hyacinthe pinta o retrato de Luís XIV.
1701 – Começa a Guerra da Sucessão espanhola.
1701 – Fundada a Universidade de Yale em New Haven, Connecticut.
1702 – O primeiro jornal diário, *The Daily Courant*, é publicado em Londres.
1703 – Pedro, o Grande, lança a pedra fundamental de São Petersburgo.
1704 – Isaac Newton publica sua teoria das cores e da luz em *Óptica.*
1704 – A Inglaterra toma Gibraltar da Espanha.
1705 – Edmund Halley prevê que o cometa de 1682 retornaria em 1758.
1707 – Pelo Act of Union da Inglaterra e da Escócia forma-se a Grã-Bretanha.

1708 – Os ingleses tomam a ilha de Minorca da Espanha.

1709 – O primeiro Ato de Direitos Autorais converte-se em lei na Inglaterra.

1710 – George Berkeley publica o *Tratado sobre os Princípios do Conhecimento Humano.*

1710 – Leibniz publica a *Teodicéia.*

1713 – A Espanha cede Gibraltar e Minorca à Grã-Bretanha.

1713 – O Tratado de Asiento estabelece os direitos britânicos no tráfico de escravos da África.

1713 – O Tratado de Utrecht põe fim à Guerra da Sucessão espanhola.

1718 – A Espanha estabelece o Vice-Reinado de Nova Granada na América do Sul.

1718 – Voltaire escreve a tragédia de *Édipo* durante seu encerramento na Bastilha.

1719 – O escritor inglês Daniel Defoe publica *Robinson Crusoe.*

1720 – A Quádrupla Aliança derrota a Espanha, que renuncia à Sicília e à Sardenha.

1721 – O compositor alemão Johann Sebastian Bach compõe os *Concertos de Brandenburgo.*

1726 – O escritor inglês Jonathan Swift publica *As Viagens de Gulliver.*

1728 – Editado a *Chambers' Cyclopedia*, ou *Dicionário Universal das Artes e Ciências.*

1728 – John Harrison começa a desenvolver o cronômetro.

1731 – John Hadley inventa o quadrante para a navegação.

1731 – Vem à luz, em Londres, a primeira revista: *The Gentleman's Magazine.*

1740 – O filósofo escocês David Hume escreve o *Tratado da Natureza Humana.*

1741 – George Frideric Handel compõe o *Messias.*

1742 – O astrônomo sueco Anders Celsius inventa a escala Celsius para temperatura.

1745 – Giovanni Piranesi inicia suas gravuras das *Prisões Imaginárias.*

1748 – O filósofo francês Montesquieu escreve *O Espírito das Leis.*

1748 – O Tratado de Aix-la-Chapelle põe fim à Guerra de Sucessão da Áustria.

1749 – O romancista inglês Henry Fielding escreve *Tom Jones.*

1750 – Baal Schem Tov funda a seita judaica dos Hassidim nesta época.

1750 – O movimento neoclássico nas artes se desenvolve na Europa.

1750 – A valsa se populariza na Europa.

1751 – O primeiro volume da *Enciclopédia* de Diderot vem à luz.

1752 – Benjamin Franklin inventa o condutor de luz.

1753 – O biólogo sueco Lineu publica seu sistema de classificação de plantas.

1753 – Fundação do British Museum em Londres.

1755 – Casanova é preso em Veneza por bruxaria.

1755 – O terremoto de Lisboa mata cinquenta mil pessoas.

1756 – Começa a Guerra dos Sete Anos com um ataque da Prússia à Áustria.

1759 – Voltaire publica *Cândido*, romance filosófico.

1762 – Rousseau publica *O Contrato Social* e *Emílio.*

1762 – Wolfgang Amadeus Mozart se apresenta na corte imperial em Viena, aos seis anos de idade.

1764 – Johann Winckelmann, historiador alemão, publica a *História da Arte Antiga.*

1766 – O Declaratory Act estabelece o direito do Parlamento inglês de promulgar leis para as colônias.

1766 – O Nautical Almanac apresenta o primeiro método prático de determinação de longitude.

1766 – O Stamp Act é revogado devido à forte oposição dos colonos americanos.

1767 – O filósofo judeu alemão Moses Mendelssohn publica *Fedra.*

1769 – James Watt patenteia um condensador para melhorar o desempenho dos motores a vapor.

1773 – Um carregamento de chá de Boston desencadeia a revolta das colônias.

1773 – O Papa Clemente XIV persegue os jesuítas.

1773 – Diderot (1713-1784) escreve *O Paradoxo sobre o Comediante* (publicado em 1830).

1775 – O dramaturgo francês Caron de Beaumarchais compõe *O Barbeiro de Sevilha.*

1776 – Charles Burney publica o primeiro volume de *A História Geral da Música.*

1776 – O economista Adam Smith publica *A Riqueza das Nações.*

1776 – Independência dos Estados Unidos da América.

1776 – Começa o movimento literário *Sturm und Drang* na Alemanha.

1776 – Thomas Paine publica *Common Sense.*

1777 – Lavoisier, químico francês, prova que o ar é composto de oxigênio e hidrogênio.

1781 – O filósofo alemão Immanuel Kant publica *Crítica da Razão Pura.*

1783 – A Inglaterra reconhece a independência americana.

1786 – Francisco de Goya torna-se pintor da corte de Carlos III da Espanha.

1787 – Estréia do ator François-Joseph Talma (1763-1826) na Comédie-Française.

1789 – Uma Assembléia Nacional é convocada na França pondo fim ao poder dos Estados Gerais.

1789 – Louis XVI é forçado a abdicar; a França torna-se uma monarquia constitucional.

1789 – Declaração dos Direitos Humanos.

1789 – Queda da Bastilha começa a Revolução Francesa.

COLABORARAM NESTE VOLUME

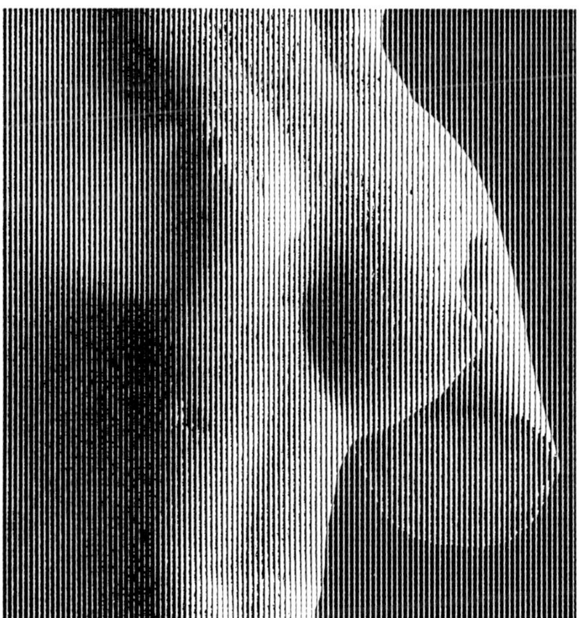

AGUINALDO JOSÉ GONÇALVES

Doutor em Letras, professor adjunto de Teoria Literária e Literatura Comparada do Departamento de Teoria Lingüística e Literária do IBILCE/Unesp. Com estudos especializados na relação entre texto e imagem, sistema literário e sistema plástico, é autor de *Transição e Permanência. Miró-João Cabral: Da Tela ao Texto*, Iluminuras, 1989; *Laokon Revisitado – Relações entre Texto e Imagem*, Edusp, 1994 e, seu trabalho mais recente é *Museu Movente: O Signo da Arte em Marcel Proust*; além de numerosos ensaios sobre temas da literatura clássica e moderna.

ANA CLAUDIA DE OLIVEIRA

Professora titular e pesquisadora da Pontifícia Universidade Católica de São Paulo, na qual atua na Pós-Graduação em Comunicação e Semiótica, na área de semiótica da arte e das mídias. Publicou os livros *Neolítico: Arte Moderna*, Perspectiva, 1987; *Fala Gestual*, Perspectiva, 1992; e co-editou com Eric Landowski: *Do Inteligível ao Sensível*, Educ, 1995; com Yvana Fechine: *Imagens Técnicas, Semiótica da Arte, Visualidade, Intertextualidade,*

Urbanidade, Hacker Editores, 1998; com Eric Landowski e Raul Dorra: *Semiótica, Estesis, Estética*, Educ/Uap (prelo).

ANATOL ROSENFELD

Crítico e ensaísta falecido em 1973. Autor de *Texto e Contexto I* e *II*, Perspectiva, 1970 e 1993; *Teatro Moderno*, Perspectiva, 1977; *O Pensamento Psicológico*, Perspectiva, 1984; *O Teatro Épico*, Perspectiva, 1985; *História da Literatura e do Teatro Alemães*, Perspectiva/Unicamp/Edusp, 1993; *Negro, Macumba e Futebol*, Perspectiva/Unicamp/ Edusp, 1993.

ANNATERESA FABRIS

Historiadora, crítica de arte e professora titular (aposentada) de História da Arte Contemporânea da ECA-USP. Autora de *Futurismo: Uma Poética da Modernidade*, Perspectiva/Edusp, 1987; *Portinari, Pintor Social*, Perspectiva/Edusp, 1990; *O Futurismo Paulista*, Perspectiva/Edusp, 1994; e *Cândido Portinari*, Edusp, 1996. Coordenadora de *Ecletismo na Arquitetura Brasileira*, Nobel/Edusp, 1987; *Fotografia: Usos e Funções no Século XIX*, Edusp, 1991; *Modernidade e Modernismo no Brasil*, Mercado de Letras, 1994; *Portinari, Amico Mio*, Mercado de Letras, 1995 e *Monumento a Ramos de Azevedo: Do Concurso ao Exílio*, Mercado de Letras/Fapesp, 1997.

EDUARDO SEINCMAN

Professor-doutor do Departamento de Música da ECA-USP, com livre docência em composição e pós-doutoramento na New York University. Gravou dois CD's de sua autoria: *A Dança dos Duplos* e *Em Movimento*, partes de sua obra musical que compreende música solista, coral, ópera e música sinfônico-operística. Traduziu, entre outros livros, *Fundamentos da Composição Musical*, de Arnold Schoenberg, Edusp, 1991 e *A Geração Romântica*, de Charles Rosen, Edusp. É autor de várias estudos e ensaios publicados em revistas especializadas e acadêmicas.

FANY KON

Realizou pesquisas sobre a história dos judeus no Brasil, dirigiu o Arquivo Histórico Judaico Brasileiro, colaborou na Coleção Judaica (Editora Perspectiva) e traduziu *Isaiah Berlin: Com Toda Liberdade*, Perspectiva, 1996.

FERNANDA FERNANDES

Arquiteta e professora de História da Arquitetura na FAU-USP. Doutora em História pela FFLCH-USP, com pós-graduação na Universidade de Roma. É autora, entre outros trabalhos, da pesquisa "Fortificações Brasileiras: Máquinas de Guerra e de Memória", 1991; e dos ensaios "Fortificações Brasileiras e Colonização", 1992, "A Cidade de Argan", 1992; "A Inserção do Novo no Velho", 1994; "Cidade e História no Debate Arquitetônico Italiano dos Anos 50", 1995. Atualmente desenvolve a pesquisa "Arquitetura Moderna no Brasil: A Síntese das Artes", junto ao CNPq.

FRANKLIN LEOPOLDO E SILVA

Professor doutor e professor associado do Departamento de Filosofia da FFLCH-USP. Autor de *Bergson: Intuição e Discurso Filosófico*, Loyola, 1994; *Descartes: A Metafísica da Modernidade*, Moderna, 1994.

GISELLE BEIGUELMAN

Doutora em História pela USP. Foi pesquisadora do Departamento de Patrimônio Histórico da Eletropaulo (1985-1996); redatora do Universo Online (1996-1997); curadora de diversas exposições históricas, com destaque para *1932 – Propaganda e Cultura Material* (Museu da República, Rio de Janeiro, 1992) e *Ex-Libris/Home Page* (Paço das Artes, São Paulo, 1996). Autora de *A República de Hemingway*, Perspectiva/Edusp/Fapesp, 1993; *No Ar – 60 Anos do Aeroporto de Congonhas*, Infraero/Fiesp, 1996, entre outros. Dirigiu o CD-ROM *Intervenções Urbanas 1.0*, Arte/Cidade – Sesc, 1997; é editora do site do projeto Arte/Cidade (www.artecidade.org.br).

JACÓ GUINSBURG

Crítico, editor, professor-doutor e titular (aposentado) de Estética Teatral e Teoria do Teatro da ECA-USP. Organizador e tradutor da Coleção Judaica (13 volumes); dos livros *Filosofia de Diderot*, Cultrix, 1966; *Leoni De'Sommi*, *O Romantismo*. Tradutor de Descartes, Lessing, Nietzsche e Bakhtin. Autor de *Motivos*, Comissão Estadual de Literatura, 1964; *Stanislavski e o Teatro de Arte de Moscou*, 1985; *Aventuras de uma Língua Errante*, 1996.

JOÃO ALEXANDRE BARBOSA

Professor-doutor e titular (aposentado) de Teoria Literária e Literatura Comparada da FFLCH-USP, autor de *A Metáfora Crítica*, Perspectiva, 1974; *As Ilusões da Modernidade*, Perspectiva, 1986; *A Biblioteca Imaginária*, Ateliê Editorial, 1996.

JOÃO ROBERTO FARIA

Doutor em Literatura Brasileira pela FFLCH-USP e professor do Departamento de Letras Clássicas e Vernáculas dessa Faculdade, onde ensina Literatura Brasileira e Dramaturgia Brasileira. Autor de *José de Alencar e o Teatro*, Perspectiva/Edusp, 1987; *O Teatro Realista no Brasil: 1855-1865*, Perspectiva/Edusp, 1993; *O Teatro na Estante*, Ateliê Editorial, 1998; é co-organizador do livro *Décio de Almeida Prado: Um Homem de Teatro*, Edusp, 1997. Como pesquisador e estudioso do teatro brasileiro, publicou artigos em várias revistas; como crítico, colaborou nos jornais *O Estado de São Paulo*, *Folha de S. Paulo* e *Jornal da Tarde*.

KATHIA CASTILHO CUNHA

Professora responsável pela disciplina História da Moda e Indumentária (Graduação) e Semiótica da Moda (Pós Graduação) da Universidade Anhembi Morumbi. Coordena na mesma instituição projetos de comunicação web, educação à distância e a revista on-line *Moda Brasil* (http://www.modabrasil.com.br). É doutoranda em Comunicação e Semiótica da PUC/SP, onde defendeu a dissertação de mestrado "Configurações de uma Plástica: Do Corpo à Moda", 1998.

LAURO MACHADO COELHO

Jornalista, crítico de cinema e música erudita. Ministrou cursos sobre ópera em diferentes instituições de ensino, inclusive no Departamento de Artes Cênicas da ECA-USP, e como especialista participou da banca de doutorado do compositor Ronaldo Miranda, bem como orientou a dissertação de Denise Fruschini sobre "A Ópera e seu Espaço de Representação".

SILVANA GARCIA

Doutora em Artes Cênicas pela ECA-USP, onde atua, desde 1987, como professora e orientadora. Autora de *Teatro da Militância*, Perspectiva/Edusp, 1990 e *As Trombetas de Jericó: Teatro das Vanguardas Históricas*, Hucitec, 1997.

VERA LÚCIA G. FELÍCIO

Professora titular do Departamento de Artes Cênicas da ECA-USP (aposentada), professora orientadora de Pós-graduação FFLCH-USP e no Departamento de Artes Cênicas da ECA-USP. Autora de *A Procura da Lucidez em Artaud*, Perspectiva/Fapesp, 1994; *A Imaginação Simbólica*, Edusp/Fapesp, 1994.

COLEÇÃO STYLUS

1. *O Modernismo*, Affonso Ávila (Org.).
2. *Maneirismo*, Arnold Hauser.
3. *O Romantismo*, J. Guinsburg (Org.).
4. *Do Rococó ao Cubismo*, Wylie Sypher.
5. *O Simbolismo*, Anna Balakian.
6. *O Grotesco*, Wolfgang Kayser.
7. *Renascença e Barroco*, Heinrich Wölfflin.
8. *Estudos sobre o Barroco*, Helmut Hatzfeld.
9. *O Classicismo*, J. Guinsburg (Org.).
10. *Barroco: Teoria e Análise*, Affonso Ávila (Org.).
11. *O Expressionismo*, J. Guinsburg (Org.).
12. *O Pós-modernismo*, J. Guinsburg e Ana Mae Barbosa (Orgs.).
13. *O Surrealismo*, J. Guinsburg e Sheila Leirner (Orgs.).

Impresso nas oficinas da
Orgrafic Gráfica e Editora
em maio de 2012